Dictionnaire
amoureux
de Jésus

Du même auteur

L'Homme au masque de fer, le plus mystérieux des prisonniers de l'Histoire, Perrin, 1970.

La Droite en France de 1789 à nos jours, PUF, 1973, 5e éd. 1994.

La Vie quotidienne à la Bastille du Moyen Age à la Révolution, Hachette, 1975.

Le Gaullisme, PUF, 1977, 4e éd. 1994.

Les Socialismes utopiques, PUF, 1977.

La Démocratie giscardienne, PUF, 1981.

Le Véritable d'Artagnan, Tallandier, 1981, 3e éd. 2002, couronné par l'Académie française.

La Vie quotidienne des communautés utopistes au XIXe siècle, Hachette, 1982, Pluriel, 2011.

L'Extrême Droite en France, PUF, 1983, 3e éd. 1995.

Le Régent, Fayard, 1986, éd. revue et corrigée Pluriel, 2013.

Lauzun ou l'insolente séduction, Perrin, 1987.

Madame de Montespan, Fayard, 1988, Tempus, 2009.

Louise de La Vallière, Perrin, 1990, Tempus, 2011.

Louis XIV, Perrin, 1995, Tempus, 2002, couronné par l'Académie des sciences morales et politiques, prix Hugues-Capet, grand prix de la biographie (Histoire) de l'Académie française.

Fouquet, Perrin, 1998, Tempus, 2005.

Louis XIV, Tallandier, t. I : *L'Ordre et la gloire*, t. II : *La Grandeur et les épreuves*, 2001, éd. revue et corrigée 2006.

Le Masque de fer. Entre histoire et légende, Perrin, 2003, Tempus, 2004.

Louis XVI, Perrin, 2005, Tempus, 2010, prix Combourg, prix du Nouveau Cercle de l'Union, grand prix Charles-Aubert de l'Académie des sciences morales et politiques.

Versailles, la passion de Louis XIV, Timée Editions, 2005.

La Transparence de l'aube. Mémoires de Claire Clémence, princesse de Condé, Perrin, 2007, prix littéraire Brantôme.

Louis XIV expliqué aux enfants, Le Seuil, 2007.

Louis XIII, 2008, prix de la biographie de la ville d'Hossegor, grand prix du livre d'Histoire.

L'Assassinat d'Henri IV. Mystères d'un crime, Perrin, 2009, Tempus, 2012.

Testaments et Manifestes de Louis XVI (présentation), préface de Jacques de Saint-Victor, Ed. des Equateurs, 2009.

L'Affaire des poisons. Crimes et sorcellerie au temps du Roi-Soleil, Perrin, 2009, Tempus, 2013.

Jésus, Fayard, 2011, Le Livre de Poche, 2013.

Louis XIV. Le métier de roi. Mémoires et écrits politiques (présentation), Perrin, 2012.

Le Frémissement de la grâce. Le roman du Grand Meaulnes, Fayard, 2012, Le Livre de Poche, 2013, grand prix de la Critique du P.E.N. Club français.

Louis XV, Perrin, 2014, prix Marcel-Pollitzer.

Le Siècle de Louis XIV (direction), Le Figaro-Histoire/Perrin, 2015.

Jean-Christian Petitfils

Dictionnaire amoureux de Jésus

Dessins d'Alain Bouldouyre

PLON
www.plon.fr

Collection fondée
par Jean-Claude Simoën

12, avenue d'Italie
75013 Paris
Tél. : 01 44 16 09 00
Fax : 01 44 16 09 01
www.plon.fr

ISBN : 978-2-259-21796-5

A Emmanuelle, Oriane et Nicolas,
Francis, Antoine et Micheline,
qui m'ont accompagné en Israël sur les pas de Jésus.

A l'équipe de Terra Dei, Fabien et Claire Safar,
Alphonse Vandebroek,
qui ont aimablement et remarquablement organisé ce voyage.

Mer Méditerranée
Sidon
Syro-Phénicie
Abilène
Damas
Mont Hermon
Tyr
Césarée de Philippe
Gaulanitide
Chorazin
Bethsaïda
Capharnaüm
Galilée
Magdala
Lac de Tibériade
Mont Carmel
Cana
Tibériade
Sepphoris
Nazareth
Mont Thabor
Naïm
Césarée Maritime
Pella
Décapole
Samarie
Jourdain
Sichem
Arimathie
Mont Garizim
Mont Ebal
Ephrem
Béthanie
Jéricho
Emmaüs (?)
Jamnia/Yavneh
Jérusalem
Mont Nebo
Qumrân
Bethléem
Béthanie
Ascalon
Macheronte
Royaume des Nabatéens
Judée
Désert de Juda
Mer Morte
Hébron
Massada
Idumée
Palestine au temps de Jésus

Avant-propos

C'est avec grand plaisir que j'ai accepté, lorsque Jean-Claude Simoën me l'a proposé, d'écrire ce *Dictionnaire amoureux de Jésus*. Pour deux raisons : la première parce que je connaissais de réputation les qualités de cet excellent éditeur, la seconde parce que l'attachante collection des « Dictionnaires amoureux » qu'il a fondée en 1997 présentait – et présente toujours – la particularité d'être une libre promenade ouverte à la réflexion ou à la méditation, éloignée de l'encyclopédisme pédant, mais exigeante sur la rigueur de la documentation. L'approche originale et féconde de ce sujet m'attirait.

J'en ai mesuré en même temps la singularité et la difficulté, car être « amoureux » de Jésus n'est assurément pas être amoureux d'une contrée, si fascinante soit-elle – l'Espagne, la Grèce, l'Italie ou la Bretagne –, d'un personnage historique – Napoléon ou Charles de Gaulle… –, d'une grande figure littéraire – Stendhal ou Marcel Proust –, ou encore des chats, des trains, des étoiles, du rugby, du golf, de l'opéra, de la cuisine ou du piano… !

C'est une démarche intime qui engage l'être entier, mobilise ses émotions les plus profondes, où le mot

« amoureux » prend, me semble-t-il, sa pleine dimension, puisqu'il se mesure à la transcendance. Cela dépasse l'amour d'un paysage, d'une musique ou d'un héros, mort depuis des siècles ou des décennies. Pour le chrétien que je suis, Jésus, en effet, est une personne vivante, le Dieu fait chair venu apporter le Salut au monde. Parler de lui, c'est évoquer le singulier *rabbi* juif du premier siècle de notre ère, qui parcourait les routes de Galilée en compagnie de ses disciples, appelant à l'amour du prochain et annonçant la venue du Royaume, et surtout le Christ de la foi, le *Kyrios* (le « Seigneur »), le Fils de l'Homme appelé à revenir à la fin des temps pour juger l'humanité, que l'on ne rencontre vraiment que dans une dimension de foi. Croire, c'est être relié, au cœur même de son être, à une mystérieuse source d'eau vive. C'est une chance, une grâce. Certains en sont saisis pour toujours, d'autres restent insensibles obstinément. Allez savoir pourquoi.

En 2011, j'ai publié une vie de Jésus qui était une approche purement historique[1]. Ce livre a rencontré un vif succès dans les milieux les plus divers, croyants ou incroyants, catholiques, orthodoxes ou protestants, agnostiques ou athées. Il s'agit ici d'une quête mêlée d'une enquête, une découverte en même temps qu'une rencontre, illuminées par l'Espérance, « cette petite fille de rien du tout qui est venue au monde le jour de Noël », comme l'écrivait Charles Péguy dans *Le Porche du mystère de la deuxième vertu.*

Gardons-nous de tout angélisme. Croire n'est pas une longue route rectiligne semée de pétales de fleurs. C'est une lutte quotidienne, permanente, qui n'exclut ni

1. *Jésus*, Fayard, 2011, Le Livre de Poche, 2013.

la chute, ni la révolte devant la souffrance ou le mystère de l'iniquité, ni les interrogations, ni les doutes. « La foi, selon la formule de la bienheureuse Elisabeth de la Trinité, c'est le face-à-face dans les ténèbres. » Obscure mais merveilleuse lumière qui permet d'affronter l'attente anxieuse et les défis de la nuit, elle est la réponse confiante, aimante et fidèle à l'appel silencieux de l'amour divin.

On sait que de grands saints, de grands mystiques – saint Jean de la Croix, sainte Thérèse de Lisieux, Edith Stein, mère Teresa de Calcutta, pour ne citer qu'eux – ont traversé des « nuits » de déroutante et implacable aridité, comme si Dieu avait voulu épurer en même temps qu'éprouver leur foi. Le chrétien ordinaire, lui, évoquera saint Thomas et son ébahissement incrédule devant ses compagnons l'assurant que le Maître était ressuscité d'entre les morts et qu'ils l'avaient réellement vu. Il cherchera les preuves ou les raisons de sa croyance. Quête malaisée de nos jours, dans le bruyant désert du monde guetté par la désespérance, l'absence de repères moraux et spirituels, dans nos sociétés de bavardage insipide, enténébrées par le scepticisme et le relativisme généralisés.

L'érosion constante, l'étouffement silencieux de la culture chrétienne n'ont pas supprimé le besoin de sacré, mais accru l'ignorance religieuse. Selon les études d'opinion, un Français sur quatre s'interrogerait sur l'existence historique de Jésus.

C'est ici qu'entre en scène l'historien. Tout le monde admet aujourd'hui que si les Evangiles reflètent l'ardeur des premiers et authentiques témoins de la Résurrection, ils ne peuvent être considérés, au sens strict du terme, comme des reportages ou des documents d'histoire.

Ce n'était pas leur but, même s'ils présentent, pour les besoins du kérygme*[1], une brève biographie de Jésus. Pour autant, les faits rapportés par les quatre Evangiles canoniques – Matthieu, Marc, Luc et Jean –, portés par des traditions sûres et, en ce qui concerne le dernier, par le témoignage d'un disciple de première importance, ne sont nullement des mythes ou des créations des premières communautés chrétiennes.

Synthétisant les données connues de l'histoire de l'Antiquité, les acquis récents de la recherche exégétique, les dernières découvertes de l'archéologie, sans négliger l'apport des reliques de la Passion, du moins celles qui semblent authentiques en l'état actuel des travaux scientifiques, comme le linceul de Turin, le suaire d'Oviedo et la Sainte Tunique d'Argenteuil, l'historien s'attachera à démêler les contradictions, à reconstituer la trame des événements et leur chronologie.

L'Histoire tiendra une place essentielle dans ce « Dictionnaire amoureux ». Je parlerai de foi et d'Histoire, de foi et de raison, *Fides et Ratio*, pour reprendre le titre d'une des grandes encycliques de Benoît XVI. Les deux sont intimement mêlées. A la lecture amoureuse de la parole de Jésus, à la découverte de sa personne se mêlera donc constamment l'enquête rationnelle de l'historien. « Le fait religieux, disait le pape émérite au synode de Rome sur la parole de Dieu le 14 octobre 2008, est une dimension constitutive de la foi. L'histoire du Salut n'est pas une mythologie, mais une véritable histoire, et c'est pour cela qu'elle doit être étudiée avec les méthodes de la recherche scientifique. » Lointain écho de ce qu'écrivait

1. Pour les mots marqués d'un astérisque, voir « Glossaire », p. 741.

avant guerre l'agnostique Marc Bloch : « Le christianisme est une religion d'historiens. »

Il m'arrive souvent de penser à la pêche miraculeuse rapportée au chapitre 21 de l'Evangile de Jean. Quelque temps après la crucifixion de Jésus à Jérusalem, les disciples reprenaient leur barque sur le lac de Génésareth, dont les eaux bleutées resplendissaient dans la douceur printanière du petit matin. Après avoir vainement pêché toute la nuit, ils aperçurent le long de la rive un homme qui s'adressa à eux : « Eh, les enfants, n'avez-vous pas un peu de poisson ? — Non ! », lui répondirent-ils. L'inconnu leur dit alors : « Jetez le filet du côté droit de la barque et vous trouverez. » Ils le jetèrent, raconte le disciple bien-aimé, témoin de la scène, et il y eut tant de poissons qu'ils ne pouvaient plus le hisser. « C'est le Seigneur ! », s'exclama Simon-Pierre, comprenant enfin qui était venu à leur rencontre… Loin de moi l'idée de situer ce « Dictionnaire amoureux » dans le sillage d'un tel prodige, mais je sais qu'à mon tour je dois jeter mon filet dans l'océan des mots…

A

'Abbā'

Ce nom affectueux donné par Jésus à son Père des cieux me plonge toujours dans un abîme d'étonnement et d'émerveillement tant il est pour nous chrétiens d'une richesse d'enseignement inouïe. YHWH, le Dieu du Premier Testament, celui d'Abraham, d'Isaac et de Jacob, est un Dieu caché qui cherche l'homme et que l'homme est appelé à chercher. Leurs rapports ne sont pas aisés. Moïse veut-il contempler « sa gloire » qu'il lui est aussitôt répondu : « Tu ne peux voir mon visage, car nul homme ne me verra sans mourir » (Exode 33, 20). Ce Dieu qui parle par l'intermédiaire de ses prophètes ne se révèle que rarement à ses créatures, et, quand il le fait, c'est de façon surprenante : dans le buisson ardent qui brûle sans se consumer, tel que le voit Moïse, ou dans le souffle léger de la brise qui suit l'ouragan, tel que le perçoit Elie. « Tu es vraiment le Dieu caché, ô Dieu d'Israël ! Dieu Sauveur », s'exclamait Isaïe (45, 15). Frappé par ce *Deus absconditus* de la Bible hébraïque, Pascal concluait :

« Dieu étant ainsi caché, toute religion qui ne dit pas que Dieu est caché n'est pas véritable. »

S'éloignant des paganismes babyloniens ou perses comme du polythéisme grec, les Hébreux condamnaient fermement le panthéisme et l'idolâtrie. Ils considéraient Dieu à la fois comme leur unique Créateur et leur Père qui leur avait annoncé la promesse du Salut éternel. Ils avaient envers lui une crainte révérencielle, n'osant pas prononcer son nom. C'est lui qui mystérieusement choisissait d'habiter dans le lieu le plus sacré du temple de Jérusalem, le *débir*, le Saint des Saints.

Pompée, le 24 septembre de l'an 63 avant J.-C., après avoir conquis le mont du Temple et tué les soldats d'Aristobule II, roi de Judée, qui lui résistaient, pénétra l'épée à la main dans la pièce qu'on appelle le Saint, souleva le lourd rideau et entra témérairement dans le Saint des Saints. Quelle surprise ! Pensant percer le secret de la religion juive, il s'attendait à voir une statue ou un totem, peut-être un amoncellement de richesses comme dans le tombeau inviolé d'un pharaon. Que trouva-t-il en vérité ? Rien ! Une pièce vide. Le Dieu du silence, mystérieusement présent au milieu de son peuple, ne se laisse pas voir. Il est le Tout-Autre.

Or il est frappant de constater que Jésus rompt ce code immémorial en appelant Dieu non pas *Ab*, « Père » en araméen, mais *'Abbā'*, qui signifie « Papa », avec une tonalité affective à la fois tendre et respectueuse, manifestant par là la conscience de sa relation unique au Père. Au jardin de Gethsémani, au milieu des oliviers tordant leurs troncs noueux, il s'écrie, dans l'angoisse de la mort qui vient : « *'Abbā'* ! Tout t'est possible : éloigne de moi cette coupe ; pourtant, pas ce que je veux, mais ce que tu veux ! »

Pareille invocation personnelle était inconnue des milieux pieux de son époque. En même temps, Jésus reprend le thème du Dieu invisible aux yeux des hommes. « Père juste, le monde ne t'a pas connu, mais moi je t'ai connu » (Jean 17, 25). Des paroles semblables se retrouvent dans l'Evangile de Matthieu : « Nul ne connaît le Père si ce n'est le Fils et celui à qui le Fils veut bien le révéler » (11, 27).

C'est la foi de Jésus et la foi en Jésus qui permettent aujourd'hui aux chrétiens d'entrer à leur tour dans une relation filiale – affective, amoureuse même – avec Dieu. « Quand vint la plénitude des temps, écrit saint Paul, Dieu envoya son Fils, né d'une femme, né sujet de la Loi, afin de nous conférer l'adoption filiale. Et la preuve que vous êtes des fils, c'est que Dieu a envoyé dans nos cœurs l'esprit de son Fils qui crie *'Abbā'* ! Père ! » (Galates 4, 4-6).

Aujourd'hui, l'absence dans nos sociétés occidentales de la relation au père, de sa dimension aimante et bienfaisante, n'est-elle pas la cause essentielle de nos tourments et de nos dépressions ? *'Abbā' !* Ce premier cri balbutié par le petit enfant affectueux à son Père très aimant, c'est la plus grande révolution spirituelle qu'ait connue l'humanité depuis deux millénaires, celle de Jésus le Nazôréen.

Agneau de Dieu

Eclairé par une lumineuse colombe du Saint-Esprit, juché sur un autel orné d'un ciboire, droit sur ses pattes blanches, la tête irradiée de rayons d'or, l'agneau est entouré d'une cohorte d'anges, dont certains tiennent une croix, d'autres un ostensoir, d'autres encore prient en joignant les mains. Au premier plan à gauche, les prophètes juifs du Premier Testament, Bible en main, puis les philosophes et les écrivains païens, à droite, les douze apôtres, derrière, plusieurs papes et hommes d'Eglise dont on voit les mitres gemmées, au centre, la fontaine de vie, rappel du baptême chrétien, et, au second plan à gauche, les martyrs, le tout dans un bucolique paysage de verdure sur fond de clochers gothiques. Comment ne pas être saisi par la sublime beauté du retable de l'Adoration de l'Agneau mystique de Jan van Eyck (1432), conservé dans la cathédrale Saint-Bavon de Gand, l'ancienne capitale des comtes de Flandre ? Une œuvre exceptionnelle, dont j'ai peine à me détacher lorsqu'il m'arrive de me rendre dans cette ville saturée d'histoire.

Au regard des antiques traditions pastorales du peuple hébreu, l'agneau d'un an, symbole de l'innocence et de l'avenir du troupeau, passait pour l'animal dont le sacrifice était le plus agréable à YHWH. Aussi le tuait-on non seulement pour des causes particulières (rite de pardon du péché, purification pour l'accouchée, pour le lépreux guéri ou le *nazir** consacré à Dieu), au même titre que les taureaux, les chevreaux ou les tourterelles, mais aussi pour les holocaustes dits « perpétuels », pratiqués matin et soir dans le Temple au nom du peuple entier. Il devait brûler en totalité en signe de don total et d'adoration.

L'agneau était présent également dans le rituel annuel de la Pâque, commémorant la sortie d'Egypte des juifs, tel que Moïse l'avait institué selon le livre de l'Exode (12, 3-11) : « Choisissez et prenez-vous un agneau pour vos familles, et immolez la Pâque. Puis vous prendrez un rameau d'hysope que vous tremperez dans le sang qui est dans le bassin, vous toucherez le linteau et les deux montants de la porte, et personne ne sortira de l'entrée de la maison jusqu'au matin. YHWH passera pour frapper l'Egypte ; mais, en voyant le sang sur le linteau et les deux montants, YHWH passera outre devant vos portes et ne permettra pas au destructeur de frapper. Vous observerez cet ordre comme une institution perpétuelle pour vous et vos enfants… »

Or, dès le début de l'Evangile de Jean, Jean le Baptiste s'exclame, voyant Jésus s'avancer pour recevoir le baptême : « Voici l'agneau de Dieu qui enlève le péché du monde ! » Que veut dire le dernier prophète du Premier Testament, sinon que Jésus est le « Serviteur souffrant », pareil à l'agneau pascal que l'on mène à l'abattoir sans ouvrir la bouche, dont parle Isaïe (53, 7).

Lors du repas à caractère pascal que Jésus a partagé avec ses disciples la veille de son arrestation, il n'y avait pas d'agneau à consommer, car, en ce temps-là, il était interdit d'égorger les animaux dans la cour de sa maison, contrairement aux temps plus anciens. Il fallait attendre le lendemain après-midi. C'est alors que Jésus, dans un geste solennel de substitution, offre sa propre chair et son propre sang en prononçant sur les *matzôt*, les pains sans levain, les paroles suivantes : « Ceci est mon corps livré pour vous ; faites ceci en mémoire de moi. » Puis, sur la coupe de bénédiction, il ajoute : « Cette coupe est la nouvelle alliance en mon sang qui est répandu pour vous ; faites ceci chaque fois que vous en boirez en mémoire de moi. »

Victime sacrificielle expiant les péchés du monde, Jésus meurt comme l'agneau de la Pâque juive en dehors de la ville, versant son sang sur les linteaux de la croix, le *stipes* et le *patibulum*. « Vous n'en briserez aucun os », prescrivait le texte de l'Exode au sujet de l'agneau sacrifié. Quand les soldats romains viennent pour fracturer les tibias des trois condamnés à coups de barre de fer, de façon à les achever, ils font leur office sur les deux brigands à droite et à gauche, mais, constatant que Jésus, au centre, est déjà mort, ils se contentent de lui donner un coup de lance. « Cela est arrivé, dit Jean l'évangéliste, pour que l'Ecriture s'accomplisse : *Aucun de ses os ne sera brisé* » (allusion au psaume 34). L'identification christique à l'agneau de Dieu est totale.

Dans l'Apocalypse, le dernier livre du Nouveau Testament, Jean revient à vingt-six reprises sur cette image polymorphe : l'agneau égorgé, mais aussi le Sauveur du monde, établi par le Père, souverain juge de l'humanité, « le Seigneur des seigneurs et Roi des rois », vainqueur du Mal, uni aux justes dans les noces éternelles de la Jérusalem céleste. « Heureux ceux qui sont appelés au repas de noces de l'Agneau » (19, 9).

D'où l'acclamation dans la liturgie catholique et anglicane, accompagnant la fraction du pain consacré :

Agnus Dei, qui tollis peccata mundi, miserere nobis,
Agnus Dei, qui tollis peccata mundi, misere nobis,
Agnus Dei, qui tollis peccata mundi, dona nobis pacem.

« Agneau de Dieu, qui enlèves le péché du monde, prends pitié de nous… donne-nous la paix. »

Des symboles comme celui-ci qui deviennent des réalités, combien en existe-t-il ?

Ancien Testament

Vers l'an 140 de notre ère, au sein de la communauté chrétienne de Rome, vivait un influent personnage d'une soixantaine d'années, originaire de Sinope sur la mer Noire. Réputé pour ses largesses, il avait fait à ses coreligionnaires un don de 20 000 sesterces, une somme énorme à l'époque. Né dans une famille païenne, influencé d'abord, à en croire Tertullien, par la doctrine d'Epicure, cet armateur s'appelait Marcion. L'homme, cultivé et passionné, ne s'intéressait pas seulement aux affaires maritimes ou au grand commerce avec l'Orient. Sous l'influence d'un penseur gnostique de Rome nommé Cerdon, il se piquait de théologie. C'est alors qu'il se mit à diffuser avec une introduction de sa plume l'Evangile de Luc, à l'exception des trois premiers chapitres et d'une partie du quatrième, et dix lettres de Paul, expurgées et remaniées : ce texte se voulait le manifeste fondateur d'une vision nouvelle du christianisme. Marcion, en effet, avait été frappé par le contraste entre le Dieu de la Bible hébraïque, implacable justicier, sévère et colérique, créateur d'un monde imparfait, et le Dieu de Jésus-Christ, qui n'est qu'amour et miséricorde, empli de compassion pour l'homme souffrant.

Partant de cette constatation, il considérait qu'il y avait deux principes divins opposés et irréconciliables. Jésus-Christ n'était pas le messie d'Israël, né d'une femme juive, ayant grandi sous la Loi, mais le Fils du Dieu bon, apparu d'emblée sous une forme humaine, la quinzième année du principat de Tibère, pour sauver l'humanité par son sacrifice et la débarrasser du Dieu de la matière, inférieur au Dieu bon. Tel était l'*euangélion*, la « Bonne nouvelle »… Il fallait par conséquent rejeter en bloc la Torah et les sources hébraïques qui avaient altéré le message chrétien et retoucher les textes corrompus par des interpolations juives.

En 144, déjà en butte à des dissensions théologiques qui l'avaient conduite à expulser de ses rangs les hérésiarques, dont les maîtres gnostiques Valentin et Cerdon, la communauté chrétienne de Rome, sous la houlette du pape Pie Ier, non seulement refusa d'entrer en discussion avec lui, mais condamna aussi ses idées hétérodoxes.

Marcion récupéra alors ses sesterces, se retira avec ses nombreux partisans et, fort de ses énormes moyens financiers ainsi que de ses qualités d'organisateur, fonda sa propre Eglise avec sa hiérarchie et sa liturgie, laquelle essaima dans l'Empire romain, au Proche-Orient et en

Perse notamment, avant de ne disparaître qu'au Ve siècle. Marcion, quant à lui, était mort à Rome vers 165-168.

Considéré comme une réelle menace pour la foi, le marcionisme a été vivement attaqué par les Pères de l'Eglise Justin de Naplouse, Irénée de Lyon, Tertullien, Clément d'Alexandrie, Hippolyte de Rome, Epiphane de Salamine, Eusèbe de Césarée... Plus qu'un schisme, c'était en effet l'une des plus perfides hérésies et des plus fausses jamais lancées contre le christianisme naissant, dont les racines, de toute évidence, plongent à pleine terre dans l'Ancien Testament, ce Testament qu'aujourd'hui on préfère appeler Premier pour bien montrer qu'il n'y a pas de franche coupure entre la Révélation faite au peuple hébreu et la Bonne Nouvelle de Jésus de Nazareth.

La Bible hébraïque est plus importante pour la foi que ne le pensent généralement les chrétiens, même si ceux-ci se sont très tôt éloignés des fêtes et rituels juifs, des interdits alimentaires ou de la circoncision. Le Christ l'a dit lui-même au cours de sa vie terrestre : il n'est pas « venu abolir la Loi, mais l'accomplir ». Il n'a été envoyé qu'aux « brebis perdues d'Israël », tout en soulignant à plusieurs reprises que d'autres peuples seront appelés au Salut.

Lorsque au soir de la Pâque Jésus ressuscité marche sur le chemin d'Emmaüs aux côtés de deux disciples qui s'affligent de sa mort, il s'exclame : « O cœurs insensés et lents à croire à tout ce qu'ont annoncé les prophètes ! N'est-ce point là ce que devait souffrir le Christ pour entrer dans sa gloire ? » Et, « partant de Moïse et de tous les prophètes », il leur explique « dans toutes les Ecritures ce qui le concernait » (Luc 24, 25-27).

Les exemples abondent. On ne sait lesquels Jésus choisit. Descendant de David, « c'est lui, dit le Seigneur, qui construira une maison pour mon Nom et j'affermirai pour toujours son trône royal. Je serai pour lui un père et il sera pour moi un fils » (2 Samuel 7, 13-14). Roi juste et victorieux, mais humble, « monté sur un âne » (Zacharie 9, 9), il sera le Conseiller merveilleux, le Prince de la Paix, annoncé par Isaïe. Il est aussi le Serviteur souffrant décrit par le même Isaïe : « Et YHWH a fait retomber sur lui nos fautes à tous. Maltraité, il s'humiliait, n'ouvrait pas la bouche, comme l'agneau qui se laisse mener à l'abattoir [...]. Par contrainte et jugement, il a été saisi. [...] Il aura sa part parmi les multitudes [...], parce qu'il s'est livré lui-même à la mort et qu'il a été compté parmi les criminels, alors qu'il portait le péché des multitudes... » (53, 6-12). Le livre du prophète Daniel le révèle, il viendra « sur les nuées du Ciel comme un Fils d'homme ». « A lui furent conférés empire, honneur et royaume, et tous les peuples, nations et langues le servirent. Son empire est un empire éternel qui ne passera point, et son royaume ne sera point détruit » (7, 13-14). Le psaume 22 évoque la souffrance du Juste supplicié :

> Mon Dieu, mon Dieu, pourquoi m'as-tu abandonné [...].
> Tous ceux qui me voient me bafouent,
> leur bouche ricane, ils hochent la tête :
> Qu'il s'en remette à Yahvé, qu'il le délivre !
> [...] Comme l'eau je m'écoule
> et tous mes os se disloquent ;
> mon cœur est pareil à la cire,
> il fond au milieu de mes viscères :
> mon palais est sec comme un tesson,
> et ma langue collée à ma mâchoire.
> Tu me couches dans la poussière de la mort.
> Des chiens nombreux me cernent,
> une bande de vauriens m'entoure,
> comme pour déchiqueter mes mains et mes pieds.
> Je peux compter tous mes os,
> les gens me voient, ils me regardent ;
> ils partagent entre eux mes habits
> et tirent au sort mon vêtement...

Et Dieu, entendant son appel, viendra à son secours et le délivrera. Alors

> Toutes les nations de la terre se prosterneront devant lui.

Se rattacher aux sources juives fut aussi la principale préoccupation de Pierre dans ses premières annonces du kérygme*. Au jour de la Pentecôte, s'adressant à la foule, il fait référence au prophète Joël (« Vos fils et vos filles prophé-tiseront ») et au psaume 16 : David « savait que Dieu *lui avait juré* par serment *de faire asseoir sur son trône un descendant de son sang*. Il a vu d'avance et annoncé la résurrection du Christ qui, en effet, *n'a pas été abandonné à l'Hadès* et dont la chair *n'a pas vu la corruption* » (Actes des Apôtres 2, 30-31).

Evénement inouï, inattendu, la résurrection de Jésus, qui préfigurait celle des hommes à venir, poussa les disciples à se tourner vers des textes dont ils n'avaient probablement pas perçu toute la portée, comme la plupart de leurs contemporains. Ainsi, le livre de Daniel qui annonçait la relevée des morts et le Jugement : « Beaucoup de ceux qui dorment dans le sol poussiéreux se réveilleront, ceux-ci pour la vie éternelle, ceux-là pour l'opprobre, pour l'horreur éternelle » (12, 2). Ainsi, le livre des Maccabées à propos de sept frères condamnés à la torture et à la mort pour leur foi : « Scélérat que tu es, disaient-ils à leur bourreau, tu nous exclus de la vie présente, mais le roi du monde, parce que nous serons morts pour ses lois, nous ressuscitera pour une vie éternelle » (2, 7, 9).

Jésus n'était pas le Messie triomphant attendu. Pour de nombreux juifs, la croix a été un obstacle à leur conversion. « Peut-on imaginer, écrit le père Maurice Zundel, que le salut puisse s'accomplir dans la défaite ? Peut-on penser que la toute-puissance de Dieu aboutisse à une catastrophe ? Peut-on accepter que des siècles d'attente, de prophétie, d'espérance, aboutissent à la mort de celui-là même qui devait tout sauver ? C'est de la folie ! Notre bonheur aujourd'hui, c'est de pressentir qu'il faut changer de Dieu, qu'il faut non pas donner à Dieu ce visage de pharaon, de maître, qui tire les fils de l'histoire, mais retrouver ou plutôt découvrir Dieu comme un amour caché au-dedans de nous-mêmes, comme un amour fragile et désarmé, comme tout amour[1] ! »

La vision que se sont faite de Dieu – au moins en partie – les Hébreux était assurément celle d'un Dieu sévère

1. In *Vie, mort et résurrection*, éd. Anne Sigier, 1995, p. 102.

et jaloux, mais Dieu n'a pas changé entre le Premier et le Second Testament. Saint, miséricordieux et juste, il a offert à l'humanité pécheresse son pardon et la grâce du Salut par le sacrifice expiatoire de son Fils. Tout commence avec la Promesse de Dieu à Abraham. Celle-ci se poursuit par la Loi donnée au peuple élu, en attendant la révélation de la Foi, pour reprendre le vocabulaire de Paul. Cela nécessitait une lente et progressive pédagogie passant par des alliances, des rites et un système sacrificiel provisoire. « La Loi est devenue notre pédagogue jusqu'au Christ afin que nous fussions justifiés par la Foi [...]. Mais si vous êtes du Christ, alors vous êtes la descendance d'Abraham, héritiers selon la Promesse » (Galates 3, 24-29). Il y a continuité de la Promesse à la manifestation suprême de l'Amour en Jésus-Christ, qui est l'accomplissement des prophéties ayant jalonné la vie sainte d'Israël. La tentation marcioniste est grande si l'on ne comprend pas que Jésus est venu révéler le vrai visage du Père. « Qui me voit voit le Père », disait-il à Philippe (Jean 14, 9).

Voir : Emmaüs.

André

Est-ce parce qu'il figure parmi mes saints patrons que je m'intéresse à cet apôtre dont le nom est porté par de nombreuses églises en Orient, mais dont la renommée se trouve éclipsée par celle de son frère Simon-Pierre ? Bien des incertitudes entourent la vie de ce pêcheur de

Capharnaüm qui habitait dans la maison de la belle-famille de son frère. Ces deux fils de Iona (ou Jonas, Jean) étaient originaires de Bethsaïda, autre petit port de la côte nord du lac de Génésareth. Tout en travaillant dur pour gagner leur vie, c'étaient des hommes pieux, cherchant Dieu et attendant le Messie. André, comme beaucoup en Galilée, avait suivi Jean le Baptiste dans sa prédication itinérante et sans doute avait-il été baptisé par lui dans les eaux du Jourdain ou de l'un de ses affluents. Jean, l'auteur du quatrième Evangile, nous conte en termes sobres sa rencontre avec Jésus. Le Baptiste se trouve avec deux de ses disciples, André et un autre qui n'est pas nommé (et qui est vraisemblablement le narrateur lui-même). Voyant passer Jésus, il dit : « Voici l'Agneau de Dieu. » Il désignait ainsi « celui qui devait venir » et qui allait baptiser non plus dans l'eau, mais dans l'Esprit saint. Aussitôt les deux disciples, enthousiastes, se mettent à le suivre. « Rabbi, où demeures-tu ? — Venez et voyez », leur répond-il simplement. « Ils allèrent donc, relate Jean, et virent où il demeurait et ils restèrent auprès de lui ce jour-là. C'était environ la dixième heure. » Le lendemain, au lever du jour, André rencontre son frère Simon et lui annonce joyeusement : « Nous avons trouvé le Messie ! » Il le présente à Jésus qui, le regardant dans les yeux, lui déclare : « Tu es Simon, le fils de Iona, tu t'appelleras Céphas », autrement dit Pierre (1, 35-42). Les orthodoxes appellent André le *Protocletos*, le « premier appelé », et le considèrent comme le fondateur de l'Eglise orientale.

Dans la hiérarchie des Douze, il fait partie du groupe des proches de Jésus avec Simon-Pierre et les deux autres pêcheurs du lac, Jacques (le Majeur) et Jean, fils de Zébédée. C'est lui qui, lors de la multiplication des pains, conduit au Maître le petit garçon qui avait en sa possession cinq pains et deux poissons…

André portait un nom d'origine grecque signifiant le « viril » ou le « vaillant ». Très certainement, pour des raisons commerciales, il parlait le grec – la petite entreprise de pêche familiale était en contact avec les milieux hellénistiques de la Gaulanitide, de l'autre côté du lac. C'est d'ailleurs à lui qu'un jour l'apôtre Philippe, l'un des Douze, s'adressa pour présenter à Jésus des juifs grecs de la diaspora. Il servit pour l'occasion d'interprète.

Selon l'historien de l'Eglise Eusèbe de Césarée (IVe siècle de notre ère), au moment de la dispersion des apôtres, il aurait reçu mission d'évangéliser la Scythie, au nord de la mer Noire. Selon d'autres sources, il aurait voyagé en Bithynie, à Ephèse, en Thrace, à Byzance, avant de se fixer dans la province d'Achaïe, au nord-ouest de la péninsule du Péloponnèse. C'est là, à Patras, qu'il aurait été crucifié par ordre du proconsul romain dans les années 60, peu avant son frère Pierre.

L'Eglise célèbre son martyre le 30 novembre de chaque année. Sa dépouille fut transportée à Constantinople, mais sa tête resta à Patras au sein de la communauté chrétienne qu'il avait fondée. En 1462, sous le pontificat de Pie II, elle fut transférée à Saint-Pierre de Rome, où elle fut considérée comme l'une des grandes reliques de la chrétienté. En 1964, Paul VI, dans un geste d'œcuménisme, la restitua à l'église de Patras. Achevée dix ans plus tard, la basilique Saint-André, qui abrite les restes de l'apôtre vénéré, est le plus vaste édifice de style byzantin de Grèce et de tous les Balkans.

Ce que l'on sait moins, c'est le rôle non négligeable joué par André dans l'élaboration du quatrième Evangile. Les textes de Matthieu et de Luc ne parlant pas des tout débuts du ministère public de Jésus, avant l'emprisonnement de Jean le Baptiste, quelques apôtres et responsables d'églises locales, dont André, demandèrent au presbytre Jean – autrement dit Jean l'évangéliste –, ce juif lettré de Jérusalem qui avait connu Jésus et les avait tous reçus dans sa maison au soir du dernier repas, de rédiger en leur nom un nouveau récit des événements. Si l'on en croit un texte ancien, le canon de Muratori, datant de l'an 150 environ, il fut convenu qu'André et ses compagnons « reliraient » le texte du disciple bien-aimé, qui s'était d'abord montré réticent à entreprendre pareil ouvrage. Ce sont probablement eux qui lui fournirent des détails sur les épisodes du ministère galiléen qu'il n'avait pas vécus, particulièrement la multiplication des pains et le discours sur le pain de Vie dans la synagogue de Capharnaüm, eux enfin qui attestèrent l'authenticité de l'écrit johannique : « C'est ce disciple [Jean] qui témoigne de ces faits et qui les a écrits et nous savons que son témoignage est véridique » (21, 24).

Utilisée dans de nombreux pavillons et drapeaux, la croix en forme de X, dite de saint André, la *crux decussata*, est une création médiévale. On ignore en réalité la forme de l'instrument du supplice sur lequel les Romains, au temps de Néron, firent périr le courageux frère de Pierre.

Voir : Evangiles canoniques ; Jean l'évangéliste.

Ascension

La scène a inspiré de nombreux peintres au cours de l'Histoire. Une des plus belles œuvres, à mon avis, est la fresque de Giotto, datant du début du XIVe siècle, conservée dans la chapelle Scrovegni de Padoue. Jésus dans une mandorle d'or, signe de sa divinité, s'élève en compagnie des anges et des patriarches qui ont les bras tendus comme lui. Sur la terre, figurent la Vierge et les apôtres priant avec une intense ferveur. On ne se lasse pas de contempler ce mouvement ascendant qui entraîne le regard vers le ciel et ce bleu inimitable qui fait vibrer l'ensemble de cette étonnante création artistique.

Crucifié le vendredi saint, ressuscité le lendemain de la Pâque, Jésus était apparu à plusieurs reprises aux Onze, à ses disciples et aux membres de son clan familial, dont son « frère » Jacques, puis à plus de « cinq cents frères », précise Paul, durant quarante jours, chiffre symbolique à forte connotation biblique, comme les quarante ans d'errance dans le désert du peuple juif ou les quarante jours de jeûne de Jésus. A l'issue de cette période, au cours de laquelle il avait parachevé son enseignement, il leur enjoignit de ne pas s'éloigner de Jérusalem et d'y attendre la manifestation de l'Esprit.

Lors d'un repas, les apôtres l'interrogèrent : « Seigneur, est-ce maintenant le temps que tu vas restaurer la royauté en Israël ? — Il ne vous appartient pas de connaître les temps et moments que le Père a fixés de sa seule autorité, leur répondit-il. Mais vous allez recevoir une force, celle de l'Esprit saint qui descendra sur vous. Vous serez alors mes témoins à Jérusalem, dans toute la Judée et la Samarie, et jusqu'aux extrémités de la terre » (Actes des Apôtres 1, 6-8).

Les écrivains de l'Antiquité n'ont pas notre manière de relater les événements. Ils prennent leurs aises avec la chronologie, l'essentiel étant pour eux le message et sa signification profonde. Dans son Evangile, dont la rédaction a précédé de peu celle des Actes des Apôtres (au début des années 60), Luc, dans un souci de simplification pédagogique, a situé l'épisode de l'Ascension le jour même de la Résurrection : après leur être apparu, dit-il, Jésus emmène ses disciples « jusque vers Béthanie ». Là, il lève les mains, les bénit, puis se sépare d'eux, emporté au Ciel…

Revenant sur l'événement dans les Actes des Apôtres, il donne davantage de précisions : après avoir délivré durant quarante jours son dernier enseignement, il s'élève du mont des Oliviers, et une nuée le dérobe aux regards des témoins. Comme ceux-ci fixent le ciel, tandis qu'il s'éloigne peu à peu, deux hommes en habits blancs se présentent et leur disent : « Galiléens, pourquoi vous tenez-vous là, regardant le ciel ? Ce Jésus, qui a été enlevé d'auprès de vous vers le ciel, viendra de la même manière que vous l'avez vu s'en aller vers le ciel. » Ainsi commence pour les disciples, séparés de leur Maître, le temps de l'annonce et du témoignage. C'est le début de l'Eglise. Jésus n'abandonne pas pour autant les siens. A la Pentecôte, il leur enverra le Paraclet, l'Esprit…

Commémorant le souvenir de l'événement, un édicule octogonal au sommet du mont des Oliviers, datant des croisades du XIIe siècle, a succédé à un édifice construit en 376 par une riche chrétienne romaine, Poemenia. Il est intégré aujourd'hui dans une mosquée. On peut y voir la trace de la dernière empreinte de Jésus sur terre : une pieuse tradition sans fondement, à l'authenticité de laquelle nul, bien entendu, n'est obligé de croire…

Aveugle-né

C'est l'un des sept miracles retenus par Jean. Comme toujours, ce qui me plaît dans son Evangile, c'est la façon simple et vive, j'ai presque envie de dire moderne, avec laquelle il mène son récit. Et, en même temps, celui-ci est marqué par cette saveur sémitique inimitable qui vient de l'Orient ancien et a traversé les siècles. On sent vraiment revivre un monde disparu (9, 1-41).

C'est le premier sabbat qui suit la fête des Tentes d'octobre 32. Les disciples interrogent Jésus à propos d'un mendiant, aveugle de naissance. « Rabbi, qui a péché, lui ou ses parents, pour qu'il soit aveugle ? » Leur question, n'en doutons pas, reflète la mentalité courante des juifs de cette époque, y compris probablement celle de beaucoup de pharisiens. On pensait que la justice divine se réalisait sur terre et qu'en conséquence il n'y avait pas de souffrance sans culpabilité. Le malheur est le fruit du péché. La cécité de l'homme vient de ce qu'il a fait ou de ce qu'ont fait ses parents. Les disciples voudraient être éclairés sur ce mystère.

Or, pour Jésus, il n'y a pas de lien de cause à effet entre le mal et le malheur. Ce n'est pas la première fois qu'il aborde le sujet. Quelques mois auparavant, comme on l'avait informé d'une répression brutale menée par Ponce Pilate contre des Galiléens à Jérusalem, il leur avait enseigné que le péché n'est pour rien dans leur mort, tout en profitant de cet événement tragique pour rappeler à l'urgente nécessité de la conversion, comme les prophètes de l'ancien temps. « Pensez-vous que ces Galiléens furent plus grands pécheurs que tous les autres Galiléens parce qu'ils ont subi pareil sort ? Non, je vous le dis ; mais si vous ne vous repentez pas, vous périrez pareillement. Ou ces dix-huit personnes que la tour de Siloé a tuées dans sa chute, pensez-vous que leur dette fut plus grande que celle de tous les hommes qui habitent Jérusalem ? Non, je vous le dis ; mais si vous ne voulez pas vous repentir, vous périrez tous de même » (Luc 13, 2-5).

Cette fois, il leur répond que nul n'a péché, ni l'aveugle ni ses parents. « C'est pour qu'en lui soient manifestées les œuvres de Dieu. » « Tant qu'il fait jour, poursuit-il, il nous faut travailler aux œuvres de Celui qui m'a envoyé ; vient la nuit, où nul ne peut travailler. Aussi longtemps que je suis dans le monde, je suis la lumière du monde. »

Il se met ensuite à cracher par terre et à faire un peu de boue avec sa salive, qu'il applique sur les yeux de l'infirme. « Va te laver à la piscine de Siloé », lui dit-il. Celui-ci s'y rend (elle est située au sud de la ville), se frotte les yeux avec de l'eau et – miracle ! – voit enfin. Les passants, les voisins n'en reviennent pas. Les discussions s'engagent. « N'est-ce pas celui qui se tenait assis et mendiait ? » « C'est lui ! », s'étonnent certains, abasourdis. « Non, répondent d'autres, mais il lui ressemble. » On l'interroge : « Comment donc tes yeux se sont-ils ouverts ? » Il répond : « L'homme qu'on appelle Jésus a fait de la boue et m'en a enduit les yeux, et il m'a dit : Va à Siloé et lave-toi. J'y suis donc allé et m'étant lavé j'ai recouvré la vue. » Il est encore sous le choc. On le serait à moins ! Ses interlocuteurs insistent. Ce Jésus, où est-il donc ? « Je ne sais pas. »

Le petit peuple de Jérusalem n'en reste pas là. Le cas est si prodigieux, si inouï. Une foule conduit le miraculé aux pharisiens. Ceux-ci de nouveau pressent le mendiant de questions. Ils sursautent quand ils apprennent que Jésus, auquel ils s'affrontent depuis des mois, a fabriqué de la boue avec sa salive : par ce geste provocateur, il a transgressé la loi du sabbat. Comment peut-il prétendre venir d'auprès de Dieu, puisqu'il lui désobéit ? Preuve que c'est un séducteur, un faux prophète, comme le condamne le

Deutéronome, et qu'il mérite la mort. Mais certains s'interrogent. Un homme pécheur pourrait-il faire de tels signes ? Pourquoi Dieu l'a-t-il exaucé ? Ils se tournent vers le miraculé. « Toi, que dis-tu de lui, de ce qu'il t'a ouvert les yeux ? » L'homme répond : « C'est un prophète. »

L'événement fait grand bruit dans les ruelles qui montent au Temple. Il tracasse les pharisiens. N'y a-t-il pas eu supercherie ? Après tout, c'est peut-être un faux aveugle qui a inventé sa cécité pour inspirer pitié et gagner davantage d'argent. Pour en avoir le cœur net, ils convoquent ses parents. « Est-ce là votre fils, leur demandent-ils, dont vous dites, vous, qu'il est né aveugle ? Comment donc voit-il à présent ? » Les parents sont prudents. Ils ont entendu parler de Jésus et savent que ses adversaires sont résolus à mettre au ban de la communauté tous ceux qui le reconnaîtraient comme le messie d'Israël. Selon l'historien allemand Emil Schürer, ces sortes d'excommunications avaient de graves conséquences pour les familles. Elles pouvaient durer une semaine, un mois ou même être définitives. Ils répondent : « Nous savons que c'est lui notre fils et qu'il est né aveugle. Mais comment il voit maintenant, nous n'en savons rien ou qui lui a ouvert les yeux, nous, nous n'en savons rien. Interrogez-le ; il a l'âge : il s'expliquera sur son compte. »

Les pharisiens font revenir l'intéressé et l'interpellent : « Rends grâce à Dieu ! Nous savons, nous, que cet homme est pécheur. » L'autre réplique prudemment : « Si c'est un pécheur, je ne sais ; je ne sais qu'une chose, c'est que j'étais aveugle et qu'à présent je vois. » La réponse ne plaît pas. « Que t'a-t-il fait ? Comment t'a-t-il ouvert les yeux ? » Cette inquisition devient lassante. « Je vous l'ai déjà dit, et vous n'avez pas écouté. Pourquoi voulez-vous l'entendre de nouveau ? » Et il leur lance cette boutade : « Voudriez-vous, vous aussi, devenir ses disciples ? » Il ne manque pas d'humour ! Aussitôt, le ton monte. « C'est toi qui es disciple de cet homme ; nous sommes, nous, disciples de Moïse. Nous savons, nous, que Dieu a parlé à Moïse ; mais celui-là, nous ne savons pas d'où il est. » Le mendiant s'enhardit : « C'est bien là l'étonnant, que vous ne sachiez, vous, d'où il est, alors qu'il m'a ouvert les yeux. Nous savons que Dieu n'exauce pas les pécheurs ; mais si quelqu'un est pieux et fait sa volonté, celui-là, il l'exauce. Jamais on n'a ouï dire que quelqu'un ait ouvert les yeux d'un aveugle-né. Si cet homme ne venait pas de Dieu, il ne saurait rien faire. » Il n'en faut pas davantage pour rendre furieux ces spécialistes de la Loi : « Toi, tu n'es que péché depuis ta naissance, et c'est toi qui nous fais la leçon ! » Ils l'expulsent.

Jésus ne tarde pas à apprendre l'incident. Rencontrant celui à qui il a donné la vue, il lui demande : « Crois-tu au Fils de l'Homme ? » Le mendiant ne connaît pas cette figure biblique. « Et qui est-il, Seigneur, pour que je croie en lui ? » Jésus lui répond : « Celui qui te parle, c'est lui. » Alors, l'autre affirme : « Je crois, Seigneur », et il se prosterne. Jésus conclut : « C'est pour un jugement que moi je suis venu en ce monde : pour que ceux qui ne voient pas voient, et que ceux qui voient deviennent aveugles. » Comme d'habitude, il y a du monde autour de lui, notamment des pharisiens qui se hasardent à le questionner : « Est-ce que nous aussi, nous serions aveugles ? » La réponse fuse : « Si vous étiez aveugles, vous n'auriez pas de péché ; mais, maintenant, parce que vous dites : *Nous voyons*, votre péché demeure » (Jean 9, 1-41).

Lumière du monde, Jésus est le Verbe qui « brille dans les ténèbres », comme dit saint Jean dans son Prologue. Il rend voyants les justes et aveugles ceux qui s'estiment clairvoyants. Irénée l'expliquera : comme le Dieu de la Genèse qui a formé Adam avec de la boue, Jésus, maître du sabbat, achève la création première en façonnant ainsi l'homme nouveau.

B

Baptême de Jésus

Je me rappelle qu'au catéchisme je n'avais pas compris la différence entre le baptême de Jésus au Jourdain et le baptême chrétien que j'avais reçu, et je ne suis pas sûr que mes camarades eux aussi en aient eu une nette conscience. Le même mot ne recouvre pas la même réalité. Jean le Baptiste, en effet, conférait un baptême d'attente par immersion à ceux qui venaient à lui après avoir fait une démarche de conversion et de purification. Le baptême chrétien, lui, se fait dans la mort et la résurrection de Jésus et donne le pardon.

Le fait que Jésus, considéré par l'Eglise comme le Fils de Dieu, ait voulu recevoir le baptême de Jean a créé un certain embarras. Etant exempt du péché originel, qu'avait-il à recevoir ce signe du Baptiste ? Si l'on se réfère à l'Evangile selon saint Matthieu, le prophète du désert avait même tenté de le détourner de cette intention : « C'est moi, s'exclama-t-il, qui ai besoin d'être immergé par toi, et toi, tu viens à moi ! » Mais Jésus lui répondit : « Laisse faire pour l'instant : car c'est ainsi qu'il convient d'accomplir toute justice » (3, 14-15).

Ce serait donc un geste d'accomplissement, Jésus agissant en solidarité avec l'Israël repentant. Il le dira ultérieurement, lors d'une de ses controverses avec les prêtres de Jérusalem : le baptême de Jean est d'institution divine. Il se situe dans l'économie du Salut. Du reste, ce rite n'avait pas pour objet de pardonner les péchés – seul Dieu pouvait le faire –, mais d'appeler à la conversion et d'engager à une vie nouvelle dans l'attente de Celui qui baptiserait dans l'Esprit.

Le baptême de Jésus, que l'on peut dater du printemps de l'an 30, fut l'objet d'une épiphanie*. Au moment qu'il sortait de l'eau, « les cieux s'ouvrirent, relate Matthieu, et il vit l'Esprit de Dieu descendre comme une colombe et venir sur lui. Et voici une voix, partie des cieux, qui disait : *Celui-ci est mon Fils bien-aimé, qui a toute ma faveur* » (3, 16-17). Selon Matthieu et Marc, qui utilisent la même source scripturaire, la voix n'aurait été entendue que de Jésus seul. Pour Luc, au contraire, ceux qui étaient présents sur les bords du Jourdain l'auraient perçue. Néanmoins, certains manuscrits de l'Evangile de Matthieu, comme les *Codex Vercellensis* (IVᵉ siècle) et *Sangermanensis* (VIIᵉ siècle), parlent d'une « vive lumière » qui se serait élevée de l'eau, emplissant de crainte les spectateurs. Le phénomène avait déjà été mentionné par un évangile apocryphe, celui des Ebionites, et surtout par le philosophe chrétien Justin de Naplouse au IIᵉ siècle dans son *Dialogue avec Tryphon* : « Alors Jésus vint au fleuve du Jourdain où Jean baptisait ; tandis qu'il descendait dans l'eau, du feu même s'alluma dans le Jourdain ; et pendant qu'il remontait de l'eau, l'Esprit saint, comme une colombe, voltigea sur lui ; ce sont les apôtres de ce Christ lui-même qui l'ont écrit. »

L'évangéliste Jean, qui fut très vraisemblablement un adepte du Baptiste avant de devenir avec André l'un des deux premiers disciples de Jésus, n'était peut-être pas présent lors de cette scène. Mais il entendit le lendemain le Baptiste dire à son entourage : « Voici l'Agneau de Dieu qui enlève le péché du monde. C'est de lui que j'ai dit : *Après moi vient un homme qui m'a devancé, parce que, avant moi, il était.* Moi-même je ne le connaissais pas, mais c'est en vue de sa manifestation à Israël que je suis venu baptiser dans l'eau » (1, 29-31).

Certains exégètes se sont interrogés sur l'éventuelle contradiction entre la phrase de Jean « Je ne le connaissais pas » et le cousinage attesté par Luc entre Jésus et le Baptiste. Ce que le Précurseur voulait sans doute dire, c'est qu'il ne se doutait nullement, avant la révélation divine, que Jésus était Celui « qui devait venir » après lui : « Celui sur lequel tu verras l'Esprit descendre et demeurer sur lui, c'est lui qui baptise dans l'Esprit saint. » Quelques jours plus tard, en effet, le Baptiste était témoin du phénomène théophanique* dans le Jourdain : « J'ai vu l'Esprit telle une colombe descendre du Ciel et demeurer sur lui [...]. J'ai vu et j'atteste qu'il est, lui, le Fils de Dieu » (1, 33-34).

Cette dernière expression est probablement à prendre au sens large et vétérotestamentaire et non au sens christologique tel que le définiront les conciles.

A l'occasion de son baptême, Jésus a certainement vécu une expérience personnelle de grande importance, qu'il est cependant difficile de préciser. Sans doute, comme le montre l'épisode des docteurs interrogeant le jeune Jésus âgé de douze ans, celui-ci avait déjà pleinement conscience de la singularité de son union intime, totale, avec Dieu son Père, mais le fait est que ce n'est qu'à partir de la mystérieuse théophanie du Jourdain qu'il inaugure sa vie publique. A-t-elle été le phénomène déclenchant ?

Voir : Jean le Baptiste ; Jourdain.

Barabbas

C'était un sujet en or pour un péplum des années 60, avec les clichés les plus attendus : le brigand meurtrier, dépassé par les événements, l'honnête gouverneur de Judée, les soldats romains et leur casque à plumes d'autruche noires, plus vrais que nature, les juifs plus stéréotypés que jamais, les scènes de cirque et de gladiateurs, et pour thème principal la psychologie douloureuse de cette brute avinée qui retombe dans ses travers tout en se sentant coupable d'avoir été gracié à la place de Jésus. Pourquoi donc a-t-il été condamné à vivre ? Inspiré d'un roman du Suédois Pär Lagerkvist, prix Nobel de littérature en 1951, le film italo-américain de Richard Fleischer *Barabbas* a eu son heure de succès en 1962, avant de tomber dans l'oubli.

Je n'aime guère le romanesque qui broche l'Histoire sans en respecter les règles, mais je dois avouer que cette superproduction se laisse regarder assez agréablement, ne serait-ce que pour le jeu d'Anthony Quinn, superbe Barabbas shakespearien aux yeux hagards et à la bouche tombante. Avec des interrogations angoissées, la foi chemine en ce rustre jusqu'à éclater sur la croix, à laquelle il est condamné lors de l'incendie de Rome. Les effets spéciaux n'ayant pas encore atteint le niveau de perfection d'aujourd'hui, le réalisateur, pour reproduire les ténèbres du vendredi saint, a filmé une authentique éclipse solaire, celle du 15 février 1961, sans se rendre compte d'ailleurs qu'en période de pleine lune une telle occultation est physiquement impossible !

Passons à l'Histoire. Le vrai personnage de Barabbas m'a toujours intrigué. Venu d'on ne sait où, sinon d'une prison de Jérusalem, il n'apparaît qu'au moment du procès romain de Jésus, y occupe l'une des phases décisives, puis disparaît à tout jamais.

Ponce Pilate est embarrassé par la demande des grands prêtres Hanne et Caïphe de condamner à mort Jésus, qu'ils lui ont livré le matin du vendredi 3 avril 33, veille de la Pâque. Il s'est vite rendu compte, après un court interrogatoire, que l'homme n'est pas le messie révolutionnaire qu'ils lui ont présenté. « Mon royaume n'est pas de ce monde », lui a dit ce dernier. Ne voulant pas se laisser instrumentaliser par eux, il cherche tous les prétextes pour se débarrasser de ce procès, comme sa femme, du reste, va le lui conseiller après un songe prémonitoire. Il a d'abord envoyé Jésus à Hérode Antipas, mais la manœuvre a échoué, le tétrarque de Galilée ayant refusé de le juger. C'est alors que lui vient une idée : comme d'habitude depuis qu'il est en poste à Jérusalem, lors de la Pâque juive, il gracie et relâche un prisonnier à la demande de la foule. Or dans les geôles (probablement à la forteresse Antonia) se trouve un brigand nommé Barabbas ou Bar Abbas (de l'araméen *Bar Abba*, le fils du père ou du maître) qui doit passer en jugement. Pourquoi ne proposerait-il pas au peuple de choisir ? Il est persuadé que le peuple réclamera massivement la libération de Jésus, cet illuminé qui rêve d'un royaume qui n'est pas de ce monde, de ce « juste » comme l'appelle sa femme, et non celle du malfaiteur. Ainsi pourrait-il contrer les grands prêtres, rabattre leur arrogance.

L'usage invoqué a fait l'objet de controverses entre les spécialistes du droit romain, car les Evangiles sont seuls à y faire référence. Il ne s'agit certainement pas de l'*abolitio*, grâce collective conduisant à l'abandon d'une procédure judiciaire, ni de l'*indulgentia*, suspension de peine à la suite d'un appel, ni même de la *venia*, simple grâce individuelle. Cela dit, il n'y a pas de raison de douter de l'authenticité de cette coutume très localisée, qui n'a de ce fait laissé aucune trace dans les ouvrages de jurisprudence. Acceptée par les Romains, elle avait certainement pour but de relâcher la pression de l'occupation en faisant plaisir à bon compte aux foules juives lors du rituel pascal.

Voici donc Ponce Pilate qui s'avance sur le parvis du prétoire et s'adresse à l'assistance : « Qui voulez-vous que je relâche, Barabbas ou Jésus, celui qui est appelé le roi des juifs ? »

Le préfet romain ne s'est pas rendu compte que la foule présente est différente de celle des pèlerins juifs habituels venus à Jérusalem. Ayant échoué à obtenir la condamnation rapide et discrète de Jésus, les grands prêtres ont ameuté autour de l'ancien palais d'Hérode tous leurs obligés, leurs clients, gardes, serviteurs stipendiés, hommes de sac et de corde. Leur puissance à Jérusalem est sans pareille : par l'intermédiaire des 7 200 prêtres et des 9 600 lévites, ils contrôlent quasi toute l'économie de la Ville sainte et sont en état de mobiliser en un instant des milliers d'affidés.

La consigne circule vite dans les rangs. « Barabbas ! Barabbas ! », scande-t-on. C'est lui qui doit être libéré. « Que ferai-je donc de celui que vous appelez le roi des juifs ? », interroge le représentant de Rome interloqué. « Qu'il soit crucifié ! », lui crie-t-on. « Qu'a-t-il donc fait de mal ? reprend Pilate. Je n'ai rien trouvé en lui qui motive la mort. Je le relâcherai donc après l'avoir corrigé. » La foule hurle : « Crucifie-le ! » La manœuvre a échoué…

Il faut céder. Selon Matthieu, symboliquement, Pilate fait verser de l'eau dans une cuvette et se lave publiquement les mains. « Je suis innocent de ce sang, dit-il ; c'est votre affaire ! » La foule réplique : « Son sang sur nous et nos enfants ! » Terrible formule que l'on trouve dans le Premier Testament, qui va, hélas, servir de prétexte à des siècles d'antijudaïsme et d'incompréhension. « Il ne s'agit là, explique l'exégète américain Raymond E. Brown dans son volumineux ouvrage *La Mort du Messie*, ni d'un cri d'assoiffés de sang ni d'une automalédiction, mais d'une affirmation par laquelle, en dépit du jugement d'innocence prononcé par Pilate, ils [les partisans des grands prêtres] considèrent Jésus comme coupable et veulent être responsables devant Dieu de son sang versé. » Enfin, Barabbas est relâché et se perd à tout jamais dans la foule.

Que connaît-on au juste du personnage ? Matthieu le présente comme un « prisonnier fameux ». On sait que Pilate ne venait à Jérusalem que lors des grandes fêtes juives, qui nécessitaient sa présence pour des raisons de maintien de l'ordre. Il procédait alors au jugement des criminels qu'on lui présentait. On peut en déduire que Barrabas avait été arrêté après son dernier séjour dans la Ville sainte, qui remontait probablement à Soukkot d'octobre 32. Selon des fragments très anciens de manuscrits des Evangiles, il portait lui aussi le prénom de Jésus. Trait singulier : Pilate aurait offert à la foule le choix entre Jésus qui se prétendait le Fils du Père et Jésus Barabbas (étymologiquement, le fils du Père) !

Pour éviter la confusion, les manuscrits ultérieurs ont supprimé le prénom du brigand. « Il ne convient pas, écrivait Origène au IIIe siècle, de donner ce nom à un personnage inique et, d'ailleurs, aucun pécheur n'est ainsi nommé dans les Ecritures. » Cette gêne tend à prouver que notre Barabbas se prénommait bien ainsi…

Intéressantes sont les notations de Marc et de Luc. Selon le premier, l'homme était « détenu avec les séditieux qui, lors de l'émeute, avaient commis un meurtre ». Selon le second, il avait été jeté en prison « pour une sédition survenue dans la ville et pour un meurtre ». Jean, dans son Evangile, dit plus simplement que c'était un « brigand » (*lestes*, en grec). Or ce terme servira ultérieurement à désigner les résistants juifs à l'occupation romaine. Il n'en fallut pas davantage à certains historiens pour faire de Barabbas un terroriste zélote. Ce n'est pas mon avis. Rien ne permet d'assimiler les brigands de ce temps, voyous et voleurs de grand chemin, nombreux en milieu rural, à des combattants impliqués dans une guérilla de libération nationale. Durant la période de la préfecture romaine allant de l'an 6 à l'an 41, il n'y eut aucun mouvement de résistance structuré. Les terroristes ou sicaires ne feront leur apparition qu'à partir des années 54-60 sous les procurateurs Félix et Festus, rejoints vers la fin de 66 par un groupe de jeunes nationalistes pieux, les zélotes. Du temps de Tibère, dit Tacite, tout était calme en Judée, autrement dit il n'y avait aucune agitation politique, ce qui n'empêchait pas l'existence d'une certaine insécurité dans les campagnes. Des désordres, des rapines s'y produisaient. Le pays n'était pas sûr. On le ressent jusque dans la parabole du bon Samaritain. L'agitation gagnait Jérusalem au moment des grandes fêtes, les voleurs profitant de la présence de foules immenses pour agir en toute impunité. A cela s'ajoute un argument de bon sens. Si Barabbas avait été un ennemi des Romains, instigateur d'une sédition, imagine-t-on que Pilate aurait couru le risque – et l'humiliation – de proposer sa libération à des foules juives ? Non, c'était certainement un homme sans foi ni loi, dont les honnêtes Judéens pouvaient souhaiter être débarrassés. Avait-il profité quelques jours plus tôt de l'afflux des pèlerins pour provoquer le pillage d'un marché ? C'est vraisemblable. L'affaire avait mal tourné. Il y avait eu un mort, et le chef des brigands avait été arrêté.

Reste à savoir pour quelle raison ce criminel de droit commun était « fameux ». S'était-il rendu populaire pour avoir longtemps joué au gendarme et au voleur avec la police du Temple, au ravissement des petites gens ? La légende du bandit au grand cœur ne date pas de notre époque. Barabbas était peut-être le Cartouche ou le Mandrin de Judée. Qui sait même si des complaintes populaires ne lui étaient pas dédiées !

Voir : Passion de Jésus ; Ponce Pilate.

Barque de Jésus

En mars 1986, par suite d'une baisse importante des eaux du lac de Tibériade due à la sécheresse de l'année précédente, une embarcation de cèdre et de chêne fut découverte dans la vase du rivage nord-ouest. On mit onze jours à la dégager avec d'infinies précautions. Ventrue, mais de faible tirant d'eau, assemblée par des tenons et mortaises, elle mesurait 8,20 mètres de long sur 2,50 mètres dans sa largeur maximale. Elle n'avait plus de pont, de mât ni de gouvernail. Pauvre nef ! A l'intérieur de la carène, on trouva une petite lampe à huile et une pointe de flèche. Près de la proue, on dégagea une cocotte en terre cuite, qui devait servir à la cuisine, ainsi que quelques pièces de monnaie du Ier siècle. Quatre hommes et un capitaine à la barre étaient nécessaires pour la manœuvrer, mais elle pouvait loger quelques pêcheurs et assistants supplémentaires. Une mosaïque découverte dans les ruines de Magdala représente une barque de ce type. Celle-là fut méthodiquement restaurée et conservée grâce à un bain de cire dure. Le carbone 14 la data entre 50 avant notre ère et 75 après.

Il n'en fallut pas davantage pour la surnommer la « barque de Jésus », c'est-à-dire celle de la petite entreprise de pêche de Simon-Pierre à Capharnaüm. C'était évidemment un raccourci audacieux. Mais elle nous renseigne sur les bateaux de cette époque et leurs techniques de construction. Peut-être a-t-elle servi lors de la bataille navale qui opposa dans ces parages les Romains aux zélotes révoltés en l'an 67 ? Flavius Josèphe, témoin de ce désastre, dit que 6 700 juifs y perdirent la vie et que leur flottille fut engloutie.

Cette épave noircie tirée des rives sablonneuses du lac bleuté, je l'ai vue au kibboutz de Ginossar, où elle est la principale attraction du public. En la regardant, je pensais à la barque de Pierre d'aujourd'hui, autrement dit l'Eglise, vieil esquif ballotté par les tempêtes de l'Histoire, qui, en deux mille ans, a évité bien des récifs, connu quelques voies d'eau sans jamais couler ni dévier du cap fixé par son Maître, Jésus-Christ... Telle la fière nef des armes de Paris, *Fluctuat nec mergitur.*

Voir : Pierre.

Béatitudes

Sur une colline dominant le lac de Génésareth s'élève, au milieu d'un paisible et agréable jardin orné de fleurs innombrables, de cyprès et de palmiers, l'église des Béatitudes, inaugurée en 1938. Chaque année, des dizaines de milliers de pèlerins viennent en ce lieu. A une centaine de mètres, les fouilles archéologiques ont permis de retrouver les vestiges d'une minuscule église et d'un monastère du Vᵉ siècle. L'endroit est d'une sublime beauté.

Du déambulatoire ombragé qui court le long du bâtiment moderne de forme octogonale, j'ai eu peine, je l'avoue, à m'arracher à la vue des eaux bleutées et étincelantes du lac. Au printemps, ces hauteurs de l'Eremos se couvrent d'un tapis multicolore de fleurs sauvages.

Est-ce en songeant à l'anémone rouge ou à l'iris bleu que Jésus a parlé des « lis des champs » dont la parure « surpasse en beauté la magnificence de Salomon » ? Comment oublier cette « merveilleuse atmosphère, cette beauté de la nature », dit avec émotion Joseph Ratzinger/Benoît XVI dans son *Jésus de Nazareth* ? Ici plus qu'ailleurs on ressent la joie douce et profonde de l'Evangile.

En contrebas, me promenant le long du rivage qui va de Tabgha à Capharnaüm, entre les roseaux, les rochers et les cailloux, j'ai cherché avec passion mais sans trouver avec certitude la « crique du semeur » ou « crique des paraboles », celle d'où Jésus, monté dans une barque, aurait parlé devant un nombre impressionnant de disciples venus l'écouter (Marc 4, 1-2). Ces petites anses naturelles – il en existe plusieurs – sont assez semblables et remarquables par leurs propriétés acoustiques peu ordinaires. En décembre 1976, un bibliste américain, B. Cobbey Crisler, a rapporté dans le *Biblical Archaeologist* les résultats d'une expérience faite sur place : entre 5 000 et 7 000 personnes pouvaient remplir l'aire d'une de ces criques et entendre distinctement un discours.

Jésus est venu le long de cette rive découpée en petits amphithéâtres, s'est promené sur la colline d'Eremos, et là, sur ce tapis floral, au milieu du gazouillis des oiseaux, a proclamé la Bonne Nouvelle et énoncé les Béatitudes qui, par leur message de tendresse et de miséricorde, touchent au plus profond les cœurs :

> Heureux ceux qui ont une âme de pauvre, parce que le Royaume des cieux est à eux ;
> Heureux les doux, parce qu'ils hériteront de la terre ;
> Heureux ceux qui sont dans le deuil, parce qu'ils seront consolés ;
> Heureux ceux qui ont faim et soif de la justice, parce qu'ils seront rassasiés ;
> Heureux les miséricordieux, parce qu'ils obtiendront miséricorde ;
> Heureux ceux qui ont le cœur pur, parce qu'ils verront Dieu ;
> Heureux ceux qui font œuvre de paix, parce qu'ils seront appelés fils de Dieu ;
> Heureux ceux qui sont persécutés à cause de la justice, parce que le Royaume des cieux est à eux ;
> Heureux serez-vous lorsqu'on vous insultera, qu'on vous persécutera et qu'on dira mensongèrement toute sorte de mal à cause de moi ;
> Réjouissez-vous et exultez, parce que votre salaire est grand dans les cieux : car c'est ainsi qu'on a persécuté les prophètes avant vous (Matthieu 5, 3-11).

Ces Béatitudes servent d'ouverture à ce qu'on appelle le « discours sur la montagne », rapporté par Matthieu. Luc en présente une version légèrement différente, accompagnée, là est la nouveauté, de malédictions :

> Malheur à vous, les riches, parce que vous avez reçu votre consolation ;
> Malheur à vous, qui êtes repus maintenant, parce que vous aurez faim ;
> Malheur à vous, qui riez maintenant, parce que vous connaîtrez le deuil et les larmes ;
> Malheur, lorsque tous les hommes diront du bien de vous ; c'est de cette manière, en effet, que leurs pères agissaient avec les faux prophètes (6, 24-26).

Du point de vue scripturaire, il semble que la version matthéenne soit plus proche de la réalité. Si l'on en croit le père Emile Puech, spécialiste des écrits de Qumrân, les neuf béatitudes de Matthieu sont voisines par leur structure et leurs règles de composition de textes esséniens, preuve de leur enracinement dans le monde culturel juif. C'est un genre littéraire nimbé de poésie sémitique. Jésus s'inspire de la littérature sapientielle au point d'en reprendre certaines formules : « Les doux posséderont la terre », dit le psaume 37. La version de Luc relèverait d'un environnement grec. En tout cas, ce qui singularise le discours de Jésus par rapport aux autres béatitudes juives, c'est qu'il se place au centre de la promesse : « Heureux serez-vous lorsqu'on vous insultera, qu'on vous persécutera et qu'on dira mensongèrement toute sorte de mal *à cause de moi* » (Matthieu), « *à cause du Fils de l'Homme* » (Luc).

Ni discours édifiant ni programme moral, les Béatitudes sont sans doute un appel à supporter les souffrances et les injustices de ce bas monde, mais aussi une promesse merveilleuse de consolation au dernier jour. Elles opèrent un renversement des valeurs : le royaume de Dieu appartient aux pauvres, aux humbles, aux affligés, aux tourmentés, aux sans-voix, aux affamés, aux cœurs purs, et non aux riches, aux repus, aux orgueilleux, aux puissants de ce monde, qui jouent des coudes pour accroître leurs profits et leur domination.

« Les pauvres sont nos maîtres », disait saint Vincent de Paul. Combien de saints ont ainsi fait le choix de l'absolue pauvreté. Je pense naturellement à Antoine le Grand, anachorète égyptien qui avait distribué tous ses biens, célèbre dans l'iconographie chrétienne pour ses tentations, à François d'Assise, à Benoît Labre au XVIIIe siècle qui vécut volontairement en vagabond et en clochard ou à Charles de Foucauld. Combien aussi ont consacré leur vie aux pauvres ? Outre l'inoubliable M. Vincent, j'aime la figure de Jeanne Jugan, petite servante bretonne, fondatrice des Petites Sœurs des Pauvres, qui eut la souffrance de se voir voler son œuvre par un prêtre ambitieux, celle de Rosalie Rendu, Fille de la Charité, hospitalière du quartier de la rue Mouffetard, fondatrice avec Frédéric Ozanam de la Société de Saint-Vincent-de-Paul, celle de Madeleine Delbrêl, active assistante sociale qui apporta la lumière du Christ dans une banlieue ouvrière, et celle, plus proche de nous, de la bienheureuse mère Teresa de Calcutta, fondatrice des Missionnaires de la Charité. On n'en finirait pas, en vérité, de citer ceux qui ont fait leur la première Béatitude…

Celle-ci a posé toutefois un délicat problème d'interprétation. Faut-il retenir la formule de Luc : « Heureux les pauvres » ou celle de Matthieu : « Heureux ceux qui ont une âme de pauvre » ? Certains commentateurs ont marqué leur préférence pour la version lucanienne, plus sociale, comme du reste la tonalité de son Evangile, estimant que Matthieu avait inventé les « pauvres en esprit » pour atténuer volontairement la portée de cette parole forte de Jésus. Les pauvres seraient donc les prolétaires, les opprimés, les nécessiteux économiques, d'où plus tard la « théologie de la libération ». Or les manuscrits de la mer Morte culbutent cette interprétation par trop moderne et révolutionnaire. Les « pauvres de cœur », les « pauvres dans l'esprit » sont des formules sémitiques. Les esséniens s'appelaient eux-mêmes « pauvres de ta grâce », « pauvres de ta rédemption ». Dans la tradition hébraïque, les « pauvres » sont en réalité les hommes pieux qui viennent à Dieu les mains vides, disponibles pour recevoir ses bienfaits, les *'anawim*, les « abaissés », les « courbés ». Comme l'a souligné Joseph Ratzinger/Benoît XVI, on peut être nécessiteux sur le plan matériel et avoir le « cœur endurci, vicié, mauvais, intérieurement possédé par l'envie de posséder, oublieux de Dieu et avide de s'approprier le bien d'autrui ». Il n'y a pas dans l'Evangile de prime aux prolétaires. Jésus ne se veut sûrement pas un nouveau Spartacus, soulevant les miséreux contre les possédants ou appelant au renversement de l'ordre social, rendant riches les pauvres et pauvres les riches. Ce qu'il demande, c'est le détachement intérieur à l'égard des biens temporels, la dépossession de soi, loin de la cupidité de notre société.

Cela ne signifie pas pour autant qu'il faille se détourner de ceux qui sont en situation de détresse physique ou mentale, car l'homme a besoin en premier lieu de dignité et de conditions décentes d'existence (*primum vivere, deinde philosophari*, disaient les Anciens, « d'abord vivre, ensuite philosopher »). Là est le combat constant et parfaitement légitime du christianisme social et de son « option préférentielle pour les pauvres ». Ce qu'on appelle la doctrine sociale de l'Eglise n'est pas une vaine construction, décalée par rapport au message évangélique. Songeons aujourd'hui aux appels vibrants du pape François en faveur des migrants déshérités, traités souvent dans l'indifférence par les pays riches, et des *boat people*, réfugiés d'Erythrée et du Proche-Orient fuyant la guerre et scandaleusement abandonnés en pleine mer. Ce n'est nullement un appel politique à accueillir « toute la misère du monde », selon le fameux mot de Michel Rocard – il revient aux Etats de régler le difficile problème des flux migratoires incontrôlés dans l'intérêt du bien commun de chaque communauté –, mais un appel à regarder avec amour, humanité et douceur ces nouveaux « damnés de la terre ».

Voir : Enseignement de Jésus.

Bethesda, la piscine miraculeuse

Le contexte étrange de ce miracle de Jésus, raconté par Jean l'évangéliste, m'a toujours intéressé au point de vue historique. Il témoigne en effet de la coexistence en Israël de la foi juive et des superstitions païennes en vogue dans les milieux populaires.

Ce lieu, encore appelé piscine Probatique, était un sanctuaire païen réputé pour ses guérisons miraculeuses. Alimenté par les eaux de pluie, il était situé au nord-est de l'enceinte du Temple, près de la porte des Brebis, où s'assemblaient les troupeaux d'ovins destinés aux sacrifices. Les restes de ce vaste ensemble architectural sont visibles à côté de l'émouvante et paisible église romane Sainte-Anne, l'un des quatre établissements français du district de Jérusalem avec la basilique du Pater Noster, les Tombeaux des Rois et l'abbaye bénédictine d'Abou Gosh. Ils ont été fouillés dès 1871 par les Pères blancs, propriétaires des lieux.

Dans l'enchevêtrement des grottes, des escaliers et des arches en ruine, on distingue deux grands bassins de forme trapézoïdale, profonds de treize mètres, en partie creusés dans le roc : ce sont les piscines jumelles, séparées du temps de leur splendeur par une digue surmontée d'une colonnade et entourées par quatre autres, d'où leur nom de piscine aux Cinq Portiques.

Les guérisons miraculeuses attribuées à des cultes païens avaient lieu à proximité de ce bel ensemble de style hellénistique, dans des petites piscines privées, alimentées par des canaux. On y descendait par quelques marches. Des vestiges de ces bains ont été mis au jour sous l'église byzantine. Du temps de Jésus, c'était un sanctuaire dédié à Asclépios (appelé encore Sérapis ou Esculape), cet inquiétant dieu guérisseur représenté entouré de serpents, qu'on honorait également à Epidaure, Pergame, Delphes, Corinthe, Athènes et Rome.

En ce début d'automne 31, c'est la fête du nouvel an juif, Rosh Hashanah. Jésus est retourné à Jérusalem après de longs mois passés en Galilée. Il pénètre dans cet étrange domaine. Des bouillonnements intermittents agitent l'eau des bassins. Selon une croyance populaire, celui qui s'immerge à ce moment-là recouvre la santé, quel que soit son mal. Ils sont nombreux les boiteux, les aveugles, les impotents, à guetter la survenance du phénomène. Parmi eux se trouve un grabataire. Jésus s'approche et lui demande s'il veut devenir « sain » (*ugiès* en grec) : c'est un terme très particulier utilisé dans les sanctuaires consacrés à Asclépios, comme l'attestent les inscriptions retrouvées. Il cherche à se mettre à la portée de l'infirme et de ses croyances.

« Seigneur, répond le malheureux, je n'ai personne pour me jeter dans la piscine quand l'eau vient à s'agiter, et, pendant que j'y vais, un autre descend avant moi. » Jésus lui dit alors : « Lève-toi ! Emporte ton grabat et marche. » Aussitôt le prodige s'accomplit : l'homme se redresse, prend son grabat et s'en va. Il n'a pas eu à passer par la magie des eaux bouillonnantes. C'est la personne même de Jésus qui est source de guérison…

L'histoire n'est pas terminée. Le miracle ayant eu lieu un jour de sabbat, les pharisiens, témoins de la scène, s'en offusquent. Ils retrouvent l'homme, l'apostrophent sentencieusement : « Il ne t'est pas permis de porter ton grabat ! » L'autre répond : « Celui qui m'a rendu la santé, celui-là m'a dit : *Emporte et marche !* » Qui donc est cet impudent qui a eu l'audace de transgresser le sabbat, jour où il est interdit de porter le moindre fardeau ? L'ancien infirme avoue ignorer l'identité de son sauveur, qui, entre-temps, a disparu… Il le retrouve un peu plus tard dans l'une des cours du Temple, auquel enfin, comme tout juif bien portant, il peut accéder. « Te voilà guéri, lui dit Jésus ; ne pèche plus désormais, il t'arriverait pis encore. » L'homme a la naïveté d'aller informer les pharisiens qu'il a retrouvé son libérateur. Aussitôt, ceux-ci se mettent à harceler le Nazôréen et lui reprochent d'avoir agi un jour de sabbat. « Mon Père, leur réplique-t-il, travaille toujours et moi aussi je travaille. » Cela suffit à les mettre en fureur et à vouloir le tuer, puisque, comme le dit Jean, « non content de violer le sabbat, il appelait encore Dieu son propre Père, se faisant ainsi l'égal de Dieu » (Jean 5, 18).

Bethléem

Visitant Bethléem il y a quelques années, je me souviens d'avoir vu, près du vénéré tombeau de Rachel, un émouvant graffiti palestinien sur le mur de séparation de huit mètres de haut : il représentait un arbre de Noël enluminé ceint de murs… ! Triste et puissant symbole de la ville de la Nativité, aujourd'hui territoire autonome, dépendant de l'autorité palestinienne, mais totalement enclavé en terre israélienne et dont on ne peut sortir sans avoir été contrôlé au *check point* par de tout jeunes soldats de Tsahal étrennant leur mitraillette et fouillant les voitures et les cars.

Me revient aussi à l'esprit la longue attente dans l'escalier sud de la basilique, à droite du chœur, au milieu d'une foule de touristes occidentaux, indifférents ou blasés, avant d'atteindre l'endroit traditionnel de la naissance de Jésus marqué d'une étoile d'argent datant du XVIIIe siècle, éclairée par quinze lampes d'argent, grecques, arméniennes et latines. Quelques femmes russes embrassaient le sol avec vénération. Il ne fallait pas s'attarder pour ne pas retarder la file.

Le nom de Bethléem viendrait de l'hébreu *beit lahamu*, la « maison de Lahamu », le dieu cananéen de la guerre, et non de *béth leḥem*, la « maison du pain » (comme une étymologie approximative se plaît à le dire depuis Bernard de Clairvaux pour mieux souligner l'analogie : Jésus, né dans une mangeoire à Bethléem, « la maison du pain », se donne à manger comme « le pain vivant venu du Ciel »)…

Cependant, il n'y a aucune raison de douter de la naissance en ce lieu du fils de Marie. Les Evangiles de Matthieu et de Luc précisent qu'il s'agit de « Bethléem de Judée » et non du site rural du même nom en Galilée, à six kilomètres de Nazareth, comme l'affirme depuis les années 1990 l'archéologue israélien Aviram Oshri sur la base de vestiges d'une occupation juive d'époque hérodienne qu'il y a découverts. En mai 2012, un sceau datant du VIIe ou VIIIe siècle avant notre ère a été retrouvé à Bethléem de Judée, preuve que l'endroit existait déjà au temps du royaume de Juda. Rien ne s'oppose à ce que cette minuscule mais très ancienne cité ait été vers l'an mil avant notre ère celle de Jessé, père de David, du clan éphratéen de la tribu d'Ephraïm. Une lettre du roi d'Urushalem (Jérusalem) remontant au XIVe siècle avant J.-C., trouvée dans les archives d'el-Amarna, en Egypte, revendiquait la ville de Bet-Lahmuh comme faisant partie de son domaine.

La seule difficulté vient du recensement de Quirinius, dont parle Luc, pour justifier le déplacement de Marie enceinte de Nazareth à Bethléem. Cette opération de dénombrement de la population date en réalité de l'an 6 de notre ère, soit treize ans après la naissance de Jésus ! Il s'agit sans doute d'un autre recensement, commencé en l'an 8 avant notre ère.

En tout cas, la grotte de la Nativité fut très tôt vénérée. Mais l'empereur Hadrien, après la seconde révolte juive (132-135 de notre ère), refusant tout culte local, juif ou chrétien, la profana et l'entoura d'un bois sacré en l'honneur de Tamnuz, l'Adonis des Mésopotamiens. Son souvenir se transmit de génération en génération. Vers 150, Justin Martyr, Palestinien de Naplouse, qui ne pouvait plus accéder au site, notait dans son *Dialogue avec Tryphon* : « Comme Joseph n'avait pas où loger dans le village, il s'installa dans une grotte toute voisine de Bethléem, et c'est pendant qu'ils étaient là que Marie enfanta le Christ et le plaça dans une mangeoire. » Un apocryphe de la même époque, le *Protévangile de Jacques*, parle lui aussi de la « caverne ». Moins imposantes que celles de Jérusalem, les constructions d'Hadrien semblent avoir disparu au siècle suivant. En tout cas, en 215, Origène écrivait : « On montre à Bethléem la grotte dans laquelle il est né et, dans cette grotte, la crèche où il fut emmailloté. Et ce qu'on montre ainsi est très connu dans ces parages, au point que même les étrangers à notre foi savent que Jésus est né dans une grotte. »

En 326, trois ans après la parution de l'édit de Milan accordant la liberté de culte aux chrétiens, on commença la construction de la basilique de la Nativité à cinq nefs au-dessus du réseau des grottes, en bordure de l'ancien village. Elle était sans doute achevée ou en voie d'achèvement quand, en 333, le pèlerin de Bordeaux la visita. Il n'en reste aujourd'hui que quelques colonnes de calcaire rouge veiné de blanc et des vestiges de mosaïques fort belles. En 385, saint Jérôme s'installa à Bethléem où il acheva la Vulgate avant d'être inhumé dans une grotte voisine. Démolie sous Justinien, la basilique fut reconstruite et agrandie. Cette basilique byzantine subsiste en partie après avoir traversé les siècles, malgré la soldatesque perse, les cavaliers d'Allah et les impétueux croisés qui en modifièrent les aspects extérieurs puis intérieurs.

Dans l'histoire du Salut, Bethléem occupe une place privilégiée. Un des petits prophètes de la Bible, Michée, avait annoncé plusieurs siècles avant notre ère que, dans la ville de David, le roi berger, naîtrait le futur Messie : « Et toi, Bethléem Ephrata, petite par ton allégeance aux clans de Juda, de toi sortira celui qui doit devenir le souverain d'Israël. » L'oracle avait été repris par l'Evangile de Matthieu et appliqué à Jésus, ce qui était conforme à ce que nous savons aujourd'hui de l'origine davidique du clan des Nazôréens installés à Nazareth. Il ajoute qu'Hérode le Grand, à la suite de son entrevue avec les mages, s'inquiéta et réunit les scribes et les savants de son royaume, afin de s'enquérir du lieu de naissance du Messie. Après avoir scruté les Ecritures, ceux-ci conclurent que c'était « à Bethléem de Judée ». D'où le massacre des Innocents.

Aujourd'hui, au village voisin de Beit Sahour, Grecs orthodoxes et catholiques latins de la custodie franciscaine se disputent sur l'emplacement du champ des bergers où ceux-ci reçurent le message des anges, chacun naturellement prétendant que le sien est l'authentique… Et la question, à supposer qu'elle ait quelque intérêt, n'est pas près d'être tranchée !

Voir : Crèche ; Mages ; Marie, mère de Jésus ; Quirinius.

Caïphe

Je me souviens de ma surprise et même de mon émotion quand, en 1990, la presse spécialisée annonça la mise au jour de la tombe de Joseph, dit Caïphe, le grand prêtre en exercice au moment de la Passion, celui qui, en compagnie de son beau-père Hanne, avait demandé à Ponce Pilate de crucifier Jésus. Je songeais que l'homme, dont on avait sous les yeux les ossements, avait vu Jésus deux mille ans auparavant, l'avait interrogé, lui avait parlé... Quelle proximité de l'Histoire !

L'affaire avait commencé comme un roman d'aventure ou un film d'Indiana Jones. Des ouvriers effectuaient des travaux de terrassement dans un jardin public boisé au sud de Jérusalem, lorsque soudain un effondrement de terrain se produisit, découvrant une cavité béante, comportant une salle centrale et quatre chambrettes creusées perpendiculairement aux parois : c'était un vaste caveau funéraire avec ses ossuaires, ces petits coffrets de calcaire tendre, caractéristiques du Ier siècle de notre ère.

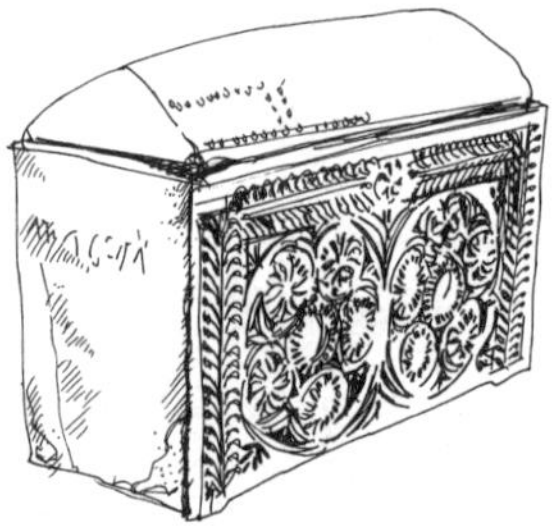

Aussitôt, le Service des Antiquités d'Israël dépêcha une équipe dirigée par l'archéologue Zvi Greenhut, avec mission d'étudier le site. Douze ossuaires furent recensés, dont plusieurs avaient été pillés. Dans l'un d'eux, on eut la surprise de trouver le crâne d'une femme et à l'intérieur de celui-ci une pièce de monnaie frappée au nom d'Hérode Agrippa Ier, datée de l'an 42/43 de notre ère. S'agissait-il de l'obole payée à Charon, le batelier du Styx, selon l'usage grec ? Peut-être, ce qui montrerait l'hellénisation progressive de la culture juive à cette époque. Mais l'attention se porta surtout sur deux ossuaires placés dans la chambrette à gauche de l'entrée. Le premier, plus petit, décoré latéralement de deux rosettes à cinq pétales, renfermait les ossements de cinq individus : une femme adulte, un adolescent, deux enfants de sept ans et un nouveau-né. Sur ses deux petits côtés, on lisait cette inscription : QF', autrement dit « Qafa ». Le second, plus vaste, était richement orné sur l'un de ses côtés de deux cercles de six rosettes et d'une bordure de motifs végétaux. Il contenait les restes de six individus : une femme d'environ quarante ans, un homme âgé d'une soixantaine d'années, deux enfants de moins de deux ans, deux autres de deux à cinq ans. Les deux petits côtés de l'ossuaire comportaient deux inscriptions : YWSF BR QF' (« Joseph fils de Qafa ») et YWSF BR QYF (« Joseph fils de Qaifa »). C'était très vraisemblablement le même nom, *Qafa*, en hébreu, et *Qaifa*, en araméen, autrement dit *Kaïfas*, Caïphe, ce surnom donné au grand prêtre Joseph, dont parlent les Evangiles de Matthieu, Luc et Jean, les Actes des Apôtres ainsi que les écrits de l'historien juif Flavius Josèphe (« Joseph Kaïafas » ou « Joseph qui est appelé Kaïafas »).

Tout semblait indiquer que l'on se trouvait en présence du tombeau familial de cette riche famille sacerdotale : la datation de l'ossuaire au milieu du Ier siècle, la richesse de sa décoration, les lampes et les monnaies retrouvées. La mention « fils de » laissait un doute : dans les inscriptions funéraires, s'il est vrai qu'elle sert parfois à introduire un surnom, « Joseph fils de Qaifa » signifiant dans ce cas « Joseph dit Qaifa », elle peut aussi prendre son sens réel, auquel cas le bel ossuaire ne serait pas celui du grand prêtre, mais de son fils… Un autre ossuaire, lui aussi richement décoré, fut découvert en 2008 dans une tombe de la vallée d'Elah, au sud-ouest de Jérusalem. Il portait cette inscription : « Myriam, fille de Josué, fils de Caïphe, prêtres [de] Ma'azyah, de Beth Imri ». Ma'azyah est le nom porté par les membres de la dernière classe des vingt-quatre prêtres servant au Temple, Beth Imri étant soit un lieu, soit un patronyme. Selon une étude de deux éminents archéologues israéliens, les professeurs Boaz Zissu, de l'université Bar-Ilan, et Yuval Goren, de l'université de Tel-Aviv, parue en juin 2011 dans l'*Israel Exploration Journal*, cet ossuaire se rapporterait bien à la famille du grand prêtre et pourrait être rapproché de ceux trouvés vingt ans plus tôt.

Ce Joseph dit Caïphe avait épousé une fille du grand prêtre Hanne (Hanan ben Seth), déposé en l'an 15 de notre ère, et avait été nommé à la charge de sacrificateur suprême en l'an 18 par le préfet romain de Judée, Valerius Gratus.

Ces maisons de Hanne et de Caïphe étaient profondément corrompues, comme toutes les grandes familles pontificales de cette époque – les Boethos, les Qatros, les Elsiha. Elles étaient détestées par le petit peuple juif pour leur corruption, leur avidité, la brutalité de leurs séides. « Ils sont grands prêtres, disait une complainte conservée dans la Tossefta (un complément de la Mishna), leurs fils trésoriers, leurs gendres surveillants du Temple et leurs serviteurs battent le peuple à coups de bâton. »

Caïphe était assurément un politique madré, à l'échine fort souple. Alors qu'avant lui, entre 15 et 18, Valerius Gratus avait révoqué quatre grands prêtres, Hanan ben Seth (Hanne déjà cité), Ismaël ben Phabi, Eleazar ben Hanan (le fils de Hanne), et Simon ben Kamith, Caïphe, lui, était resté en fonction dix-huit ans. Ce fut le plus long pontificat de la période du Temple hérodien. Les historiens ne doutent pas qu'entre lui et Ponce Pilate, préfet de Judée à partir de 26, existait une connivence, voire une complicité de nature financière, le premier achetant son maintien en poste. A peu près en même temps que la révocation de Pilate, à la fin de l'an 36, Caïphe sera d'ailleurs démis de ses fonctions par le légat de Syrie Lucius Vitellius.

Son rôle dans la mort de Jésus fut essentiel. C'est lui qui, au cours de la réunion du Sanhédrin consécutive à la résurrection de Lazare, s'était écrié : « Il vaut mieux qu'un homme meure plutôt que le peuple tout entier. » Au lieu de se saisir de Jésus au moment que celui-ci proférerait un « blasphème » contre la foi d'Israël et le lapider sur-le-champ – un des rares cas de mise à mort reconnus aux juifs par les Romains –, il pensait qu'il fallait le capturer, le livrer aussitôt aux Romains en le présentant comme un messie révolutionnaire, descendant de David, et le faire crucifier. C'est ce supplice infamant seul qui provoquerait l'effondrement des espérances suscitées par cet imposteur. On ne pouvait pas se tromper davantage ! La croix, en effet, allait devenir le symbole du Salut du monde.

Voir : Jonathan, l'homme qui arrêta Jésus ; Passion de Jésus.

Cana

Je me souviendrai toujours de ma découverte des ruines de Cana en Galilée, dans l'antique territoire septentrional de la tribu de Nephtali : un lieu aujourd'hui sauvage, quasi désert, difficile d'accès, ignoré de centaines de milliers de pèlerins qui, chaque année, se rendent en Israël sur les pas de Jésus. A partir de la butte de Jodfat, l'ancien Jotapata, où Flavius Josèphe, alors commandant des juifs révoltés, se rendit dans des conditions dramatiques à l'armée romaine de Vespasien en 67 de notre ère, il ne faut pas moins d'une heure et demie de marche sur une route non carrossable, à travers une vallée sauvage et boisée, pour atteindre le site de Khirbet Qana, les ruines de Cana. Le nom vient de *qânâh*, « le roseau », « la canne », probablement parce que, en contrebas, la plaine était marécageuse. Un chemin caillouteux mène au sommet de la colline ronde, lieu de ce village fortifié qui fut le témoin du fameux et si mystérieux miracle de l'eau changée en vin. Le petit vent d'octobre atténue agréablement la forte chaleur. Magnifique, le panorama s'étend sur la large et fertile vallée de Beit Netofa, son damier de champs cultivés et ses troupeaux de bovins conduits par de jeunes bergers palestiniens. Au loin, dans la nappe de brouillard bleutée qui nimbe les contours de l'horizon, on devine à six kilomètres au sud les ruines de Sepphoris, la grande ville antique de la province avec Tibériade. Dans la même direction, derrière d'autres collines, s'étend Nazareth à quatorze kilomètres. C'est par cette vallée que Marie est venue en trois heures de marche, accompagnée de ceux qu'on appelle les « frères de Jésus », Jacques, Joseph, Siméon et Jude, assister aux réjouissances de cette noce campagnarde, dont le souvenir a traversé deux millénaires.

Datant de la période hellénistique et romaine, les maisons ne sont plus que des murets de pierre et des caves, envahis par les chardons et la végétation sèche. On découvre parfois les marches usées d'un *mikveh**. Témoins du problème crucial de l'eau, quelques citernes ont été creusées dans la roche (gare aux chutes !). Le site, très ancien, figure dans plusieurs sources égyptiennes. En 732 avant J.-C., le roi assyrien Teglath-Phalasar III s'en empara et fit 650 prisonniers. Puis le village fut repeuplé à l'époque hellénistique. Selon l'estimation du professeur Thomas McCollough, du W. F. Albright Institute Archaelogical Research, il s'étendait au temps de Jésus sur cinq hectares et comptait environ 1 200 habitants. Un site, par conséquent, beaucoup plus important que Capharnaüm, sur le lac, et *a fortiori* que le petit bourg de Nazareth. Il sera entièrement rasé par Vespasien après la reddition de Jotapata, avant de renaître à l'époque byzantine. En 1998, les professeurs américains Peter Richardson et Douglas Edwards, de l'université de Puget Sound, ont mis au jour les traces d'un atelier de verre soufflé, de plusieurs pressoirs à huile, d'un cimetière et, dans la partie sud-est du village, d'une synagogue datant de la fin du Ier ou du début du IIe siècle. C'était probablement là que s'élevait auparavant la maison commune où se déroulèrent les fameuses noces. Une grotte mystérieuse s'ouvre à cet endroit, à l'intérieur de laquelle les premiers pèlerins chrétiens ont tracé des croix et des graffitis.

La lecture *in situ* du passage de saint Jean consacré au miracle n'est pas sans provoquer quelque émotion, mais il faut, je l'avoue, au milieu de ce chaos de terre et de pierre, de buissons épineux, où seul le souffle du vent rompt le silence environnant, une forte dose d'imagination pour faire surgir un antique village galiléen, plein de mouvement et de vie, de bruit et de gaieté…

Le site a été vénéré jusqu'au temps des croisades, époque à laquelle un autre Cana commença à lui faire concurrence : le village arabe de Kafr Kenna, plus facile d'accès, à neuf kilomètres au nord-est de Nazareth. La proximité toponymique et le changement de tracé de la route de Nazareth à Tibériade suffirent à favoriser son essor. Dans l'Antiquité, il portait le nom d'Itta Hazim ou Isanna et était situé un peu plus à l'ouest dans une oliveraie, où l'on a retrouvé les restes d'une ancienne synagogue, mais aucune ruine romaine. Les touristes ici sont comblés : on leur montre des jarres du XIXe siècle et la salle du festin des noces. De temps en temps, l'occasion leur est donnée de voir de bruyants mariages au milieu des youyous et des instruments de musique orientaux. Je ne cite que pour mémoire le troisième lieu qui revendique le miracle :

Qana-El-Jalil, au Liban, à une cinquantaine de kilomètres de Nazareth, l'ancien Cana de la tribu d'Azer, en pays de Béchara, dans la région méridionale de Phénicie. Un bas-relief sculpté sur un rocher des environs montre douze personnages entourant un autre de grande taille : c'est assurément la représentation maladroite de Jésus instituant la Cène et le signe de la présence de chrétiens à une date ancienne, sûrement pas la preuve de son identification avec le « Cana, en Galilée », dont parle Jean.

Le mariage chez les juifs du Ier siècle était une sorte de sacrement unissant l'homme et la femme à l'image d'Israël et de Dieu. Fermons les yeux et imaginons celui de l'Evangile… La cérémonie se déroule dans les processions et les danses. Les femmes enfilent aux mains et aux pieds de la jeune fille des anneaux et des bracelets, peignent de rose ses lèvres et ses joues, soulignent d'un trait noir ses paupières et le pourtour de ses yeux, colorent délicatement au henné d'or ses ongles et ses cheveux, la parent de la robe brodée et du voile nuptial, qu'elles couronnent de fleurs. Comme elle est belle la fiancée d'Israël !

A la tombée du jour, quand l'obscurité déjà a envahi la plaine de Nétopha, le cortège s'ébranle, conduit par les frères et sœurs du futur époux, battant des mains, chantant au son des cymbales, des luths et des flûtes, au rythme envoûtant des tambourins. A l'approche du promis, la fiancée s'avance, sa lampe à huile à la main. Elle est aussitôt happée par le cortège, hissée sur une chaise et portée en triomphe jusqu'au domicile du père du marié. C'est le moment choisi pour briser la délicate pointe de l'ampoule de parfum, pour échanger les promesses et prononcer les bénédictions. La réjouissance villageoise dure en général sept jours. On découpe les quartiers de viande, tirés de la longue broche, et on sert le vin capiteux.

Invité comme beaucoup d'amis et de cousins, Jésus est venu de la région du lac, accompagné par ses premiers disciples, André, Jean l'évangéliste, Simon-Pierre, Philippe et Nathanaël, un enfant du pays.

Marie de Nazareth s'aperçoit la première que le vin qui a coulé à flots jusque-là commence à manquer. Peut-être davantage de convives sont-ils venus à la fête ? Les coutumes d'hospitalité interdisent d'éconduire les intrus. Toujours est-il qu'elle en fait part à Jésus. Mais celui-ci lui répond de façon brusque : « *ma li ûleki* », « Qu'y a-t-il entre toi et moi ? » (littéralement : « Quoi à toi et à moi ? », sémitisme montrant une prise de distance et signifiant : « De quoi parles-tu ? »). Le propos est particulièrement raide de la part d'un fils s'adressant à sa mère. On n'en relève aucun exemple dans la littérature juive. En recopiant l'Evangile de Jean, certains scribes, choqués, ont préféré l'omettre. Pour les spécialistes, c'est la preuve qu'il a bien été prononcé. La demande de Marie a paru intempestive à Jésus. Ils n'ont plus de vin ! Et alors ? Que lui importe ce détail matériel ! « Mon heure n'est pas encore venue », ajoute-t-il à l'adresse de Marie, qu'il appelle « femme » et non « mère ». Sans doute considère-t-il que sa vraie mission, s'accompagnant de signes, ne commencera qu'après l'arrestation de Jean le Baptiste ?

Marie s'afflige : les hôtes risquent de perdre la face. Les cruches d'argile et les outres de peau sont vides. Elle s'adresse aux servants de la noce : « Quoi qu'il vous dise, faites-le ! » Jésus n'a pas encore accompli de miracle, mais sa mère, qui, selon Luc, « gardait dans son cœur » les signes mystérieux ayant jalonné jusque-là sa vie, a probablement voulu le pousser à accomplir un acte extraordinaire. Un miracle, Jésus, une fois la première réaction passée, va en réaliser un, indirectement, comme s'il ne souhaitait pas se mettre en avant. Aux domestiques il donne l'ordre de remplir d'eau à ras bord les grandes jarres destinées aux purifications, dont on s'est déjà servi (on est au deuxième ou au troisième jour de la noce), puis il leur demande de puiser dans les jarres et de porter le vin au majordome, qui était généralement un ami ou un parent du marié. Le goûtant, celui-ci s'exclame subjugué : « Tout le monde sert d'abord le bon vin, et, quand les gens sont ivres, le moins bon. Toi, tu as gardé le bon jusqu'à présent ! »

Ce récit du premier « signe » accompli par Jésus est bien dans la logique d'écriture de Jean l'évangéliste, qu'on retrouve tout au long de son témoignage : en tant qu'historien, il nous conte un fait authentique, parfaitement localisé, mais n'en retient, comme théologien, que ce qui sert à son discours : nous montrer que Jésus est bien le Fils de Dieu venu apporter le Salut au monde. S'il s'était agi d'une fiction ou d'une simple allégorie, les précisions auraient abondé : par souci d'authenticité, le narrateur aurait pris soin de nous indiquer les noms du marié et de la mariée, leur lien de parenté avec Jésus et sa famille, aurait expliqué pourquoi Marie s'était aperçue du manque de vin avant le responsable du repas et pour quelle raison elle était en mesure de donner des ordres aux serviteurs. Ici, rien de cela : l'Histoire est mobilisée au service de la théologie.

Cette noce villageoise, sur une petite colline fortifiée de Galilée, était fort humble. Il y en avait des centaines de semblables chaque année dans le pays des juifs. On était loin assurément de la somptuosité du décor vénitien et des splendeurs chatoyantes de la célèbre composition de Véronèse pour le couvent bénédictin de San Giorgio Maggiore, que Bonaparte rapporta en France au titre des contributions de guerres de la première campagne d'Italie !

En transformant, grâce à ce miracle, cette modeste cérémonie familiale en figure annonciatrice des noces du Royaume, l'auteur du quatrième Evangile a montré que le Dieu de Jésus n'était pas seulement le justicier, annoncé par les prophètes et singulièrement par Jean le Baptiste, mais celui de l'amour et de la mansuétude. Le vin qui coule à flots symbolise la gratuité et la surabondance de vie offerte aux hommes.

Car ces jarres de pierre étaient énormes. Jean s'est empressé d'en donner le nombre : six, soit une contenance totale de 360 à 540 litres. Six jarres et non sept, le chiffre parfait : manière pour ce grand connaisseur de la religion juive et de ses symboles de suggérer à la fois l'imperfection de l'Israël ancien et la continuité avec l'Israël nouveau.

Jésus était alors au début de sa vie publique. Il avait été désigné par le Baptiste comme celui qui « devait venir ». Par le miracle de Cana, réalisé à la demande de sa mère – et la notation n'est pas innocente –, il inaugurait ainsi par anticipation son ministère public. Il manifesta « sa gloire », dit l'évangéliste, et ses « disciples crurent en lui ».

Capharnaüm

S'il est un lieu privilégié avec lequel Jésus s'est identifié au cours de sa vie terrestre, c'est bien ce village de pêcheurs, de 500 ou 600 habitants à l'époque, sur la rive nord-ouest du lac de Génésareth, tout simple, sans murs d'enceinte ni bains publics, ni monuments hérodiens. Son nom vient de l'hébreu *Kfar Naüm*, le village de Nahum (*Tell Hum*, en arabe), qui n'était probablement pas le petit prophète biblique du même nom. C'est là que le fils de Marie a fixé sa résidence, rayonnant dans les localités alentour, à quelques heures de marche, et revenant généralement coucher dans l'humble maison que Simon-Pierre partageait avec sa belle-mère.

Les restes archéologiques du village, qui s'est développé à partir du IIe siècle avant notre ère, sont importants et donnent une idée de sa dimension. Ils sont disposés en damier le long de ruelles rectilignes. Le port consistait en une jetée de deux mètres de large s'avançant dans le lac, où se balançaient de longues barques, semblables à celle retrouvée dans la vase qu'on peut voir au kibboutz de Ginossar. L'économie reposait prioritairement sur la pêche, dont le produit était vendu aux villes voisines de Chorazim et de Magdala, mais aussi sur l'exploitation de l'olivier et de la vigne. Des meules à farine ont d'ailleurs été extraites des ruines.

Avec ses pierres de calcaire blanc et ses éléments décoratifs romains, la monumentale synagogue tranche sur les maisonnettes de basalte gris du village. Sous la nef centrale, un sol pavé en basalte du Ier siècle a été retrouvé. C'était très vraisemblablement celui de la première synagogue, construite aux frais du fonctionnaire royal qui commandait la garnison de mercenaires d'Hérode Antipas. Le mur de cet édifice est bien visible à l'extérieur du périmètre de la synagogue du Ve siècle. Il présente un alignement légèrement différent, qui tendrait à montrer que l'orientation de l'édifice ancien en direction du temple de Jérusalem avait été mal calculée.

Le site est connu depuis le XIXe siècle. Grâce aux travaux effectués de 1968 à 1974 par deux pères franciscains, Virgilio Corbo et Stanislao Loffreda, la maison de saint Pierre, où vécut Jésus, a été parfaitement identifiée. Elle était composée d'un ensemble de pièces s'ouvrant sur deux cours, avec une porte principale à l'est. Certaines des pièces devaient servir d'entrepôts pour la nourriture, les autres de chambres dans lesquelles, la nuit, on étendait des nattes pour dormir. La première cour au nord-ouest était recouverte de graviers. La seconde donnait au sud. Elles étaient probablement ombragées par un auvent protégeant de la chaleur et de l'air humide du lac. Comme dans les autres maisons du village, un petit escalier extérieur en pierre conduisait à une terrasse sur laquelle on dormait durant les nuits chaudes de l'été, où l'on faisait sécher les filets, les poissons ou les dattes. On a retrouvé sur le site des restes d'amphores, de pots et de bols, et même deux petits morceaux de métal usés et tordus : des hameçons !

Assez vite après la mort de l'apôtre, on construisit dans la pièce la plus vénérée de cette maison une *domus ecclesiae* destinée aux assemblées des premiers chrétiens. Lui a succédé une église octogonale avec un portique et un déambulatoire. « A Capharnaüm, écrivait en 388 l'abbesse espagnole Egeria, il y a une église bâtie sur la maison de l'apôtre Pierre. » Le site a été plusieurs fois remanié. Il est aujourd'hui surmonté d'un étrange édifice, le « Mémorial de saint Pierre », consacré en juin 1990, sorte de soucoupe volante octogonale qui se serait posée sur la maison du pêcheur du lac…

Une partie de l'activité missionnaire et miraculeuse de Jésus s'est déroulée sous les cieux de ce petit village. C'est dans la synagogue de basalte noir qu'il enseigne, guérit le démoniaque venu le provoquer par des hurlements. C'est dans la maison de Jaïre, le chef de la synagogue, qu'il ramène à la vie sa petite fille de douze ans. Le pauvre homme, bouleversé, est venu le supplier alors que l'enfant est à l'agonie. Jésus le suit, accompagné seulement de trois de ses apôtres, Simon-Pierre, Jacques et son frère Jean, les deux fils de Zébédée. « Ta fille est morte, disait-on en chemin au chef de la synagogue, pourquoi déranges-tu encore le Maître ? » Mais Jésus qui a surpris cette parole lui souffle : « Sois sans crainte, aie seulement la foi. » La maison est entourée de gens qui pleurent et poussent des clameurs en se frappant la poitrine, comme on le fait en Orient. Le drame vient d'arriver, et les joueurs de flûte, de rigueur dans les enterrements, sont déjà là avec leurs instruments. « Pourquoi ce tumulte et ces pleurs ? demande Jésus en entrant dans la maison. L'enfant n'est pas morte, elle dort. » Quelle extravagance ! On se moque de lui. Alors, Jésus chasse la foule et, accompagné seulement de Jaïre et de ses trois disciples, pénètre dans la chambre de la petite défunte. Prenant sa main, il lui dit : « *Talitha koum* », c'est-à-dire en araméen : « Fillette, lève-toi ! » Aussitôt, celle-ci se réveille, se lève et se met à marcher. « Qu'on lui donne à manger », s'exclame Jésus (Marc 5, 35-43).

C'est dans la maison de Simon-Pierre qu'il guérit la belle-mère de celui-ci, alitée avec de la fièvre. « Il lui toucha la main, dit Matthieu, la fièvre la quitta, elle se leva et elle le servait » (8, 15). C'est devant la porte du même domicile que les scribes et les pharisiens du village venaient discuter avec lui. C'est à cette porte encore qu'un jour Marie, sa mère, et ses « frères » se présentèrent pour le ramener à Nazareth.

L'épisode de la guérison miraculeuse du paralytique ne se comprend que si l'on connaît le mode de construction des habitations de Capharnaüm. La toiture, faite d'un mélange de roseaux, de branchages et de boue, soutenue par des rondins, était si légère qu'elle pouvait aisément s'enlever. Marc, qui a utilisé dans son Evangile la prédication orale de Pierre, rapporte que l'on descendit par le toit de sa maison la civière d'un paralytique qui ne pouvait passer par la porte, tant la foule était nombreuse (2, 1-12). L'évangéliste Luc, médecin d'Antioche, qui n'avait qu'une connaissance assez sommaire de la Galilée et de ses techniques de construction, rapporte le même miracle, mais il commet une erreur en parlant de la descente de la civière « à travers les tuiles » (5, 17-26). Capharnaüm, village galiléen, n'avait pas de tuiles, à la différence d'Antioche et des cités connues du troisième évangéliste.

Ici, toutes les pierres rappellent Jésus, y compris la rudesse de certaines de ses paroles, dans la lignée des saintes colères des prophètes bibliques. En regardant ces tristes fondations de maisonnettes dans la douce beauté des bords du lac, agrémentés de ces cyprès dont le panache sombre monte dans le bleu du ciel, je songeais à l'anathème exaspéré qu'il lança un jour contre les villages qui refusaient de se convertir : « Malheur à toi, Chorazim ! Malheur à toi, Bethsaïda ! [...] Et toi, Capharnaüm, crois-tu que tu seras élevée jusqu'au Ciel ? Jusqu'à l'Hadès tu descendras ! Car si les miracles qui ont eu lieu chez toi avaient eu lieu à Sodome, elle subsisterait encore aujourd'hui. Aussi bien, je vous le dis, pour le pays de Sodome, il y aura moins de rigueur, au jour du Jugement, que pour toi » (Matthieu 11, 21-23). Cela fait des siècles que Chorazim, Bethsaïda et Capharnaüm ne sont plus que ruines aux couleurs de pierres calcinées...

Voir : André ; Barque de Jésus ; Pierre.

Caractère de Jésus

S'il est une image de Jésus qui, je l'avoue, m'est assez insupportable, c'est celle d'un mièvre prédicateur itinérant, une sorte de philosophe idéaliste ou de sage oriental, doux professeur de morale prêchant un message lénifiant de paix et de fraternité universelle. Il saute aux yeux qu'elle est en opposition radicale avec ce que disent les Evangiles. Comme toujours, il faut revenir aux textes.

Il y a dans le rabbi de Nazareth la force, l'énergie, la violence même d'un prophète, avec ses impatiences, ses colères, ses cris, ses invectives, ses révoltes. Non, il n'est pas venu apporter la paix sur terre, mais « le glaive », « le feu » ! « Et comme je voudrais que déjà il soit allumé ! », s'exclame-t-il (Luc 12, 49). Il jette l'anathème sur Capharnaüm, Chorazim ou Bethsaïda, qui refusent son message et ses appels au repentir, secoue les foules de leur torpeur habituelle en retrouvant les accents de Jean le Baptiste : « Génération mauvaise ou adultère qui recherche un signe ! [...] Génération incrédule et pervertie, jusques à quand vous supporterai-je ? » (Matthieu 16, 4 ; 17, 17). Il affronte sans crainte ses adversaires : « Malheur à vous, scribes et pharisiens hypocrites [...]. Serpents, engeance de vipères, comment pourriez-vous fuir le jugement de la géhenne ? » (Matthieu 23, 29, 33).

Il est provocateur, implacable dans ses exigences. « Si ton œil droit est pour toi une occasion de péché, arrache-le et jette-le loin de toi : car mieux vaut pour toi que périsse un seul de tes membres et que tout ton corps ne soit pas jeté dans la géhenne. Et si ta main droite est pour toi une occasion de péché, coupe-la et jette-la loin de toi : car mieux vaut pour toi que périsse un seul de tes membres et que tout ton corps ne s'en aille pas dans la géhenne » (Matthieu 5, 29-30). Ces paroles radicales ne sont évidemment pas à prendre au pied de la lettre, Dieu merci, sinon nous serions tous aveugles et manchots, mais incitent à réfléchir. Ses exigences sont ardentes, brûlantes : « Si quelqu'un vient vers moi et ne hait pas son père, sa mère, sa femme, ses enfants, ses frères, ses sœurs, jusqu'à sa propre vie, il ne peut être mon disciple » (Luc 14, 26). « Je suis venu opposer l'homme à son père, la fille à sa mère, et la bru à sa belle-mère. L'homme aura pour ennemis les gens de sa maison » (Matthieu 10, 34-36). « Qui ne prend pas sa croix et ne marche pas derrière moi n'est pas digne de moi » (Matthieu 10, 38). Ces paroles donnent froid ! Comment suivre un pareil maître ? C'est inhumain !

Et pourtant il y a en lui des trésors infinis d'amour, de pardon, de miséricorde, de compassion pour les pauvres, les blessés de la vie. C'est le même Jésus qui dit : « Venez à moi, vous tous qui peinez et ployez sous le fardeau, et moi je vous donnerai le repos. Chargez-vous de mon joug et mettez-vous à mon école, car je suis doux et humble de cœur, et vous trouverez soulagement pour vos âmes. Oui, mon joug est aisé et mon fardeau léger » (Matthieu 12, 28-30). N'y voyons pas de contradiction. Une seule chose est essentielle : tout doit être subordonné à la radicalité de l'amour divin.

Jésus est un orateur exceptionnel qui connaît ses auditeurs et sait adapter ses propos (mais non la teneur de son message, bien entendu) à ceux qui l'écoutent. Devant les ruraux de Galilée, il parle un langage imagé, puisé dans les scènes de la vie quotidienne, et devant les gens du Temple, les scribes, les docteurs de la Loi, il est autre. C'est ce qui explique assez largement les différences entre les synoptiques* et l'Evangile de Jean, ce dernier relatant surtout sa prédication à Jérusalem.

Jésus n'est pas un ermite, venu de nulle part, déconnecté du monde. Il est sensible à la beauté de la nature, œuvre du Créateur, aux lis des champs, aux oiseaux. Il a un sens aigu de l'observation, qui tient à la vie saine et rude qu'il a menée à Nazareth. Quand il évoque les semailles, les moissons, les vendanges, les sarments de vigne que l'on greffe, le souci du berger qui connaît toutes ses brebis et part à la recherche de la malheureuse qui s'est égarée, on sent qu'il est en symbiose avec le monde paysan et villageois. Les tensions familiales, les rapports sociaux ne lui sont nullement inconnus, entre le père et ses fils, le maître et ses serviteurs, l'hôte et ses invités. Il se souvient des dictons populaires et des réflexions des gens de la terre. « Le soir venu, vous dites : “Beau temps, car le ciel rougeoie.” Et le matin : “Aujourd’hui orage, car le ciel rougeoie tristement” » (Matthieu 16, 2-3). Il n’ignore pas non plus qu’un bon arbre donne de bons fruits, mais qu’un mauvais en produit toujours d’exécrables. Il sait que personne ne coud une pièce d’étoffe non foulée à un vieux vêtement, de crainte de provoquer une plus grande déchirure. Il a côtoyé des intendants de domaine malhonnêtes, des riches insensés qui accaparent et accumulent. Il a entendu parler de voleurs qui ligotent les propriétaires avant de mettre leur maison au pillage.

Comme les rabbis de son temps, il aime s’exprimer en paraboles colorées (*mathla* en araméen, *parabolè* en grec) : ce sont des allégories, des fables, de petits récits qui partent de situations concrètes pour arriver le plus souvent à des paradoxes amenant à la réflexion. Maître de la narration, il excelle en ce genre, maniant avec art images et évocations. A ses disciples, qui ont du mal à les comprendre, il en donne la clé. De temps en temps affleurent les réminiscences de son ancien métier du bois, celui qui façonnait avec son père Joseph des jougs de charrue ou travaillait aux chantiers de reconstruction de Sepphoris. « Qui d’entre vous, s’il veut bâtir une tour, ne commence par s’asseoir pour calculer la dépense et voir s’il a de quoi la terminer ? De peur que, s’il pose les fondations et ne parvient à l’achever, tous ceux qui regarderont ne se mettent à se moquer de lui en disant : “Voilà un homme qui a commencé de bâtir, et il n’a pu achever !” » (Luc 14, 28-29). Celui qui écoute sa parole et la met en pratique, dit-il encore, peut se comparer à un homme avisé qui a bâti sa maison sur le roc. La pluie tombe, les torrents viennent, les vents soufflent et se déchaînent, mais la maison résiste. Au contraire, celui qui a bâti sa maison sur le sable la voit s'écrouler devant le déchaînement des éléments. « Et grande a été sa chute ! » (Matthieu 7, 27).

Songe-t-il à la mésaventure survenue à un compagnon de travail qui a reçu une poussière de sciure ou un brin de paille dans l'œil lorsqu'il condamne les jugements que l'on porte indûment ? « Qu'as-tu à regarder la paille qui est dans l'œil de ton frère, et la poutre qui est dans ton œil, tu ne la remarques pas ? » Vient la morale : « Ne jugez pas afin de n'être pas jugés, car du jugement dont vous jugez on vous jugera, et de la mesure dont vous mesurez on vous mesurera » (Matthieu 7, 1-2).

A côté de paroles radicales, la démesure, agrémentée parfois d'une pointe d'humour ou d'un persiflage moqueur, fait partie de sa rhétorique. Il est plus difficile à un riche, assure-t-il par exemple, d'entrer dans le royaume de Dieu qu'à un chameau de passer par le chas d'une aiguille. Ses interlocuteurs comprennent l'image, car il existait à Jérusalem la porte de l'Aiguille, si étroite qu'elle empêchait les chameaux et les dromadaires des caravanes de la franchir. Dénonçant le travers des scribes et des pharisiens, scrupuleux sur les broutilles mais aveugles sur l'essentiel, il dit qu'ils filtrent les moucherons, mais « engloutissent le chameau » (Matthieu 23, 24). Sur eux, il jette encore l'anathème, car ils s'attachent religieusement à payer « la dîme de la menthe, du fenouil et du cumin », mais négligent les points essentiels de la Loi (Matthieu 23, 23). La dîme, cet impôt juif mentionné dans le Lévitique, qui représentait un dixième de la production agricole, portait en réalité sur le blé, le vin et l'huile. Exagération très orientale encore que cette phrase de Jésus à ses disciples : « Si vous aviez de la foi comme un grain de sénevé [la graine de moutarde, réputée la plus petite de toutes], vous auriez dit au mûrier que voilà : "Déracine-toi et va te planter dans la mer", et il vous aurait obéi » (Luc 17, 6) ou encore « à cette montagne : "Soulève-toi et jette-toi dans la mer", et cela se ferait » (Matthieu 21, 21).

Voici une parole attribuée à Jésus, telle que la rapporte Irénée, d'après Papias de Hiérapolis (IIe siècle), pour décrire l'abondance extrême, la profusion extraordinaire du Royaume des cieux qui sera semblable à l'Eden des origines : « Les presbytres qui ont vu Jean, le disciple du Seigneur [Jean l'évangéliste], se souviennent de l'avoir entendu raconter comment le Maître enseignait en ces temps-là et disait : "Viendront des jours où pousseront des vignes dont chacune aura dix mille sarments et un sarment aura dix mille branches et une branche aura de nouveau dix mille ramilles et sur une ramille il y aura dix mille grappes et dans chaque grappe dix mille raisins et chaque grain de raisin pressé donnera vingt-cinq mesures de vin [...]. De même, un grain de blé produira dix mille épis et chaque épi donnera dix mille grains et chaque grain donnera dix livres de belle farine, blanche et propre[1]..." »

Propos de troisième main, sans doute, moins sûrs que ceux consignés dans les Evangiles, qui ne sont cependant pas invraisemblables pour qui connaît la dialectique de Jésus. Nos économistes cartésiens, rationalistes, n'y verront que galéjades méditerranéennes, sans comprendre que derrière l'expression paradoxale se cache une visée finale qui échappe à leur sagacité. Ce discours montre aussi la force

1. *In* Roderic Dunkerley, *Le Christ*, Paris, Robert Laffont, 1975, p. 101-102.

symbolique du nombre 10 000, que l'on retrouve dans la parabole du serviteur impitoyable contée par Matthieu, où l'on voit un roi remettre à l'un de ses serviteurs la somme faramineuse de 10 000 talents (soit 100 millions de deniers), à comparer avec le tribu annuel de 200 talents imposé par l'occupant romain aux habitants de Galilée et de Pérée à la mort du roi Hérode le Grand.

Maître de la dialectique, avec quel art Jésus répond à une question par une autre question, remet en place ses interlocuteurs, les renvoie à leur conscience, dépasse la réalité présente, joue sur les mots. C'est « l'ironie christique » dont parlent les exégètes. Il ne craint pas de recourir à des proverbes connus de son temps : « A vin nouveau, outre nouvelle » ; « Autre est le semeur, autre le moissonneur » ; « On ne récolte pas des figues sur des épines, on ne vendange pas du vin sur un buisson ». On trouve trace de quelques fables d'Esope, très répandues dans le monde gréco-romain : celle du « roseau et de l'olivier » (La Fontaine en fera « le chêne et le roseau »), celle du « pêcheur joueur de flûte ». La parabole du figuier stérile qui rappelle la fable du roman d'Ahikar, d'origine assyrienne ou babylonienne, lui sert à montrer la patience de Dieu. Un arbre planté au bord de l'eau ne donne pas de fruits. Son propriétaire accepte de lui donner le sursis qu'il demande : « Transplante-moi et, si je ne porte pas de fruits, coupe-moi. » Jésus en fait un figuier planté dans une vigne par un propriétaire. « Il dit au vigneron : "Voilà trois ans que je viens chercher des fruits sur ce figuier, et je n'en trouve pas. Coupe-le ; pourquoi donc encombrer la terre ?" L'autre lui répondit : "Maître, laisse-le cette année encore, le temps que je creuse tout autour et que je mette du fumier. Peut-être donnera-t-il des fruits à l'avenir... Sinon tu le couperas" » (Luc 13, 6-10). L'histoire du mauvais riche et du « pauvre Lazare[1] » rappelle celle du « pauvre scribe et du riche publicain Bar Majan », qui sera reprise plus tard dans le Talmud. A l'origine, c'était un conte égyptien relatant le voyage dans l'empire des morts de Si-Osiris. Jésus l'avait-il appris dans ses jeunes années lorsqu'il vivait en Egypte ?

Que conclure ? Non, Jésus n'est pas un simple prophète guérisseur, faisant des miracles en attendant l'imminente fin du monde. Meneur d'hommes, visionnaire, exorciste, mystique, pédagogue, il échappe à toutes les définitions, comme un être déroutant, auréolé de mystère, le mystère de Dieu, dont il est pleinement habité.

Cénacle

Ainsi appelle-t-on la chambre haute à Jérusalem, où Jésus et ses disciples venus pour la Pâque de l'an 33 ont pris ensemble leur dernier repas, au soir du jeudi saint. C'est en ce lieu que Jésus lava les pieds des apôtres, là qu'il instaura l'eucharistie, là qu'il prononça le grand discours d'adieu fidèlement rapporté par Jean l'évangéliste, là encore que le Christ ressuscité apparut aux apôtres, là que se déroula l'effusion de l'Esprit le jour de la Pentecôte sous la forme de langues de feu. A qui appartenait cette maison, sinon au disciple bien-aimé, autrement dit Jean

1. Ne pas confondre ce personnage avec Lazare, le frère de Marthe et de Marie, qui, lui, semble socialement aisé.

l'évangéliste, membre de la haute aristocratie du Temple ? Lors du repas, il occupait la place de l'hôte, à la droite de Jésus ; ainsi put-il se pencher vers lui pour lui demander qui le trahirait. Tout avait été convenu entre eux quelques jours auparavant, sans doute à Béthanie chez Marthe et Marie. Il s'agissait de prendre le maximum de précautions, car Jésus se savait recherché par la police du Temple. Les Evangiles synoptiques* (Matthieu, Marc et Luc) content que, avant d'entrer dans la Ville sainte, il envoya deux disciples en éclaireurs, Simon-Pierre et Jean, fils de Zébédée, avec mission de rencontrer près de la piscine de Siloé un serviteur portant une cruche d'eau sur la tête. « Suivez-le, et, là où il entrera, dites au maître de maison : “Le Maître dit : Où est la salle où je pourrai manger la pâque avec mes disciples ?” Et lui vous montrera, à l'étage, une grande pièce garnie de coussins, toute prête ; faites-y nos préparatifs » (Marc 14, 13-15). Jésus était sans doute déjà venu dans cette maison trois ans plus tôt pour y rencontrer de nuit un membre influent du Sanhédrin, Nicodème. Les apôtres, eux, ne la connaissaient pas. A la différence des synoptiques, Jean, qui n'était pas avec les apôtres à ce moment-là, mais dans la maison elle-même, omet dans son Evangile l'épisode du serviteur à la cruche.

La haute salle gothique que l'on peut voir sur le mont Sion, au sud-ouest de Jérusalem, restaurée par les Franciscains en 1335, n'appartient évidemment pas au bâtiment d'origine, mais on peut penser qu'il s'agit bien de l'emplacement de la « chambre haute », où Jésus a vécu ses dernières heures de liberté, comme l'atteste la tradition. Le lieu se trouve d'ailleurs non loin de l'église de la Dormition, où Marie, recueillie par Jean, se serait « endormie ». Le Cénacle était situé à proximité du quartier des esséniens. Des fouilles furent entreprises en 1859 et surtout en 1951, démontrant que le légendaire tombeau de David, situé au-dessous de la salle haute, était un cénotaphe croisé. En 1990-1996, de nouvelles recherches furent effectuées par le bénédictin Bargil Pixner et une équipe d'archéologues israéliens. On trouva dans les soubassements les vestiges d'une synagogue judéo-chrétienne du Ier siècle, avec une niche destinée aux rouleaux de la Torah, où étaient visibles des inscriptions portant le nom de Jésus. Elle était orientée – fait à souligner – non vers le mont du Temple au nord-est, comme pour les autres synagogues, mais vers le Golgotha et le tombeau vide au nord. Ce serait la petite « église de Dieu », dont parle Epiphane au IVe siècle. Premier sanctuaire des apôtres et de la chrétienté naissante, elle daterait des années 73-74, lorsque les chrétiens reçurent des Romains le droit de revenir à Jérusalem après la destruction de la ville qui n'avait sans doute pas épargné la propriété de Jean. Ce serait dans ce cas un témoignage archéologique capital pour l'histoire du christianisme.

Voir : Cène ; Jean l'évangéliste.

Cène

Au soir du jeudi saint, Jésus, sachant qu'il allait être arrêté et exécuté, réunit une dernière fois ses apôtres, afin de partager avec eux un repas d'adieu qui serait comme une anticipation du repas festif de la Pâque, auquel, il le sait, il ne pourra participer. Le lieu n'est pas indiqué dans les Evangiles, mais c'est probablement la riche demeure d'un de ses premiers disciples, Jean, membre du haut sacerdoce de Jérusalem et futur évangéliste (voir « Cénacle » ci-dessus).

Un liturgiste anglican, le bénédictin dom Gregory Dix (1901-1952), a rapproché cette Cène (du latin *cena*, le repas du soir) du cérémonial de fête des confréries pharisiennes, les *habouroth*, dont parle le traité Berakoth de la Mishna. Les esséniens avaient également leur repas solennel, où l'on bénissait « les prémices du pain et du vin nouveau » au nom du messie d'Aaron (le futur grand prêtre attendu) et au nom du messie d'Israël (le chef de guerre qui chasserait les occupants romains).

Que Jésus se soit inspiré des traditions de son temps est fort possible, mais il se présente sous une figure messianique nouvelle. « J'ai ardemment désiré manger cette pâque avec vous avant de souffrir... », dit-il à ses disciples. Prenant une première coupe, il rend grâce en se servant peut-être de la formule des *habouroth* : « Béni sois-tu, Seigneur, notre Dieu, Roi éternel qui a créé le fruit de la vigne. » Passant ensuite la coupe aux convives, il ajoute : « Prenez ceci et partagez entre vous ; car je vous le dis, je ne boirai plus désormais du produit de la vigne jusqu'à ce que le royaume soit venu. » Ainsi prophétise-t-il l'imminence de sa mort et la venue du royaume de Dieu.

Ce n'est qu'une introduction au repas, aussitôt interrompue par la cérémonie du lavement des pieds, geste de charité et de fraternité associé à une nouvelle annonce de sa Passion. Puis chacun regagne sa place. Les convives sont allongés sur des divans, appuyés sur leur coude gauche ; de la main droite ils se servent dans les plats. Le maître de maison, en l'occurrence Jean, occupe le centre de l'une des tables, avec à sa gauche celui qu'il veut honorer, Jésus, et à sa droite le deuxième en dignité, Simon-Pierre. Judas est placé près de Jésus, mais à une table latérale accolée. Cette disposition topographique permet de comprendre la scène qui suit.

Jésus provoque l'étonnement lorsqu'il dit : « En vérité, en vérité, l'un de vous me livrera. » On s'interroge. Simon-Pierre se penche vers Jean, le disciple bien-aimé : « Demande quel est celui dont il parle. » « Seigneur, qui est-ce ? » Jésus lui répond : « C'est celui pour qui je tremperai la bouchée et à qui je la donnerai. » Judas prend la bouchée et la mange. « Alors, rapporte Jean, Satan entra en lui. » Jésus le sait qui lui dit : « Ce que tu fais, fais-le bien vite. » Judas se lève en effet et sort. Les autres croient comprendre qu'il a reçu instruction d'acheter des provisions pour la Pâque ou qu'il va donner quelque obole aux pauvres pour les associer au repas. « Maintenant, s'exclame Jésus, le Fils de l'Homme a été glorifié et Dieu a été glorifié en lui » (Jean 13, 21-31). Les temps sont accomplis en effet.

Cependant le dîner se poursuit. A ce repas, conçu dans une ambiance pascale, il manque le principal : l'agneau que l'on partage en famille. Mais les bêtes attendent dans leur enclos aux environs du Temple et ne seront rituellement exécutées par les prêtres que dans l'après-midi du lendemain. C'est alors qu'à la place de l'animal sacrifié Jésus va offrir aux siens sa propre chair et son propre sang en signe de sa mort et de sa résurrection. Au lieu de prononcer les paroles habituelles sur les pains sans levain, les *matzôt*, il en prend un, rend grâce et ajoute : « Ceci est ma chair [*bésar* en araméen], qui est livrée pour vous ; faites ceci en mémoire de moi. » Puis il le rompt et le distribue à ses compagnons. Le rituel de la Pâque juive prévoit la présence sur la table d'une dernière coupe, la « coupe de bénédiction », que personne ne boit, car elle symbolise celle du prophète Elie, messager du Messie. Cependant Jésus, à la fin du repas, la prend et la fait circuler entre les participants. « Cette coupe est la nouvelle alliance en mon sang ; faites ceci chaque fois que vous [en] boirez en mémoire de moi » (1 Corinthiens 11, 23-25). A cette formule reçue des premiers apôtres par Paul, Luc, après les mots « nouvelle alliance en mon sang », ajoute « qui est répandu pour vous ». Matthieu et Marc rapportent des paroles légèrement différentes : « Buvez-en tous, car ceci est mon sang, celui de l'Alliance qui est répandu pour beaucoup en rémission des péchés » (Matthieu), « Ceci est mon sang, [celui] de l'Alliance qui est répandu en faveur de beaucoup » (Marc).

La Cène n'a rien à voir avec les rituels sacrés pratiqués dans les cultes païens. Au cours de ce repas qui est un repas festif (on y boit du vin, boisson réservée aux grandes solennités), mais aussi un repas d'adieu, Jésus anticipe sa mort, sa résurrection et sa glorification. Il invite donc ses disciples à communier à sa personne lorsqu'il ne sera plus physiquement au milieu d'eux. Totalement nouveau dans sa forme et sa signification dans l'histoire du peuple juif, le sacrifice eucharistique se greffe néanmoins sur l'immolation de l'agneau pascal. Cet agneau offert en holocauste le jour très saint de la Pâque, c'est lui, Jésus ! Dans sa première épître, Pierre le dit : le chrétien est sauvé « par un sang précieux, comme d'un agneau sans reproche et sans tache » (1, 19).

« Le Christ, notre pâque, a été immolé », dit pareillement l'apôtre des Gentils, qui explique ainsi le mystère de l'eucharistie aux Corinthiens, dont les comportements s'étaient singulièrement relâchés : « Chaque fois en effet que vous mangez ce pain et que vous buvez à cette coupe, vous annoncez la mort du Seigneur jusqu'à ce qu'il vienne. Ainsi donc, quiconque mange le pain ou boit la coupe du Seigneur indignement aura à répondre du corps et du sang du Seigneur » (1 Corinthiens 11, 26-27).

A la différence des synoptiques*, Jean, dans son Evangile, n'a pas rapporté l'institution de l'eucharistie par Jésus la veille de sa mort, car il a tenu à appliquer la symbolique de l'agneau à la mort même de Jésus sur la croix. Le Christ expire en effet, au début de l'après-midi du 14 nisan, au moment même où les premiers agneaux sont égorgés au Temple. Il est l'agneau immolé dont aucun os n'a été brisé, comme l'avait annoncé l'Ecriture (Exode 12, 46 et Psaume 34, 21). C'est l'oblation de sa propre personne qui remplace les sacrifices sanglants d'animaux. Jean avait cité auparavant dans son texte le discours de Jésus dans la synagogue de Capharnaüm, où celui-ci faisait abondamment allusion à l'eucharistie qu'il allait instituer : « Je suis le pain vivant descendu du Ciel. Qui mangera ce pain vivra à jamais. Et le pain que je donnerai, c'est ma chair pour la vie du monde. [...] Amen, amen, je vous le dis, si vous ne mangez la chair du Fils de l'Homme et ne buvez son sang, vous n'aurez pas la vie en vous. Qui mange ma chair et boit mon sang a la vie éternelle et je le ressusciterai au dernier jour. Car ma chair est vraiment une nourriture et mon sang vraiment une boisson » (6, 51-56). C'est dire si la Cène, le 2 avril de l'an 33, est l'une des pierres fondatrices du christianisme.

Voir : Cénacle ; Jean l'évangéliste ; Judas Iscariote ; Lavement des pieds.

Centurions

Le militaire de Capharnaüm dont Jésus guérit le fils n'était probablement pas un centurion romain, comme nous le disent les Evangiles synoptiques* (Matthieu, Marc et Luc). Il n'y avait pas, en effet, à cette époque, de garnison romaine en Galilée, mais des troupes auxiliaires recrutées et entretenues par Hérode Antipas, roitelet vassal de l'empereur. Des fouilles menées à l'est de Capharnaüm ont révélé l'existence d'un camp de soldats, occupé vraisemblablement par des mercenaires phrygiens et gaulois. Plus confortables que les maisons des pêcheurs, leurs habitations étaient équipées de bains à la romaine. Cette garnison était chargée de protéger la portion de la Via Maris allant de Damas à Akko (Saint-Jean-d'Acre) et de garder la frontière entre la tétrarchie d'Hérode Antipas et celle de son frère Philippe. Jean l'évangéliste, toujours précis, fait de ce personnage un « fonctionnaire royal », c'est-à-dire un militaire de haut grade. D'après le récit de Luc, ce n'était pas un juif, mais un riche « craignant-Dieu* », proche de la religion d'Israël, qui avait financé la construction de la synagogue de Capharnaüm, celle dont on peut voir aujourd'hui les soubassements de basalte noir sous les superstructures de celle du IVe siècle.

Avant de gagner le petit port à l'invitation de Pierre et André, Jésus est retourné à Cana, où il a accompli son premier miracle à la demande expresse de sa mère. Peut-être loge-t-il chez son disciple Nathanaël ou dans la famille des jeunes mariés ? C'est là en tout cas que le rejoint en hâte le fonctionnaire royal. Il est dans une suprême inquiétude. Son fils est gravement malade. Il conjure Jésus de descendre à Capharnaüm et de le guérir. Encore une demande de miracle ! Celui-ci lui répond : « Si vous ne voyez pas signes et prodiges, vous ne croirez jamais. » Ce ne sont pas ces signes dont les foules sont avides qui sont importants, mais la foi, qui implique de vivre constamment dans la lumière et la confiance divines. « Seigneur, insiste l'officier, descends avant que mon enfant meure. »

Prenant pitié de sa détresse, Jésus lui dit : « Va, ton fils vit. » Convaincu par cette parole, l'homme se met en route. Comme il approche de Capharnaüm, des serviteurs venus à sa rencontre lui annoncent la guérison inattendue de son fils. A quelle heure cela s'est-il passé ? demande l'officier. « C'est hier à la septième heure que la fièvre l'a quitté », l'heure même où Jésus lui avait dit : « Va, ton fils vit. » A partir de ce moment, le brave soldat et toute sa maisonnée devinrent des disciples de Jésus.

Un autre personnage est désigné comme « centurion » dans les synoptiques. C'est l'officier romain – cette fois, il n'y a pas de doute – qui commande les gardes placés près des croix de Jésus et des deux larrons. « Vraiment, celui-ci était fils de Dieu ! », s'exclame-t-il à la mort de ce Juste. Habitué aux exécutions capitales, jamais cet homme de guerre n'a vu pareil comportement d'un condamné endurant l'atroce supplice de la croix : ce « roi des juifs », ce messie d'Israël, resté conscient jusqu'au bout, au lieu de se révolter contre les sarcasmes dont on l'a abreuvé, au lieu d'injurier ses bourreaux, de les couvrir de malédictions et d'imprécations, n'a cessé d'implorer et de prier Dieu en leur faveur : « Père, pardonne-leur, parce qu'ils ne savent pas ce qu'ils font ! » Bien entendu, il ne faut pas chercher dans les mots de cet officier subalterne l'expression d'une théologie élaborée. Mais ce cri du cœur a si fortement frappé les premières communautés chrétiennes qu'elles en feront abondamment usage. Alors que les Romains d'ordinaire n'avaient que mépris pour les « superstitions » de la religion juive, l'un des leurs n'était-il pas entré le premier dans le mystère de la Révélation ?

César et Dieu

La fameuse phrase de Jésus « Rendez à César ce qui est à César et à Dieu ce qui est à Dieu » est devenue quasi proverbiale. On l'a utilisée à tort et à travers au cours de l'Histoire pour justifier les rapports de l'Eglise et de l'Etat, que ce soit au Moyen Age avec la doctrine théocratique des deux glaives de Boniface VIII ou dans la période contemporaine avec la loi de séparation de 1905 (Aristide Briand, drôle de paroissien s'il en fut, n'hésitant pas lui-même à l'invoquer !).

Le fait est qu'elle renvoie à une donnée profonde, inscrite au cœur du christianisme : la distinction entre les domaines temporel et spirituel, qui a accompagné l'éclosion de la civilisation occidentale. Cependant, je ne pense pas qu'il faille trop s'appuyer sur les paroles de Jésus pour justifier telle ou telle configuration politique. Il faut les laisser dans leur contexte, en chercher le sens véritable sans vouloir les tirer à soi. Trop de textes évangéliques ont été sollicités, voire torturés, trop de faux sens ont été commis. N'a-t-on pas utilisé à la mort de Louis X le Hutin en 1316 la parabole du lis – « Considérez comment croissent les lis : ils ne travaillent ni ne filent… » (Matthieu 6, 28) – pour étayer le principe de masculinité de la couronne de France (puisque « les lis ne filent point », les filles ne peuvent devenir reines au royaume des lys) !

Mais revenons à César… Cela faisait des mois que les pharisiens et leurs amis hérodiens cherchaient à mettre Jésus en difficulté et à le confondre. Ils viennent à sa rencontre et lui demandent d'un ton doucereux : « Rabbi, nous savons que tu dis vrai et que tu enseignes la voie de

Dieu en vérité, sans te laisser influencer par qui que ce soit ; car tu ne regardes pas à la personne des hommes… » Joli préambule emmiellé de flatteries. « Dis-nous donc ce qu'il t'en semble : est-il permis ou non de payer le tribut à César ? » Brûlante question : les juifs versaient chaque année à l'occupant romain la somme considérable de 3,6 millions de deniers pour le tribut par tête et le tribut du sol (l'impôt foncier).

Jésus comprend le piège. « Pourquoi me mettez-vous à l'épreuve, hypocrites ? », leur lance-t-il. Qu'ils lui montrent donc la monnaie du tribut ! L'un d'eux sort une pièce d'argent représentant à l'avers le profil de Tibère et au revers celui de Livia, sa mère. Chacun s'interroge. Que va faire Jésus ? Il est au pied du mur. S'il répond qu'il faut payer l'impôt, il fait allégeance à l'empereur et, de ce fait, se rend coupable d'idolâtrie. Dans ce cas, comment pourrait-il prétendre être le Messie attendu, le libérateur d'Israël ? S'il opte pour le non-versement, il devient un rebelle, un révolutionnaire à la manière de Judas de Gamala, tué par les Romains l'an 6 ou 7 de notre ère avec ses partisans.

Faisant mine d'examiner la pièce, Jésus interroge : « De qui sont cette effigie et cette inscription ? » De César, lui répond-on. Il rétorque alors : « Rendez à César ce qui est à César et à Dieu ce qui est à Dieu » (Matthieu 22, 15-23). Décontenancés, ses adversaires se retirent… C'est le « Messire Dieu premier servi » de Jeanne d'Arc qui s'oppose à tous les tenants du « politique d'abord ».

Césarée de Philippe (Confession de)

Dans l'abside de la basilique Saint-Pierre de Rome, pèlerins et touristes ne restent jamais indifférents devant le magnifique trône de bronze, soutenu par les statues de quatre docteurs de l'Eglise, deux d'Occident, saint Ambroise et saint Augustin, et deux d'Orient, saint Jean Chrysostome et saint Athanase. Telle est la chaire vénérée de l'apôtre Pierre, œuvre précieuse du Bernin, datant du XVIIe siècle (le trône lui-même ne remonterait au mieux qu'au IXe siècle). Indépendamment d'une certaine lourdeur baroque, je la trouve riche de significations, symbolisant, au-delà de la pompe romaine, la mission confiée à Simon-Pierre de guider le peuple de Dieu comme maître, pasteur et prêtre.

Dès sa première rencontre avec Jésus, Simon, le pêcheur du lac, a reçu le nom de Pierre : « Tu es Simon, fils de Iona (Jean) ; tu t'appelleras *Képhas* » (le Rocher). Mais ce n'est que deux ans plus tard que lui fut révélé le vrai sens de ce surnom, comme le Maître, par sa parole créatrice, aimait en donner à ses disciples. Cela se passait près de Césarée de Philippe, dans la tétrarchie de Philippe, frère d'Hérode Antipas, cette cité fortement hellénisée où la communauté juive, majoritaire, vivait au milieu des cultes païens de l'ancienne Panyas, la ville du dieu Pan, de la tribu de Dan.

Après une longue marche, Jésus et ses apôtres, fatigués, se sont arrêtés dans la campagne avoisinante. « Au dire des gens, leur demande-t-il, qui est le Fils de l'Homme ? » Ce personnage, dont il leur a parlé et qui doit revenir à la fin des temps, embarrasse les disciples qui répondent : « Pour les uns Jean le Baptiste, pour d'autres Elie, pour d'autres Jérémie ou l'un des prophètes. » Personne n'ose avancer que c'est lui. Il insiste : « Mais pour vous, qui suis-je ? » Simon-Pierre s'écrie alors : « C'est toi, le Christ, le Fils du Dieu vivant ! » Jésus reprend donc de façon un peu solennelle : « Heureux es-tu Simon bar Iona, parce que ce ne sont pas la chair et le sang qui t'ont révélé cela, mais mon Père qui est dans les cieux ! Et moi, je te dis que tu es Pierre et que, sur cette pierre, je bâtirai mon Eglise ; et les portes de l'Hadès ne prévaudront pas contre elle. Je te donnerai les clés du Royaume des cieux et ce que tu lieras sur la terre se trouvera lié dans les cieux, et ce que tu délieras sur la terre se trouvera délié dans les cieux » (Matthieu 16, 13-20). Le jeu de mots « Tu es Pierre (*kēfa*, en araméen), et sur cette pierre… » annonce, non pas la naissance d'une secte nouvelle derrière je ne sais quel gourou, mais celle de la communauté d'un Israël renouvelé, ouvert à toutes les nations, avec *kēfa* comme pierre de fondation. Jésus le dit ailleurs, il n'est pas venu abolir, mais accomplir la Loi dans sa plénitude. Et cet accomplissement passe par la mission pétrinienne d'unité.

Voir : Pierre ; Transfiguration.

Césarée maritime

Le vent soufflait. Sans être démontée, la mer déversait de gros rouleaux d'écume blanche sur les rochers et les blocs de pierre, seuls vestiges de l'ancien palais des rois de Judée. Contemplant de la jetée le littoral de Samarie et les remparts de saint Louis, je me demandais si Jésus était passé par ce port royal, merveille de l'architecture gréco-hérodienne, hélas aujourd'hui en ruine. Les Evangiles ne nous le disent pas, mais on sait que le Galiléen, tout au long de sa prédication, semble avoir évité les grandes cités, majoritairement non juives et fortement hellénisées, ce qui inciterait à une réponse négative.

Construite en douze ans par des milliers d'ouvriers à l'emplacement du village de La Tour de Straton, Césarée maritime, escale entre la Phénicie et l'Egypte, possédait des installations portuaires, un théâtre de 4 000 places (aujourd'hui rénové), un hippodrome « à la Ben Hur » pouvant contenir 15 000 personnes, un temple dédié à l'empereur, sans compter des entrepôts, un système perfectionné d'égouts et un aqueduc permettant à l'eau des sources de Shouni, au pied du mont Carmel, d'alimenter les bains et les fontaines publiques, et dont les restes impressionnants, grandioses même, laissent deviner toute la magnificence. Hérode le Grand avait donné à sa capitale administrative le nom de Césarée et à son port celui de Sebastos (équivalent grec d'Auguste) en hommage à l'empereur, fils adoptif posthume de Jules César. C'était un port artificiel, plus vaste, à en croire Flavius Josèphe, que celui du Pirée. « Le môle était jalonné de très hautes tours [...]. L'entrée du port était au nord, car dans cette région c'est le vent du nord qui est le plus calme : au goulet, de chaque côté, trois colosses adossés à des colonnes... »

Si Jésus n'y est probablement pas venu, son histoire et celle du christianisme naissant y sont à jamais inscrites. A partir de l'an 6 de notre ère, c'est là que résidait ordinairement le gouverneur de rang équestre de Judée-Samarie et que stationnait la plus importante garnison romaine. Lors de chaque grande fête juive, pour assurer le maintien de l'ordre, ce personnage quittait son palais pour se rendre à Jérusalem, accompagné d'une escorte bien fournie, destinée à renforcer le contingent de la citadelle de l'Antonia.

En l'an 26, sous le préfet Ponce Pilate, à une époque où Jésus n'était encore qu'un artisan inconnu de Nazareth, Césarée fut le théâtre d'une gigantesque manifestation de juifs, venus protester contre l'introduction à Jérusalem d'enseignes romaines portant à leur hampe l'effigie de l'empereur Tibère. Ces étendards avaient un caractère religieux inadmissible pour les pharisiens : les soldats, en effet, les dressaient près des autels et leur offraient des sacrifices. Cinq jours durant, criant, hurlant et appelant à la colère divine, les protestataires firent le siège de la résidence de Pilate, qui refusa de céder. A bout de patience, le sixième jour, le préfet les fit cerner par des prétoriens en armes et les menaça d'un massacre s'ils ne se retiraient pas. Mais ceux-ci, courageusement, se couchèrent, prêts à mourir pour la loi de Moïse qui interdisait le culte des images et des idoles. Pilate recula et fit enlever les étendards litigieux.

Plus tard, la ville joua un grand rôle dans les débuts du christianisme. C'est là que le centurion Cornelius (Corneille), de la 2e cohorte italique, un « homme juste, craignant Dieu », c'est-à-dire un païen favorable au judaïsme, se convertit à la suite d'une vision divine : premier signe de l'ouverture de la jeune Eglise au monde. Pierre, appelé par Cornelius à Césarée, fit alors un discours d'une importance capitale : « Je me rends compte en vérité que Dieu n'est pas partial et qu'en toute nation quiconque le craint et pratique la justice trouve accueil auprès de lui. Son message, il l'a envoyé aux Israélites : la bonne nouvelle de la paix par Jésus-Christ, lui qui est le Seigneur de tous les hommes. Vous le savez, l'événement a gagné la Judée entière ; il a commencé par la Galilée, après le baptême que proclamait Jean ; ce Jésus issu de Nazareth, vous savez comment Dieu lui a conféré l'onction d'Esprit saint et de puissance ; il est passé partout en bienfaiteur, il guérissait tous ceux que le diable tenait asservis, car Dieu était avec lui. Et nous autres sommes témoins de toute son œuvre sur le territoire des juifs comme à Jérusalem. Lui qu'ils ont supprimé en le pendant au bois, Dieu l'a ressuscité le troisième jour, et il a donné d'apparaître non à tout le peuple, mais aux témoins choisis d'avance par Dieu, à nous qui avons mangé et bu avec lui, après qu'il fut relevé d'entre les morts. Enfin, il nous a prescrit de proclamer au peuple et de porter ce témoignage : c'est lui que Dieu a désigné comme juge des vivants et des morts ; c'est à lui que tous les prophètes rendent le témoignage que voici : le pardon des péchés est accordé par son Nom à quiconque met en lui sa foi. »

Les Actes des Apôtres (10, 34-43), qui ont retranscrit ce résumé de la foi, ajoutent qu'à ce moment précis l'Esprit saint saisit les auditeurs de Pierre, qui se mirent à « parler en langues et à célébrer la grandeur de Dieu ». A partir de cet événement fondateur, les païens entraient pleinement dans l'économie du Salut. L'*Ecclesia*, l'Eglise, allait sortir des bornes du judaïsme pour se dilater à la dimension du monde…

C'est à Césarée maritime que Paul, arrêté au Temple, passa deux ans en prison, dans l'ancien « prétoire d'Hérode », avant d'être transféré à Rome pour y être jugé. C'est là aussi, à la suite d'une terrible répression populaire dans la ville, qu'éclata la guerre juive de 66-70. En 115, une partie de Césarée, ses monuments, ses sanctuaires païens et ses thermes furent détruits lors d'un violent séisme. Au début du IVe siècle, sous le règne de Dioclétien, nombre de chrétiens y furent torturés et exécutés. Ayant réussi à échapper à ces persécutions, l'évêque du lieu, Eusèbe, proche de l'empereur Constantin, y rédigea les dix livres de son *Histoire ecclésiastique*, source essentielle pour la connaissance des premiers temps du christianisme. Un ouvrage que je ne me lasse pas de relire, en quête d'un monde à la fois si proche et si lointain, celui des premières générations de nos devanciers, à nous chrétiens.

Voir : Centurions ; Pierre ; Ponce Pilate.

Charité

Aujourd'hui, sa connotation péjorative en fait un vocable dévoyé ! On l'a réduite à l'aumône, et l'aumône à l'obole ! Or ne parlez jamais d'aumône au monde moderne, ce geste de condescendance injurieux, indigne des droits de l'homme, cette philanthropie de sacristie, déshonorante pour qui donne, humiliante pour qui reçoit ! On lui préfère des concepts laïques, moralement plus « corrects » : solidarité, fraternité, action sociale, partage équitable…

Les philosophes modernes vont plus loin. Nietzsche méprise ces élans du cœur, ces sensibleries. Pour lui, l'altruisme, le désintéressement, l'esprit de sacrifice ne sont que faiblesses et signes de décadence. Que penserait-il aujourd'hui de toutes ces associations qui luttent généreusement contre l'exclusion et la précarité, Restos du cœur, Secours populaire, Armée du Salut ou Secours catholique ? Tout aussi sévère, Michel Foucault, dans son livre *Surveiller et punir* comme dans son *Histoire de la folie*, voit dans la démarche de charité l'habillement insidieux d'un acte de pouvoir consistant à réprimer, contrôler, formater, symbolisé par le « grand renfermement » des pauvres.

Eh bien, n'en déplaise à ces maîtres du soupçon, à ces esprits « avancés » et à leurs artificieux succédanés sémantiques, coupés de la dimension spirituelle, je choisis pour ma part la bonne vieille charité, chère à Péguy, celle « qui se donne dans les siècles des siècles », « qui abrite toutes les détresses du monde ». Plus encore, si l'on me demandait quel est le plus beau mot de la langue française, je crois bien que je répondrais : « charité » ! Non par provocation, mais parce que, en mon for intérieur, cela me paraît juste et vrai !

La charité pour moi, c'est l'amour de Dieu et l'amour des hommes, s'exprimant en un seul élan, dans la dimension verticale et horizontale de la croix, le don divin par excellence. Je rejoins Claudel qui disait : « Dieu a donné aux hommes pour s'en servir entre eux cette monnaie sublime de la charité qui porte le signe irrécusable du Rédempteur. »

Charité est la traduction du mot grec *agapè*, du latin *caritas*, qui est amour gratuit, grâce désintéressée, à distinguer des deux autres formes de l'amour du monde grec : *érôs*, désir des sens, et *philia*, amitié partagée. La charité est don de Dieu. *Deus est caritas*, proclamait la première encyclique du pape Benoît XVI. Pour le chrétien, donner n'est pas seulement dispenser un acte de générosité, c'est participer à l'effusion de la grâce divine, reconnaître le divin dans le nécessiteux, le pauvre, l'opprimé, l'homme en situation de vulnérabilité, de détresse ou de souffrance. Ce n'est d'ailleurs pas une nouveauté du christianisme. « Tu n'endurciras pas ton cœur, tu ne fermeras pas ta main à ton frère pauvre », prescrivait déjà le Deutéronome.

Des trois grandes vertus théologales, la foi, l'espérance et la charité, la plus grande, assurait saint Paul dans sa première Epître aux Corinthiens, est la charité. J'aime la puissance de ce passage où l'apôtre des Gentils* secoue vigoureusement les chrétiens endormis de Corinthe, qui semblent avoir perdu le sens de l'orientation : « Quand je parlerais les langues des hommes et des anges, si je n'ai pas la charité, je ne suis plus qu'airain qui sonne ou cymbale qui retentit. Quand j'aurais le don de prophétie et que je connaîtrais tous les mystères et toute la science, quand j'aurais la plénitude de la foi, une foi à transporter les montagnes, si je n'ai pas la charité, je ne suis rien. Quand je distribuerais tous mes biens en aumônes, quand je livrerais mon corps aux flammes, si je n'ai pas la charité, cela ne me sert de rien.

» La charité est longanime ; la charité est serviable ; elle n'est pas envieuse ; la charité ne fanfaronne pas, ne se gonfle pas ; elle ne fait rien d'inconvenant, ne cherche pas son intérêt, ne s'irrite pas, ne tient pas compte du mal ; elle ne se réjouit pas de l'injustice, mais elle met sa joie dans la vérité. Elle excuse tout, croit tout, espère tout, supporte tout.

» La charité ne passe jamais. Les prophéties ? Elles disparaîtront. Les langues ? Elles se tairont. La science ? Elle disparaîtra. Car partielle est notre science, partielle aussi notre prophétie. Mais quand viendra ce qui est parfait, ce qui est partiel disparaîtra » (1 Co 13, 1-11). « Si la charité vient à manquer, résumait saint Bernard, à quoi sert tout le reste ? »

Jésus n'a pas manqué d'aborder la question. Il parle d'abord de l'aumône proprement dite. « Gardez-vous de pratiquer votre justice devant les hommes pour en être remarqués, recommandait-il à ses disciples ; sinon, certes, vous n'aurez pas de salaire auprès de votre Père qui est dans les cieux. Lors donc que tu fais l'aumône, ne le claironne pas devant toi, comme le font les hypocrites dans les synagogues et dans les rues, afin d'être glorifiés par les hommes. En vérité, je vous le dis : ils ont touché leur salaire. Pour toi, fais-tu l'aumône, que ta main gauche ignore ce que fait ta main droite, afin que ton aumône reste dans le secret ; et ton Père, qui voit tout dans ce qui est secret, te le rendra » (Matthieu 6, 1-4).

Pour Jésus, naturellement, la charité ne se limite pas à l'aumône ; elle couvre toutes les miséricordes envers le prochain : nourrir les affamés, vêtir les démunis, soigner les malades, visiter les prisonniers… Pure charité, par exemple, que le geste fameux du bon Samaritain qui, contrairement au prêtre et au lévite, s'arrête, pris de pitié devant l'homme couvert de plaies et laissé à demi mort en bordure de la route de Jérusalem à Jéricho. Il bande sa blessure, y verse de l'huile et du vin, l'installe sur sa monture et le conduit à la plus proche auberge. Le lendemain, tirant de sa bourse deux deniers, il les donne à l'hôtelier en lui disant : « Prends soin de lui, et tout ce que tu dépenseras en plus, c'est moi qui, lors de mon retour, te le rembourserai » (Luc 10, 29-37).

Raoul Follereau avait raison d'affirmer : « La charité, c'est la projection du visage du Christ sur le visage du pauvre, du souffrant, du persécuté. » Elle est ouverture, disponibilité, service, don de soi, présence aimante. S'il n'est pas donné à tout le monde de consacrer sa vie à de grandes causes humanitaires, il revient à chacun d'engager et de gagner les petits combats quotidiens. « La charité parfaite, répétait sainte Thérèse de l'Enfant-Jésus, consiste à supporter les défauts des autres, à ne point s'étonner de leurs faiblesses, à s'édifier des plus petits actes de vertu qu'on leur voit pratiquer. » Et c'est bien difficile…

Chronologie

L'Histoire, n'en déplaise à certains, est d'abord une chronologie. Les dates sont les indispensables petits cailloux qui permettent de baliser le grand désert du temps, de le comprendre et d'éviter les pistes qui parfois fourvoient ou font tourner en rond. Elles forment comme la colonne vertébrale autour de laquelle les faits politiques, les idées, les grands mouvements sociaux, les données statistiques ou économiques prennent chair. Il est sûr que plus on remonte dans le temps, plus la chronologie devient hasardeuse, plus elle exige un effort de construction logique. En partant du plausible, on peut, au mieux, arriver au probable. Il en va ainsi de la vie de Jésus.

Sa naissance un 25 décembre de l'an 0 est une erreur manifeste. D'abord, parce que l'an 0 n'existe pas. C'est par suite d'une erreur de calcul, incorporant cette année illusoire, qu'au VIe siècle le moine scythe Dionysius Exiguus (Denys le Petit) a fixé « l'année de l'incarnation » à l'an 753 de la fondation de Rome. En réalité, tout le monde l'admet aujourd'hui, la date de naissance de Jésus est antérieure. Jésus est donc né avant Jésus-Christ ! C'est un paradoxe plaisant. Il n'en demeure pas moins que tout notre comput est faux. Nous ne sommes pas en 2015, mais quelques années plus tard… Ensuite, parce que ce n'est qu'en 354 que le pape Libère, christianisant la fête du solstice d'hiver, a fixé au 25 décembre la venue du Christ dans notre monde. C'est un symbole : au plus profond de la nuit la plus longue jaillit la lumière. Mais peut-on connaître sa vraie date de naissance ?

On tiendra pour acquis qu'il vit le jour, comme le disent les Evangiles de Matthieu et de Luc, durant le règne du roi Hérode le Grand. Or les historiens s'accordent à reconnaître que celui-ci mourut à Jéricho lors de l'éclipse de lune de la Pâque de l'an 4 avant l'ère chrétienne (quelques chercheurs dissidents fixent à – 1 cette mort, mais leurs arguments sont moins convaincants). Jésus, par conséquent, serait né avant – 4, et même deux ou trois ans plus tôt, si l'on tient compte du fait que le tyran fit massacrer tous les enfants de moins de deux ans nés à Bethléem.

La fameuse étoile de Bethléem est-elle une indication légendaire ou a-t-elle été un phénomène astronomique repérable dans le temps ? Des indices sérieux font pencher pour cette seconde hypothèse : cet événement exceptionnel, signalé par l'Evangile de Matthieu, semble correspondre à la triple conjonction de Jupiter et de Saturne dans la constellation des Poissons durant l'année 7 avant notre ère, dont l'astronome Johannes Kepler a observé la répétition à Prague le 17 décembre 1603. D'où la thèse, de plus en plus admise aujourd'hui, que Jésus, le messie attendu par Israël, serait né en – 7. Le calcul astronomique moderne, en tout cas, confirme cette apparition extraordinaire dans les cieux du Proche-Orient cette année-là. Le rapprochement des deux plus grosses planètes du système solaire a donné naissance à un pseudo-astre éphémère qui a été visible à la fin de mai, au début d'octobre et à la mi-décembre. Tout se passe comme dans l'Evangile de Matthieu. Cet astre apparaît, disparaît puis réapparaît : le rapprochement est troublant. Ce ne sont nullement des rêveries arbitraires. Cette figure planétaire n'a rien d'anodin ni dans le monde juif ni pour des mages mésopotamiens d'origine juive : Jupiter représentait la royauté et la puissance, Saturne symbolisait Israël, et la constellation des Poissons, appelée aussi les Queues, incarnait Amarru, les pays de l'Ouest (Syrie et Palestine). Une naissance de Jésus en – 7 paraît plausible, voire vraisemblable.

Pour la date de mort, le problème est plus complexe. Partons d'une donnée sûre : Jésus a été exécuté par ordre de Ponce Pilate, préfet romain de Judée et de Samarie, seul détenteur de l'autorité publique. Celui-ci ayant été nommé en 26 et révoqué en 36, la crucifixion se situe nécessairement entre ces deux dates, au moment de la grande fête juive de la Pâque. L'année 26 paraît trop précoce, 36 trop tardive. Où situer le curseur ?

A l'époque de Jésus, on tuait les agneaux de la Pâque dans le Temple le quatorzième jour du mois de nisan (mars-avril). Le sacrifice avait lieu entre 3 et 5 heures de l'après-midi, et les agneaux devaient être mangés au coucher du soleil, qui marquait le commencement du nouveau jour, celui précisément de la Pâque. Selon les synoptiques*, Jésus serait mort le vendredi 15 nisan, après le repas pascal du jeudi 14 ; pour Jean, au contraire, il serait mort le 14 nisan, qui cette année-là était le jour de la préparation à la fois de la fête de la Pâque et du sabbat. Qui a tort, qui a raison ?

Pour qui est bien au fait des lois et coutumes du peuple juif au Ier siècle de notre ère, il est clair que le procès et l'exécution de Jésus le jour de la Pâque apparaissent comme impossibles. Les historiens juifs ont eu raison d'insister sur ce point, et l'on n'imagine pas Pilate, soucieux du maintien de l'ordre en ce jour de fête, qui faisait spécialement le déplacement de sa résidence de Césarée maritime à Jérusalem, transgresser cet interdit. Il lui arrivait d'être provocateur, mais jamais il ne l'aurait été à ce point. Jamais, du reste, les grands prêtres ne lui auraient livré Jésus à cette date. Si les synoptiques, écrits trente ans après les événements, ont adopté cette solution, c'est, selon toute vraisemblance, afin de faire coïncider le dernier repas de Jésus et de ses apôtres (la Cène) avec la Pâque, autrement dit la consommation rituelle de l'agneau et des herbes amères, que les juifs prenaient en effet la veille au soir.

La chronologie de Jean est par conséquent la plus fiable, ce qui n'a rien d'étonnant s'agissant d'un témoin oculaire ayant vécu de très près les événements de la Passion. On peut en conclure que le dernier repas ne fut pas *stricto sensu* le repas pascal des juifs, mais qu'il s'est déroulé dans une ambiance pascale : c'est Jésus qui l'a voulu ainsi, sachant qu'il allait mourir avant la fête.

Le calcul astronomique de la date de la Pâque juive doit tenir compte du fait que le calendrier hébreu était lunisolaire, tous les mois commençant à la nouvelle lune. Le 14 nisan correspondait à la pleine lune du début du printemps. De temps en temps, de façon à tenir compte de la durée de rotation de la terre autour du soleil et à respecter le rythme des saisons, le Sanhédrin décidait d'intercaler un treizième mois lunaire. Compte tenu de ces données, seules deux dates sont astronomiquement possibles pour la mort de Jésus : le vendredi 7 avril 30 ou le vendredi 3 avril 33. Pendant longtemps, les historiens ont adopté la première, se basant sur deux arguments : Luc, dans son Evangile, fixe le début de la prédication de Jean le Baptiste à « l'an quinze du principat de Tibère », soit du 19 août 28 au 18 août 29. Si l'on considère que le ministère public de Jésus, selon les synoptiques, a duré une année, on arrive en toute logique au 7 avril 30 pour la date de sa crucifixion. Un autre argument a conduit les chercheurs à se focaliser sur cette date : ils ont considéré que l'année 33 était trop tardive, du fait que, selon Luc, Jésus « lors de ses débuts avait environ trente ans ». Etant né en – 7, en l'an 29, il avait déjà 35 ou 36 ans.

Ce raisonnement est discutable. Rien ne dit que Jésus se soit fait baptiser parmi les premiers adeptes de Jean le Baptiste. Peut-être a-t-il attendu l'essor du mouvement, plusieurs mois après, avant de venir à sa rencontre le long du Jourdain ?

D'autres données puisées dans l'Evangile de Jean plaident en faveur de la date de 33. Au début de son ministère, Jésus après avoir chassé les marchands du Temple est interpellé par les scribes et les pharisiens qui lui demandent par quel signe il peut justifier son geste. Il leur répond : « Détruisez ce sanctuaire et en trois jours je le relèverai. » Ses interlocuteurs, qui ne comprennent pas qu'il parle de son propre corps, lui rétorquent, incrédules : « Il a fallu quarante-six ans pour bâtir ce sanctuaire, et toi, en trois jours, tu le relèverais ? » (Jean 2, 18-20). Ces chiffres nous conduisent très précisément à l'année 30, les premiers travaux de construction de l'édifice ayant commencé en 17-16 avant notre ère. Pour arriver à la mort de Jésus en l'an 33, il faut ajouter les trois années que dure l'enseignement public selon Jean.

Reste l'objection des trente ans ou environ de Luc. Il ne faut pas prendre au pied de la lettre cette indication. Trente ans est pour les juifs l'âge idéal, celui de la maturité. C'est celui d'Adam dans la Genèse, lorsqu'il a été créé, celui de Joseph lorsqu'il se tient en présence de Pharaon, celui de David lorsqu'il devient roi, celui auquel les rabbis commencent à prêcher et les prêtres à faire leur service au Temple. A sa crucifixion, Jésus avait aux alentours de la quarantaine. « Tu n'as pas cinquante ans », lui reprochent, dans l'Evangile de Jean, les pharisiens. Dit-on cela à un homme de trente ans ?

La découverte en 1983, confirmée en 1992, de deux professeurs d'Oxford, Colin J. Humphreys et W. G. Waddington, fait définitivement pencher la balance du côté de l'année 33. Peu de temps après la mort de Jésus, en effet, à la tombée de la nuit du vendredi 14 nisan, qui marquait le début de la Pâque juive, se produisit une éclipse partielle de la lune visible à Jérusalem. C'est le phénomène de la « lune rousse » ou « rouge » auquel Pierre fait allusion à la Pentecôte, dans son premier discours aux habitants de la ville (Actes des Apôtres 2, 20).

Ces conclusions, je le concède, restent des hypothèses, mais elles me paraissent les mieux fondées à l'heure actuelle. Voici, par conséquent, comment on peut envisager la chronologie :

– 7 :	Naissance de Jésus à Bethléem de Judée.
– 4 :	Mort d'Hérode le Grand. Partage de son royaume. Retour d'Egypte de la Sainte Famille.
6 :	Nomination de Hanne comme grand prêtre.
14 :	Mort de l'empereur Auguste.
15 :	Révocation de Hanne.
18 :	Nomination de Caïphe, gendre de Hanne, comme grand prêtre.
26 :	Arrivée de Ponce Pilate en Judée.
29 :	Début de la prédication de Jean le Baptiste.
Printemps 30 :	Baptême de Jésus. Début de son ministère public.
3 avril 33 :	Crucifixion de Jésus.
5 avril 33 :	Résurrection.
36 :	Rappel de Pilate à Rome.

Personnellement, je suis réfractaire à l'astrologie, c'est-à-dire à l'influence de la position des astres dans le ciel sur le destin des hommes, mais si l'on adopte ce calendrier, on voit bien que la naissance et la mort du Sauveur correspondent à deux phénomènes astronomiques parfaitement repérables : la rencontre de Jupiter et de Saturne dans la constellation des Poissons en – 7 et l'éclipse de lune de la dernière Pâque en 33, qui ne pouvaient qu'impressionner les contemporains. Dieu a-t-il voulu rejoindre la croyance des hommes par ces signes ?

Voir : Etoile de Bethléem ; Noël ; Ténèbres.

Cinéma (Jésus au)

Peut-on représenter Jésus au cinéma sans le trahir ? C'est la question que je me pose toujours lorsque j'assiste à la projection d'un film sur lui. Mon opinion est partagée. Sans doute la pellicule peut-elle dire quelque chose de son message et suggérer certains épisodes de sa vie sans trop les transformer. Mais l'approche, le plus souvent, est extérieure, artificielle. La foi, rencontre personnelle avec la personne du Christ ressuscité, suppose une intériorité que l'image, nécessairement réductrice, ne parviendra jamais à donner, même si elle a parfois servi de support à un enseignement catéchétique, je pense à la mini-série italo-britannique assez réussie de Franco Zeffirelli, *Jésus de Nazareth*, qui connut un succès mondial considérable (1977) et dont l'idée venait du pape Paul VI. C'est une œuvre émouvante, belle, longue (plus de six heures), mais qui n'échappe pas aux clichés sulpiciens.

Le fait est que le septième art s'est très tôt intéressé à la figure de Jésus. Dès 1903, un premier long métrage, *La Vie et la Passion de Jésus-Christ*, était réalisé par Lucien Nonguet. Découpé en trente-deux tableaux, il s'inspirait de la *Bible illustrée* de Gustave Doré, tout en prétendant s'appuyer sur des « documents absolument authentiques ». A la fin de 1908 sortait *Le Baiser de Judas* d'Armand Bour et André Calmettes, un petit film réalisé par Pathé Frères. En 1910 fut projeté sur les rares écrans de la capitale *Le Christ en croix* de Louis Feuillade.

Autre muet, le célèbre *From the Manger to the Cross* (« De la mangeoire à la croix »), produit deux ans plus tard par la Kalem Company, fut un des premiers longs métrages américains (d'une durée d'une heure dix). Il présentait la particularité d'avoir été tourné à Nazareth, Bethléem, Béthanie (au tombeau de Lazare), Jérusalem, au lac de Tibériade et même au pied du Sphinx et des Pyramides, pour la fuite en Egypte, ce qui en fait aujourd'hui un curieux documentaire. Je l'ai visionné sous cet angle non sans intérêt. Quelle différence avec *Le Baiser de Judas* réalisé en forêt de Fontainebleau ! Sidney Olcott eut quelque difficulté à trouver celui qui jouerait Jésus. Il choisit finalement un poète inspiré, acteur de théâtre britannique, Robert Henderson-Bland, qui incarna son personnage avec conviction. Le film le marqua si profondément qu'il finit, dit-on, par se prendre pour le Christ ! S'il est des personnages dont un comédien ne sort pas indemne, Jésus est bien de ceux-là ! La réalisation, qui avait reçu l'autorisation de tournage des autorités turques, se termina par une mauvaise rencontre avec quelques éléments troubles, et l'équipe dut rapidement plier bagage. Le film, très respectueux de l'histoire sainte, se voulait une catéchèse en images et comportait des citations des quatre Evangiles en guise d'intertitres. Projeté pour la première fois à Broadway le 13 janvier 1913, il fit sensation. Le succès fut mondial : plusieurs millions de spectateurs le virent. Bénéficiant de l'approbation du clergé, il servit dans les années 1930 à l'éducation religieuse.

Avec l'arrivée du cinéma parlant, des réalisations innombrables ont suivi, dont *Golgotha* de Julien Duvivier en 1935. Certaines ont été tournées comme des péplums (toutes n'abordent pas la vie de Jésus à proprement parler) : *La Tunique* en 1953, *Simon le pêcheur* en 1959, *Ben-Hur* la même année (couronné par onze oscars), *Barabbas*, *Le Roi des rois*, tous deux en 1961, *Ponce Pilate* en 1962, *La Plus Grande Histoire jamais contée* en 1965. Cas à part, *Jesus Christ superstar* de Norman Jewison sorti en 1973 est une comédie musicale déjantée…

En 1964, ce fut le célèbre *Evangile selon saint Matthieu*, long film de plus de deux heures de Pier Paolo Pasolini, en plein concile Vatican II. Incarné par un jeune étudiant espagnol, Enrique Irazoqui, le personnage de Jésus est froid, dur, mystérieux tel un prophète au visage de pierre. On se demande comment les foules auraient pu suivre un pareil homme ! Loin des mises en scène hollywoodiennes, le film de bonne facture – on sent naturellement la patte d'un talentueux réalisateur –, tourné avec des acteurs non professionnels, reste hiératique, distancié, malgré de belles illustrations musicales, dont la sublime *Passion selon saint Matthieu* de Bach, qui essaient de susciter, sans trop y parvenir, une puissance émotionnelle. Tourné en noir et blanc dans le Mezzogiorno, il semble davantage imprégné de culture paysanne italienne que de culture juive de la Torah. C'est un de ses grands défauts. A sa sortie, il reçut le prix spécial du jury au Festival de Venise et le grand prix de l'Office catholique international du cinéma. Il a l'originalité de se concentrer sur le message d'un seul Evangile et d'en reproduire fidèlement les paroles. Il n'élude pas le tombeau vide ni la Résurrection. Mais le Jésus du cinéaste marxiste est un tantinet subversif. On cherche l'amour, la miséricorde dans cette réalisation aride, glacée et, disons le mot, janséniste.

Beaucoup plus polémique, sulfureux même pour les chrétiens, fut en 1988 *La Dernière Tentation du Christ* de Martin Scorsese. L'œuvre, au scénario boursouflé, inspiré du roman de Níkos Kazantzákis paru en 1955, fit scandale dans les milieux catholiques qui crièrent au blasphème parce qu'il prêtait à Jésus des fantasmes sexuels. En France, il donna lieu, malheureusement, de la part d'éléments extrémistes, à des insultes, des menaces et des violences : plusieurs salles de cinéma dont l'Espace Saint-Michel furent incendiées, et il y eut une dizaine de blessés.

Le film de Scorsese est une fiction assez mal venue. D'autres se veulent des approches plus rigoureuses, voire historiques, comme *Jésus*, film américain réalisé en 1979 par Peter Sykes et John Krish, s'inspirant de l'Evangile de Luc, ou, plus près de nous, *La Passion du Christ* de Mel Gibson en 2004, qui connut un succès mondial. Pour faire couleur locale, le film avait été tourné en araméen, en hébreu et en latin (ce qui était d'ailleurs une erreur historique, car, en Orient, on parlait grec, et les soldats romains étaient pour la plupart des mercenaires locaux). L'œuvre s'inspire non seulement des Evangiles, mais aussi des visions d'une mystique allemande du début du XIXe siècle, Anne-Catherine Emmerich, béatifiée par Jean-Paul II en 2004. Stigmatisée, celle-ci revivait tous les vendredis la Passion de Jésus-Christ. Son témoignage a été transcrit – mais dans quelle mesure modifié et réinterprété ? – par le poète Clemens Brentano, qui prit des notes à son chevet de 1818 à 1824. Ce n'est évidemment pas en soi une œuvre historique.

Le film est loin d'être inintéressant. Il nous plonge dans la vie palpitante des foules de ce temps. Il n'a pourtant pas échappé aux critiques. Il a été accusé d'antisémitisme, ce dont le réalisateur s'est vivement défendu. Il reste que faire fabriquer la croix par les juifs du Temple était une erreur grossière. S'il montre bien le caractère sacrificiel de la mort de Jésus, le film se complaît dans des scènes insoutenables et totalement invraisemblables, comme celle de la flagellation au moyen d'un fouet portant à ses extrémités des crocs de fer (conformément à ce que prétend Anne-Catherine Emmerich ou Brentano). Tout ce que nous savons de ce supplice par le linceul de Turin et du fouet utilisé, le *flagrum* romain, avec ses billes d'acier en forme d'haltère, est suffisamment horrible pour ne pas en rajouter…

Bref, au cinéma, il est malaisé de trouver à la fois le bon ton et la rigueur historique.

Voir : Linceul de Turin.

Claudia Procula

Quand il m'arrive de penser à elle – ce qui, il est vrai, est assez rare –, je me dis que la position de romancier est infiniment préférable à celle de l'historien frustré. La libre imagination, en effet, n'est-elle pas le meilleur moyen, faute de documents sûrs, de percer l'insondable secret des êtres et de soulever allègrement, tel ce diable d'Asmodée, le toit des maisons ? Charlotte Brontë l'a expérimenté à son propos dans l'un de ses poèmes célèbres paru en 1846 (« *Pilate's Wife's Dream* »).

L'Evangile de Matthieu est le seul à parler d'elle et encore très brièvement, sans oser lui donner de nom. Claudia Vilia Procula est en effet la femme de Ponce Pilate. Attention, ce n'est pas une certitude ! Peut-être s'appelait-elle Procla, comme nous l'assure un apocryphe du VIe siècle, les *Actes de Pilate* (encore appelé *Evangile de Nicodème*), ou Abrôcla, si l'on s'en tient à une vénérable tradition de l'Eglise copte… Impossible de savoir. Etait-elle vraiment la dernière fille de Julia, elle-même fille de l'empereur Auguste ? On n'oserait l'assurer. Comment, du reste, un petit noble de l'ordre équestre aurait-il pu prétendre à la main d'une femme de la noble *gens* des Claudia, illustrée par les empereurs Tibère et Claude ? Ne serait-elle pas plutôt une bonne Gauloise de Narbonne, ainsi que nous le révèle sa correspondance, totalement apocryphe il est vrai ? De Narbonne à Rennes-le-Château, il n'y a qu'un pas que Dan Brown n'a pas osé franchir, mais que d'aucuns ont fait à sa place… Comme j'aurais aimé savoir d'elle autre chose que les élucubrations de la « voyante » Maria Valtorta qui la décrit comme « très belle, sur les trente ans », avec « des yeux doux et pourtant impérieux » !

Sa seule trace dans l'Histoire tient donc à un passage de l'évangéliste Matthieu, au moment du procès de Jésus : Pilate, assis sur la *bèma*, son siège de juge, vient de proposer au peuple de libérer, selon la coutume, un prisonnier pour la Pâque, et il a avancé deux noms, Jésus ou

Barabbas. Son intention est d'obtenir ainsi l'élargissement du premier, pour tenir tête aux grands prêtres. « Tandis qu'il siégeait au tribunal, poursuit Matthieu, sa femme lui envoya dire : "Ne te mêle pas des affaires de ce juste, car j'ai beaucoup souffert en songe aujourd'hui à cause de lui" » (27, 19).

C'est tout ce que l'on sait. Et encore des historiens, plus tatillons que d'autres, ont douté que le préfet romain ait pu emmener en Orient son épouse. Mais, ici, on dispose de quelques munitions pour étayer le récit matthéen. La rigueur de la règle d'Auguste interdisant aux gouverneurs de se rendre en poste avec leur femme avait été atténuée sous le règne de son successeur Tibère. Le fils adoptif de ce dernier, Germanicus, avait pu ainsi se faire accompagner de sa chère Agrippine en Germanie et en Orient. En 21, la tentative de l'ex-légat Caecina de revenir à la règle antérieure avait échoué devant le Sénat romain. Or Pilate était parti pour la Judée en 26…

Le reste n'est qu'une longue suite d'interrogations. Cette Claudia était-elle proche de la religion juive, comme les craignant-Dieu* ? Avait-elle connu Jésus avant sa comparution ? Comment savait-elle que c'était un *dikaos*, un « juste » ? S'intéressait-elle à son enseignement ? D'où lui vint ce rêve étrange ? De Dieu, comme le pensaient Origène, Jérôme, Augustin ou même Calvin, ou, au contraire, de Satan, voulant éviter la mort de Jésus et le Salut du monde apporté par son sang, comme le soutient un mystère médiéval du cycle de York ? Son intervention a-t-elle un moment influencé son mari, avant qu'il ne cède aux demandes insistantes des grands prêtres ? C'est possible, car Pilate semble avoir été superstitieux, ce qui expliquerait son geste ostentatoire de se laver les mains (« Je suis quitte de ce sang… »). Mais qui pourra jamais l'établir ? A-t-elle suivi son mari lors de son exil en Gaule ? On voudrait le croire. L'ennui est qu'on n'est même pas sûr que Pilate y vînt.

Les orthodoxes la vénèrent comme une sainte et ont fixé sa fête au 27 octobre. Me faudra-t-il aller chercher dans les greniers poussiéreux de la « république monastique du mont Athos » le procès-verbal de canonisation de la belle Claudia Procula, dite Procla, dite Abrôcla ? A supposer qu'il ait existé, il ne devrait pas tenir sur plus du quart d'une demi-page de parchemin…

Voir : Passion de Jésus ; Ponce Pilate.

Couronne d'épines (La Sainte)

Je l'ai vue un vendredi saint à Notre-Dame, gardée par les chevaliers de l'ordre équestre du Saint-Sépulcre, en cape blanche frappée de la croix rouge de Jérusalem. Un spectacle impressionnant ! Ce jour-là, comme des centaines de catholiques français ou étrangers, j'ai baisé délicatement le reliquaire de cristal festonné de bronze doré. Quel bouleversant témoin de la souffrance de Jésus et de son amour sans limite ! Cet instrument de torture, imaginé par Pilate et ses soldats pour se moquer tout à la fois du Galiléen, des grands prêtres et du messianisme juif, est devenu le symbole de la royauté spirituelle de Jésus. « Alors Pilate, écrit Jean, ordonna de prendre Jésus et de le flageller. Puis les soldats, tressant une couronne avec des épines, la lui mirent sur la tête et le revêtirent d'un manteau de couleur pourpre ; s'avançant vers lui, ils disaient : "Salut, roi des juifs !" Et ils le giflaient » (19, 1-3). En lisant ce texte, je pense tout naturellement au merveilleux *Christ aux outrages* de Philippe de Champaigne, conservé au musée de Port-Royal des Champs, qui nous montre le Messie flagellé, couronné d'épines et revêtu de sa longue chlamyde rouge, humilié, mais empli de divine sérénité.

Comme pour les autres reliques de la Passion, la couronne d'épines resta cachée pendant les quatre premiers siècles. Sa présence dans la basilique du mont Sion à Jérusalem est attestée en 409 par saint Paulin, un Bordelais, évêque de Nola, en Campanie. Au VIe siècle, saint Grégoire de Tours en parle également. Au VIIe ou VIIIe siècle, on ne sait trop, elle fut envoyée à Constantinople et installée dans la chapelle impériale. Elle y était encore en 1200, au temps de Nicolas Mésaritès, garde des trésors du palais, qui en donna une description poétique.

En 1238, incapable de se libérer de sa dette de 13 075 hyperpères, contractée auprès des banquiers vénitiens, Baudouin II de Courtenay, empereur latin de Constantinople, entra en négociation avec le roi de France Louis IX (Saint Louis) qui, l'année suivante, lui régla 135 000 livres tournois et reçut les reliques qui avaient été consignées en gage : il s'agissait d'un échange de « bons procédés » et non d'un achat avéré, afin d'éviter l'accusation de simonie. Le roi envoya chercher la Sainte Couronne par deux religieux dominicains, les frères Jacques et André, dont l'un, ancien prieur d'un couvent de Constantinople, l'avait déjà vue. Il put ainsi vérifier son authenticité. Le vase d'or dans lequel elle était conservée fut placé dans une châsse, elle-même déposée dans une caisse de bois. Celle-ci arriva à Venise, puis fut transportée par la route à la frontière française. Le 10 août 1239, Louis alla à sa rencontre à Villeneuve-l'Archevêque, à cinq lieues de Sens, accompagné de la reine sa mère, Blanche de Castille, de son frère, Robert d'Artois, et de nombreux prélats et seigneurs de la Cour. On en fit sauter les sceaux : le pieux roi était au comble de l'émotion. Ce fut certainement l'un des plus beaux jours de sa vie. La relique fut accueillie à Paris avec grande vénération.

Il reçut ensuite une partie importante de la vraie croix et sept autres reliques, dont le Saint Sang et la Pierre du sépulcre, auxquels s'ajoutèrent en 1242 des morceaux de la Sainte Lance et de la Sainte Eponge. Pour abriter ces précieux trésors, il fit bâtir l'actuelle Sainte-Chapelle dans l'île de la Cité.

En 1791, par ordre de Louis XVI, la couronne d'épines fut transférée à l'abbaye de Saint-Denis. Elle revint à Paris deux ans plus tard. Echappant par miracle aux fureurs destructrices des sans-culottes, elle demeura quelque temps à l'Hôtel des Monnaies, puis à la Bibliothèque nationale, avant d'être installée solennellement à Notre-Dame le 10 août 1806, conformément aux dispositions du Concordat. Elle fut alors enfermée dans un anneau de cristal constitué de six pièces reliées par trois agrafes en bronze doré. C'est à ce moment qu'elle fut confiée aux chanoines du chapitre et placée sous la garde des chevaliers du Saint-Sépulcre. Sous le Second Empire, un superbe reliquaire fut réalisé pour elle par Placide Poussielgue-Rusand d'après un dessin de Viollet-le-Duc.

Elle se présente comme un cercle de paille dure tressée en faisceau, tenu par une quinzaine de petites attaches de même matériau. Les épines étaient du *Rhamnus*, du jujubier, très exactement l'une des plantes de cette famille, appelée *Ziziphus spina christi*. Saint Louis les distribua généreusement : à Bernard, évêque du Puy, aux chapitres de Valence et de Tolède, à l'évêque de Vicence, à l'abbaye du Bourg-Moyen de Blois, à celle de Saint-Eloi près d'Arras, aux Cordeliers de Séez… D'autres avaient été remises antérieurement, quand la relique était encore à Constantinople. Pise en conserve une branche de huit centimètres de long. Elle portait autrefois six épines, dont trois subsistent. La plus longue est de deux centimètres. La cathédrale de Trèves possède de même un rameau de dix centimètres avec une épine droite et plusieurs courtes et recourbées.

Il est vrai que l'authenticité de la Sainte Couronne de Notre-Dame n'a pas été vérifiée scientifiquement. Un détail, surprenant au premier abord, est son diamètre intérieur : 21 centimètres, soit une taille plus grande qu'un tour de tête ordinaire. Cela ne se comprend que si l'on sait que les branches de *Ziziphus* étaient entrelacées autour du cercle de paille, de façon à former un véritable casque de torture. Un faussaire, s'inspirant de l'iconographie chrétienne traditionnelle, aurait-il pu inventer cette particularité, que l'on ne comprend qu'en examinant le linceul de Turin ?

En mars 2014, pour le huit centième anniversaire de la naissance et du baptême de Saint Louis, la couronne d'épines fut transportée en procession à la collégiale Notre-Dame de Poissy, dans son reliquaire Napoléon III, après avoir effectué le trajet sur la Seine, semblable à celui qui l'avait fait parvenir à Paris en 1238… Elle n'avait jamais voyagé aussi loin depuis des siècles.

Voir : Linceul de Turin ; Passion de Jésus.

Crèche

Même si nos enfants ont quitté la maison, nous sommes, ma femme et moi, très respectueux de la tradition : il n'y a pas de Noël sans crèche ! La nôtre, composée d'environ deux cents santons de petite taille, originaires d'Aix, est à la mode provençale, avec ses anges, ses bergers, son âne, son bœuf, ses chameaux, ses dromadaires, ses moutons, ses oies, ses dindons, ses coqs et même ses colombes sur le toit des maisons, sans oublier, bien sûr, les représentants des petits métiers traditionnels, en style naïf et costume local, de la lavandière au rémouleur. On y découvre aussi, entre autres, le maire en haut-de-forme, écharpe en ceinturon, le cuisinier avec sa toque, le médecin avec son clystère, l'arlésienne avec son grand châle et son tambourin, et le peintre à demi chauve travaillant à son chevalet… Les usages immémoriaux sont pour nous scrupuleusement respectés : pas question de placer Jésus dans la mangeoire entre Marie et Joseph avant le douzième coup de minuit le 24 décembre, ni les Rois mages, richement habillés, avant l'Epiphanie ! Installée le premier dimanche de l'Avent, elle est enlevée le 2 février, jour de la présentation de Jésus au Temple…

La crèche est devenue au fil des temps un élément incontournable de la religion populaire, avec des aspects culturels évidents s'inscrivant dans la laïcisation de la société. Selon un récit hagiographique qui n'a jamais été vraiment confirmé, la première crèche de l'Histoire fut la crèche vivante réalisée à l'initiative de François d'Assise à l'ermitage de Greccio en Italie, dans la nuit de Noël 1223, après l'échec de la cinquième croisade qui avait rendu inaccessible aux pèlerins chrétiens la basilique de Bethléem. Depuis cette époque, les mystères de la Nativité n'ont cessé d'être représentés par des spectacles, sur le parvis ou à l'intérieur des églises, en faisant appel à des personnages vivants ou à des figurines en bois ou en argile. Quand la Révolution interdit les crèches, celles-ci émigrèrent dans les habitations privées.

Mais revenons à la naissance de Jésus. Si l'on en croit l'Evangile de Luc, qui a reproduit le témoignage de Marie, toutes les maisons de Bethléem étant occupées, y compris la *kataluma*, la salle haute ou chambre d'hôtes, Marie et Joseph trouvèrent refuge dans une étable installée vraisemblablement à l'intérieur d'une grotte, comme le dit Justin Martyr au IIe siècle dans son *Dialogue avec Tryphon*. Cette localisation correspond à la crypte de la première basilique de la Nativité, elle-même construite au IVe siècle. Le nouveau-né fut déposé dans une mangeoire, *cripia* en latin, d'où le mot crèche. D'après saint Jérôme, la crèche originelle était d'argile. Grande fut son affliction de la voir remplacée par une autre d'argent : « Combien plus précieuse pour moi celle qu'on a enlevée ! L'argent et l'or sont bons pour les païens : cette crèche d'argile valait mieux pour la foi chrétienne. » En revanche, l'âne et le bœuf ne figurent ni dans l'Evangile de Luc ni dans aucun des trois autres, mais dans un texte du prophète Isaïe appliqué plus tard à Jésus.

La crèche est le symbole de ce que les théologiens appellent la « kénose* de l'Incarnation » : Dieu se dépouille par humilité de sa toute-puissance pour se faire petit enfant, venant dans le monde sauver l'humanité entière. Au-delà des aspects folkloriques, pour les chrétiens, c'est bien cela l'essentiel.

Voir : Bethléem.

Croix

Je me souviens d'avoir vu, à Saint-Etienne-les-Orgues, au pied de la belle montagne de Lure, en Haute-Provence, une petite relique de la « Sainte croix ». Le curé de la paroisse, religieux de Saint-Vincent de Paul, l'avait sortie pour moi d'un vieux reliquaire, relégué au fond d'un placard de la sacristie. Lui-même ne croyait guère à son authenticité. Ce n'est pas essentiel pour la foi, disait-il. En effet. Nous ne sommes plus au Moyen Age, et les formes de la dévotion ont heureusement changé.

Des fragments de la « vraie croix », des centaines de sanctuaires chrétiens en recèlent de par le monde. L'un des plus célèbres est celui de Notre-Dame de Paris, envoyé à

Saint Louis par Baudouin II, empereur de Constantinople. Conservé d'abord à la Sainte-Chapelle, il échappa aux destructions de la Révolution et se trouve actuellement dans le Trésor de la cathédrale. Il a 225 millimètres de longueur, 42 de largeur et 27 d'épaisseur.

C'est sainte Hélène, mère de l'empereur Constantin Ier, qui, selon Gélase de Césarée et saint Jean Chrysostome, découvrit la croix le 3 mai 326 lors de son pèlerinage en Palestine. En vérité, les circonstances de cette « invention » (au sens de découverte) restent nimbées de légende. Il semble qu'Hélène n'y ait été pour rien. La mise au jour aurait eu lieu fortuitement au cours de travaux dans une ancienne citerne du Saint-Sépulcre de Jérusalem. Seul le *titulus* aurait permis de distinguer la croix du Christ de celles des deux larrons. Cela voudrait dire que le Golgotha n'était pas un lieu habituel d'exécution, sinon bien d'autres poutres auraient été retrouvées.

Fréquent dans l'Antiquité, ce supplice était d'origine perse. Au VIe siècle avant notre ère, Darius le Grand fit crucifier 3 000 révoltés perses, élamites, assyriens, égyptiens, parthes, mèdes et autres, qui avaient bravé son autorité. Les Carthaginois, les Grecs, les Celtes et même les Hébreux adoptèrent à leur tour ce terrible mode d'exécution. C'est ainsi que vers l'an 88 avant notre ère, l'implacable Alexandre Jannée, roi et grand prêtre de la dynastie nationale des Hasmonéens, fit périr à Jérusalem 800 traîtres pharisiens qui avaient fait appel au roi séleucide Démétrios III. A la même époque, Siméon ben Shetah aurait, dit-on, condamné de la même manière quatre-vingts sorcières païennes à Ascalon. Hérode le Grand fut le premier à abolir la crucifixion, contrairement à ses puissants protecteurs romains qui s'en servaient souvent pour faire périr les agitateurs, révoltés, esclaves, déserteurs ou brigands.

En 71 avant J.-C., le consul Marcus Licinius Crassus condamna à cette forme particulière de potence 6 000 esclaves de l'armée de Spartacus. Les croix s'alignaient le long de la Via Appia, entre Rome et Capoue. En – 4, Publius Quinctilius Varus, gouverneur de Syrie, agit de même en Judée et Galilée à l'égard des 2 000 rebelles commandés par Judas de Gamala.

Pour Cicéron, la crucifixion était le plus cruel et le plus atroce des supplices. Attachés par des cordes ou encloués au bois d'un arbre fourchu ou d'une croix, y compris dans les positions les plus grotesques ou les plus dégradantes, les condamnés supportaient d'indicibles tourments. « Je vois devant moi, écrit Sénèque, des croix, non pas toutes du même modèle, mais variant avec le maître qui les fait faire : il en est qui pendent leurs victimes la tête en bas, d'autres les empalent et d'autres leur étendent les bras sur une potence. » Souffrant de crampes atroces, les muscles tétanisés, les malheureux devaient le plus souvent s'appuyer sur les pieds et se contorsionner pour pouvoir respirer. Tenaillés par la soif, le cerveau de moins en moins irrigué, ils mouraient en quelques heures, voire en un jour ou deux, soit d'asphyxie, soit d'emballement cardiaque. Leurs cadavres restaient exposés aux oiseaux de proie.

Pour les juifs, la crucifixion était une infamie, dénoncée par le Deutéronome (21, 23). « Le Christ, dit Paul, nous a rachetés de la malédiction de la Loi en devenant pour nous malédiction, car il est écrit : "Maudit soit quiconque est pendu au bois." » Paul parlera de la folie de la croix, comme « folie pour les païens et scandale pour les juifs ».

On comprend la difficulté qu'eurent les premiers chrétiens à faire de cet instrument de torture et d'effroi le signe du Salut universel. Leur Dieu, aux yeux des citoyens grecs ou romains, n'avait-il pas été stigmatisé dans sa mort, exclu de l'humanité, et sa dépouille offerte au mépris public ? Pourtant, c'est sur ce gibet maudit que le Christ a accompli l'acte rédempteur par lequel il s'est offert librement par amour pour l'humanité, « en victime de propitiation pour nos péchés », comme le dit Jean.

Si l'on en croit les marques laissées sur la face dorsale du linceul de Turin ainsi que sur la Sainte Tunique d'Argenteuil, il semble que Jésus n'ait pas seulement porté la lourde barre transversale, le *patibulum*, comme il arrivait pour certains condamnés (la barre verticale demeurant fichée au lieu du supplice), mais une croix entière dont les deux éléments étaient encastrés transversalement. Jean le dit d'ailleurs dans le quatrième Evangile : « Portant lui-même sa croix, il sortit vers le lieu-dit du Crâne. » Sa mort ne mit pas fin à ce type de supplice. C'est le martyre que connurent Pierre, André et nombre de disciples de la génération apostolique. Néron en usa largement avec les chrétiens, accusés d'avoir incendié sa capitale.

En l'an 70, les juifs révoltés furent de même massivement crucifiés par les légionnaires de Titus. Ce sont probablement les restes d'une de ces victimes que l'on trouva en juin 1968 dans un ossuaire, lors de fouilles effectuées dans le quartier du Giv'at ha-Mivtar (« la colline du Partage »), au nord-est de Jérusalem. L'homme, qui s'appelait Yohanan ben Hizqiel (Ezéchiel), mesurait entre 1,77 mètre et 1,80 mètre. Il avait été cloué sur un tronc d'olivier, les jambes pliées. Les métatarsiens des deux pieds étaient percés d'un seul clou en fer mesurant 17,7 centimètres de long et 2 centimètres d'épaisseur à la base. Les deux tibias et le péroné droit étaient fracturés à la même hauteur, preuve que les jambes avaient été brisées à coups de barre de fer ou de massue afin d'accélérer la mort, selon la technique du *crurifragium*. Ce n'est que sous l'empereur Constantin que la crucifixion fut officiellement abolie et disparut d'Occident. De nos jours, hélas, les fanatiques du prétendu califat islamique l'ont appliquée à de malheureux chrétiens de Syrie et d'Irak. De nombreux témoignages, des photos, des vidéos l'attestent.

En dehors même de ces cas extrêmes, les chrétiens sont tous appelés, d'une manière ou d'une autre, à porter leur croix, de façon symbolique s'entend, à vivre dans leur chair la crucifixion par les deuils, les maladies, les épreuves, les abandons, les échecs. Ils tombent avec le Christ sur les cailloux du chemin, mais se relèvent avec lui, et c'est en lui qu'ils crucifient leur « corps de péché » (Romains 6, 6), « avec ses passions et ses convoitises »

(Galates 5, 24). Ceux qui prétendent que le christianisme est une aimable religion du bonheur, mièvre et rose, se trompent. « Qui ne prend pas sa croix pour me suivre, avait dit Jésus, n'est pas digne de moi… »

Voir : Descente de croix ; Linceul de Turin ; Passion de Jésus ; *Titulus Crucis*, l'écriteau de la croix ; Tunique d'Argenteuil.

D

Descente de croix

C'est l'un des thèmes de prédilection de la peinture classique du XVe au XVIIe siècle. Le Tintoret, Rubens, Rembrandt, d'autres s'y sont illustrés. Il s'agissait de créer l'émotion autour de cet instant dramatique en montrant le corps pantelant de Jésus au milieu de la déploration des siens, particulièrement de Marie-Madeleine et de la Vierge, et en suggérant le mouvement, dans une sinuosité à la fois baroque et réaliste allant jusqu'à la contorsion. A mon avis, l'une des œuvres les plus saisissantes est celle de Rubens conservée dans la cathédrale d'Anvers. La talentueuse description qu'en donne Théophile Gautier est à la fois belle et juste : « L'albâtre azuré et la blancheur morte du Christ me saisirent tout d'abord le regard. J'admirai comme le peintre avait su répandre sur les membres de l'Homme-Dieu la pâleur opaque de l'hostie et faire ainsi comprendre que tout son sang avait été versé jusqu'à la dernière goutte pour le Salut du monde. » Non moins admirable et d'une construction grandiose est le tableau du même Rubens réalisé pour la chapelle du couvent des Capucins de Lille, actuellement au palais des Beaux-Arts.

Mais la réalité médicale et anatomique a échappé à la plupart des peintres et des sculpteurs qui ont ignoré la rigidité cadavérique, y compris dans leurs représentations de la Pietà. Or, cette rigidité, comme l'atteste le linceul de Turin, était bien réelle. D'où l'impossibilité que l'on eut de ramener la tête et la jambe gauche, à demi fléchie, dans l'axe.

Les auréoles sanguines *post mortem* que l'on voit sur le suaire d'Oviedo ont permis aux chercheurs d'établir, d'une façon étonnamment précise, comment s'était opérée la descente de croix. La première tache s'était formée sur la croix, quand le corps mort de Jésus était en position verticale. La tête penchée forme un angle de 70 à 75 degrés en avant de la poitrine et de 20 degrés vers la droite.

On commence par arracher avec de fortes tenailles l'unique clou ayant percé les talons, puis le clou soutenant le poignet gauche (les couleurs du sang sur le linceul le montrent). Le corps, déséquilibré, bascule, ne tenant plus que par le clou droit qu'on enlève en dernier : c'est le travail des soldats romains, équipés pour cette besogne. Ils remettent ensuite le corps à Joseph d'Arimathie qui a reçu de Pilate l'autorisation de l'inhumer dans son propre tombeau situé dans un jardin à une quarantaine de mètres du lieu du supplice (l'actuel Saint-Sépulcre). Le corps est allongé, le visage toujours masqué du suaire, couché sur le côté droit, le front appuyé sur une surface dure. La tête raidie penche vers le sol, formant un angle d'environ 115 degrés. A ce moment se produit un second écoulement nasal de sang et de liquide pleural, dont on retrouve trace sur le *sudarium* (le premier écoulement ayant entretemps séché). Il est dû à la veine cave qui s'est vidée sous l'effet de la pesanteur.

Trois quarts d'heure à une heure passent, car le sang de ce second écoulement a le temps de sécher à son tour. On ôte enfin le *sudarium* et l'on met le corps sur le dos. Par une traction assez forte sur les bras, on les rabat sur le pubis. Nouvel écoulement de sang. Petit détail qu'on aura peine à croire, mais qui pourtant ne fait pas de doute : en examinant le suaire au microscope électronique, les chercheurs ont repéré les marques des doigts de l'un des domestiques de Joseph d'Arimathie qui avait pincé le linge sur le nez pour l'empêcher de saigner… ! Le suaire d'Oviedo montre la descente de croix comme si on y assistait.

Voir : Croix ; Linceul de Turin ; Pietà ; Saint-Sépulcre ; Suaire d'Oviedo.

Désert

« J'ai toujours aimé le désert, écrit Antoine de Saint-Exupéry dans son *Petit Prince*. On s'assoit sur une dune de sable. On ne voit rien. On n'entend rien. Et cependant quelque chose rayonne en silence… » Les océans de sable, incultes et sauvages, ne sont-ils pas le meilleur remède au trop-plein du monde, qui lui aussi, à sa manière, est une sorte de désert ? Désert de solitude, d'incompréhension, de rejet, de souffrance individuelle, de stérilité spirituelle.

Le désert est aride, pauvre en végétation, en points d'eau. Dans la Bible, c'est un lieu de crainte, de tentations, d'épreuves, lié à la chaleur, à la fatigue, au découragement. Les esprits mauvais y ont élu domicile en compagnie des bêtes féroces. C'est là qu'est envoyé le bouc chargé des péchés d'Israël, afin qu'il rejoigne Azazel, le démon des lieux.

C'est aussi l'endroit où l'on peut le mieux contempler le firmament. Il appelle au jeûne, au silence, à la méditation, à la prière. Dieu parle au cœur de l'homme, lui insuffle la puissance de son amour. C'est la terre d'élection de Moïse et d'Elie. C'est au désert que le peuple d'Israël a rencontré son Dieu. « Je la conduirai au désert et je parlerai à son cœur », dit YHWH dans le livre d'Osée à propos de la « prostituée », la maison d'Israël.

Jean le Baptiste a préparé sa mission par une retraite au désert. Jésus a fait de même, poussé par l'Esprit saint, « pour être tenté par le diable » (Matthieu 4, 1). « Il était avec les bêtes sauvages, et les anges le servaient » (Marc 1, 13). La spiritualité du désert est illustrée par nombre d'ascètes : Sérapion, Grégoire le Théologien, Moïse l'Egyptien, Jean Cassien…

J'aime cette réflexion du frère Charles de Jésus (le bienheureux Charles de Foucauld), qui a cherché à imiter son Maître dans sa « vie cachée » en parcourant le Sahara de Beni Abbès à Tamanrasset : « Il faut passer par le désert, dit-il, et y séjourner pour recevoir la grâce de Dieu ; c'est là qu'on se vide, qu'on chasse de soi tout ce qui n'est pas Dieu et qu'on vide complètement cette petite maison de notre âme pour laisser toute la place à Dieu seul [...]. C'est un temps de grâce, c'est une période par laquelle toute âme qui veut porter des fruits doit nécessairement passer. Il lui faut ce silence, ce recueillement, cet oubli de tout le créé... » Le vide, n'est-ce pas ce qu'il y a de plus difficile à faire en soi aujourd'hui ?

Voir : Jean le Baptiste.

Douze apôtres

Quelques mois après avoir inauguré son ministère public avec le miracle de Cana, Jésus décide de choisir douze disciples destinés à l'entourer et à l'accompagner dans son ministère d'enseignement et de guérison, tant en Galilée qu'en Judée. Ce nombre n'avait rien d'arbitraire. Il correspondait symboliquement aux douze patriarches, fils de Jacob, et aux douze tribus d'Israël qui en étaient issues. Du temps de Jésus, ces tribus n'étaient plus que de lointains souvenirs. On sait que sous le règne du petit-fils de David, Roboam, deux royaumes concurrents s'étaient constitués, celui d'Israël au nord, celui de

Juda au sud. En 791 avant notre ère, le premier fut envahi par les Assyriens, et les dix tribus qui le constituaient furent déportées. Le royaume du Sud survécut jusqu'en 587-586 avant notre ère, époque à laquelle il fut renversé par Nabuchodonosor II, le puissant roi de Babylone. Les descendants des tribus de Juda, celles de Benjamin et de Lévi revinrent un demi-siècle plus tard et reconstruisirent le temple de Jérusalem. Les dix autres avaient disparu.

Ces douze tribus n'en jouaient pas moins un grand rôle dans l'imaginaire juif : à la fin des temps, ne devaient-elles pas ressusciter et se rassembler en vue de la restauration de la Terre promise sous la houlette d'un descendant de David ? On peut estimer que la création des Douze correspondait dans l'esprit de Jésus à sa volonté prophétique de former autour de sa personne l'ensemble de l'Israël sauvé par Dieu. Au jour du Jugement, promet-il à ceux qu'il a choisis, lorsque le Fils de l'Homme siégera sur son trône de gloire, « vous serez assis vous aussi sur douze trônes pour juger les douze tribus d'Israël » (Matthieu 19, 28). La même thématique se retrouve dans l'Apocalypse de Jean, qui, dans sa vision béatifique, décrit la Jérusalem céleste à venir : « Son éclat est semblable à une pierre très précieuse, comme à une pierre de jaspe cristallin. Elle a une muraille grande et haute. Elle a douze portes, et sur les portes douze anges, et des noms inscrits, qui sont ceux des douze tribus des fils d'Israël. Au levant, trois portes ; et au nord, trois portes ; et au midi, trois portes ; et au couchant, trois portes. Et la muraille de la ville a douze assises, et sur elles douze noms, ceux des douze apôtres de l'Agneau » (21, 11-14). Jean a la vision des 144 000 élus d'Israël – 12 000 de chacune des douze tribus marqués d'un sceau sur leur front –, puis d'« une foule nombreuse que nul ne pouvait compter, de toutes nations et de toutes tribus, et peuples et langues, debout devant le trône et devant l'Agneau, vêtus de robes blanches, avec des palmes dans leurs mains » (7, 4-9). Nous avons aujourd'hui du mal à comprendre ces images eschatologiques, inscrites dans la culture juive de l'époque, mais fondées sur l'accomplissement de la foi d'Israël en Jésus.

La liste des Douze nous est fournie par les évangiles synoptiques*. Après Simon-Pierre et André, son frère, Jacques et Jean, fils de Zébédée, d'autres furent conviés par Jésus à se joindre à ce premier cercle : Philippe, Barthélemy (qu'on aurait tort, me semble-t-il, de confondre avec Nathanaël, disciple qui ne fut pas « apôtre »), Thomas, Lévi dit Matthieu, le chef des collecteurs de taxes de Capharnaüm, Jacques, fils d'Alphée (dit Jacques le Mineur, par opposition à Jacques le Majeur, fils de Zébédée), Thaddée, Simon le Cananéen et Judas Iscariote. Telle est la liste fournie par Matthieu et Marc. Celle de Luc est légèrement différente : Simon ne porte pas le surnom de « Cananéen », mais de « Zélote », ce qui signifie le pieux (il ne faut sûrement pas le rapprocher des révolutionnaires nationalistes et violents portant cette étiquette : ceux-ci n'apparaîtront que trente ans plus tard, au moment de la guerre juive). Enfin, à la place de l'apôtre Thaddée, dont on ne sait presque rien, on trouve Jude ou Judas, fils de Jacques, tout aussi obscur (à ne pas confondre avec Judas Iscariote). Peut-être Thaddée, apôtre éphémère, avait-il été remplacé par lui ?

Quel rôle le groupe des Douze a-t-il joué durant la vie publique de Jésus, en dehors de celui de l'accompagner dans ses déplacements en Galilée et en Judée ? A un certain moment, Jésus les envoie en mission deux par deux, en leur donnant pouvoir de chasser les esprits impurs. « Il leur prescrivit de ne rien prendre pour le chemin, explique Marc, un bâton excepté ; pas de pain, pas de besace ; pour la ceinture, pas de menue monnaie, mais chaussés de sandalettes. » « Ne revêtez pas deux tuniques », ajouta-t-il. « Où que vous entriez dans une maison, demeurez-y jusqu'à ce que vous sortiez de là. Quant à l'endroit qui ne vous accueillerait pas et où on ne vous écouterait pas, en sortant de là, secouez la terre qui est sous vos pieds, en témoignage contre eux » (6, 8-11). Relayant le message de Jésus, ils pratiquèrent le baptême de repentir de Jean, chassèrent les démons, oignirent d'huile les infirmes et guérirent les malades. A côté de cette mission qui ne semble pas s'être éternisée, Luc évoque soixante-douze autres disciples envoyés eux aussi deux par deux et revenant tout joyeux d'avoir guéri des malades et chassé des démons au nom du Maître (10, 1-12).

Après la Passion, les Douze, qui ne sont plus que onze du fait de la défection de Judas Iscariote et qui n'ont vraiment pas brillé pendant ces heures tragiques, se retrouvent au Cénacle autour de Marie, pour prier avec elle et recueillir ses précieux souvenirs. C'est alors qu'ils décidèrent de remplacer l'Iscariote en procédant à l'élection d'un des plus fidèles disciples, Matthias, qui avait suivi Jésus depuis le baptême de Jean. Les autres apôtres ne furent pas remplacés après leur mort. Ils avaient accompli leur mission sur terre.

Voir : André ; Jean, fils de Zébédée ; Judas Iscariote ; Nathanaël ; Pierre.

E

Edith Stein

« Une Pietà sans le Christ », dira l'une de ses codétenues, qui la vit assise au milieu d'autres religieux et religieuses portant l'étoile jaune, dans le sinistre décor des baraques de planches disjointes du camp de transit de Westerbork, le visage grave et douloureux, mais habitée d'une profonde vie intérieure. Destin bouleversant et tragique que celui d'Edith Stein, « fille d'Israël », en religion sœur Thérèse-Bénédicte de la Croix, philosophe, théologienne, mystique, « martyre juive de la foi chrétienne », morte à Auschwitz en août 1942, béatifiée en mai 1987, canonisée en octobre 1998 et proclamée l'année suivante copatronne de l'Europe par le pape Jean-Paul II, au même titre que Brigitte de Suède et Catherine de Sienne. Cette grande figure de la foi – modèle pour notre temps – m'attire autant par sa christologie d'une rare puissance que par sa spiritualité carme, axée sur l'oraison, qui a produit d'immenses modèles de sainteté, de la grande à la petite Thérèse…

Dernière d'une famille de sept enfants, elle naît à Breslau, en Silésie, qui faisait alors partie de l'Empire allemand, le 12 octobre 1891, jour du Kippour, celui des Expiations ou du Grand Pardon, coïncidence qui la marquera pour la vie. A deux ans, elle perd son père, petit industriel du bois, et est élevée par une mère d'une rigoureuse piété. A l'adolescence, elle se détourne de la religion juive, de ses rites, tentée, dira-t-elle, par l'« athéisme radical », qui était surtout une indifférence aux questions religieuses.

Sensible, vive, très intelligente, elle passe brillamment son baccalauréat, poursuit ses études à l'université de sa ville natale, puis à Göttingen, où elle devient l'une des meilleures élèves d'Edmund Husserl, le père de la phénoménologie. Elle étudie le grec, la philosophie, l'histoire, la psychologie, et est la première femme à soutenir une thèse en philosophie. Assistante de Husserl, elle mène un ardent combat pour le droit de vote des femmes. Mais ce qui l'intéresse avant tout, c'est la quête de la vérité. Dans cette quête, comment aurait-elle pu ne pas rencontrer Celui qui a dit : « Je suis le Chemin, la Vérité et la Vie » ?

Son approche du catholicisme se fait par étapes : l'étude d'un *Pater* en vieil allemand, la vue dans une église d'une pauvre femme faisant une courte prière après son marché (« Cela, je n'ai jamais pu l'oublier »), l'assistance à des funérailles chrétiennes, où le prêtre, au lieu de se lancer dans l'éloge du défunt, se contente de le recommander à la miséricorde divine en le nommant par son seul nom de baptême, enfin et surtout la sérénité avec laquelle la jeune veuve de son ami le philosophe Adolf Reinach vécut la mort au front de son mari. « Ce fut ma première rencontre avec la Croix, avec la force divine qu'elle confère à ceux qui la portent, confiera-t-elle plus tard au père

Hirschmann. Pour la première fois m'apparut visiblement l'Eglise, née de la Passion du Christ et victorieuse de l'aiguillon de la mort. A cet instant, mon incrédulité céda, le judaïsme pâlit à mes yeux, tandis que la lumière du Christ se levait dans mon cœur : le Christ dans le mystère de la Croix[1]. »

Etape importante, mais non décisive. Ce n'est que quatre ans plus tard, durant l'été de 1921, que la lecture en une nuit de la *Vie de sainte Thérèse d'Avila par elle-même* la pousse à demander le baptême. Elle entre dans l'Eglise, mais veut aller plus loin, devenir carmélite. Son père spirituel, le vicaire général de Spire, l'en dissuade. Elle enseigne dans un couvent de dominicaines de cette ville, puis à l'Institut des sciences pédagogiques de Munster, donne des conférences, étudie saint Thomas d'Aquin, traduit Newman en allemand. Au centre de ses préoccupations, la défense de la dignité de la personne humaine.

En 1933, avec l'arrivée au pouvoir d'Adolf Hitler, elle est interdite d'enseignement. Elle écrit au pape Pie XI pour lui demander de condamner l'« idolâtrie de la race », ce qui arrivera en 1937 avec l'encyclique en allemand « *Mit brennender Sorge* » (« Avec un souci brûlant »). Dans le but de contribuer à la destruction des préjugés antisémites de ses compatriotes, elle écrit la *Vie d'une famille juive* qui, en rassemblant ses souvenirs d'enfance, montre les réalités simplement humaines d'une famille israélite ordinaire.

---

1. Citée par Joachim Bouflet, « Edith Stein, fille d'Israël », actes du colloque de l'Ecole Cathédrale sur *Edith Stein, la quête de vérité*, Parole et Silence, 1999, p. 32.

Mais sa vocation religieuse ne l'a pas abandonnée. Le 15 mars 1933, en la fête de sainte Thérèse d'Avila, elle entre enfin à quarante et un ans au Carmel de Cologne. Elle prend l'habit un an plus tard sous le nom de sœur Thérèse-Bénédicte de la Croix. Encouragée par la mère supérieure, elle poursuit son approche philosophique de la théologie. Ainsi travaille-t-elle de 1933 à 1936 à une vaste étude sur *L'Etre fini et l'Etre éternel.* Elle prononce ses vœux définitifs en avril 1938 et, devant la recrudescence des persécutions, rejoint le carmel néerlandais d'Echt. La montée menaçante de la barbarie nazie la conforte dans son ardent désir de communier à la Passion de Jésus. Le dimanche des Rameaux 26 mars 1939, elle écrit à la prieure, mère Ottilia Thannisch : « Que votre Révérence veuille bien me permettre de m'offrir au cœur de Jésus en holocauste pour la paix. Que le règne de l'Antéchrist s'effondre, si possible sans une guerre mondiale, et qu'un ordre nouveau soit établi. Je voudrais m'offrir ce soir encore, car c'est la douzième heure. Je sais que je ne suis rien, mais Jésus le veut. Nul doute qu'il n'adresse cet appel à beaucoup d'autres âmes en ces jours. »

Plus que jamais, elle aspire à partager les souffrances du Christ afin de coopérer à son œuvre rédemptrice. Elle a le sentiment que l'heure du choix est arrivée et que ce choix ne peut être que de porter la croix du divin Maître, jusqu'au bout, en d'autres termes de faire l'offrande de sa propre vie. C'est le sens qu'elle donne à son dernier ouvrage, *La Science de la Croix*, destiné à célébrer le IVe centenaire du jubilé de la naissance de saint Jean de la Croix. Il s'agit de se détacher des mille liens qui retiennent l'homme au monde, de traverser la nuit obscure des sens pour rejoindre Jésus sur la croix. Chemin escarpé, rude, fait d'extrême abandon, d'esprit de sacrifice et de privations. Mais, dit-elle, n'avons-nous pas été baptisés dans sa mort et sa résurrection ? « La mort sur la croix est en effet le moyen de rédemption qu'a inventé la Sagesse insondable de Dieu pour nous démontrer que la puissance et la sagesse humaines sont incapables d'opérer notre Rédemption. » Théologie sûre, austère certes, mais radicalement éloignée des tentations pélagiennes* ou néo-pélagiennes de notre temps. Pour autant, sa spiritualité de la croix ne se perd nullement en dolorisme stérile. Car l'union intime et transformante avec Jésus crucifié emporte notre âme « vers les hauteurs », l'introduit par sa « passion d'amour » dans la béatitude éternelle de Dieu. « La croix est le chemin de la terre au ciel », là où « le bois de la croix devient lumière du Christ ».

Sa quête mystique lui fait ressentir l'unité profonde du judaïsme et du christianisme, son identité chrétienne la ramenant à ses racines théologiques juives. « Vous ne pouvez croire, confiera-t-elle un jour, ce que signifie pour moi d'être fille élue, d'appartenir au Christ par des liens spirituels, mais aussi par le sang. » Solidaire de son peuple persécuté, elle assume pleinement sa judéité. La voilà prête pour l'expérience de la croix et l'offrande de sa vie…

Le 26 juillet 1942, une lettre pastorale des évêques néerlandais lue dans toutes les églises du pays, condamnant les actes antisémites, conduit les nazis à lancer les ordres d'arrestation de tous les « juifs de religion catholique ». Le 2 août, Edith Stein et sa sœur Rosa, qui l'a rejointe au carmel d'Echt, sont aux mains des SS. « Viens, nous allons pour notre peuple ! », lui dit-elle simplement. Après un passage à Amerfort et à Westerbork, elle meurt gazée le 9 août 1942 à Auschwitz-Birkenau.

Le 28 mai 2006, lors de sa visite en ce lieu, son compatriote le pape Benoît XVI lui a rendu hommage : « De là apparaît devant nous le visage d'Edith Stein, Thérèse-Bénédicte de la Croix : juive et allemande, disparue, avec sa sœur, dans l'horreur de la nuit du camp de concentration allemand-nazi ; comme chrétienne et juive, elle accepta de mourir avec son peuple et pour son peuple […], mais aujourd'hui nous les reconnaissons avec gratitude comme les témoins de la vérité et du bien qui, même au sein de notre peuple, n'avaient pas disparu. Remercions ces personnes, car elles ne se sont pas soumises au pouvoir du mal, et elles apparaissent à présent devant nous comme des lumières dans une nuit de ténèbres. »

Du camp d'Auschwitz, avec ses ciels de plomb et son industrie crématoire à fumée noire, les humains, créés par Dieu avec amour, ne portent-ils pas collectivement, d'une certaine façon, la responsabilité ? Thème qui renvoie à l'admirable méditation du pape François en mai 2014 au mémorial Yad Vashem de Jérusalem. Je ne résiste pas à la citer :

Adam, où es-tu ? Où es-tu, homme ? En ce lieu, mémorial de la Shoah, nous entendons résonner cette question de Dieu : Adam, où es-tu ? Dans cette question, il y a toute la douleur du Père qui a perdu son fils. Connaissant le risque de la liberté, le Père savait que le fils aurait pu se perdre. Mais, peut-être, pas même le Père ne pouvait imaginer une telle chute, un tel abîme ! Face à la tragédie incommensurable de l'Holocauste, ce Où te trouves-tu ? résonne comme une voix qui se perd dans un abîme sans fond. Homme, qui es-tu ? Je ne te reconnais plus. Qui es-tu, homme ? Qu'es-tu devenu ? De quelle horreur as-tu été capable ? Qu'est-ce qui t'a fait tomber si bas ? Ce n'est pas la poussière du sol, dont tu es issu. La poussière du sol est une chose bonne, œuvre de mes mains. Ce n'est pas l'haleine de vie que j'ai insufflée dans tes narines. Ce souffle vient de moi, c'est une chose très bonne. Non, cet abîme ne peut pas être seulement ton œuvre, l'œuvre de tes mains, de ton cœur. Qui t'a corrompu ? Qui t'a défiguré ? Qui t'a inoculé la présomption de t'accaparer le bien et le mal ? Qui t'a convaincu que tu étais dieu ? Non seulement tu as torturé et tué tes frères, mais encore tu les as offerts en sacrifice à toi-même, parce que tu t'es érigé en dieu. Aujourd'hui, nous revenons ici écouter la voix de Dieu : Adam, où es-tu ? Du sol s'élève un gémissement étouffé : Prends pitié de nous, Seigneur. A toi, Seigneur notre Dieu, la justice, à nous le déshonneur au visage, la honte. Un mal jamais survenu auparavant sous le ciel s'est abattu sur nous. Maintenant, Seigneur, écoute notre prière, écoute notre supplication, sauve-nous par ta miséricorde. Sauve-nous de cette monstruosité. Seigneur tout-puissant, une âme dans l'angoisse crie vers toi. Ecoute, Seigneur, prends pitié. Nous avons péché contre toi... Souviens-toi de nous dans ta miséricorde. Donne-nous la grâce d'avoir honte de ce que, comme hommes, nous avons été capables de faire, d'avoir honte de cette idolâtrie extrême, d'avoir déprécié et détruit notre chair, celle que tu as modelée à partir de la boue, celle que tu as vivifiée par ton haleine de vie. Jamais plus, Seigneur, jamais plus ! Adam, où es-tu ? Nous voici, Seigneur, avec la honte de ce que l'homme, créé à ton image et à ta ressemblance, a été capable de faire. Souviens-toi de nous dans ta miséricorde.

Et que sainte Edith Stein, en religion sœur Thérèse-Bénédicte de la Croix, nous aide par ses prières.

Eglise

Qu'est-ce que l'Eglise, ou plutôt que doit-elle être ? J'ai ma petite définition. Elle vaut ce qu'elle vaut, elle n'embrasse pas tout, je l'avoue, mais elle conduit à l'essentiel. L'Eglise, c'est la petite vitre de l'ostensoir, celle qui fait voir Jésus dans l'hostie. Trop souvent, on a confondu cette Eglise avec le soleil flamboyant de ses rayons d'or, censés représenter la gloire triomphante du Christ. Non, c'est la petite vitre ! Plus elle est transparente, plus elle conduit à lui. Au contraire, plus le verre de la lunule présente des altérations, des taches, des rayures, des piqûres, moins la vision qu'elle procure est bonne. L'eucharistie en effet est centrale dans l'Eglise. Tout est organisé autour d'elle : la succession apostolique, le ministère de l'ordre et du pardon, le mystère de la sainte messe, les autres sacrements du Salut…

En l'instaurant le jeudi saint au cours de la Cène, en donnant par son souffle l'Esprit saint à ses disciples le soir du dimanche pascal, en leur conférant le pouvoir de remettre les péchés, en les envoyant en mission et en les fortifiant à nouveau par l'Esprit au jour de la Pentecôte, Jésus a fondé l'Eglise, même s'il n'en a défini ni les contours ni les structures. « Allez, de toutes les nations faites des disciples, les baptisant au nom du Père et du Fils et du Saint-Esprit, et leur apprenant à observer tout ce que je vous ai prescrit » (Matthieu 28, 19-20).

L'Eglise par nature est missionnaire, évangélisatrice : elle est là pour annoncer à temps et à contretemps la Parole de Dieu. Le pape François l'a redit avec force lors de son homélie du 15 février 2015 devant le collège cardinalice renouvelé : « Ceci est la route de l'Eglise : non seulement accueillir et intégrer, avec un courage évangélique, ceux qui frappent à notre porte, mais sortir, aller chercher, sans préjugés et sans peur, ceux qui sont loin en leur manifestant gratuitement ce que nous avons reçu gratuitement. »

Cette Eglise – *ecclesia* en grec, l'assemblée –, organisée autour du ministère de Pierre (« Tu es Pierre et sur cette pierre je bâtirai mon Eglise »), Jésus a promis aux siens qu'il ne l'abandonnerait jamais (« Je suis avec vous pour toujours jusqu'à la fin du monde », Matthieu 28, 20). Il en est le Pasteur, et « les portes de l'Hadès (c'est-à-dire la puissance du péché et de la mort) ne tiendront pas contre elle » (Matthieu 16, 18).

L'Eglise est sainte en ce qu'elle est corps mystique du Christ, peuple de Dieu et temple de l'Esprit. Elle n'est pas une démocratie, soumise aux aléas de l'opinion ou aux injonctions des campagnes médiatiques. Elle porte en elle la transcendance de l'événement divin. Ce ne sont ni les prêtres, ni les laïcs, ni les « communautés de base » qui font la doctrine, la loi ou la morale. Elle n'a pour mission que de transmettre la Parole de Dieu en la rendant intelligible au monde moderne, sans en modifier ni en déformer le sens. Une telle exigence de fidélité au témoignage évangélique, issu de la tradition la plus authentique, lui interdit de porter atteinte au message de son fondateur.

De vénérables prêtres, diacres, missionnaires, religieux, religieuses ont été envers elle d'un dévouement sans borne. Que d'enfants arrachés à la misère et restaurés physiquement et mentalement, de malades soignés, de jeunes formés à la vie, au nom de Jésus ! Il n'existe dans l'Histoire aucune autre institution capable de rivaliser avec l'Eglise, attentive à la personne, éducatrice et soignante. Cependant, il faut convenir qu'elle a souvent failli par le péché de certains de ses membres. L'Histoire est jalonnée de leurs fautes, de leurs crimes même. On a tué, pillé, torturé, violé, commis des atrocités en son nom. Point n'est besoin de rappeler les bûchers de l'Inquisition ou les guerres de Religion au XVIe siècle. Beaucoup de clercs, hélas, ont abusé de leur autorité, s'en sont servis comme d'un pouvoir, un pouvoir personnel.

Il y eut de grands papes, il y en eut de médiocres, voire de scandaleux sur le plan des mœurs, l'un des pires étant sans doute Alexandre VI Borgia, accusé de fornication, de débauche, de simonie, de corruption. Mais aucun n'a failli sur les données essentielles de la foi, dont ils sont les dépositaires et les gardiens. « Nous croyons l'Eglise fidèle à la vérité de Dieu et gardée par Dieu de l'erreur dans la prédication et la définition de la foi », disait le cardinal Jean-Marie Lustiger[1]. L'Eglise est servante de la Vérité.

---

1. In *Le Choix de Dieu*, entretiens avec Jean-Louis Missika et Dominique Wolton, Paris, De Fallois, 1987, p. 407.

Cela dit, la crise de la spiritualité en Occident est manifeste depuis des décennies. Des sociologues, constatant la raréfaction du clergé et des fidèles, le décalage grandissant entre la culture hédoniste dominante et le message chrétien, pensent que le christianisme en France et plus particulièrement le catholicisme sont inexorablement condamnés au déclin puis à la disparition.

N'est-ce pas oublier un peu vite les leçons de l'Histoire ? L'Eglise a connu au long des siècles des hauts et des bas, des crises profondes et de spectaculaires sursauts, a traversé des bourrasques, des épreuves douloureuses, des moments de repli sur soi, d'enfouissement, au point de faillir à sa mission d'annonce de la Bonne Nouvelle, mais elle a retrouvé aussi d'extraordinaires périodes d'expansion et de rayonnement. A la fin des guerres de Religion, la situation était dramatique, avec de multiples lieux de culte détruits, des régions entières privées de desservants, des évêques mal formés et des prêtres ignorants. Qui aurait dit qu'en quelques décennies le renouveau serait spectaculaire, derrière de grandes figures spirituelles comme le cardinal de Bérulle, François de Sales ou Vincent de Paul ? Non moins grave fut la crise de la fin du XVIIIe siècle, avec les persécutions révolutionnaires. Puis vinrent la renaissance spirituelle, l'apparition de congrégations, l'essor des pèlerinages et des missions en Afrique, en Asie, en Océanie.

Aujourd'hui des signes se font jour au sein de ce que l'on a appelé la « génération Jean-Paul II » (« N'ayez pas peur ! ») : en témoignent le retour dans les églises de l'adoration du Saint-Sacrement, La Manif pour tous ou les Veilleurs, pour lesquels les chrétiens et particulièrement de jeunes catholiques se sont mobilisés, sans parler des Journées mondiales de la jeunesse. L'Eglise dans le monde ne se porte pas aussi mal que d'aucuns voudraient le faire croire. Songe-t-on qu'en janvier 2015, à Manille, le pape François a célébré la messe devant plus de six millions de personnes !

Mais il n'y a pas lieu ici de faire l'histoire – fort complexe – de l'Eglise. Qu'il me soit permis cependant d'aborder un sujet qui me paraît central : le mystère d'Israël.

Nul ne saurait nier l'origine hébraïque du christianisme, intimement liée à l'attente du peuple de la Promesse. L'Evangile est dans la lignée du Premier Testament. Jésus était « juif selon la chair », circoncis, né sous la Loi et ayant vécu sous la Loi. Il a voulu, comme il l'a dit lui-même, accomplir celle-ci, non l'abolir. Marie, sa mère, était juive, tout comme sa famille de Nazareth. Juifs également étaient Jean le Baptiste, les apôtres, les premiers disciples, qui ont reçu de leurs frères juifs le Dieu unique d'Abraham, d'Isaac et de Jacob. Les pharisiens attendaient la venue du Messie, croyaient en la résurrection des corps à la fin des temps. La question était sans doute de savoir si Jésus était cet homme-là. A cette époque la différence entre judaïsme et christianisme paraissait faible. Du reste, les premières communautés étaient composées de juifs convertis qui restaient fidèles à la loi mosaïque, à la circoncision, au repos du sabbat et aux prières au Temple, même s'ils s'abstenaient d'y faire des sacrifices sanglants. Ils se contentaient de « rompre le pain » dans leurs maisons, selon le rite eucharistique instauré par le Christ. Ces communautés ont d'abord essaimé dans les milieux juifs de Palestine et de la diaspora.

Il y eut beaucoup d'incompréhension de part et d'autre. Les chefs des prêtres et les pharisiens se sont faits persécuteurs : lapidation d'Etienne, exécution de Jacques, fils de Zébédée, de Jacques, « frère du Seigneur », etc. A leur tour, les chrétiens se mirent à pourchasser les juifs, si bien que l'identité juive de Jésus, l'enracinement hébraïque de la foi chrétienne furent peu à peu négligés, voire occultés, avec les conséquences désastreuses que l'on sait. Ce fut, hélas, durant des siècles une tragique histoire, une mésentente imprégnée de malentendus, de haines, de calomnies, de violences, de pogroms horribles.

On peut sans doute déceler dans l'Evangile de Matthieu ou les Actes des Apôtres quelques pointes antijuives qui ne visaient pas le judaïsme rabbinique, apparu seulement vers l'an 85, mais les pharisiens et les sadducéens. On s'est mépris également sur la charge de Jean l'évangéliste contre les juifs. C'est là une erreur d'interprétation. Jean, lui-même juif, désigne sous ce vocable général les hautes autorités judéennes, les grands prêtres et leurs séides, non le peuple élu en son entier. Il est le seul d'ailleurs à citer la phrase de Jésus : « Le salut vient des juifs. »

Cependant, dès le IIe siècle de notre ère, le christianisme se colore d'une forte teinte d'antijudaïsme. On le trouve par exemple dans l'épître dite de Barnabé, les écrits de Méliton de Sardes, l'évangile apocryphe de Pierre, le *Dialogue avec Tryphon* de Justin de Naplouse, connu sous le nom de Justin Martyr. Un philosophe originaire du Pont en Asie Mineure, Marcion, soutient que le Nouveau Testament a totalement effacé l'Ancien, que le Dieu de colère de la Bible hébraïque n'est pas le même que le Dieu de Jésus-Christ. On ne pouvait concevoir plus grave césure. Si sa doctrine fut condamnée, cela n'empêcha pas l'antijudaïsme de s'amplifier avec l'*Adversus Judaeos* de Tertullien, les *Testimonia* de Cyprien et les *Homélies* de Jean Chrysostome. Au IVe siècle, un grand théologien, Grégoire, évêque de Nysse, n'hésite pas à lancer de terribles imprécations contre les juifs, victimes de la malédiction divine : « Meurtriers du Seigneur, assassins de prophètes, rebelles et haineux devant Dieu, ils outragent la Loi, résistent à la grâce, répudient la foi de leurs pères. Comparses du diable, race de vipères, délateurs, calomniateurs, obscurcis du cerveau, levains pharisaïques, sanhédrins de démons, maudits, exécrables, lapidateurs, ennemis de tout ce qui est beau… » Le mot de déicide n'existait pas encore, mais c'est cette accusation qui est portée contre le peuple juif, à qui est imputée la responsabilité collective et perpétuelle de la Crucifixion.

Observons que ce premier antijudaïsme chrétien n'est pas marqué par le racisme ou l'antisémitisme moderne. Dans la *Didascalie* ou *Doctrine des douze apôtres* (début du IIIe siècle), les croyants étaient invités à prier et à jeûner pour le peuple d'Israël demeuré infidèle. Jusqu'à sa suppression par Jean XXIII, la célébration du vendredi saint comportait une prière pour les « juifs perfides » (*perfidis judaeis*), une expression signifiant à l'origine juifs infidèles ou incrédules, qui s'était chargée d'évidence d'une forte connotation antijuive.

Déjà, en réaction à ces excès, le concile de Trente avait affirmé que c'étaient les hommes pécheurs, plus que les juifs, qui avaient porté sur Jésus leurs « mains déicides ». « Ce sont nos crimes qui ont fait subir à Notre-Seigneur Jésus-Christ le supplice de la croix », dit le catéchisme du concile de Trente. Malheureusement, la condamnation formelle de l'antisémitisme ne date que du décret du Saint-Office du 25 mai 1928. Pie XI sera plus clair encore dix ans plus tard : « Spirituellement, nous sommes sémites. »

Il serait absurde d'imputer au christianisme l'antisémitisme moderne, malgré les dangereux amalgames d'un

Edouard Drumont et l'existence d'un réel antisémitisme catholique, qui va au moins du krach de l'Union générale (1882) au régime de Vichy (1940-1945). D'autres sources matérialistes et païennes (certaines venant de la gauche anticapitaliste) l'ont inspiré et ce sont elles, principalement, qui ont conduit à l'horreur du nazisme et de la Shoah : les théories racistes prétendument « scientifiques » qui prennent leur essor au XIXe siècle en France et en Angleterre (Arthur de Gobineau et Houston Stewart Chamberlain, lequel épousa une fille de Wagner), mais surtout en Allemagne où naissent le mouvement *völkisch* de Julius Langbehn et le darwinisme social du Dr Ludwig Woltmann. La haine éprouvée par le jeune Hitler, marginal raté et envieux, à l'égard des riches milieux juifs viennois et cosmopolites, a des causes économiques et non religieuses. Elle lui permettra, en les accusant d'être les vrais responsables du « coup de poignard dans le dos » de 1918, de nourrir sa double volonté de revanche et de génocide. Mais cela est une autre histoire, la plus tragique, hélas, du XXe siècle.

En cinquante ans tout a changé. Le concile Vatican II, Jean XXIII puis tous les papes de Paul VI à François ont condamné l'antisémitisme avec la plus grande fermeté. S'affligeant de ce que l'historien Jules Isaac appelait l'« enseignement du mépris », un dialogue fructueux s'est ouvert entre juifs et chrétiens, et c'est très heureux.

Revenons à saint Paul et à son Epître aux Romains. Il souffre de voir ses frères juifs rejeter le Christ. Son identité juive est déchirée, car il se sent solidaire de son milieu, « ceux de ma race selon la chair, dit-il, ceux qui sont israélites, à qui appartiennent l'adoption filiale, la gloire, les alliances, la législation, le culte, les promesses et aussi les patriarches, et de qui le Christ est issu selon la chair, lequel est au-dessus de tout, Dieu béni éternellement » (9, 3-5).

L'Eglise prolonge l'Israël ancien, où l'appel aux païens était du reste prévu. « Ce ne sont pas les enfants de la chair qui sont enfants de Dieu, seuls comptent comme postérité les enfants de la promesse » (9, 8). Pourtant, assure-t-il, Dieu n'est pas infidèle. Il n'a pas abandonné son peuple. « Il subsiste un reste élu par la grâce », et à la fin des temps « tout Israël sera sauvé, comme il est écrit : "De Sion viendra le Libérateur, il ôtera les impiétés du milieu de Jacob. Et voici quelle sera mon alliance avec eux lorsque j'enlèverai leurs péchés" » (11, 26-27, citations tirées d'Isaïe). C'est une affirmation que le mystère de l'Eglise aujourd'hui, mieux qu'autrefois, tente de comprendre, d'incorporer et d'annoncer.

Voir : Juif.

Emmaüs

Comment ne pas être touché par le récit de cette apparition de Jésus à deux voyageurs attristés s'en revenant de Jérusalem le lendemain du soir de la Pâque, rapporté par ce merveilleux conteur qu'est Luc ? Il est à la fois puissant, attendrissant et riche d'enseignement théologique. On comprend que le thème ait tenté les peintres. La toile de Véronèse, aujourd'hui au Louvre et qui fit partie de la collection de Louis XIV à Versailles, a la singularité de représenter une scène théâtrale baroque dans laquelle figurent, au milieu d'un chatoiement de couleurs, non seulement Jésus et les deux pèlerins, mais toute la famille patricienne de Venise qui en fit la commande, avec ses dix enfants, ses quatre domestiques, ses deux chiens et son chat ! Celle du Caravage, conservée à la Pinacothèque de Brera à Milan, est fort différente, mais belle et significative par son dépouillement qui appelle à l'intériorité et son jeu de lumière se concentrant sur la nappe immaculée et le visage du Christ.

L'œuvre de Rembrandt, utilisant la technique du clair-obscur, est tout aussi épurée. Le tableau du Louvre, montrant un Jésus au visage irradié d'une clarté irréelle partageant le pain avec les deux pèlerins au moment où ceux-ci le reconnaissent, est d'une sobre grandeur. Il date de 1648. Œuvre de jeunesse peinte vingt ans plus tôt, celui du musée Jacquemart-André me paraît plus émouvant encore par son effet dramatique qui plonge d'emblée le spectateur en plein mystère pascal. Un effet de contre-jour, créé par une source lumineuse placée derrière le Ressuscité, permet de mettre en valeur sa silhouette, regardée par l'un des disciples, tandis qu'à l'arrière-plan une servante de l'auberge vaque à ses occupations.

Le récit de Luc est très littéraire et magnifiquement composé. Ce n'est pas une raison pour l'écarter historiquement. Il semble provenir d'une source ancienne, probablement le témoignage d'un des deux pèlerins.

Nous sommes le lendemain de la Pâque, dans l'après-midi. Deux disciples cheminent vers un village de Judée appelé Emmaüs, dont la localisation exacte divise encore les chercheurs. Certains manuscrits le situent à 60 stades de Jérusalem, soit une douzaine de kilomètres, d'autres à 160, selon les manuscrits de Luc. Faut-il identifier Emmaüs à Amwâs (Nicopolis), à 160 stades à l'ouest de la Ville sainte, à Qiryat-Yéarim (Abu-Gosh), à 66 stades sur la route de Jaffa, à Al-Qubaybah (Chubebe), à 63 stades sur la route de Lydda, à Mozah, à 36 stades sur la même route, ou à Urtas (Artas), à 60 stades de Jérusalem, au sud de Bethléem ? On l'ignore.

L'un des voyageurs s'appelle Cléophas. C'est un nom grec, abrégé de Cléopatros, qui signifie « renommée de son père ». Des historiens se sont demandé s'il ne serait pas Clopas, le frère de Joseph de Nazareth, l'oncle de Jésus, et, poussant plus loin la conjecture, ont supposé que son compagnon de voyage serait son fils, Jacques le Juste. Or Paul dans sa première lettre aux Corinthiens dit que Jésus est apparu à Jacques… L'hypothèse reste fragile.

Tandis qu'ils discutent des tragiques événements qui viennent de se produire à Jérusalem, un autre marcheur s'approche, se mêle à la conversation et les interroge. « Tu es bien le seul habitant à Jérusalem, lui répond Cléophas, à ignorer ce qui s'est passé ces jours-ci ! » « Quoi donc ? », leur demande l'autre. « Ce qui est advenu à Jésus le Nazarénien, qui s'est montré un prophète puissant en œuvres et en paroles devant Dieu et devant tout le peuple, comment nos grands prêtres et nos chefs l'ont livré pour être condamné à mort et l'ont crucifié. Nous espérions, nous, que c'était lui qui délivrerait Israël. » Quelques femmes, poursuivent-ils, les ont stupéfiés. S'étant rendues de grand matin au tombeau, elles n'ont pas trouvé son corps ; elles ont eu « une vision d'anges » leur assurant qu'il était en vie. Quelques-uns des disciples y sont allés aussi et ont trouvé le sépulcre ouvert, mais ne l'ont pas vu. Ils faisaient sans doute allusion à Simon-Pierre et à Jean.

L'inconnu prend alors la parole : « O cœurs insensés et lents à croire à tout ce qu'ont annoncé les prophètes ! N'est-ce point là ce que devait souffrir le Christ pour entrer dans sa gloire ? » Et, partant de Moïse et des prophètes, il leur explique tout ce qui le concerne dans les Ecritures.

Arrivant à Emmaüs, lieu de destination de Cléophas et de son compagnon, l'homme fait semblant de poursuivre sa route. Ils le pressent de rester avec eux, car le soir tombe. Celui-ci accepte de partager leur repas.

A table, l'inconnu prend du pain, prononce la bénédiction, le rompt et le leur remet. A ce geste de la fraction du pain, ils le reconnaissent aussitôt. Sans doute ont-ils assisté à la Cène, avec les autres disciples et apôtres dans la maison de Jean. C'est Jésus ressuscité et vivant ! Mais, comme dans les apparitions, celui-ci ne se rend pas immédiatement perceptible. Soudain, il disparaît.

Les deux disciples, à la fois étonnés et le cœur brûlant, décident alors de retourner à Jérusalem (ce qui serait plus difficile à réaliser si Emmaüs était situé à 160 stades), trouvent les Onze et leurs compagnons qui leur annoncent que le Maître s'est réellement relevé des morts. C'est alors, toujours selon Luc, que Jésus apparaît au milieu des siens et leur dit : « La paix soit avec vous ! » Saisis de stupeur et d'effroi, ils s'imaginent voir un esprit. Mais Jésus les rassure : « Pourquoi ce trouble et pourquoi ces objections s'élèvent-elles en vos cœurs ? Voyez mes mains et mes pieds, c'est bien moi ! Touchez-moi et rendez-vous compte qu'un esprit n'a ni chair ni os comme vous voyez que j'en ai ! »

Voir : Résurrection.

Enfant-Jésus de Prague

Je l'avais contemplé en 1964 dans la pénombre de l'église baroque de Sainte-Marie-de-la-Victoire, au quartier de Malá Strana, quand Prague était sous la botte du dictateur communiste Novotný et que les chrétiens tchèques étaient persécutés dans leur foi. On cherchait alors à en étouffer le culte, et l'on n'était pas loin de réussir. Je l'ai revu quatre décennies plus tard resplendissant et vénéré comme jamais. Cette petite statue de cire de 48 centimètres de haut représente un enfant couronné au visage rondelet, aux traits naïfs, levant la main droite en signe de bénédiction et tenant un globe terrestre dans la main gauche. Elle porte de riches vêtements que les pèlerins lui ont offerts et dont la couleur varie selon la liturgie du jour.

Elle est d'origine espagnole. D'aucuns disent qu'elle a appartenu à sainte Thérèse d'Avila, qui tenait à ce que chaque carmel ait sa statue. En tout cas, le culte de l'Enfant-Jésus prit son essor en Bohême quelques années après la célèbre bataille de la Montagne Blanche qui vit la victoire, le 8 novembre 1620, des armées impériales et catholiques de Ferdinand II de Habsbourg sur les troupes calvinistes de l'Electeur palatin Frédéric V, le « roi d'un hiver ». L'empereur avait autorisé la fondation de plusieurs couvents de carmes en Bohême, qu'il subventionnait généreusement. La figurine elle-même fut offerte en 1628 au couvent praguois par la pieuse Polyxène de Pernstein, princesse Lobkowicz, veuve du vainqueur de la Montagne Blanche. Elle faillit disparaître au cours des vicissitudes de la guerre de Trente Ans, notamment lors du retour en Bohême des armées protestantes. Elle perdit alors ses deux mains et fut jetée dans les décombres de l'église Sainte-Marie-de-la-Victoire saccagée. Elle fut retrouvée derrière l'autel. Les Carmes manquant cruellement d'argent pour la restaurer, il fallut faire appel à un donateur, un ancien commissaire général de l'administration impériale. La légende raconte que le père Cyrille de la Mère de Dieu entendit l'Enfant divin lui parler, alors qu'il s'abîmait en prière devant la petite statue mutilée : « Aie pitié et j'aurai pitié de toi. Rends-moi mes mains et je te rendrai la paix ! Plus tu m'honoreras, plus je te favoriserai ! » Le fait est qu'une dévotion fervente naquit rapidement, se répandit en Espagne, en France, en Italie, dans les Pays-Bas espagnols. Un premier miracle eut lieu en 1639 quand elle fut placée au chevet de la comtesse Liebsteinky, descendante des Lobkowicz, à l'article de la mort. La noble dame fut soudainement guérie. D'autres prodiges suivirent, miracles et grâces spirituelles en grand nombre, entraînant la venue à Prague de foules de pèlerins. En 1655, cette merveilleuse statuette reçut une couronne d'or et de pierreries, offerte par Bernard de Martinitz, grand marquis de Bohême, et fut déposée à la droite de la nef, au centre de l'autel baroque restauré et agrandi au XVIIIe siècle. Elle s'y trouve encore.

La dévotion envers l'enfance de Jésus, qui s'exprime à travers cette effigie, est au cœur de l'Incarnation. Déjà présente chez saint François d'Assise qui, pour la première fois, en décembre 1223, aurait organisé une crèche vivante dans l'église de Greccio, elle connut un engouement au début du XVIIe siècle, dans le sillage de la Contre-Réforme catholique, née du concile de Trente. On la trouve dans l'enseignement du cardinal de Bérulle, qui avait fait à titre personnel une *Oblation à l'Enfance* (« Je regarde, j'adore Jésus en son enfance, je m'applique à lui en cet état [...], je me voue, je me dédie pour lui rendre un hommage particulier... »), ou chez une jeune carmélite de Beaune, malade et souffreteuse, la vénérable Marguerite du Saint-Sacrement, mystique à la vie toute pétrie de silence, connue pour ses extases, ses lévitations et ses prédictions (notamment la naissance tant attendue d'un héritier du trône de France, après vingt-trois ans de stérilité de la reine Anne d'Autriche, le futur Louis XIV).

Un culte, proche de celui de Prague, s'organisa autour d'une statuette de bois, le « Petit Roi de Gloire », qu'un pieux laïc, le baron Gaston de Renty, lui avait envoyée. Après la mort de la visionnaire en 1648, de nombreux faits extraordinaires se déroulèrent autour de sa tombe, et, à partir de ce moment, Beaune fut le théâtre de pèlerinages très suivis.

Cette dévotion aux mystères de l'Enfance, on la retrouve deux siècles et demi plus tard avec la « petite voie » d'une autre carmélite, sainte Thérèse de l'Enfant-Jésus et de la Sainte Face, la « petite Thérèse ». C'est la quête de la sainteté, non dans les actions d'éclat, mais dans l'humilité purifiante de la vie quotidienne, dans chaque geste accompli dans un sentiment d'abandon et de confiance. « L'ascenseur qui doit m'élever au Ciel, ce sont vos bras, ô Jésus ! Pour cela, je n'ai pas besoin de grandir ; au contraire, il faut que je reste petite, que je le devienne de plus en plus. »

Le 17 décembre 1940, en pleine Occupation, une autre grande mystique, mère Yvonne-Aimée de Jésus, supérieure des Augustines de Malestroit, qui avait eu des visions du Christ, favorisa une dévotion au « Petit Roi d'Amour », dont le culte fut reconnu par Pie XI et Pie XII et étendu à l'Eglise universelle par Jean XXIII en 1958.

La voie de l'enfance fait toujours sourire les esprits forts. Les chrétiens savent, eux, qu'elle n'est pas une puérile superfluité. Jésus l'avait enseignée à ses disciples qui lui avaient demandé : « Qui donc est le plus grand dans le Royaume des cieux ? » « Il appela un enfant, rapporte l'Evangile de Matthieu, le plaça au milieu d'eux et dit : "En vérité je vous le dis, si vous ne retournez pas à l'état des enfants, vous ne pourrez entrer dans le Royaume des cieux. Qui donc se fera petit comme ce petit enfant-là, voilà le plus grand dans le Royaume des cieux. Quiconque accueille un petit enfant tel que lui à cause de mon Nom, c'est moi qu'il accueille" » (18, 1-5).

Voir : Thérèse de l'Enfant-Jésus ; Yvonne-Aimée de Jésus.

Enfer et damnation

J'aime beaucoup le savoureux épisode du curé de Cucugnan conté par Alphonse Daudet dans les *Lettres de mon moulin*. Le brave abbé Martin se désolait de voir ses Cucugnanais déserter les sacrements. « Les araignées filaient dans le confessionnal et, le beau jour de Pâques, les hosties restaient au fond du saint ciboire... » Pour ramener ses ouailles au bercail, un dimanche, après l'Evangile, il monta en chaire et raconta le rêve qu'il venait de faire : il se trouvait, lui, misérable pécheur, à la porte du paradis. « Beau saint Pierre, vous qui tenez le grand livre et la clef, pourriez-vous me dire, si je ne suis pas trop curieux, combien vous avez de Cucugnanais en paradis ? » Saint Pierre prit son gros livre, l'ouvrit, mit ses bésicles : « Voyons un peu : Cucugnan, disons-nous. Cu... Cu... Cucugnan. Nous y sommes. Cucugnan.

Mon brave monsieur Martin, la page est toute blanche. Pas une âme… Pas plus de Cucugnanais que d'arêtes de dinde ! » Désolation ! Même après vérification, il n'y avait rien ! L'abbé s'en vint donc au purgatoire, au bout d'un « petit sentier, plein de ronces, d'escarboucles qui luisaient et de serpents qui sifflaient ». Un grand et bel ange l'accueillit « avec des ailes sombres comme la nuit ». Cucugnan ? Il n'y avait rien non plus dans le livre ! Il fallut à l'abbé Martin tout son courage pour emprunter le « long sentier tout pavé de braise rouge » qui conduisait à l'enfer. « Oh ! mes enfants, quel spectacle ! Là, on ne demande pas mon nom ; là, point de registre. Par fournées et à pleine porte, on entre là, mes frères, comme le dimanche vous entrez au cabaret. » Suant à grosses gouttes, le malheureux Martin sentait le brûlé, la chair rôtie, « quelque chose comme l'odeur qui se répand dans notre Cucugnan quand Eloy, le maréchal, brûle pour la ferrer la botte d'un vieil âne ». Et partout, des clameurs horribles, des hurlements, des gémissements. « Je viens… je viens de loin… humblement vous demander… si, si, par coup de hasard… vous n'auriez pas ici… quelqu'un… quelqu'un de Cucugnan… » Le démon cornu à qui cette requête était adressée lui répondit : « Ah ! feu de Dieu ! tu fais la bête, toi, comme si tu ne savais pas que tout Cucugnan est ici ! » « Et je vis, au milieu d'un épouvantable tourbillon de flammes : le long Coq-Galine – vous l'avez tous connu, mes frères –, Coq-Galine, qui se grisait si souvent, et si souvent secouait les puces à sa pauvre Clairon. Je vis Catarinet… cette petite gueuse… avec son nez en l'air… qui couchait toute seule à la grange… Il vous en souvient, mes drôles ! Je vis Pascal Doigt-de-Poix, qui faisait son huile avec les olives de M. Julien. Je vis

Babet la glaneuse, qui, en glanant, pour avoir plus vite noué sa gerbe, puisait à poignées aux gerbiers… »

Après une longue énumération devant son auditoire blême de peur, qui reconnaissait au milieu des flammes qui son père, qui sa mère, qui sa grand-mère, qui sa sœur, le curé annonça le programme des confessions de la semaine, à commencer par les vieux et les vieilles, les enfants, les femmes, les hommes, pour finir samedi par le meunier. « Ce n'est pas trop d'un jour pour lui tout seul… » Et, « depuis ce dimanche mémorable, concluait Alphonse Daudet, le parfum des vertus de Cucugnan se respire à dix lieues à l'entour ». Un fabliau provençal comme on en contait autrefois à la veillée !

Pendant longtemps, il faut le reconnaître, l'Eglise a joué prioritairement sur la peur du diable et de l'enfer. Les représentations effrayantes du Jugement dernier sur le tympan de nos cathédrales (je pense au grandiose portail de Saint-Etienne de Bourges ou à celui de l'abbatiale Sainte-Foy de Conques) ou dans les œuvres picturales, de la stupéfiante composition de Michel-Ange dans la chapelle Sixtine au cauchemardesque triptyque de Jérôme Bosch, avec ses armées de diablotins sadiques torturant de mille manières les damnés, les tisonnant et brûlant dans de grands chaudrons, contribuaient assurément à ce dessein. Jusqu'au milieu du XXe siècle, plus guère au-delà, la crainte salutaire de la géhenne servit à maintenir les chrétiens sur le bon chemin. Depuis, sans nier l'existence des démons ni du feu de l'enfer, ni des tourments de la damnation, la théologie a changé d'approche, mettant l'accent – en bonne partie sous l'influence de sainte Thérèse de l'Enfant-Jésus, qui n'a pas été proclamée pour rien docteur de l'Eglise – sur la primauté de l'amour et de la miséricorde.

Blaise Pascal, dans son fameux « pari », avait montré l'ardente nécessité pour le chrétien de choisir entre l'insignifiance des plaisirs de ce monde et la plénitude de l'amour divin qui emplit le cœur de l'homme. Comme on ne pouvait avoir les deux, il n'était pas compliqué à un esprit raisonnable de faire le choix de Dieu. Aujourd'hui, les termes du pari semblent inversés. S'il existe (car on en doute), Dieu est si bon, si indulgent qu'il pardonne tout. Pourquoi dès lors s'inquiéter, se priver des douces jouissances de ce bas-monde ?

Quand j'assiste à des obsèques chrétiennes, je suis souvent surpris d'entendre l'officiant rassurer l'auditoire hésitant et incertain, si peu habitué au lieu qu'il rate son signe de croix et oublie de se lever ou de s'agenouiller à l'élévation. La Bonne Nouvelle, c'est qu'il n'y a plus de Jugement ! Il y a amnistie générale ! Le défunt voit Dieu dans un bonheur intense ! C'est désormais un saint qui bénéficie de la vision béatifique. *Santo subito !* Tout va pour le mieux, dormez, bonnes gens ! Dieu me garde de jouer les jansénistes bougons ou les rigoristes, mais je me demande si beaucoup de clercs, par désir de ne pas heurter, de ne pas fâcher, de ne pas inquiéter les consciences, ne sont pas parvenus à ce que les Pères de l'Eglise appelaient autrefois l'apocatastase, cette doctrine hétérodoxe selon laquelle le bien et le mal finalement se réconcilieront, et « tous seront sauvés ». L'échevelé Papini (celui qui voyait sans rire dans le Duce « un ami de la poésie et des poètes ») assurait même que Lucifer, l'archange rebelle, redeviendrait à la fin des temps un être de lumière !

Cet irénisme béat sert de thème à la chanson de Michel Polnareff, on s'en souvient : « On ira tous au paradis mêm'moi, qu'on soit béni ou qu'on soit maudit [...], qu'on croie en Dieu ou qu'on n'y croie pas, on ira [...]. Qu'on ait fait le bien ou le mal, on sera tous invités au bal [...], avec les chrétiens, avec les païens, et même les chiens et même les requins... »

L'ennui est que cette si généreuse conception nie la liberté fondamentale de l'homme, à qui Dieu a reconnu le droit, même en connaissance de cause, de refuser son amour. Vaste question théologique qui ne peut laisser le chrétien indifférent. Quelle est la frontière entre l'amour infini de Dieu, sa miséricorde pour les pécheurs et sa justice qui punit ? Cette frontière, elle existe assurément, mais nous ne la connaissons pas. Le théologien Hans Urs von Balthasar, qui avait longtemps réfléchi sur la possibilité d'un enfer vide, la mettait précisément dans la liberté donnée à l'homme de dire non. « Dieu ne voue personne à la damnation, disait-il, c'est l'homme refusant définitivement l'amour qui se condamne lui-même[1]. » Un point de vue personnel qui a été contesté. Est-ce bien aux hommes de chercher à pénétrer le mystère de Dieu en voulant absolument définir cette frontière ? « Ne jugez pas et vous ne serez pas jugés ; ne condamnez pas, et vous ne serez pas condamnés » (Luc 6, 37). Difficile de croire cependant, surtout quand on considère l'histoire du monde, et singulièrement notre époque contemporaine qui a connu et connaît encore les barbaries les plus sinistres, les plus monstrueuses, que l'enfer est vide. Balthasar l'admettait du reste : « Un amour qui abolirait la justice créerait une injustice et ne serait plus

1. In *L'Enfer en question*, Paris, Desclée de Brouwer, 1988, p. 11.

qu'une caricature de l'amour. L'amour véritable, c'est la surabondance de la justice, surabondance débordant la stricte justice, mais sans jamais la détruire[1]... »

Les Evangiles sont parsemés des paroles d'espoir et de miséricorde de Jésus. « Je ne suis pas venu appeler des justes, mais des pécheurs » (Matthieu 9, 13) ; « Je ne suis pas venu pour juger le monde, mais pour le sauver » (Jean 12, 47). « Qui donc peut être sauvé ? », lui demandent un jour ses disciples. « Aux hommes, c'est impossible, leur répond-il, mais à Dieu, tout est possible » (Matthieu 19, 25-26).

Dans les Evangiles figurent aussi, comment le nier, quantité de durs anathèmes et de paroles de condamnation. « Si votre justice n'abonde pas plus que celle des scribes et des pharisiens, vous n'entrerez pas dans le Royaume des cieux [...] ; quiconque se met en colère contre son frère sera passible du jugement [...] ; celui qui dira : "Fou !" sera passible de la géhenne du feu » (Matthieu 5, 20, 22). « C'est avec le jugement dont vous jugez que vous serez jugés, et c'est avec la mesure dont vous mesurerez qu'il vous sera mesuré » (Matthieu 7, 2). « Entrez par la porte étroite, parce que large est la porte et spacieux le chemin qui mène à la perdition, et ils sont nombreux ceux qui s'y engagent » (Matthieu 7, 13). « A la fin du monde, le Fils de l'Homme enverra ses anges, qui ramasseront de son royaume tous les scandales et tous les fauteurs d'iniquité, et les jetteront dans la fournaise ardente : là seront les sanglots et les grincements de dents » (Matthieu 13, 41-42). « Il y aura beaucoup d'appelés et

1. *Idem*, p. 20.

peu d'élus » (Matthieu 22, 14), etc. Saint Paul joue sur le même registre lorsqu'il tance sévèrement les Corinthiens si peu fidèles aux promesses de leur baptême : « Ne vous y trompez point : les impudiques, les adultères, les dépravés, les gens de mœurs infâmes, les violeurs cupides, les ivrognes, les insulteurs, les rapaces n'hériteront pas du royaume de Dieu » (1 Co 6, 9-10).

Tous les péchés peuvent être pardonnés, dit pourtant Jésus, sauf un seul, celui contre l'Esprit, qui consiste à nier l'amour offert par Dieu et à lui imputer le mal. « Voilà pourquoi je vous dis, tout péché ou blasphème sera remis aux hommes ; mais le blasphème contre l'Esprit ne sera pas remis [...], ni dans ce monde, ni dans le monde à venir » (Matthieu 12, 31-32). Les mises en garde du Sauveur sont suffisamment graves, suffisamment sévères et répétées pour qu'on ne puisse les négliger, même si, bien entendu, il ne faut pas prendre les enfants du bon Dieu pour de naïfs Cucugnanais...

Voir : Jugement dernier.

Enseignement de Jésus

Ce qu'on appelle le « discours sur la montagne » dans l'Evangile selon Matthieu (mais que Luc situe dans une plaine, l'important n'étant pas là) est le regroupement probable de plusieurs discours prononcés par Jésus en différentes occasions. Il donne un aperçu général de son enseignement, qui permet de comprendre en quoi celui-ci accomplit et en même temps dépasse la morale de l'Israël ancien. Ce discours s'ouvre par un exorde, les Béatitudes (voir ce mot), et se poursuit par un approfondissement des dix « paroles » de la loi sinaïtique (qu'on appelait dans le catéchisme de mon enfance les « dix commandements »). Loin de renier le Décalogue, le rabbi de Nazareth écarte son interprétation minimale, celle d'une série de préceptes extérieurs à l'homme, d'une simple morale sociale prohibant le meurtre, le vol, l'adultère ou le faux témoignage, pour l'élargir à une morale transcendantale. « N'allez pas croire que je sois venu abolir la Loi ou les prophètes. Je ne suis pas venu abolir, mais accomplir. [...] Celui donc qui violera l'un de ces moindres préceptes et enseignera aux autres à faire de même sera tenu pour le moindre dans le Royaume des cieux ; au contraire, celui qui les exécutera et les enseignera, celui-là sera tenu pour grand dans le Royaume des cieux » (Matthieu 5, 17-19).

On comprend donc qu'il y a bien une morale judéo-chrétienne fondée sur les préceptes donnés par Dieu à Moïse au Sinaï (« Je suis le Seigneur ton Dieu qui t'ai fait sortir du pays d'Egypte / Tu n'auras pas d'autre Dieu que moi / Tu ne prononceras pas le nom de Dieu en vain / Souviens-toi du jour du sabbat / Honore ton père et ta mère / Tu ne tueras point / Tu ne commettras pas d'adultère / Tu ne voleras pas / Tu ne feras pas de faux témoignage / Tu ne convoiteras ni la femme, ni la maison, ni rien de ce qui appartient à ton prochain »). Cependant, dans sa réinterprétation du Décalogue et son intériorisation exigeante, Jésus se place d'emblée en législateur divin au-dessus de Moïse : comportement inouï, inadmissible aux yeux de ses contemporains, qui pose le problème de sa propre personne. « Vous avez appris qu'il a été dit aux anciens : “Tu ne tueras pas”, celui qui tuera sera passible du jugement. Et moi, je vous dis que quiconque se met en colère contre son frère sera passible du jugement. » Selon Jésus, c’est l’intention qui compte. Là se trouvent les racines du mal : dans la haine du prochain, dans la sourde rancune, l’animosité plus que dans l’explosion de la colère ou la manifestation de la violence. C’est cette racine qui doit être éradiquée. La réconciliation des hommes entre eux est un préalable à la prière. « Celui qui dira à son frère “*Raca !*” [*réqa*, en araméen : écervelé, tête vide, crétin] sera passible du Sanhédrin ; celui qui dira “Fou !” sera passible de la géhenne du feu. Si donc tu offres ton don sur l’autel, et que là tu te souviens que ton frère a quelque chose contre toi, laisse ton offrande là, devant l’autel, et va d’abord te réconcilier avec ton frère et alors viens offrir ton offrande. »

On mesure combien l’interprétation de Jésus est d’une exigence absolue, bien au-delà des interdits dont se contentait le judaïsme ancien. Point de formalisme, de juridisme. L’homme doit engager son cœur tout entier, sans arrière-pensée ni dissimulation, et c’est beaucoup plus contraignant. On a trop souvent tendance à confondre la morale chrétienne avec une morale pateline et veloutée, celle du « doux Jésus ». Il n’en est rien. « Car je vous le dis, si votre justice ne surpasse pas celle des scribes et des pharisiens, vous n’entrerez pas dans le Royaume des cieux. »

Il en va de même de la concupiscence, assimilée au passage à l’acte. « Vous avez appris qu’il a été dit : “Tu ne commettras pas d’adultère.” Et moi je vous dis que quiconque regarde une femme de manière à la désirer a déjà, dans son cœur, commis l’adultère avec elle. » C’est toujours du cœur que jaillit le péché. C'est de là que doivent venir la pureté, l'innocence du regard, la sincérité de pensée. Ne commettons pas l'erreur des gnostiques et plus tard des bogomiles et des cathares, qui voyaient dans le corps l'œuvre du diable. Jésus ne condamne pas la sexualité, mais la convoitise.

En affirmant l'indissolubilité du mariage, il revient sur le compromis admis par Moïse : « Il a été dit : "Que celui qui répudie sa femme lui donne un acte de séparation." Et moi, je vous dis que quiconque répudie sa femme – excepté pour cause de fornication – lui fait commettre l'adultère, et celui qui épouse une répudiée commet l'adultère » (Matthieu 5, 27-28).

Une rupture identique s'opère avec la pratique des serments, qui s'était répandue de son temps. « Vous avez encore appris qu'il a été dit aux anciens : "Tu ne parjureras pas, mais tu t'acquitteras envers le Seigneur de tes serments." Et moi, je vous dis de ne pas parjurer du tout : ni par le Ciel, parce qu'il est le trône de Dieu, ni par la terre, parce qu'elle est le marchepied de ses pieds, ni par Jérusalem, parce qu'elle est la Ville du grand Roi [autrement dit de Dieu]. Ne jure pas non plus par ta tête parce que tu ne peux rendre un seul cheveu blanc ou noir. » Jurer c'est jouer double jeu avec la vérité et le mensonge. « Que votre langage soit : "Oui ? Oui. Non ? Non." Le surplus vient du Mauvais » (Matthieu 5, 36).

La vengeance même limitée n'est pas admissible. « Vous avez appris qu'il a été dit : "Œil pour œil et dent pour dent." Et moi je vous dis de ne pas résister au mauvais. Mais quelqu'un te donne-t-il un coup sur la joue droite, tends-lui aussi l'autre. Et à qui veut te citer en justice et prendre ta tunique, laisse-lui aussi ton manteau. Et quelqu'un te requiert-il pour un mille, fais-en deux avec lui. » Jésus fait ici allusion aux réquisitions militaires. La loi du talion est une morale du compromis, une juste réciprocité du crime et de la peine, qui limite par conséquent la réaction de l'offensé au niveau de l'offense, de façon à contenir l'extrême barbarie des comportements sociaux. Le code d'Hammourabi, roi de Babylone au XVIIIe siècle avant notre ère, la prescrivait à plusieurs occasions. Le livre de l'Exode la reprend à son compte : « Œil pour œil, dent pour dent, main pour main, pied pour pied, brûlure pour brûlure, blessure pour blessure, meurtrissure pour meurtrissure. »

Jésus va encore plus loin : la réponse à la haine, ce n'est ni la haine ni la vengeance, mais l'amour. « Vous avez appris qu'il a été dit : "Tu aimeras ton prochain et tu haïras ton ennemi." Et moi, je vous dis : Aimez vos ennemis et priez pour ceux qui vous persécutent, afin de vous montrer fils de votre Père qui est dans les cieux, parce qu'il fait lever son soleil sur les mauvais et sur les bons, et pleuvoir sur les justes et sur les injustes. Car si vous aimez ceux qui vous aiment, quel salaire aurez-vous ? Les publicains* eux-mêmes n'en font-ils pas autant ? Et si vous ne saluez que vos frères, que faites-vous d'extraordinaire ? Les païens eux-mêmes n'en font-ils pas autant ? Vous serez donc parfaits, vous, comme votre Père céleste est parfait » (Matthieu 5, 43-48).

Ce serait faire une injure au judaïsme ancien que de soutenir qu'il ignorait ce commandement divin, déjà prescrit dans le Lévitique : « Tu aimeras ton prochain comme toi-même » (19, 18). Mais qui était le prochain ? Les contemporains de Jésus limitaient cette acception à leurs concitoyens, rejetant dans les ténèbres les non-juifs, les étrangers, les Samaritains, les Iduméens. Peut-on aimer les ennemis du vrai Dieu ? Lisons le psaume 139 :

> Seigneur, comment ne pas haïr ceux qui te haïssent ?
> Comment ne pas vomir ceux qui te combattent ?
> Je les hais d'une haine parfaite,
> Ils sont devenus mes propres ennemis.

Chaque groupe avait son cercle d'amis et d'ennemis. Les pharisiens n'éprouvaient que mépris pour les *am ha' aretz*, les gens du petit peuple, qui vivaient éloignés des préceptes et de la foi d'Israël. A Qumrân, chez les esséniens, seuls les membres de la communauté, vrais « fils de lumière », méritaient l'amour fraternel, tandis que tous les autres, les « fils des ténèbres », étaient voués à une haine éternelle.

Pour Jésus, tout homme, fût-il étranger, est le prochain de l'autre. C'est ce qu'il enseigne à ses disciples avec la parabole du Bon Samaritain. « Tout ce que vous voulez que les hommes fassent pour vous, faites-le vous-mêmes pour eux : voilà la Loi et les prophètes » (Matthieu 7, 12). Telle est la « règle d'or » ou règle de réciprocité que l'on retrouve dans les grandes religions ou philosophies de l'Antiquité (taoïsme, bouddhisme ou confucianisme). Dans le judaïsme, le rabbi Hillel, qui vivait au temps d'Hérode le Grand, la faisait sienne, ce qui était déjà un grand progrès par rapport aux enseignements des autres maîtres (« Ce que tu ne voudrais pas que l'on te fît, ne l'inflige pas à autrui. C'est là toute la Torah, le reste n'est que commentaire. »). Mais Jésus, qui a repris la formule en l'inversant, prolonge l'exigence à son maximum : il faut aimer ses ennemis, prier pour ceux qui vous persécutent ou vous diffament, faire du bien à ceux qui vous haïssent, sans esprit de retour. On atteint ici le sommet inégalé de l'amour.

Jésus aborde ensuite quelques conseils moraux. « Gardez-vous de pratiquer votre justice devant les hommes pour en être remarqués ; sinon, certes, vous n'aurez pas de salaire auprès de votre Père qui est dans les cieux. » L'humilité et le service sont les règles premières. Ne pas se donner en spectacle, ne pas claironner que l'on fait l'aumône, comme aiment à le faire les « hypocrites » dans les synagogues ou dans les rues. « Pour toi, quand tu fais l'aumône, que ta main gauche ignore ce que fait ta main droite, afin que ton aumône soit secrète ; et ton Père, qui est dans le secret, te le rendra » (Matthieu 6, 3-4). Il en va de même pour la prière. Ne pas imiter ceux qui se tiennent debout dans les synagogues et les carrefours, afin qu'on les voie. « Pour toi, quand tu pries, retire-toi dans ta chambre, ferme sur toi la porte, et prie ton Père qui est là, dans le secret ; et ton Père, qui voit dans le secret, te le rendra. » Inutile de rabâcher, de multiplier les paroles.

La prière est efficace, car Dieu sait à l'avance ce dont les hommes ont besoin. « Demandez, et on vous donnera ; cherchez, et vous trouverez ; frappez, et on vous ouvrira » (Matthieu 7, 7).

Même attitude à l'égard du jeûne : au lieu de se composer un visage de douleur pour bien montrer que l'on jeûne, comme le font les « hypocrites », « pour toi, quand tu jeûnes, parfume ta tête et lave ton visage, pour que ton jeûne soit connu, non des hommes, mais de ton Père qui est là dans le secret ; et ton Père, qui voit dans le secret, te le rendra » (Matthieu 6, 17-18).

On ne peut servir deux maîtres à la fois, Dieu et l'argent. A quoi sert d'amasser des trésors sur terre, « où la mite et le ver consument, où les voleurs percent et cambriolent ». Jésus raconte l'histoire de ce riche qui met toute son énergie à construire de plus vastes greniers pour y engranger sa récolte de blé et ses biens, avant de pouvoir se reposer, manger, boire et faire la fête. « Mais Dieu lui dit : "Tu es fou : cette nuit même on va te redemander ta vie. Et ce que tu auras accumulé, qui l'aura ?" » (Luc 12, 16-21). Laissons-nous transformer de l'intérieur par la Parole de Dieu, loin des préoccupations constantes du quotidien, se nourrir, se vêtir. « La vie n'est-elle pas plus que la nourriture, et le corps plus que le vêtement ? [...] Votre Père céleste sait que vous avez besoin de tout cela. Cherchez d'abord le Royaume et sa justice, et tout cela vous sera donné par surcroît. Ne vous inquiétez donc pas du lendemain : demain s'inquiétera de lui-même. A chaque jour suffit sa peine » (Matthieu 6, 25-34). A quoi sert de gagner le monde, si l'on perd sa vie ? « Qui veut sauver sa vie la perdra, mais qui perdra sa vie à cause de moi la sauvera » (Luc 9, 24). Abandonnons-nous à la Providence.

Un jour, comme les disciples discutaient entre eux pour savoir quel était le plus grand, il appelle un petit enfant et le place au milieu d'eux. Celui qui s'abaisse comme cet enfant, s'exclame-t-il, c'est lui qui sera le plus grand. A plusieurs reprises, il insiste sur cette voie de l'enfance. « Qui accueille à cause de moi un enfant comme celui-ci, c'est moi qu'il accueille » (Matthieu 18, 1-5). Une autre fois, comme ses disciples voulaient écarter des enfants que des parents lui amenaient pour être bénis, il les reprend : « Laissez les petits enfants venir à moi, car c'est à eux qu'appartient le royaume de Dieu » (Matthieu 19, 14). Mais malheur à celui qui pervertira l'innocence de l'un de ces petits. « Il serait préférable pour lui de se voir suspendre autour du cou une de ces meules que font tourner les ânes et d'être englouti en pleine mer » (Matthieu 18, 6).

Ne jugez pas, proclame-t-il, afin de ne pas être jugés. « Qu'as-tu à regarder la paille qui est dans l'œil de ton frère ? Et la poutre qui est dans ton œil à toi, tu ne la remarques pas ! » Ne profanez pas les choses saintes. « Ne donnez pas aux chiens ce qui est sacré, ne jetez pas vos perles devant les porcs », dit-il dans son langage imagé. Méfiez-vous des faux prophètes. C'est à leurs fruits qu'on les reconnaît : « Cueille-t-on des raisins sur des épines ou des figues sur des chardons ? » (Matthieu 7, 16).

Il est frappant de constater que Jésus enseigne, non comme les scribes qui se contentent de commenter les textes, mais avec une autorité inégalée. Sa parole créatrice est vivante, décapante, brûlante. Il ne se présente nullement comme un professeur de morale énonçant une liste d'interdits. Il faut « aimer en esprit et en vérité ». Dieu est proche de l'homme, lent à la colère, plein de tendresse et de pardon. Son salut est offert à tous. Mais la porte est étroite et large « le chemin qui mène à la perdition, et il en est beaucoup qui s'y engagent » (Matthieu 7, 13). Le salut n'est pas donné sans un effort de conversion authentique. Il ne suffira pas de gémir en tapant à la porte « Seigneur ! Seigneur ! » pour accéder au Royaume, mais de faire la volonté du Père. Les tièdes seront vomis. Chacun recevra selon sa conduite, en fonction du don qu'il aura reçu et qu'il aura su faire fructifier. Telle est la parabole des talents, qui a pour pointe finale : « A tout homme qui a on donnera et il aura en surabondance, mais celui qui n'a pas, même ce qu'il a lui sera enlevé » (Matthieu 13, 12). « Vos cheveux mêmes sont tous comptés » (Matthieu 10, 30).

Naturellement, il serait erroné de prendre au pied de la lettre ce langage radical : tendre systématiquement la joue gauche quand on vous a frappé la droite, abandonner son manteau à qui le demande, doubler la corvée qui vous a été infligée, délaisser son gagne-pain et attendre tout de la Providence... C'est une disponibilité intérieure qui est requise, tout entière tournée vers l'amour de Dieu et de ses frères. La charité doit dominer le cœur humain : l'homme ne doit donc pas exiger âprement son dû, ni s'accrocher constamment à son droit, mais répondre par la douceur à la violence, par le désintéressement à la rapacité, vaincre le mal par le bien.

S'il est souhaitable qu'elle inspire la politique des Etats – dont, disent les philosophes chrétiens, l'objet véritable est la justice, l'équité et le bien commun –, cette morale s'adresse principalement aux personnes. Elle n'est pas atteignable en plénitude, hormis par les saints (je pense immédiatement à sainte Thérèse de l'Enfant-Jésus qui s'est vouée à l'amour, mais il y en a bien d'autres). C'est un idéal, une héroïcité à ne jamais perdre de vue, un chemin à suivre, sans oublier pour autant le principe de réalité. Il est sûr que distribuer à tous son argent serait favoriser la paresse, se soumettre à l'agresseur serait l'inciter à se rendre plus intraitable. Le mal dans ce cas peut être plus grand que le bien.

La morale de Jésus atteint à l'universalisme. Par son exigence radicale, elle renverse les valeurs du monde gréco-romain privilégiant le fort plutôt que le faible. Elle dépasse la loi d'Israël en l'amenant à son point de perfection. Jésus ne se pose pas en législateur politique, comme Moïse chez les juifs ou Solon chez les Grecs. On ne trouvera pas chez lui de condamnation formelle de l'esclavage, de propos contre la colonisation romaine ou contre l'exploitation économique des pauvres par les propriétaires. Tant pis pour les idéologues ! Mais son rejet de tout système de domination est parfaitement clair. « Vous savez que les chefs des nations dominent sur elles en maîtres et que les grands leur font sentir leur pouvoir. Il n'en doit pas être ainsi parmi vous : au contraire, celui qui voudra devenir grand parmi vous sera votre serviteur, et celui qui voudra être le premier d'entre vous sera votre esclave » (Matthieu 20, 25-27). Ces paroles sont un appel à refonder les rapports sociaux sur l'amour fraternel, le partage, le respect de l'autre, le rejet de la violence des puissants. C'est à une révolution intérieure qu'appelle Jésus, non à une subversion politique, comme certains l'ont cru. Cette révolution, c'est la révolution de l'amour.

Voir : Béatitudes.

Esprit saint

Me tient à cœur cette réflexion du curé d'Ars – paradoxale aux yeux de notre monde, mais emplie de sagesse éternelle : « Ceux qui sont conduits par le Saint-Esprit ont des idées justes, voilà pourquoi il y a tant d'ignorants qui en savent plus long que les savants. » L'Esprit de Dieu aide et protège jusqu'au plus petit des hommes, au plus pauvre, au plus démuni pour le mener sur le chemin de l'Amour. Il est le Paraclet, autrement dit le Défenseur, l'Avocat, l'Intercesseur. Pour le comprendre – ou du moins essayer, car, il faut l'avouer, le mystère est grand –, il convient de se reporter particulièrement à l'Evangile de Jean, aux Actes des Apôtres, à la première Epître de Paul aux Corinthiens, aux chapitres 5 de celle aux Galates et 8 de celle aux Romains. Toujours présent dans la Bible ancienne, l'Esprit, *rûah* en hébreu, ne signifie pas seulement le vent (*pneuma*, en grec), le souffle libérateur, exhalé, selon l'image souvent répétée, des « narines de YHWH », mais l'espace divin, la puissance vitale. Il inspire aux prophètes les paroles qu'ils doivent prononcer devant le peuple. Il vient reposer sur les 70 anciens choisis par Moïse, qui se mettent à prophétiser (Nombres 11, 16-17, 24-30) ; il s'adresse à Ezéchiel dans sa vision des ossements desséchés, appelés un jour à la résurrection : « Je vais faire entrer en vous l'esprit et vous vivrez » (Ezéchiel 37, 1-14), et à Joël il confie : « Je répandrai mon esprit sur tout être de chair ; vos fils et vos filles prophétiseront, vos anciens seront instruits par des songes et vos jeunes gens par des visions. Même sur les serviteurs et sur les servantes, je répandrai mon esprit en ces jours-là » (Joël 3, 1-2). Et l'on sait, depuis Isaïe, que l'Esprit du Seigneur reposera sur le rejeton sorti de la souche de Jessé, autrement dit Jésus, fils de David.

Veillant sur lui dès sa conception, il est en effet à la source du mystère de l'Incarnation. « L'Esprit saint viendra sur toi, dit à Marie l'ange Gabriel, et la puissance du Très-Haut te prendra sous son ombre ; c'est pourquoi l'être saint qui naîtra sera appelé Fils de Dieu » (Luc 1, 34-35). C'est lui encore qui avertit le vieillard Siméon qu'il ne mourra pas avant d'avoir vu « le Christ du Seigneur » (Luc 2, 26).

Dernier prophète du Premier Testament, Jean le Baptiste, qui délivre à ses adeptes un baptême d'attente, annonce que quelqu'un de plus grand que lui va venir. Une voix mystérieuse lui a dit : « Celui sur qui tu verras l'Esprit descendre et demeurer, c'est lui qui baptise dans l'Esprit saint. » Et Jean le Baptiste de proclamer aussitôt après l'épiphanie* du Jourdain : « J'ai vu l'Esprit descendre telle une colombe, venant du ciel et demeurer sur lui [...]. J'ai vu et je témoigne que celui-ci est l'Elu de Dieu » (Jean 1, 32-34).

Tout au long de son ministère, Jésus prépare les apôtres à cette venue qui doit prolonger son œuvre parmi eux. « Nul, s'il ne naît de l'eau et de l'Esprit, dit-il à Nicodème, ne peut entrer dans le royaume de Dieu » (Jean 3, 3-8). Tous les péchés, tous les blasphèmes seront remis aux hommes, annonce-t-il encore, sauf le blasphème contre l'Esprit : « Quiconque aura parlé contre l'Esprit saint, cela ne lui sera remis ni en ce monde, ni dans l'autre » (Matthieu 12, 31).

Dans son discours après la Cène, il revient sur le même sujet : « Lorsque viendra le Paraclet que je vous enverrai d'auprès du Père, l'Esprit de vérité qui provient du Père, il me rendra témoignage » (Jean 15, 26). « Quand il viendra, lui, l'Esprit de vérité, il vous introduira dans la vérité tout entière ; car il ne parlera pas de lui-même, mais ce qu'il entendra, il le dira et il vous dévoilera les choses à venir. Lui me glorifiera... » (Jean 16, 13-14). Telle est sa force qui vivifie, assiste, réconforte, sanctifie, inspire, illumine.

C'est à Jésus que l'on doit d'avoir levé une partie du voile recouvrant la nature cachée de la divinité, immense et incommensurable : Dieu un, mais en trois personnes, Père, Fils et Esprit saint, en parfaite communion. On a du mal à se représenter cette troisième hypostase*, comme disent les théologiens, consubstantielle au Père et au Fils, et amour mutuel du Père et du Fils. On parle moins souvent de cette personne divine que des deux premières à qui, pourtant, comme l'énonce le Credo, doit revenir « même adoration et même gloire ». Cette égalité d'honneur (homotimie), reconnue lors du premier concile de Constantinople en 381, avait été affirmée six ans plus tôt par saint Basile le Grand, docteur de l'Eglise, dans son *Traité du Saint-Esprit*.

Malgré la mort de Jésus, les chrétiens ne resteront jamais seuls. Cela commence dès le soir de la Résurrection, lorsque le Fils de l'Homme apparaît aux apôtres et leur dit : « "Paix à vous ! Comme le Père m'a envoyé, moi aussi je vous envoie." Ayant dit cela, il souffla sur eux et leur dit : "Recevez l'Esprit saint. Ceux à qui vous remettrez les péchés, ils leur seront remis ; ceux à qui vous les retiendrez, ils leur seront retenus" » (Jean 20, 21-23).

A la Pentecôte, cinquante jours plus tard, les mêmes reçoivent, avec le feu de l'Esprit, la grâce de « parler des merveilles de Dieu » et d'être entendus par chacun dans sa langue maternelle. L'Esprit est ainsi un ferment d'unité au sein de la diversité humaine. Le miracle de la Pentecôte est l'exact contraire du drame de Babel, dans lequel personne ne parvenait à se faire comprendre. Il manifeste la mission universelle de l'Eglise dans la diversité des langues et des cultures. La Bible, aujourd'hui, n'est-elle pas le livre le plus traduit au monde ?

Tout le chapitre 8 de l'Epître de saint Paul aux Romains est consacré à la vie du chrétien dans l'esprit : « Il n'y a donc plus maintenant de condamnation pour ceux qui sont dans le Christ Jésus. La loi de l'Esprit qui donne la vie dans le Christ Jésus t'a affranchi de la loi du péché et de la mort » (8, 1-2). « Si l'Esprit de Celui qui a ressuscité Jésus d'entre les morts habite en vous, Celui qui a ressuscité le Christ Jésus d'entre les morts donnera aussi la vie à vos corps mortels par son Esprit qui habite en vous » (8, 11). « L'Esprit vient au secours de notre faiblesse ; car nous ne savons que demander pour prier comme il faut ; mais l'Esprit intercède pour nous en des gémissements ineffables » (8, 26)…

Envoyé du Père par le Fils, il aide les hommes à accueillir le Fils, les libère de leurs péchés, de leurs comportements malsains, de leurs tendances mauvaises. Dans son Epître aux Galates, saint Paul met en opposition les « convoitises de la chair » (à prendre dans le sens général de la faiblesse humaine) – « inconduite, impureté, débauche, idolâtrie, sorcellerie, haines, rivalité, jalousie, emportements, intrigues, divisions, sectarisme, envie, beuveries, orgies et autres choses du même genre » – et le « Fruit de l'Esprit » – « amour, joie, paix, patience, bonté, bienveillance, fidélité, douceur et maîtrise de soi ». Et de conclure : « Puisque l'Esprit nous fait vivre, marchons sous la conduite de l'Esprit » (5, 19-24).

Cet Esprit est à l'œuvre dans l'Eglise depuis le commencement. Il le sera jusqu'à la fin des temps et fait des baptisés des « créatures nouvelles ». Dans sa catéchèse, le pape François insiste aujourd'hui sur ses sept dons ou charismes, vécus dans l'Eglise : sagesse, intelligence, conseil, force, science, piété et crainte de Dieu.

Au cours de l'Histoire, malheureusement, un prophétisme échevelé et irrationnel a mis faussement le Saint-Esprit au service d'exaltations millénaristes incontrôlées : ainsi, Joachim de Flore, ce cistercien du XIIe siècle, qui annonçait après le règne du Père et du Fils celui de l'Esprit qui mettrait fin à l'eucharistie et au règne de l'Eglise « charnelle », cette nouvelle Babylone ; ainsi, Thomas Müntzer, pasteur réformé, en rupture avec Luther, à l'origine de la guerre des Paysans (1534-1535) ; ainsi, le prophétisme cévenol et la guerre des Camisards sous Louis XIV, qui inquiétaient les calvinistes modérés du Refuge… De nos jours, on connaît les dérives de certains groupes évangéliques, charismatiques ou néo-pentecôtistes.

Pourtant, il serait inadéquat de rejeter toute effusion de l'Esprit. Dans l'Eglise catholique, les communautés du Renouveau se sont développées, en provoquant sans doute çà et là quelques tensions, mais jamais de rupture : communautés de l'Emmanuel, du Chemin Neuf, des Béatitudes, du pain de Vie, du Verbe de Vie, Famille de saint Joseph… « C'est moins un mouvement dans l'Eglise, disait avec enthousiasme le cardinal Suenens, que l'Eglise en mouvement. » Aujourd'hui, par exemple, sept évêques français sont issus de la Communauté de l'Emmanuel, dont le fondateur, un laïc, Pierre Goursat, mort en 1991, a vu sa cause en béatification ouverte en 2008. Au-delà des excès, des débordements primitifs, on notera l'importance accordée par ces groupes, à côté de la glossolalie*, à la louange et à l'adoration, le nombre impressionnant des conversions ou des retours à l'Eglise, des signes et des grâces obtenus par les prières de guérison. Plus que jamais, l'Esprit saint est à l'œuvre au milieu de son peuple, « pour renouveler la face de la terre », comme louait le Psalmiste.

Voir : Pentecôte.

Etoile de Bethléem

Présente au début de l'Evangile de Matthieu, l'histoire de ce mystérieux objet céleste qui avait illuminé le ciel, avait disparu puis était réapparu à des mages venus d'Orient, avant de les conduire à Bethléem au pied de l'Enfant-Jésus, m'a toujours passionné. S'agit-il d'un joli conte de fées ? D'une vision intérieure, inspirée par Dieu, rappelant l'antique prophétie du devin païen Balaam, fils de Béor, qui avait annoncé des siècles à l'avance la naissance d'« un astre issu de la maison de Jacob », c'est-à-dire d'un messie royal en Israël (Nombres 24, 17-18), à l'image du souverain de Babylone qui se faisait appeler « l'étoile du matin » (Isaïe 14, 12) ? Bref, s'agit-il d'un phénomène naturel ou surnaturel ?

Au regard de plusieurs données, anciennes et nouvelles, je suis aujourd'hui à peu près persuadé que la première hypothèse est la bonne, mais qu'elle a pris rapidement un sens spirituel. Dieu se serait servi d'un phénomène astronomique, associé à des croyances astrologiques, pour inspirer les mages.

Voici les faits. Le 17 décembre 1603, observant le ciel du Hradschin, le château de Prague, l'astronome de la Cour impériale, Johannes Kepler, fut le témoin d'un phénomène rare : la conjonction de Jupiter et Saturne dans la constellation des Poissons, présentant l'aspect d'un astre volumineux, parfaitement visible à l'œil nu. Le 9 octobre 1604, le phénomène se renouvela, Mars, la planète rouge, s'étant cette fois jointe aux deux autres, dans une éblouissante et singulière triangulation céleste. Les calculs de Kepler le conduisirent à établir qu'une conjonction identique s'était réalisée en l'an 7 avant notre ère. Se souvenant d'un texte d'un célèbre rabbin portugais, Isaac Abravanel (1437-1508), assurant que le Messie apparaîtrait lorsque Jupiter et Saturne uniraient leur lumière dans la constellation des Poissons, symbole d'Israël – Abravanel, naturellement, songeait que le Messie apparaîtrait dans les temps futurs –, il parvint à la conclusion que c'était là l'étoile de Bethléem et qu'en conséquence Jésus était né en l'an 7 avant notre ère. Reprenant ses calculs, il établit que l'astre avait été visible à trois reprises cette année-là, ce qui correspondait aux apparitions éphémères de l'Evangile de Matthieu.

Longtemps, les savants ne tinrent aucun compte de ces troublantes conclusions, ignorant par exemple qu'au IXe siècle Maha'allah, un juif arabisant de Bassorah, en Mésopotamie, avait lui aussi assuré qu'une telle conjonction était le signe du Messie. Ses travaux étaient pourtant connus depuis leur traduction par Jean de Séville. La communauté scientifique négligea aussi la découverte en 1902 d'une éphéméride égyptienne, la *Table planétaire*, qui relevait tous les mouvements des planètes de l'an 17 avant J.-C. jusqu'à l'an 10 de notre ère, confirmant l'apparition de cette figure astronomique dans le ciel du Proche-Orient en – 7.

Elle commença à s'intéresser à la question lorsqu'un orientaliste germanique du nom de Peter Schnabel, analysant les milliers de tablettes en terre cuite découvertes à Abu Habbah, l'ancienne cité sumérienne de Sippar, à 32 kilomètres au sud de Bagdad, tomba sur une éphéméride confirmant la conjonction à trois reprises des deux planètes dans le courant de l'année 305 de l'ère séleucide, soit 7-6 avant J.-C. Ces données furent vérifiées par les astronomes modernes. La conjonction fut presque parfaite à la fin de mai et au début d'octobre. A la mi-décembre de cette année-là, et en 6 avant J.-C., Mars se joignit à elles, rendant plus lumineux encore le phénomène.

Or, pour les mages-astronomes de Sippar, et singulièrement pour ceux de la diaspora juive, cette rencontre stellaire avait un sens : Jupiter symbolisait la domination souveraine, Saturne était la planète d'Israël, et la constellation des Poissons, qu'on appelait alors les Queues, représentait Amarru (Judée et Syrie). Dans la mémoire juive, l'étoile – reflet de la prédiction de Balaam – devait annoncer la venue du Messie. Un des établissements du clan davidique des Nazôréens était le petit village de Kokhaba (l'étoile), à l'est du Golan. Enfin, quand au IIᵉ siècle de notre ère le chef zélote Shimon Bar Keziva se fit passer pour le Messie, il prit le nom de Bar Kokhba, ce qui signifie le « fils de l'étoile ». Cela permet de comprendre le long voyage des mages à travers le désert pour rejoindre Jérusalem. Ils cherchaient le Messie, comme l'étoile le leur avait révélé.

Je n'ignore pas que d'autres phénomènes astronomiques ont été avancés pour expliquer l'étoile matthéenne : si l'on a très vite écarté la comète de Halley, dont le passage à proximité de la terre en l'an 10 avant notre ère paraît trop ancien, certains chercheurs se sont intéressés à la comète 52P Harrington-Abell, apparue en mars-avril 5 avant notre ère, dans la constellation du Capricorne, ou la comète 53P Van Biesbroeck, visible en l'an 4 avant J.-C. dans la constellation de l'Aigle. Mais une comète était associée à cette époque à un présage malheureux. Difficile d'y voir l'annonce de la Bonne Nouvelle ! On a pensé aussi à une supernova, cette spectaculaire explosion stellaire provenant de l'effondrement gravitationnel d'une étoile ayant brûlé toutes ses réserves d'hydrogène et d'hélium. Mais pour quelle raison les mages chaldéens auraient-ils associé cette catastrophe céleste à la naissance d'un messie en Israël ? C'est la même objection que l'on peut adresser à la théorie de l'astronome Michael R. Molnar, qui identifie l'événement ayant déclenché le départ des mages à une occultation de Jupiter par la lune dans la constellation du Bélier les 20 mars et 17 avril de l'an 6 avant notre ère. Ce n'est pas parce que des pièces de monnaie juives portant un bélier et une étoile ont été retrouvées qu'il faut faire le lien, d'autant que le phénomène aurait été à peine visible en Orient. D'autres astronomes ont parlé de la conjonction de Jupiter et Vénus le 17 juin de l'an – 2 dans la constellation du Lion, symbole de la tribu de Juda. Cette fois, on sort des données de base, puisque l'on sait par les Evangiles de Matthieu et de Luc que Jésus était né pendant le règne du roi Hérode le Grand, lequel mourut en 4 avant notre ère. Bref, en l'état actuel de la recherche, la triple conjonction de Jupiter et de Saturne dans la constellation des Poissons en – 7 correspond le mieux à l'astre de l'Evangile de Matthieu, cet étrange « intermittent du spectacle » qui était apparu, avait disparu et était réapparu dans le ciel de Palestine pour annoncer la naissance du Sauveur…

Voir : Mages ; Noël.

Evangile de Judas

Au début de 2006, je me souviens de la bombe médiatique qu'avait suscitée la publication, sous l'égide de la National Geographic Society, de l'évangile dit de Judas, au point de donner l'impression à l'opinion mal informée que les acquis historiques, voire théologiques, touchant le Nazôréen étaient remis en cause par cette sensationnelle découverte qui faisait vaciller, semble-t-il, les colonnes de l'Eglise ! Elle m'avait particulièrement intéressé. Des traductions se vendirent – que dis-je, s'arrachèrent ! – dans le monde entier. Un succès foudroyant ! Ce n'est pas tous les jours, il est vrai, que l'on exhume un nouvel évangile d'une tombe du désert égyptien ! Le fragile codex de papyrus écrit en copte ancien contenait une pseudo-lettre de Pierre à Philippe, une *Apocalypse de Jacques* et surtout le texte complet d'un évangile signé du nom de Judas, que l'on croyait irrémédiablement perdu.

Cet évangile connut bien des vicissitudes, n'échappant malheureusement pas aux habituels trafiquants d'antiquité ni aux marchands d'art peu scrupuleux. Mis au jour en 1978 dans les environs d'Al-Minya en Moyenne-Egypte, probablement dans l'une des nombreuses grottes de la région, il avait été proposé sur le marché pour trois millions de dollars par un antiquaire égyptien du nom de Hanna, qui l'avait fait sortir du pays en fraude. Ne trouvant pas preneur à ce prix exorbitant, il resta près de seize ans dans un coffre de la Citibank de l'Etat de New York, où il se dégrada lentement dans sa boîte mal protégée. En avril 2000, l'antiquaire zurichoise Frieda Nussberger-Tchacos l'acquit pour 10 % de sa valeur. Le codex convoité, qui prit alors le nom de Tchacos, fut remis en vente. Ni l'université de Yale ni la fondation suisse Maecenas pour l'Art ancien n'en voulurent. Entre-temps, un intermédiaire américain avait eu l'idée totalement saugrenue – surtout pour un tel brûlot ! – de le placer dans un congélateur, où il s'abîma davantage, si bien que les spécialistes ne mirent pas moins de cinq années à en restaurer les vingt-six pages, émiettées en plus de mille fragments. Quatre-vingts pour cent du texte purent être rétablis. Toutes les analyses scientifiques convergent : en aucun cas il ne s'agit d'une contrefaçon. Si l'on se réfère aux savants travaux du professeur Rodolphe Kasser, titulaire honoraire de la chaire de coptologie de l'université de Genève, le manuscrit en question serait une traduction copte de la fin du IIIe ou du début du IVe siècle d'un texte grec remontant au IIe siècle de notre ère.

Bien sûr, cet apocryphe n'a rien à voir avec les quatre Evangiles canoniques, les seuls que l'Eglise, au terme d'un lent et prudent processus, a retenus comme faisant foi de la vie et du message de Jésus. Il s'agit d'un écrit en partie cité et combattu par saint Irénée, évêque de Lyon (v. 130-v. 202), dans son magistral traité *Adversus Haereses* (*Contre les hérésies*, v. 180). Au IVe siècle, saint Epiphane, évêque de Salamine, en mentionne également l'existence. Dû à la plume d'un scribe anonyme qui connaît mal le milieu palestinien, il a été probablement rédigé entre 130 et 160, soit entre soixante-dix et cent ans après les Evangiles canoniques.

C'est un dialogue entre Jésus et Judas. Sans doute ne nous apporte-t-il rien de nouveau sur le personnage historique de Judas, si ce n'est qu'il réhabilite celui qui a livré Jésus aux grands prêtres de Jérusalem pour trente deniers. En revanche, il en dit long sur la pensée gnostique, cette philosophie ésotérique qui sous-tend ce « récit secret de la révélation faite par Jésus en dialoguant avec Judas l'Iscariote ».

Le message délivré contredit en effet les données du Nouveau Testament. Judas n'est pas le mauvais, mais au contraire le bon apôtre par excellence, le seul, à la différence des onze autres, ces misérables pécheurs, « ministres de l'égarement », à connaître la Vérité avec un grand V. Il a obéi à un ordre divin, pour permettre à Jésus – issu non du Dieu du Premier Testament, considéré comme un démiurge inférieur et malfaisant, mais du *grand Esprit invisible* – de se libérer de sa « prison de chair » et retourner vers la Lumière. « Je sais qui tu es et d'où tu es venu, dit à Jésus le héros du livre. Tu es issu du Royaume immortel de Barbèlo » (une divinité mère du panthéon gnostique). « Tu les surpasseras tous, lui répond le rabbi, car tu sacrifieras l'homme qui me sert d'enveloppe charnelle… »

Selon Irénée, cet apocryphe fortement polémique serait l'œuvre d'une secte dont les membres cherchaient à infiltrer les milieux chrétiens, les Caïnites (« les héritiers de Caïn »). C'était en effet un procédé fréquent dans ce genre de courant marginal de réhabiliter certains personnages bibliques, tels Caïn, le roi Hérode ou l'apôtre Thomas, et d'en faire des héros de leur philosophie.

Conformément à la pensée gnostique, le monde étant le lieu du mal, seuls seraient sauvés les « Elus », les « Initiés » qui ont reçu la semence ou l'étincelle divine. L'homme n'a pas besoin d'un Sauveur prenant sur lui les péchés du monde ; il n'y a pas de résurrection ; le Salut passe non par la foi, mais par la Connaissance, par la libération de l'esprit, s'arrachant à son enveloppe matérielle et au monde pervers pour rejoindre le Grand Tout ! Des thèmes, aux antipodes du message annoncé par Jésus, qui sont loin d'avoir disparu de nos jours, même s'ils revêtent d'autres formes. On comprend par exemple la fascination des adeptes du New Age – cette gnose moderne – pour ce genre de littérature subversive et sa puissance romanesque. Fascination qui rejoint l'enthousiasme des éditeurs du monde entier, ravis des juteuses retombées financières de textes qui, à dire vrai, n'auraient dû intéresser que le petit monde des spécialistes des hérésies postchrétiennes.

Voir : Evangiles apocryphes.

Evangiles apocryphes

Tout un courant de pensée se complaît aujourd'hui dans la réhabilitation des évangiles dits apocryphes*. Le mot vient du grec *apókryphos*, « secret, caché ». Ce serait dans ces textes, étouffés par l'Eglise primitive, qu'il faudrait trouver la source authentique du christianisme. Rien de plus contestable, naturellement... Si on laisse de côté cet aspect polémique, encouragé par un emballement médiatique sans discernement, ces opuscules ne manquent pas d'intérêt pour les chercheurs, en ce qu'ils éclairent les débuts du christianisme et les différents courants religieux qui se sont affrontés à l'époque. Reste la grande question : y a-t-il des paroles authentiques de Jésus dans tous ces textes ?

Au terme d'un long processus allant du IIe au IVe siècle, l'Eglise a intégré dans son canon les différents livres du Nouveau Testament. Dès le milieu du IIe siècle cependant, les quatre livrets évangéliques, qu'une tradition constante attribue à Matthieu, Marc, Luc et Jean, en faisaient partie, comme répondant au moins à trois critères : appartenir à la génération apostolique, énoncer des vérités orthodoxes sur la personne de Jésus et être reconnus dans la plupart des églises locales. Vers 180, Irénée, évêque de Lyon, auteur d'un traité en cinq volumes, *Contre les hérésies* (*Adversus Haereses*), les distinguait des apocryphes, écartés des lectures publiques et de la proclamation de l'Eglise. Ceux-ci peuvent se ranger en trois catégories.

La première correspond aux textes de référence de petites communautés vite marginalisées par rapport à la « grande

Eglise ». On en connaît quelques extraits par les Père de l'Eglise qui en ont dénoncé les déviances ou les erreurs. L'un d'eux s'intitule l'*Evangile des Hébreux*. Au IVe siècle, saint Jérôme assurait en avoir découvert un exemplaire à Césarée maritime et un autre chez les judéo-chrétiens de Beroea (aujourd'hui Alep, en Syrie). Ce précieux codex araméen, qui comptait, paraît-il, quelque deux mille feuillets, a-t-il recueilli des phrases prononcées par Jésus ? On ne le saura probablement jamais. Jérôme citait cette sentence attribuée au Maître, qui n'a rien d'hétérodoxe : « Ne soyez joyeux que lorsque vous regarderez votre frère avec amour. » Les récits, semble-t-il, contenaient peu de nouveautés, sinon quelques notations complémentaires sur le baptême de Jésus et le récit d'une apparition à Jacques le Juste après la Résurrection.

Hégésippe (IIe siècle) et Eusèbe de Césarée (IVe siècle) parlent d'un *Evangile des Nazôréens* ou *des Ebionites*, une secte hostile à l'enseignement de Paul et rejetant la naissance virginale de Jésus. A la même catégorie se rattache l'*Evangile de Pierre*, que le Prince des apôtres naturellement n'a jamais commis. Pour accréditer leurs textes auprès des communautés chrétiennes, les auteurs d'apocryphes n'hésitaient pas en effet à placer frauduleusement leurs œuvres sous le patronage d'un apôtre. Un fragment important de ce texte a été trouvé en 1886 dans la tombe d'un moine égyptien. Il présente un long récit de la Passion et de la Résurrection, indiscutablement mêlé de considérations légendaires. Cet évangile se caractérise par un antijudaïsme virulent : les Romains sont ainsi exonérés de la mort de Jésus ; les juifs seuls sont responsables de l'exécution. Selon les spécialistes, il daterait du milieu du IIe siècle de notre ère.

La deuxième catégorie d'apocryphes regroupe les relations populaires et romanesques se donnant pour objet de satisfaire la curiosité du petit peuple chrétien. D'où leur goût du merveilleux et leur aspect folklorique qui contrastent avec la sobriété des Evangiles canoniques. Ce sont des contes de fées multipliant à plaisir les miracles, faits extraordinaires et historiettes colorées, où le pittoresque le dispute souvent à l'extravagance.

Pour prouver la virginité perpétuelle de Marie, la mère de Jésus, le *Protévangile de Jacques*, qui date des années 150-160, fait intervenir l'examen des sages-femmes avant, pendant et après la naissance miraculeuse de l'Enfant-Dieu. Dans l'*Evangile arabe de l'enfance*, on voit le jeune Jésus en Egypte rencontrer deux camarades, Titus et Dumachus : ce sont les deux larrons plus tard crucifiés avec lui ! Dans l'*Evangile du pseudo-Thomas* (à ne pas confondre avec un autre apocryphe, l'*Evangile de Thomas*), on le découvre têtu et vindicatif, faisant la leçon à son maître d'école et le couvrant de honte. Un jour, bousculé par un camarade, l'enfant s'écrie : « Tu ne poursuivras pas ta route… » Aussitôt le maladroit meurt foudroyé… Un trait qui n'est guère christique, on en conviendra ! Lors d'un sabbat encore, le fils de Marie s'amuse à façonner avec de l'argile de petits oiseaux. Il souffle dessus et ceux-ci s'envolent aussitôt… Le Coran reprendra l'anecdote. Remontant probablement au IVe siècle, l'*Evangile de Joseph le charpentier* raconte la vie de son père adoptif, tandis que l'*Evangile de Nicodème* insiste sur sa descente aux Enfers durant son séjour au tombeau…

La dernière catégorie est celle des écrits gnostiques. Nous avons affaire cette fois à un courant philosophico-religieux attaché à parasiter le message chrétien, à le récupérer en l'amalgamant à un système ésotérique fondé sur l'illumination par la connaissance (gnose vient du grec *gnôsis*, « connaissance »). Situé au carrefour des religions orientales et à mystères, ce courant repose sur une cosmologie radicalement différente du judaïsme traditionnel : le monde étant l'œuvre d'un démiurge mauvais et l'esprit de l'homme étant prisonnier de son enveloppe charnelle, il s'agit pour celui-ci de s'arracher à cette souillure, afin de retrouver l'étincelle de divinité qui est en lui. Dans ce contexte, Jésus, le « Vivant », n'est pas venu pardonner les péchés et sauver le monde par son sacrifice sur la croix – les gnostiques ne parlent jamais de sa mort, ni de sa résurrection –, mais éveiller ses auditeurs aux possibilités libératrices qui sont en eux, les aider à rejoindre le petit nombre des « parfaits ». C'est un « grand Initié ». Dans certains de ces écrits, Marie-Madeleine joue un rôle central comme une sorte de déesse de la Sagesse. Trouvé en Egypte à la fin du XIXe siècle et aujourd'hui conservé au Musée de Berlin, il existe ainsi un *Evangile de Marie* (Madeleine). Dans l'*Evangile de Philippe*, il est dit que Jésus aimait Marie-Madeleine et « l'embrassait souvent sur la bouche » : expression à lire dans une perspective hermétique, ce que n'a pas compris, naturellement, l'auteur du *Da Vinci Code* ! Plus connu, l'*Evangile de Thomas* se rattache également à la mouvance gnostique. Il commence ainsi : « Voici les paroles que Jésus le Vivant a dites et qu'a écrites Jude Thomas Didyme. Et il [Jésus] a dit : “Celui qui trouvera l'interprétation de ces paroles ne goûtera pas la mort.” » Il est composé de 114 *logia** attribuées à Jésus, dont 79 sont directement tirées des textes canoniques et 11 présentent des variantes relativement minimes. D'autres, au contraire, prennent des résonnances panthéistes :

> Jésus a dit :
> Je suis la lumière qui est sur eux tous.
> Je suis le Tout.
> Le Tout est sorti de moi.
> Et le Tout est parvenu à moi.
> Fendez le bois : je suis là ;
> Soulevez la pierre
> Et vous me trouverez là.

Un extrait du même *opus* montre combien les sectaires gnostiques avaient le mépris de la femme :

> Simon-Pierre leur dit :
> Que Myriam sorte de parmi nous
> Parce que les femmes ne sont pas dignes de la vie.
> Jésus dit :
> Voici que je l'attirerai
> Afin de la rendre mâle
> Pour qu'elle devienne aussi un esprit vivant, semblable à vous, mâles, car toute femme qui se fera mâle
> Entrera dans le Royaume des cieux.

Jusqu'en décembre 1945, on ne connaissait ces hérésies gnostiques que par quelques citations de Pères de l'Eglise, en particulier Irénée. C'est alors qu'en Haute-Egypte, à Nag Hammadi, à une soixantaine de kilomètres de Louxor, près des falaises du djebel El-Tarif, des fellahs exhumèrent une jarre scellée, enfouie dans une tombe d'un antique cimetière. Cette jarre contenait une bibliothèque gnostique copte : 13 codex de parchemins contenant 52 traités, en tout 1 156 pages : le *Livre secret de Jacques*, l'*Evangile de la vérité*, l'*Evangile de Philippe*, le texte complet de l'*Evangile de Thomas*, des fragments de l'*Evangile de Pierre*, etc. Et encore cette littérature était-elle sans doute plus importante, car un des paysans avouera avoir brûlé quelques manuscrits pour se chauffer !

Il va sans dire que les spécialistes du monde entier se sont jetés sur ces précieux documents et les ont avidement décortiqués. Ceux-ci, pense-t-on, provenaient d'un monastère associé à celui de Saint-Pacôme et auraient été enterrés là vers l'an 400. Ils sont déposés aujourd'hui au Musée copte du Vieux Caire.

En définitive, il n'y a pour ainsi dire rien à retenir de nouveau sur Jésus dans les évangiles des deux premières catégories, dont aucun ne remonte à l'époque apostolique et qui sont souvent très éloignés des réalités juives du temps. « Ce qui pourrait être de quelque utilité pour l'historien s'avère infime », avouait l'exégète allemand Joachim Jeremias au terme d'une longue enquête. Quant aux apocryphes gnostiques, ils ne font que refléter la pensée de ces sectes proche-orientales qui ont proliféré à partir du Ier siècle de notre ère, tandis que le christianisme se répandait sur le pourtour de la Méditerranée et se substituait aux cultes païens. Les chrétiens les tenaient à distance, se souvenant de la phrase du Maître : « Méfiez-vous des faux prophètes qui viennent à vous déguisés en brebis ; au-dedans ce sont des loups rapaces. » Avertissement repris par Paul de Tarse visitant les communautés fidèles : « Il s'introduira parmi vous des loups redoutables. » Et la Lettre aux Hébreux, due probablement à la plume d'un disciple de l'apôtre des Gentils, ajoutait : « Ne vous laissez pas égarer par des doctrines diverses et étrangères. » C'est en effet la vocation universelle de l'Eglise de garder dans sa pureté originelle le dépôt de la Bonne Nouvelle, tout en cherchant à la communiquer aux hommes de bonne volonté.

Voir : Evangile de Judas.

Evangiles canoniques

C'est dans les années 1983-1984, il y a donc plus de trente ans, que j'ai commencé à me passionner pour l'étude scientifique des Evangiles et à me poser des questions à leur sujet : quand ont-ils été écrits et en quelle langue, le grec, l'hébreu ou l'araméen ? Quelles sont leurs relations littéraires ? Comment s'articulent-ils avec la tradition orale ? Des textes antérieurs ont-ils existé ? Sont-ils globalement crédibles ? Peut-on leur faire confiance historiquement… ?

Ayant lu depuis de nombreux travaux d'exégèse, je dois avouer que le terrain est mouvant, difficile, semé d'hypothèses multiples et contradictoires comme autant d'embûches. Dans ce maquis redoutable, les polémiques entre spécialistes sont parfois assez violentes. Chacun défend âprement son pré carré, ses idées, même si elles sont manifestement dépassées par les progrès des techniques d'analyse de textes. Le climat semble depuis quelque temps s'être apaisé. Il n'en demeure pas moins que la catéchèse à destination des enfants ou des adultes répète les mêmes approximations, avec au moins un demi-siècle de retard, et présente comme vérités irréfragables – des « vérités d'évangile » ! – ce qui ne sont que de simples conjectures de chercheurs, souvent très fragiles.

Un fait d'abord s'impose. Les Evangiles canoniques sont issus de la première prédication des communautés chrétiennes. Ils n'ont pas précédé l'Eglise comme voudraient le faire accroire certaines sectes modernes qui s'en sont emparées, ils ont été directement produits par elle. Ce sont, qu'on le veuille ou non, des textes d'Eglise, qu'il faut lire dans cette perspective et dans cette tradition, faute de quoi on risque de se perdre.

Les originaux ayant disparu depuis longtemps, on ne dispose plus que de copies ou plutôt de copies de copies, en tout 5487 manuscrits ou fragments de manuscrits. Les textes complets les plus anciens sont des parchemins remontant au IVe siècle, tels le Codex *Sinaïticus*, conservé à la British Library de Londres, et le Codex *Vaticanus*, à la Bibliothèque vaticane. De quelques décennies plus récentes sont les Codex *Alexandrinus* et *Bezae*. Il existe des papyrus plus anciens, mais incomplets. Le Papyrus II Bodmer (P66), daté des années 170-200, reproduit une grande partie de l'Evangile de Jean. Un tout petit extrait du même Evangile figure sur le plus ancien de tous, le Papyrus 52, qui remonte aux alentours de l'an 125. Une situation remarquable comparée à d'autres œuvres antiques : six siècles séparent Virgile des plus anciens manuscrits connus, treize ceux de Platon, seize ceux d'Euripide. Tous les textes évangéliques en notre possession sont écrits en grec, mais ils comportent des traces de sémitismes évidents, hébraïsmes ou aramaïsmes, ce qui fait penser soit à des auteurs juifs, soit à un substrat d'écrits sémitiques antérieurs. Il reste que pour l'Eglise c'est la version grecque qui fait foi.

Les trois premiers Evangiles sont appelés synoptiques* parce qu'on peut les lire en synopse, en parallèle. L'Evangile de Matthieu se rattache à l'un des douze apôtres, le publicain Lévi dit Matthieu. Celui de Marc a été rédigé par un ancien compagnon de Paul, devenu secrétaire-interprète de Pierre. Auteur bien identifié du troisième Evangile, Luc, païen converti d'abord au judaïsme, a été proche de Paul, qu'il a accompagné dans plusieurs de ses voyages.

Les synoptiques ont entre eux des liens de parenté évidents. Sur les 1068 versets de l'Evangile de Matthieu, environ 600 se retrouvent dans l'Evangile de Marc, 235, qui sont absents chez Marc, sont communs à Luc, le reste lui étant propre. Sur les 1149 versets de Luc, 350 sont présents chez Marc et 560 lui sont propres. Ce dernier, qui compte 661 versets, n'en a que 31 en propre. L'ordre général de présentation de ces livrets est le même : le ministère public de Jésus se déroule sur une année, mais la disposition de certaines péricopes* et de certaines paraboles diffère. Les théories sont nombreuses quant à leur date et à leur formation. Je ne peux donner ici que mes propres conclusions, sans entrer dans les détails techniques qui figurent dans mon livre sur Jésus[1].

En l'état actuel de nos connaissances, il est difficile d'assigner des dates très anciennes aux Evangiles, même dans leurs versions primitives : les années 30 ou 40 me paraissent exclues. En revanche, on ne peut faire l'impasse sur la réflexion de John A. T. Robinson, évêque anglican de Woolwich : aucun des Evangiles n'est postérieur à l'année 70 (sous réserve peut-être du dernier chapitre de

1. *Op. cit.*, annexes II, III et IV.

Jean). En effet, Jésus a annoncé clairement et à plusieurs reprises, même s'il l'a fait dans un style apocalyptique, la destruction de Jérusalem et de son Temple. Cet événement s'est produit en 70, lorsque les armées de Titus, fils de Vespasien, anéantirent la résistance juive. Or aucun des évangélistes n'a ajouté à la suite de ces prophéties qu'elles s'étaient réalisées. C'eût été pourtant de bonne apologétique. Une telle omission n'est pas admissible si, comme certains le soutiennent encore aujourd'hui, l'Evangile de Marc date de l'an 70, ceux de Matthieu et de Luc de 85-90 et celui de Jean de 100 ou 110. L'anéantissement de la Cité sainte, accompagné de la profanation et de la destruction de son magnifique Temple, orgueil de la nation juive, centre cultuel unique du judaïsme, où les premiers chrétiens issus du judaïsme se rendaient pour prier, a été un tel cataclysme qu'il est inimaginable que l'on ait pu le passer sous silence. Même l'exégète américain Raymond E. Brown, attaché au modèle standard habituel, est obligé d'avouer sa perplexité : « Nous admettons que l'absence d'une allusion de l'Evangile (et même en fait du Nouveau Testament) indiscutable, claire, précise, à la destruction du Temple déjà survenue demeure problématique, car l'événement devait avoir eu un énorme impact sur les chrétiens[1]. »

Peut-on aller plus avant dans la datation des Evangiles ? Le plus ancien paraît être celui de Matthieu, et non celui de Marc, comme on le répète depuis l'école libérale protestante du XIXe siècle. Les premiers auteurs chrétiens et Pères de l'Eglise, Irénée, Papias de Hiérapolis, Clément

1. Raymond E. Brown, *Que sait-on du Nouveau Testament ?*, Paris, Bayard, 1997, p. 314 n.

d'Alexandrie, Origène et Eusèbe de Césarée tiennent tous à cette antériorité, et les arguments contraires ultérieurs sont soit peu pertinents, soit peu convaincants. Ce premier Evangile date du début des années 60.

Irénée, dans son livre *Contre les hérésies*, écrit : « Ainsi Matthieu publia-t-il chez les Hébreux, dans leur propre langue, une forme écrite d'évangile, à l'époque où Pierre et Paul évangélisaient à Rome et y fondaient l'Eglise. Après le départ de ces derniers, Marc, le disciple et l'interprète de Pierre, nous transmit lui aussi par écrit ce que prêchait Pierre. De son côté, Luc, le compagnon de Paul, consigna en un livre l'évangile que prêchait celui-ci… »

La présence à Rome de Pierre et de Paul est attestée au début des années 60. La rédaction de l'Evangile de Luc est probablement contemporaine de celle de Matthieu, avec lequel il n'a pas de liens directs. En effet, le tome II de son œuvre, les Actes des Apôtres, écrits immédiatement après son Evangile, s'arrête subitement en 62, après les deux années de résidence surveillée de Paul dans la capitale impériale, sans donner le moindre renseignement sur l'issue de son procès et sans *a fortiori* mentionner la mort de Pierre vers 65 et celle de Paul vers 67.

Les Evangiles sont issus de la première prédication des communautés chrétiennes. Il est douteux – mais les spécialistes en débattent encore – qu'ils aient d'abord été écrits en hébreu ou en araméen, même si l'on peut estimer, à la suite d'Irénée, qu'une version plus réduite de l'Evangile de Matthieu a d'abord été rédigée en langue sémitique.

Au commencement, la catéchèse se faisait oralement, avec des récits élaborés en église, autour des apôtres et des témoins, « serviteurs de la Parole », dans le cadre du culte partagé : eucharistie et prières communautaires. Les techniques de mémorisation de l'Ecriture étaient très avancées dans le monde hébraïque et permettaient d'apporter l'enseignement religieux jusque dans les villages juifs les plus reculés. Les rabbis formaient des disciples de façon à ce qu'ils puissent transmettre à leur tour la parole reçue. De même que les écoles de Hillel, Shammaï, Gamaliel II, Ben Zakkaï ou Aqiba se livraient à une exégèse orale de la Torah, de même les premiers disciples de Jésus ont annoncé l'Evangile, répétant ses paroles par les moyens mnémotechniques de la poésie hébraïque. Jésus a probablement procédé de la sorte lorsqu'il a envoyé ses disciples deux par deux annoncer la Bonne Nouvelle. Les souvenirs se gravaient si bien dans la mémoire que l'on était capable de réciter sans erreur des chapitres entiers, voire des livrets entiers, comme le font aujourd'hui les acteurs. A noter que le peuple juif du Iᵉʳ siècle était un des plus cultivés au monde, sachant pour une grande part lire et écrire. Pierre, les apôtres, les témoins et les ministres responsables étaient les garants du kérygme*. Pour eux, Jésus n'était pas seulement un personnage du passé, mais le Christ, vivant et présent dans son église. A la lumière de la résurrection pascale – expérience fondatrice du christianisme –, les disciples ont donc approfondi son message, aidé par l'Esprit saint.

Il est à peu près certain également, comme le pensait Graham Stanton, professeur d'Ecriture sainte au King's College de Londres, que les auditeurs attentifs de Jésus aient pris au vol des notes, ainsi que le faisaient les scribes du temps. On se servait de tablettes de bois (*pinax*) recouvertes de cire, un procédé assez répandu dans le monde gréco-romain. Un trou pratiqué dans ces tablettes permettait de les relier par une lanière de cuir. « Il est aujourd'hui de plus en plus évident, écrivait Stanton, que ces carnets de notes ont été largement utilisés au temps de Jésus. A coup sûr, il est possible, voire même probable, que les disciples de Jésus auront pris note de ses enseignements et de ses actes bien avant que les Evangiles aient été mis par écrit. Le caractère concis des traditions relatives à Jésus peut s'expliquer autant par la tradition orale que par le recours à ces carnets de notes[1]. »

Vraisemblablement, les récits de la Passion et de la Résurrection, annoncés dans les célébrations eucharistiques, ont été consignés les premiers par écrit. Puis des collections de *logia**, de paraboles, de discours, de récits de miracles ont circulé en araméen et en grec. Ces premiers aide-mémoire furent utilisés par les prédicateurs pour évangéliser les contrées avoisinantes ou le pourtour méditerranéen. Il y eut sans doute aussi des pré-Evangiles un peu plus élaborés. Tous ces textes supposés ont disparu en raison de la fragilité de leur support de papyrus. A partir des années 60, alors que vieillissait la génération des témoins et que le retour du Christ, que l'on avait d'abord cru imminent, tardait, on ressentit la nécessité de disposer de livrets plus complets.

Lévi dit Matthieu, qui évangélisait les Hébreux, mais qui devait partir vers d'autres peuples, selon Eusèbe de Césarée, fut prié de rédiger en « langue hébraïque » – vraisemblablement en araméen – une version synthétique de la vie et de l'enseignement de Jésus. C'était en effet le plus cultivé des Douze : homme de chiffres et de lettres, il avait

1. Graham Stanton, *Paroles d'évangile ? Un éclairage nouveau sur Jésus et les Evangiles*, Paris-Montréal, Cerf-Novalis, 1997, p. 80-81.

servi comme chef du bureau de l'octroi de Capharnaüm. Cette version était plus courte que l'Evangile actuel de Matthieu (certains, comme le père Philippe Rolland, ont essayé de le reconstituer). Elle s'adressait essentiellement aux juifs de Palestine. Mais, très vite, des communautés de langue grecque la traduisirent et la complétèrent, insistant par exemple sur les paroles à résonance universaliste de Jésus qui n'y avaient pas trouvé place. Un des disciples de Matthieu, un scribe d'Antioche, pense-t-on, appartenant à un milieu juif hellénophone, lui donna sa touche finale, se servant notamment de souvenirs de l'entourage de Jacques le Juste, le « frère du Seigneur », qui venait d'être mis à mort à Jérusalem, et d'un ancien recueil de *logia** que les spécialistes appellent la source Q (de *quelle*, source en allemand).

Travaillant à la même époque, Luc, médecin d'Antioche, ancien compagnon de Paul, entreprit de rédiger l'histoire de Jésus et celle du christianisme naissant. Le tome I sera son Evangile et le tome II les Actes des Apôtres. Il a connu Pierre, Jacques le Juste, évêque de Jérusalem, Marc, et a écouté la prédication orale de Jean, le disciple bien-aimé. S'il s'est servi comme Matthieu de la source Q et probablement d'autres sources écrites, il n'a eu entre les mains ni l'Evangile de Matthieu dans sa version définitive, ni l'Evangile de Marc, ni celui de Jean (ces deux derniers n'étant sans doute pas encore écrits). Il est peu probable également qu'il ait rencontré directement Marie, mère de Jésus, comme le veut une légende tenace. On peut supposer que ce qu'il relate de la naissance et de l'enfance de Jésus vient de Jean, le disciple bien-aimé, institué par Jésus sur la croix protecteur et « fils » de Marie. Narrateur talentueux et délicat, capable de peindre des tableaux agréables, Luc insiste sur la douceur, la compassion de Jésus, mais aussi sur l'amour des pauvres et le rejet des riches. Destinée aux pagano-chrétiens du monde méditerranéen, son œuvre aurait été écrite en 62 en Béotie, où il mourut quelques années plus tard à l'âge de 84 ans.

La date de composition de l'Evangile de Marc n'est pas connue, mais il n'est pas déraisonnable de la situer vers 64. Ce texte aurait été rédigé à Rome peu avant la persécution de Néron. Marc, dit Jean Marc, faisait partie de la première communauté chrétienne de Jérusalem. Il n'a pas connu Jésus, mais a suivi Paul puis Pierre, dont il reflète la catéchèse. « Il écrivit exactement tout ce dont il se souvint, écrit Papias, évêque de Hiérapolis au IIe siècle, mais non dans l'ordre, de ce que le Seigneur avait dit et fait. Car il n'avait pas entendu le Seigneur et n'avait pas été son disciple, mais bien plus tard celui de Pierre. Celui-ci donnait son enseignement selon les besoins, sans se proposer de mettre en ordre les paroles du Seigneur, de sorte que Marc ne fut pas en faute, ayant écrit certaines choses selon qu'il se les rappelait. Il ne se souciait que d'une chose : ne rien omettre de ce qu'il avait entendu et ne rien rapporter que de véritable. »

Certains de ses développements, d'où jaillissent de petits détails, précis et pittoresques, semblent refléter la prédication orale de Pierre, bien que Marc se soit probablement servi, lui aussi, de pré-Evangiles, provenant des traductions du Matthieu araméen primitif. Il en a fait un texte solennel se voulant définitif : « Commencement de la Bonne Nouvelle de Jésus-Christ, Fils de Dieu… »

J'ai gardé pour la fin l'Evangile de Jean, très différent des synoptiques. Comment le caractériser ? C'est un texte indépendant des autres, mais qui suppose connues certaines données des synoptiques comme l'existence des Douze. Il n'est pas le produit de récits oraux schématiques appris par cœur ou de notes écrites du temps de Jésus. Il présente une grande homogénéité de style, de pensée et de visée théologique. On y repère cependant des jointures maladroites, de mauvaises sutures et quelques gloses ajoutées ultérieurement. L'auteur, manifestement d'origine sémitique, est profondément imprégné des mentalités sacerdotales de l'époque. Il connaît à la perfection la Bible hébraïque ainsi que l'organisation du Temple, des fêtes et de la vie publique à Jérusalem. Il use fréquemment de procédés littéraires faisant apparaître le malentendu ou le sous-entendu, le double sens et l'ironie, la fameuse « ironie johannique », sorte de clin d'œil fait au lecteur. Le livre semble destiné à des convertis, issus du judaïsme de la diaspora ou du paganisme, qui ont besoin d'être affermis dans leur foi et convaincus que Jésus est le Fils préexistant du Père, conçu avant tous les siècles.

L'auteur est un intellectuel de haut vol – « Jean le théologien », l'appelle-t-on – à qui on a donné pour symbole l'aigle[1]. C'est indiscutablement un témoin oculaire. A la fin de son Evangile, un petit groupe de ses compagnons, dont probablement André, frère de Pierre, le dit sans ambages : « C'est ce disciple qui témoigne au sujet de ces choses et qui les a écrites, et *nous savons* que vrai est son témoignage » (21, 24). Jean lui-même l'affirme dans sa première Epître. Dans ses deuxième et troisième, il se présente comme « l'ancien » (autrement dit « le presbytre »),

1. Cette symbolique ancienne, qu'on retrouve notamment dans les mosaïques de Ravenne, associe l'homme à saint Matthieu, le lion à saint Marc et le taureau à saint Luc.

ce qui montre qu'il n'est pas un apôtre faisant partie des Douze, mais un disciple extérieur. Ses proches l'appelleront le « disciple bien-aimé » ou « celui que Jésus aimait ».

A partir du IIIe siècle, on l'a confondu avec Jean, fils de Zébédée, le pêcheur du lac de Génésareth. En réalité, ce Jean – nom très répandu à l'époque – semble être un jeune notable issu d'une des grandes familles sacerdotales de Jérusalem, disciple secret de Jésus. C'est lui qui vraisemblablement reçut chez lui, dans sa belle demeure patricienne, les apôtres, la veille de l'arrestation du Maître, et recueillit Marie sa mère.

L'Evangile de Jean est postérieur de peu aux autres, au moins dans sa première rédaction. Vers le milieu des années 60, en effet, voyant que les Evangiles de Matthieu et de Luc (et peut-être celui de Marc), déjà composés, ne parlaient pas des débuts du ministère public de Jésus, un certain nombre d'apôtres demandèrent à Jean, qui avait été avec André un des deux premiers disciples, de rédiger un nouveau récit des événements. Comme le conte Eusèbe de Césarée, il fut prié « de transmettre dans son évangile les épisodes passés sous silence par les évangélistes précédents et les actions faites par le Sauveur durant ce temps, c'est-à-dire avant l'emprisonnement du Baptiste ».

Son Evangile semble refléter l'atmosphère d'hostilité régnant à Jérusalem dans les années 64-65, après la lapidation de Jacques, le « frère du Seigneur », et de plusieurs judéo-chrétiens. Cette première version s'achevait par cette conclusion : « Jésus a accompli bien d'autres signes qui ne sont pas décrits dans ce livre. Ceux-ci ont été écrits pour que vous croyiez que Jésus est le Christ, le Fils de Dieu et que, croyant, vous ayez la vie éternelle en son nom » (20, 30-31). Un dernier chapitre fut ajouté après la mort de Pierre en 65, soit par Jean lui-même, soit par ses disciples. Après un exil à Patmos, dans l'archipel des Sporades, par ordre de Domitien, entre 94 et 96, époque à laquelle il acheva son Apocalypse, Jean vint ou revint à Ephèse. Et c'est peut-être à ce moment-là seulement qu'il publia son Evangile, pour dissiper l'hérésie gnostique de Cérinthe, si l'on en croit Irénée. Après sa mort, en 101, l'un de ses proches « édita » une version définitive de son texte, ajoutant, afin de ne rien perdre, des bouts d'essais et variantes de discours trouvés dans ses papyrus. Telle est l'explication plausible de l'état actuel du document, très johannique, y compris dans ses doublons.

Aujourd'hui, les exégètes sont bien revenus des thèses outrancières d'un Bultmann soupçonnant les Evangiles d'être des créations littéraires des premières communautés chrétiennes. Ce sont des textes de foi, historiquement sûrs, portés par la tradition de la Grande Eglise. Celui de Jean nous présente la meilleure chronologie du ministère public de Jésus.

Voir : André ; Evangiles apocryphes ; Jean l'évangéliste ; Luc ; Marc ; Matthieu.

I

Femme adultère

Un épisode de l'Evangile de Jean est célèbre, celui de la femme adultère. Il a fait l'objet de dizaines de milliers de sermons, a inspiré des centaines de peintres, dont Lorenzo Lotto, le Titien, Valentin de Boulogne, Poussin ou Giandomenico Tiepolo…

La scène se passe à Jérusalem. Un jour que Jésus enseigne sur le parvis du Temple, il voit arriver des scribes et des pharisiens fort agités, traînant une jeune femme apeurée. On imagine la pauvre, hagarde, les vêtements en désordre, les cheveux défaits, le visage ravagé. « Maître, lui disent-ils, cette femme a été surprise en flagrant délit d'adultère. Or, dans la Loi, Moïse nous a commandé de lapider ces femmes-là. Toi donc, que dis-tu ? » C'est un piège redoutable dans lequel ses contradicteurs retors veulent l'enfermer. S'il approuve la lapidation, que reste-t-il du pardon des péchés qu'il proclame ? S'il prône la mansuétude, il s'oppose ouvertement à la loi de Moïse. De ce piège, ils ne peuvent sortir que vainqueurs.

On déduit de ce récit que la coupable était une femme mariée : une fiancée, en effet, convaincue d'avoir eu des relations sexuelles avec un autre que son promis, méritait la strangulation. Les Romains, qui s'étaient arrogé le droit de mise à mort, toléraient ce genre d'exception, afin de ne pas heurter la religion juive.

Or Jésus ne répond pas. Il se baisse, trace quelques lettres sur le sol. Ses interlocuteurs comprennent-ils qu'il accomplit là une parole de Dieu, selon le livre de Jérémie ? « Seigneur, espoir d'Israël, tous ceux qui t'abandonnent seront confondus, ceux qui se détournent de toi seront inscrits sur le sol, car ils t'ont abandonné, toi, la source des eaux vives. » Leurs noms sont donc écrits dans la poussière : ce sont eux qui seront condamnés à disparaître ! Qu'à cela ne tienne ! Ils pressent le rabbi galiléen de se prononcer. Jésus se redresse et leur dit : « Que celui d'entre vous qui est sans péché lui jette la première pierre ! » Et, de nouveau, il se courbe et se remet à écrire.

La scène est puissante. Les uns après les autres, tous se retirent, à commencer par les plus anciens. Ils reconnaissent dans leur for intérieur que leurs propres péchés leur interdisent de sévir. Resté seul avec l'accusée, Jésus se lève de nouveau et lui demande : « Femme, où sont-ils ? Personne ne t'a condamnée ? — Personne, Seigneur. » Jésus lui dit alors : « Moi non plus, je ne te condamne pas. Va et désormais ne pèche plus ! » (8, 11). Du seul fait d'utiliser l'expression solennelle de « femme », Jésus restaure dans sa dignité la pécheresse qui n'était plus qu'objet de dégoût. Il lui montre qu'il la considère, qu'il l'aime malgré sa faute – une faute considérée comme l'une des plus graves dans la société patriarcale juive du temps.

Au regard de l'exégèse, cet épisode a une curieuse histoire. Il n'appartient pas au fond primitif de l'Evangile de Jean, auquel il aurait été rattaché vers la fin du IIIe siècle. Il figure dans quelques manuscrits de Luc. Il manque dans les Papyrus 66 et 75, dans le Codex *Sinaïticus*, le Codex *Vaticanus*, le Codex *Borgianus*, le Codex *Washingtonianus*, le Codex *Monacensi* ou le Codex *Sangallenis*. L'épisode est très certainement historique. Mais, à ses débuts, l'Eglise, qui prononçait l'excommunication des baptisés coupables d'adultère, l'a écarté, censuré pourrait-on dire, par crainte de voir les fidèles s'accommoder un peu trop facilement de l'indulgence du divin Maître.

La finale pourtant est importante. Jésus ne nie pas le péché. C'est même lui qui a durci les règles de l'indissolubilité du mariage par rapport à l'enseignement de Moïse. Mais il appelle à la conversion par la miséricorde. La compassion chez lui n'est pas la négation du mal ni l'accommodement complice ou le relativisme moral. Elle n'a rien à voir avec la tolérance molle de nos sociétés modernes qui, au nom de la réparation des souffrances psychologiques, édulcore l'exigence de conversion. Elle est un dépassement dans l'amour. « Va et ne pèche plus ! » La femme adultère devra renoncer à sa vie dissolue, faire l'effort de revenir sur le sentier de la fidélité conjugale, qui était dans l'Israël ancien le reflet de la fidélité de l'homme à Dieu. Il en va de même encore aujourd'hui du mariage chrétien.

Voir : Enseignement de Jésus.

Femmes (Jésus et les)

Jésus, assurément, n'était pas misogyne. Un groupe de « saintes femmes » l'accompagnait avec les douze apôtres sur les routes de Galilée. Elles s'occupaient de la subsistance et de l'intendance, assistaient financièrement les hommes de leurs biens. Parmi elles, Marie de Magdala, Salomé, femme de Zébédée, le patron pêcheur de Capharnaüm, une certaine Suzanne, citée par Luc, dont on ne sait rien, et Jeanne, l'épouse de Chouza, l'intendant d'Hérode Antipas. Cette dernière fut probablement l'informatrice de Luc lorsqu'il évoque la comparution de Jésus devant le tétrarque galiléen (il est le seul à le faire). Chouza, sans doute présent à l'interrogatoire, avait dû renseigner son épouse.

En tout cas, le groupe des femmes était venu à Jérusalem pour la dernière Pâque. Plus courageuses que les hommes, qui tous s'étaient enfuis, elles assistèrent à sa crucifixion, certaines de loin, d'autres au pied de la croix, avec Jean l'évangéliste, le disciple secret de Jésus. Le lendemain de la Pâque, de bon matin, Marie de Magdala se rendit au tombeau accompagnée de Jeanne et de Marie, mère de Jacques et Joseph, et découvrit l'incompréhensible disparition du corps. C'est à elle que Jésus apparut en premier.

Le comportement de Jésus montre sa totale liberté par rapport aux mœurs patriarcales et aux préjugés de son temps. Ainsi admet-il la pleine égalité des femmes devant Dieu. Ce ne sont pas de simples servantes. A Béthanie, Marthe, sœur de Lazare, qui prépare le repas, se plaint de sa sœur qui passe son temps à l'écouter : « Seigneur, cela ne te fait rien que ma sœur m'ait laissée seule à faire le service ? Dis-lui donc de m'aider. » Il lui répond : « Marthe, Marthe, tu t'inquiètes et t'agites pour bien des choses. Une seule est nécessaire. C'est bien Marie qui a choisi la meilleure part, elle ne lui sera pas enlevée » (Luc 10, 38-42).

A propos de la pécheresse qui, chez Simon, répand un coûteux parfum sur ses pieds et les lui essuie de sa chevelure, les yeux baignés de larmes (il s'agit, si l'on se rapporte à l'Evangile de Jean, de Marie de Béthanie et non de Marie-Madeleine), Jésus, rempli de compassion, dira : « A ceux qui ont beaucoup aimé, il sera beaucoup pardonné » (Luc 7, 47). Etonnante liberté encore face à la femme adultère, condamnée à être lapidée : « Que celui qui n'a point péché lui jette la première pierre... » Et tous les censeurs prêts au meurtre collectif de s'éloigner piteusement. Il se laisse toucher par la détresse des femmes : l'hémorroïsse qui saisit le bas de son manteau et qu'il guérit, la Syro-Phénicienne qui le supplie de sauver son enfant, la pécheresse samaritaine, avec laquelle il a un long échange seul à seule, au puits de Jacob, à l'étonnement réprobateur des disciples…

La légende malveillante selon laquelle, lors du second concile de Mâcon (VIe siècle), on discuta de savoir si les femmes avaient une âme est une pure ânerie. Dès les débuts, s'appuyant sur le comportement de Jésus, saint Paul dira : « Il n'y a pas de juifs ni de grec, il n'y a pas d'esclave ni d'homme libre, il n'y a pas d'homme *et de femme*, car tous vous êtes un dans le Christ Jésus » (Galates 3, 28). Sitôt après la Résurrection, les femmes eurent accès à l'eucharistie. Elles seront élevées sur les autels, avec Marie, mère de Jésus, figure essentielle de la féminité et de la maternité, avec les martyres, telles Agnès de Rome, Agathe de Catane ou Blandine de Lyon. Quatre seront même reconnues, en raison de la sûreté de leur doctrine, docteurs de l'Eglise : Hildegarde de Bingen, Catherine de Sienne, Thérèse d'Avila et Thérèse de Lisieux.

Reste la question du sacerdoce. S'appuyant sur la liberté de Jésus en son temps, les théologiens considèrent qu'on ne peut relativiser ses paroles, prétendre que, ayant été dites dans un contexte donné, elles ne s'appliqueraient plus aujourd'hui. C'est l'un des arguments de l'Eglise romaine pour rejeter l'ordination des femmes : un principe réaffirmé à plusieurs reprises au XXe siècle, notamment par une déclaration de la Congrégation pour la doctrine de la foi en 1976, par la lettre *Ordinatio Sacerdotalis* de Jean-Paul II du 22 mai 1994 et le *motu proprio Ad Tuendam Fidem* du 18 mai 1998 « sur les vérités tranchées de manière définitive » (ce qui équivaut, dans les faits, à une déclaration infaillible, sans que le mot ait été prononcé, afin de ne pas heurter les autres communautés chrétiennes). Ce principe fait partie du « dépôt de la foi », comme une vérité issue des Ecritures saintes. A noter qu'il n'en va pas de même du célibat des prêtres, simple discipline ecclésiastique, de tradition dans l'Eglise d'Occident. On sait quels troubles de conscience l'ordination de femmes à la prêtrise puis à l'épiscopat par la Communion anglicane ont suscité parmi les membres de cette confession, trois évêques et près de cent vingt prêtres rejoignant à la suite de cette décision l'Eglise catholique, en vertu des « ordinariats personnels » créés par Benoît XVI.

Pour la théologie catholique, en effet, le prêtre, en tant que sacrificateur, tient le rôle même du Christ. Il agit non pas « en son nom », ce qui pourrait autoriser le sacerdoce féminin, mais « à sa place ». Or l'incarnation du Verbe de Dieu s'est faite selon le sexe masculin. « Le Seigneur Jésus a choisi des hommes pour former le collège des douze apôtres, et les apôtres ont fait de même lorsqu'ils ont choisi les collaborateurs qui leur succéderaient dans leur tâche. Le collège des évêques, avec qui les prêtres sont unis dans le sacerdoce, rend présent et actualise jusqu'au retour du Christ le collège des douze. L'Eglise se reconnaît liée par ce choix du Seigneur lui-même. C'est pourquoi l'ordination des femmes n'est pas possible » (*Catéchisme de l'Eglise catholique*). L'archevêque de Malines-Bruxelles, Mgr Léonard, expliquait ainsi cette position, appelée à ne pas fluctuer en fonction des modes intellectuelles : « Si donc l'Eglise n'ordonne pas des femmes prêtres, ce n'est évidemment pas que les femmes auraient moins de générosité, d'intelligence ou de compétence, ce qui serait une contre-vérité manifeste ; c'est simplement parce que la femme ne peut se tenir symboliquement dans le rôle de l'époux et du père. » L'égalité des sexes ne se comprend que dans leur complémentarité et non dans leur interchangeabilité.

Frères et sœurs de Jésus

C'est aujourd'hui « très tendance » chez les exégètes protestants et chez certains catholiques d'assurer que Jésus n'était pas le fils unique de Marie et que ce fait n'avait d'ailleurs aucune incidence sur la foi chrétienne, puisqu'il n'allait pas à l'encontre de sa conception virginale. Marie, après la naissance miraculeuse de son premier enfant, aurait donc eu avec Joseph, son époux, une vie de couple normal, dont auraient été issus d'autres enfants, des garçons – Jacques, Joseph, Simon (ou Siméon) et Jude – et des filles, en nombre inconnu ! Quoi de plus naturel ? Mère de famille nombreuse, elle ne pourrait plus être appelée « Marie toujours Vierge ». Aucune importance ! Sa « virginité réelle et perpétuelle », encore affirmée par le *Catéchisme de l'Eglise catholique*, ne serait qu'une aimable plaisanterie qu'il faudrait envoyer promener. Il aura donc fallu attendre 2 000 ans pour révéler ce « lourd secret », soigneusement dissimulé, comme il se doit, par le Vatican !

On l'aura compris, de mon point de vue, cette théorie ne tient pas. Trois arguments principaux sous-tendent la position des novateurs. D'abord, le mot grec *adelphos*, utilisé dans les Evangiles pour qualifier Jacques, Joseph, Simon et Jude, désigne des frères de même sang. Cela est incontestable. Il existe un autre mot dans la langue grecque pour cousin : *anepsios*. Il n'est pas employé. Le contexte de certains épisodes semble confirmer le sens de cette lecture. Ainsi, lorsque, selon Matthieu, la mère et les frères de Jésus viennent le chercher à Capharnaüm pour le ramener à Nazareth, « quelqu'un lui dit : "Voici que ta mère et tes frères se tiennent dehors, cherchant à te parler." Répondant, il dit à celui qui lui parlait : "Qui est ma mère, et qui sont mes frères ? Et, étendant la main vers ses disciples, il dit : Voici ma mère et mes frères ! Car quiconque fait la volonté de mon Père qui est dans les cieux, c'est lui qui est mon frère, et ma sœur, et ma mère" » (12, 46-50).

Le deuxième argument repose sur un rapprochement entre les Evangiles : celui de Jean nous montre Marie, mère de Jésus, au pied de la croix en compagnie du disciple bien-aimé. Ceux de Matthieu et de Luc mentionnent quant à eux la présence au calvaire d'une « Marie, mère de Jacques et de Joseph » (« de Jacques le Petit et de Joset », selon Marc). Cette dernière, par conséquent, serait-elle la même ?

Dernier argument : Luc dans son Evangile écrit que Marie « enfanta son fils premier-né », ce qui prouverait qu'elle en avait eu d'autres par la suite.

Laissons de côté les enseignements doctrinaux de l'Eglise sur Marie (y compris la définition dogmatique et solennelle de l'Assomption en 1950, où il est question de « l'immaculée mère de Dieu, Marie toujours vierge »), ignorons même le manuscrit essénien découvert à Jérusalem en 1967 faisant état de la possibilité d'un vœu de « virginité perpétuelle » à l'intérieur du mariage juif. Tenons-nous-en au seul niveau de l'enquête scripturaire.

En hébreu ou en araméen, le mot *'ah* ou *hâ* signifie indifféremment un frère de sang, un demi-frère, un neveu ou un cousin. On le voit dans le livre de la Genèse, avec les patriarches Abraham et Jacob, dans le Lévitique ou le premier livre des Chroniques. Il en va de même du livre de Tobie, d'abord rédigé en araméen (on le sait aujourd'hui par un texte retrouvé à Qumrân), dont le mot unique *hâ* (frère ou cousin) a été traduit en grec indifféremment par *adelphos* (frère) et *anepsios* (cousin). Or on sait que les Evangiles, écrits en grec, sont imprégnés d'un fort substrat araméen. « Frères de Jésus » signifie, comme l'avait déjà observé saint Jérôme, de simples cousins à la mode orientale. Paul, dans ses Epîtres, a repris la même dénomination. Cette notion de fratrie, largement répandue dans le monde sémitique, s'étendait aux membres d'une famille au sens large. On retrouve la même conception de nos jours dans les villages africains, où tous sont « frères ». Dans la petite communauté de Nazareth, fondée par le clan des Nazôréens, Jésus avait ainsi des « frères » et des « sœurs » en grand nombre.

Passons au deuxième argument. Il est aisé de constater qu'à aucun moment, dans les textes du Nouveau Testament, Marie « mère de Jacques et de Joseph » n'est présentée comme la mère de Jésus. Et les « frères » de Jésus ne sont jamais non plus appelés « fils de Marie, mère de Jésus ». Jean dans son Evangile nous présente au pied de la croix non seulement Marie, mère de Jésus, mais une autre Marie, sa belle-sœur, « Marie de Clopas », autrement dit la femme de Clopas, ce dernier étant selon Hégésippe (un juif hellénisé du IIe siècle, particulièrement bien renseigné sur la famille de Jésus) le frère de Joseph, père adoptif de Jésus. Est-ce cette femme qui serait la mère de Jacques, de

Joseph, de Jude ou de Siméon ? Notons aussi que ce même Jacques, qui deviendra le premier évêque de Jérusalem, et qu'on présente souvent comme le « frère de Jésus » ou le « frère du Seigneur », ne s'est pas revendiqué comme tel dans son Epître, mais comme « Jacques, serviteur de Dieu et du Seigneur Jésus-Christ ».

Reste l'argument tiré de Luc qui nous dit à propos de Jésus : « Marie enfanta son fils premier-né », ce qui suppose des naissances postérieures. Cet argument s'effondre si l'on sait que chez les juifs le terme juridique de « premier-né » visait uniquement la consécration spéciale à Dieu du premier enfant demandée par le livre des Nombres : « Tu feras racheter le premier-né de l'homme et tu feras racheter les premiers-nés des animaux impurs… » (18, 15-16). Le premier-né n'avait pas obligatoirement des frères. Ainsi, on a découvert dans la nécropole égyptienne de Léontopolis, au sud du delta du Nil, sur la tombe d'une femme juive nommée Arsinoé morte en couches en l'an 5 de notre ère, cette épitaphe en grec : « Dans les douleurs de l'enfantement de mon premier-né, le sort me conduit au terme de la vie. » La pauvre femme a bien eu un « premier-né », mais elle n'en a pas eu de second…

J'ajouterai enfin un argument de poids. Jésus sur la croix a dit à sa mère, en parlant de Jean, le disciple bienaimé : « Voici ton fils », puis, en s'adressant à celui-ci : « Voici ta mère. » « Et dès cette heure, poursuit le quatrième Evangile, le disciple la prit chez lui. » Or, si l'on considère le contexte culturel du judaïsme de ce temps, ces paroles et cette manière d'agir de Jean seraient incompréhensibles si Marie avait eu d'autres enfants. Obligation leur aurait été faite de s'occuper de leur mère, et celle-ci aurait eu interdiction d'abandonner la maison des siens à Nazareth pour aller vivre chez quelqu'un d'autre à Jérusalem.

Je ne peux omettre ici la tradition des églises grecque, syrienne et copte, qui ferait des « frères » et « sœurs » de Jésus des « demi-frères » et des « demi-sœurs », nés d'un premier mariage de Joseph. Elle trouve sa première expression dans le *Protévangile de Jacques* (un apocryphe du IIe siècle) et chez Epiphane de Salamine, un père de l'Eglise du IVe siècle.

Personnellement, je ne crois guère à cette thèse qui visiblement cherche à préserver la virginité perpétuelle de Marie en faisant de Joseph un vieil homme qui aurait été déjà marié. Elle n'a aucun fondement scripturaire ni aucune base historique. Jamais les Evangiles n'ont fait allusion à d'autres « fils de Joseph » ni utilisé à leur égard le terme grec de *homopatôr* (demi-frère par le père). S'il en avait été ainsi, comment Jésus aurait-il pu être considéré comme l'héritier davidique ?

D'ailleurs, pourquoi faire fi de siècles de tradition établie sur un sujet qui ne manque pas d'importance ? Les Evangiles sont nés en Eglise et ont été portés par l'Eglise. Or celle-ci, à l'encontre d'une interprétation d'un obscur Helvidius au IVe siècle de notre ère, a constamment enseigné que Jésus n'avait eu ni frères ni sœurs selon la chair, et que ceux qui étaient ainsi nommés dans les Evangiles étaient ses cousins. Elle n'a jamais considéré qu'il y avait une contradiction au niveau des textes. Même les grands réformateurs protestants, Luther, Zwingli et Calvin, n'ont jamais remis en cause la virginité perpétuelle de Marie : il leur eût été pourtant si simple, dans leur volonté de réinterpréter les Ecritures, de « découvrir » que Jésus avait eu des « frères » et des « sœurs » !

Bref, il ne faudrait pas nous prendre tous pour des « enfants de Marie » !

Voir : Marie, mère de Jésus ; Marie de Clopas ; Nazôréens.

Fuite en Egypte

Contemplant dans le ciel, dont le bleu tendait vers la nuit, l'envoûtant spectacle des pyramides du plateau de Gizeh, je songeais, au milieu des centaines de touristes qui regagnaient lentement leurs cars dans la poussière du chemin, non au fameux discours de Bonaparte lors de sa campagne d'Egypte, mais au destin de la Sainte Famille, qui, à en croire le premier Evangile, passa quelques années dans ce pays. Joseph, Marie et Jésus ont-ils vu ce lieu emblématique ? On ne le saura sans doute jamais.

Que nous dit Matthieu en effet, le seul à parler de ce séjour ? A Bethléem, après le départ des mages, l'ange du Seigneur apparut à Joseph et lui dit : « Lève-toi, prends avec toi l'enfant et sa mère, et fuis en Egypte ; restes-y jusqu'à ce que je te le dise. Car Hérode va rechercher l'enfant pour le faire périr. » Joseph, poursuit Matthieu, « se leva, prit avec lui l'enfant et sa mère, de nuit, et se retira en Egypte ; et il resta là jusqu'à la mort d'Hérode, pour que s'accomplît cet oracle prophétique du Seigneur : "D'Egypte j'ai appelé mon fils" » (2, 13-15).

Certains exégètes ont soutenu que cet épisode un peu folklorique était pure invention de l'évangéliste, à seule fin de caser la citation ci-dessus du prophète Osée (11, 1). Jamais Jésus n'aurait quitté la Palestine. Je trouve cet argument spécieux. Le séjour de la Sainte Famille en terre d'Egypte paraît plausible pour au moins deux raisons. D'abord, parce que la phrase d'Osée n'est pas fondamentale dans l'annonce de la Bonne Nouvelle. Pourquoi imaginer un long voyage de l'Enfant-Jésus et de ses parents à l'étranger dans le seul but de justifier pareille parole d'accomplissement ? C'est mal comprendre comment scripturairement fonctionnent les Evangiles. Dans la pensée juive, l'Ecriture sainte est un jeu de correspondances, avec de constants va-et-vient dans le temps. On est convaincu que le passé éclaire le présent. Mais le présent existe bel et bien. Il n'est pas une construction fantomatique édifiée avec les briques du passé.

L'autre argument tient à la précision historique avec laquelle Matthieu situe le séjour des trois fugitifs et leur retour en Terre sainte. Après le trépas d'Hérode le Grand, explique-t-il, Joseph eut un nouveau songe, au cours duquel l'ange du Seigneur lui dit : « Lève-toi, prends avec toi l'enfant et sa mère, et mets-toi en route pour la terre d'Israël ; car ils sont morts ceux qui en voulaient à la vie de l'enfant. » Joseph se leva donc, prit l'enfant et sa mère et rentra au pays d'Israël. « Mais, apprenant qu'Archélaüs régnait sur la Judée à la place d'Hérode son père, il craignit de s'y rendre ; averti en songe, il se retira dans la région de Galilée et vint s'établir dans une ville appelée Nazareth… » (2, 19-23).

Sur ce dernier point, notons que l'évangéliste est mal renseigné : Nazareth était le village de Joseph et de Marie avant leur départ pour l'Egypte. Plus intéressant en revanche est le contexte politique. Nous sommes en l'an 4 avant notre ère. A la mort de son père, Archélaüs hérita effectivement de la Judée, de la Samarie et de l'Idumée, avec le titre d'ethnarque. Ce tyran cruel et brutal, incapable de maintenir l'ordre, sera déposé en l'an 6 de notre ère par l'empereur Auguste. C'est à partir de cette date qu'un préfet romain fut désigné pour gouverner cette partie de l'ancien royaume hérodien. Il était donc logique pour la Sainte Famille de se détourner de Jérusalem et de regagner son village de Nazareth, sous la juridiction d'un prince, Hérode Antipas, inquiétant sans doute, mais beaucoup moins dangereux que son frère. Le papyrus du Fayoum en copte ancien, datant du IVe siècle, fixe la durée totale du séjour de la Sainte Famille à trois ans et onze mois. Précision surprenante, mais qui n'est pas invraisemblable.

La tradition orientale nous représente Joseph marchant à pied et tenant les brides de l'âne sur lequel Marie, avec l'Enfant-Jésus dans ses bras, était montée. Tous trois traversèrent ainsi à l'aller puis au retour le désert du Sinaï, à la recherche d'un point d'eau et d'un gîte pour la nuit à l'abri des bêtes féroces. Admettons. Faut-il s'aventurer plus avant dans les légendes rapportées au IVe siècle par les *Mémoires* de Théophile, 23e pape de l'Eglise d'Alexandrie, ou dans les traditions locales véhiculées par la vénérable Eglise copte ?

En passant à Tell Basta (Bubaste), près de Zagazig, dans le delta du Nil, l'Enfant-Jésus a-t-il fait jaillir une source ? Le village d'El-Mahama (« le bain »), autrement dit Mostorod, à environ dix kilomètres du Caire, tire-t-il son nom du fait que la Vierge Marie y aurait baigné l'enfant et changé son linge ? Remontant vers le nord, la Sainte Famille s'est-elle abritée sous un arbre de Belbeis, dans le gouvernorat de Ach-Charqiya, connu sous le nom d'« arbre de la Vierge » ? A Sakha, dans le delta du Nil, le petit Jésus a-t-il laissé son empreinte sur une pierre, longtemps cachée et retrouvée en 1986 ? La Sainte Famille s'est-elle arrêtée à Zeitoun pour s'y reposer, avant de se rendre au Caire ? S'est-elle réfugiée dans la grotte située sous l'église Saint-Serge, dans le Vieux-Caire, haut lieu de pèlerinage de nos jours ? Est-elle passée dans la multitude des endroits où s'élèvent aujourd'hui des églises : Sainte-Barbara, de la Vierge, Saint-Georges, Saint-Jean, Saint-Marcorius dit Abou Séfein, etc. ? A Maadi, près de Memphis, a-t-elle descendu l'escalier de pierre menant au rivage du Nil, que l'on montre toujours ? A Gadhar El-Teir, plus au sud, l'Enfant-Jésus a-t-il arrêté de sa divine main un gros rocher qui allait s'abattre sur lui et ses parents ? L'autel de pierre de l'ancienne église de la Vierge que l'on peut voir au monastère de Deir El-Moharraq, près des ruines de Gabal Quoskam, à 300 kilomètres au sud du Caire, lui a-t-il vraiment servi de lit, comme l'affirme le moine servant de guide ?

Répondre par l'affirmative à toutes ces questions reviendrait, on s'en doute, à confondre joyeusement piétés populaires, souvenirs historiques et circuits touristiques…

Voir : Bethléem ; Mages ; Marie, mère de Jésus ; Sepphoris.

G

Gethsémani

C'est le nom que porte le jardin des Oliviers, au nord-est de Jérusalem, à proximité de la vallée du Cédron. Du temps de Jésus, c'était une propriété privée, close probablement d'un muret de pierres sèches, qui abritait une petite exploitation agricole fabriquant de l'huile d'olive. En araméen, *Gat Shemanî* signifie « pressoir à huile ». C'est là que Jésus et ses disciples avaient l'habitude de passer la nuit, lorsqu'ils se rendaient à Jérusalem, afin d'éviter de se trouver à l'intérieur des murailles. A qui appartenaient ce jardin et ce pressoir à huile ? Peut-être à Jean l'évangéliste, ce *Presbytèros Joannes*, membre du haut sacerdoce du Temple, qui avait reçu chez lui pour son dernier repas Jésus, ses apôtres et ses disciples.

Ne cédons pas à l'illusion. Les oliviers chenus et séculaires, aux troncs contorsionnés et aux écorces crevassées, que l'on voit près de la basilique de l'Agonie (encore appelée église de Toutes-les-Nations) n'ont pas été les témoins de la prière d'agonie de Jésus, mais peut-être sont-ils les rejetons de ceux qui existaient alors, car on sait que l'olivier renaît souvent de sa souche. Une étude scientifique publiée en 2012 donne l'âge de neuf siècles aux huit plus anciens, ce qui nous mène à l'époque des croisades. Tous viennent d'un même plant, comme si, lors du réaménagement du jardin à cette époque, on avait voulu prolonger la vie d'un arbre particulièrement vénéré…

Non loin de là, en contrebas, près du tombeau où Jean, le disciple bien-aimé, a fait déposer le corps de la Vierge, se trouve une caverne naturelle qui passe pour avoir été la grotte de l'arrestation. Est-ce là que Jésus, le jeudi saint, a imploré son Père, afin qu'il lui épargnât le martyre, si telle était sa volonté ? A moins que ce ne soit, selon une autre tradition, le rocher placé devant le maître-autel de la basilique de l'Agonie ?

L'épisode en tout cas a inspiré des peintres et des écrivains, notamment Blaise Pascal, qui en profitera pour énoncer un bel acte de foi dans *Le Mystère de Jésus*, alors que le hautain Alfred de Vigny, dans son poème « Le mont des Oliviers », projette ses angoisses métaphysiques et façonne un Jésus romantique et désespéré, empli de doutes :

> […] *Il regarde longtemps, longtemps il cherche sans voir.*
> *Comme un marbre de deuil tout le ciel était noir.*
> *La terre sans clartés, sans astre et sans aurore,*
> *Et sans clartés de l'âme ainsi qu'elle est encore,*
> *Frémissait. – Dans le bois il entendit des pas,*
> *Et puis il vit rôder la torche de Judas…*

Mais laissons le poète à ses états d'âme. Suivons plutôt le récit des synoptiques*. Selon Matthieu et Marc, Jésus prend avec lui le petit groupe privilégié des apôtres,

Pierre, Jacques et Jean, fils de Zébédée, qu'il a arrachés à leurs filets, les mêmes que lors de la scène de la Transfiguration. Il va prier. Soudain, il ressent de la tristesse et de l'anxiété. « Mon âme, leur dit-il, est triste à en mourir, demeurez ici et veillez avec moi ! » Puis il s'éloigne, tombe face contre terre et se met à supplier : « Mon Père, s'il est possible, que passe loin de moi cette coupe ! Cependant, non comme moi je veux, mais comme toi tu veux. » Revenant sur ses pas, il trouve ses trois disciples ensommeillés. A Pierre, il reproche de ne pas avoir pu veiller une heure avec lui. « Veillez et priez pour ne pas entrer en tentation, l'esprit est ardent, mais la chair est faible. » De nouveau, il s'éloigne. « Mon Père, si cette coupe ne peut passer sans que je la boive, que ta volonté soit faite ! » A son retour, les disciples dorment encore ! Il s'éloigne une troisième fois, prononce les mêmes paroles, puis rejoint Pierre, Jacques et Jean, à qui il dit : « Voici qu'est toute proche l'heure où le Fils de l'Homme va être livré aux mains des pécheurs. Levez-vous ! Partons ! » (Matthieu 26, 37-46). Plus courte, la relation de Luc donne l'impression que tous les apôtres, et pas seulement les trois, l'ont accompagné.

La scène de Gethsémani est l'un des moments les plus poignants de la vie de Jésus, celui où, par opposition à la Transfiguration, il révèle la fragilité de sa nature humaine. Il a vu ou entrevu l'atroce façon dont il allait mourir, il a compris le terrible combat dont dépendait le destin du monde. Comment tout son être de chair n'aurait-il pas été saisi d'angoisse ? Ah, si ce calice pouvait s'éloigner de lui ! S'il était délivré d'une telle mort par son Père qui peut tout ! Mais sa prière éplorée lui fait comprendre qu'il doit s'effacer devant sa volonté.

Les théologiens ont beaucoup discuté de ce cas dans les premiers siècles. En 681, le troisième concile œcuménique de Constantinople affirma qu'en Jésus résidaient deux volontés « non pas opposées l'une à l'autre, mais une volonté humaine subordonnée à la volonté divine ». « Nous avons été sauvés, disait saint Maxime le Confesseur, par la volonté humaine d'une personne divine. »

Mais que s'est-il réellement passé à Gethsémani ? Il n'est pas simple de le dire. Le récit des synoptiques est une construction élaborée à partir de diverses pièces prises hors de leur contexte, comme l'a montré le P. Feuillet[1]. Une objection matérielle surgit. Comment Matthieu, Marc et Luc ont-ils pu rapporter les paroles de Jésus, alors que les apôtres, éloignés de lui « d'un jet de pierre » (Luc), dormaient et que l'intéressé n'a rien pu leur raconter puisqu'il fut arrêté immédiatement après ?

Si l'on en croit l'Evangile de Jean, l'enchaînement des faits aurait été différent. Ce serait aussitôt après les Rameaux, juste avant l'entrée de Jésus à Jérusalem,

1. André Feuillet, *L'Agonie de Gethsémani. Enquête exégétique*, Paris, Gabalda, 1977.

qu'aurait eu lieu la scène de Gethsémani et non après le dernier repas. Tous les disciples purent entendre la prière du Maître. « Maintenant, mon âme est toute troublée. Et que dire ? Père, sauve-moi de cette heure ! Mais voilà pourquoi je suis venu à cette heure-ci. Père, glorifie ton Nom » (12, 27-28). Jean, dont la perspective théologique est d'insister sur la montée progressive de Jésus vers la croix glorieuse, ne fait qu'esquisser discrètement la scène, mais, comme le dit Benoît XVI, c'est bien là « la version johannique du récit du mont des Oliviers[1] ». Celle-ci s'accompagne d'une manifestation du réconfort divin (qui rend difficilement compréhensible une rechute le jeudi soir). Du ciel se fait entendre une voix : « Je l'ai glorifié et de nouveau je le glorifierai. » La foule des disciples qui se tenait là croit entendre un coup de tonnerre. « C'est un ange qui lui a parlé », s'exclament certains. Mais Jésus leur répond : « Ce n'est pas pour moi que cette voix est advenue, mais pour vous. C'est maintenant le jugement de ce monde ; c'est maintenant que le Chef de ce monde va être jeté dehors. Et moi, une fois élevé de terre, j'attirerai tous les hommes vers moi. » Et l'évangéliste d'expliquer : « Il disait cela pour signifier par quel genre de mort il devrait mourir » (12, 29-33). Jean a peut-être raison quant à la chronologie, mais il a volontairement gommé l'angoisse et la tentation de Jésus, que n'occulte pas un autre texte du Nouveau Testament, l'Epître aux Hébreux : « C'est lui qui, aux jours de sa vie de chair, offrit des prières et des supplications *avec un cri puissant et des larmes* à Celui qui pouvait le sauver de la mort ; et il fut exaucé en raison

1. Joseph Ratzinger/Benoît XVI, *Jésus de Nazareth*, t. II, Monaco, Le Rocher, 2011, p. 95.

de sa piété » (5, 7). Le sombre Vigny n'a pas été jusqu'au bout de sa lecture du Nouveau Testament !

Luc, qui était médecin, rapporte que des gouttes de sueur tombaient « comme des caillots de sang ». Certains de ses confrères modernes ont pensé qu'il s'agissait d'une hématidrose, un phénomène très rare consistant en une exsudation de sang au passage de l'hémoglobine dans la sueur, mais cela paraît peu probable. L'évangéliste dit seulement que sa sueur tombait à grosses gouttes comme des caillots de sang.

Quoi qu'il en soit, c'est à Gethsémani, au soir du jeudi saint, après le dernier repas que Judas et Jonathan, chef de la garde du Temple, se saisissent de Jésus et l'emmènent, mains liées, chez le grand prêtre honoraire Hanne. Le Christ entre alors dans la grande épreuve, celle de l'agonie et du combat contre le Mal et contre la mort, dont il triomphera.

« Il n'y a jamais eu qu'un seul matin, dit Blanche de La Force dans le *Dialogue des Carmélites* : celui de Pâques. Mais chaque nuit où l'on entre est celle de la Très Sainte Agonie… » J'aime cette réflexion sur le mystère de la souffrance et l'angoisse que l'homme, face à Dieu, est appelé à dépasser, tout comme cette autre, mise en exergue par Bernanos à cette seule œuvre théâtrale : « En un sens, voyez-vous, la Peur est tout de même la fille de Dieu, rachetée la nuit du Vendredi Saint. Elle n'est pas belle à voir – non ! –, tantôt raillée, tantôt maudite, renoncée par tous. Et cependant, ne vous y trompez pas : elle est au chevet de chaque agonie, elle intercède pour l'homme. »

Hérode le Grand

Comme beaucoup, je suis partagé entre répulsion et admiration pour le personnage. Dans la longue série des tyrans paranoïaques qui jalonnent l'Histoire, Hérode le Grand – ce roi de Judée sous le règne duquel naquit Jésus – occupe un rang très appréciable… Sa folie meurtrière, alimentée par les incessants soupçons de complot, ne fera que s'amplifier au long de son règne. En même temps, ce fut peut-être le plus prodigieux bâtisseur de l'Antiquité, un homme hors du commun, dont le génie architectural, à la mesure de sa folie des grandeurs, a transformé les paysages d'Israël.

Il était le fils d'Antipater, principal conseiller du roi hasmonéen Hyrcan II, mais aussi l'ami de Jules César, qui l'avait nommé gouverneur plénipotentiaire de Judée. En 47 avant J.-C., Hérode reçut du même César l'administration de la Galilée, dont il devint tétrarque (titre inférieur à celui de roi) six ans plus tard, à la mort de son père. Au cours d'un déplacement à Rome en 39 avant J.-C., l'habile vassal, appuyé par Marc Antoine et Octave, reçut l'autorisation d'entreprendre la conquête militaire de la région, avant de se faire nommer roi de Judée par le Sénat. C'était un guerrier courageux, doublé d'un habile diplomate. En 38 avant J.-C., Jérusalem, dernière poche de résistance tenue par un roitelet à la solde des Parthes, tomba sous sa coupe. Après la victoire d'Actium, Auguste accrut son territoire en lui confiant Jéricho ainsi que les villes côtières, de sorte que son royaume s'étendait sur ce qu'on appellera plus tard la Palestine. Frayant constamment son chemin à coups de pots-de-vin, il arrondit encore sa pelote en obtenant des autorités romaines les vastes régions au sud de la Syrie : la Gaulanitide (le Golan actuel), l'Iturée, la Batanée, la Trachonitide et l'Auranitide.

J'ai eu la chance de visiter en 2013, à Jérusalem, la remarquable exposition que lui a consacrée le Musée d'Israël. Faisant vibrer la fierté nationale, elle mettait l'accent sur le caractère visionnaire de ce prodigieux bâtisseur et sur l'architecture monumentale qu'il a imaginée et fait surgir de terre. Sa première réalisation fut la forteresse de Massada, édifiée sur un plateau rocheux surplombant la mer Morte de 450 mètres. S'intégrant dans cet impressionnant système défensif qui fut pris en avril 73 de notre ère par les Romains, Hérode avait construit, tel un nid d'aigle, un luxueux palais suspendu, doté de thermes. On y accède aujourd'hui en téléphérique.

Puis il commença les travaux de l'Hérodion, une citadelle doublée elle aussi d'un palais, sur une colline surélevée à 12 kilomètres de Jérusalem. Les archéologues, qui ont exploré ce site entre 1972 et 2007 et qui ont découvert sa sépulture, ont été frappés par la richesse de ce lieu, planté en sentinelle à l'orée du désert, agrémenté d'un complexe thermal raffiné et de somptueux jardins décorés de statues et de fresques. En tout, pas moins de onze forteresses furent érigées sous son règne, dont celle de l'Alexandrion, à une trentaine de kilomètres de Jéricho, et de Machéronte, en Pérée, à l'est de la mer Morte, où fut exécuté plus tard Jean le Baptiste. S'ajoutent à cette œuvre un palais à Jéricho et des villes entières construites ou reconstruites, Sébaste, Antipatris et surtout Césarée maritime, chef-d'œuvre d'ingénierie et premier port artificiel jamais édifié en eaux profondes.

Flavius Josèphe, grand historien de l'Antiquité, le considère comme l'homme qui a trahi le peuple juif en voulant lui imposer la culture et les mœurs hellénistiques. Son dernier biographe, Christian-Georges Schwentzel, nuance fortement le propos. Hérode fut plus respectueux qu'on ne le pense des usages de la religion juive[1]. Ce fut un tyran, mais « un tyran juif ».

Fils d'un père non juif, venant des steppes du Sud, l'Idumée, et d'une mère nabatéenne arabe de Transjordanie, Hérode, même circoncis, était contesté par les élites religieuses de son royaume. Pour s'assurer la loyauté de son peuple, flatter son orgueil, il se lança dans l'embellissement de sa capitale, Jérusalem : il reconstruisit et agrandit ainsi le bassin de Siloé (Silwan), au sud de la Cité de David, qui servait pour les bains rituels des pèlerins et la cérémonie de l'eau au dernier jour de Soukkot, la fête des Tentes. C'est dans cette piscine que Jésus envoya se laver l'aveugle-né qu'il avait guéri aux abords du Temple. Une partie de cette piscine a été dégagée en octobre 2004, avec

---

1. Christian-Georges Schwentzel, *Hérode le Grand. Juifs et Romains. Salomé et Jean-Baptiste, Titus et Bérénice*, Paris, Pygmalion, 2011.

ses trois séries de marches en pierre qui en permettaient l'accès. Jusque-là on confondait le site avec le débouché voisin de l'aqueduc souterrain amenant l'eau de la source du Gihon, construit par Ezéchias, roi de Juda, aux alentours de l'an 700 avant J.-C.

Pour améliorer l'approvisionnement de la ville en eau, on doit également au grand Hérode l'« aqueduc supérieur », partant des vasques de Salomon près de Bethléem, qui cheminait sur 15 kilomètres et dont ne restent aujourd'hui que de maigres vestiges.

Naturellement, la réalisation la plus extraordinaire reste la reconstruction du temple de Salomon, qui rassembla toutes les prouesses architecturales du temps. Juché sur une immense plate-forme artificielle cinq fois plus vaste que l'Acropole, qu'il avait fait terrasser et qu'occupe aujourd'hui l'esplanade, ce fut l'une des Sept Merveilles du monde antique. « Celui qui n'a pas vu le temple d'Hérode, assurait un dicton, n'a rien vu de beau dans sa vie. » Si l'on s'en rapporte aux descriptions de Flavius Josèphe dans sa *Guerre des Juifs*, ce devait être un spectacle extraordinaire de l'apercevoir dans la clarté naissante de l'aurore, que l'on vînt de Jéricho, de Césarée ou de Samarie. On eût dit une « montagne enneigée », couronnée au sommet de marbre blanc. Recouvert de tous côtés par d'épaisses plaques d'or sur lesquelles venaient jouer les rayons du soleil, le Temple semblait jaillir dans le ciel. Les travaux avaient commencé en 17-16 avant notre ère et ne furent achevés qu'après la mort de Jésus. Détruit en 70 par les armées de Titus, il n'en reste presque rien, hormis un morceau du mur de soutènement, le fameux mur des Lamentations, ainsi que quelques couloirs intérieurs. Certains blocs de pierre longs de 13,5 mètres sur 3,4 mètres de large, pesant plus de 550 tonnes, donnent une idée du caractère démesuré de l'entreprise. Hérode fit encore sortir de terre un époustouflant palais avec deux superbes appartements indépendants, à l'ouest du Temple, ainsi qu'un deuxième mur d'enceinte. Tout cela est admirable, si l'on oublie les souffrances endurées par les dizaines de milliers de travailleurs forcés…

Il eut dix femmes, dont Mariamne, une princesse hasmonéenne, épousée pour asseoir sa légitimité. Vivant dans la hantise d'être trahi et assassiné, n'ayant confiance en personne, surtout pas en sa famille, il inspirait la terreur. Sadique, détraqué, il alternait les actes de cruauté et les crises de démence. Son règne ne fut qu'une succession de querelles familiales, de rivalités successorales, de complots.

Il n'avait pas hésité à se débarrasser par le fer de nombreux officiers de sa garde et des opposants pharisiens. Il fit tuer Mariamne, malgré son amour pour elle, son frère Jonathan, sa belle-mère Alexandra, le grand-père de Mariamne, Hyrcan II, tous sauvagement décapités, ainsi que ses propres fils Alexandre et Aristobule. Il fit assassiner son fils Antipater quelques jours avant sa mort dans d'atroces souffrances en son palais d'hiver de Jéricho, le 1er avril de l'an 4 avant notre ère. Dans ses derniers moments, il avait ordonné à sa sœur, Salomé, de faire occire tous les notables venus assister à son agonie, « afin de pousser le peuple, qui ne l'aimait pas, à prendre le deuil ». Heureusement, l'ordre ne fut pas exécuté. Le crépuscule de ce faux dieu me fait immanquablement songer à la fin de Staline, frappé d'une attaque cérébrale, que Beria, Boulganine, Malenkov et Khrouchtchev, qui l'ont vu dans sa déchéance, le pyjama trempé d'urine, laissèrent agoniser trois jours durant par crainte de représailles.

C'est dans les dernières années de ce long règne que s'insère l'épisode des mages, puis celui du « massacre des Innocents » dont parle l'Evangile de Matthieu. Ayant appris par ces spécialistes des astres venus d'Orient la naissance à Bethléem de Judée du futur « roi des juifs », lui, dont la légitimité avait toujours été contestée par l'élite, fit éliminer la dizaine ou quinzaine d'enfants mâles de Bethléem de moins de deux ans. Il ne pouvait avoir de rival potentiel. En dehors d'une version slavonne du texte de Flavius Josèphe, discutée par les historiens, et d'une allusion dans un texte de l'historien Macrobe, ces épisodes n'ont pas été rapportés par d'autres auteurs, mais, vu la psychopathie délirante du personnage, ils sont parfaitement vraisemblables.

Il ne suffisait pas à Hérode, le mal-aimé, d'être un nouveau David, un nouveau Salomon. Il rêvait de se faire reconnaître par son peuple comme le Messie. Il n'avait pas compris, ou du moins refusait-il de croire que ce destin, Dieu l'avait réservé à un autre, pour l'heure un obscur nourrisson vagissant qui était de toute éternité son propre Fils…

Voir : Césarée maritime ; Etoile de Bethléem ; Mages ; Massacre des Innocents.

Hérode Antipas

Je me souviens qu'au catéchisme, au milieu des années 1950, je confondais Hérode le Grand, sous le règne duquel naquit Jésus, et Hérode Antipas, devant qui celui-ci comparut lors de la dernière Pâque. Je me demande si le bon prêtre qui tamponnait chaque jeudi les cases de notre bulletin d'assiduité et jouait au foot avec nous n'en faisait pas autant en nous parlant indifféremment de ce « méchant roi Hérode » ! Depuis, mes connaissances de la dynastie hérodienne se sont un peu affinées, quoique le labyrinthe de ses parentèles soit fort complexe en raison de la multiplication des unions consanguines à toutes les générations…

Hérode Antipas, qui dirigea la Galilée durant le ministère du Baptiste et celui de Jésus, était le deuxième fils d'Hérode le Grand, roi des juifs, et de son épouse samaritaine, Malthakè. C'était un ami d'enfance de Tibère, avec qui il avait été élevé à Rome. A la mort de son père, en l'an 4 avant notre ère, il hérita d'une partie du royaume, la Galilée et la Pérée, avec le rang moins prestigieux de tétrarque. Il avait son armée, ses collecteurs d'impôts, ses fonctionnaires, mais n'était qu'un vassal de Rome sans prestige. Après la déposition de son frère aîné Archélaüs en l'an 6 de notre ère, l'empereur Auguste se garda bien de lui donner les deux principales provinces du Centre et du Sud, la Judée et la Samarie, qui furent placées sous l'administration directe d'un préfet.

Les Evangiles synoptiques* et les Actes des Apôtres parlent abondamment de lui. Personnage rusé, superstitieux et influençable, il n'avait pas l'envergure de son père, mais il se lança comme lui dans une politique de grands travaux. On lui doit notamment la reconstruction de Sepphoris, non loin de Nazareth, dont il voulait faire sa capitale, et, un peu plus tard, la fondation de Tibériade, à l'ouest du lac de Génésareth.

Pétri de culture hellénistique, il conservait des liens assez lâches avec les traditions judaïques. S'il continuait par exemple à envoyer des présents au Temple et à s'abstenir de frapper son profil sur ses monnaies, il n'avait pas hésité à édifier Tibériade sur l'emplacement d'une nécropole et à décorer son palais de fresques animalières, bravant l'interdiction des images et heurtant ainsi les pharisiens de Galilée.

Il avait épousé en premières noces Phasaelis, fille d'Arétas IV, le roi des Nabatéens qui avait richement restauré sa capitale Pétra. Cette union, qui scellait l'entente avec ce puissant souverain de Transjordanie, avait l'avantage de protéger son territoire de Pérée, longue bande de terre située de l'autre côté du Jourdain, des incursions des nomades arabes. Mais cette belle alliance ne dura que quelques années. Vers l'an 22, alors qu'il était en villégiature à Rome, il tomba amoureux de la fameuse Hérodiade, qui était à la fois sa propre nièce, petite-fille d'Hérode le Grand, et la femme de son demi-frère Hérode, fils de Mariamne II. Cette femme fatale arracha à son amant une promesse de mariage et de répudiation de Phasaelis. Mais celle-ci eut vent des intentions de son époux. Cachant sa rage et son humiliation, elle prétexta son désir de visiter la ville fortifiée de Machéronte en Pérée pour quitter la Cour. Hérode Antipas lui avait naïvement donné la permission de s'y rendre. De là, elle franchit la frontière et se réfugia à Pétra chez son père, lequel médita sa vengeance et renforça son armée…

Jean le Baptiste avait dénoncé la faute morale du tétrarque. Il finit par être arrêté et décapité. On était à l'été de l'an 31.

Moins de deux ans plus tard, Antipas joua un rôle dans le procès romain de Jésus. Ponce Pilate, embarrassé par le prédicateur nazaréen que les grands prêtres voulaient faire crucifier pour un motif religieux différent de celui qu'ils avaient officiellement invoqué, eut l'idée de l'envoyer auprès de lui, afin d'avoir son avis. Le prince se trouvait alors à Jérusalem pour la Pâque, comme d'habitude, moins pour y manger l'agneau et les herbes amères, symboles de la libération d'Egypte du peuple juif, que pour y parader avec ses riches habits. Ce geste était aussi une amabilité du préfet, avec lequel le tétrarque avait eu quelques démêlés l'année précédente, en 32, lors de l'affaire des boucliers d'or, introduits de nuit dans Jérusalem, au grand scandale des juifs. Jésus fut donc conduit par un détachement de soldats romains jusqu'à son palais, sur la colline occidentale de l'Akra. Il était suivi des grands prêtres Hanne et Caïphe ainsi que de quelques scribes hostiles.

Cela faisait des mois qu'Hérode Antipas voulait voir Jésus. Que de fois avait-il entendu parler de sa prédication et surtout de ses miracles, car c'était ce qui l'intéressait le plus ! Il l'avait fait rechercher par ses espions et sa police. Mais Jésus, chaque fois, lui avait échappé. « Pars et va-t'en vite d'ici, lui avaient soufflé certains pharisiens, parce qu'Hérode veut te tuer. »

Enfin, il était là devant lui, diminué, fatigué par les sévices de la veille et sa nuit passée en prison. Jubilant, l'autre le harcela de questions, espérant qu'il reproduirait pour son plaisir personnel un de ces prodiges dont on gratifiait sa renommée. Malheureusement, Jésus garda un silence glacial, malgré la véhémence des grands prêtres et des scribes qui leur étaient acoquinés. Déçu, vexé, Antipas décida de le renvoyer à Pilate, non sans l'avoir affublé par dérision, puisqu'il se prétendait roi, d'une splendide cape d'apparat de couleur blanche.

Luc, qui a été renseigné sur cet épisode par la femme de Chouza, l'intendant d'Hérode, une chrétienne du groupe des apôtres, à moins que ce ne soit par Manaën, compagnon d'enfance du tétrarque, qui figurait parmi les premiers docteurs de la jeune Eglise d'Antioche, ajoute : « Ce jour-là, Hérode et Pilate devinrent amis, eux qui auparavant étaient ennemis. »

Mais la situation se retourna. Cinq ans après la disparition de Jean le Baptiste, profitant d'un différend frontalier, Arétas IV attaqua l'armée de son ancien gendre et lui infligea une cinglante défaite. L'affront fait à Phasaelis était enfin vengé ! Arétas, cependant, avait agi sans l'accord de son suzerain romain. Antipas en profita pour se plaindre à son ami Tibère, qui ordonna à Vitellius, légat de Syrie, de mobiliser ses légions et de châtier le vassal coupable. La mort de l'empereur arrêta les troupes en marche vers Pétra…

Avec son successeur Caligula, les rapports furent moins agréables. Jaloux du titre de roi décerné à son petit-fils

Hérode-Agrippa Ier pour ses tétrarchies de Lysanias et de Philippe, il sollicita un traitement égal. Mais il tomba en disgrâce et fut exilé avec sa femme Hérodiade à Lugdunum Convenarum, qui deviendra Saint-Bertrand-de-Comminges. De là, dit-on, il passa en Espagne, où il mourut en l'an 40, ruiné et totalement oublié.

Voir : Hérodiade et Salomé ; Passion de Jésus ; Ponce Pilate.

Hérodiade et Salomé

Si l'on s'en rapporte aux Evangiles de Matthieu et de Marc, Hérodiade et sa fille Salomé ont joué un rôle capital dans l'exécution du Précurseur, Jean le Baptiste. D'elles, l'Histoire, en vérité, a retenu peu de choses. Hérodiade était la petite-fille d'Hérode le Grand et de l'une de ses dix épouses, la princesse hasmonéenne Mariamne. Son père, Aristobule IV, fut strangulé par ordre du royal tyran, atteint de délire paranoïaque, tout comme la pauvre Mariamne.

Elle épousa d'abord un de ses oncles, l'obscur Hérode II, fils d'Hérode le Grand et d'une autre épouse, Mariamne II, elle-même fille du grand prêtre hasmonéen Boethos (les Evangiles l'appellent, sans doute par erreur, Philippe : en tout cas, ce n'était pas Philippe le tétrarque). De ce mariage naquit la fameuse Salomé.

Hérode II était un homme sans envergure, un prince oisif, que son père avait déshérité. Il vivait sans titre officiel dans la capitale impériale. L'ambitieuse Hérodiade, princesse de culture hellénistique, aux mœurs libérées, tomba bientôt sous le charme d'un autre de ses oncles, Hérode Antipas, tétrarque de Galilée, au cours d'une de ses visites à Rome. Celui-ci, peut-être pour des raisons plus politiques que sentimentales (il rêvait d'obtenir le titre de roi), souhaita l'épouser. Elle accepta à la condition d'être sa seule et unique femme. Il se résolut donc à répudier Phasaelis, fille d'Arétas IV, roi des Nabatéens, laquelle, avertie de cette intention, parvint à s'enfuir et à gagner Pétra.

Le mariage d'Hérodiade eut lieu. Mais Hérode Antipas eut à subir les reproches de Jean le Baptiste, le prophète du désert, auquel par curiosité il s'intéressait : « Il ne t'est pas permis d'épouser la femme de ton frère », lui assena ce dernier. Circonstance aggravante, la loi juive, contrairement à la romaine, interdisait à une femme de répudier son mari. S'inquiétant du pouvoir grandissant de Jean sur les foules galiléennes, le tétrarque prit peur. Il le fit arrêter et conduire dans un cachot de la forteresse de Machéronte, dans la province de Pérée, à l'est de la mer Morte. Hérodiade, qui n'avait rien pardonné, aurait aimé davantage : le faire mourir. Mais lui, tenant le prisonnier pour « un homme juste et saint », le protégeait.

Survint l'épisode de Salomé. Imitant comme son père Hérode le Grand les traditions des princes séleucides, Hérode Antipas avait l'habitude de fêter son anniversaire le jour de son accession au trône. C'est ainsi que vers la fin de l'été 31, à cinquante ans, à la trente-quatrième année de son règne, l'insupportable tyranneau organisa de somptueuses festivités dans l'austère palais fortifié de Machéronte. On connaît la scène.

Tous les hauts dignitaires de sa tétrarchie de Galilée et de Pérée, princes, chambellans, officiers et courtisans, ont été invités en ce lieu solitaire, au sommet d'une aride colline dominant la rive orientale de la mer Morte. Un paysage à couper le souffle ! Les convives sont allongés sur des divans. Des esclaves circulent entre les rangs, proposant des mets délicieux et des vins capiteux, tandis que des courtisanes à demi nues exécutent des danses lascives rythmées par les lyres et les luths.

Parmi elles, le héros de la fête repère une gracile adolescente, à peine nubile, Salomé, la fille de sa propre femme Hérodiade. Emoustillé par ce spectacle ensorcelant et impudique, peut-être ivre, Antipas est prêt à tomber à ses genoux. « Demande-moi ce que tu voudras et je te le donnerai », lui dit-il. En enfant soumise, Salomé sort de la salle, où les femmes, hormis les danseuses, ne sont pas admises, rejoint sa mère Hérodiade et l'interroge. Celle-ci tient sa vengeance : elle lui conseille de demander sur un plat la tête de Jean le Baptiste, enfermé dans une chambre forte du château à quelques mètres de là. Contrarié mais tenu par sa folle promesse, le roitelet s'exécute. Des gardes descendent dans la cellule de Jean, et bientôt la jeune fille reçoit le cadeau ensanglanté qu'elle fait porter à sa mère.

A la vérité, il est permis d'avoir quelques doutes sur cette histoire inspirée du livre d'*Esther*, où l'on voit Assuérus faire la même promesse à l'héroïne au cours d'un banquet, dût-elle lui demander « la moitié du royaume », et se résoudre à la pendaison du grand vizir Haman.

Tel un mythe inépuisable, mêlant érotisme et cruauté, l'épisode en tout cas a été repris et amplifié par les romanciers et les poètes – Flaubert, Huysmans, Mallarmé, Oscar Wilde, Guillaume Apollinaire… Il a inspiré des peintres – Van der Weyden, Memling, Botticelli, le Caravage, Gustave Moreau –, des musiciens – Jules Massenet, Richard Strauss –, et même des cinéastes, comme Charles Bryant ou Carlos Saura.

En 36, soit cinq ans plus tard, une guerre permit à Arétas IV de venger l'honneur de sa fille Phasaelis en écrasant les armées d'Hérode Antipas. En 39, ce dernier, qui s'était une nouvelle fois rendu à Rome dans l'espoir de se faire attribuer le titre de roi, fut subitement déchu de ses fonctions par Caligula et exilé dans le sud de la Gaule, sous prétexte d'avoir fomenté un complot avec les Parthes.

L'empereur offrit alors à Hérodiade la possibilité de se retirer en Palestine. Elle refusa, préférant suivre son mari en exil. Elle mourut peu après à Lugdunum Convenarum, l'actuel Saint-Bertrand-de-Comminges, où de nombreux vestiges romains ont été retrouvés, mais non sa tombe. Selon une légende pyrénéenne, le fantôme de la fière, cruelle et vindicative princesse hérodienne, devenue chef des sorcières, errerait dans les bois, de minuit au chant du coq…

Quant à Salomé, d'après les renseignements que nous donne Flavius Josèphe, elle épousa son oncle (le demi-frère de son père), le tétrarque Philippe II, fils d'Hérode le Grand et de Cléopâtre de Jérusalem, de trente ans son aîné. Elle n'en eut pas d'enfants, et celui-ci mourut peu après en 34. Quel âge avait-elle alors ? Peut-être seize ou dix-sept ans. Elle se remaria avec Aristobule III, fils d'Hérode, roi de Chalcis, et petit-fils d'Hérode le Grand. On reste en famille ! En 55, cet Aristobule accéda au trône d'Arménie Mineure par décision de Néron. De son second mari, elle eut trois enfants, Hérode, Agrippa et Aristobule.

Trois pièces de monnaie datant de 55-57 nous livrent son effigie : profil plat, mâchoire énergique, cheveux frisés retenus par un diadème. Etait-ce donc là l'ensorcelante beauté de la flamboyante Salomé, cette implacable femme fatale qui avait bouleversé Hérode Antipas au point de lui faire commettre un abominable crime le jour anniversaire de son règne ?

Elle mourut vers 72. Si l'on se rapporte au seizième Sermon de saint Augustin et à un apocryphe postérieur, la *Lettre d'Hérode à Pilate*, elle aurait eu une fin très étrange : voulant danser sur un lac glacé, la princesse s'enfonça subitement dans l'eau jusqu'au cou. Il faisait si froid que la glace se reforma aussitôt autour de sa tête, qui apparut comme posée sur un plateau d'argent…

Voir : Hérode Antipas ; Jean le Baptiste.

Historicité de Jésus

« J'admets tout le Credo, disait un jour à Jean Guitton ce vieux farceur de Paul-Louis Couchoud, sauf l'incise *sub Pontio Pilato.* » C'était d'une dangereuse subtilité, car si Jésus n'était pas « mort sous Ponce Pilate », tout s'écroulait ! Dieu ne s'était pas incarné ! Le Sauveur n'avait jamais eu d'existence terrestre ! Couchoud (1879-1959), philosophe, poète et médecin, était le chef de file des « mythistes ». Il allait beaucoup plus loin que le célèbre et sulfureux Alfred Loisy (« saint Alfred », comme il le surnommait), dont il avait suivi les cours au Collège de France. Pour lui, en effet, Jésus n'était qu'un « mythe », construit petit à petit, en partant des écrits du Premier Testament. Les Evangiles n'avaient donc rien d'historique. « Le document, assenait-il dans le *Mercure de France* du 1er mars 1923, qui, en bonne critique, prouverait positivement l'existence de Jésus fait défaut [...]. Jésus appartient à l'Histoire par son nom et par son culte, mais il n'est pas un personnage historique. Il est un être divin, dont la connaissance a été lentement élaborée par la conscience chrétienne. Il a été enfanté dans la foi, dans l'espoir et dans l'amour. Il s'est formé du dictame des cœurs. Il a pris des formes changeantes que l'adoration lui a données. Il naquit dès qu'il y eut un croyant [...]. Sa seule réalité est spirituelle. Toute autre est mirage. »

Comment le croire ? Qui parmi les premiers chrétiens aurait accepté de mourir pour conforter un mensonge ? Il aurait fallu tromper la génération des Pères apostoliques, Clément de Rome, Ignace d'Antioche, Polycarpe de Smyrne, et la génération suivante, Irénée de Lyon, Origène, Tertullien, Eusèbe de Césarée…

Je conçois aisément que des esprits sceptiques n'admettent pas l'authenticité des miracles, rejettent la Résurrection, se fassent du singulier prophète galiléen une image complètement déformée, celle par exemple d'un illuminé annonçant la venue imminente du royaume de Dieu ou d'un messie révolutionnaire – après tout, ces opinions permettent la discussion à partir de données objectives connues –, en revanche j'ai du mal à comprendre ceux qui dénient à Jésus toute réalité historique pour en faire une construction ou une projection de l'esprit. Il y a là deux approches irréconciliables, deux univers incompatibles.

Cela commence en Allemagne, au milieu du XIXe siècle, avec Bruno Bauer, qui reprend, développe et durcit les analyses mythologiques de David Friedrich Strauss, se poursuit avec le philosophe panthéiste Arthur Drews, et, en France, avec l'archéologue Salomon Reinach, avec le prêtre défroqué Prosper Alfaric, avec les *Cahiers de l'Union rationaliste*, et naturellement avec Paul-Louis Couchoud, auteur de *L'Enigme de Jésus*, paru en 1923.

Ces théories « mythistes », même un libre-penseur scientiste, un rationaliste étroit comme Charles Guignebert (1867-1939), premier titulaire de la chaire de l'histoire du christianisme à la Sorbonne, les combat avec vigueur. « Les efforts souvent érudits et ingénieux des mythologues, écrit-il en 1933 dans son *Jésus*, n'ont gagné à leurs thèses aucun des savants indépendants et désintéressés que rien n'empêcherait de s'incliner devant un fait bien établi et dont l'adhésion aurait eu du sens. L'enthousiasme des incompétents ne compense pas cet échec. »

Cette école, en effet, n'a pas fait recette. S'il y a encore aujourd'hui quelques mythistes revendiqués, tel le philosophe Michel Onfray, auteur d'un *Traité d'athéologie* qui a connu un grand succès (et pour qui ni Jésus ni Dieu n'existent), je doute que les historiens de l'Antiquité, biblistes, érudits, chercheurs, les prennent au sérieux.

C'est que nos mythistes butent sur une objection fondamentale : aucune source extérieure au christianisme des premiers siècles ne met en cause l'existence historique de Jésus. Le premier témoin appelé à la barre est un juif romanisé du Ier siècle, Joseph ben Matthias, plus connu sous le nom de Flavius Josèphe. Né en Palestine vers l'an 37 de notre ère – seulement quatre ans après la crucifixion –, il meurt à Rome vers l'an 100-102. Ce grand historien de l'Antiquité est un aristocrate lettré, issu d'une famille sacerdotale de Judée. En 66, s'inquiétant de la montée du mouvement de révolte juive contre l'occupation romaine, il conseille la modération, mais finit par se laisser entraîner. Il est nommé par le Sanhédrin gouverneur de Galilée et prend la direction des troupes rebelles dans cette province, où son autorité est d'ailleurs contestée. En 67, après la chute de la petite forteresse de Jotapata (Jodfat), dont il fait un récit épique, il se rend à Flavius Vespasien, qu'il courtise et flatte en prophétisant qu'il accédera à la dignité impériale. Lorsque le brutal proconsul monte sur le trône grâce au soutien des légions d'Orient, il devient son historiographe avec le statut d'affranchi. En signe de reconnaissance, il accole à son nom celui de Flavius. En 70, il assiste au siège de Jérusalem dans les rangs de l'armée romaine. Il sert à plusieurs reprises d'intermédiaire avec les insurgés, sans parvenir à empêcher la destruction de la ville et du Temple. Il s'établit alors à Rome, obtient la nationalité romaine et devient le protégé lettré des empereurs flaviens, Vespasien puis ses deux fils, Titus et Domitien.

Josèphe a écrit de nombreux ouvrages, dont deux considérés comme essentiels, *La Guerre des Juifs* (75-79) et les *Antiquités juives* (93-94). Dans ce dernier, il évoque la figure de Jean le Baptiste, sa prédication au Jourdain, son exécution à Machéronte par ordre d'Hérode Antipas, il mentionne le nom de Jacques, « frère de Jésus appelé Messie », chef de la première communauté judéo-chrétienne.

Son témoignage sur Jésus, le *Testimonium flavianum*, a longtemps été tenu pour suspect, car il contenait probablement des interpolations* chrétiennes : « A cette époque vécut Jésus, un homme exceptionnel, *si du moins il faut l'appeler un homme* [...]. *C'était le Christ...* » Le témoignage original de Flavius Josèphe a finalement été retrouvé par un historien israélien, Shlomo Pinès, dans l'*Histoire universelle* d'un historien arabe chrétien,

Agapios de Menbidj. Le voici : « A cette époque vivait un sage qui s'appelait Jésus. Sa conduite était juste et on le connaissait pour être vertueux. Et un grand nombre de gens parmi les juifs et les autres nations devinrent ses disciples. Pilate le condamna à être crucifié et à mourir. Mais ceux qui étaient devenus ses disciples continuèrent à être des disciples. Ils disaient qu'il leur était apparu trois jours après sa crucifixion et qu'il était vivant : ainsi il était peut-être le Messie au sujet duquel les prophètes ont raconté des merveilles. »

Ce texte est capital, car jusqu'au début de la révolte juive, en 66, Flavius Josèphe a vécu en Palestine, a côtoyé les premiers chrétiens de Judée et de Galilée, a certainement vu des disciples de Jésus, témoins de son enseignement, voire de sa résurrection. Il a connu leurs idées, leur culte. Il n'a jamais mis en doute l'existence de leur Maître. S'il avait eu écho d'une mystification consistant à inventer un personnage crucifié et à construire une religion autour de lui, à partir de passages de la Bible hébraïque, nul doute que ce pharisien l'aurait dit et dénoncé.

Quelques auteurs païens de l'Antiquité citent également son nom. Vers 110, le célèbre historien Tacite évoque dans ses *Annales* les chrétiens persécutés par Néron qui les accusait d'être les auteurs du grand incendie de Rome en juillet 64 : « Ce nom leur vient de Christ (*Christos*), que le procurateur Ponce Pilate, sous le principat de Tibère, avait livré au supplice. Réprimée sur le moment, cette détestable superstition perçait de nouveau, non seulement en Judée où le mal avait pris naissance, mais encore à Rome, où ce qu'il y a de plus affreux et de plus honteux dans le monde afflue et trouve une nombreuse clientèle. On commença donc par se saisir de ceux qui confessaient leur foi, puis, sur leurs révélations, d'une multitude d'autres qui furent convaincus moins du crime d'incendie que de haine contre le genre humain. On ne se contenta pas de les faire périr, on se fit un jeu de les revêtir de peaux de bêtes pour qu'ils fussent déchirés par les dents des chiens ; ou bien ils étaient attachés à des croix, enduits de matières inflammables et, quand le jour avait fui, ils éclairaient les ténèbres comme des torches. » Malgré sa vision extrêmement négative de ce Christos et de ses disciples, à aucun moment l'historien ne met en doute son existence.

Le passage que lui consacre Suétone (65-125), chef du bureau des correspondances d'Hadrien, est plus court. Dans sa *Vie des Douze Césars*, parlant de l'empereur Claude, il écrit : « Comme les juifs se soulevaient continuellement à l'instigation de Chrestus, il les chassa de Rome. » Il ne pensait pas, comme Paul-Louis Couchoud, que ce Chrestus était un mythe oriental !

Vers 170, dans sa *Mort de Pérégrinos*, le satiriste et rhéteur Lucien de Samosate, originaire de la province romaine de Syrie, dénonce à son tour les chrétiens qui vénèrent, assure-t-il, « l'homme qui fut empalé en Palestine pour avoir introduit dans le monde un culte nouveau ». Ils adoraient « ce sophiste crucifié et suivaient ses lois ».

Autre témoignage antique, remontant sans doute au IIe siècle, celui du stoïcien syrien Mara bar Sérapion dans une lettre à son fils, étudiant à Edesse : « Quel avantage les Athéniens avaient-ils à tuer Socrate, puisqu'ils eurent leur compte par la famine et la peste ? ou les Samiens à brûler Pythagore, puisque leur pays fut en un instant entièrement enseveli sous le sable ? ou les juifs à crucifier leur sage roi, puisque, à partir de ce temps-là, le royaume leur fut enlevé ? C'est avec équité que Dieu vengea ces trois sages. Les Athéniens moururent de faim, les Samiens furent recouverts par la mer, les juifs furent déportés et chassés de leur royaume, vivant partout dans la dispersion. Socrate n'est pas mort à cause de Platon, ni Pythagore à cause de la statue d'Héra, ni le sage roi à cause de la nouvelle loi qu'il a donnée. »

Les juifs pieux eux-mêmes n'ont jamais élevé la moindre objection à propos de l'existence historique de Jésus. Un texte remontant peut-être au IIIe siècle, figurant dans le traité *Sanhédrin* du Talmud de Babylone, cherche au contraire à donner une justification légale à son exécution par ordre des hautes autorités de Jérusalem : « La veille de la Pâque, on pendit Yeshû le Nazaréen. Le héraut avait marché pendant quarante jours devant lui en disant : "Voici Yeshû le Nazaréen qui va être lapidé parce qu'il a pratiqué la sorcellerie et qu'il a séduit et égaré Israël. Que tous ceux qui connaissent quelque chose à sa décharge viennent plaider pour lui." Mais il ne se trouva personne pour prendre sa défense, et on le pendit la veille de la Pâque. » Notons que « pendre », dans le contexte du judaïsme ancien, désignait la crucifixion.

Un autre document rabbinique s'est attaqué à la naissance virginale de Jésus, telle que la soutenaient les chrétiens. Jésus y est désigné comme *Jeshua ben Pantera* ou *ben Pentere* : il serait le fils bâtard d'une jeune fille juive et d'un soldat romain nommé Pantheras (*pantera* était en réalité une erreur de transcription venant de *parthenos*, la vierge). Il aurait été tellement plus facile aux juifs de dire, comme Couchoud dix-sept siècles plus tard, que Jésus n'était qu'un « mythe » ! Vers 76, dans son *Discours véritable*, Celse, écrivain platonicien, intelligent et distingué, mais violent polémiste, reproche aux adeptes de cette nouvelle « superstition » de s'être donné « pour Dieu un personnage qui termina par une mort infâme une vie misérable ». Présentant pour la première fois une critique en règle du christianisme, il était pourtant tout désigné pour être le précurseur des « mythistes ». Porphyre de Tyr, auteur au IIIe siècle d'un traité *Contre les chrétiens*, ne le fut pas non plus. Ces deux hommes connaissaient à la perfection le judaïsme et les textes chrétiens. Ils disposaient d'une documentation bien supérieure à la nôtre.

L'exégète allemand Rudolf Bultmann (1884-1976) n'appartient pas à proprement parler au courant mythiste, mais toute son œuvre s'est attachée à « démythologiser » le christianisme, comme il le dit lui-même, ce qui revient à peu près au même. Cet érudit luthérien, à l'esprit critique très acéré, servi par une érudition époustouflante, a apporté beaucoup, il faut le reconnaître, à l'exégèse moderne, par sa technique d'approche des textes du Nouveau Testament, divisés en péricopes* et disséqués au scalpel historico-linguistique. Mais il a poussé à l'excès le scepticisme méthodologique, allant beaucoup plus loin que Renan dans l'expression du doute, recouvrant de la lourdeur et du sérieux scientifique ce que l'approche du Français avait de romantique et de littéraire. Ancien compagnon de Karl Barth, dont il ne partageait pas toutes les convictions, Bultmann considérait en effet que les Evangiles étaient des œuvres en bonne partie mythiques et légendaires, produites par l'imagination créatrice des communautés chrétiennes postpascales. Celles-ci les auraient forgées afin de répondre à leurs préoccupations concrètes ou aux besoins immédiats de leur catéchèse. Elles auraient brodé, enjolivé, inventé à foison des paroles de Jésus. La tâche du savant serait donc d'ôter ces scories mythiques pour retrouver le vrai noyau de la foi.

Bultmann n'en vient pas à nier l'existence d'un homme nommé Jésus de Nazareth, mais ce personnage ne l'intéresse pas. On ne peut rien savoir de lui. Il y a une césure totale. Le Jésus de l'Histoire n'est pas le Christ de la foi et ne conduit nullement à cette figure théologique construite dans l'imaginaire religieux. Il n'est d'aucune utilité pour le croyant, ne peut en rien étayer le contenu du kérygme*. Il existe un mur du temps infranchissable, celui de la Résurrection pascale. En deçà, impossible de dire ce qu'il s'est passé, et c'est sans importance : ce qui compte, ce sont les discours sur l'événement, non l'événement en soi. La Résurrection elle-même, d'ailleurs, est sujette à caution. « Seule la foi des premiers disciples en sa résurrection peut être qualifiée d'événement historique », dit-il.

Le livre de Bultmann *Jésus : mythologie et démythologisation*, paru en Allemagne en 1926, a connu un très large succès, tout en soulevant dans les milieux réformés les plus expresses réserves. Il n'a été traduit en français qu'en 1968 avec une préface de Paul Ricœur, alimentant chez les catholiques la crise de l'exégèse postconciliaire.

Si les communautés avaient été si créatrices que cela, elles auraient placé dans la bouche de leur Maître des paroles répondant à leurs préoccupations : fallait il, par exemple, contraindre les païens qui se convertissaient en masse à passer par la loi de Moïse ? Fallait-il respecter les interdits rituels, la circoncision, le sabbat, les fêtes juives ? Pouvait-on faire table commune avec les Goyim ? Or, sur ces sujets, rien n'était réglé. A la vérité, le Christ postpascal de Bultmann, sans Incarnation ni Résurrection, ne conduit à rien. Etre chrétien, c'est être « amoureux » d'un homme mort et ressuscité, vivant pour toujours en Dieu, le seul vrai Vivant.

Depuis, bien des données ont changé. De très sérieuses études ont été publiées dans le monde entier. En France, par exemple, une collection très fournie de travaux et de recherches, comme celle de Mgr Joseph Doré, « Jésus et Jésus-Christ », chez Desclée, a indiscutablement fait progresser nos connaissances du Jésus de l'Histoire comme du Christ de la foi.

I

Iconographie du Christ

Héritier du judaïsme, le christianisme a d'abord été hostile aux représentations humaines. Quelques images font leur apparition au IVe siècle dans l'art funéraire, tant sur les reliefs des sarcophages que sur les peintures murales des catacombes. Les perspectives changent avec la conversion de l'empereur Constantin et l'érection de monumentales basiliques qu'il convenait de décorer. Au VIe siècle se développent les icônes, où apparaissent la figure du Christ, celles de la Vierge Marie, des saints et des anges. En 787, le septième concile œcuménique, celui de Nicée II, convoqué par l'impératrice Irène, affirme, à l'encontre du courant iconoclaste, la légitimité et l'utilité des images. Il est alors admis que « l'icône est faite pour confirmer la réalité de l'Incarnation, permet l'instauration d'une relation avec le Christ ou le saint qu'elle représente, et que sa vénération s'adresse précisément à la personne représentée et non à l'objet ni au talent éventuel de celui qui l'a peinte[1] ».

Au début de l'art chrétien, il n'y a de représentation de Dieu de manière anthropomorphique que sous les traits conventionnels de Jésus, ce qui se conçoit aisément puisque, selon les définitions conciliaires, celui-ci était « vrai Dieu et vrai homme ». C'est dans son visage que l'humanité peut voir, peut contempler et adorer Dieu, Celui que nul n'a jamais vu, mais que le Christ révèle. « Qui me voit voit le Père », dit Jésus à Philippe.

Plus tard, au Moyen Age et à la Renaissance, commenceront les dérives douteuses. Le Père prend, si l'on peut dire, son autonomie sous la forme d'un vieillard barbu. On le retrouve même au plafond de la chapelle Sixtine, chez saint Pierre en quelque sorte !

Fort bien, mais comment représenter les traits de Jésus ? Pas plus le Nouveau Testament que les premiers Pères de l'Eglise ne nous donnent de détails sur son physique. Pour saint Irénée, Justin Martyr, Clément d'Alexandrie, Cyrille et Tertullien, qui se situent dans la tradition orientale, il était insignifiant d'apparence, voire laid. Pour saint Jérôme, saint Jean Chrysostome, saint Grégoire de Nysse ou saint Ambroise, représentant la tradition occidentale, il était beau. Ces affirmations contradictoires relèvent de descriptions du Messie tirées du Premier Testament et non d'informations historiques précises. Il sera, énonçait Isaïe, « sans beauté ni éclat pour attirer nos regards, et sans apparence qui nous aurait séduits » (53, 2). « Tu es beau, le plus

1. François Bœspflug et Françoise Bayle, *Les Monothéismes en images. Judaïsme, christianisme, islam*, Bayard, 2014, p. 85.

beau des enfants des hommes », disait au contraire le Psaume 45 (3).

Avec la christianisation du monde romain, on voit se dessiner les premiers visages de Jésus, inspirés d'éphèbes imberbes, aux cheveux courts, à la manière des dieux païens hellénistiques. Une mosaïque du IIIe siècle au musée Pio Cristiano du Vatican le montre ainsi, tel un jeune homme de la bonne société romaine. La première figure d'un Christ barbu semble être celle du Bon Pasteur de l'hypogée des Aurelii, au milieu du IIIe siècle. On trouve des traits plus affirmés à Rome dans les catacombes de Commodilla et de San Pietro e Marcellino : il apparaît comme un fils d'Israël barbu, cheveux longs tombant aux épaules, visage ovale, nez assez long, regard sombre et expressif.

Mais le modèle iconographique bien connu ne se généralise qu'au VIe siècle, dans l'art byzantin, sur les monnaies impériales, les icônes et les tableaux, avant de gagner l'Occident. Dès lors, les représentations de Jésus obéissent toutes à un code bien précis : un visage allongé, des arcades sourcilières prononcées, des pommettes saillantes, un nez légèrement aquilin, une bouche petite mais bien ourlée, une barbe à deux pointes dite bifide, des cheveux longs séparés par une raie au milieu, une petite mèche sur le haut du front. Ce modèle standard est à mettre en relation avec la redécouverte en 544 à Edesse en Turquie (actuel Urfa) d'une représentation achéiropoïète (non faite de main d'homme) qui passe pour l'application directe et miraculeuse des traits de Jésus sur un linge. La légende veut qu'elle ait été envoyée par le Christ lui-même au roi Abgar V Ukkama Bar M'Hu, roi d'Edesse, qui avait demandé à voir son portrait. Est-ce là l'origine du voile de Véronique ? En tout cas, ce linge très vénéré est ce qu'on appelle le Mandylion, une sorte de Sainte Face, qu'on avait entouré d'un treillage. Lors du transfert solennel de la relique, le 15 août 944, à Constantinople, on ouvrit le reliquaire et l'on s'aperçut que c'était un linge mortuaire couvrant le corps d'un homme supplicié et flagellé, couronné d'épines, linge comportant des taches de sang. Le visage fut alors copié et recopié par tous les peintres de la chrétienté.

Or ce sont très exactement ces traits, au plus petit détail près, qui se retrouvent sur le linceul de Turin. Dès 1902, le biologiste français Paul Vignon avait relevé pas moins d'une vingtaine de signes de correspondance[1]. Le Mandylion, dérobé en 1204 lors du sac de Constantinople par le chef des croisés Othon de La Roche, serait donc le linceul exposé à Lirey un siècle et demi plus tard par le chevalier Geoffroy de Charny et, par conséquent, la relique actuellement conservée à Turin.

Celle-ci, dont l'authenticité ne fait plus guère de doute, à mon avis, permet de compléter le portrait physique de Jésus. Il devait impressionner son auditoire par sa grande taille : peut-être 1,85 mètre, voire davantage si l'on en croit les travaux du Dr Jean-Maurice Clercq. Il était fortement charpenté, mais sans excès de poids – entre 77 et 79 kilos –, estiment les médecins. De type sémite ancien, correspondant selon l'archéologue Carleton S. Coon, professeur à l'université de Harvard, à un Hébreu sépharade, dont les ancêtres n'auraient pas mélangé leur sang aux Egyptiens, Babyloniens ou Hittites. Deux détails

1. Paul Vignon, *Le Linceul du Christ. Etude scientifique*, Paris, Masson, 1902.

complètent le portrait : les artistes ont pris pour une mèche de cheveu la coulée de sang observable le long des sinuosités du front. Enfin, la barbe bifide, si caractéristique de l'iconographie christique, vient en réalité des sévices subis par Jésus après son arrestation, vraisemblablement chez le grand prêtre Hanne. Jésus portait une barbe en pointe.

J'apprécie l'humour de Rembrandt qui, s'étant servi d'un jeune juif d'Amsterdam comme modèle, avait écrit au dos d'une de ses toiles : « Portrait de Jésus d'après nature » ! La ressemblance en effet avec le modèle standard était troublante.

Voir : Linceul de Turin.

Imitation de Jésus-Christ (L')

Il y a là un mystère que je m'explique mal. Pourquoi cet écrit spirituel bouleversant, sublime, profond, ce livre que l'on offrait autrefois en cadeau de première communion en même temps que le premier chapelet et la première montre, ce livre des « amoureux » de Jésus si éloigné des insupportables banalités sirupeuses, emphatiques et sulpiciennes des œuvres de dévotion à l'ancienne, a-t-il disparu des rayonnages des librairies religieuses et de la bibliothèque des pratiquants ?

Pendant des siècles, il a accompagné la méditation et la prière quotidiennes des familles chrétiennes, puis brusquement, dans les années postconciliaires, il a sombré dans l'oubli. Est-ce parce que les traductions françaises les plus connues, les plus admirables, celles de Pierre Corneille, de Lemaistre de Sacy ou de Félicité de La Mennais, ont vieilli ? Est-ce parce que le message spirituel délivré risquait de conduire à une religion trop individualiste, trop contemplative ? Est-ce par goût de la nouveauté qu'il a été rejeté, de la même manière que dans les années 1960 nos églises ont allègrement bradé les trésors du grégorien au profit d'une liturgie le plus souvent insipide ? Ou est-ce tout simplement par paresse intellectuelle ? Je ne saurais dire.

En tout cas, je pense que ce beau livre, simple, profondément émouvant, d'une limpidité absolue, ne méritait pas une telle disgrâce. Rien de plus actuel en effet que le chemin de vie et de conversion qu'il propose aux chrétiens, rien de plus parfaitement évangélique que sa dénonciation des illusions et des fausses valeurs du monde, rien de plus bouleversant que son appel à l'humilité, à l'abnégation et au combat spirituel. La charité y affleure à toutes les pages, tout en brûlant au fer rouge nos insuffisances et nos pauvres vanités. Douce et exigeante radicalité appelant au détachement de tout ce qui aliène ou rend esclave ! C'est aux âmes inquiètes, souffrantes, accablées par le poids de leurs croix personnelles, que s'adresse ce face-à-face consolateur, sans fard ni artifice, avec le divin Maître.

Sainte Thérèse de l'Enfant-Jésus et de la Sainte Face, proclamée docteur de l'Eglise en 1997 par Jean-Paul II, dont on reconnaît aujourd'hui la sûreté du jugement, avait une grande admiration pour cette œuvre : « Depuis longtemps, écrit-elle dans son *Histoire d'une âme*, je soutenais ma vie spirituelle avec la pure farine contenue dans l'*Imitation*. Ce petit livre ne me quittait jamais, a été dans ma poche, en hiver dans mon manchon. J'en connaissais par cœur presque tous les chapitres. » Dans mon manchon… Serait-ce alors parce que les manchons ont disparu que l'on ne lit plus l'*Imitation* ? Impossible, avouait Balzac, de ne pas être saisi. Elle « est au dogme ce que l'action est à la pensée. Le catholicisme y vibre, s'y meut, s'agite, s'y prend corps à corps avec la vie humaine. Ce livre est un ami sûr. Il parle à toutes les passions, à toutes les difficultés, même mondaines ; il résout toutes les objections, il est plus éloquent que tous les prédicateurs, car sa voix est la vôtre ; elle s'élève dans votre cœur, et vous l'entendez par l'âme. C'est enfin l'Evangile traduit, approprié à tous les temps, superposé à toutes les situations ».

Le fait est que c'est une œuvre d'une lecture plus aisée que l'*Introduction à la vie dévote* de saint François de Sales, écrite en 1609 dans le style rugueux du XVIe siècle, qui visait elle aussi par ses conseils spirituels à la conversion des cœurs.

Le manuscrit le plus ancien de l'*Imitation* date de 1424. Son auteur n'est pas connu. Ont été cités les noms du bénédictin italien Jean Gersen, abbé de Saint-Etienne de Verceil (XIIIe siècle), de Jean Gerson, chancelier de l'université de Paris ou du mystique hollandais Gérard Groote. Plus vraisemblablement, il s'agit du moine germanique Thomas a Kempis, chanoine de Mont-Saint-Agnès, à Windesheim, en Hollande (v. 1380-1471). Un fait est sûr, le livre se rattache historiquement à l'école de spiritualité flamande du XIVe siècle appelée la *Devotio moderna*, née dans la mouvance des religieuses béguines et des « Frères de la vie commune » qui vivaient leur foi dans le monde. L'ouvrage comporte quatre livres :

« Avertissements utiles à la vie spirituelle »
« Avertissements conduisant à la vie intérieure »
« De la consolation intérieure »
« Exhortation à la sainte communion »

A la vérité, cet ouvrage – « le plus beau qui soit parti de la main des hommes, disait Fontenelle non sans quelque exagération, puisque l'Evangile n'en vient pas » – ne présente pas vraiment de fil conducteur. Et pour cause. Ce n'est pas un traité de théologie mystique ni même à proprement parler un livre de piété, mais le témoignage d'une authentique expérience spirituelle, d'un appel à suivre quotidiennement Jésus dans le don de son Amour, de sorte qu'il peut se lire, se méditer, se déguster sans ordre, par paragraphes, par maximes ou aphorismes, par petites goulées douces et amères à la fois. Mais, à chaque lecture, quel éblouissement, quelle illumination ! « Viens, suis-moi ! », avait dit Jésus. « Celui qui me suit ne marche pas dans les ténèbres… »

Islam (Jésus et l')

Je souris toujours quand j'entends des chrétiens s'extasier naïvement en apprenant que les noms de Jean-Baptiste, fils de Zacharie, de Jésus ou de la Vierge Marie figurent dans le Coran, sans voir les fortes différences qui séparent ce texte sacré de l'islam datant du VIIe siècle des quatre Evangiles canoniques et des écrits apostoliques remontant au Ier siècle. Il ne faut pas se méprendre : le Jésus de l'islam est sensiblement éloigné de celui des chrétiens. Les musulmans eux-mêmes se refusent à cette confusion.

Sans doute la révélation coranique entend-elle se situer dans la continuité de la révélation divine faite aux juifs et aux chrétiens, mais, selon l'islam, les prophètes antérieurs n'ont délivré qu'un seul et même message qui s'accomplit en plénitude dans Muhammad, chef religieux, politique et militaire de la tribu de Quraych, le prophète majeur. Ce sont des précurseurs, dont la figure a été falsifiée par leurs adeptes. Jésus ainsi qu'Abraham et Moïse sont des musulmans exemplaires…

Jésus dans le Coran est 'Issa (Îsâ) ou Aïssa. Son nom est cité dans une quinzaine de sourates sur 114. Le texte musulman le fait naître par un souffle divin transmis à une vierge nommée Marie. Il est *'Issa ibn Maryam*, Jésus fils de Marie, une femme non mariée.

Tout de suite, le merveilleux s'empare de lui. Dès le berceau, défendant sa mère injustement calomniée, le bambin se met à tenir des discours : « Je suis vraiment le serviteur de Dieu. Il m'a donné le Livre et m'a fait prophète ; il a fait de moi une source de bénédictions où que je sois, et Il m'a enjoint à la prière et à l'aumône tant que je vivrai. Il m'a rendu dévoué envers ma mère et Il ne m'a fait ni insolent ni misérable. Que la paix soit sur moi le jour où je naquis, le jour où je mourrai et le jour où je serai ressuscité » (Coran 19, 30-33).

Cet épisode est repris d'un apocryphe, l'*Evangile arabe de l'enfance* (V^e ou VIe siècle de notre ère). Il en va de même de l'histoire du petit oiseau d'argile que l'enfant Jésus anime de son souffle : « Pour vous, je façonne la glaise et lui fais prendre la forme d'un oiseau ; puis je souffle dedans et, par la permission de Dieu, cela devient un véritable oiseau » (Coran 3, 49). On notera au passage que ce n'est pas Jésus qui accomplit le miracle de sa propre autorité, mais Dieu.

Des groupes chrétiens dissidents, comme les ébionites, qui vivaient en Transjordanie, sur la route traditionnelle des grandes caravanes se rendant de Syrie en Arabie, ont pu apporter aux voyageurs arabes ce type de récit imagé.

Autre différence, et de taille : condamné par les juifs et les Romains, Jésus n'est pas mort sur la croix, mais a été élevé directement au Ciel par Dieu. « Ils ont dit : Oui, nous avons tué le Messie, Jésus fils de Marie, le prophète d'Allah. Mais ils ne l'ont pas tué ; ils ne l'ont pas crucifié, cela est seulement apparu ainsi [...], ils ne l'ont certainement pas tué, mais Allah l'a élevé vers lui : Allah est puissant et juste » (4, 157-158). On retrouve probablement là l'influence des doctrines docètes, transmises par les hérésies gnostiques, qui nient la crucifixion.

On est en tout cas assez éloigné du Christ de la foi, comme du reste du Jésus de l'Histoire. *'Issa ibn Maryam* est un sage au destin exceptionnel, qui occupe une place éminente dans l'histoire du monde. Il jouera un rôle lors de la Résurrection. Pur, il n'a pas commis de péché. Il est *Nabi*, Prophète, *Ruh Allah*, Esprit de Dieu, *Rasul Allah*, Envoyé de Dieu, *qawl al-haqq*, Parole de vérité, *al-massih*, Messie, et *kalimat Allah*, Verbe de Dieu, mais il n'est en rien le Fils de Dieu, au sens fort du terme, comme l'entendent les chrétiens, le « vrai Dieu né du vrai Dieu », deuxième personne de la Trinité, conçu avant tous les siècles, ni le Dieu incarné, mort sur le bois de la croix pour le Salut de l'humanité et le pardon des péchés. Le rejet est ici catégorique. « Mécréants sont ceux qui affirment cette divinité » (Coran 5, 72-73). Théologiquement, le Coran assimile le monothéisme trinitaire des chrétiens à un trithéisme portant une atteinte inadmissible, odieuse à l'unicité de Dieu. Il concède que *'Issa* puisse guérir les malades ou ressusciter les morts, mais pardonner les péchés, cela, il ne peut le concevoir… N'oublions pas non plus que le Coran, texte composite du VIIe siècle, pétri des contradictions de ses courants constitutifs, contient des versets d'une rare violence à l'égard des infidèles, particulièrement des chrétiens, appelés à être torturés et exterminés, versets relativisés aujourd'hui par les modérés, mais pris au pied de la lettre par les tenants du salafisme djihadiste. Il faut donc se méfier du syncrétisme religieux, source de confusion. Le souhaitable débat islamo-chrétien, loin de tout fanatisme ravageur, passe par une honnête reconnaissance de ces divergences fondamentales.

Voir : Vrai Dieu et vrai homme.

J

Jacques Fesch, le « bon larron »

Cela commence par un tragique fait divers ; cela se termine par une extraordinaire histoire d'amour avec Jésus, une histoire, je l'avoue, qui me bouleverse. Le 25 février 1954, peu avant 6 heures du soir, la boutique d'un changeur de la rue Vivienne à Paris fait l'objet d'une attaque à main armée. Le commerçant est mortellement blessé, tandis que le voleur s'enfuit avec une importante somme d'argent. Reconnu par un passant, celui-ci est pris en chasse par un agent de police qui est tué d'une balle en plein cœur. Un autre homme voulant le ceinturer est à son tour grièvement blessé. Le forcené est enfin maîtrisé dans la station de métro Richelieu-Drouot et écroué à la prison de la Santé.

Jacques Fesch n'a pas vingt-quatre ans. Il a fini son service militaire comme caporal. Des photos montrent un visage long, des traits fins, distingués, une abondante coiffure ébouriffée. C'est un fils de bonne famille, dur, cynique, aimant la vie facile, qui a mal tourné. Un dévoyé, un raté, il l'avouera lui-même. Ses parents sont séparés. Marié à une jeune fille de Saint-Germain-en-Laye, dont il a eu un enfant, il la quitte à son tour. Il n'a plus qu'un rêve, qu'une obsession, partir pour la Polynésie sur son propre voilier… Pour cela, il faut de l'argent, beaucoup d'argent. Son père, un directeur de banque d'origine belge, égoïste et sarcastique, qui ne s'est jamais beaucoup occupé de sa progéniture, refuse de l'aider. Afin de réaliser son dessein, il a donc sombré dans la crapulerie et le crime…

Dans sa cellule, isolé et sous haute surveillance, Jacques Fesch s'effondre, désespéré. Il congédie l'aumônier, un dominicain, le père Devoyod, en lui déclarant qu'il n'a pas la foi. Pourtant, à partir de ce moment, il va vivre une expérience spirituelle d'une exceptionnelle intensité que nous révèlent son journal intime et sa correspondance, véritables chants d'amour et d'action de grâces.

Pendant un peu plus d'un an, il chemine doucement vers la foi, lisant les livres que lui prête l'aumônier, revenu le voir : la Bible, les vies de sainte Thérèse d'Avila, de saint François d'Assise, des ouvrages de piété. Son avocat ainsi qu'un camarade de jeunesse de sa femme, Thomas, devenu religieux, l'aident. Brusquement, une nuit, il fait l'expérience de Dieu. Il rencontre le Christ dans la prière. C'est le coup de foudre : « J'ai possédé la foi, une certitude absolue… Tout est devenu clair en quelques instants. C'était une joie sensible, très forte. » Son ascension spirituelle qui touche au sublime est stupéfiante. « Une main puissante m'a retourné », écrit-il. Il lit, médite, pleure de joie, se laisse transformer par l'Esprit. Conscient de sa misère et de l'horreur de ses péchés, il se sent comblé de grâces, avec la conviction profonde d'avoir été pardonné de ses crimes. L'aumônier vient dire la messe pour lui tous les mercredis. Il communie avec ferveur, prie pour sa petite Véronique, pour la conversion des siens, sa femme Pierrette, son père athée… « Dans le silence de ma cellule, je regarde la croix et ne suis plus seul. » Mesurant le chemin qu'il lui reste à parcourir, il comprend que la religion n'est pas un « confort », mais une conversion de tous les instants, « une exigence permanente de réforme spirituelle ». « Je vis des heures merveilleuses », avoue-t-il, faisant sienne la phrase de Thérèse de Lisieux : « Tout est grâce. » Mais la purification mystique ne connaît pas que des moments d'exaltation. Il y a les périodes d'aridité, de dépression, les obscurités de la déréliction, les soupirs, les appels au secours. A plusieurs reprises, Jacques vit lui aussi « les ténèbres de l'abandon », « éprouvé comme l'or dans la fournaise ».

Après quatre jours d'audience aux assises, il est condamné à mort le 6 avril 1957. La préméditation a été retenue, avec, comme circonstance aggravante, le fait d'avoir tué un policier. « Je suis le plus privilégié des hommes parce que ce qu'on va me donner est hors de proportion avec ce qu'on va me prendre, et en aurais-je la possibilité que je ne changerais pas mon sort pour celui d'un roi du pétrole. » Qui n'aurait pas hésité ? Mais l'attente est longue encore. Avec la permission de l'administration pénitentiaire, il épouse religieusement sa femme. Enfin, le 1er octobre 1957, jour du soixantième anniversaire de la mort de sainte Thérèse de l'Enfant-Jésus, au petit matin, dans la cour de la Santé, après trois ans et huit mois de détention, il marche avec une sérénité royale vers l'échafaud.

Deux mois auparavant, alors qu'il ne savait pas encore que sa grâce avait été rejetée par le président Coty (mais de « grâce », il ne voulait plus que celle de son Sauveur), il avait reçu la certitude absolue qu'il serait guillotiné et goûterait aussitôt la joie des élus. « Il ne m'arrivera aucun mal et je serai porté tout droit au paradis avec toute la douceur qu'il convient à un nouveau-né. » Il en fut transfiguré, exultant d'un bonheur intense. « A deux reprises, Dieu m'a dit : tu reçois les grâces de ta mort ! » Son joug devient alors doux et la croix sa planche de salut. « Dans cinq heures, je verrai Jésus », écrit-il dans son journal la veille de son exécution. C'est sous ce titre que celui-ci sera publié en 1989. C'est un choc que de le lire.

Jacques Fesch s'est comparé au « bon larron » qui attend sur la croix, dans les douleurs de l'agonie, la félicité céleste promise par Jésus. Il a prié pour ses victimes, offert ses souffrances. « Les clous sont réels, écrit-il, les clous *acceptés.* » Ses écrits ne seront pas oubliés. Une association les diffusera. Des films documentaires, une pièce de théâtre seront réalisés. En décembre 1993, le cardinal Jean-Marie Lustiger, archevêque de Paris, ouvrira l'enquête préliminaire à sa béatification. « J'espère, dit-il, qu'il sera un jour vénéré comme une figure de sainteté. » L'instruction est en cours…

Voir : Larrons.

Jean, fils de Zébédée

C'était un simple pêcheur de Capharnaüm, sur les bords du lac de Tibériade, qui travaillait dans l'entreprise de son père. Jésus, nous dit l'Evangile de Matthieu, le voyant avec son frère Jacques en train de réparer leurs filets, les appelle à le suivre et à devenir ses disciples. Tous deux sont amis d'une équipe voisine de pêcheurs, Simon-Pierre et André, qui viennent eux aussi d'être hélés par le Seigneur : « Venez à ma suite et je vous ferai pêcheurs d'hommes. » « Aussitôt, poursuit l'évangéliste, laissant leur barque et leur père, ils le suivirent. »

Choisis pour figurer au nombre des Douze, Jean et son frère aîné Jacques assistent aux grands épisodes de la vie publique de Jésus : la résurrection de la fille de Jaïre, chef de la synagogue de Capharnaüm, la Transfiguration, la scène de l'agonie au jardin de Gethsémani… Après la mort et la résurrection de Jésus, ils participent à la naissance de la jeune Eglise, priant au Cénacle avec les Onze et Marie, élisant un successeur à Judas en la personne de Matthias, recevant l'Esprit saint à la Pentecôte, montant au Temple, y enseignant avec Pierre sous la colonnade de Salomon, comparaissant devant le Sanhédrin et se rendant avec Pierre en Samarie pour y annoncer la Bonne Nouvelle du Salut.

Autant qu'on puisse le deviner à travers les textes évangéliques, ce Jean était d'un tempérament impétueux, tout comme son frère Jacques et son ami Simon-Pierre. Dans leur emportement naturel, les deux fils de Zébédée auraient voulu réduire en cendres, comme ceux de Sodome et Gomorrhe, les habitants d'un village samaritain qui refusaient de recevoir Jésus et les siens. « Seigneur, veux-tu que nous ordonnions que le feu tombe du ciel pour les détruire ? » Mais Jésus les rabroue vertement. Une autre fois, Jean s'indigne de l'action d'un exorciste étranger au cercle des disciples : « Maître, nous avons vu quelqu'un chasser des esprits mauvais en ton nom ; nous avons voulu l'en empêcher, car il n'est pas de ceux qui nous suivent. » A quoi Jésus leur répond : « Ne l'empêchez pas, car celui qui fait un miracle en mon nom ne peut pas, aussitôt après, mal parler de moi ; celui qui n'est pas contre nous est pour nous » (Marc 9, 38-40).

A cause de leur fougue, Jésus les a surnommés *Boanergès*, les fils du tonnerre. Ils sont fort ambitieux l'un et l'autre. Matthieu raconte que Salomé leur mère, qui fait partie du petit groupe de femmes accompagnant Jésus dans ses déplacements, se prosterne un jour devant lui pour faire une demande. « Que veux-tu ? — Voici mes deux fils, ordonne qu'ils siègent l'un à ta droite et l'autre à ta gauche dans ton royaume. » La pauvre femme, comme beaucoup, croyait à un royaume terrestre que le Maître instaurerait en Israël après avoir chassé les Romains ! Jésus réplique aux deux frères présents : « Vous ne savez pas ce que vous demandez. Pouvez-vous boire à la coupe que je vais boire ? » Ils répondent crânement qu'ils le peuvent. Il leur dit alors : « Ma coupe, vous y boirez ; quant à siéger à ma droite et à ma gauche, il ne m'appartient pas de l'accorder ; il y a ceux pour qui ces places sont préparées par mon Père. » Comme les dix autres apôtres s'indignent de leur comportement, il reprend : « Vous le savez : les chefs des nations païennes commandent en maîtres et les plus grands font sentir leur pouvoir. Parmi vous, il ne doit pas en être ainsi ; celui qui veut devenir grand sera votre serviteur ; et celui qui veut être le premier sera votre esclave. Ainsi le Fils de l'Homme n'est pas venu pour être servi, mais pour servir et donner sa vie en rançon pour la multitude » (20, 20-28).

« La coupe que je vais boire, vous y boirez, et le baptême dans lequel je vais être plongé, vous le recevrez », reprend Marc (10, 39) : Jésus indiquait par là qu'eux aussi connaîtraient le martyre. Le fait que cet épisode soit relaté par Matthieu et Marc montre que leur mort violente s'était déjà produite au moment de la rédaction de ces Evangiles. D'après les Actes des Apôtres, ouvrage écrit par Luc au début des années 60, Jacques aurait été décapité par ordre du roi Hérode Agrippa Ier vers l'an 43-44. On ne sait rien de Jean, mais il est probable qu'il a été victime lui aussi de la même répression antichrétienne (si la prophétie n'avait été qu'à demi remplie, aurait-elle été ainsi énoncée dans les Evangiles ?). Deux manuscrits éthiopiens des Actes des Apôtres substituent même la personne de Jean à celle de son aîné : « Il [Hérode Agrippa] fit mourir Jean, le frère de Jacques, par le glaive. » En tout cas, le nom de Jean est associé à celui de son frère dans plusieurs martyrologes orientaux, dans des textes liturgiques anciens, en Espagne, en Gaulle et en Orient, ainsi que dans plusieurs écrits patristiques. Le 27 décembre on célèbre la fête de « Jean et Jacques, apôtres, [morts] à Jérusalem ».

Longtemps, cet impétueux apôtre a été confondu avec le presbytre Jean, le disciple bien-aimé, auteur du quatrième Evangile, qui, lui, s'est « endormi » à Ephèse en l'an 101. Cette identification est de plus en plus contestée par la critique historique.

Voir : Jean l'évangéliste ; Salomé, mère de Jacques et Jean.

Jean le Baptiste

De ce curieux ascète à la peau tannée par le soleil, j'avoue n'avoir retenu, au cours de mes lointaines leçons de catéchisme, que l'originalité de son vêtement et l'étrangeté de ses habitudes culinaires : une tunique de poils de chameau, un pagne autour des reins, et pour seule nourriture des sauterelles et du miel sauvage… Je me demandais ce que venait faire ce fruste Bédouin au beau milieu de l'Histoire sainte… !

Depuis, bien sûr, mon regard a changé. J'ai mesuré combien était essentielle la place du dernier prophète d'Israël dans l'économie du Salut. Il est le Précurseur, celui qui, sous l'influence de l'Esprit, annonce la transformation du monde ancien par la Promesse de Dieu. C'était durant la quinzième année du règne de Tibère, qui allait du 19 août 28 au 18 août 29, que ce Iohanan (« Dieu fait grâce »), fils de Zacharie, prêtre de la huitième classe du temple de Jérusalem, et d'Elisabeth, de la tribu d'Aaron, était apparu dans la région du Jourdain, après avoir séjourné dans le désert. On le surnommait le Baptiseur ou le Baptiste. Son vêtement original correspondait à celui du prophète Elie.

Jean avait vécu dans le désert, tel un anachorète, sans manger de pain ni boire de breuvage fermenté, ne se nourrissant que de ce qu'il trouvait dans les anfractuosités des rochers, du miel déposé par les abeilles, ou de grasses sauterelles qu'il faisait griller. Vraisemblablement, c'était un de ces *nazirs** dont parle le livre des Nombres, qui se laissaient pousser la barbe et les cheveux, comme Samson, fils de Manoach, de la tribu de Dan, et s'imposaient un régime végétarien (les sauterelles n'étaient pas considérées comme de la viande).

Un jour, quittant les sables et les pierres calcinées du désert, il vint s'installer au milieu des roseaux du Jourdain, attirant à lui des foules de plus en plus nombreuses. Dans la lignée des anciens prophètes d'Israël, Elie, Amos, Osée, Jérémie ou Isaïe, il met en garde le peuple impie d'Israël. La colère du Ciel va se manifester. « Déjà la cognée se trouve à la racine de l'arbre. » Tout arbre « qui ne produit pas de bons fruits va être coupé et jeté au feu ». Le Jour de l'Eternel va venir. Alors le bon grain sera séparé de la balle. Le Seigneur « a sa pelle à vanner à la main ; il va nettoyer son aire et recueillir son blé dans le grenier ; mais la balle, il la brûlera au feu qui ne s'éteint pas ». Rien au milieu de ces âpretés désespérantes qui rappelle la miséricorde divine, la compassion pour sa créature, tombée dans le péché. Aucune « bonne nouvelle » ne semble en vue dans ce châtiment implacable qui doit s'abattre. Et, cependant, des paysans, des pêcheurs, des artisans, des douaniers, des collecteurs d'impôts, tous méprisés des élites cultivées, écoutent ses prônes enfiévrés. Aux sentencieux pharisiens, aux orgueilleux sadducéens de Jérusalem qui se mêlent à son auditoire habituel il lance de sévères apostrophes, les traite d'« engeance de vipère », une injure qui désigne les descendants de Caïn, né selon une tradition juive de l'union d'Eve et du serpent !

Ainsi Jean, dans son exigeante austérité, tente-t-il, par ses terrifiantes admonestations, de secouer ses coreligionnaires qui imaginent se préserver du Jugement par la seule observance des rites de pureté. L'alliance de Moïse ne suffit plus, assure-t-il, « car, je vous le dis, des pierres que voici Dieu peut susciter des enfants à Abraham ». Il presse ses auditeurs de fuir l'idolâtrie, de se repentir de leurs péchés individuels et collectifs, de mener une vie droite, honnête et charitable. Que celui qui a de quoi manger aide le nécessiteux, que celui qui a deux tuniques partage avec celui qui n'en a pas. « Produisez donc des fruits qui témoignent de votre conversion. » « Ne faites ni violence ni tort à personne, recommande-t-il aux soldats du tétrarque Hérode Antipas, et contentez-vous de votre solde. » Aux publicains, il ajoute : « N'exigez rien de plus que ce qui a été fixé. »

Ce n'est qu'une fois repenti que le pécheur se voit administrer un baptême d'eau, qui n'a aucun rapport avec les ablutions multiples pratiquées par les pharisiens ou les rites purificateurs des esséniens. Jean n'accomplit aucun prodige, aucun miracle. Son action est purement morale et spirituelle, tournée vers le renouvellement personnel, le partage fraternel, le jeûne, la prière. En aucun cas il n'appelle au renversement des pouvoirs établis, pas plus celui des Romains que celui de leur vassal Hérode Antipas.

Une fois baptisés, les adeptes retournent à leurs occupations habituelles, dans l'attente des « derniers jours » qui ne sauraient tarder. Il parle de la venue d'un personnage mystérieux qui lui est supérieur, mais qu'il ne définit pas précisément. Est-ce un messie royal ? Un messie sacerdotal ? Un nouveau grand prêtre ? « Moi, je vous baptise dans l'eau en vue de la conversion ; mais celui qui vient après moi est plus grand que moi ; je ne suis pas digne de lui ôter ses sandales. »

Le fils de Zacharie est bien le Précurseur, celui qui prépare le chemin de Jésus. « Il n'était pas la Lumière, dit l'évangéliste Jean, mais il avait à rendre témoignage à la Lumière. » Son rituel baptismal n'est que transitoire. « Celui qui vient » baptisera non dans l'eau, mais dans l'Esprit.

Son succès finit par émouvoir les autorités du Temple : son baptême ne concurrence-t-il pas les rites de pardon qui y sont dispensés ? Elles décident de lui envoyer une délégation chargée de le soumettre à un interrogatoire au lieu où il baptise habituellement, Béthanie, en Pérée du Sud, au confluent du Jourdain et de la petite vallée du Wadi Kharrar. Ce lieu a été découvert en 1996 par une équipe d'archéologues jordaniens, invalidant du même coup l'endroit que l'on montre traditionnellement aux pèlerins et aux touristes qui se rendent en Israël.

L'interrogatoire, reproduit en partie par l'Evangile de Jean (ce proche de l'aristocratie sacerdotale y a peut-être assisté), est fort intéressant en ce qu'il permet de cerner un peu mieux la personnalité du Baptiste. Celui-ci avoue en effet ne se rattacher à aucun maître, à aucune école. Il prêche de sa propre autorité, tenant sa mission de Dieu même. Mais il le dit, il n'est pas le Messie, ni Elie ressuscité, ni le Prophète attendu à la fin des temps. Qui est-il donc ? Il répond par l'énoncé de sa mission : « Je suis la voix de celui qui crie dans le désert : "Aplanissez le chemin du Seigneur" », s'appliquant à lui-même cette parole d'Isaïe.

Un peu plus tard, au printemps de l'an 30, alors que son mouvement a pris de l'ampleur, voici que s'avance Jésus, son cousin le Nazôréen, né six mois après lui, selon saint Luc. Lui aussi vient se faire baptiser. C'est alors que se produit un prodige, une épiphanie*, contée par les quatre Evangiles : la descente sur Jésus sortant des eaux de l'Esprit, sous forme d'une colombe. « J'ai vu et j'atteste », dit le Baptiste.

Ainsi commence le ministère public du fils de Marie et de Joseph. Il y a cependant quelque chose d'étrange qui m'a toujours étonné. Jean, qui a reconnu en lui le Messie désigné par l'Esprit, ne se met pas à son service. Il se contente de l'associer à son annonce prophétique, le laisse recruter ses disciples parmi les siens, tandis que lui-même poursuit sa propre annonce, comme s'il ne pouvait aller au-delà. Comment expliquer ce mystère ? On en est réduit à des hypothèses. Je pense que Jésus a développé par étapes son enseignement et les révélations sur sa personne. Le Baptiste a peut-être pensé que sa propre mission n'était pas achevée. Peut-être est-ce la raison pour laquelle on assiste, au moins pendant quelques semaines, à une répartition des rôles et des zones géographiques entre les deux hommes. Pendant que Jean poursuit son ministère baptismal à Aenon près de Salim, en Samarie, Jésus et son groupe semblent s'être installés sur les bords du Jourdain, où ils pratiquent un baptême d'attente (Jean l'évangéliste précise que Jésus ne baptisait pas, mais que ses disciples le faisaient). Après sa résurrection, Jésus déclarera : « Jean a baptisé avec de l'eau, mais vous, c'est dans l'Esprit saint que vous serez baptisés dans quelques jours » (Actes des Apôtres 1, 5).

Jésus n'a donc pas constamment délivré son message sous la même forme. Pourtant, dès le début, il se distingue de l'annonce du Précurseur. Se plaçant au centre de sa proclamation, il n'appelle pas à se retirer au désert ou au Jourdain. Il vient à ses auditeurs dans les villages et à Jérusalem. Son discours n'a pas la même âpreté. Il parle avec autorité, annonce la Bonne Nouvelle du Salut, pratique des exorcismes, accomplit des miracles, délivre un enseignement d'amour, un message d'espérance.

On perçoit à la lecture du quatrième Evangile une certaine rivalité entre les disciples de Jean et ceux de Jésus. Le malaise s'installe. Les Judéens s'interrogent sur la valeur respective des deux baptêmes. Faut-il, lorsqu'on a reçu le premier, recevoir aussi celui de Jésus ? L'un a-t-il une valeur purificatrice supérieure à l'autre ? Cependant, à aucun moment Jésus ne conteste la validité du baptême de son cousin. Sans renier sa prédication, il semble la dépasser.

Il reste que les disciples du Baptiste sont embarrassés. « Rabbi, demandent-ils à leur maître, celui qui était avec toi au-delà du Jourdain, celui à qui tu as rendu témoignage, le voilà qui baptise, et tous viennent à lui. » Jean ne désavoue pas Jésus. « Un homme ne peut rien entreprendre qui lui ait été donné du Ciel, répond-il. Vous-mêmes témoignez que j'ai dit : "Je ne suis pas le Messie, mais je suis envoyé devant lui." » Il est l'ami de « l'époux » d'Israël, non l'époux. C'est donc une place immense que Jean réserve à Jésus, car, dans le Premier

Testament, le privilège d'être l'époux d'Israël est attribué à YHWH lui-même. « Il faut qu'il croisse, ajoute-t-il, et que moi, je diminue » (Jean 3, 26-30).

Le tétrarque Hérode Antipas, de son côté, s'intéresse au Baptiseur, d'abord parce qu'il est curieux de sa doctrine, mais également parce que ce prophète radical, dont le magnétisme l'étonne, œuvre le plus souvent dans les territoires placés sous son administration directe, la Galilée et la Pérée. Au printemps de l'an 30, il le convoque, l'interroge. Superstitieux, il a besoin de mages autour de lui. Mais Jean n'est pas homme à se laisser circonvenir. Il lui reproche sans ménagement son union avec Hérodiade, femme de son demi-frère Hérode II, qui vit à Rome, alors qu'il a répudié sa propre épouse, la princesse Phasaelis, fille du roi nabatéen Arétas IV. La loi juive interdit de se marier avec sa belle-sœur, à moins que son frère ne soit mort sans descendance, ce qui n'est pas le cas.

Hérode Antipas commet l'erreur de le laisser partir. Depuis, il se sent menacé. Des soldats de son armée, des collecteurs de taxes ne cessent de venir se faire baptiser au Jourdain. Comme le dit l'historien Flavius Josèphe dans ses *Antiquités juives*, l'excitation des partisans de Jean était « à son comble quand ils écoutaient ses paroles ».

Il le fait arrêter et conduire sous bonne escorte dans une chambre gardée du palais de Machéronte, au sud de la Pérée, une haute citadelle entourée de puissantes murailles. Jésus, de son côté, menacé par les pharisiens de Judée, préfère s'éloigner en gagnant la Galilée, où il est plus facile de se cacher dans les villages, bien que cette région soit administrée par le redoutable tétrarque.

Jean est traité comme un prisonnier de marque. Quelques-uns de ses disciples sont autorisés à lui rendre visite et à s'entretenir avec lui. Les conversations roulent sur la personne de Jésus, dont le comportement déconcerte. Sans doute accomplit-il des guérisons, des exorcismes, des miracles même ; pourtant, il ne semble revendiquer aucun titre, ni aucun attribut de puissance. L'illustre captif s'interroge lui aussi. Tout imprégné des images des Ecritures et des apocalypses* juives, il attendait un justicier messianique, venant avec le feu purificateur du Ciel. Or le Nazôréen parle de l'amour divin, de la miséricorde infinie du Père, qui pardonne soixante-dix-sept fois sept fois. Ses disciples continuent d'administrer un baptême voisin du sien. Où donc est l'Esprit qui devait venir ? Bref, l'attente eschatologique* semble se prolonger, et Jean se voit en prison, sans secours spirituel, comme abandonné de YHWH. Traversé par le doute, il s'égare dans les incertitudes. Jésus est-il bien « l'agneau de Dieu » ? Ne s'est-il pas trompé de personne ?

Aussi décide-t-il d'envoyer deux de ses proches l'interroger : « Es-tu celui qui doit venir ou devons-nous en attendre un autre ? » Jésus accueille les émissaires et, sans répondre, peut-être parce que l'étiquette messianique est dangereuse à porter et source de confusion, il énonce ses œuvres : « Allez rapporter à Jean ce que vous entendez et voyez : les aveugles recouvrent la vue et les boiteux marchent droit, les lépreux sont purifiés et les sourds entendent, les morts ressuscitent et la Bonne Nouvelle est annoncée aux pauvres » (Matthieu 11, 4-6). Oui, il est venu apporter à l'Israël pécheur et souffrant le Salut annoncé par le prophète Isaïe. Il est bien le Messie, mais pas celui qu'on attend.

On ne connaît pas la réaction de Jean. Devant ses disciples, Jésus fait de lui son éloge : « Parmi ceux qui sont nés des femmes, il ne s'en est pas levé de plus grand que Jean le Baptiste ; pourtant, le plus petit dans le Royaume des cieux est plus grand que lui. » Jean appartient aux temps anciens tandis que lui inaugure les temps nouveaux.

C'est probablement à la fin de l'été de 31 que se place le célèbre épisode – peut-être romancé – de la danse de Salomé, la fille d'Hérodiade, dans le palais de Machéronte. Ensorcelé par la beauté de cette adolescente, le vieil Hérode Antipas (il avait cinquante ans) jure de lui donner tout ce qu'elle veut. La petite, consultant sa mère qui n'a jamais pardonné l'affront de Jean condamnant son remariage, demande alors sa tête. Le tétrarque est obligé de s'exécuter.

Selon une tradition musulmane non authentifiée, le chef de Jean se trouverait à Damas dans la mosquée des Omeyyades. Nombre de ses disciples ne se rallièrent pas à la doctrine de Jésus. De petites communautés baptistes survivent encore de nos jours, comme les mandéens, mais les filiations spirituelles sont difficiles à établir.

Voir : Baptême de Jésus ; Désert ; Hérode Antipas ; Hérodiade et Salomé ; Messie et Fils de l'Homme.

Jean l'évangéliste

Dans ma quête du Jésus de l'Histoire, la lecture d'une étude peu connue, mais passionnante, du père Jean Colson, professeur à l'Université catholique de l'Ouest (Angers), *L'énigme du disciple que Jésus aimait*, parue en 1969, a été pour moi décisive. Elle apporte la clé de bien des événements. Jean l'évangéliste, que son entourage appelait le « disciple bien-aimé » ou le « disciple que Jésus aimait », est en effet un personnage essentiel de la vie publique du Christ et des débuts du christianisme. C'est à lui que Jésus, sur la croix, a confié sa mère : « Fils, voici ta mère » ; « Mère, voici ton fils ». C'est lui qui l'a hébergée dans sa maison de Jérusalem jusqu'à sa mort (sa « dormition », disent les Eglises orientales). Quittant la Ville sainte à une date indéterminée, ce Jean fut exilé vers 94 à Patmos par ordre de Domitien. Là, il écrivit ou acheva l'Apocalypse, puis se rendit deux ans plus tard à Ephèse où il s'éteignit à un âge très avancé, « soixante-huit ans après la mort de Notre-Seigneur », précise saint Jérôme, ce qui nous conduit en 101, sous le règne de Trajan. Il devait avoir aux environs de quatre-vingt-dix ans.

Mais qui donc était-il ? Il n'est pas anecdotique de le savoir, car il se présente comme un témoin oculaire. « Ce qui était dès le commencement, écrit-il dans sa première Epître, ce que nous avons entendu, ce que nous avons vu de nos yeux, ce que nous avons contemplé, ce que nos mains ont touché du Verbe de vie – car la Vie s'est manifestée : nous l'avons vue, nous en rendons témoignage et nous vous annonçons cette Vie éternelle, qui était auprès du Père et qui nous est apparue –, ce que nous avons vu et entendu, nous vous l'annonçons… » (1 Jean 1, 1-3). Ses compagnons l'attestent aussi de façon solennelle à la fin de son Evangile : « C'est ce disciple qui témoigne au sujet de ces choses et qui les a écrites, et *nous savons* que vrai est son témoignage » (Jean 21, 24). Ce « nous » renvoie à ce qu'on appelle le « milieu johannique » : il s'agit, selon un document fragmentaire datant du milieu du IIe siècle, le Canon de Muratori, d'André, frère de Simon-Pierre, et de quelques disciples qui le prièrent d'écrire en leur nom ce qu'il savait de Jésus, étant entendu qu'eux-mêmes le « corrigeraient », autrement dit compléteraient son témoignage. Parmi eux figurent sans doute ceux qui sont cités dans l'Evangile : Nathanaël, Philippe, Thomas…

Malheureusement, cela ne nous donne pas l'identité de Jean, un nom – en hébreu Iohanan ou Yohanan – fort répandu à l'époque. Longtemps j'ai cru à la version traditionnelle, répétée depuis des siècles : Jean l'évangéliste serait tout simplement Jean, le fils de Zébédée, le petit patron pêcheur du lac de Génésareth, le frère de Jacques le Majeur, le compagnon de Simon-Pierre, dont parlent les synoptiques*. J'avais cependant quelques doutes. Comment cet humble pêcheur du lac, que Matthieu et Marc nous présentent en train de réparer les filets dans la barque de son père, pourrait-il être l'éblouissant « Jean le théologien », hautement pénétré des subtilités de la religion juive, imprégné de la mentalité sacerdotale du temple de Jérusalem, alors que les Actes des Apôtres, écrits par Luc peu après son Evangile, nous disent que Simon-Pierre et Jean étaient « illettrés et des simples » (4, 13) ? Pourquoi, s'il avait été l'auteur du quatrième Evangile, n'a-t-il pas relaté des événements vécus par lui, comme la résurrection de la fille de Jaïre ou la Transfiguration ? Pourquoi a-t-il centré l'essentiel de son texte sur Jérusalem plutôt que sur la Galilée, dont il était originaire ? Comment se fait-il qu'il soit « connu du grand prêtre » et de son proche entourage, au point de nous donner le nom de celui à qui Pierre a tranché le lobe de l'oreille à Gethsémani, Malchus, ou de citer le frère de celui-ci parmi les gardes qui se chauffaient dans la cour du grand prêtre honoraire ? Bien plus encore, il n'avait eu qu'un mot à dire à la portière pour faire pénétrer Simon-Pierre dans la résidence privée de Hanne. Comment, enfin, le quatrième Evangile aurait-il mis tant de temps à être reconnu par la grande Eglise à l'égal des synoptiques s'il émanait de l'un des Douze ?

Après le livre du père Colson, je me suis plongé dans celui de l'éminent exégète protestant Oscar Cullmann, professeur à Bâle, *Le Milieu johannique*, dans celui du père François Le Quéré, *Recherches sur saint Jean,* dans ceux de Claude Tresmontant, de Jacqueline Genot-Bismuth et de quelques autres, qui arrivent tous à la même conclusion : l'auteur du quatrième Evangile, le doux disciple du Seigneur, n'est pas Jean, fils de Zébédée, surnommé avec son frère Jacques *Boanergès* (les fils du tonnerre). Le jésuite Xavier Léon-Dufour, qui avait commencé en 1988 sa *Lecture de l'Evangile selon saint Jean* en soutenant qu'à l'origine de ce texte se trouvaient les souvenirs du pêcheur du lac, se rallie, au quatrième tome de son étude paru en 1996, à la thèse de l'autre Jean, disciple de Jésus à Jérusalem, ne faisant pas partie du groupe des Douze. Ces auteurs m'ont conduit à me pencher sur des témoignages anciens, longtemps négligés des chercheurs.

Papias, évêque de Hiérapolis en Phrygie au début du IIe siècle, parle en effet de deux Jean : l'un des Douze et celui qu'il nomme « le presbytre Jean, disciple du Seigneur ». Le premier était mort au moment qu'il s'enquérait des souvenirs de Jésus, le second, au contraire, était toujours en vie. Papias privilégiait le témoignage oral aux textes écrits, y compris les Evangiles. « Je ne pense pas, écrivait-il, que les choses qui proviennent des livres fussent plus utiles que ce qui vient d'une parole vivante et durable. »

Une autre tradition rapportée par Polycrate est plus importante encore. Ce Polycrate, né vers 130, était évêque d'Ephèse, comme plusieurs membres de sa famille avant lui. Il connaissait parfaitement l'histoire de l'église de cette ville. Invoquant, dans une lettre adressée au pape Victor vers 190-198, les « grandes lumières » qui s'étaient éteintes en Asie, il cite Philippe, « l'un des Douze, qui s'est endormi à Hiérapolis », et « Jean, qui a reposé contre la poitrine du Seigneur, qui fut *hierus* [c'est-à-dire prêtre] et [à ce titre] a porté le *pétalon* [la lame d'or], témoin et *didaskale* [enseignant]. Il s'est endormi à Ephèse ».

Jean le presbytre, c'est-à-dire « l'Ancien », comme il s'intitule lui-même dans sa troisième Epître, aurait donc été un prêtre du haut sacerdoce de Jérusalem, ayant le droit d'arborer le *pétalon*, en hébreu le *tziz zahab*, la « fleur », la lame d'or, insigne porté sur la poitrine par les grands prêtres, dont l'usage s'était probablement étendu à certaines familles aristocratiques ayant donné des grands prêtres. Disciple secret de Jésus, ce jeune et riche patricien n'aurait pas suivi Jésus sur toutes les routes de Galilée (même si sa présence à Cana, lors du premier miracle, est probable). Irénée l'appelle simplement « le disciple du Seigneur qui reposa sur sa poitrine ». Origène nous le présente comme ayant la double gloire de s'être « renversé sur la poitrine de Jésus » (allusion à l'épisode de la Cène, où Jean se penche vers Jésus, placé à sa gauche, pour lui demander qui va le trahir) et d'avoir « reçu de Jésus Marie pour mère ».

D'autres indices encore : il semble que Jean, fils de Zébédée, soit mort au moment que les synoptiques ont été écrits, et donc *a fortiori* le quatrième Evangile. Sinon n'y figurerait pas la phrase de Jésus prédisant aux deux frères, Jacques et Jean, leur martyre : « La coupe que je bois, vous la boirez, et le baptême dont je suis baptisé, vous en serez baptisés » (Matthieu 20, 20-28 ; Marc 10, 35-45). S'appuyant sur des martyrologes orientaux qui associaient Jacques et Jean martyrs à Jérusalem, le père Marie-Emile Boismard, de l'Ecole biblique et archéologique de Jérusalem, pense que les deux frères ont été suppliciés en même temps, vers l'année 44. Ce Jean de Zébédée n'est donc pas l'évangéliste Jean, le disciple bien-aimé qui s'est « endormi » à Ephèse au début du IIe siècle.

Dans son livre *Jésus de Nazareth*, Joseph Ratzinger/ Benoît XVI admet lui aussi que le presbytre Jean pourrait avoir « une fonction essentielle dans la rédaction du quatrième Evangile ». La véritable prétention de cet Evangile, conclut le pape émérite, est « d'avoir rendu correctement les discours de Jésus, le témoignage de Jésus lui-même dans les grandes querelles de Jérusalem, de sorte que le lecteur rencontre vraiment le contenu décisif de ce message et, en lui, la figure authentique de Jésus[1] ».

Voir : Cène ; Evangiles canoniques ; Jean, fils de Zébédée.

1. T. I, Paris, Flammarion, 2007, p. 255.

Jérusalem

Jérusalem ! Dans le jour qui se meurt, le soleil jette les derniers éclats de sa phosphorescente lumière safranée et fait resplendir les incandescentes murailles. Sous le bleu d'un ciel qui s'assombrit avant que les hauts lampadaires ne dispensent leur clarté artificielle, la ville aux rues populeuses se prépare doucement à la vie nocturne. Contemplant l'immense maquette de la Jérusalem à l'époque du second Temple, installée à ciel ouvert au Musée d'Israël, je songe à ce Dieu donné et incarné descendant de Bethphagé la colline des Oliviers sur le petit ânon, comme l'avaient annoncé les prophètes. « Tandis qu'il avançait, écrit Luc, les gens étendaient leurs manteaux sur le chemin. [...] Dans sa joie, toute la foule des disciples se mit à louer Dieu d'une voix forte pour tous les miracles qu'ils avaient vus. Ils disaient : "Béni soit celui qui vient, lui, le Roi, au nom du Seigneur ! Paix dans le Ciel et gloire au plus haut des Cieux !" Quelques pharisiens qui se trouvaient dans la foule lui dirent : "Maître, reprends tes disciples." Mais il répondit : "Si eux se taisent, les pierres crieront !" » (Luc 19, 36-40). Comme elles ont crié, ces pierres, au long des siècles !

La poignante et superbe musique du grand motet de Michel Richard de Lalande *Super Flumina Babylonis* résonne en moi tandis que me reviennent les paroles du psaume de l'Exil : « [...] Comment chanterions-nous les cantiques de l'Eternel sur une terre étrangère ? Si je t'oublie, Jérusalem, que ma droite s'oublie ! Que ma langue s'attache à mon palais si je ne me souviens de toi, si je n'élève Jérusalem au-dessus de toutes mes joies ! » Les fugitives extases nous entraînent toujours vers le royaume qui n'est pas de ce monde…

La Vieille Ville m'enchante, avec ses lumières, ses ombres inquiètes, le labyrinthe muet de ses ruelles secrètes, les marches disjointes de ses escaliers, l'enchevêtrement de ses styles, l'entassement vertigineux de ses vestiges archéologiques, ses vacarmes, ses clameurs, ses fragrances, jusqu'à cette poussière d'Orient jouant dans le soleil, d'où semblent surgir le choc des mémoires prophétiques, les cris des pleureuses et les souvenirs oubliés des stridences et des carnages de l'Histoire. Jérusalem, impossible carrefour des civilisations et des religions, toujours souillée, toujours pillée, toujours saccagée et démantelée, mais riche toujours du regard attendri de son Dieu. Dans les quatre quartiers de la ville trois fois sainte, arménien, juif, musulman et chrétien, le spectacle est partout : chez les petits marchands de jus de grenade qui interpellent l'étranger, chez les soldats de Tsahal qui patrouillent, fusil-mitrailleur en bandoulière, chez les commerçants des souks, au milieu de leurs tapis bariolés, de leurs théières dorées, de leurs narguilés et de leur bimbeloterie, dans l'allégresse des pèlerins qui chantent derrière la grande croix de bois que brandit dans les ruelles incertaines un frère franciscain en bure et sandales ou un accompagnateur du Chemin néocatéchuménal, ou dans le caquetage des touristes allemands, néo-zélandais et philippins qui suivent l'ombrelle déployée de leur guide…

Le site remonte, dit-on, à trois mille ans avant notre ère. La ville s'appelle Ourousalim (« fondation de la Paix », selon une certaine interprétation) au temps des Jébuséens, ces descendants de Canaan, lui-même petit-fils de Noé. On la nomme Oursalimmou à l'époque de Sennacherib (690 avant J.-C.), et elle figure sous la dénomination de Urshalim dans des textes égyptiens. Pour les Hébreux, c'est Yerushaláyim. L'impétueux David s'en empare, en fait sa capitale politique et religieuse, installant l'« Arche de Dieu » dans la « forteresse de Sion ». Sur le mont Moriyya, Salomon élève l'autel des holocaustes et le premier Temple. Ensuite, que de sièges, de dévastations ! En 586-587 avant J.-C., Nabuchodonosor brûle tout et déporte la population, avant le retour d'exil concédé par Cyrus (538 avant J.-C). Alors, le nouveau Temple est achevé et sa dédicace, célébrée. Les siècles passent. Vient le bel Alexandre de Macédoine qui promène dans la ville, une nouvelle fois assommée, sa crinière d'or et son regard bleuté de grand rapace, puis le roi syrien Antiochos IV Epiphane, ce pillard insensé au visage de pierre, qui interdit la loi mosaïque et installe dans le Temple un autel au dieu Baal. En 164 avant J.-C., Judas Maccabée prend d'assaut la colline sacrée, purifie le Sanctuaire de ses souillures païennes et rétablit le culte du vrai Dieu. Les princes et grands prêtres hasmonéens, issus des Maccabées, installent sur les populations leur rigoureuse tutelle, tout en cherchant à restaurer le royaume d'Israël dans sa plus vaste extension. Hélas, en 63 avant J.-C., Jérusalem tombe sous les coups de Pompée. Et voici Hérode le Grand, « roi des juifs » par la grâce de Rome, qui en l'an 37 avant notre ère impose dans le sang sa loi à la Ville sainte, tenue par Mattathias, dit Antigone, dernier des Hasmonéens. Pour se faire pardonner, il restaure le Temple, telle une « montagne couverte de neige », revêtue de plaques d'or scintillant au soleil…

Même s'il est né à Bethléem, à une dizaine de kilomètres au sud, Jésus toute sa vie aura été marqué par Jérusalem, le seul lieu terrestre où demeure Dieu son Père. Quarante jours après sa naissance, Marie et Joseph l'emmènent au Temple pour la Présentation, selon ce qui est écrit dans la Loi : « Tout garçon premier-né sera consacré au Seigneur. » A cette occasion, ils offrent en sacrifice un couple de tourterelles. Quand il est en âge de comprendre, il accompagne chaque année ses parents dans leur pèlerinage de Nazareth à Jérusalem. C'est au Temple que, l'ayant perdu lorsqu'il a douze ans, ceux-ci le retrouvent, stupéfaits, discutant au milieu des docteurs. « Mon enfant, pourquoi nous as-tu fait cela ? Vois ! Ton père et moi, nous te cherchons angoissés. » Et Jésus de leur répondre : « Ne saviez-vous pas que je dois être dans la maison de mon Père ? » (Luc 2, 48-49). Juchée sur l'éperon rocheux de l'Ophel, s'étendant doucement sur les collines avoisinantes, cette Ville sainte, il l'aime, malgré l'aridité de son environnement, de son sol pierreux et ses vallées dénudées du Cédron et du Tyropéon.

Durant son ministère public, on ressent cet amour pour la Cité sainte, où, nous apprend Jean l'évangéliste, il se rend aux grandes fêtes, Rosh Hashanah (le nouvel an juif), Pâque, Soukkot (les Tentes ou les Tabernacles), Hanukkah (la Dédicace ou Consécration)… A chaque occasion, il monte prier au Temple, enseigne aux foules et discute avec ses âpres contradicteurs, les scribes et les pharisiens. Les affrontements sont parfois violents. Jésus se sait menacé. Jean nous le montre ainsi à la fin de décembre 32, lors de cette dernière fête qui commémorait la purification du Temple après la profanation d'Antiochos IV Epiphane : « C'était l'hiver. Jésus allait et venait sous le portique de Salomon » (10, 22-23).

Il ne réserve pas ses miracles à la seule Galilée, lieu habituel de sa prédication. A la piscine de Bethesda, au nord-est du Temple, près de la porte des Brebis (actuelle porte Saint-Etienne), il guérit un paralytique un jour de sabbat : « Lève-toi ! Emporte ton grabat et marche » (Jean 5, 7-8). A l'intérieur de la ville, il rend la vue à un aveugle-né avec un peu de boue appliquée sur ses yeux, déclarant aux dédaigneux pharisiens, offusqués de le voir ainsi transgresser le sabbat : « Je suis venu en ce monde pour que ceux qui ne voient pas voient, et que ceux qui voient deviennent aveugles… »

Gardons-nous d'une illusion. On peut certes retrouver certains emplacements, plus ou moins sûrs, où Jésus est venu : le Cénacle, Bethesda, la piscine de Siloé, le mont du Temple, le mont des Oliviers, le jardin de Gethsémani avec sa basilique de l'Agonie, la vallée du Cédron, les restes du palais d'Hérode près de la porte de Jaffa, le sanctuaire de Saint-Pierre en Gallicante, lieu (supposé) de détention de Jésus durant sa dernière nuit (à côté d'un très ancien escalier aux pierres disjointes, qu'il a vraisemblablement emprunté), le Saint-Sépulcre qui recouvre le Golgotha et son tombeau… Mais la Jérusalem de son temps est enfouie sous plusieurs mètres : à la ville d'Hadrien (Ælia Capitolina) a succédé celle de Constantin avec ses édifices byzantins, puis celle d'Omar, deuxième calife et successeur de Mahomet, celle des Seldjoukides, celle des croisés, celle des Mamelucks, celle des Ottomans et de Soliman le Magnifique, celle des Turcs, des Anglais et enfin des Israéliens... Magnifique lieu de prière et d'élévation spirituelle, la Via Dolorosa n'a rien d'authentique, sinon dans ses derniers mètres, puisqu'elle part de la forteresse Antonia, où Jésus n'a pas été enfermé ni jugé, pour arriver au Saint-Sépulcre.

Oui, Jésus a aimé Jérusalem. Pourtant, il s'est plaint de son ingratitude : « Jérusalem ! Jérusalem, s'écrie-t-il lors de son dernier séjour, toi qui tues les prophètes et lapides ceux qui te sont envoyés, que de fois j'ai voulu rassembler tes enfants comme une poule rassemble sa couvée sous ses ailes et vous n'avez pas voulu. Eh bien, elle va vous être abandonnée, votre maison » (Luc 13, 34-35). Il visait là le Temple, dont il avait annoncé à plusieurs reprises la disparition à ses disciples. « Prenant la parole, il leur dit : "Vous voyez tout cela, n'est-ce pas ? En vérité, je vous le déclare, il ne restera pas pierre sur pierre : tout sera détruit." » Il a pleuré sur son sort tragique. L'église de *Dominus flevit* (« le Seigneur a pleuré »), sur le mont des Oliviers, est censée indiquer le lieu de cette lamentation.

Une génération plus tard, la prophétie se réalise. Peu avant la Pâque de l'an 70, quatre légions romaines conduites par Titus font le siège de la ville. Le 25 mai, elles parviennent à franchir le premier mur d'enceinte. A la fin de juillet, elles s'emparent de la forteresse Antonia. De là, les assaillants construisent une rampe d'accès à l'esplanade du Temple. Pendant ce temps, les assiégés meurent de faim, mangent jusqu'au cuir de leur ceinture et lanières de leurs souliers. Flavius Josèphe relate un cas atroce de cannibalisme : une mère faisant rôtir son bébé et le déchirant à belles dents. Le 29 août, un incendie provoqué par le brandon d'un légionnaire ravage le Temple. Le 25 septembre, la ville est attaquée sur tous les fronts et à son tour incendiée. Les résistants sont massacrés, le reste de la population déporté et réduit en esclavage. Les vainqueurs renversent tout. Du Temple, il ne subsiste rien, hormis le mur occidental de soutènement de l'esplanade, appelé plus tard mur des Lamentations…

Ville singulière et fascinante, centre de rencontres et de confrontations des religions, inquiétant lieu de tensions et exaltant lieu de paix, comment oublier Jérusalem ? C'est de là que tout a commencé et peut-être est-ce là que tout finira. « Jérusalem, disait Jean Guitton, une terre qui a donné au monde ce dont le monde vit encore : l'idée d'un Dieu unique, puis l'idée que ce Dieu, c'était au fond l'Amour. » Mais cet Amour, nous ne le rencontrerons pleinement que dans l'autre Jérusalem, la Jérusalem céleste, cette Ville sainte qui « peut se passer de l'éclat du soleil et de celui de la lune, car la gloire de Dieu l'a illuminée et l'Agneau lui tient lieu de flambeau » (Apocalypse 21, 23).

Voir : Aveugle-né ; Bethesda, la piscine miraculeuse ; Cénacle ; Cène ; Femme adultère ; Hérode le Grand ; Marchands du Temple ; Nicodème ; Saint-Sépulcre ; Temple de Jérusalem ; Via Dolorosa.

« Je suis... »

Saint Jean dans son Evangile est frappé par les paroles d'identification de Jésus. Ainsi, après la multiplication des pains, celui-ci dit : « Je suis le pain de Vie... Je suis le pain descendu du Ciel. » Au dernier jour de la fête des Tentes (Soukkot), lors du rite vespéral de la lumière, il proclame : « Je suis la lumière du monde »... Avec le discernement qui est le sien, le disciple bien-aimé y voit comme autant d'affirmations christologiques révélatrices du mystère de sa personne.

La parole décisive est prononcée peu après cette fête de Soukkot d'octobre 32, lors des échanges vifs que le rabbi galiléen a dans l'enceinte du temple de Jérusalem, sur l'esplanade contiguë à la salle du Trésor, avec les scribes et les pharisiens. Depuis la Transfiguration, il est prêt à affronter leur incrédulité. Il sait que son heure approche. J'ai peu de doute, pour ma part, quant à la présence de l'évangéliste à ce moment-là. Il rapporte de mémoire le discours, le transcrit bien sûr dans le style qui lui est propre, mais sa substance est absolument authentique. L'Eglise n'en a jamais douté ; il servira de pièce essentielle dans l'élaboration de la christologie.

Jésus commence par dire à ses interlocuteurs qu'il va « s'en aller » et qu'eux mourront dans le péché. « Où moi je vais, vous, vous ne pouvez venir. » Ceux-ci ont d'abord du mal à saisir le sens de ses paroles. Ils finissent par comprendre qu'il parle de sa mort et se demandent alors s'il ne va pas se suicider. Il reprend : « Vous, vous êtes d'en bas ; moi, je suis d'en haut. Vous, vous êtes de ce monde ; moi, je ne suis pas de ce monde. Je vous ai donc dit que vous mourrez dans vos péchés ; car si vous ne croyez pas que je [le] suis, vous mourrez dans vos péchés. » Les autres, étonnés, questionnent : « Qui es-tu ? » Il répond : « Absolument ce que je dis. J'ai sur vous beaucoup à dire et à juger ; mais Celui qui m'a envoyé est vrai, et c'est ce que j'ai entendu de Lui que je dis au monde. » Jésus poursuit : « Quand vous aurez élevé le Fils de l'Homme [sous-entendu sur le bois de la croix], alors vous connaîtrez que je [le] suis, et que de moi-même je ne fais rien, mais ce que m'a enseigné le Père, c'est cela que je dis. Et Celui qui m'a envoyé est avec moi ; il ne m'a pas laissé seul, parce que moi je fais toujours ce qui Lui plaît. »

Ces propos frappent l'auditoire, et, nous dit Jean, beaucoup commencent à croire en lui. Jésus s'adresse à eux : « Si vous, vous demeurez dans ma parole, vous êtes vraiment mes disciples et vous connaîtrez la vérité, et la vérité vous libérera. » Mais ces paroles jettent l'étonnement. Offusqués, certains se cabrent : « Nous sommes la descendance d'Abraham, et de personne nous n'avons jamais été esclaves ; comment, toi, peux-tu dire : Vous deviendrez libres ? »

« Amen, Amen, je vous le dis, répond-il, quiconque commet le péché est esclave du péché. Or l'esclave ne demeure pas dans la maison à jamais, le fils [y] demeure à jamais. Si donc le Fils vous libère, vous serez réellement fils libres [*benai horaya'*, en araméen]. Je sais que vous êtes la descendance d'Abraham, mais vous cherchez à me tuer parce que ma parole à moi n'a point d'accès à vous. Ce que j'ai vu auprès de mon Père, je le dis, et vous donc, ce que vous avez entendu de votre père, vous le faites. » Ils se récrient : « Notre père, c'est Abraham ! » Jésus leur rétorque : « Si vous êtes enfants d'Abraham, faites les œuvres d'Abraham. Mais non, vous cherchez à me tuer, moi, un homme, qui vous ai dit la vérité que j'ai entendue de Dieu. Cela, Abraham ne l'a pas fait. Vous faites, vous, les œuvres de votre père. » Ils lui répondent aigrement : « Nous, nous ne sommes pas nés de la fornication : nous n'avons qu'un Père : Dieu. » Commentant ce passage, Origène s'est demandé s'il ne s'agissait pas d'une allusion à la naissance mystérieuse de Jésus, que la rumeur a transformée en naissance illégitime. Plus tard, ces ragots seront repris par le polémiste Celse qui écrira qu'il était le fils bâtard de Panthère (*Bar Panthera*, en réalité une déformation de *Bar parthenos*, le fils de la vierge).

Jésus reproche à ses auditeurs leur aveuglement coupable, leur endurcissement devant la révélation, leur asservissement au mensonge et donc au père du mensonge. Persuadés que c'est un hérétique, qui a rejeté la foi d'Israël, ils répliquent : « N'avons-nous pas raison, nous, de dire que tu es un Samaritain et que tu as un démon ? » Il n'y a pas plus infamant que d'être accusé d'être Samaritain, autrement dit d'appartenir à ce peuple qui a rejeté la vraie foi d'Israël pour des pratiques païennes. Jésus ne laisse pas passer l'accusation : « Moi, je n'ai pas un démon, mais j'honore mon Père, et vous, vous me déshonorez. Pour moi, je ne cherche pas ma gloire ; il y a Quelqu'un qui la cherche et qui juge. Amen, amen, je vous le dis : Si quelqu'un garde ma parole, il ne verra jamais la mort. »

Ces propos échangés reflètent les discussions nourries qui devaient exister à l'époque entre juifs religieux, à ceci près que les paroles proprement extraordinaires de Jésus provoquent un rejet véhément, le même qu'ont connu avant lui les prophètes. Chez les scribes et les pharisiens, la colère monte : « Maintenant, nous connaissons que tu as un démon. Abraham est mort, les prophètes aussi ; et toi, tu dis : “Si quelqu’un garde ma parole, il ne goûtera jamais la mort.” Serais-tu plus grand, toi, que notre père Abraham, qui est mort ? Les prophètes aussi sont morts. Qui te prétends-tu ? » Il répond : « Si c’est moi qui me glorifie moi-même, ma gloire n’est rien ; c’est mon Père qui me glorifie, lui dont vous dites : “C’est notre Dieu.” Et vous ne le connaissez pas, tandis que moi, je le connais, et si je disais que je ne le connais pas, je serais semblable à vous, un menteur. Mais je le connais et je garde sa parole. Abraham, votre père, a exulté à la pensée de voir mon Jour à moi ; et il l’a vu et il s’est réjoui. »

Le ton va crescendo. Les interlocuteurs de Jésus sont de plus en plus persuadés qu’ils ont affaire à un dangereux extravagant. Leur intention homicide devient évidente. « Tu n’as pas encore cinquante ans, et tu as vu Abraham ! » La réponse fuse : « Amen, Amen, je vous le dis : avant qu’Abraham parût, MOI JE SUIS [*Egō Eimi*]. »

A ces mots proprement insoutenables, totalement irrecevables, puisque Jésus affirme clairement sa préexistence au père du peuple juif, ils prennent des pierres pour le lapider, mais Jésus réussit à leur échapper et à sortir du Temple. Il a prononcé le blasphème suprême : il s’est assimilé à Celui qui avait révélé son nom à Moïse : « Je suis Celui qui suis ! » (Exode 3, 14). Il s’est fait Dieu lui-même !

Après ce long dialogue, rapporté par l’évangéliste Jean en son chapitre 8, où, sous la rudesse des mots grecs se laisse deviner la souplesse de la pensée sémitique, Jésus n’en a pas fini avec ses paroles révélatrices. Peu de temps après, au moment de la guérison de l’aveugle-né, il répète encore : « Aussi longtemps que je suis dans le monde, je suis la lumière du monde. »

Dans une autre allégorie, il se présente comme « la porte des brebis » : « Si quelqu'un entre par moi, il sera sauvé ; et il ira et viendra, et il trouvera pâture. » Il est le « Bon Pasteur », celui qui connaît ses brebis. Les annonces se poursuivent, avec cette fois pour auditoire le cercle restreint des amis et des disciples. Au moment de la résurrection de Lazare, il dit à sa sœur Marthe : « Moi, je suis la Résurrection et la Vie… » Après son dernier repas, c'est Thomas qui reçoit cette annonce : « Moi, je suis le Chemin, la Vérité et la Vie ! » Aux apôtres, il propose une autre métaphore : « Moi, je suis la vigne, vous les sarments. »

Attention ! Par toutes ces paroles d'identification, y compris la plus impressionnante d'entre elles : « Avant qu'Abraham parût, MOI JE SUIS », Jésus ne prétend pas affirmer qu'il est Dieu le Père venu sur terre, ni un second Dieu surgissant à côté de celui d'Israël. Il est son Envoyé, il exprime la communion vivante et unique qui l'unit en plénitude et de toute éternité à son Père. Son « je suis » n'est que le dévoilement d'une relation réciproque dans le mystère de la Trinité.

Voir : Soukkot, an 32 ; Vrai Dieu et vrai homme.

Jonathan, l'homme qui arrêta Jésus

Glaive à la main, tenant haut leurs lanternes et leurs torches, les soldats de la cohorte du Temple s'avancent dans la nuit au pied du mont des Oliviers, accompagnés de quelques pharisiens et de serviteurs du grand prêtre, armés de gourdins et de matraques. Ils marchent au milieu des pèlerins, qui, n'ayant pas trouvé de logement *intra muros*, couchent dans des huttes de branchage ou à la belle étoile. Guidés par Judas Iscariote et conduits par Jonathan, ils se faufilent entre les troncs noirs des oliviers et les braseros qui dispensent leur faible lumière rougeoyante. En ce printemps de l'an 33, il fait froid. Nous sommes l'avant-veille de la Pâque, ce qui explique le nombre de campeurs dans ce lieu ordinairement désert. Conscient de ce qu'il va advenir, Jésus sort d'un petit jardin protégé par un muret, où lui et ses disciples se sont installés. « Qui cherchez-vous ? », demande-t-il. « Jésus le Nazôréen ! » « C'est moi ! », répond-il. Judas a-t-il eu le temps de faire le signal convenu en embrassant celui qu'il livre, comme l'assurent les Evangiles synoptiques* ? Peut-être. Jean l'évangéliste, le disciple bien-aimé, témoin oculaire, en tout cas, n'en parle pas.

S'ensuit l'arrestation de Jésus, le geste désespéré de Simon-Pierre qui tire son glaive et entaille l'oreille de Malchus, probablement le chef des serviteurs du grand prêtre venus prêter main-forte à la garde du Temple, puis la fuite éperdue des apôtres, à l'exception de Simon-Pierre et de Jean.

C'est un personnage très important de la hiérarchie du Temple que ce Jonathan (*Yohanan*, un autre Jean), responsable de l'opération de haute police qui vient de se dérouler à quelques centaines de mètres de la ville, de l'autre côté du Cédron. *Sagan* ou préfet du Temple, chef des prêtres et des lévites, il est, dans le système sacerdotal népotique de l'époque, le fils de Hanne, grand prêtre honoraire. C'est avec lui que son père et son beau-frère Caïphe, grand prêtre en exercice, ont combiné l'arrestation de Jésus.

Il a sans doute assisté ensuite, en compagnie de ses deux frères, Théophile et Matthias, trésoriers du Temple, à l'interrogatoire informel du prisonnier dans la splendide demeure patricienne de son père, au quartier des prêtres. Le lendemain 14 nisan, aux premières lueurs du jour, tandis que Hanne et Caïphe conduisent sous bonne escorte Jésus, les mains liées, à l'audience de Pilate au prétoire, lui et ses acolytes, revêtus de leurs tenues sacerdotales, préparent l'autel des sacrifices…

Les Evangiles n'en parlent plus ensuite. Il réapparaît dans les Actes des Apôtres, lorsque, peu de temps après, excédé par les prédications de Pierre et de Jean, le fils de Zébédée (encore un autre Jean, nom très répandu à l'époque), qui annonçaient publiquement la résurrection de leur maître, il les fit emprisonner et comparaître devant le Sanhédrin, en compagnie du mendiant boiteux qui prétendait avoir été guéri par eux près de la Belle Porte du Temple. S'inquiétant de l'enthousiasme grandissant de la foule, les membres de la haute assemblée les relâchèrent, leur interdisant seulement de parler de Jésus. Mais les deux hommes ne tinrent pas compte de l'avertissement. De nouveau, les malades accoururent à eux dans l'espoir d'un miracle. Jonathan arrêta alors tous les apôtres, sans brutalité toutefois, par crainte d'être lapidé par la foule. Devant le Sanhédrin, Pierre témoigna avec assurance de sa foi : « Il faut obéir à Dieu plutôt qu'aux hommes. Le Dieu de nos pères a relevé Jésus, que vous aviez fait mourir, vous, en le suspendant au gibet. C'est lui que, par sa droite, Dieu a élevé au rang de Chef et Sauveur, pour donner à Israël le repentir et la rémission des péchés… »

Tous les membres de la famille de Hanne, conte Luc, frémissaient de rage. Ils les auraient fait tuer si un sage et très influent pharisien, Gamaliel, n'était intervenu et n'avait prôné la clémence : « Si cette entreprise ou cette œuvre vient des hommes, elle sera détruite ; mais si elle vient de Dieu, vous ne pourrez la détruire. Ne risquez pas de vous trouver en guerre avec Dieu » (Actes des Apôtres 5, 38-39).

Jonathan fut le deuxième fils de Hanne à accéder au grand pontificat de Jérusalem, après son frère aîné Eléazar qui l'avait exercé de l'an 16 à 17. Nommé par le légat de Syrie Vitellius en 36, après la disgrâce de Caïphe, il fut à son tour démis un an plus tard, remplacé par son cadet, Théophile. Il resta néanmoins un personnage fort influent à Jérusalem. C'est lui qui obtint l'exil du procurateur romain Cumanus, accusé de répression brutale contre les juifs dans leur différend avec les Samaritains, et l'envoi par Rome à sa place d'Antonius Felix, celui-là même devant qui Paul comparaîtra. Mais Jonathan était un homme combatif. Il se plaignit aigrement de l'administration du nouveau procurateur qui, trois ans plus tard, en 54 ou 55, au début du règne de Néron, le fit assassiner par un groupe de fanatiques juifs, déguisés en pèlerins, ayant dissimulé des dagues sous leur manteau. Ainsi finit, selon Flavius Josèphe, Jonathan ben Hanan, l'homme qui, le 2 avril de l'an 33, à la nuit tombée, avait arrêté Jésus le Nazôréen dans le jardin de Gethsémani.

Voir : Judas Iscariote ; Gethsémani ; Passion de Jésus.

Joseph d'Arimathie

Ce Joseph (*Yossef*) était originaire d'Arimathie (Ha-Ramathaïm), que certains chercheurs ont identifié au village actuel de Remptis ou Rentis, à une trentaine de kilomètres au nord-ouest de Jérusalem. C'était un riche et influent membre du Sanhédrin qui, comme Nicodème et quelques autres notables, était devenu un disciple secret de Jésus. Il avait entendu parler l'étonnant rabbi galiléen et avait été fasciné par son enseignement, son autorité et sa personne. Cet homme « bon et juste », nous dit Luc, n'avait donné son accord ni au dessein ni aux actions des grands prêtres, Hanne et Caïphe. Bouleversé par le supplice de Jésus et voyant que sa famille, originaire de Nazareth, n'avait aucune tombe dans la proximité de Jérusalem, il proposa d'héberger le corps du supplicié dans le tombeau qu'il avait fait creuser pour lui-même dans la pente ouest de la colline rocheuse située à quelques pas du Golgotha. Façon pour lui d'honorer ce rabbi extraordinaire. En effet, les corps inhumés dans une tranchée creusée en pleine terre – ce qui était le cas pour l'immense majorité des juifs – n'étaient jamais relevés, tandis que, dans une tombe fermée, les ossements pouvaient être recueillis après la décomposition des chairs. Ils étaient alors placés dans un ossuaire de pierre qui, s'agissant d'un condamné, était remis à la famille. C'est ainsi qu'en 1968 on découvrit à Giv'at ha-Mivtar un ossuaire contenant les restes d'un crucifié du Ier siècle portant le nom de Yohanan ben Hizqiel.

Ce vendredi 3 avril 33, donc, passant outre l'interdit de pénétrer dans la maison d'un païen, Joseph se rend chez Pilate et lui demande le corps mort de Jésus. Le préfet de Judée, qui n'a aucune raison de refuser, donne son accord. Joseph a sans doute obtenu au préalable l'assentiment des grands prêtres en leur faisant remarquer que son tombeau, étant neuf, ne contenait aucun corps susceptible d'être souillé par la présence d'un crucifié. Officiellement, il accomplit un geste d'humanité en conformité avec la Loi.

Il revient au Golgotha vers 16 heures avec des serviteurs et une échelle. C'est probablement lui qui fait mettre sur le visage de Jésus en croix un linge de la taille d'une grande serviette, le *sudarium*, le suaire dont parle Jean, sans doute l'actuelle relique de la cathédrale d'Oviedo.

C'est lui encore qui se procure un linceul, un linceul « sans tache », précise Matthieu, c'est-à-dire rituellement pur. Ce linceul de lin pur est, j'en suis convaincu, celui qui est conservé aujourd'hui à Turin et qui a fait l'objet d'une quantité impressionnante d'examens scientifiques. Joseph a-t-il le temps de l'acheter en ville, alors que, la veille de la grande fête de la Pâque, la plupart des échoppes sont fermées ? Le trouve-t-il dans les magasins du Temple, où il a accès comme membre du Sanhédrin ? C'est l'hypothèse de l'historienne italienne Maria-Luisa Rigato. Selon elle, la qualité exceptionnelle du tissu de Turin – un beau sergé à chevrons en arêtes de poisson, tissé probablement en Syrie ou en Palestine – ainsi que la torsion très particulière en Z des fils de lin font penser au *sadin shel buz*, le linge liturgique qui enveloppe le grand prêtre le jour de l'Expiation (Kippour). Ce choix traduirait dans ce cas le désir de Joseph d'Arimathie de réserver au défunt les plus grands honneurs. Quel symbole ! Cela rejoindrait le sens expiatoire que Jésus lui-même a voulu donner à son sacrifice.

Revenu au Golgotha, Joseph assiste à la descente de la croix par les soldats romains, équipés de fortes tenailles. Puis, aidé de ses serviteurs et de son collègue du Sanhédrin Nicodème, autre disciple secret de Jésus, qui a apporté un mélange de myrrhe et d'aloès, il procède à la mise au tombeau.

Joseph d'Arimathie disparaît ensuite des chroniques. A-t-il rejoint la première communauté chrétienne de Jérusalem autour des apôtres ? Où et à quelle date est-il mort ? On l'ignore. Il est considéré par l'Eglise comme un saint. Au Moyen Age, il occupera une place de choix dans la légende arthurienne du Saint-Graal, cette coupe avec laquelle Jésus aurait célébré la Cène, à moins que ce ne soit celle ayant recueilli le Précieux Sang s'écoulant des cinq plaies du Christ. Selon le roman en vers de Robert de Boron (fin du XIIe-début du XIIIe siècle) *Estoire dou Graal*, il aurait emporté la coupe vénérée en Grande-Bretagne. Mais là, évidemment, nous sommes à de grandes encablures de l'Histoire…

Voir : Linceul de Turin ; Nicodème ; Suaire d'Oviedo.

Joseph, époux de Marie

Joseph est la discrétion même. On ne connaît presque rien de lui, de ses sentiments, et aucune de ses paroles ne nous a été transmise. Tout ce que l'on sait est que Dieu lui a fait confiance pour prendre en charge son Fils et Marie, et qu'il a répondu à cet appel, acceptant pleinement cette mission et la portant à son terme. Pour les chrétiens, il est avec Marie, son épouse, l'acteur libre et responsable du mystère du Verbe incarné et du Salut de l'humanité, comme l'a souligné Jean-Paul II dans son exhortation apostolique du 15 août 1989 *Redemptoris custos*, « La figure et la mission de saint Joseph dans la vie du Christ et de l'Eglise ». Ce n'est donc pas, malgré le halo de brume qui entoure sa vie terrestre, un personnage secondaire de l'histoire sainte.

Que savons-nous de lui ? C'est un Nazôréen, c'est-à-dire un membre de ce clan juif installé à Nazara (Nazareth) dans le courant du IIe siècle avant notre ère, qui affirmait descendre du roi David. Matthieu, dans son Evangile, en a donné la généalogie, telle que la conservaient les membres de cette illustre maison, à en croire Julius Africanus, écrivain chrétien de langue grecque né à Jérusalem vers l'an 160. Longue liste fastidieuse, sans doute légendaire : « Abraham engendra Isaac, Isaac engendra Jacob, Jacob engendra Juda et ses frères… », pour arriver à un certain Jacob qui « engendra Joseph, *l'époux de Marie, de laquelle naquit Jésus appelé Christ* » (1, 2-16). Ainsi étaient confirmées, dès le début de cet Evangile, à la fois la naissance virginale du Sauveur et son appartenance à la maison de David, avec laquelle avait été nouée de longue date une alliance divine : « J'ai fait serment à David : pour toujours j'affermis ta race » (Psaume 89, 4). Dans la généalogie fournie par Luc, Joseph serait le fils non de Jacob, mais d'un nommé Héli. Julius Africanus, qui tente de concilier les deux lignées, pense que Jacob et Héli seraient frères utérins et auraient été les pères successifs de Joseph selon la loi du lévirat. C'est peut-être pousser un peu loin la volonté de synthèse. Pour d'autres auteurs, la généalogie de Luc serait en réalité celle de Marie… Mystère.

En revanche, il est logique de penser que, selon les pratiques habituelles, le mariage de Marie et de Joseph avait été arrangé par les familles au sein du clan de Nazareth. Mais les choses ne se déroulèrent pas comme prévu. Marie avait fait secrètement vœu de virginité perpétuelle. Tel est le vrai sens de sa question à l'ange lorsqu'il lui annonce qu'elle donnera naissance à un fils : « Comment cela se fera-t-il puisque je ne connais point d'homme ? » A l'énoncé d'un événement à venir (« Tu concevras un fils et tu l'appelleras du nom de Jésus »), elle répond par l'affirmation d'un état, d'une disposition permanente de l'âme.

En effet, contrairement à ce qu'on a longtemps cru, dans l'Israël ancien existaient des vœux de virginité et même des unions chastes entre mari et femme qui s'étaient préalablement consacrés à Dieu. Un texte provenant des manuscrits de la mer Morte, le *Rouleau du Temple*, le dit clairement : « Si une jeune fille a fait un vœu de virginité sans que son père en soit averti, il peut la relever de son vœu. Dans le cas inverse, lui et sa fille sont tenus par ce vœu. Si une femme mariée prononce un tel vœu sans que son mari le sache, il peut déclarer ce vœu nul. Si toutefois il est d'accord avec une telle mesure, les deux sont dans l'obligation de le garder. »

Joseph savait-il au moment de ses accordailles que Marie avait fait un tel vœu ? Matthieu se contente de dire : « Avant qu'ils aient mené une vie commune, elle se trouva enceinte par le fait de l'Esprit saint. Joseph, son mari, qui était un homme juste et ne voulait pas la dénoncer publiquement, résolut de la répudier sans bruit » (1, 18-19). C'est alors, poursuit l'évangéliste, que l'ange du Seigneur lui apparut en songe et lui déclara : « Joseph, fils de David, ne crains pas de prendre chez toi Marie, ta femme : car ce qui a été engendré en elle vient de l'Esprit saint, elle enfantera un fils et tu l'appelleras du nom de Jésus : c'est lui qui sauvera son peuple de ses péchés » (1, 20-22). Jésus, Yehošua', veut dire en effet « Dieu sauve ». « Une fois réveillé, Joseph fit comme l'ange du Seigneur lui avait prescrit : il prit chez lui sa femme et il ne la connut pas jusqu'au jour où elle enfanta un fils, et il l'appela du nom de Jésus » (1, 24-25).

Je sais bien que ce genre de récit a du mal à trouver quelque crédibilité dans notre société moderne, rationaliste et sceptique par nature, et que la chasteté de saint Joseph a toujours fait l'objet de ricanements et de plaisanteries. Mais qu'y a-t-il de plus extraordinaire : croire à la conception d'un homme par le fait de l'Esprit ou croire à sa résurrection, corps et âme, une fois mort et enseveli ? N'est-ce pas la seconde proposition qui paraît la plus invraisemblable ? Et pourtant, comme dit saint Paul, « si le Christ n'est pas ressuscité, notre foi est vaine » (1 Corinthiens 15, 14). Si l'on croit, par conséquent, que Jésus est bien revenu à la vie après sa crucifixion, il n'est pas compliqué d'admettre qu'il est bien le Verbe de Dieu et que l'Incarnation s'est faite de manière exceptionnelle par la volonté de Dieu, en contradiction avec les lois de la nature. Génétiquement, Jésus, « vrai homme et vrai Dieu », n'est pas totalement de lignée humaine.

Quand on examine les textes de Matthieu et de Luc, on comprend qu'ils n'ont rien inventé à ce propos. Dans le contexte juif du moment, la naissance miraculeuse du Sauveur était pour la jeune foi chrétienne plus embarrassante que valorisante. Elle risquait de laisser soupçonner que Jésus était un enfant illégitime, ce qui s'était d'ailleurs produit durant sa vie publique, puisqu'il avait été accusé d'être « né de la fornication ».

Si les deux évangélistes se sont résignés à énoncer cette donnée gênante, c'est qu'elle s'était imposée à eux antérieurement à la prédication orale et aux premiers récits apostoliques. Elle venait du témoignage de Marie qui, comme le dit Luc, « gardait toutes ces choses dans son cœur » et en avait fait la confidence à Jean, le « fils adoptif » que lui avait confié Jésus sur la croix.

Joseph assuma constamment sa présence paternelle auprès de l'enfant. Epoux de Marie, il exerça l'autorité alors dévolue à un père. C'est lui qui offrit au Temple un couple de tourterelles ou de jeunes colombes pour la consécration au Seigneur de ce « fils premier-né », selon la loi de Moïse, lui qui, sur le conseil de l'ange du Seigneur, décida de partir pour l'Egypte, avec femme et enfant, afin de se mettre à l'abri de la persécution d'Hérode le Grand, lui qui décida le retour à Nazareth, lui qui, chaque année, les conduisait à Jérusalem pour la solennité de la Pâque, lui qui forma l'adolescent à son métier de technicien du bois. Lorsque Jésus commence sa vie publique, vers l'âge de trente-six ou trente-sept ans, Joseph semble décédé. Après avoir accompli sa mission de protecteur de Marie et de l'Enfant-Dieu, il est parti dans la plus grande discrétion, comme il a vécu, laissant Jésus devenir l'héritier de la lignée davidique dont il était issu. Sainte obscurité d'un homme de l'ombre !

Voir : Frères et sœurs de Jésus ; Fuite en Egypte ; Marie, mère de Jésus ; Massacre des Innocents ; Nazôréens.

Jourdain

C'est une tragédie écologique. Fleuve mythique, qui occupe dans la symbolique biblique un rôle essentiel – il est cité près de deux cents fois dans les textes sacrés –, le Jourdain est en danger de mort. En 1847, explorant la province ottomane de Palestine, le lieutenant William Francis Lynch, de la marine des Etats-Unis, avait été frappé par le « bruit assourdissant de ses eaux tumultueuses ». Aujourd'hui, à maints endroits, ce n'est plus qu'une mince rivière que l'on peut franchir à pied. En cinquante ans, Israël, la Syrie et la Jordanie ont détourné 98 % de son débit et de celui de ses affluents pour irriguer des cultures intensives, notamment dans le Néguev. Avant la construction du premier barrage dans les années 1930, le débit était de 1,3 milliard de mètres cubes ; il n'est plus que de 200 millions. C'est une des raisons de la baisse dramatique du niveau de la mer Morte qui a perdu le tiers de sa surface. Les plans de préservation, à supposer qu'ils soient strictement appliqués par les Etats riverains, devraient s'étendre sur plusieurs décennies…

Une des sources du Jourdain se situe au Liban, à Hâsbeiyâ, sur le flanc occidental du Grand Hermon. Le fleuve descend jusqu'au petit lac Houleh et au lac de Tibériade avant de s'enfoncer dans la faille tellurique la plus profonde de la planète et de se perdre dans les eaux de la mer Morte, à près de 400 mètres au-dessous du niveau des océans. S'écoulant sur 360 kilomètres, il commence dans le tumulte des eaux fraîches, s'assagit dans la plaine, où il serpente en méandres paresseux à travers les cultures irriguées de la dépression du Ghor, puis gagne sa basse vallée, entourée de collines fauves, avant de s'approcher du désert de Juda.

Du temps des Hébreux, il servait de frontière entre la Terre promise et les nations païennes. Moïse ne le traversa jamais, expirant sur le mont Nébo. Arrivant des steppes de Moab, Josué, son successeur, le franchit miraculeusement à pied sec à Guilgal, face à Jéricho, en compagnie des tribus du peuple hébreu. Ainsi pénétra en pays de Canaan l'Arche d'Alliance en bois d'acacia, au couvercle d'or massif, portée par les lévites. Si l'on en croit le récit biblique, c'est aussi dans cette région que, au IXe siècle avant notre ère, le prophète Elie aurait été enlevé au ciel dans un char de feu et que, non loin de là, au village d'Abel-Mehola, serait né le prophète Elisée. Un des miracles accomplis par ce dernier fut d'envoyer à sept reprises le chef de l'armée du roi d'Aram, Naamân, se faire purifier dans le Jourdain, où il guérit de la lèpre.

C'est près de ce fleuve ancestral que Jean le Baptiste, vêtu de sa tunique de poils de chameau, accueillait les chercheurs de Dieu, les déçus du judaïsme traditionnel, paysans, pêcheurs, artisans, soldats, douaniers et collecteurs d'impôts, qui venaient à lui. C'est là encore que Jésus fut baptisé au printemps de l'an 30 et que se produisit alors une épiphanie* inattendue. Une voix surgit du ciel : « Celui-ci est mon Fils bien-aimé. » Sortant du Jourdain, le Nazôréen a comme sanctifié le fleuve mythique du Premier Testament, ouvrant la voie du Salut.

Le lieu exact de son baptême semble avoir été trouvé en 1996 à Wadi Kharrar, en Jordanie, dans une petite vallée débouchant sur la rive est du Jourdain. Comme il est difficile de s'y rendre, on montre aux touristes un lieu plus accessible, où, bravant la pollution, de jeunes hommes et de jeunes femmes, revêtus d'une tunique blanche, heureux et riant aux éclats, viennent se faire baptiser par immersion dans les eaux ocre et vertes du fleuve, sous la surveillance des militaires jordaniens et israéliens… Un spectacle à la fois étrange et touchant.

Voir : Baptême de Jésus ; Jean le Baptiste.

Judas Iscariote

Voici sans doute le personnage le plus sulfureux du Nouveau Testament, la figure du traître par excellence, puisque c'est lui, l'un des Douze choisis par Jésus, qui l'a livré pour trente pièces d'argent aux grands prêtres de Jérusalem Hanne et Caïphe. Que d'interprétations, de commentaires n'a-t-il pas suscités ! Des études, des romans, des nouvelles, des films et même une pièce de théâtre (celle de Pagnol en 1955) lui ont été consacrés. D'aucuns, avec conviction, ont cherché à le réhabiliter de l'infamie dont des siècles de christianisme l'avaient couvert, en lui prêtant une psychologie ou une excuse crédible donnant la clé de son geste. Dès le IIe siècle de notre ère, l'*Evangile de Judas*, un apocryphe émanant des milieux caïnites, ces gnostiques qui vénéraient Caïn, renversant les perspectives, le présente comme le meilleur ami et disciple de Jésus. Ce serait, non un apôtre félon, mais au contraire un héros, instrument de la volonté divine, participant de ce fait au Salut universel du Christ. Les deux hommes auraient été de connivence. Plus près de nous, des auteurs ont fait de Judas un homme sincère, un zélote, déçu de Jésus, qui n'était pas le messie révolutionnaire dont il rêvait…

En réalité, que sait-on du personnage ? Il est appelé l'Iscariote. Ce surnom pose déjà un problème étymologique. On l'a rapproché de deux paronymes, *iscaria*, l'hypocrite, et *sicarios*, le sicaire, partisan armé d'un poignard. Mais ces interprétations ne sont guère convaincantes. Judas en effet semble bien être désigné comme Iscariote avant d'avoir perpétré sa trahison. L'évangéliste Jean, qui l'a connu, dit qu'il était le fils de Simon l'Iscariote (6, 71). Quant à faire de lui un sicaire, c'est verser dans l'anachronisme. Cette faction nationaliste et terroriste, hostile à l'occupation romaine, plus radicale que les zélotes, ne fit son apparition qu'avec l'assassinat en 56 de Jonathan, fils du grand prêtre Hanne, soit vingt-trois ans après la mort de Jésus. Il est plus vraisemblable de voir en Judas l'homme de Carioth ou Qeriyyot, une petite localité au sud d'Hébron, en pays de Juda, dont parle le livre de Josué. Il serait donc le seul des Douze à ne pas être d'origine galiléenne.

Jean l'évangéliste est le plus explicite. Il fait de lui l'économe du groupe. C'est lui qui tenait la caisse, veillait aux dépenses. Et c'est son amour de l'argent qui l'a perdu. Jésus le savait, par clairvoyance surnaturelle. « N'est-ce pas moi qui vous ai choisis, vous les Douze ? Et pourtant l'un d'entre vous est un démon ! » (6, 70).

Lorsque, à Béthanie, six jours avant la Pâque de l'an 33, Jésus reçoit l'onction d'un riche parfum – « une livre de parfum de vrai nard d'un grand prix » – de la part de Marie, sœur de Lazare, Judas récrimine : « Pourquoi ce parfum n'a-t-il pas été vendu 300 deniers, qu'on aurait donnés aux pauvres ? » Cette somme représentait le salaire d'une année d'un ouvrier non qualifié. Et le disciple bien-aimé de préciser : « Il dit cela, non qu'il eût souci des pauvres, mais parce que c'était un voleur et que, tenant la bourse, il emportait ce qu'on y mettait » (12, 1-6).

On s'approche de la Passion. Les grands prêtres, leurs partisans, alliés aux pharisiens, cherchent à se saisir de Jésus, mais hésitent à agir au grand jour par crainte d'un soulèvement populaire. C'est alors, dit Luc, que Judas « s'en alla parler avec les grands prêtres et les officiers sur le moyen de le leur livrer » (22, 3-4). Connaissant sa retraite habituelle au jardin de Gethsémani, il leur offrit de le surprendre lorsqu'il se trouverait avec le cercle restreint de ses disciples. Il fut convenu que, en récompense, il toucherait trente pièces d'argent (soit à peu près le prix d'achat d'un esclave). Matthieu dit qu'on les lui « pesa » : à l'époque, en effet, les pièces n'avaient pas le même poids.

Judas n'assiste qu'à une partie du dernier repas que Jésus prend avec ses disciples. « Ce que tu fais, fais-le bien vite », lui souffle le Maître, qui sait tout de sa trahison. Judas sort. « C'était la nuit », écrit Jean sobrement… Les ténèbres, à opposer à la Lumière venue en ce monde.

On retrouve Judas, une ou deux heures plus tard, au jardin de Gethsémani, où il conduit la cohorte de la garde du Temple et des domestiques du grand prêtre. C'est l'épisode du « baiser de Judas », dont parlent les synoptiques*, qui permet de désigner Jésus. Dès lors, les événements s'enchaînent : arrestation du Maître, comparution devant Hanne puis au petit matin devant Pilate, procès romain, flagellation, condamnation à la croix et exécution immédiate.

Il existe deux versions de la mort de l'Iscariote. La première vient de l'Evangile selon Matthieu : voyant que Jésus a été condamné à mort, le misérable se repent et rapporte les pièces d'argent aux grands prêtres et aux anciens. « J'ai péché en livrant le sang d'un innocent », leur dit-il. « Que nous importe ! », lui répond-on. Désespéré, Judas jette l'argent dans le sanctuaire et va se pendre. Les grands prêtres ont scrupule à verser les pièces au Trésor, car c'est « le prix du sang ». Après en avoir délibéré, ils décident d'acheter avec cette somme un champ appelé « champ du potier » destiné à servir de sépulture aux étrangers. « C'est pourquoi, rapporte Matthieu, ce champ s'est appelé le champ du sang jusqu'à ce jour » (27, 3-8). La tradition le situe sur le versant sud de la vallée du Hinnom ou Géhenne. La seconde version vient des Actes des Apôtres, où Luc rapporte le discours de Pierre après l'Ascension demandant aux apôtres d'élire par cooptation un remplaçant à Judas : « Cet homme a acquis une terre avec le salaire de son injustice et, tombant la tête en avant, a crevé par le milieu, et toutes ses entrailles se sont répandues. » Luc poursuit : « Et la chose a été connue de tous les habitants de Jérusalem, en sorte que ce domaine a été appelé dans leur langue *Hakeldamach*, c'est-à-dire le domaine du sang » (1, 18-19).

Il y a donc divergence à la fois sur le sort des trente deniers (est-ce Judas qui a acheté le terrain ou sont-ce les grands prêtres ?) et sur la mort du coupable. Je doute de la tentative de synthèse opérée par certains exégètes, attachés à harmoniser les deux versions : le renégat aurait voulu se suicider, puis, la corde ou la branche d'arbre ayant cassé, le corps se serait horriblement disloqué. Si je devais choisir, j'opterais pour la version de Matthieu, parce que le rédacteur de cet Evangile a disposé de renseignements de première main dans les milieux du Temple, avant sa destruction en 70. Mais je reconnais que ce n'est qu'une hypothèse.

Au total, que retenir de Judas ? Il est certain que la figure emblématique de ce personnage a été exploitée de façon odieuse par la littérature et l'imagerie chrétiennes dans sa polémique antijuive. Il suffit de se rapporter aux mystères médiévaux représentés sur le parvis des cathédrales ou à la *Légende dorée* du dominicain Jacques de Voragine, au XIIIe siècle. On a joué sur les mots : Judas, *Yehuda*, renvoie au *yehudi*, juif. On en a fait l'archétype du juif déicide que l'on a souvent représenté avec un nez crochu. Tout cela, indiscutablement, a nourri l'antisémitisme moderne. En réaction, d'autres ont voulu le réhabiliter en lui prêtant des sentiments altruistes. Ce serait un ultranationaliste déçu qui aurait suivi Jésus dans l'espoir qu'il soulèverait ses compatriotes contre l'occupant romain.

Malheureusement, rien n'accrédite cette thèse. Il faut en rester à l'Histoire et à celui qui l'a le mieux rendue, Jean l'évangéliste. L'Iscariote n'était qu'un médiocre, habité par l'esprit de lucre et de rapine... La condamnation prononcée par Jésus (« c'est un démon ») ne vient pas tant du geste de l'avoir livré – il aurait pu être pardonné, comme Simon-Pierre l'a été de son triple reniement – que du suicide qui a suivi, signe d'un refus d'espérance et de miséricorde. Demeure une question : pourquoi Jésus l'a-t-il distingué et admis comme disciple ?

Voir : Cène ; Evangile de Judas ; Jean l'évangéliste ; Passion de Jésus.

Jude l'obscur...

Jude l'obscur est le titre d'un roman célèbre de Thomas Hardy qui fit scandale dans l'Angleterre victorienne en raison de ses attaques contre le mariage et la religion, au point que l'évêque d'Exeter le fit brûler. Notre Jude n'a rien à voir avec celui-ci, mais il est tout de même obscur ! Les Evangiles de Matthieu et de Marc le présentent comme un des « frères de Jésus ». Les traditions divergent aussitôt sur son identité. Les commentateurs l'ont confondu avec l'un des Douze, Thaddée (*Thaddaeus*) ou *Lebbaeus*, surnom venant peut-être de *taddà*, « la poitrine », ce qui signifierait « le courageux » ou « l'homme de cœur », à moins que ce ne soit, comme l'assurent des textes syriaques, *Addai* (nom qui viendrait d'*Adonya*,

YHWH est mon maître). Son vrai nom était probablement Judas. Toutefois, pour éviter la confusion avec l'Iscariote, le traître qui a livré Jésus aux grands prêtres, on a préféré l'appeler Jude. Mais quelques manuscrits lui donnent le nom de Judas le Zélote, certains l'identifiant à ce Judas Barsabbas des Actes des Apôtres, envoyé à Antioche avec Paul, Barnabé et Silas. Il aurait aussi été appelé Lévi… Bref, on y perd son latin ou son araméen ! Et je passe sur les sources arméniennes, nestoriennes et orthodoxes, qui prêtent à ce personnage un peu évanescent des destins contradictoires en Mésopotamie, en Arménie ou en Perse. Ce « frère de Jésus » a-t-il été massacré à coups de massue ? A-t-il été exécuté publiquement ? Fut-il enterré à Beyrouth ou à Maku, dans la province iranienne de l'Azerbaïdjan occidental ? Ses restes sont-ils toujours au monastère fortifié de Saint-Thaddée de cette dernière ville ou dans le transept gauche de la basilique Saint-Pierre de Rome, sous l'autel de Saint-Joseph ?

Son épître, inspirée de la seconde lettre de Paul, a mis du temps à être admise dans le corpus du Nouveau Testament. Jude s'y présente comme le « frère de Jacques » le Juste, premier épiscope de Jérusalem, et l'on sait que celui-ci, surnommé le « frère du Seigneur », en était le cousin germain. C'est à peu près la seule certitude que l'on ait. Sur cet obscur imbroglio, l'historien doit garder l'espoir de jeter un peu de lumière : Jude n'est-il pas, au même titre que sainte Rita de Cascia, l'avocat des causes difficiles ou désespérées… ?

Jugement dernier

Dies irae, dies illa,
Solvet saeclum in favilla,
Teste David cum Sibylla…

Jour de colère, que ce jour-là
Où le monde sera réduit en cendres,
Selon les oracles de David et de la Sibylle…

A mon avis, rien n'est plus merveilleux que d'abandonner son oreille à une œuvre ayant un rapport direct avec le sujet que l'on traite. Voici donc que résonnent en moi les somptueuses harmoniques du poignant *Dies Irae* de Lully. *Dies Irae !* Jour de colère et jour de Justice ! La musique religieuse du plus français des compositeurs italiens atteint au sublime. « Je ne crois point qu'il y ait une autre musique dans le ciel », écrivait Mme de Sévigné à propos d'un autre de ses chefs-d'œuvre, le *Miserere*. Je ne suis pas loin de penser comme elle.

L'eschatologie a été si longtemps oubliée dans le catéchisme des paroisses que les chrétiens d'aujourd'hui ont bien du mal à s'y retrouver, si tant est qu'ils croient encore à une vie après la mort (ce qui est proprement paradoxal, mais qui existe)… Beaucoup confondent le « jugement particulier » et le « Jugement dernier ». Le premier est le jugement des âmes lorsqu'elles paraissent devant Dieu. Il les conduit soit au « jugement sauveur », c'est-à-dire au Ciel, dans la vision béatifique de la Trinité, soit au « jugement de condamnation », comme un état de perdition définitive (Luc 16, 23-26), soit encore à une étape de purification, le purgatoire, qui n'est pas un lieu (comme on le croyait au Moyen Age, l'historien Jacques Le Goff l'a montré), mais un état dans lequel l'homme pécheur prend conscience douloureusement de ses imperfections et de ses refus d'aimer. « Au soir de notre vie, disait saint Jean de la Croix, nous serons jugés sur l'amour. »

Le Jugement dernier à la fin des temps est marqué par ce qu'on appelle la parousie, c'est-à-dire le retour du Christ dans sa gloire, la manifestation finale du Ressuscité. « Il reviendra dans la gloire pour juger les vivants et les morts, et son règne n'aura pas de fin », dit le Credo de Nicée-Constantinople.

C'est alors qu'apparaîtront la nouvelle création, les nouveaux cieux, que se fera la restauration de l'être tout entier, c'est-à-dire la « résurrection de la chair », non de la chair périssable, mais des corps devenus glorieux, comme celui de Jésus après la Résurrection. Combien d'âmes seront-elles sauvées ? Nous ne le savons pas. C'est le secret, le mystère de Dieu. Dans ses nombreuses mises en garde, Jésus a parlé des pleurs et des grincements de dents pour les réprouvés et de la porte étroite par laquelle les justes devaient passer. Jean dans l'Apocalypse évoque sa vision des 12 000 élus de chacune des douze tribus d'Israël. « Après cela, je vis une foule nombreuse que nul ne pouvait compter, de toutes nations et de toutes tribus, et peuples et langues, debout devant le trône et devant l'Agneau ; vêtus de robes blanches, avec des palmes dans leurs mains » ils criaient d'une voix puissante : « Le salut à notre Dieu qui siège sur le trône, ainsi qu'à l'Agneau ! » (7, 9-10).

Devant ses disciples Jésus a évoqué, lui aussi, dans le langage sémitique imagé des apocalypses de son temps, les assises du Jugement dernier :

Lorsque le Fils de l'Homme viendra dans sa gloire, et tous les anges avec lui, alors il s'assiéra sur son trône de gloire. Devant lui seront rassemblés tous les peuples, et il séparera les uns d'avec les autres, comme le pasteur sépare les brebis d'avec les boucs, et il placera les brebis à sa droite, et les boucs à sa gauche.

Alors le Roi dira à ceux qui seront à sa droite : « Venez, les bénis de mon Père, recevez en héritage le Royaume qui a été préparé pour vous depuis la fondation du monde. Car j'ai eu faim, et vous m'avez donné à manger ; j'ai eu soif, et vous m'avez donné à boire ; j'étais étranger, et vous m'avez accueilli ; nu, et vous m'avez vêtu ; j'ai été malade, et vous m'avez visité ; j'ai été en prison, et vous êtes venus vers moi. » Alors les justes lui répondront : « Seigneur, quand t'avons-nous vu avoir faim, que nous t'ayons nourri, ou avoir soif, que nous t'ayons donné à boire ? Quand t'avons-nous vu étranger, que nous t'ayons recueilli, ou nu, que nous t'ayons vêtu ? Quand t'avons-nous vu malade ou en prison, que nous soyons venus vers toi ? » Et répondant, le Roi leur dira : « En vérité, je vous le dis : Pour autant que vous l'avez fait à l'un de mes moindres frères que voilà, c'est à moi que vous l'avez fait. »

Alors, il dira à ceux qui seront à sa gauche : « Allez loin de moi, maudits, au feu éternel qui a été préparé pour le diable et pour ses anges. Car j'ai eu faim, et vous ne m'avez pas donné à manger ; j'ai eu soif, et vous ne m'avez pas donné à boire ; j'étais sans foyer, et vous ne m'avez pas recueilli ; nu, et vous ne m'avez pas vêtu ; malade et en prison, et vous ne m'avez pas visité. » Alors eux aussi répondront : « Seigneur, quand t'avons-nous vu avoir faim ou soif, ou étranger, ou nu, ou malade, ou en prison, et ne t'avons-nous pas assisté ? » Alors il leur répondra : « En vérité, je vous le dis : Pour autant que vous ne l'avez pas fait à l'un des moindres que voilà, à moi non plus vous ne l'avez pas fait. Et ils s'en iront, ceux-là au châtiment éternel, mais les justes à la vie éternelle » (Matthieu 25, 31-46).

Ce que seront la parousie, le Jugement et le Royaume, à la vérité, il nous est impossible de nous les représenter. Sans doute a-t-on trop misé par le passé sur les peurs des flammes du feu éternel, pas assez sur l'Amour infini de Dieu. Je songe à ce propos au refus d'Andreï Roublev, dans le grand film d'Andreï Tarkovski (1966), de terrifier les pauvres ouailles de son temps en renonçant au projet d'orner une église d'un Jugement dernier qui lui avait été commandé.

L'important est de suivre le Seigneur et de s'abandonner à lui dans la confiante sérénité des « enfants de Dieu », et non de trembler comme le faisaient les Shakers américains du XVIIIe siècle ! La justice divine n'efface pas la miséricorde, bien au contraire. Ainsi que l'écrivait le cardinal Ratzinger, futur Benoît XVI : « Dire que c'est Jésus qui juge, c'est revêtir le jugement de l'aspect de l'espérance[1]. » Aussi, au redoutable *Dies Irae*, opposons vite le cri des premiers chrétiens en araméen : *Maranâ thâ' !* Seigneur, viens !

Voir : Enfer et damnation ; Messie et Fils de l'Homme.

1. Joseph Ratzinger, *La Foi chrétienne hier et aujourd'hui*, Paris, Mame, 1969, p. 232-233.

Juif

« Juif » – *yehudi* en hébreu – désignait à l'origine un habitant du royaume de Juda (*Yehudah*), se distinguant des Israélites du royaume schismatique du Nord, né vers 931 avant J.-C. du soulèvement contre Roboam, premier successeur de Salomon sur le trône de Jérusalem. Cependant, après le retour d'exil, en 538 avant J.-C., le nom de « juif » fut porté par tous les habitants de la Judée, qui aspiraient à la reconstitution du royaume de David, et par les « fils d'Israël » dispersés « parmi les nations ».

Des pourtours de la Méditerranée aux rives de l'Euphrate et du Nil, avaient en effet prospéré les communautés de la diaspora (ou dispersion), qui lisaient l'Ecriture dans la traduction grecque de la Septante, commencée à Alexandrie au IIIe siècle avant J.-C. et terminée à la fin du IIe. Les frères émigrés étaient si imprégnés de culture hellénistique que du temps de Jésus on distinguait les « juifs grecs » (ou hellénistes) des juifs des provinces de Judée, Samarie et Galilée, qui formeront à compter du IIe siècle la province romaine de Palestine[1]. Ces derniers lisaient les textes bibliques en hébreu, parlaient habituellement l'araméen, sans ignorer totalement le grec.

Jean l'évangéliste, lui-même juif, utilise le mot dans un sens particulier qui a souvent troublé les lecteurs contemporains : les « juifs » désignent en général pour lui les

1. Ce nom vient des Philistins, l'un des « peuples de la mer » installés au moins depuis le XIIe siècle avant notre ère sur la côte sud, dans la région correspondant à l'actuelle bande de Gaza.

autorités de Jérusalem, chefs des prêtres ou pharisiens, sourcilleux sur la loi mosaïque et hostiles au Christ. Au point qu'on l'a accusé très injustement d'antijudaïsme, voire d'antisémitisme, alors qu'il est le seul à nous rapporter cette parole de Jésus : « Le salut vient des juifs » (4, 22).

Au temps de Jésus, le sentiment d'appartenance communautaire se retrouvait jusqu'en Galilée, cette « Galilée des nations », pays composite et « carrefour des païens ». C'est le sens de l'épisode du centurion rapporté par Luc : « Il aime *notre nation* et c'est lui qui nous a bâti la synagogue », lui disent les habitants de Capharnaüm. Il existait au contraire une franche et implacable haine entre les Judéens et les Samaritains, ces dissidents qui attendaient le Messie, immolaient l'agneau pascal, mais pratiquaient un culte à part sur le mont Garizim, différent de celui du Temple. Les gens de Jérusalem les considéraient comme des païens, voire des possédés. Pour se rendre de Galilée à Jérusalem, on évitait d'ordinaire de traverser cette région honnie. Alors que la Samaritaine s'étonnait de voir Jésus lui adresser la parole au puits de Jacob : « Comment, toi qui es juif, tu me demandes à boire à moi qui suis une femme samaritaine ? » (Jean 4, 9), celui-ci sera accusé par ses adversaires pharisiens d'être un Samaritain : « N'avons-nous pas raison de dire que tu es un Samaritain et que tu as un démon ? » (Jean 8, 48).

Juif pieux issu de la maison de Juda, comme son lointain ancêtre David, lisant la Torah dans les synagogues et respectant la Loi, Jésus était très attaché à sa judéité. « Vous, vous adorez ce que vous ne connaissez pas ; nous, nous adorons ce que nous connaissons », disait-il à la Samaritaine (Jean 4, 22). Dans un premier temps, il avait recommandé à ses disciples de ne pas prendre le chemin des païens ni d'entrer dans les villes des Samaritains : « Allez plutôt vers les brebis perdues de la maison d'Israël » (Matthieu 10, 6).

A la Syro-Phénicienne qui le supplie de guérir sa fille possédée par un démon, il répond : « Je n'ai été envoyé qu'aux brebis perdues de la maison d'Israël. » Devant l'insistance de cette femme, il a même des paroles qui aujourd'hui nous choquent ou nous paraissent bien dures : « Il ne sied pas de prendre le pain des enfants et de le jeter aux petits chiens » (le langage usuel désignait ainsi les païens). Elle revient malgré tout à la charge : « Oui, Seigneur ! Et justement les petits chiens mangent des miettes qui tombent de la table de leurs maîtres. » Alors, Jésus, touché, cède par compassion : « O femme, grande est ta foi ! Qu'il t'advienne selon ton désir ! » A cet instant, la fille de la Cananéenne fut guérie (Matthieu 15, 21-28). Pour elle, il a fait une exception à la mission reçue du Père.

Il sait bien néanmoins que cette mission va s'élargir à toutes les nations de la terre. « J'ai encore d'autres brebis qui ne sont pas de cet enclos ; celles-là aussi, il faut que je les mène ; elles écouteront ma voix ; et il y aura un seul troupeau, un seul pasteur… » (Jean 10, 16).

A l'Ascension, Jésus ressuscité l'annonce à ses apôtres : « Vous serez mes témoins à Jérusalem, dans toute la Judée et la Samarie, et jusqu'aux extrémités de la terre » (Actes des Apôtres 1, 8). « Allez donc, de toutes les nations faites des disciples, les baptisant au nom du Père et du Fils et du Saint-Esprit et leur apprenant à observer tout ce que je vous ai prescrit » (Matthieu 28, 19-20).

Ce sera la mission principale de Paul, « l'apôtre des païens », comme il s'intitule lui-même, de greffer les sauvageons d'olivier sur « l'olivier franc », autrement dit sur la maison d'Israël, premier peuple choisi par Dieu. « Ce n'est pas toi qui portes la racine, c'est la racine qui te porte » (Romains 11, 24). C'est la même idée qu'exprimera Pie XI en 1937 : « Nous sommes spirituellement des sémites. »

Voir : Centurions ; Samaritaine.

L

Lacryma Christi, la larme du Christ

Laissons de côté ce vin chaleureux remontant aux traditions bachiques de la Rome antique, dont le vignoble, longtemps cultivé sur les pentes ensoleillées du Vésuve par une communauté de moines napolitains, est devenu une « appellation contrôlée ». Parlons des « larmes du Christ ».

Jésus a pleuré devant le tombeau de son ami Lazare, nous dit Jean l'évangéliste. La légende raconte qu'un ange du Ciel aurait recueilli une de ses larmes et l'aurait offerte dans un petit reliquaire à Marie de Béthanie, sœur de Lazare. Celle-ci l'aurait apportée en France lors de son voyage avec son frère et sa sœur Marthe... Cette précieuse relique enchâssée dans une bulle de cristal se serait retrouvée à l'abbaye de la Trinité de Vendôme. Son culte fut extrêmement populaire jusqu'à la fin du XVIIIe siècle en Vendômois. Au Moyen Age, les comtes de Vendôme avaient même adopté pour cri de guerre : « Sainte Larme, Vendôme ! » On lui attribua au cours des siècles plusieurs guérisons miraculeuses touchant des aveugles ou des malades des yeux. Elle fut malheureusement perdue au début du XIXe siècle lors de son transfert à Rome.

D'autres lieux ont possédé des larmes du Christ ou prétendues telles, Saint-Maximin en Provence, Allouagne dans le Pas-de-Calais, l'abbaye de Selincourt en Picardie, dont l'ampoule conservée après la Révolution dans l'église Saint-Rémy d'Amiens fut brisée par un sacristain maladroit vers 1925. Une autre larme vénérée à Saint-Léonard de Chemillé en Anjou passait pour avoir été rapportée par le seigneur de cette localité lors de la croisade de Godefroy de Bouillon.

A côté des reliques du Christ dont l'authenticité a été prouvée par des recherches historiques et scientifiques, que de légendes extraordinaires, de contes merveilleux façonnés par l'imagination populaire au cours des siècles !

Maints faussaires, mus par l'instinct du lucre, ont abusé de la crédulité des chrétiens ordinaires : on vénéra ainsi le corps de saint Sébastien à l'abbaye de Manglieu, au diocèse de Clermont, un prétendu crâne de Jean-Baptiste à l'abbaye de Saint-Jean-d'Angély, une des jarres du miracle de Cana à l'abbaye de Saint-Denis, pendant que d'autres faisaient trafic de gouttes de lait de la Vierge, de fragments de sa robe, de poils de la barbe de saint Pierre… Au Moyen Age, il y eut jusqu'à quatorze Saints Prépuces vénérés en Occident. Pour les sceptiques, en voici la liste : l'abbaye de Conques, celles de Coulombs, Vebret, Metz, Besançon, Langres, Fécamp, Chartres, Le Puy-en-Velay, Charroux, Andechs et Hildesheim en Allemagne, Calcata en Italie, Anvers en pays belge. Rome prétendait conserver deux morceaux du Saint Ombilic, estimable relique revendiquée également par Clermont et Châlons-en-Champagne. Les moines de l'abbaye bénédictine de Saint-Médard de Soissons se flattaient de posséder une Sainte Dent ou dent de lait de l'Enfant-Jésus. Il y en avait une autre à la Madeleine de Noyon, une autre à la chapelle du bois de Vincennes, une autre encore à la chapelle royale de Versailles… Des foules pieuses et crédules venaient se prosterner devant ces reliques en apportant leurs offrandes.

Malgré les efforts du savant Mabillon pour défendre son authenticité, la larme vénérée à Vendôme faisait partie de ces fausses reliques. Il en allait de même de celles de Selincourt ou de Chemillé… A moins d'admettre qu'elles provenaient de crucifix présentant des écoulements miraculeux ? Ces larmes contenues dans de petits reliquaires mériteraient alors une étude scientifique, comme les prodiges eucharistiques[1].

Toutes ces croyances populaires, folles extravagances déjà brocardées à la Renaissance par les auteurs protestants, ne soulèvent aujourd'hui que railleries et lazzis de la part des libres-penseurs. On le comprend, car la foi n'est pas la superstition. Les clercs et les élites chrétiennes

1. Ceux-ci ont été nombreux au cours de l'Histoire. L'un des plus stupéfiants fut celui dont Mgr Bergoglio (le futur pape François), alors évêque auxiliaire de Buenos Aires, fut le témoin en août 1996. Une hostie souillée qu'on avait laissé se dissoudre dans un petit récipient d'eau fut retrouvée quelques jours plus tard transformée en un morceau de chair sanglante. En 1999, le laboratoire américain chargé par Mgr Bergoglio, devenu archevêque, d'en expertiser un échantillon conclut, sans en connaître l'origine, qu'il s'agissait d'un fragment de muscle cardiaque contenant de nombreux globules blancs, signes que le cœur était vivant lorsque l'échantillon avait été prélevé ! Le groupe sanguin était le groupe AB, le même constaté en 1958 pour le miracle eucharistique de Lanciano (Italie, VIIe siècle), le même constaté sur le linceul de Turin, le suaire d'Oviedo et la tunique d'Argenteuil…

elles-mêmes étendent aisément leur condescendant mépris aux reliques qui semblent les plus authentiques, comme le linceul de Turin ou le suaire d'Oviedo.

Bien sûr, il faut savoir distinguer le vrai du faux et ne pas ignorer le côté mercantile de ces dévotions naïves. Mais je me demande parfois si le légitime scepticisme moderne ne nous fait pas perdre le sens du symbole qu'avaient ces gens simples et qui seul peut-être nous permet de rejoindre la réalité profonde. Pourquoi ne pourrait-on pas atteindre le Christ par la prière devant une fausse relique ?

Revenons aux Saintes Larmes. Les Evangiles ne disent nulle part que Jésus a ri avec les siens au cours de sa vie terrestre. La question du rire de Jésus a même été au Moyen Age un sujet de débat récurrent entre théologiens (comment en douter si, comme le disait Aristote, le rire est le propre de l'homme ?). En revanche, on est sûr, d'après les Evangiles de Luc et de Jean, que Jésus a pleuré au moins à deux reprises : la première fois sur Jérusalem, dont il avait annoncé la destruction (l'église *Dominus flevit* – « le Seigneur a pleuré » – sur le mont des Oliviers rappelle cet instant), la seconde sur son ami Lazare mort. La Lettre aux Hébreux, œuvre d'un proche de Paul, datant des années 60, ajoute qu'au moment de son agonie, avec « un grand cri et dans les larmes », il a offert des prières et des supplications à Dieu son Père.

Ces événements lacrymaux, repris de façon naïve et touchante par les légendes, particulièrement les pleurs versés par Jésus à la vue de la tombe de Lazare, nous disent quelque chose de théologiquement fondamental. « Dieu, affirmait Bernard de Clairvaux, ne peut pas souffrir, mais il peut compatir. » En Jésus, *verus deus et verus homo*, vrai Dieu et vrai homme, il s'est fait à la fois compatissant et souffrant, proche de la misère de ses semblables et de toute blessure humaine. Oui, les larmes de Jésus, j'en suis convaincu, sont pour l'humanité un baume essentiel.

Voir : Linceul de Turin ; Suaire d'Oviedo ; Vrai Dieu et vrai homme.

Lance (Coup de)

Le supplice de la croix provoquait la mort en quelques heures par asphyxie ou collapsus cardiaque, comme cela se produisit, semble-t-il, pour Jésus (« Il poussa un grand cri »). Pour pouvoir respirer, les condamnés devaient s'appuyer sur leurs pieds encloués. Il leur arrivait, s'ils étaient de robuste constitution, de survivre deux ou trois jours dans d'atroces souffrances, jusqu'à ce que la tétanie musculaire les gagnât. En Israël, la Loi interdisait pareille situation : « Si un homme, pour son péché, a encouru la peine de mort, et que tu l'aies mis à mort et pendu à son arbre, son cadavre ne passera pas la nuit sur l'arbre : tu dois l'enterrer le jour même ; car le pendu est une malédiction de Dieu » (Deutéronome 21, 22-23). Pour avoir la paix avec le peuple juif, les Romains se conformaient à cette exigence religieuse.

Dans l'après-midi du vendredi 3 avril 33, une délégation est envoyée à Pilate par les grands prêtres, afin de « briser les jambes des condamnés et de les faire enlever ». Ce que conte Jean dans son Evangile correspond à ce que l'on sait des usages romains. La rupture des tibias – ou *crurifragium* – empêchait en effet les crucifiés de pratiquer des tractions sur leurs pieds et par conséquent de respirer.

Aussitôt, des soldats se rendent au Golgotha. D'un coup de barre, ils font mourir les deux larrons. Arrivés à Jésus, ils constatent qu'il est déjà mort. La violente flagellation qu'il a subie suffit à expliquer sa fin plus rapide que celle de ses compagnons d'infortune. De sa lance, un des Romains donne un coup qui perce obliquement le côté droit pour atteindre le cœur. Vieux réflexe correspondant à la technique des gladiateurs décrite par Jules César dans son *De Bello Gallico* : se protégeant le cœur de son bouclier, l'adversaire commet l'erreur de découvrir son côté droit, là où frappe le combattant romain.

La plaie du côté sur le linceul de Turin forme une ellipse parfaite de 4,6 centimètres de long sur 1,5 centimètre de large. Son aspect permet de déterminer l'arme utilisée. Ce n'est sûrement pas la lourde *hasta* ou son modèle voisin, la *hasta velitaris*, plus courte, à la pointe longue et mince, ni le *pilum*, au fer acéré utilisé dans les combats d'infanterie, mais la *lancea* en usage dans les garnisons de province : un javelot de longueur variable, dont le fer plat a la forme d'une feuille de laurier. Une arme de ce modèle a été dégagée par les archéologues à Jérusalem : elle devait appartenir à un soldat de Titus ayant participé au siège de 70.

A noter que la légende a donné au Romain ayant frappé Jésus le nom de Longin, qui vient de *lonkhé*, nom de la *lancea* en grec. L'évangile apocryphe de Nicodème et *La Légende dorée* de Jacques de Voragine (XIIIe siècle) parlent de lui. Frappé par la mort de Jésus, il se serait ensuite converti. Vénéré sous le nom de saint Longinus, ses restes auraient été inhumés dans une église de Cappadoce. Allez savoir… Mais revenons à la lance.

« Aussitôt, écrit Jean, il en sortit du sang et de l'eau. » Sur les plus anciens manuscrits, on lit « de l'eau et du sang ». C'est ce qui s'est probablement produit. Si l'on se rapporte encore au linceul, on peut en déduire que la lame a glissé entre la cinquième et la sixième côte, a traversé la plèvre pariétale, la plèvre viscérale et la cavité péricardique, avant de transpercer l'oreillette droite. Elle a d'abord libéré le liquide pleural, puis le liquide péricardique fortement comprimé : cette « eau » dont on peut observer les marbrures était un sérum clair d'origine inflammatoire. Les médecins en attribuent la cause à une péricardite séreuse, imputable à la flagellation. Après l'« eau » vint le sang, issu de la veine cave supérieure, resté liquide après la mort.

Ce que Jean a vu était probablement un phénomène physique et non un miracle auquel, étant attaché aux symboles, il a donné une signification théologique : l'eau figurant l'Esprit saint et le sang la vie éternelle. D'autres interprétations naîtront plus tard, l'eau représentant le baptême, et le sang l'eucharistie. Bouleversé par ce souvenir, Jean insiste : « Celui qui a vu a rendu témoignage, et son témoignage est conforme à la vérité, et Celui-là [l'Esprit saint] sait qu'il dit vrai afin que vous aussi vous croyiez. » Dans la première Epître, il revient sur l'événement : « C'est lui qui est venu par l'eau et par le sang, Jésus-Christ, non avec l'eau seulement, mais avec l'eau et le sang ; et c'est l'Esprit qui rend témoignage, parce que l'Esprit est la vérité. »

Le linceul nous fournit un renseignement complémentaire capital : les lèvres de la plaie sont béantes (un centimètre et demi d'ouverture), preuve qu'à ce moment-là Jésus était bel et bien mort, et non en état de mort apparente. Preuve qu'il n'a pas survécu au supplice de la croix, ne s'est pas retiré au Tibet, au Japon ou en Provence, comme voudraient nous le faire accroire des récits romanesques ou légendaires… Autre enseignement : la fracture des jambes lui a été épargnée. Jésus est bien l'Agneau de la Pâque immolé, celui dont le livre de l'Exode recommande de ne briser aucun des os.

Voir : Croix ; Larrons ; Linceul de Turin ; Passion de Jésus.

Langues parlées par Jésus

Le touriste qui regarde en Israël les émissions télévisées, écoute la radio, découvre dans les kiosques la presse locale ou lit les panneaux ou les noms de rues est tenté de commettre une double erreur : celle de croire que la langue maternelle de Jésus était l'hébreu et que l'hébreu d'aujourd'hui correspond peu ou prou à celui d'il y a deux mille ans. En réalité, l'hébreu vernaculaire parlé en Israël a été composé entre 1881 et 1901 par un philologue juif, ressortissant de l'Empire russe, Eliézer Ben Yehudah, à partir de l'hébreu talmudique et de nombreux néologismes. Depuis, bien entendu, il n'a cessé de s'enrichir.

Au temps de Jésus, l'hébreu, qui dérivait de la langue cananéenne parlée par les premiers habitants du pays et dans laquelle avaient été rédigés la loi mosaïque, les Psaumes et les textes des prophètes (au total 39 livres dans cette langue sur les 46 du Premier Testament), avait cessé depuis l'exil d'être une langue vivante. Après leur déportation en Babylonie par Nabuchodonosor, les malheureux oublièrent l'hébreu et se mirent à parler la langue impériale et commerciale, répandue dans tout le Proche-Orient, l'araméen. Cette éclipse se prolongea après le retour de captivité, au point que, au IIe siècle avant notre ère, la langue sacrée du peuple juif n'était plus utilisée que par les lettrés et les scribes. Elle servait pour la liturgie, les lectures et les prières – les manuscrits de la mer Morte l'attestent. Pour la rendre compréhensible du petit peuple, les savants avaient dû l'assortir de traductions et de commentaires en araméen, les *targums*.

Jésus, élevé à Nazareth dans le milieu particulier des pieux Nazôréens, a appris l'araméen de Marie sa mère. Composés en grec, mais comportant un fort substrat araméen, les Evangiles montrent que son enseignement, tant ses discours que ses paraboles, a été dispensé en cette langue aux populations juives de Judée, de Samarie ou de Galilée. « *Talitha koum* », dit-il à la fille de Jaïre, chef de la synagogue de Capharnaüm, pour la ressusciter, mots araméens que Marc (5, 41) traduit ainsi : « Fillette, je te le dis, lève-toi ! » (littéralement : « Fillette, debout ! »). De même, pour guérir le sourd-muet, Jésus, après lui avoir mis ses doigts dans les oreilles et touché la langue avec de la salive, lève les yeux au ciel et s'écrie : « *Ephphata* », c'est-à-dire : « Ouvre-toi bien. » « Et, ajoute Marc, ses oreilles s'ouvrirent, et aussitôt fut dénoué le lien de sa langue, et il parlait correctement » (7, 32-35).

Jésus, qui dans ses prières appelait Dieu son Père '*Abbā*', aurait, selon Marc (15, 34), prononcé sur la croix le début du psaume 22 en araméen : « *Elôï, Elôï, lema sabachthani* » (alors que, d'après le Codex *Bezae*, Matthieu, plus classiquement, aurait repris la formule en hébreu : « *Eli, Eli, lema sabachtani* », 27, 46). Ce qui se traduit dans les deux cas par : « Mon Dieu, mon Dieu, pourquoi m'as-tu abandonné ? »

D'autres expressions, comme *Hosanna*, *Maranatha*, sont d'origine araméenne, tout comme des noms (ou surnoms) de personnes (Céphas, Barabbas, Martha, Boanergès ou encore Tabitha – la « gazelle », que ressuscite Pierre dans les Actes des Apôtres) ou de lieux (Capharnaüm, Golgotha, Gabbata...).

A en croire les spécialistes, la langue de Jésus s'apparentait à l'araméen occidental. Jésus lui-même, on peut le supposer, devait avoir l'accent galiléen qui articulait mal les gutturales sémitiques. Les mots *immar* (agneau), *hamar* (vin) et *hamor* (âne) étaient bien difficiles à distinguer dans la bouche d'un habitant de cette contrée. C'est cet accent du Nord qui trahit Simon-Pierre dans la cour du grand prêtre Hanne : « Sûrement, toi aussi tu en es : et d'ailleurs ton langage te trahit ! »

Fils d'artisan, artisan lui-même, Jésus n'appartenait pas aux catégories les plus basses de la société juive de son temps, les *am ha aarets*, qui ne s'exprimaient qu'en araméen. Il est sûr qu'il connaissait l'hébreu classique (l'épisode rapporté par Luc le montrant en train de lire solennellement dans la synagogue de Nazareth un passage du prophète Isaïe le prouve). Aux yeux de ses contemporains, il passait pour un rabbi et, comme tous ceux qui recevaient ce titre, pratiquait les deux langues. Il est probable qu'ayant habité près de Sepphoris, y ayant vraisemblablement travaillé comme artisan du bois, il connaissait aussi le grec, la langue du commerce et des échanges, que les occupants romains utilisaient eux-mêmes. En quelle autre langue se serait-il adressé à la Syro-Phénicienne, une « Grecque », habitant le territoire de Tyr et Sidon (Marc 7, 24-30) ? Peut-être ne devait-il pas la parler couramment, ce qui expliquerait que lorsque certains juifs de la diaspora voulurent entrer en contact avec lui, ils s'adressèrent à deux de ses disciples hellénophones, André et Philippe (Jean, 12, 21).

Devant Pilate, Jésus s'est probablement exprimé en grec, mais le préfet romain avait à ses côtés un traducteur-interprète, ne fût-ce que pour régler le cas des larrons et autres Barabbas qui ne parlaient probablement qu'araméen.

Larrons

Ils étaient deux à être crucifiés en même temps que Jésus, l'un à sa droite, l'autre à sa gauche. Qu'avaient-ils fait pour mériter un tel sort ? Luc les présente comme des malfaiteurs, Matthieu, Marc et Jean comme des brigands. Vraisemblablement, c'étaient des pillards, des hors-la-loi, des voleurs de grand chemin, coupables de crimes de sang. Faisaient-ils partie de ces séditieux « qui avaient commis un meurtre pendant l'émeute », dont parle par ailleurs Marc ? Etaient-ils des compagnons de Bar Abba (Barabbas) qui n'avaient pas eu la chance, comme lui, de bénéficier d'une amnistie ? Certains manuscrits leur donnent des noms : Joathas et Maggatras, Zoatham et Camma, Dismas et Gestas ou encore Titus et Dumachus, ce qui ne nous avance guère. Ils ont été flagellés sur le chemin du supplice, de quelques coups de lanière seulement : selon l'usage romain, ce n'était qu'une peine accessoire, destinée à fatiguer le condamné sans l'exténuer. Les bourreaux craignaient toujours d'avoir à répondre de la mort prématurée de leurs victimes. Jésus, lui, fut épargné : il avait déjà subi une violente flagellation à l'intérieur du palais de Pilate, un châtiment atroce si l'on s'en rapporte à ce « témoin silencieux » qu'est le linceul de Turin. Epuisé, il mourra d'ailleurs avant eux.

Afin de mettre en valeur l'horreur du supplice de Jésus, l'art chrétien a souvent représenté les deux larrons encordés et non encloués à leur croix. Cette convention iconographique ne repose sur aucune donnée de l'Histoire. On peut penser qu'ils ont subi un supplice identique au sien.

Eux aussi, selon Matthieu et Marc, injuriaient Jésus. Pour Luc, plus précis (peut-être renseigné par Jean l'évangéliste qui se trouvait au pied de la croix), si l'un de ces vauriens faisait chorus avec la foule, l'autre ne partageait pas cette exécration. « Tu n'as même pas la crainte de Dieu, toi qui subis la même peine ! », dit-il à son compagnon du haut de sa croix. « Pour nous c'est justice et nous recevons ce que nous avons mérité, mais lui n'a rien fait de mal. » Puis, s'adressant à Jésus, il ajouta : « Jésus, souviens-toi de nous quand tu arriveras dans ton règne ! » Celui-ci lui répondit : « Amen, je te le dis, aujourd'hui tu seras avec moi au Paradis. » Une seule parole de repentir, un seul appel au secours ont suffi au Christ, au cœur même de sa souffrance, pour manifester la miséricorde gratuite et infinie de Dieu…

Cependant, sa réponse pose un problème théologique sur lequel je me suis longtemps interrogé : comment se fait-il que Jésus, qui ne devait ressusciter des morts que le surlendemain (le « troisième jour » selon le décompte biblique), pouvait-il dire : « Aujourd'hui tu seras avec moi au Paradis » ? La confusion vient probablement de l'absence de ponctuation dans la plupart des manuscrits du Nouveau Testament et d'une erreur de virgule dans les textes imprimés qui ont suivi. Le Codex *Vaticanus* et une version du ve siècle de la *Peshitta* (traduction syriaque de la Bible) placent la virgule après le mot « aujourd'hui », ce qui change le sens de la phrase et la rend parfaitement compréhensible : « En vérité, je te le dis aujourd'hui, tu seras avec moi dans le Paradis. » Dismas, puisque c'est le nom qui a été finalement retenu par l'Eglise pour le bon larron, est le premier saint canonisé et le seul, qui plus est, à l'avoir été directement par Jésus. Sa fête est célébrée le 25 mars en Occident, le 12 octobre en Orient.

Voir : Barabbas ; Jacques Fesch, le « bon larron » ; Passion de Jésus ; Ponce Pilate.

Lavement des pieds

C'est sans doute l'un des gestes les plus déroutants et les plus spectaculaires de Jésus rapporté par l'Evangile de Jean. Sachant que l'heure est venue « de passer de ce monde à son Père », Jésus, au cours du dernier repas partagé avec ses disciples, celui du jeudi précédant la Pâque – pour les amateurs de précisions historiques, nous sommes le 2 avril 33 –, se lève de table, dépose son vêtement, prend un linge et se le noue à la ceinture. Il verse de l'eau dans un grand bassin, puis s'agenouille, lave les pieds de ses disciples et les essuie avec ce tablier improvisé. Arrivant à Simon-Pierre, celui-ci s'indigne : « Toi, Seigneur, me laver les pieds ! » Jésus lui répond : « Ce que je fais, tu ne peux le savoir à présent, mais par la suite tu comprendras. » Pierre résiste : « Me laver les pieds, à moi ! Jamais ! » Jésus reprend : « Si je ne te lave pas, tu ne peux avoir part avec moi. » Autrement dit, c'est la condition à son entrée dans le Royaume des cieux ! Le propos est à peine croyable. Pierre, toujours généreux et impulsif, s'écrie : « Alors, Seigneur, non pas seulement les pieds, mais aussi les mains et la tête ! » Jésus lui rétorque : « Celui qui s'est baigné n'a nul besoin de se laver, sinon les pieds, car il est entièrement pur… » Allusion au fait que les pèlerins de la Pâque, après s'être purifiés dans un *mikveh**, devaient en dernier lieu se nettoyer les pieds, couverts de poussière par la marche. « Et vous, vous êtes purs, mais non pas tous », ajoute-t-il, pensant à Judas.

Puis il prend son vêtement et se remet à table avec ses compagnons. « Comprenez-vous ce que j'ai fait pour vous ? leur demande-t-il. Vous m'appelez "le Maître et le Seigneur" et vous dites bien, car je le suis. Dès lors, si je vous ai lavé les pieds, moi, le Seigneur et le Maître, vous devez vous aussi vous laver les pieds les uns les autres ; car c'est un exemple que je vous ai donné : ce que j'ai fait pour vous, faites-le vous aussi. En vérité, en vérité, un serviteur n'est pas plus grand que son maître, ni un envoyé plus grand que celui qui l'envoie. Sachant cela, vous serez heureux, si du moins vous le mettez en pratique » (Jean 13,

1-17). Cela renvoie à une autre parole de Jésus rapportée par Luc : « Lequel est en effet le plus grand, celui qui est à table ou celui qui sert ? N'est-ce pas celui qui est à table ? Eh bien, moi, je suis au milieu de vous à la place de celui qui sert ! » (22, 27).

Jean a préféré rapporter le spectaculaire et symbolique lavement des pieds plutôt que l'institution de l'eucharistie, qui était déjà pratiquée par les chrétiens de son temps et dont il avait largement donné le sens au cours de son chapitre 6. C'est le geste de l'abaissement suprême, le plus humiliant qui soit, puisque l'on considérait à l'époque qu'on ne pouvait même pas l'imposer à un esclave d'origine juive.

Il n'est pas sans rapport d'ailleurs avec l'eucharistie, partage commun et fraternel du pain de Vie, inconcevable sans la dimension essentielle de la charité. Il est aussi pour Jésus l'annonce de sa Passion et du don suprême de sa vie qu'il va faire librement sur la croix. Il se dépossède de lui-même. En retour, pour avoir part à son action salvifique et participer à sa gloire, l'homme a besoin au préalable de se laisser laver, purifier par lui, sans orgueil ni résistance !

Ce Dieu incarné, ce Jésus de misère qui, loin de rechercher les gloires de la terre, se fait petit et vulnérable, s'identifie aux plus pauvres jusqu'à ce geste servile du lavement des pieds. Ce Très-Haut qui devient le Tout-Proche nous invite à le suivre dans ce chemin creux d'humilité. « Lui qui est de condition divine, dit Paul dans son Epître aux Philippiens, s'est dépouillé, prenant la condition de serviteur… » Quel sublime geste d'amour et de miséricorde, mais aussi quel appel, quelle exigence pour nous croyants qui sommes invités à le suivre ! « La foi en Jésus est celle qui nous empêche de vivre dans la quiétude », disait le père Joseph Wresinski, fondateur d'ATD Quart Monde.

Voir : Cénacle ; Cène ; Jean l'évangéliste ; Passion de Jésus.

Lazare

S'il revenait sur terre pour la seconde fois, Lazare ne reconnaîtrait assurément pas son village de Béthanie, à moins de trois kilomètres à l'est de Jérusalem, bien qu'il porte son nom, *El Azariyah* (« le lieu de Lazare »). C'est une ville de plus de 20 000 habitants, presque entièrement musulmane, pauvre, rongée par le chômage, à la circulation intense, inquiétante même, au point que les compagnies d'assurances refusent de couvrir les dégâts causés aux cars de touristes s'aventurant en ces lieux ! Elle fait partie de la zone B des territoires occupés de Cisjordanie, dans laquelle l'Autorité nationale palestinienne assume conjointement avec l'armée israélienne la sécurité intérieure. Lazare et ses sœurs ne pourraient plus se rendre à pied à Jérusalem en descendant sous le soleil les pentes du mont des Oliviers : le mur de séparation de huit mètres de haut les en empêcherait… !

Le seul lieu qu'il reconnaîtrait serait son tombeau, encore qu'il ait subi quelques modifications. J'ai visité ce haut lieu, que les dernières recherches archéologiques paraissent authentifier avec un assez bon degré de certitude. La tradition est très ancienne, antérieure à l'époque constantinienne, époque au cours de laquelle les localisations légendaires se sont développées. Dès le début du IVe siècle, Eusèbe de Césarée, dans son *Histoire ecclésiastique*, écrit que l'on peut voir la tombe du frère de Marthe et Marie au village de Lazarion. En l'an 390, à en croire saint Jérôme, une église à plusieurs nefs, pavée de mosaïques, avait été bâtie sur le site. Vers ce temps-là, la pèlerine Egeria, dans son *Itinéraire* rédigé en latin, décrit la liturgie entourant le culte autour du tombeau de Lazare : « Une foule se rassemble si nombreuse que non seulement Lazarion, mais les champs environnants se remplissent de gens. On y dit des hymnes et antiennes adaptées au jour et au lieu, et de la même manière on y fait des lectures. » Ravagée au Ve siècle par un tremblement de terre, l'église fut reconstruite. Puis un nouveau bâtiment fut édifié par les croisés, qu'occupèrent les musulmans. Lui succédèrent une église franciscaine et une autre orthodoxe.

Cette tombe du Ier siècle, conforme aux dimensions prescrites par les plus anciennes sources rabbiniques (la Mishna), comporte très classiquement une antichambre de plus de 10 mètres carrés et, en contrebas, une chambre mortuaire de 5,60 mètres carrés. C'était à l'origine une grotte. Un escalier de vingt-quatre marches usées et inégales, creusées au XVIe siècle par les franciscains pour contourner la mosquée, conduit à l'antichambre où l'on voit encore les traces de l'entrée primitive, une porte cintrée située de plain-pied, du côté du mur est. A l'époque, elle était protégée par une grosse pierre. Trois marches permettent d'accéder à la chambre mortuaire. Sur trois côtés, cette chambre, qui mesure 2,45 mètres sur 2,30 mètres, abrite trois niches avec banquettes, surmontées d'un arc.

Je me souviens de mon émotion lorsque, après être descendu dans la chambre mortuaire – cette tombe enfouie sous terre qui, selon saint Thomas d'Aquin, symbolise la « profondeur des péchés » des hommes –, je suis remonté, mes épaules frottant les parois de l'étroit boyau. Lazare, me suis-je dit, sortant de la nuit presque comme un automate, revêtu des linges de son inhumation, est passé par là pour retrouver la lumière de la vie...

On connaît le récit du miracle, rapporté par Jean l'évangéliste. Au début du printemps de l'an 33, Marthe et Marie de Béthanie, les amies de Jésus, lui dépêchent un émissaire afin de l'avertir que leur frère Lazare est gravement malade. Jésus, redoutant son arrestation, s'est réfugié à Béthanie, en Pérée, à peu près à l'endroit où il a reçu le baptême de Jean le Baptiste. Au lieu de hâter son retour, il ne quitte pas sa retraire. « Cette maladie, dit-il à ses disciples, ne mène pas à la mort ; elle est pour la gloire de Dieu, afin que le Fils de l'Homme soit glorifié par elle. » Au bout de deux jours, il leur annonce que Lazare est mort. Comment l'a-t-il appris ? Par un autre émissaire venu de Béthanie ? Par une communication directe de Dieu son père ? Mystère. « Je me réjouis pour vous, ajoute-t-il, de ne pas avoir été là-bas, afin que vous croyiez. Mais allons auprès de lui ! »

Quand il arrive aux abords du village, Marthe, pleine d'espoir, se précipite : « Seigneur, si tu avais été ici, mon frère ne serait pas mort. Mais, maintenant encore, je sais que tout ce que tu demanderas à Dieu, Dieu te l'accordera. » Jésus la rassure : « Ton frère ressuscitera. » Marthe, qui, comme les pharisiens, croit à la résurrection des morts à la fin des temps, s'écrie : « Je sais qu'il ressuscitera au dernier jour. » Jésus lui répondit : « Je suis la Résurrection et la Vie ; qui croit en moi, même s'il meurt, vivra ; et quiconque vit et croit en moi ne mourra jamais. Crois-tu cela ? — Oui, Seigneur, je crois que tu es le Christ, le Fils de Dieu, qui vient dans le monde. »

Marie, sœur de Marthe et de Lazare, qui est restée à la maison, entourée des amis venus la consoler, arrive à son tour en pleurs et lui fait le même reproche : « Seigneur, si tu avais été ici, il ne serait pas mort, mon frère ! » Sa foi est grande. Sans doute a-t-elle entendu parler des deux « résurrections » accomplies par lui en Galilée, la fille de Jaïre et le fils de la veuve de Naïm. Jésus « frémit intérieurement, dit Jean, et se trouble ».

« Où l'avez-vous déposé ? », demande-t-il. « Seigneur, viens et vois. » La tombe n'est qu'à une centaine de mètres du village. Jésus pleure, comme tous ceux qui l'accompagnent. « Comme il l'aimait ! », remarquent certains. Mais d'autres s'interrogent : « Ne pouvait-il, lui qui a ouvert les yeux de l'aveugle, faire aussi que celui-ci ne mourût pas ? » Jésus demande que l'on ôte la pierre obstruant l'entrée de la grotte : elle a dû être fermée la veille, selon l'usage. Marthe se récrie : « Seigneur, il sent déjà :

c'est le quatrième jour. » Il répond : « Ne t'ai-je pas dit que, si tu crois, tu verras la gloire de Dieu ? »

Il pénètre dans l'antichambre avec Marthe, Marie et sans doute quelques personnes qui les ont accompagnés. Les autres restent dehors, car le lieu est exigu. Jésus fait ôter la pierre tombale, dans l'encastrement du rocher.

Lazare a certainement été enterré selon les rites funéraires du temps : le corps lavé, la barbe et les cheveux rasés, les ongles coupés. Il porte la riche tunique blanche des jours de cérémonie, les mains et les pieds liés par des bandelettes. Sur la tête, un bonnet-mentonnière (peut-être ressemble-t-il à la Sainte Coiffe de Cahors ?) lui maintient la mâchoire. Il n'a pas de linceul.

Levant les yeux au ciel, Jésus s'écrie : « Père, je te rends grâce de m'avoir exaucé. Moi, je savais bien que tu m'exauces toujours, mais c'est à cause de la foule qui m'entoure que j'ai parlé, afin qu'ils croient que c'est toi qui m'as envoyé. » Puis, d'une voix forte, il crie : « Lazare, ici, dehors ! » Alors, montant péniblement les marches, s'avance une sorte de momie, mains liées, le visage couvert d'un suaire. « Déliez-le, ordonne Jésus, et laissez-le aller. »

Saint Augustin tenait la « réanimation » du cadavre de Lazare pour l'un des plus grands miracles de l'Evangile. « La mort du corps, dit-il, tout homme la craint, et la mort de l'âme, bien peu la redoutent. » La façon dont Jean l'évangéliste rapporte le miracle, avec les détails qui l'entourent et les scènes qu'il décrit chez Marthe et Marie ou à l'entrée de Béthanie, semble indiquer qu'il a été témoin de cet événement extraordinaire.

Qu'est devenu Lazare après son retour du séjour des morts ? Le silence de l'évangéliste a laissé place à de nombreuses traditions. Recherché par le Sanhédrin, il aurait quitté la Judée après la lapidation d'Etienne, donc vers 36, et aurait vogué vers la Provence en compagnie de Marthe, Marie et de quelques disciples, dont Marcelle, Trophime, Maximin et Sidoine (nom légendaire de l'aveugle-né guéri par Jésus). Ils auraient accosté en Camargue en un lieu appelé plus tard Saintes-Maries-de-la-Barque, puis encore plus tard Saintes-Maries-de-la-Mer. De là, il serait parti pour Marseille, dont il aurait été le premier évêque. La région était province romaine depuis plus d'un siècle. Il aurait prêché parmi les pêcheurs et les marchands de ce port déjà très actif, racontant assurément comment le Maître l'avait ramené du séjour des morts, miracle annonçant l'événement central de la Résurrection.

Lazare, lui, n'était pas éternel. Il finit par mourir, comme tout le monde. Son corps aurait été inhumé dans l'église Saint-Victor (en tout cas, l'acte de consécration de la nouvelle abbaye, en 1040, attestait sa présence à cette époque). Au moment des invasions barbares, la châsse conservant ses restes aurait été transférée à Autun. Mais l'histoire conte qu'un prêtre marseillais, voulant garder une relique du saint, subtilisa la tête. A Autun, son tombeau aurait été installé derrière le maître-autel de la cathédrale Saint-Nazaire, devenue cathédrale Saint-Lazare à partir du XIIe siècle. Il fut profané sous la Révolution en 1793.

Je suis allé voir les vestiges de son tombeau au musée Rolin, tout près de là, où l'on peut admirer au passage la merveilleuse Vierge en calcaire polychrome du XVe siècle. J'aime cette légende qui associe Lazare et ses sœurs à une annonce très précoce de l'Evangile en terre provençale, au temps de l'empereur Claude, peut-être même de Caligula. Mais je ne suis pas sûr que l'historien y trouve son compte… Les reliques d'Autun seraient en réalité celles d'un autre Lazare, évêque d'Aix-en-Provence au début du Ve siècle, au temps de l'usurpateur romain Constantin III. Dommage !

La tradition orientale rapportée par Ephrem le Syrien est-elle plus crédible ? Difficile à dire. Chargé par Pierre et Barnabé d'évangéliser l'île de Chypre, Lazare aurait assumé la charge d'*episcopus* de Kition, où il serait mort dix-huit ans après son premier trépas, ce qui nous mènerait en l'an 51 de notre ère. Un antique sarcophage trouvé en 1970 lors des travaux de réfection de la crypte de l'église Saint-Lazare à Larnaca, bâtie sur le site de Kition sur la côte sud-est de l'île, est vénéré comme ayant abrité ses restes. Il est singulier de penser que Lazare, deux fois venu à la vie, aurait eu quatre tombeaux.

Linceul de Turin

Je me passionne pour cette extraordinaire relique depuis bien longtemps, au moins depuis 1978, date de la publication en France d'un ouvrage d'un journaliste anglais, historien de l'art, bon spécialiste de la question, Ian Wilson, que j'ai eu l'occasion de rencontrer au symposium du CIELT (Centre International d'Etude du Linceul de Turin) à Paris en 1989, au moment où l'analyse au carbone 14 semblait tout remettre en question. Certaines de ses hypothèses se sont révélées excellentes – celle du Mandylion, sur laquelle je reviendrai –, d'autres plus hasardeuses, comme celle assimilant le linceul à l'idole mystérieuse et secrète adorée par les Templiers, le Baphomet, mais l'ensemble du livre était pour l'époque une solide synthèse historique. Depuis, beaucoup d'autres, et de qualité, ont été publiées. A la vérité, je ne cesse de m'informer avec la plus grande attention des dernières découvertes des scientifiques – et elles sont nombreuses – ; je lis les actes des différents congrès ; sans relâche, je suis les débats, les polémiques, et ma bibliothèque regorge d'études et de revues spécialisées sur le sujet…

La question principale posée par cette relique, qu'on appelle improprement le Saint Suaire (car ce n'est ni une mentonnière ni le linge ayant couvert la tête de Jésus de sa mort à sa mise au tombeau, comme le suaire d'Oviedo), est la suivante : ce sergé de lin, tissé à chevrons en arêtes de poisson, de 4,40 mètres de long sur 1,10 mètre de large, qui présente, dans une couleur pâle variant du beige au sépia, les faces ventrale et dorsale d'un crucifié mort, flagellé, torturé, avec tous les signes de la Passion (le coup de lance au côté droit, les traces d'une couronne d'épines sur le crâne), est-il bien le linge sépulcral de Jésus ? A-t-il été le témoin de son ensevelissement le vendredi 3 avril de l'an 33 et de sa résurrection le 5 du même mois ? Est-il ce « témoin muet », « mais en même temps étonnamment éloquent », dont a parlé Jean-Paul II ?

Soyons clair : il ne s'agit pas ici de foi. Le linceul pourrait être un faux que ce fait ne remettrait pas en cause, pour les croyants, la Résurrection. C'est une question de science, accessoirement d'Histoire. Il existe un décalage abyssal entre ce que répètent dans les médias des personnes mal informées, qui s'obstinent à soutenir des thèses dépassées, et les dernières découvertes scientifiques. Notons-le d'abord, pour prévenir une objection courante, le fait qu'un linge remontant à l'Antiquité ait pu parvenir sans dégradation jusqu'à nos jours n'a rien d'exceptionnel. Des voiles funéraires, des tissus datant de plusieurs siècles avant Jésus-Christ ont été retrouvés dans des tombes égyptiennes.

Après la Résurrection, on imagine bien que les apôtres se sont souciés de conserver précieusement les reliques de la Passion. Si l'on en croit un évangile apocryphe, l'*Evangile des Hébreux*, le vénérable linceul aurait été confié à la garde de Pierre. En l'an 66, avertis par une prophétie, les chrétiens quittèrent Jérusalem, vouée à la destruction, et se retirèrent à Pella, l'une des villes de la Décapole, à cinq kilomètres à l'est du Jourdain (actuellement Tabaqat Fahil, en Jordanie), emportant avec eux des « choses, objets et images sacrés », parmi lesquels très vraisemblablement le linceul. De là, celui-ci gagna Edesse (actuellement Urfa, en Turquie), où il resta longtemps emmuré dans une niche au-dessus de la porte de l'Ouest. On l'y retrouva en 544. C'est à partir de ce moment qu'il fut plié quatre fois en deux (*tétradiplon*), placé dans un reliquaire et vénéré dans la cathédrale Hagia Sophia comme une icône miraculeuse du Christ dont on voyait les traits légèrement ombrés, le Mandylion. Cela fait peu de doute aujourd'hui. On pensait que Jésus vivant avait imprimé son visage sur le linge. Avec l'expansion de l'islam, Edesse fut occupée. Au Xe siècle, au terme d'âpres négociations avec le sultan, la précieuse relique fut acquise par Constantinople. Elle y arriva le 15 août 944 et fut solennellement installée dans la chapelle impériale Notre-Dame-du-Phare en présence de l'empereur Constantin VII Porphyrogénète. On ouvrit alors le reliquaire et – stupeur ! – on découvrit que ce n'était pas un portrait, mais un drap sépulcral, révélant le corps nu et sanglant d'un supplicié. Les historiens ont retrouvé l'homélie prononcée à cette occasion par Grégoire, archevêque référendaire de Sainte-Sophie : il parle d'une image, sans « aucune couleur naturelle », présentant la « sueur sanglante » de Jésus et des « gouttes sorties de son côté ». Louis VII, roi de France, en 1147, Amaury de Lusignan, roi de Jérusalem, en 1171, le chevalier picard Robert de Clari, en 1203, virent cette exceptionnelle relique. A cette dernière date, elle se trouvait dans l'église byzantine de Sainte-Marie des Blachernes. Malheureusement, l'année suivante, Constantinople fut atrocement saccagée par les seigneurs de la quatrième croisade. Le linceul fut dérobé. Il disparut pendant près d'un siècle et demi. Avait-il été emporté à Athènes, avec une partie du butin, par le Bourguignon Othon de La Roche, chef des croisés, comme le laisse entendre un document ? Toujours est-il qu'il réapparut à Lirey en Champagne en 1347 chez un chevalier nommé Geoffroy de Charny. Son passage chez les Templiers est très douteux, n'en déplaise à Ian Wilson.

A partir de cette date, l'histoire du linceul se lit en continu, sans rupture chronologique, sans tunnels ni trous noirs. Il fit l'objet de multiples ostensions, à Lirey, puis à Saint-Hippolyte-sur-le-Doubs. Acquis par la famille de Savoie, il fut transféré à Chambéry, où il séjourna de 1453 à 1578 ; il parvint ensuite à Turin, où il est toujours conservé dans une chapelle de la cathédrale, sous haute protection. Depuis 1983, il est la propriété du Saint-Siège. Au long des siècles, plusieurs saints l'ont vénéré, soit en se rendant sur place, soit en en voyant la reproduction : Charles Borromée, François de Sales, Jeanne de Chantal, Thérèse de Lisieux… Cette dernière, sous l'influence d'un pieux laïc du XIXe siècle, M. Dupont, le « saint homme de Tours », prit même le nom de sœur Thérèse de l'Enfant-Jésus et de la Sainte Face. Ce n'est évidemment pas un brevet d'authenticité, même si on a attribué au linceul plusieurs guérisons miraculeuses. Aujourd'hui encore, chaque ostension attire des centaines de milliers de pèlerins.

La science commença à s'intéresser à cette relique quand, pour la première fois, un avocat italien, le chevalier Secondo Pia, fut autorisé à la photographier. Le 28 mai 1898, dans la pénombre rougeâtre de son laboratoire, la figure qui apparut dans le bac à développement était éblouissante : c'était celle d'un homme, certes torturé, tuméfié, défiguré, mais extraordinairement beau, majestueux, calme dans la mort. Sortant sa première plaque du bain révélateur, le chevalier Pia fut saisi d'une telle émotion qu'elle faillit lui tomber des mains. Le linceul s'était comporté comme un négatif : négatif sur négatif donne un positif. L'inversion des zones claires et sombres conférait au visage une saisissante netteté. Jamais personne avant lui n'avait contemplé cette bouleversante image, mystérieusement encodée en quelque sorte dans le linge. Depuis, des clichés d'une bien meilleure résolution ont été pris, en 1931 et surtout en 1978. Les lésions y apparaissent avec une précision anatomique stupéfiante.

Partant de la découverte du chevalier Pia, des études médico-légales ont été consacrées à l'homme de la relique. L'une des plus complètes et des plus remarquables est celle du docteur Pierre Barbet, chirurgien à l'hôpital Saint-Joseph de Paris, publiée en 1936, *La Passion de Jésus-Christ selon le chirurgien*, plusieurs fois rééditée. Il y démontre, à la suite d'expériences sur des cadavres, que les bourreaux romains ne plantaient jamais les clous des crucifiés dans la paume des mains, comme le représentent la plupart des peintres – c'était une impossibilité physique, la paume se déchirant sous le poids du corps –, mais dans un espace du poignet situé entre les os du carpe, appelé l'espace de Destot : or c'est très exactement cette particularité qui se retrouve sur le linceul. Un signe évident d'authenticité : si un faussaire avait voulu copier la tradition, il se serait gardé d'innover sur ce point essentiel et aurait reproduit l'erreur habituelle.

A la même époque, le biologiste français Paul Vignon a constaté pas moins de vingt points de convergence entre le visage de l'homme du linceul et les icônes ou portraits du Christ, dont certains remontent au VIe siècle, époque où le linceul fut découvert à Edesse. Parmi ces points de convergence, il souligna la présence, bien visible, d'une grosse goutte de sang en forme d'epsilon (ou de 3 renversé) qui avait coulé le long des sinuosités du front : des siècles durant, les portraitistes l'avaient prise pour une mèche de cheveu. De même, la tradition artistique fit d'un mauvais pli du tissu un pli du cou…

A partir de 1969, les recherches interdisciplinaires commencèrent. Un criminologue célèbre, le professeur suisse Max Frei, expert au tribunal de Zurich, reconnut sur le linceul treize espèces de plantes ne poussant que dans les déserts salés ou sableux de la mer Morte et du désert du Néguev. Il trouva des pollens de plantes qui fleurissaient en avril à Jérusalem comme l'*Hyoscyamus aureus* et l'*Onosma orientalis.* Ses conclusions furent confirmées plus tard par Jean-Louis de Beaulieu, du laboratoire de botanique historique et de palynologie de l'université de Marseille, et Paul C. Maloney, archéologue américain. Ce dernier identifia en outre des pollens de *Cistus creticus L.*, un petit arbuste n'existant qu'aux alentours de Jérusalem.

En 1978, fut créée aux Etats-Unis une association ayant pour objet d'étudier scientifiquement le linceul, le STURP (Shroud of Turin Research Project), qui rassemblait trente-trois savants de toutes disciplines, américains, européens, chrétiens, juifs, incroyants. L'examen de la relique donna lieu à des tests microchimiques, des spectrographies, des études de radiométrie infrarouge, de microscopie optique, de fluorescence ultraviolette et trois mille clichés photographiques. Durant cinq jours, utilisant six tonnes de matériel, les scientifiques travaillèrent d'arrache-pied. Puis ils exploitèrent méthodiquement les données recueillies durant des mois, comptabilisant plus de cent mille heures de travail.

Les conclusions de ces experts sont toujours valables aujourd'hui. Elles ont du reste été confortées par des travaux ultérieurs. En aucun cas, l'image du linceul n'est une peinture. Aucune trace de coups de pinceau, aucune direction picturale, aucun contour même n'ont été retrouvés pas le microscope électronique. Impossible de voir dans le linceul une œuvre d'art d'origine humaine (un farceur n'en soutiendra pas moins qu'il s'agissait d'un autoportrait de Léonard de Vinci !). C'est une image acheiropoïète (« non faite de main d'homme »), isotrope, quasi indélébile, résistante à l'eau et à la chaleur.

Les savants du STURP ne sont pas parvenus à la reproduire, ni à en déterminer l'origine. Mais ils ont exclu l'hypothèse d'un frottis, d'une application d'un bas-relief de bois ou de marbre, d'une statue métallique préalablement chauffée. L'image correspond à un léger brunissement dégradé n'affectant que le sommet des fibrilles de lin sur une épaisseur de 20 à 40 microns et variant d'intensité en fonction de la distance entre le corps et le drap. Elle semble donc s'être produite par émanation à distance et, fait encore plus singulier, par projection orthogonale, de sorte que son aspect latéral est absent. C'est une image monochrome inversée, porteuse de données numériques encodées. Cette particularité a permis à un ingénieur français, Paul Gastineau, puis à deux physiciens de l'US Air Force Academy, John P. Jackson et Eric Jumper, de reproduire, le premier en 1974 au moyen d'un lecteur d'intensité lumineuse, les deux autres en 1976 avec un analyseur d'images VP8 de la NASA, une image tridimensionnelle.

Restait à résoudre la question des taches rose carminé parsemant le linge. Etait-ce du sang humain ? Deux chercheurs du STURP, les docteurs John H. Heller et Alan D. Adler, le premier biophysicien, le second spécialiste en chimie physique et thermodynamique, s'attelèrent à ce travail fort complexe. Après avoir pratiqué sans succès de nombreux tests sur des prélèvements de surface effectués en 1978 grâce à des rubans adhésifs spéciaux, ils parvinrent à trouver dans les taches en question la présence de bilirubine, un produit de dégradation de l'hémoglobine, particulièrement présent dans le sang d'une personne morte à la suite de traumatismes violents. Ainsi se trouva définitivement écartée la thèse d'un autre savant, Mac Crone, qui soutenait que ces taches étaient dues à de la peinture. Celles-ci correspondaient d'ailleurs à l'anatomie du corps et à son système artériel et nerveux. Je me souviens d'avoir suivi ces recherches avec grand intérêt et lu le livre des deux chercheurs presque comme un roman policier, quoique certains passages fussent assez ardus pour un non-scientifique comme moi. Les savants du STURP trouvèrent mieux encore : leurs clichés faits en lumière ultraviolette révélèrent des traces séreuses ainsi que des lésions et des écorchures invisibles à l'œil nu.

Restait à procéder à l'examen de la relique au carbone 14. Dans les années 1980, le matériel de cette discipline s'était amélioré. Trois laboratoires spécialisés, celui de l'université d'Oxford, en Angleterre, l'Ecole polytechnique fédérale de Zurich, en Suisse, et l'université d'Arizona à Tucson, furent désignés par le cardinal Anastasio Ballestrero, archevêque de Turin et custode du linceul pour le Saint-Siège. Ils utilisèrent la méthode d'analyse par spectrométrie de masse avec accélérateur. Les conclusions, qui avaient déjà filtré, furent révélées le 13 octobre 1988. Elles paraissaient sans appel : le linge ne remonterait pas au-delà du XIIIe ou XIVe siècle. Le lin du tissu aurait été récolté entre 1260 et 1390. Cela remettait radicalement en cause les multiples concordances entre le linge et les textes évangéliques, les études iconographiques et les recherches interdisciplinaires du STURP.

La nouvelle fit les gros titres dans le monde entier. On sentait chez certains médias comme un malin plaisir à annoncer que cette relique, propriété du Vatican, n'avait en aucun cas enveloppé le corps du Christ à sa descente de croix. Ce n'était qu'une contrefaçon particulièrement bien réussie.

Partant de là, que conclure ? Le vrai linceul de Jésus, dont on trouve trace historiquement à Edesse au VIe siècle, puis à Constantinople au Xe, aurait disparu. Quelques chrétiens fanatiques d'Orient en auraient fabriqué un autre en crucifiant un homme ressemblant en tous points au Christ. Crime atroce qui n'aurait eu qu'un but lucratif en organisant des ostensions de la fausse relique.

Intervint très vite la contestation des résultats des laboratoires par des scientifiques qui s'étaient penchés sur le linge depuis une quinzaine d'années. Ils pointèrent les anomalies ou les disfonctionnements ayant présidé à l'analyse : les spécialistes de l'Académie pontificale des sciences, dont le professeur Luigi Gonella, conseiller scientifique du cardinal Ballestrero, les savants du STURP furent mis à l'écart. Le protocole de départ prévoyant des tests en aveugle et interdisant aux laboratoires de communiquer entre eux fut écarté, pour des raisons de simplification, dit-on. Au dernier moment, un quatrième échantillon non prévu, datant de la fin du XIIIe siècle (tiré de la cape de Louis d'Anjou), fut ajouté sans aucune explication. Enfin, les chiffres bruts pas plus que les rapports complets ne furent publiés. Seul, aujourd'hui encore, atteste des résultats un simple article de quatre pages paru dans la revue *Nature*.

Je revois encore au Symposium de 1989 le professeur Gonella, assis à côté de moi, hochant la tête en signe de dénégation et d'accablement devant les assertions du docteur Tite, du British Museum, coordinateur des travaux des trois laboratoires, qui ne démordait pas de sa datation médiévale. Le cardinal Ballestrero, qui avait annoncé les résultats des tests radiocarbones et reconnu que le linceul n'était plus qu'« une merveilleuse icône » (difficile à soutenir si l'on pense à la façon dont on l'aurait confectionnée…), finit lui-même par reconnaître qu'il avait été dupé. Moi-même, j'ai publié en 1990 dans la revue *Historia* un long article montrant qu'en prenant le problème à l'envers – celui d'un faussaire médiéval –, l'entreprise était rigoureusement impossible : tisser le lin sur un métier antique, utiliser pour la flagellation de l'homme un *flagrum* à deux lanières garnies de petites altères métalliques, retrouver la technique de crucifixion des Romains dans le poignet, se servir d'une lance ayant le même diamètre et la même épaisseur que la *lancea* du centurion monté au Golgotha, reproduire sur le linge toutes les données iconographiques connues de Jésus à partir du VIe siècle, avoir l'idée de génie de faire de la mèche sur le front une coulée de sang, etc.

Alors, que s'est-il passé ? Il est difficile de le dire. Certains ont crié au complot des laboratoires, à une substitution d'échantillons. Vu le sérieux de ces institutions, je n'y crois guère. Cependant, malgré l'identité des méthodes de comptage utilisées, il apparaît que les fourchettes de dates résultant des retraitements habituels ne sont pas homogènes. Les chiffres d'Oxford donnent un linge plus ancien (1262-1312) et ne recoupent pas ceux des autres : 1353-1384, ce qui est anormal pour des échantillons prélevés les uns à côté des autres. Au test statistique de Pearson, il y a 95,7 % de chances pour que les échantillons ne proviennent pas du même linge. Si abus il y eut, il vient certainement du fait que le docteur Tite fusionna les trois moyennes, pour arriver, fort opportunément, à une fourchette de dates (1260-1390) correspondant à l'apparition du linceul à Lirey en Champagne. Un tour de passe-passe.

On sait du reste que la fameuse méthode d'analyse au C14, mise au point en 1955 par l'Américain William Libby, n'est pas d'une absolue certitude, malgré les progrès techniques accomplis depuis. Relativement fiable pour les bois et charbons de bois, elle l'est moins pour des linges anciens, surtout celui du linceul qui a connu des altérations causées par un incendie en 1532, des rapiéçages et des ravaudages. Le travail de décontamination des échantillons, prévu par les protocoles, n'est pas toujours adapté. Des résultats aberrants ont été donnés par les revues spécialisées.

En 1996, un microbiologiste américain, Leoncio Garza-Valdès, repéra sur des fibres du linceul qui lui avaient été communiquées la trace de bactéries dues à un champignon, le *Lichenothelia*, susceptibles de perturber fortement la datation. En 2010, le biologiste français Gérard Lucotte trouva sur des poussières prélevées sur le linceul des traces très abondantes de carbonate de calcium ainsi que des bactéries et des moisissures en grand nombre qui, selon lui, ont pu fausser les calculs.

Il est bien possible aussi que les échantillons aient été prélevés dans une zone ravaudée. En 2004, le professeur Raymond N. Rogers, du Los Alamos Scientific Laboratory, constata la présence de vanilline sur l'un des échantillons, alors que cette substance colorante était absente du reste du tissu. Il s'est demandé si on n'avait pas voulu colorer des fils ajoutés, de façon à les rendre semblables aux autres. Bref, comme l'a avoué en 2008 le nouveau directeur du laboratoire d'Oxford, le professeur Christopher Bronk Ramsey, peut-être une erreur a-t-elle été commise vingt ans auparavant. C'est en tout cas ce que laissent penser les nouvelles recherches qui ont été effectuées depuis.

Revenons à l'Histoire. En 1148, une délégation de seigneurs hongrois avait contemplé la précieuse relique à Constantinople. L'un des visiteurs avait dessiné ce qu'il avait vu sur la double longueur du linceul : le corps nu, le visage barbu et les cheveux longs, l'emplacement du clou au poignet droit, les mains croisées, la droite par-dessus – une douzaine de détails en tout, y compris le tissage en chevrons. Il avait même noté les quatre petits points de brûlure en équerre (peut-être causés par des grains d'encens enflammés) antérieurs à l'incendie de Chambéry (on les voit toujours sur le linceul). Les dessins ont été reproduits sous forme de miniatures dans le Codex de Pray, qui date de 1190 ou 1195. Cela nous ramène en deçà de la période 1260-1390 assignée par les radiocarbonistes au tissage du lin ! Le linceul ayant été précieusement conservé à Constantinople depuis le 15 août 944, on peut en déduire qu'il remonte au moins au Xe siècle… En 1999, un professeur de botanique à l'université de Jérusalem, Avinoam Danin, le vieillit d'un siècle encore : il trouva sur un échantillon du linge des pollens d'une plante de la mer Morte disparue au VIIIe siècle.

On repéra également sur le linge des traces de fleurs. Ces empreintes ne sont pas des artéfacts : visibles sur les premières photos du chevalier Pia en 1898, sur celles d'Enrié en 1931 et sur celles de bien meilleure résolution de Vernon Miller en 1978, on n'y avait pas prêté attention jusque-là. Deux chercheurs américains, Alan et Mary Whanger, qui n'avaient pu se faire entendre au symposium de Paris de 1989, où, je m'en souviens, ils étaient restés dans les couloirs avec leurs photos et leurs transparents, ont identifié, grâce à leur technique de superposition en lumière polarisée (PIOT : Polarized Image Overlay Technique), la trace de vingt-huit de ces fleurs : toutes poussaient en Palestine entre mars et avril, époque de la Passion. Ces travaux pionniers furent confirmés en 1998 par le palynologue israélien Uri Baruch et son collègue botaniste Avinoam Danin.

Ainsi, les nouvelles découvertes vont toutes dans le sens de l'authenticité. Avec la méthode PIOT, l'icône du Christ Pantocrator, peinte vers 550 et conservée au monastère Sainte-Catherine du Sinaï, se superpose à la perfection au visage de l'homme du linceul : pas moins de 250 points de contact ont été relevés par le docteur Whanger. Il y en a 140 sur les monnaies byzantines du VIe au VIIIe siècle. Examinées à la lumière rasante, les pliures du linge correspondent à celles qui existaient lorsqu'il était vénéré à Edesse et à Constantinople comme le Mandylion, ce qui confirme cette identification parfois contestée. Il en irait de même du halo autour du visage, qui se serait formé par réflexion de la lumière sur le disque de verre ou d'albâtre placé au centre de l'icône, selon Thierry Castex, spécialiste du traitement d'images.

Lors des travaux de remplacement de la doublure du linceul en 2000, la conservatrice du musée des Tissus de Lausanne, Mme Flury-Lemberg, spécialiste mondialement renommée des tissus anciens, a remarqué que la couture de la bande latérale de 7 à 8 centimètres qui courait le long du linceul était exactement la même que celle d'une pièce d'étoffe de lin trouvée dans les ruines de la forteresse de Massada, anéantie par les Romains en 73 de notre ère. Selon elle, aucune autre couture du même type, plate d'un côté, renflée de l'autre, n'existe au monde. Ce linge de lin de Massada présente une texture si proche de celle du linceul que le professeur Pierluigi Baima Bollone s'est demandé s'il ne provenait pas du même atelier de tissage. Par ailleurs, ce professeur, reprenant les travaux du père Filas et du docteur Whanger, a confirmé la présence de piécettes de monnaie romaines sur les yeux du mort, comme il était d'usage d'en mettre à l'époque en Palestine : sur l'œil droit, il s'agit d'un lepton représentant un *lituus*, ou bâton d'astrologue, et sur l'œil gauche d'un autre lepton montrant un *simpulum*, ou coupe sacrificielle, tous deux frappés par ordre de Ponce Pilate en Judée et datant, selon les numismates, de l'année 29-30.

Enfin, en 2013 et 2014, le professeur Giulio Fanti, spécialiste des mesures mécaniques et thermiques de l'université de Padoue, utilisant quelques échantillons de réserve du linceul, prélevés en 1978 et 1988, a établi une nouvelle datation à partir d'une méthode basée sur la dégradation de la cellulose du lin avec le temps. A l'en croire, le lin aurait été coupé entre 250 avant et 250 après la date de la mort du Christ, ce qui invalide complètement l'expérience antérieure du carbone 14.

La méthode comparative a porté également ses fruits. Le linceul présente avec deux autres grandes reliques de la Passion, le suaire d'Oviedo et la tunique d'Argenteuil, des points de convergence frappants. Ces trois linges, qui ont connu des vicissitudes et des pérégrinations fort diverses, semblent bien avoir été en contact avec Jésus lors de la Passion. Sinon, ce serait à en perdre son latin ou son hébreu !

Sur onze types de pollens présents sur les trois linges, le professeur Carmen Gómez Ferreras a conclu que sept leur étaient communs, dont deux proviennent uniquement de Palestine, un pistachier, *Pistacia palaestina*, et un tamarin, *Tamarix hampeana*.

Il y a plus. Neuf taches de sang sur dix repérées sur le linceul et la tunique d'Argenteuil sont de mêmes dimensions et de mêmes formes, comme l'a montré le professeur André Marion, ingénieur au CNRS, spécialiste du traitement numérique des images à l'Institut d'optique d'Orsay. Le dessin réalisé par le docteur Jean-Maurice Clercq[1] est particulièrement frappant à cet égard. Il en va de même

1. In *Les Grandes Reliques du Christ*, Paris, F.-X. de Guibert, 2007.

pour le suaire d'Oviedo. Selon Alan Whanger, il existe 70 points de convergence avec le linceul pour l'endroit du suaire et 50 pour le revers.

Il y a plus encore. Le sang figurant sur ces trois linges s'est révélé appartenir au même groupe, AB, assez rare puisqu'il représente environ 4 % de la population mondiale. Or la seule probabilité d'observer le même groupe sanguin sur les trois reliques s'établit à 0,000125, soit 1 chance sur 8 000.

En définitive, en l'état actuel de la recherche, il est inimaginable d'admettre qu'un faussaire médiéval, partant d'un cadavre de crucifié, ait pu réaliser pareille supercherie. Le linceul n'a pu envelopper qu'un crucifié du Ier siècle de notre ère, un crucifié couronné d'épines et ayant subi au préalable une flagellation complète, d'au moins 120 coups de fouet… En France, deux associations s'efforcent de faire connaître au grand public les dernières recherches sur la question, Montre-Nous Ton Visage et le Centre international d'études sur le linceul de Turin.

Ces résultats dérangent, je l'admets. Au lieu de rendre compte des prodigieuses avancées de la recherche depuis 1989, bien des personnes refusent d'aller au-delà du verdict du carbone 14 et s'enferment dans le déni. C'est que le linceul n'est pas un simple document archéologique. En 1902, déjà, un académicien, Yves Delage, avait été proprement insulté et ostracisé par ses pairs de l'Académie des sciences pour avoir présenté une communication favorable à son authenticité. Elle avait été censurée par le secrétaire perpétuel, athée militant, qui ne croyait ni en Jésus-Christ… ni en l'existence des atomes. Yves Delage, lui-même agnostique, lui répliqua : « Si, au lieu du Christ, il s'était agi d'une personne comme Sargon, Achille ou l'un des pharaons, personne n'aurait songé à protester [...]. Je ne fais pas œuvre cléricale parce que cléricalisme et anticléricalisme n'ont rien à voir dans cette affaire. Je considère le Christ comme un personnage historique et je ne vois pas pourquoi on se scandaliserait qu'il existe une trace matérielle de son existence[1]. »

Seulement voilà, le linceul semble conduire à un mystère immense, celui de la Résurrection. A l'heure actuelle, en effet, personne n'est capable d'expliquer la formation de cette image qui s'est faite par projection orthogonale, comme si le linge avait été tendu sur un corps en état d'apesanteur (l'empreinte dorsale présente la même intensité de couleur que la faciale, sans aucun effet d'écrasement, ce qui est une anomalie physique). Aucune explication ne résiste à ces données : un phénomène naturel dû aux effets de la déshydratation ou à des vapeurs ammoniacales produites par la fermentation de l'urée, un phénomène de jaunissement, comme dans les vieux herbiers, dont on a retiré les feuilles séchées... Personne n'a pu scientifiquement expliquer comment le mort, dont le linge n'a recouvert le corps que quelques heures (pour preuve l'absence d'un début de décomposition aux lèvres, au ventre et sur les caillots de sang), a pu en sortir sans laisser de traces d'arrachement sur les caillots de sang ni sur les fibrilles du lin. Alan Whanger va plus loin encore : il affirme que, par sa méthode PIOT, on peut voir les ligaments des mains, les dents et les os du visage, comme si le linceul en s'affaissant avait scanné le corps de Jésus,

1. Lettre à la *Revue scientifique*, 31 mai 1902.

devenant transparent... J'ai vu le phénomène sur l'une de ses vidéos. Je ne sais qu'en penser.

Loin de moi, en tout cas, l'idée que l'on peut prouver la Résurrection. A supposer que celle-ci ait laissé des traces matérielles repérables – il faudrait encore en vérifier l'authenticité –, elle est avant tout un acte de foi, qui ne se comprend que dans la plénitude de la Révélation, et donc une démarche de liberté. Mais ce que je sais, c'est que, avec le linceul de Turin, plus la science avance, plus elle s'enfonce dans le mystère.

Voir : Suaire d'Oviedo ; Tunique d'Argenteuil.

Luc

J'aime beaucoup Luc, *Loucas* en grec, *Lucanus* en latin, auteur du troisième Evangile et des Actes des Apôtres. Païen converti au judaïsme puis au christianisme, ce médecin d'Antioche, cultivé et lettré, fut le seul évangéliste à ne pas être juif. Paul, dont il fut l'ami et le fidèle disciple, en fit un de ses proches collaborateurs. Dans son Epître aux Colossiens, il l'appelait le « cher médecin ». Ils se rencontrèrent sans doute à Troas vers l'an 50, voyagèrent ensemble en Macédoine et en Grèce avant de se rendre à Rome. « Luc, le compagnon de Paul, dit saint Irénée, mit en livre l'évangile qui avait été prêché par celui-ci. »

N'ayant pas « vu le Seigneur dans la chair », ce n'était pas un témoin oculaire, mais il fut en rapport avec plusieurs de ses disciples : Jacques le Juste, premier épiscope de Jérusalem, le diacre Philippe, Mnason de Chypre, Jean Marc, dont la mère avait une maison à Jérusalem, Barnabé, très lié à l'Eglise d'Antioche. Il rencontra probablement Pierre à Rome en 61 ou 62. Selon toute vraisemblance, il suivit l'enseignement oral de Jean, le disciple bien-aimé, ce membre du haut sacerdoce de Jérusalem qui, à l'époque, n'avait pas encore rédigé son Evangile. Les exégètes ont noté nombre de convergences entre sa catéchèse et le texte de Luc.

Il faut en revanche renoncer à l'idée que Luc ait connu Marie. Elle était certainement morte lorsque vers 58 il fit un long séjour à Césarée maritime et à Jérusalem. Certains ont conté aussi qu'il aurait peint son portrait : c'est là une légende qui ne remonte guère au-delà du VIIe siècle. La plupart des épisodes figurant dans son récit de l'enfance, la naissance de Jésus à Bethléem, sa présentation au Temple, sa présence au milieu des docteurs de la Loi, ont été confiés par Marie à Jean, son fils adoptif, qui l'avait recueillie à la demande de Jésus.

Ses deux livres, l'Evangile et les Actes des Apôtres (ce dernier s'arrêtant en l'an 62), représentent un unique projet littéraire dédié à un certain Théophile, « ami de Dieu », dont on ne sait rien, pas même s'il a réellement existé. Ils étaient destinés aux pagano-chrétiens du monde méditerranéen. Son souci de la compassion et de la miséricorde divine a poussé Luc à estomper les paroles radicales de Jésus, qui lui paraissaient trop dures.

En dépit de son goût pour le détail, il connaissait assez mal les usages des juifs d'Israël et n'avait qu'une perception imparfaite des lieux. De même, il ne cachait pas son intention de faire œuvre d'historien, tel que le concevaient les Grecs de son temps. Son Evangile a été comparé à juste titre à une biographie à l'antique, bien que l'essentiel de son projet résidât dans l'annonce de l'universalité du Salut en Jésus-Christ. On a découvert ainsi que le prologue était démarqué du traité *Sur la question médicale* d'un médecin et pharmacologue du Ier siècle, Dioscoride.

Au moment où il prend la plume, il sait que plusieurs poursuivent le même dessein, mais il est persuadé d'apporter des détails inconnus recueillis aux meilleures sources.

Outre les témoignages oraux de Jean et des disciples directs de Jésus, Luc s'est servi de la première version de l'Evangile de Matthieu, dans une de ses traductions grecques, de quelques autres sources juives dont on reconnaît au passage la tonalité sémitique et d'un recueil très ancien de paroles et sentences (*logia**) de Jésus, que les spécialistes du Nouveau Testament ont appelé la source Q (de *quelle*, source en allemand).

Narrateur talentueux, le « cher médecin » était un écrivain délicat, rompu aux tournures littéraires et capable de brosser de merveilleuses scènes dans un vocabulaire particulièrement choisi. Selon un texte du IIe siècle, il aurait rédigé l'Evangile et les Actes dans la région d'Achaïe, en Béotie, où il serait mort célibataire à l'âge de quatre-vingt-quatre ans. Il aurait été enterré à Thèbes. Ses restes auraient été transportés à Constantinople puis à l'abbaye Sainte-Justine de Padoue. Les analyses scientifiques qui ont été faites sur ces reliques ne s'opposent pas à cette identification, sans toutefois la confirmer.

Voir : Evangiles canoniques ; Jean l'évangéliste.

Magdala

Avant l'inauguration, le 28 mai 2014, du Magdala Center et la consécration de l'église *Duc in altum* (« Avance au large ») par le patriarche latin de Jérusalem, Mgr Fouad Twal, en présence des autorités israéliennes, du nonce apostolique et des représentants des confessions chrétiennes de Terre sainte, j'avais eu le privilège de visiter le chantier des fouilles archéologiques de Magdala, alors interdit au public, sous la direction du père Juan Maria Solana, de l'Institut pontifical Notre-Dame de Jérusalem, directeur du projet, qui m'a conté la singulière aventure de cette découverte.

Magdala, dont le nom vient de *Magdal* (« la tour » en araméen ; *Migdal*, en hébreu), était au temps de Jésus une active cité portuaire sur le lac de Génésareth, à quatre kilomètres au nord de Tibériade, à une heure et demie de marche de Capharnaüm. Probablement portait-elle aussi le nom de *Tarichae* (*Taricheai*), la ville des « poissons salés », dont parlent Strabon, Pline le Jeune et Flavius Josèphe.

Outre d'importantes pêcheries, il y avait en ce lieu des conserveries et ateliers de salaison permettant l'exportation des poissons par paniers entiers vers Jérusalem, Damas, et même vers Rome et l'Espagne. Certains manuscrits de l'Evangile de Matthieu l'appellent Magadan. Marc parle de Dalmoumatha, peut-être un autre nom de la mystérieuse et polymorphe Magdala. Toute l'économie de la pêche sur le lac semblait aimantée par ce port, où arrivaient les cargaisons de Capharnaüm, Bethsaïda et autres villages lacustres.

Longtemps, les archéologues s'étaient demandé où la localiser exactement. Etait-ce à l'emplacement du bourg arabe d'Al-Majdal, rasé en 1948 par les autorités juives ? Beaucoup pensaient plutôt que, le niveau du lac s'étant élevé depuis l'époque romaine, l'ancienne cité se trouvait engloutie à cinq ou six mètres de profondeur. A partir de 1971, la Custodie franciscaine de Terre sainte entreprit des fouilles qui mirent au jour quelques vestiges du village, détruit en l'an 68 de notre ère par les légions romaines, et de sa digue en forme de brise-lames. Les recherches reprirent en 2006 sous la conduite du frère Stefano de Luca. Cependant, manquait toujours le principal.

Entre 2006 et 2009, la congrégation des Légionnaires du Christ acheta plusieurs terrains contigus à celui des Franciscains, dans le but d'y édifier un vaste centre d'accueil pour pèlerins, avec hôtellerie et bibliothèque multimédia, le tout centré sur la figure de Marie Madeleine, la vocation humaine et la dignité de la femme. En mai 2009, Benoît XVI, lors de son voyage en Terre sainte, en bénit la première pierre. Quelques mois plus tard, les engins de chantiers tombèrent sur de gros blocs de pierre taillés. Les travaux du centre s'interrompirent aussitôt pour laisser place aux archéologues israéliens.

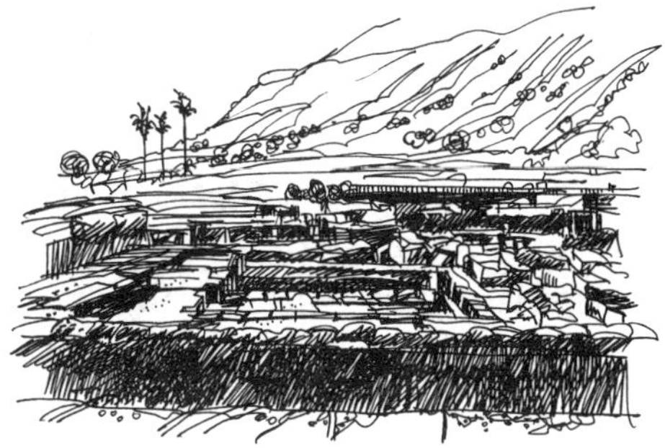

Catastrophe ? Non, au contraire, bénédiction du Ciel ! C'était le centre du vieux Magdala qui surgissait, avec ses maisons de pêcheurs, ses magasins, son port, ses chantiers navals. De quoi redonner un large sourire au père Solana, même si ce prodigieux événement retardait son calendrier de deux ou trois ans ! Les ruines d'un village du temps de Jésus, qu'aucune couche archéologique postérieure n'avait recouvertes ! Le chantier attira quatre cents volontaires du monde entier. Ainsi apparurent des vases d'argile, des morceaux de poterie, des pièces de monnaie juives et surtout une synagogue d'environ 120 mètres carrés, décorée de mosaïques, de fresques, de colonnes de basalte enduites de plâtre peint aux couleurs vives. Une découverte exceptionnelle. Longtemps, les archéologues avaient douté de l'existence de tels lieux de prière à l'époque du second Temple, en dépit des indications fournies par les Evangiles et les Actes des Apôtres. Aujourd'hui on dénombre sept synagogues de cette période. Dans celle de Magdala, on trouva un grand parallélépipède de pierre blanche sculpté de rosaces, de colonnettes et d'une menorah (le chandelier à sept branches du Temple) – la plus ancienne représentation jamais connue –, entourée de deux amphores. Peut-être ce bloc servit-il de fondation à la table de lecture de la Torah ?

Magdala, accessible par la Via Maris, dont on peut voir quelques vestiges à l'une des extrémités du village, est indiscutablement la cité de Marie la Magdaléenne, autrement dit Marie-Madeleine, sans que l'on puisse préciser si c'était là son lieu de naissance ou de résidence.

On ignore l'endroit où Jésus la rencontra et celui où il la délivra des sept démons qui la possédaient. Mais, dès lors, Marie, reconnaissante et pleine d'affection pour ce « cher petit rabbi » (*Rabbouni*, comme elle l'appelait familièrement), le suivit en compagnie d'un groupe d'autres femmes galiléennes qui assistaient de leurs biens le Maître et ses disciples et leur prodiguaient l'assistance matérielle dont ils avaient besoin.

Déambulant au milieu des murets des maisons et des excavations des *mikvaot**, contemplant l'espace dégagé de la synagogue, je me disais avec émotion que ces ruelles, ces restes de précieux dallage, Jésus les avait certainement foulés, lui qui, comme dit Matthieu, « parcourait villes et bourgades [de Galilée], prêchant la Bonne Nouvelle du Royaume, guérissant toute maladie et toute infirmité ».

Voir : Femmes (Jésus et les) ; Marie la Magdaléenne.

Mages

Le début du chapitre 2 de l'Evangile selon saint Matthieu, qu'on lit au temps de Noël, est bien connu : « Jésus étant né à Bethléem de Judée, au temps du roi Hérode, voici que des mages venus d'Orient arrivèrent à Jérusalem et demandèrent : "Où est le roi des juifs qui vient de naître ? Nous avons vu son astre en Orient et nous sommes venus lui rendre hommage." » Roi de Judée depuis trente ans par la grâce de Rome, le vieil Hérode le Grand, qui ne désespérait pas un jour de se faire reconnaître pour le Messie, après ce qu'il avait fait pour la reconstruction du temple de Salomon, s'inquiéta de pareille concurrence. Un roi des juifs existait-il donc à son insu ? Il réunit le grand prêtre, les familles sacerdotales, les scribes et leur demanda où il devait naître. « A Bethléem de Judée », lui fut-il répondu. Il convoqua secrètement les mages, se fit préciser l'époque à laquelle ils avaient vu l'astre et les envoya à Bethléem : « Allez vous renseigner avec précision sur l'enfant ; et, quand vous l'aurez trouvé, avertissez-moi pour que, moi aussi, j'aille lui rendre hommage » (2, 1-8).

Les savants se mirent en route en direction du sud, où se trouvait cet obscur village à une dizaine de kilomètres de là. « Et voici que l'astre qu'ils avaient vu en Orient, poursuit Matthieu, avançait devant eux jusqu'à ce qu'il vînt s'arrêter au-dessus de l'endroit où était l'enfant. A la vue de l'astre, ils éprouvèrent une grande joie. Entrant dans la maison, ils virent l'enfant avec Marie, sa mère, et, se prosternant, ils lui rendirent hommage ; ouvrant leurs coffrets, ils lui offrirent en présent de l'or, de l'encens et de la myrrhe » (2, 9-12). Un songe, divinement inspiré, les avertit de ne pas revenir à Jérusalem et de retourner dans leur pays par un autre chemin…

A partir de là, la légende s'envole à tire-d'aile. Tertullien, au début du IIIe siècle, fait de ces simples mages des rois, originaires des trois continents connus, l'Europe, l'Asie et l'Afrique : un symbole universaliste signifiant que la Bonne Nouvelle concerne toutes les races, toutes les nations, toutes les cultures. Au VIe ou VIIe siècle, les *Excerpta Latina Barbari* (« Extraits latins d'un barbare »), dont un manuscrit latin un peu postérieur est conservé à la Bibliothèque nationale de France, leur donne une identité, Melchior, Gaspard et Balthazar, que retiendront les traditions populaires. Tout cela renvoie au Psaume 72 et au Messie annoncé :

> Les rois de Tarcis et des îles apporteront des offrandes,
> Les rois de Séba et de Saba apporteront leur tribut,
> Tous les rois se prosterneront devant lui, toutes les nations le serviront.

Nés du bref texte de Matthieu, les récits légendaires divergent sur le nombre et l'identité des personnages en question. Sont-ils huit, douze ou davantage ? Le Talmud de Babylone assure que dans les derniers temps du règne d'Hérode un grand nombre de Gentils (*Goyim*) se rendirent à Jérusalem afin de voir se lever l'étoile de Jacob. Faisait-il allusion à cet événement ?

La version slavone des *Antiquité juives* de Flavius Josèphe évoque la venue de mages de Perse, sans en préciser le nombre. « Nous ne nous sommes jamais trompés en observant les étoiles, dirent-ils à Hérode. Nous avons vu une étoile ineffable, distincte de toutes [les autres]…

Mais lorsque nous fûmes arrivés, l'étoile disparut jusqu'à maintenant ; alors que nous venions vers toi, elle a réapparu. » Et Hérode leur donna une escorte, composée de son frère et de plusieurs notables, de façon à aller découvrir celui qui venait de naître. Le plus curieux est que ce texte – tardif selon les uns, très ancien selon d'autres – n'est nullement un ajout d'origine chrétienne, car il n'y est à aucun moment question de Jésus, de Marie et de Joseph.

Ces mages venaient-ils vraiment de Perse ? N'appartenaient-il pas plutôt à cette caste de prêtres-devins qui, depuis des siècles, en Chaldée, dans l'ancien pays sémitique d'Akkad, observaient les astres, interprétaient les rêves ? Leur réputation avait gagné l'ensemble du monde civilisé. Pour l'historien grec Diodore de Sicile (Ier siècle avant J.-C.), qui en avait rencontré quelques-uns en Orient, c'étaient les « hommes les plus avancés dans la connaissance de l'astrologie et qui s'étaient le plus appliqués à l'étude des sciences ». Chaque nuit, de leur terrasse-observatoire, ils étudiaient la mécanique céleste et notaient dans leurs éphémérides les phénomènes nouveaux qui survenaient : éclipses, halos lunaires, chutes de météores, trajectoires de comètes, conjonctions d'astres dans les constellations du zodiaque… Le British Museum, le musée du Louvre ainsi que le Vorderasiatisches Museum de Berlin conservent quelques exemplaires de ces curieux textes en écriture cunéiforme. Chaque cité chaldéenne avait son école, Babylone, Ourouk, Nippour… A partir du Ier siècle avant notre ère, l'observatoire de Sippar, au nord de Babylone, où s'élevaient un vaste temple et une ziggourat dédiée au dieu du soleil Shamash, finit par établir sa suprématie.

Il est fort possible que parmi les savants de Sippar quelques-uns aient appartenu à la religion de Moïse, les juifs de la diaspora étant nombreux en Chaldée. Au début de mai de l'an 7 avant J.-C., ils virent Jupiter s'éloigner de la constellation du Verseau pour entrer dans celle des Poissons, où l'attendait Saturne. La conjonction ou quasi-conjonction, visible à l'est dans le ciel matinal, dura du 29 mai au 8 juin. Eux seuls étaient à même de décrypter le message : Jupiter, symbole de royauté, rencontrant Saturne, planète d'Israël, dans la constellation des Queues (ancien nom des Poissons), symbole des pays de la mer (Israël et Syrie), signifiait que la naissance du Messie était imminente. On imagine qu'ils furent bouleversés. Plus frappante encore fut la deuxième rencontre astrale : elle commença le 26 septembre et atteignit sa plus grande luminosité le 3 octobre. Ce jour-là, 10 du mois de tishri, avait lieu la grande fête de Kippour. Peut-on penser que c'est cette bouleversante coïncidence qui les décida au voyage, un long voyage de près de 1 500 kilomètres à travers le désert, sur les poussiéreuses pistes des Bédouins, où rares étaient les oasis ? La chaleur n'était pas aussi intense qu'en été. Etablie dans une palmeraie, Sippar avait la chance d'être un centre de départ caravanier vers la Syrie. Les mages se mirent donc en route, se mêlant aux marchands babyloniens et à leurs dromadaires lourdement chargés. Six semaines plus tard, à la fin de novembre ou au début de décembre, ils arrivèrent à Jérusalem. Après leur visite à Hérode, ils prirent la route de Bethléem. C'est alors que Matthieu situe la réapparition de l'étoile dans le ciel. En effet, la troisième conjonction de Jupiter et Saturne dans la constellation des Poissons se produisit entre le 5 et le 15 décembre. L'astre, d'une brillance plus parfaite que les fois précédentes, étincelait dans le crépuscule en direction du sud, de sorte que les mages avaient l'impression de voir l'étoile devant eux les guidant vers Bethléem…

Loin de moi le désir de faire coûte que coûte du concordisme historique avec l'Evangile de Matthieu, qui garde son parfum de poésie et de mystère. Ce que j'explique n'est qu'une hypothèse, mais rien ne rend mieux compte des données du problème. Je trouve de surcroît fort séduisante – et cependant impossible à prouver – l'idée que Jésus soit né au Kippour de l'an – 7, le jour du grand pardon des péchés à Jérusalem, seul jour où le grand prêtre pénétrant dans le Saint des Saints avait le droit de prononcer le nom imprononçable de YHWH…

L'histoire des mages a connu de nombreux développements folkloriques, littéraires et artistiques. Les peintres se sont plu à représenter l'« adoration des mages » (une des plus touchantes étant, à mon avis, celle de Giotto). Dans son roman, *Gaspard, Melchior & Balthazar* (1980), Michel Tournier reprend un thème ancien, celui du quatrième mage, qu'il nomme Taor, prince de Mangalore, parti de plus loin et arrivé trop tard, mais qui connaîtra une glorieuse rédemption en vertu du principe que les derniers seront les premiers…

Les restes des mages sont-ils vraiment conservés dans la cathédrale de Cologne, où l'on peut admirer leur stupéfiante châsse du XIIIe siècle resplendissante d'or ? Historiquement, cela paraît extrêmement douteux, tout comme reste sujette à caution l'authenticité du reliquaire du monastère Saint-Paul du mont Athos contenant les présents offerts par eux à l'Enfant-Jésus ! A la vérité, ce qui importe dans le bref récit de Matthieu, c'est la puissance symbolique de l'adoration universelle des païens rendue au Dieu fait homme en la personne d'un fragile nourrisson né sur la terre d'Israël… Les cadeaux prennent alors tout leur sens : l'or reconnaît la filiation divine du fils de Marie et son pouvoir royal, l'encens proclame son pouvoir sacerdotal de Prêtre de la Nouvelle Alliance, la myrrhe enfin annonce son pouvoir spirituel, le baume qui efface les blessures des hommes et les prépare à la vie éternelle.

Voir : Bethléem ; Etoile de Bethléem ; Hérode le Grand ; Noël.

Marc

Dans l'histoire de Jésus, on rencontre nombre de personnages appelés Jean (*Iôannès* en grec, transcription de l'hébreu *Yohannan*), un prénom largement répandu en Israël, comme Joseph, Judas, Matthieu, Simon ou Syméon, ou même Jésus. On connaît ainsi Jean le Baptiste, Jean, le pêcheur du lac, fils de Zébédée, Jean, le père de Simon-Pierre, Jean, fils de Hanne, *sagan* du Temple, Jean l'évangéliste. Comme pour brouiller davantage la compréhension des récits, il se trouve que l'évangéliste Marc s'appelait aussi Jean ! Il venait du judaïsme et, comme beaucoup de ses coreligionnaires, avait adopté un surnom grec, celui de *Markos*, en latin *Marcus*, en hébreu *Maqqabah* ou *Maqquebet*, ce qui veut dire « le marteau », sans que l'on en connaisse la raison.

On ne sait presque rien de lui, sinon que, dix ans après la mort de Jésus, vers l'an 43, il était avec sa mère Mariam un des membres actifs de la première communauté chrétienne de Jérusalem. Leur maison servit un moment de refuge à Pierre, mystérieusement libéré de prison par un ange et fuyant la persécution d'Hérode Agrippa Ier, roi de Judée.

Deux ans plus tard, il accompagna Saul (Paul de Tarse) et son cousin Joseph, dit Barnabas ou Barnabé (de l'araméen *bar nebouah*, le « fils de la prophétie »), un lévite chypriote, dans une première mission d'évangélisation en Asie Mineure. Alors très jeune – peut-être avait-il vingt ans –, il leur était adjoint à titre d'auxiliaire. C'est ainsi qu'il participa à l'évangélisation de Chypre, de Salamine à Paphos, puis, avec ses deux mentors, gagna le port d'Attaleia (aujourd'hui Antalya en Turquie), qui abritait une importante communauté juive, et, de là, Pergé, la grande cité cosmopolite, capitale de la Pamphylie. Jean Marc, pour une raison inconnue, revint seul à Jérusalem, laissant Paul et Barnabé poursuivre leur route en direction de la

Pisidie et de la Lycaonie, au-delà des monts Taurus. Vers 49, son dynamique cousin Barnabé l'emmena à Antioche.

Paul ne lui avait pas pardonné sa défection. Aussi, lorsqu'il convia Barnabé à l'accompagner dans un deuxième voyage missionnaire, il refusa de le prendre avec lui. Une brouille s'ensuivit entre Paul et Barnabé, lequel repartit pour Chypre en compagnie de son jeune parent.

Une douzaine d'années plus tard, Jean Marc était à Rome, où se trouvait également Paul, avec lequel, réconcilié, il travaillait « pour le royaume de Dieu ». Il était alors le secrétaire de Pierre, lui aussi dans la capitale impériale. Le chef des apôtres l'appréciait tant qu'il l'appelait « mon fils ».

C'est de cette époque que date son Evangile (« Bonne Nouvelle de Jésus-Christ, fils de Dieu »), fusion de plusieurs documents antérieurs, comme l'a montré le père Philippe Rolland, auxquels Marc ajouta quelques souvenirs spontanés, colorés et palpitant de vie, entendus de la bouche de son prestigieux maître, Pierre. Papias, évêque de Hiérapolis au IIe siècle, donne les précisions suivantes, qu'il tenait du presbytre Jean (l'évangéliste) : « Marc, qui avait été l'interprète de Pierre, écrivit exactement tout ce dont il se souvint, mais non dans l'ordre, de ce que le Seigneur avait dit et fait. Car il n'avait pas entendu le Seigneur et n'avait pas été son disciple, mais bien plus tard, comme je le disais, celui de Pierre. Celui-ci donnait son enseignement selon les besoins, sans se proposer de mettre en ordre les paroles du Seigneur, de sorte que Marc ne fut pas en faute, ayant écrit certaines choses selon qu'il se les rappelait. Il ne se souciait que d'une chose : ne rien omettre de ce qu'il avait entendu et ne rien rapporter que de véritable. » Pierre, précise un autre Père de l'Eglise, Clément d'Alexandrie, apprit le projet de Marc et l'approuva tacitement, ne cherchant « ni à l'empêcher ni à l'encourager ».

Rédigé selon toute vraisemblance à Rome, l'Evangile de Marc date des années 63-64, un temps où les communautés chrétiennes de la capitale impériale ne souffraient pas de l'atmosphère de persécution et d'épouvante que Néron fit régner à partir du fameux incendie qu'il imputa aux disciples de Jésus. S'il avait été écrit en 65 ou après, le secrétaire de Pierre ne se serait pas montré si indulgent à l'égard des Romains.

Son texte, destiné aux hellénisants d'Italie, chrétiens ou païens, gomme certains traits proprement palestiniens, mais explique à ses lecteurs les us et coutumes du judaïsme, indispensables à la compréhension du message de Jésus. Il se terminait primitivement par la découverte du tombeau vide, ainsi qu'on le constate sur certains manuscrits. Le récit de la Résurrection se faisait donc oralement. Ultérieurement, mais à une date ancienne, une finale longue et une finale courte, synthétisant les apparitions mentionnées dans les trois autres Evangiles, furent ajoutées.

Selon la tradition (ici il faut employer le conditionnel), Jean Marc, après le supplice de Pierre à Rome, aurait gagné Alexandrie, y aurait fondé la première église, avant d'être martyrisé en 68 par des païens idolâtres dans le petit port voisin de Bucoles. Son corps aurait été brûlé après sa mort, si l'on en croit les *Chroniques* d'Hippolyte de Rome, mais un orage aurait éteint le bûcher. En 828, ses restes auraient été volés et apportés à Venise par deux marchands, à la demande expresse du doge Participazio qui recherchait pour sa cité un nouveau saint patron plus prestigieux que saint Théodore. Pendant la traversée, ils auraient été cachés dans un panier, entre des feuilles de choux et des carcasses de porcs, afin d'éviter les inspections des Sarrazins. Ils se trouveraient dans l'actuelle basilique Saint-Marc, à l'exception d'une relique remise par Paul VI à l'église copte d'Egypte lors de l'inauguration de sa cathédrale, le 22 juin 1968, 1 900 ans après la mort de l'évangéliste.

Voir : Evangiles canoniques.

Marchands du Temple

Je me suis souvent interrogé sur cet épisode – l'un des plus connus de la vie de Jésus –, qui a suscité nombre de commentaires et de représentations artistiques (Valentin de Boulogne, Rembrandt, Jordaens et trois versions du Greco…), mais dont on n'a pas toujours compris la signification exacte.

L'important est de situer la scène dans son contexte. Au début d'avril de l'an 30, Jésus, qui vient d'inaugurer son ministère public en Galilée par le miracle de Cana, revient à Jérusalem pour la grande fête de la Pâque. Comme toujours à cette date, la Ville sainte est envahie par la foule immense des gens de la diaspora, juifs, prosélytes ou craignant-Dieu*. Luc, dans les Actes des Apôtres, en dénombre soigneusement les origines : Parthes, Mèdes, Elamites, habitants de la Mésopotamie, de la Lydie, de la Cappadoce, du Pont, de la province d'Asie, de la Phrygie, de la Pamphylie, d'Egypte, de la Cyrénaïque, Romains, Crétois et Arabes… Corsetée à l'intérieur de son enceinte, la ville donne l'impression d'exploser : la population passe de 35 000-40 000 habitants à plus de 150 000. On se perd dans ce chatoiement de couleurs et cette cacophonie de langues. On se presse, on se bouscule dans les ruelles étroites qui mènent au Temple.

Jésus connaît à merveille la ville et son sanctuaire, où il vient régulièrement prier Dieu son Père depuis son adolescence. En ces jours d'affluence festive se tiennent deux marchés, celui du Haut et celui du Bas. Les pèlerins, dans le désordre d'un bazar oriental, peuvent y trouver des souvenirs, des objets usuels – étoffes, jarres, lampes à huile –, et même de quoi se ravitailler : de la viande de mouton, des fruits secs, figues, pommes, caroubes, amandes, sans compter naturellement les herbes amères – pissenlit, chicorée, endive… – qui, en cette commémoration solennelle de la sortie d'Egypte, rappellent symboliquement l'affliction de la captivité.

Ce qu'il découvre sur le parvis des Goyim ou des Gentils, c'est-à-dire des non-juifs, le bouleverse au plus haut point : se sont installés des marchands d'animaux et des changeurs. Dans cet espace sacré, enserré dans sa belle colonnade de marbre blanc, où il est strictement interdit de pénétrer avec un bâton, une bourse ou un fardeau, s'entassent non seulement des colombes en cage, mais encore des bœufs, des moutons, parqués dans la paille souillée de leurs déjections. Le bêlement des agneaux, le meuglement des bœufs, les criailleries des changeurs ont transformé en volière, en étable et en comptoir de banque ce lieu de prière et de recueillement consacré à YHWH.

Laissant exploser sa colère, Jésus s'empare alors d'un morceau de corde, en fait un fouet et chasse les animaux, renverse les étals, répand à terre la monnaie des changeurs et crie : « Enlevez ça d'ici, ne faites pas de la maison de mon Père une maison de trafic ! »

Dans le langage courant, l'expression « chasser les marchands du Temple » a pris le sens de se débarrasser des voleurs, des profiteurs, voire des banquiers, qui abusent des fidèles. Naturellement, on a fait le rapprochement avec le commerce moderne des objets de piété, que l'on trouve aux abords de certains sanctuaires, comme à Lourdes.

C'est déjà un premier faux sens. Les animaux proposés à la vente étaient destinés aux holocaustes, ces offrandes sacrificielles à Dieu. Brûler la chair animale était un rite essentiel appartenant au judaïsme du second Temple. Or il était malaisé, pour les pèlerins venus de loin, d'amener ces animaux avec eux : une blessure, vite arrivée, pouvait les rendre impurs et donc impropres au culte. Leur commerce auprès des autels, où les sacrificateurs allaient opérer, était indispensable. Il en allait de même des changeurs, installés derrière leurs tables, qui remettaient des anciennes monnaies de Tyr, les seules à avoir cours au Temple, contre des pièces grecques et romaines détenues par les juifs de la diaspora.

Comment, dans ce contexte, interpréter le geste de Jésus ? Voulait-il menacer la puissance romaine occupante, comme l'ont pensé certains historiens qui tiennent à l'image d'un « Jésus révolutionnaire » ? Cela paraît peu crédible, car les Romains, s'ils en surveillaient les abords, ne s'occupaient nullement de ce qu'il se passait à l'intérieur du Temple.

Une autre piste a été avancée. Ce serait l'annonce par Jésus de la fin du culte sacrificiel. Jésus le dira un peu plus tard à la Samaritaine en lui montrant le mont Garizim : « Crois-moi, femme, l'heure vient où ce ne sera ni sur cette montagne ni à Jérusalem que vous adorerez le Père. » Cependant, même s'il prophétisa à plusieurs reprises la destruction du Temple, à aucun moment il n'a dit à ses disciples de ne plus s'y rendre. Lui-même l'a toute sa vie regardé comme le lieu légitime de la prière, tout en se gardant d'y pratiquer des sacrifices. Les premiers chrétiens resteront fidèles à ce comportement, à la différence, par exemple, des esséniens qui considéraient le sanctuaire de Jérusalem comme souillé par des dynasties de grands prêtres impies. « Ils étaient chaque jour tous ensemble assidus au Temple, écrit Luc dans les Actes des Apôtres, mais ils rompaient le pain dans les maisons… »

Cette réaction de colère, il faut plutôt l'attribuer à un événement particulier intervenu lors de cette Pâque de l'année 30, dont parle Flavius Josèphe au chapitre XV de ses *Antiquités juives* : le transfert sur le parvis des Gentils, par ordre du grand prêtre Caïphe, du marché des bêtes de sacrifice (le *Hanuth*) et des étals des changeurs, qui se trouvaient auparavant sur le mont des Oliviers. Sous prétexte de rapprocher les animaux de leurs lieux de sacrifice, cette innovation cachait une juteuse opération financière à son profit, au détriment du Sanhédrin, autrement dit des notables de la ville, qui jusque-là en percevait les bénéfices. Cela avait dû se faire en accord avec Pilate, moyennant sans doute un pot-de-vin en bonnes espèces sonnantes et trébuchantes. Au même moment, d'ailleurs, le Sanhédrin se voyait dépouillé par les Romains de son droit de mise à mort.

Par son geste symbolique de purification, digne d'un prophète du Premier Testament, Jésus lançait un geste de défi à l'autorité des grands prêtres, Caïphe, le grand prêtre titulaire, Hanne, son beau-père, grand prêtre honoraire, et derrière eux au parti des sadducéens.

Muni de son fouet, il a agi avec rapidité, sans laisser au *sagan*, le commandant du Temple, chargé du maintien de l'ordre (qui n'était autre qu'un des fils de Hanne, Jonathan), le temps d'intervenir avec ses gardes armés.

Les témoins de la scène, des sadducéens et même des pharisiens, le prennent aussitôt à partie. Au nom de quoi a-t-il pu se permettre une telle audace ? Quelle est sa légitimité à vouloir contester une décision du grand prêtre ? Jésus ne leur répond que par un nouveau défi : « Détruisez ce sanctuaire et en trois jours je le relèverai ! » Jean l'évangéliste qui rapporte cette phrase étonnante était probablement présent lors de cette altercation. Il a noté la réponse goguenarde de ses interlocuteurs, convaincus d'avoir affaire à un esprit dérangé : « Il a fallu quarante-six ans pour bâtir ce sanctuaire, toi, en trois jours, tu le relèverais ! »

Jésus, par cette parole sibylline, ne parlait pas des pierres qui se dressaient autour d'eux, mais du « sanctuaire de son corps ». Evidemment, cela, sur le moment, personne n'était en mesure de le comprendre. « Aussi, poursuit l'auteur du quatrième Evangile, quand il ressuscita d'entre les morts, ses disciples se rappelèrent qu'il avait dit cela, et ils crurent à l'Ecriture et à la parole qu'il avait dite. » Les sadducéens, de leur côté, n'oublieront pas l'esclandre : trois ans plus tard, ils falsifieront les propos du Galiléen, prétendant qu'il avait déclaré qu'il détruirait le Temple.

Voir : Caïphe ; Jonathan, l'homme qui arrêta Jésus ; Passion de Jésus.

Marie de Clopas

Bien des mystères historiques sont attachés aux personnages des Evangiles. En voici un, celui de « Marie de Clopas », dont parle Jean, le disciple bien-aimé, en son chapitre 19 : « Près de la croix de Jésus se tenaient sa mère et la sœur de sa mère, Marie de Clopas et Marie la Magdaléenne. » Ce petit groupe avait réussi, avec Jean l'évangéliste, à s'avancer, se détachant des disciples et des autres saintes femmes qui regardaient de loin le supplice de Jésus, notamment Salomé, femme du patron-pêcheur Zébédée, mère de Jacques et Jean, et Jeanne, femme de

Chouza, intendant d'Hérode Antipas. Mais qui donc était cette Marie dite « de Clopas » ?

Une première difficulté vient de la phrase de Jean : faut-il distinguer « la sœur de sa mère » et « Marie de Clopas », auquel cas il y aurait eu quatre femmes au pied de la croix en compagnie de Jean, ou au contraire considérer que « Marie de Clopas » est à mettre en apposition à « la sœur de sa mère », ce qui réduirait à trois leur nombre et reviendrait à dire que la sœur de Marie, mère de Jésus, s'appelait également Marie ? Hypothèse possible mais peu vraisemblable, car il n'était pas courant dans les familles juives à l'époque de donner à deux enfants le même prénom. L'analyse grammaticale pousse à admettre plutôt la solution de quatre femmes : en effet, dans le texte grec, les quatre désignations sont reliées deux par deux par *kaï* (et), ce qui les individualise bien. La sœur de Marie, mère de Jésus, reste une inconnue. Qu'en est-il de Marie de Clopas ? Faut-il l'identifier à l'une des saintes femmes présentes au lieu de la crucifixion, citée par Marc : « Marie, mère de Jacques le petit et de Joset » ? C'est infiniment probable. Son nom, Marie de Clopas, signifie qu'elle était la femme d'un nommé Clopas (ou Cléophas). Selon saint Hégésippe, juif hellénisé, converti au christianisme et auteur de mémoires sur l'Eglise, rédigés à Rome dans la seconde moitié du IIe siècle, Clopas était le frère de Joseph, l'époux de Marie de Nazareth. Outre Jacques le petit et Joseph, il serait le père de Siméon, institué deuxième épiscope de Jérusalem, qui mourra torturé et crucifié, malgré son grand âge, lors de la persécution de Trajan contre les chrétiens.

Jacques le petit, Joset, Siméon, d'une part, Jacques le Juste, premier épiscope de Jérusalem, et son frère Jude, auteurs tous deux d'une Epître incorporée au Nouveau Testament, d'autre part, sont ceux que les Evangiles appellent les « frères de Jésus », qui étaient en réalité ses cousins.

Voir : Frères et sœurs de Jésus ; Jude l'obscur ; Nazôréens.

Marie la Magdaléenne

Je connais peu de personnages bibliques qui ont donné lieu à tant d'erreurs et de confusions à travers les siècles que celui de Marie-Madeleine. D'elle, en vérité, les Evangiles canoniques nous révèlent peu de choses : cette Marie, originaire de la ville de Magdala, dont on découvre aujourd'hui les ruines sur les bords du lac de Génésareth, avait été possédée de sept démons – autant dire possédée en plénitude (Luc 8, 2). Jésus l'exorcisa et la libéra définitivement des créatures maléfiques qui l'avaient infestée. Sa vie bascula alors. Emplie de reconnaissance pour son guérisseur, fascinée par sa personne et son enseignement, elle le suivit jusqu'au calvaire, avec ce petit groupe de femmes fortunées et dévouées qui aidaient le Maître et ses disciples, comme Salomé, mère de Jacques et Jean, Suzanne et Jeanne, épouse de l'intendant d'Hérode Antipas. Elle fut à côté de Jean, de Marie de Nazareth, de la sœur de celle-ci et de Marie de Clopas le témoin principal de sa crucifixion et de son ensevelissement. Elle fut la première avec les autres « saintes femmes » à constater que le tombeau avait été ouvert, la première – insigne privilège – à rencontrer le Ressuscité et ainsi la première à croire, avant les apôtres sceptiques, à l'exception toutefois de Jean, le disciple bien-aimé, à qui il suffit de voir le tombeau vide et les linges affaissés pour croire.

C'est Jean d'ailleurs qui a conté dans son Evangile cet épisode essentiel. Après sa propre venue au tombeau en compagnie de Pierre, Marie-Madeleine y était retournée pour y pleurer à son aise. Elle pencha la tête dans l'ouverture sombre du sépulcre, vit deux anges en blanc, assis sur la banquette où avait été placé le corps, l'un à la tête, l'autre aux pieds. « Femme, pourquoi pleurez-vous ? », lui demandèrent-ils. « C'est qu'on a enlevé mon Seigneur, et je ne sais où on l'a mis », répondit-elle. A peine eut-elle prononcé ces mots que, tournant la tête, elle vit un homme qui s'adressa à elle : « Femme, pourquoi pleurez-vous ? Que cherchez-vous ? » Elle crut que c'était le jardinier. « Seigneur, s'écria-t-elle, si c'est toi qui l'as emporté, dis-moi où tu l'as mis, et moi je l'enlèverai. » Jésus lui dit – car c'était lui, bien sûr, mais elle ne l'avait pas reconnu : « Marie ! » « *Rabbouni* ! », s'exclama-t-elle aussitôt en araméen. Se précipita-t-elle à ses pieds pour se prosterner ? Les lui saisit-elle dans un extraordinaire élan de tendresse, comme le suggère l'Evangile de Matthieu ? Jean, en tout cas, note la réponse de Jésus. C'est le fameux : « *Noli me tangere* », « Ne me touche pas ». Le grec du texte semble plutôt se traduire par : « Ne me retiens pas », et Jésus de poursuivre : « … car je ne suis pas encore monté vers le Père ; mais va trouver mes frères et dis-leur : "Je monte vers mon Père et votre Père, vers mon Dieu et votre Dieu." » Aussitôt, quittant le jardin et la butte voisine du Golgotha, elle pénétra en ville et courut annoncer la merveilleuse nouvelle aux disciples. On l'imagine telle une femme spontanée, décidée, tenace et assurément éperdue d'amour pour son Sauveur.

Marie-Madeleine est l'une des plus grandes saintes, dont on a fait un modèle de piété et de contemplation. La ferveur magdaléenne a envahi la chrétienté entière. Des centaines d'églises ont été construites sous son invocation. Saint Augustin, Sévère d'Antioche, Odon de Cluny, Raban Maur, abbé de Fulda, saint Bonaventure, Denys le Chartreux, sainte Thérèse d'Avila, le cardinal de Bérulle, beaucoup d'autres encore ont exalté sa figure et disserté sur elle.

Des rapprochements ont été faits avec deux autres personnages féminins des Evangiles :

Luc parle d'une pécheresse venue trouver Jésus à la table de Simon le pharisien, dans un village dont le nom n'est pas donné : « Elle avait apporté un flacon de parfum. Se tenant en arrière, à ses pieds, pleurant, elle se mit à lui arroser les pieds de ses larmes ; et avec ses cheveux elle les essuyait, et elle les couvrait de baisers et les oignait de parfum. » Jésus s'adressa à Simon : « Tu vois cette femme, je suis entré dans ta maison, tu ne m'as pas donné d'eau pour mes pieds ; elle, au contraire, m'a arrosé les pieds de ses larmes, et avec ses cheveux elle les a essuyés. Tu ne m'as pas donné de baiser ; elle, au contraire, depuis que je suis entré, n'a cessé de me couvrir les pieds de baisers. Tu ne m'as pas oint la tête d'huile ; elle, au contraire, m'a oint les pieds de parfum. A cause de cela, je te le dis, ses péchés, ses nombreux péchés lui sont remis, puisqu'elle a beaucoup aimé... » (7, 36-50).

De son côté, Jean parle de Marie de Béthanie. C'était six jours avant la dernière Pâque de Jésus. Alors que le Maître fêtait dans ce petit village proche de Jérusalem le retour à la vie de Lazare et que Marthe, sa sœur, servait, Marie, son autre sœur, entra, tenant une fiole d'une livre de parfum de grand prix. Elle en brisa le col, oignit les pieds de Jésus, puis les essuya de sa longue chevelure défaite, emplissant la pièce d'une agréable odeur (12, 1-3). La fiole en question était probablement une de ces belles ampoules dont les archéologues ont retrouvé des exemplaires et que l'on brisait pour en libérer le contenu. Fallait-il distinguer la pécheresse de Luc de Marie de Béthanie ?

Vers 591, le pape saint Grégoire Ier, dit le Grand, fit de Marie-Madeleine, de la pécheresse anonyme de Luc et de Marie de Béthanie une seule et même personne. Cette interprétation resta longtemps la position officielle de l'Eglise, au point que, en 1517, l'humaniste Jacques Lefèvre d'Etaples fut condamné par la Sorbonne pour avoir émis une opinion contraire. C'était encore l'idée du R.P. Bruckberger, biographe de la Magdaléenne en 1952.

Cette thèse de l'unicité des trois femmes n'a plus guère de partisans aujourd'hui. Pour ceux qui savent combien Luc dépend de la catéchèse de Jean l'évangéliste, dont il n'a pas toujours assimilé les détails historiques (lieux et circonstances), il n'y a guère de doute : la figure un peu floue de la pécheresse et celle de Marie de Béthanie ne concernent qu'une seule et même personne. Quant à cette dernière, une Judéenne, qui avait sa maison près de Jérusalem, on ne voit pas comment on pourrait l'assimiler à Marie de Magdala, la Galiléenne. Bref, il convient de distinguer deux femmes : Marie-Madeleine, la possédée libérée de sept démons, et Marie de Béthanie, la pécheresse qui versa du parfum sur les pieds de Jésus. Quels étaient les péchés de cette malheureuse ? On ne sait. Tout ce que l'on peut dire est qu'elle n'était pas considérée par les pharisiens comme rituellement pure. En faire une pécheresse publique, une prostituée relève de l'imagination. Matthieu et Marc sont tout aussi imprécis que Luc et probablement plus éloignés de la réalité lorsqu'ils évoquent une femme anonyme venue à Béthanie avec un « vase d'albâtre » contenant un parfum de grand prix, qui le brisa et en versa le précieux contenu, non pas sur les pieds, mais sur « la tête » de Jésus, alors qu'il se trouvait à table (Matthieu 26, 6-13 ; Marc 14, 3-9).

Mais revenons à notre Marie-Madeleine. Elle a donné naissance, on le sait, à une multitude de légendes et de mythes. Ainsi, le R.P. Bruckberger, laissant filer son talent de romancier plus vite que sa rigueur d'historien, concluait de la proximité de Magdala avec la capitale hérodienne que Marie, marquée par l'hellénisme et sa morale relâchée, se mit à fréquenter l'infréquentable Tibériade, où les juifs pieux ne s'aventuraient jamais parce qu'elle avait été construite sur un cimetière. « C'est la cour d'Hérode, écrit-il, qui a attiré d'abord cette jeune beauté de grande famille, puis l'influence d'Hérodiade qui a déterminé la belle Juive à secouer les derniers préjugés, pas très enracinés d'ailleurs, et à jeter, comme on dit, son bonnet par-dessus les moulins. Comment même penser que Marie-Madeleine ait échappé aux bienveillances du Tétrarque ? Car si Hérodiade était cruelle, elle ne devait pas être jalouse de celles qui lui étaient subordonnées, et ces cours orientales étaient ce qu'elles sont aujourd'hui, des formes souples et commodes pour tous du harem[1]. »

Fort bien, mais où sont les preuves ? Où trouver le moindre indice de cette supposition ? Ce genre de récit est assez typique de ce que l'on peut lire sur la Madeleine,

1. R. L. Bruckberger, *Marie-Madeleine*, Paris, La Jeune Parque, 1952, p. 26-27.

même parmi des auteurs très orthodoxes. Alors que dire des autres !

Les gnostiques en ont fait une figure ésotérique identifiée à la Sofia, une sorte de déesse mère, *alter ego* du Christ. Ils ont mis sous son nom un « évangile », dont on a découvert une copie en Egypte en 1896 et dont il n'y a rien à tirer du point de vue historique. On y voit Jésus dispenser son enseignement à Marie-Madeleine à l'insu des apôtres, ce qui provoque la jalousie et la colère de Pierre. De son côté, l'évangile apocryphe de Philippe a donné lieu de nos jours à des interprétations malveillantes : la Magdaléenne devient la « compagne » de Jésus, qu'elle « baise sur la bouche ». Malveillantes et malvenues, car il faut, naturellement, lire ce texte dans un sens gnostique et ésotérique d'une initiation spirituelle et non charnelle.

Et je ne parle pas du roman de Nikos Kazantzákis, *La Dernière Tentation du Christ*, ou du thriller ésotérique de Dan Brown *Da Vinci Code*, dans lequel Marie-Madeleine, mariée avec Jésus, accouche d'un enfant qui sera à l'origine de la dynastie mérovingienne ! Ce dernier titre relève de la sous-littérature complotiste qui fait florès dans certains milieux : le Vatican nous ment, nous cache tout, par peur de la scandaleuse vérité !

Comme on avait confondu Marie de Magdala avec Marie de Béthanie, on la jeta avec son frère Lazare, avec Marie Salomé, Marie Jacobé et le jeune Sidoine, l'aveugle guéri par Jésus, dans une barque en partance pour la Provence, où elle aurait accosté sur la grève des actuelles Saintes-Maries-de-la-Mer.

Jean Cassien (ve siècle), formé par les Pères du désert, plus tard *La Légende dorée* du dominicain Jacques de Voragine l'ont volontairement confondue avec Marie l'Egyptienne, connue à Alexandrie au début du Ve siècle pour avoir été une ancienne prostituée ayant fini ses jours en ermite dans le désert de Judée. La Magdaléenne, pécheresse repentie, aurait vécu trente-trois ans (l'âge symbolique du Christ au moment de sa mort) au fond d'une caverne, pleurant ses péchés et couvrant sa nudité de sa longue chevelure. Confusion bien regrettable pour cette femme, pathétique et douloureuse au Calvaire, emplie d'un amour infini pour son Sauveur, et dont les Evangiles ne disent nulle part qu'elle a été une courtisane ou une pécheresse publique dans une vie antérieure. Etre possédée, en effet, c'est subir l'emprise de Satan, c'est être le jouet de forces obscures ; ce n'est nullement un péché, car il n'y a pas de consentement au mal.

On peut visiter la grotte où elle s'était retirée sur la montagne de la Sainte-Baume et voir son tombeau à Saint-Maximin. Mais s'agit-il bien d'elle ? Et de quelle Marie, Marie de Magdala ou Marie de Béthanie ? Les moines de Vézelay, pour capter le culte de la sainte, prétendirent aussi posséder quelques-unes de ses reliques (elles auraient été dérobées de nuit dans le tombeau de Saint-Maximin), tandis qu'Ephèse en Asie Mineure passa pour avoir hébergé ses restes entre le VIe et le IXe siècle, restes qui auraient été ensuite transférés à Constantinople…

La vraie Marie de Magdala reste mystérieuse. Un seul mot demeure de cette discrète personne, combien significatif de l'élan de son cœur : « *Rabbouni* ! », ce qui veut dire « Très cher Maître » ou « Maître chéri ». Elle a été une amoureuse de l'Amour, c'est-à-dire de Jésus, et, en ce sens le modèle parfait, non seulement des chrétiennes, mais des chrétiens. Depuis une heureuse décision de Paul VI en 1969, sainte Marie-Madeleine est célébrée le

22 juillet, non plus comme « pécheresse », mais comme « disciple », tandis que Marie de Béthanie est fêtée le 29, conjointement avec sa sœur Marthe. La vérité historique est enfin rétablie.

Cependant, comment ne pas être subjugué par le personnage composite enfanté par la légende, la créature voluptueuse toute profane, la myrophore, la pénitente aux cascades de cheveux tombant sur les reins, la pathétique femme éperdue de douleur au pied de la croix et la messagère enthousiaste de la Bonne Nouvelle ?

Des œuvres artistiques sublimes, émouvantes, l'ont représentée, épousant la spiritualité de leur temps. Si j'ai du mal, je l'avoue, à m'imaginer cette femme aimante et lumineuse sous les voûtes froides et les colonnes néo-classiques de la Madeleine à Paris, son église pourtant, je suis touché par la Madeleine de Georges de La Tour, qui l'a peinte en méditation devant une vanité, ou la femme repentante du Caravage. De l'art pur, pas de l'Histoire…

Marie, mère de Jésus

Je garde précieusement en mémoire ma visite au tombeau de Marie à Gethsémani, émouvant lieu de rencontre de l'Histoire et de la Foi. L'église romane du XIIe siècle, dont ne subsistent que les arcades ogivales de la façade, a succédé à trois ou quatre édifices, l'un détruit par les Perses en 614, un autre par le calife Hakim en 1099, un autre encore en 1187 par Saladin, qui utilisa les pierres de la partie supérieure pour renforcer l'enceinte de Jérusalem. Après avoir descendu le monumental escalier croisé de quarante-huit marches, on accède à une crypte obscure en forme de croix latine, conduisant à droite, dans le bras du transept oriental, au-delà des lustres surchargés et des autels des Grecs et des Arméniens, à une petite banquette funéraire caractéristique du Ier siècle après J.-C. Dégradée par la dévotion des pèlerins qui en ont pris des morceaux pour en faire des reliques, cette couche de pierre a été découverte sous un autel byzantin par l'archéologue franciscain Bellarmino Bagatti, à la suite des inondations torrentielles de février 1972. Aux temps apostoliques, elle faisait partie d'un ensemble de sépultures situées dans la vallée du Cédron, dont le sol était alors plus bas d'une douzaine de mètres. C'est là que le corps de Marie, mère de Jésus, fut déposé. La dernière fois que les Actes des Apôtres la mentionnent, c'est à l'occasion de la descente de l'Esprit saint à la Pentecôte. Le fait que le lieu, vénéré depuis le IIe siècle au moins, a été longtemps occupé par les judéo-chrétiens, considérés comme dissidents, explique probablement le silence des Pères de l'Eglise à son sujet. Mais une très ancienne tradition, rapportée par les *Actes de Jean* (IIe siècle) et le *Transitus Sanctae Mariae* (remanié plusieurs fois, mais dont la version originale remonte peut-être à la fin du IIe siècle), veut que la Très Sainte Vierge, « pleine de grâce », ait été la première à être glorifiée et préservée de la corruption. A aucun moment dans l'histoire de la chrétienté on n'a d'ailleurs vénéré de relique corporelle de Marie. Pour évoquer sa fin glorieuse et son passage à la vie céleste, les orthodoxes parlent de Dormition, les catholiques d'Assomption, ce qui recouvre des significations théologiques assez voisines. Gethsémani, le pressoir à huile, était probablement une propriété de Jean, le disciple bien-aimé. Après l'avoir accueillie chez lui, on comprend qu'il ait voulu l'inhumer tout à côté du lieu où les apôtres venaient dormir lorsqu'ils se rendaient avec Jésus à Jérusalem. Une grotte voisine, que l'on peut visiter, aurait été le lieu de l'arrestation de Jésus. C'est aujourd'hui une chapelle. Des indices font penser qu'un pressoir se trouvait à l'emplacement de l'autel.

Creusé dans un banc de roche, le tombeau de Gethsémani a toute chance d'être authentique, contrairement aux ruines byzantines de la petite chapelle campagnarde de Panaya Kapulu, près d'Ephèse, identifiées en 1881 à la « maison de la Vierge », selon les visions d'Anne-Catherine Emmerich. On se demande comment Marie aurait pu suivre Jean dans les dernières années du Ier siècle : elle aurait eu alors bien plus de cent ans. Une telle longévité aurait frappé les premières générations apostoliques. Selon une tradition ayant cours en Orient, elle serait morte à l'âge de cinquante-huit ou cinquante-neuf ans, ce qui nous conduit trois ou quatre ans après la Passion, date beaucoup plus vraisemblable.

Les Evangiles sont d'une grande discrétion à son égard. Luc cite douze fois son nom, Matthieu cinq et Marc une seule fois. Jean, pour sa part, ne l'appelle que la « mère de Jésus ». « Elle naît à petit bruit sans que le monde en parle, écrivait au Grand Siècle le cardinal de Bérulle, et sans qu'Israël même y pense, bien qu'elle soit la fleur d'Israël et la plus éminente de la terre ; mais, si la terre n'y pense pas, le ciel la regarde et la révère comme celle que Dieu a fait naître pour un si grand sujet, et pour rendre un si grand service à sa propre personne, c'est-à-dire pour le revêtir un jour d'une nouvelle nature. Et ce Dieu même, qui veut naître d'elle, l'aime et la regarde en cette qualité. Son regard n'est pas lors sur les grands, sur les monarques que la terre adore, mais le premier et le plus doux regard de Dieu en la terre est vers cette humble Vierge, que le monde ne connaît pas : c'est lors la plus haute pensée que le Très-Haut ait sur tout ce qui est créé. Il la regarde, la chérit, la conduit, comme celle à qui il veut se donner soi-même et se donner à elle en qualité de Fils et la rendre sa Mère. Il la comble de grâces et de bénédictions dès sa conception ; il la sanctifie dès son enfance ; il la séquestre du monde et la consacre à son temple, pour marque et figure qu'elle sera bientôt consacrée au service d'un temple plus auguste et sacré que celui-ci. »

Réflexions profondes. Marie est aimée de Dieu d'une façon toute particulière. Celui qui croit réellement que Jésus de Nazareth est le Fils de Dieu, le Verbe incarné, ne peut la reléguer au rôle d'une obscure femme ayant donné naissance à un simple prophète. Elle est, après Jésus, la plus grande figure du Nouveau Testament. Après l'événement inouï de la naissance du Christ, comment aurait-elle pu avoir d'autres enfants, ainsi que certains voudraient nous le faire accroire ? Ce serait banaliser l'Incarnation, qui est, avec la Résurrection, l'événement central de l'histoire de l'humanité, au cœur du projet de Dieu sur sa créature et même sur la Création. Marie, très sainte et très pure charnellement et spirituellement, n'a été conçue par Dieu que pour donner naissance à un seul fils, le sien.

Selon une tradition populaire, reprise au IIe siècle par le *Protévangile de Jacques*, Marie (« Myriam » en hébreu ou en araméen, « Mariam » ou « Maria » en grec) était la fille de parents âgés, Anne et Joachim. Ceux-ci appartenaient au même clan davidique que Joseph, le charpentier de Nazareth, considéré comme l'héritier direct de la dynastie, auquel ils accordèrent leur fille en mariage. Dans la conception juive, les fiançailles étaient un engagement définitif obligeant à la fidélité. La cohabitation n'intervenait qu'au bout d'un an, au moment de la cérémonie du mariage. Or Marie, qui avait peut-être quatorze ou quinze ans, avait fait un vœu de virginité perpétuelle, comme certaines personnes pieuses de ce temps-là. Ce vœu était-il secret ? Fut-il partagé par le futur époux qu'on lui avait donné ? On ne sait.

Luc a conté la visite de l'ange Gabriel à Marie. Il la salua comme « comblée de grâce », ajoutant ainsi que Dieu à Moïse : « Le Seigneur est avec toi. » Ensuite il la rassura : « Sois sans crainte, Marie, car tu as trouvé grâce auprès de Dieu. Voici que tu concevras dans ton sein et enfanteras un fils, et tu l'appelleras du nom de Jésus. Il sera grand et sera appelé Fils du Très-Haut. Le Seigneur Dieu lui donnera le trône de David, son père ; il régnera sur la maison de Jacob pour les siècles et son règne n'aura pas de fin. » Marie, tout étonnée de cette annonce qui allait à l'encontre de son vœu, dit à l'ange : « Comment cela sera-t-il puisque je ne connais point d'homme ? » Dieu lui demanderait-il de remettre en cause son engagement ? L'ange lui répondit : « L'Esprit saint viendra sur toi, et la puissance du Très-Haut te prendra sous son ombre ; c'est pourquoi l'être saint qui naîtra sera appelé Fils de Dieu. Et voici qu'Elisabeth, ta parente, vient elle aussi de concevoir un fils dans sa vieillesse, et elle en est à son sixième mois, elle qu'on appelait la stérile : *car rien n'est impossible à Dieu* » (1, 26-37). Marie, nourrie de l'Ecriture depuis sa tendre enfance, connaissait la promesse faite à son ancêtre David par l'intermédiaire du prophète Nathan : « Ta maison et ta royauté dureront à jamais devant moi. » Elle avait en tête les paroles du Psalmiste : « J'établirai pour toujours ta descendance et ton trône, comme le jour des cieux. » Sans hésiter, elle répondit : « Je suis la servante du Seigneur ; qu'il m'advienne selon ta parole ! » Ainsi, ce *Fiat* – consentement librement donné par Marie – a fondé la Rédemption. Voilà pourquoi Marie, comme le dit Irénée, est « cause de notre Salut ». Avec l'accomplissement de la Promesse s'inaugure la Nouvelle Alliance. Le Seigneur, chantera la jeune fille dans le *Magnificat*, s'est souvenu « de sa miséricorde, selon qu'il l'avait annoncé à nos pères, en faveur d'Abraham et de sa postérité à jamais ».

Cependant, Joseph ne tarda pas à apprendre l'état de sa future épouse. « Avant qu'ils eussent mené vie commune, écrit de son côté Matthieu, elle se trouva enceinte par le fait de l'Esprit saint. » Homme « juste et bon », il se refusait à la dénoncer publiquement, mais il résolut de la répudier secrètement. Est-ce alors qu'il apprit que Marie avait fait vœu de virginité ? Un texte juridique provenant des manuscrits de la mer Morte donne peut-être une idée de la situation à laquelle il se trouva confronté : « Si une jeune fille a fait un vœu de virginité sans que son père en soit averti, il peut la relever de son vœu. Dans le cas inverse, lui et sa fille sont tenus par ce vœu. Si une femme mariée prononce un tel vœu sans que son mari le sache, il peut déclarer ce vœu nul. Si toutefois il est d'accord avec une telle mesure, les deux sont dans l'obligation de le garder. » Mais Joseph reçut en songe la visite de l'ange du Seigneur : « Joseph, fils de David, ne crains pas de prendre chez toi Marie, ta femme : car ce qui a été engendré en elle vient de l'Esprit saint… » (Matthieu 1, 18-20). Il comprit ainsi que la volonté divine était que Marie eût une protection et son fils un père légal.

Luc a conté la suite : la Visite de Marie à sa cousine Elisabeth, la naissance de Jean le Baptiste, suivie six mois plus tard de celle de Jésus et de l'arrivée des bergers, la circoncision de l'enfant au huitième jour, sa présentation au Temple le quarantième jour après l'accouchement et la prophétie du vieillard Syméon : « Vois ! Cet enfant doit amener la chute et le relèvement d'un grand nombre en Israël ; il doit être un signe en butte à la contradiction et toi-même une épée te transpercera l'âme, afin que se révèlent les pensées intimes de bien des cœurs » (2, 1-35). Il n'omet pas la prophétie d'Anne, fille de Phanuel, de la tribu d'Aser, qui « parlait de l'enfant à tous ceux qui attendaient la délivrance de Jérusalem », ni l'épisode de Jésus à douze ans parmi les docteurs du Temple…

Une phrase de l'évangéliste est frappante et permet de comprendre que ces événements surnaturels ne relèvent pas d'un joli conte de fées : « Et sa mère gardait fidèlement toutes ces choses en son cœur. » Luc la répète à deux reprises. D'évidence, c'est l'indication que les détails qu'il rapporte de la naissance, de l'enfance et de la jeunesse de Jésus ne viennent pas de son imagination mais du témoignage de Marie. Comment ? Par une rencontre directe ? Probablement pas. Il semble que Luc se soit rendu à Jérusalem en 57 ou 58. A cette date, Marie était certainement morte. Par l'intermédiaire de saintes femmes ? Mais celles-ci ne s'étaient-elles pas dispersées depuis longtemps ? Plus vraisemblablement, on peut estimer que ces précieuses confidences venaient de Jean, le « fils adoptif » de Marie, qui n'avait pas encore écrit son Evangile. On connaît les liens très étroits qui existent entre leurs deux Evangiles, preuves que Luc a été imprégné de la parole et de la pensée johanniques. Marie ne comprendra que peu à peu le sens de ce qu'elle gardait et méditait dans son cœur, jusqu'au Calvaire, auquel Syméon avait fait allusion…

De même que la christologie a peu à peu dégagé la vraie nature de Jésus, vrai homme et vrai Dieu, la mariologie lentement, au fil des siècles, a mieux cerné l'identité de cette Vierge glorieuse qui, durant neuf mois, avait été « le tabernacle du Verbe incarné[1] ». Dans sa vision poétique de l'Apocalypse, Jean fait d'elle « la Femme enveloppée de soleil, la lune sous ses pieds et couronnée d'étoiles ». Les Pères de l'Eglise lui ont donné titres et dignités à profusion : Arche qui a porté Dieu en elle, Fille de Sion, Reine des apôtres, Reine des cieux, couronnée par son fils, nouvelle Eve, mettant fin à la malédiction du péché originel...

La réforme protestante a eu une approche plus réservée. Il n'en demeure pas moins que, pour Luther, Jésus est né de la Vierge selon son humanité et que celle-ci est la voix d'Israël illuminée par le Saint-Esprit. Le Suisse Zwingli fait d'elle non seulement le modèle de la vie chrétienne, mais l'instrument du Salut. Quant à Calvin, il admet les définitions du concile de Chalcédoine (451), reconnaissant en elle « celle qui a engendré Dieu », mais pas celles d'Ephèse (431) la proclamant *Theotokos*, « mère de Dieu ». Plus tard, d'autres théologiens réformés, tel Karl Barth, s'efforceront de lui restituer une place éminente.

En 1854, le pape Pie IX, par la bulle *Ineffabilis Deus*, proclama le dogme de l'Immaculée Conception, selon lequel Marie aurait été préservée du péché originel. On sait que quatre ans plus tard, le jeudi 25 mars 1858, c'est le nom même que se donna la « Belle Dame » apparue à Bernadette Soubirous de Lourdes. La petite le répéta tout au long du chemin de la grotte de Massabielle au presbytère du curé Peyramale : *Que soy era immaculada counceptiou*, en patois lourdais (« Je suis l'Immaculée Conception. »)

1. André-Marie Gérard, *Dictionnaire de la Bible*, Paris, Robert Laffont, 1989, p. 1365.

En 1950, Pie XII, par la constitution apostolique *Munificentissimus Deus*, définit en quelques mots la tradition vivante de l'Assomption, portée par un puissant courant théologique et la sensibilité des fidèles : « C'est un dogme révélé par Dieu que Marie, l'Immaculée, Mère de Dieu toujours vierge, à la fin de sa vie terrestre, a été élevée en âme et corps à la gloire céleste. »

Sans doute, tout au long du XIXe siècle et jusqu'au milieu du XXe, la piété mariale a-t-elle donné lieu à des excès populaires, des systématisations inappropriées et des approximations théologiques, dénoncés par les protestants et certains clercs catholiques. On a fait de Marie, a-t-on dit, la quatrième personne de la Trinité. « Marie, lançait imprudemment Chateaubriand, est la divinité de l'innocence, de la faiblesse et du malheur. » En réalité, coupée de l'homme-Dieu, son fils, elle ne peut être qu'une déesse païenne. « L'Eglise, a rectifié Paul VI, adore le Père, le Fils et l'Esprit saint, et vénère avec un amour particulier la bienheureuse Marie, mère de Dieu », ce qui l'a conduit, le 21 novembre 1964, à la clôture de la troisième session du concile de Vatican II, à la proclamer « Très Sainte Mère de l'Eglise, c'est-à-dire de tout le peuple de Dieu, aussi bien des fidèles que des pasteurs ». En donnant Marie au disciple bien-aimé, modèle de l'Eglise, Jésus en effet l'a donnée à l'Eglise. Marie, avait précisé la constitution *Lumen Gentium*, est « notre mère dans l'ordre de la grâce », ce qui est considérable, mais rien de plus.

On connaît la profonde piété mariale de saint Jean-Paul II, dont nombre de textes et d'allocutions lui sont consacrés. C'est à la lecture, dans sa jeunesse, du *Traité de la vraie dévotion à la Sainte Vierge* de saint Louis-Marie

Grignion de Montfort qu'il a compris le vrai sens de cette spiritualité : « J'ai tiré un grand bénéfice de la lecture de ce livre, dans lequel j'ai trouvé la réponse à mes doutes, liés à la crainte que le culte pour Marie, en se développant excessivement, finisse par compromettre la suprématie du culte dû à Jésus. Sous la sage direction de saint Louis-Marie je compris que si l'on vit le mystère de Marie dans le Christ, ce risque n'existe pas. En effet, la pensée mariologique du saint est enracinée dans le mystère trinitaire et dans la vérité de l'Incarnation du Verbe de Dieu. »

La devise des armoiries épiscopales de Karol Józef Wojtyła, *Totus tuus*, s'inspirait d'ailleurs d'une phrase du grand saint breton du début du XVIIIe siècle : *Totus tuus ego sum, et omnia mea tua sunt* (« Je suis tout à vous, et tout ce que j'ai vous appartient, ô mon aimable Jésus, par Marie, votre sainte Mère »). Son encyclique « *Redemptoris Mater* » (25 mars 1987) est une méditation sur la bienheureuse Vierge Marie dans la vie de l'Eglise et sa médiation maternelle.

En revanche, les théologiens actuels – y compris le cardinal Ratzinger lorsqu'il était préfet de la Congrégation pour la doctrine de la foi – se montrent plus réservés à utiliser l'expression de « corédemptrice », concept ambigu, susceptible de malentendus, dont se sont parfois servis les papes. Une créature, si pure soit-elle, ne peut être mise sur le même pied que le Verbe incarné ! « Elle coopère, d'une manière toute spéciale, dit seulement *Lumen Gentium*, à l'œuvre du Sauveur par son obéissance, sa foi, son espérance et son ardente charité » (n. 61).

A la vérité, sur Marie il y a tant à dire, notamment au sujet de ses innombrables apparitions, certaines vraies, d'autres sujettes à caution, qu'il faudrait un autre *Dictionnaire amoureux*...

Voir : Bethléem ; Cana ; Crèche ; Descente de croix ; Frères et sœurs de Jésus ; Fuite en Egypte ; Joseph, époux de Marie ; Marie de Clopas ; Massacre des Innocents ; Nazareth ; Nazôréens ; *Pietà*.

Martyre

C'est un sujet grave, qu'on ne peut passer sous silence. Il n'est pas bon d'être chrétien dans certaines contrées du globe. Heureusement, les persécutions n'existent plus aujourd'hui en France ni dans les pays occidentaux, où ceux qui vivent de l'amour du Christ ont tout au plus à supporter les sarcasmes des « esprits forts » et leur « droit au blasphème », ou à s'affliger de l'indifférence dans laquelle sont accueillies généralement les nombreuses profanations d'églises ou de tombes chrétiennes (une profanation tous les deux jours). Il n'en va pas de même sous d'autres cieux, en terre d'islam particulièrement, où s'exerce par la violence une sorte de « purification religieuse ». Mgr Silvano Maria Tomasi, observateur permanent du Saint-Siège auprès des agences des Nations unies à Genève, révélait le 23 mai 2013 qu'environ 100 000 chrétiens de toute obédience mouraient chaque année dans le monde pour des raisons liées à leur foi. Un chiffre effrayant ! Aux victimes directes des haines religieuses s'ajoutent les migrations forcées, la destruction des lieux de culte, les viols, les enlèvements, les discriminations, « fruits, disait le prélat, du sectarisme, de l'intolérance, du terrorisme et des lois d'exclusion »… En Irak, en Syrie, en Libye, au Nigéria, au Kenya, des laïcs, des religieux, des catholiques, des protestants, des coptes sont victimes de ces « baptêmes sanglants », certains décapités, d'autres crucifiés : ils ont préféré se laisser tuer plutôt que d'abjurer ou d'accepter un geste de profanation. La plus vieille chrétienté du monde, celle du Proche-Orient, est ainsi en train de disparaître. Comment ne pas être touché par ces martyrs qui rendent compte dans leur chair du sacrifice du Christ ? Martyr vient de *mártus*, en grec « témoin », celui qui accepte de mourir pour témoigner de sa foi.

Car c'est une exigence de Jésus – une terrible exigence pour ceux qui s'y trouvent confrontés – de rester fidèle à sa personne et à son message jusqu'à la mort si nécessaire. « Si quelqu'un veut venir à ma suite, qu'il se renie lui-même, qu'il se charge de sa croix et qu'il me suive. Qui veut en effet sauver sa vie la perdra, mais qui perdra sa vie à cause de moi la trouvera » (Matthieu 16, 24-25). « Celui qui aura rougi de moi et de mes paroles, de celui-là le Fils de l'Homme rougira, lorsqu'il viendra dans sa gloire et dans celle du Père et des saints anges » (Luc 9, 26).

Dans les cas extrêmes, le martyre n'est pas une option, même s'il est demandé de ne pas le rechercher inutilement : « Si on vous pourchasse dans telle ville, fuyez dans une autre ; et si l'on vous pourchasse dans celle-là, fuyez dans une troisième » (Matthieu 10, 23). Jésus avait d'ailleurs prédit à ses disciples qu'ils seraient persécutés : « Vous serez traduits devant des gouverneurs et des rois à cause de moi, pour rendre témoignage en face d'eux et des païens. Mais lorsqu'on vous livrera, ne cherchez pas avec inquiétude comment parler ou que dire : ce que vous aurez à dire vous sera donné sur le moment, car ce n'est pas vous qui parlerez, mais l'Esprit de votre Père qui parlera en vous. Le frère livrera son frère à la mort, et le père son enfant ; les enfants se dresseront contre leurs parents et les feront mourir. Et vous serez haïs de tous à cause de mon nom, mais celui qui aura tenu bon jusqu'au bout, celui-là sera sauvé » (Matthieu 10, 18-22).

Aujourd'hui, une vague plus violente encore submerge le monde. Rejoignant par son ampleur celle de l'Union soviétique sous Staline, elle est l'une des plus importantes de l'Histoire, plus que celle de la Rome de Néron et de Dioclétien ou celle de la Révolution française. Malgré la remarquable mobilisation de certains prélats, de prêtres, de religieux, de pasteurs et de laïcs dévoués, prévaut dans le peuple chrétien une large indifférence teintée de fatalisme. Plutôt que le prétendu « choc des civilisations », dont semble se repaître l'Américain Samuel Huntington, n'est-ce pas la lente apostasie de l'Occident dont a parlé Benoît XVI dans son discours aux épiscopats européens le 24 mars 2007 qui en est la cause ? Jésus lui-même s'est interrogé : « Mais le Fils de l'Homme, lorsqu'il viendra, trouvera-t-il la foi sur la terre ? » (Luc 18, 8).

Massacre des Innocents

J'ai sous les yeux une reproduction du *Massacre des Innocents* de Nicolas Poussin, conservé au Musée Condé de Chantilly. Quelle œuvre impressionnante par sa construction rigoureuse, sa couleur, son mouvement, la brutalité qui s'en dégage ! Ecrasant de son pied le col d'un petit enfant à terre, un soudard, torse nu, cape rouge au vent – annonciatrice du flot de sang prochain –, s'apprête à le frapper de son épée malgré les implorations désespérées de la mère agenouillée qu'il retient par les cheveux. Merveilleux sujet pour la peinture baroque, si attachée à la théâtralisation de l'Histoire, que cette confrontation de la violence meurtrière des uns et de l'amour maternel des autres, le tout dans la torsion pathétique des corps !

La musique s'est mise elle aussi de la partie, avec « Le Massacre des Innocents » (*Caedes Sanctorum Innocentium*, H 411) de Marc-Antoine Charpentier, grande composition sacrée écrite en 1683, dont le double chœur à l'italienne – chœur des mères et chœur des satellites – dessine les contrastes douloureux de la narration dramatique, exacerbe la puissance émotionnelle des tensions jusqu'à la béatitude finale :

Qu'il est glorieux le royaume où règnent, avec le Christ, les Innocents vêtus d'aubes blanches !
Heureuse contrée que celle des Anges où les Saints Innocents se réjouissent, éternellement heureux !

L'épisode, on le sait, vient de l'Evangile de Matthieu : après la naissance de Jésus à Bethléem, Joseph, averti en songe qu'on cherchait à faire périr le nourrisson, prit la mère et l'enfant et s'enfuit en Egypte, tandis que les mages rentraient dans leur pays sans passer par Jérusalem. « Hérode, voyant qu'il avait été joué [...], entra en grande fureur et envoya tuer tous les enfants de Bethléem et de tout son territoire depuis l'âge de deux ans et au-dessous, selon le temps qu'il s'était fait préciser par les mages » (2, 16).

A l'origine de ce passage, faut-il admettre l'existence d'un événement historique ? Pour certains exégètes, l'épisode ne serait que la reprise du récit de la naissance du jeune Moïse et de la noyade des enfants ordonnée par le pharaon. Un simple artifice littéraire, en somme, destiné à montrer que Jésus est le nouveau Moïse. Les catholiques fêtent les saints Innocents le 28 décembre, les orthodoxes le 29 : il faudrait donc les radier du calendrier liturgique, comme on l'a fait pour quelques saints douteux.

En est-on si sûr ? Le débat mérite d'être rouvert. Au ve siècle, Macrobe, historien païen du Bas-Empire, évoque dans ses *Saturnales* un massacre d'enfants en bas âge ordonné par Hérode le Grand. « Apprenant que, outre les enfants au-dessous de deux ans qu'Hérode, roi des juifs, fit tuer, il avait fait mettre à mort aussi son fils, il [l'empereur Auguste] dit qu'*il valait mieux être le porc d'Hérode que son fils* » (Hérode s'abstenait de manger du porc pour se conformer aux usages des juifs).

On objectera que Macrobe parle de la Syrie et non de la Judée. Mais pourquoi ne pas mettre cette erreur sur le compte de l'imprécision de l'information utilisée ? Vues de Rome, les deux provinces orientales pouvaient se confondre. Du reste, si le fils d'Antipater ne régna jamais sur l'espace syrien, la Judée plus tard fut absorbée par cette province.

A l'appui de la non-historicité de l'épisode, d'aucuns aussi ont fait valoir que l'historien juif Flavius Josèphe n'y avait fait aucune allusion dans ses chroniques du règne d'Hérode. Cette assertion n'est plus vraie depuis la découverte il y a quelques années par le père Etienne Nodet, de l'Ecole biblique et archéologique de Jérusalem, d'une version slavone des *Antiquités juives*, dans laquelle figure un récit dont voici la substance : averti l'année précédente par des mages venus de Perse de la naissance prochaine d'un roi en Israël, Hérode, jaloux et craignant pour son trône, consulta les prêtres et docteurs de Jérusalem. Ceux-ci, interprétant la vieille prophétie de Balaam sur l'étoile, lui dirent que le Messie naîtrait « sans père ». L'un d'eux, nommé Lévi, lui suggéra alors de faire recenser tous les enfants mâles depuis l'arrivée de ces voyageurs et de les tuer. « Et ton royaume sera en sécurité pour toi et pour tes petits-enfants et même pour tes arrière-petits-enfants. » Hérode acquiesça. Il dépêcha des hérauts annoncer dans les villages que les enfants mâles de moins de trois ans recevraient de l'or en cadeau et que, s'il s'en trouvait un qui fût orphelin, il l'adopterait et le ferait roi. On n'en découvrit aucun parmi les 63 000 enfants recensés. Pour plus de sûreté, le tyran ordonna de les éliminer tous. Les prêtres se récrièrent et restèrent prostrés devant lui en signe de réprobation. Pour circonscrire le crime envisagé, ils lui révélèrent que le Messie, selon le livre de Michée, devait naître à Bethléem. « Même si tu es sans pitié pour tes serviteurs, tue les enfants de Bethléem et laisse partir les autres. » Et il en fut ainsi.

Ce récit, sur lequel il est bien difficile de se prononcer, est étonnant. En tout cas, ce n'est nullement un ajout d'un auteur chrétien postérieur, soucieux de calquer le texte de Matthieu, puisque à aucun moment il n'y est question de Jésus, de Marie et de Joseph. Le Messie à venir est un inconnu.

Que conclure ? S'il est vrai qu'au plan historique l'atroce forfait – visant sans doute une dizaine ou une quinzaine de nourrissons, étant donné la modeste superficie du village de Bethléem à cette époque – n'est pas parfaitement prouvé, on peut assurer qu'il entrait dans la logique meurtrière et paranoïaque du tyran, qui, dans les dernières années de son règne, alternant les actes de cruauté et les gestes de démence, fit décapiter plusieurs membres de sa famille : Mariamne, l'une de ses dix épouses, sa belle-mère Alexandra, trois de ses fils, Alexandre, Aristobule et Antipater, sans compter de nombreux officiers de sa garde et opposants pharisiens.

Dans une apocalypse juive écrite peu après sa mort, l'*Assomption de Moïse*, on pouvait lire que le barbare et sanguinaire maître de Jérusalem avait supprimé non seulement les notables, « mais les vieux et *les jeunes* sans pitié ». Son auteur anonyme faisait-il allusion à la tragédie de Bethléem ?

Matthieu

Il s'appelait probablement Lévi, fils d'Alphée, ainsi que le dit Marc dans son Evangile. Peut-être reçut-il de Jésus le surnom de Matthieu, comme Simon celui de Pierre, Thomas celui de Didyme, Jacques et Jean ceux de Boanergès ? Matthieu vient de Matteï, abréviation de Mattithyanû, « don de YHWH ».

Ce publicain*, autrement dit cet agent du trésor public, était le chef du bureau des douanes de Capharnaüm, port du lac de Tibériade situé près de la Via Maris, à la frontière de la tétrarchie de Philippe et de celle de son frère Hérode Antipas. Ceci explique la présence en ce lieu d'un octroi, où l'on percevait, peut-être pour le compte de ce roitelet inféodé à l'empereur, le *portorium*, droit de douane et de péage frappant dans l'Empire romain voyageurs et marchandises.

Pendant ce temps, à Capharnaüm, installé dans la maison des beaux-parents de Simon-Pierre, Jésus recrutait des disciples. Après avoir choisi Simon-Pierre et André, Jacques et Jean, fils de Zébédée, il se rendit au bureau des péages le long du rivage et, interpellant Lévi, lui dit : « Suis-moi ! » Celui-ci avait entendu parler de sa réputation messianique. Tout ébloui, il ne se fit pas prier. Il se leva, laissa ses registres et ses employés et quitta son emploi, sûrement fort lucratif, pour se mettre à l'école du rabbi.

Ces publicains étaient méprisés, voire haïs des pharisiens qui les considéraient comme des pécheurs invétérés, des gens impurs, avec lesquels il ne fallait surtout pas frayer. Comme pour les provoquer, Jésus se rendit à l'invitation de Matthieu et déjeuna chez lui en compagnie d'autres collecteurs d'impôts, probablement ses collègues de la ferme de l'octroi. Les pharisiens de Capharnaüm se récrièrent. Comment pouvait-il partager un repas avec ces gens-là ! Jésus qui les entendit leur répondit : « Ce ne sont pas les bien-portants qui ont besoin de médecin, mais les malades. Allez donc apprendre ce que signifie : "C'est la miséricorde que je veux, non le sacrifice. Car je suis venu appeler non pas les justes, mais les pécheurs" » (Matthieu 9, 10-13).

Ce Matthieu était certainement le plus instruit du groupe des Douze. Homme de chiffres et de lettres, habitué à manier la plume et le stylet, il connaissait plusieurs langues. C'est en raison de sa grande culture, bien supérieure à la leur, que les apôtres, au début des années 60, le prièrent de coucher par écrit le texte de leur catéchèse, au moment de leur dispersion définitive. Tandis que Pierre et Paul évangélisaient Rome et sa région, nous dit saint Irénée, Matthieu, qui annonçait la Bonne Nouvelle aux Hébreux (probablement de Syrie), fut prié de rédiger « en langue hébraïque » une version synthétique de la vie et de l'enseignement de Jésus, « une manière d'évangile ».

Cette version, très centrée sur le monde juif, était plus courte que la version actuelle qui a intégré des sentences (*logia**), paraboles et récits destinés aux non-juifs, de façon à témoigner de l'universalité du message christique. Si l'on en croit Eusèbe de Césarée, un érudit alexandrin, Pantène, à la fin du IIIe siècle, aurait découvert durant son séjour en Inde une copie de ce premier Evangile araméen, apportée par l'apôtre Barthélemy.

On a peu de renseignements sur ce que devint Matthieu après la Pentecôte. Selon certains, il aurait évangélisé la région du Pont-Euxin ou la Perse. Il aurait péri à Naddaver, capitale de l'Ethiopie, assassiné par ordre du roi Hirtiacus, sous prétexte que l'évangéliste lui avait interdit d'épouser sa nièce, Iphigénie, vierge consacrée. Malheureusement, il s'agit d'une tradition hagiographique qui manque de base historique. En tout cas, ses restes furent transférés en 956 à Salerne, dans le royaume de Naples, où on les vénéra dans la crypte de la cathédrale de cette ville. Une partie de son chef, conservée dans la cathédrale de Beauvais, disparut sous la Révolution. Matthieu est un précieux saint patron, puisque c'est celui des banquiers, des comptables et des percepteurs… Ils en ont bien besoin, dit-on.

Voir : Evangiles canoniques ; Jean l'évangéliste ; Luc ; Marc.

Messie et Fils de l'Homme

En grec, *christos* (de *chrein*, oindre), Christ, désigne celui qui a reçu l'onction divine, l'huile sacrant le roi-prêtre ou le grand prêtre. En hébreu le mot se dit *mashiah* et en araméen *mesjiha*, messie. Quand on parle de « Jésus-Christ », on confesse donc en Jésus le messie de Dieu, ce qui, aux yeux des chrétiens du moins, n'a rien d'extraordinaire. C'est le cœur de leur foi. Il faut comprendre toutefois que cela n'a été réalisé qu'au prix d'une torsion sémantique et d'un changement radical de signification, lié au vrai sens que Jésus a voulu donner à sa mission, car personne en Israël n'imaginait un messie humilié, souffrant et crucifié.

L'attente messianique remonte loin dans l'histoire du peuple élu, qui gardait la nostalgie du roi David et de ses descendants. Au VIIIe siècle avant notre ère, le prophète Isaïe annonçait l'avènement d'un rejeton de Jessé, le père de la lignée, qui ferait à nouveau resplendir la gloire d'Israël :

> Un rejeton sortira de la souche de Jessé
> Un surgeon poussera de ses racines.
> Et l'esprit du Seigneur reposera sur lui,
> L'esprit de sagesse et d'intelligence,
> L'esprit de conseil et de force,
> L'esprit de science et de piété,
> [...] il jugera les pauvres dans la justice,
> Et il se déclarera le juste vengeur des humbles
> Qu'on opprime sur la terre (Isaïe 11, 1-4).

Le livre de Samuel assurait qu'il serait traité par Dieu comme un fils, tout comme le Psaume 2 :

> Le Seigneur m'a dit : tu es mon Fils,
> Aujourd'hui je t'ai engendré...

Cependant, avec le temps, la figure incertaine et polymorphe de ce « merveilleux Conseiller » dont avait parlé Isaïe avait fini par s'estomper. Mais, au Ier siècle avant notre ère, devant l'hellénisation croissante de la région, puis l'occupation romaine et ses brutalités, les croyances anciennes se cristallisèrent au sein du petit peuple autour de plusieurs personnages messianiques.

D'abord, le « Prophète », qui sera l'interprète de la Loi. Certains textes voyaient en lui l'Oint du Seigneur, le *mashiah* à proprement parler. D'autres, notamment ceux de la communauté des esséniens, attendaient après lui deux authentiques messies : le messie d'Israël ou l'Elu, descendant de David, et le messie d'Aaron, le grand prêtre par excellence. Le premier, chef de guerre, exterminerait ses ennemis avant d'être intronisé roi par le second, lequel ferait vivre le peuple saint dans la paix et présiderait le dernier banquet, celui de la fin des temps. Ce messianisme bicéphale reprenait d'ailleurs celui qui figurait dans quelques livres bibliques (Jérémie, Ezéchiel, Zacharie, Daniel) et dans un écrit intertestamentaire appelé le *Testament des douze patriarches*.

Une autre figure énigmatique apparaît dans la littérature juive des IIe et Ier siècles avant notre ère, celle de Melkisedeq, grand prêtre et roi de Salem, qui, selon la Genèse, a béni Abraham pour la victoire que Dieu lui a donnée. Il est censé revenir à la fin des temps. Après sa victoire sur Bélial, le chef des démons, il jouera le rôle de médiateur et de rassembleur des justes. Plus tard, la Lettre aux Hébreux s'efforcera de faire comprendre à ses lecteurs de culture juive que, par sa mort et sa résurrection, Jésus a pénétré au-delà du rideau du Temple et est devenu « grand prêtre à jamais selon l'ordre de Melkisedeq ». Une image parlante pour eux.

De son côté, le dix-septième des *Psaumes de Salomon*, écrit remontant à la conquête de Jérusalem par Pompée, présentait le messie à venir comme l'Oint du Seigneur qui restaurerait le royaume perdu d'Israël : « Vois, Seigneur, et suscite-leur le roi fils de David à l'époque que tu connais, ô Dieu, pour qu'il règne sur Israël ton serviteur, et ceins-le de force pour briser les princes injustes. Purifie Jérusalem des nations qui la foulent… » Voilà qui était clair.

Mais personne en Israël, lorsque commence le ministère public de Jésus, ne parle d'un messie souffrant, s'offrant en sacrifice pour le pardon des péchés et ressuscitant les morts. On comprend par conséquent que celui-ci ait été embarrassé par les figures messianiques en vogue à l'époque, dont certaines étaient contraires à sa mission. Oui, assurément, il est le descendant de David, l'héritier du trône, au moins aux yeux du petit clan des Nazôréens qui vit à Nazareth en basse Galilée, mais il n'est pas le messie guerrier attendu par Israël, appelé à libérer son peuple du joug des Romains, comme l'avait peut-être été aux yeux de ses partisans Judas de Gamala, dont la révolte avait été écrasée dans le sang en l'an 6 de notre ère, et comme le sera plus sûrement, au IIe siècle, Siméon Bar Kokhba, le « fils de l'étoile ». Il y a maldonne ! Quand, par exemple, après la multiplication des pains, la foule galiléenne enthousiaste s'exclame : « Celui-ci est vraiment le Prophète qui doit venir dans le monde », et veut l'enlever pour l'introniser roi, Jésus s'enfuit seul dans la montagne (Jean 6, 14-15). Ce n'est qu'à la Samaritaine, au puits de Jacob, qu'il accepte de se dire le Messie. N'étant pas de religion juive, elle risque moins de faire des confusions.

Plutôt que de la figure ambivalente du Messie ou de celle de Melkisedeq, Jésus préfère se servir de l'expression mystérieuse de « Fils de l'Homme », dont la signification est en réalité beaucoup plus forte. Etymologiquement, l'expression d'origine sémitique, *ben Adam* en hébreu, *bar énash* en araméen, désigne l'homme en général. Ce n'est pas en ce sens-là que Jésus l'utilise. Il vise à réactualiser la figure céleste et eschatologique évoquée au chapitre 7 par le prophète Daniel : « Je regardais dans les visions de la nuit, et voici qu'avec les nuées du ciel venait comme un Fils d'homme : il arriva jusqu'au Vieillard, et on le fit approcher en sa présence. Et il lui fut donné souveraineté, gloire et royauté : les gens de tous peuples, nations et langues le servaient. Sa souveraineté est une souveraineté éternelle qui ne passe pas, et sa royauté, une royauté qui ne sera jamais détruite » (7, 13-14).

Comme le dit Jacques Guillet : « Jésus paraît bien avoir trouvé dans cette figure l'expression la plus nette de sa mission et de son existence. Figure céleste, elle dit bien son origine ; figure apocalyptique, elle ne devient réelle que par son accomplissement sur la terre ; figure venue d'un prophète et tracée par Dieu, elle exprime un destin donné d'en haut ; figure vide, elle est faite pour contenir une existence ; figure eschatologique, elle annonce la transformation du monde et le Royaume de Dieu[1]. »

« Amen, amen, je vous le dis, annonce Jésus à Nathanaël et à ses premiers disciples, vous verrez les cieux ouverts et les anges de Dieu monter et descendre au-dessus du Fils de l'Homme » (Jean 1, 51). Ce Fils de l'Homme, qui doit revenir dans la gloire divine pour juger le monde, c'est lui-même, manière de montrer qu'il est beaucoup plus qu'un simple messie terrestre.

L'expression, pourtant, ne sera pas reprise par l'Eglise primitive. Elle disparaîtra du langage chrétien avec une rapidité étonnante, vraisemblablement en raison du changement de contexte culturel et de l'ouverture aux Gentils, pour qui ces complexes figures messianiques et

1. In *Jésus devant sa vie et sa mort*, Desclée de Brouwer, Paris, 1991, p. 155.

apocalyptiques ne disaient rien. Au contraire, pour les juifs du temps, particulièrement ceux versés dans l'étude de la Bible hébraïque, elle avait du sens. Quand, d'après le récit de Marc, le grand prêtre (en réalité le grand prêtre honoraire Hanne) l'interroge : « Es-tu le Christ, le Fils du Béni ? », Jésus lui répond : « Je le suis et vous verrez le Fils de l'Homme siéger à la droite de la Puissance et venir avec les nuées du ciel. » Ces mots suffisent au pontife outragé pour lui faire déchirer ses vêtements, selon un rite de colère bien codifié : « Qu'avons-nous encore besoin de témoins ? Vous avez entendu le blasphème ; que vous en semble ? »

Conformément à la stratégie cynique arrêtée préalablement par Hanne et Caïphe, Jésus sera livré au préfet romain en tant qu'agitateur et exécuté comme tel. « Jésus le Nazôréen, roi des juifs » fera inscrire Pilate sur la planchette de bois au-dessus de la croix. Mort comme le messie révolutionnaire qu'il n'était pas, Jésus ressuscite comme le Fils de l'Homme qu'il est, appelé à revenir à la fin des temps pour juger les vivants et les morts…

Voir : Nazôréens ; Passion de Jésus ; *Titulus Crucis*, l'écriteau de la croix.

Miracles de Jésus

Pour un certain nombre de chrétiens, les miracles relatés dans les Evangiles posent problème. Ils veulent bien croire que Jésus a exercé une activité de thaumaturge ou de thérapeute, allant de village en village, imposant les mains aux malades, réconfortant par de bonnes paroles l'estropié, le boiteux, l'hydropique, l'homme à la main desséchée ou le paralytique, apaisant les esprits tourmentés, usant de boue, de salive ou de gestes rituels pour guérir des affections auxquelles on trouverait aujourd'hui des explications psychopathologiques : hystérie, psychose hallucinatoire, transe autohypnotique. En revanche, les miracles assujettissant la nature ne provoquent en eux que sourires embarrassés. Comment expliquer physiquement, matériellement, que des jarres remplies d'eau soient changées en vin à Cana, que quelques petits pains et poissons se soient soudainement multipliés à profusion pour permettre de nourrir les foules venues l'écouter, qu'un aveugle de naissance voie, qu'un paralytique se lève et prenne son grabat, que des morts – la fille de Jaïre, le fils unique de la veuve de Naïm, et surtout Lazare depuis quatre jours dans le tombeau et qui commençait « à sentir » – soient ramenés à la vie. Comment une simple parole pourrait-elle arrêter soudainement une tempête déchaînée ou provoquer une pêche miraculeuse au petit matin, alors que les apôtres ont vainement jeté leurs filets toute la nuit ? Comment un homme peut-il léviter sur les eaux ?

Ces phénomènes suspects ne seraient que des élaborations tardives, des fioritures ajoutées au fil des récits, des excroissances de faits anodins, amplifiés par l'imagination populaire. C'est la thèse des positivistes et scientistes du XIXe siècle, celle d'Ernest Renan qui écrivait dans sa célèbre *Vie de Jésus* : « Si le miracle a quelque réalité, mon livre n'est qu'un tissu d'erreurs. » Selon lui, un récit surnaturel « implique toujours crédulité ou imposture ». Ce sont

« des histoires mêlées de fictions », « des légendes pleines d'inexactitudes, d'erreurs, de partis systématiques ». Il faut donc « bannir le miracle de l'Histoire ». Il n'y a pas de place dans l'ordre de la nature pour des interférences extérieures.

Tout peut se réduire à une explication rationnelle, sans y chercher le « doigt de Dieu ». Ainsi, à propos de la multiplication des pains, qui a tant marqué la première génération apostolique au point qu'il en existe six récits dans les Evangiles et que Jean la relie à la phrase de Jésus : « Je suis le pain de Vie », Jean-Claude Barreau affirme avec assurance qu'il ne « faut rien voir ici de surnaturel : il s'agit seulement d'un véritable partage, les riches notables ayant accepté de donner de leur superflu (le meeting étant prévu secrètement de longue date, ils avaient pris leurs précautions) aux paysans pauvres et aux pêcheurs[1] ». Un pique-nique sur l'herbe, avec des victuailles tirées du sac !

Certains chrétiens, comme le professeur Pierre Mauriac (le frère de François), en sont venus à dire qu'ils croyaient « non pas à cause des miracles, mais malgré les miracles », ces superstitions qui font obstacle à la foi. Il faudrait, ajoutent de beaux esprits, extirper des Evangiles ces affabulations légendaires, ces croyances d'un autre âge, ces voix célestes vraiment gênantes qui handicapent le message de Jésus.

Je comprends ce scepticisme, issu de la culture scientifique moderne – encore qu'être chrétien implique nécessairement de croire en la Résurrection, « miracle des miracles » qui dépasse l'entendement –, mais je ne suis pas sûr qu'une telle attitude soit fondée quand on

1. In *Biographie de Jésus*, Paris, Pocket, 1994, p. 104.

étudie sérieusement les textes et les sources. Trente-deux miracles sont rapportés dans les quatre Evangiles. N'y voir que les fruits d'une relecture postpascale ayant pour fonction de manifester la gloire du Fils de Dieu me paraît un peu léger.

L'important est de comprendre le sens que Jésus lui-même a voulu donner aux prodiges qu'il a accomplis. L'Evangile de Jean utilise le mot signe (*sèmeion*) ou œuvre (*ergon*) pour appuyer, authentifier son discours, susciter l'interrogation radicale devant le mystère. « Va te montrer aux prêtres, dit-il au lépreux qu'il vient de guérir, afin que cela leur serve de témoignage. » Voici un paralytique porté dans sa litière par quatre hommes qui ouvrent le toit de paille de la maison de Simon-Pierre à Capharnaüm afin de parvenir jusqu'à lui. « Quel est le plus facile, s'écrie Jésus, de dire au paralytique : "Tes péchés sont remis", ou de dire : "Lève-toi, prends ton grabat et marche" ? Eh bien ! Pour que vous sachiez que le Fils de l'Homme a pouvoir de remettre les péchés sur la terre, je te le dis, déclare-t-il au paralytique, lève-toi, prends ton grabat et va-t'en chez toi » (Marc 2, 9-11). Ce qui compte pour Jésus, ce n'est pas la guérison, mais le Salut. S'il guérit l'aveugle, c'est parce qu'il est la lumière du monde, s'il rassasie les foules, c'est qu'il est lui-même nourriture.

Il n'y a rien de superflu. Jésus n'est pas un prestidigitateur cherchant à épater les foules, un magicien agissant pour sa propre gloire ou son propre profit. Ce genre d'exploits inutiles, dépourvus de signification spirituelle, lui répugne. Il les refuse à la curiosité malsaine de Satan, des scribes et des pharisiens ou d'Hérode Antipas. « Cette génération mauvaise, dit-il, demande des signes : elle n'en aura pas d'autre que celui de Jonas » (Matthieu 16, 4).

Jonas était ce héros légendaire du Livre de Jonas, qui avait passé trois jours et trois nuits dans le ventre d'un monstre marin (annonce symbolique de la mort et de la Résurrection). Les miracles ont toujours un sens, et c'est ce sens qui importe plus que le prodige. Ce sont les évangiles apocryphes ou la *Vie d'Apollonios de Tyane* par Philostrate qui inventent des prodiges gratuits, pas les Evangiles canoniques.

Quand Jésus accomplit des miracles, il le fait aussi dans le but d'accréditer sa propre personne, de montrer qu'il est bien celui qui a été annoncé de tout temps par les prophètes. C'est un aspect à ne pas négliger. Lorsque Jean le Baptiste, dans sa prison de Machéronte, se met à douter de celui qu'il a désigné au Jourdain comme l'Agneau de Dieu et qu'il lui envoie deux de ses plus chers disciples l'interroger : « Es-tu celui qui doit venir ou devons-nous en attendre un autre ? », le Galiléen répond par une citation du prophète Isaïe : « Allez rapporter à Jean ce que vous entendez et voyez : les aveugles recouvrent la vue et les boiteux marchent droit, les lépreux sont purifiés et les sourds entendent, les morts ressuscitent et la Bonne Nouvelle est annoncée aux pauvres » (Matthieu 11, 4-5). Ces signes, sa messianité les implique, sa nature divine les explique.

Enfin, il y a les miracles de compassion, ceux que Jésus, réticent, n'a nulle envie de faire – « Si vous ne voyez des signes et des prodiges, s'exaspère-t-il, vous ne croirez pas ! » –, mais auquel il se résout devant la ferveur de la demande ou la détresse de la situation. Il est « pris de pitié » devant l'aveugle de Jéricho ou devant la Syro-Phénicienne qui l'implorent, devant la foule qui l'écoute depuis des heures et qui a faim. « Qu'il te soit fait selon ta foi », dit-il au serviteur royal (au centurion dans les synoptiques*) venu le supplier de guérir son enfant à l'agonie. Il est à l'écoute des drames de l'âme. Ce sont pour moi les miracles les plus touchants, car ils sont accomplis par amour pour l'humanité souffrante dans son éternelle misère.

Voir : Aveugle-né ; Bethesda, la piscine miraculeuse ; Cana ; Lazare ; Multiplication des pains ; Purification du lépreux.

Multiplication des pains

C'était le printemps de l'an 32. La vie à nouveau surgissait dans la campagne herbue de Galilée, faisant reverdir les collines ensoleillées. La brise agitait le feuillage délicat, véhiculant les parfums floraux dans l'enchantement des couleurs : blanc des fleurs d'oranger et des cerisiers, jaune des genêts et des mimosas, mauve de l'arbre de Judée, rouge des cistes et des cyclamens, bleu des iris et brun des arums.

Jésus suivi de ses disciples et d'une foule d'admirateurs enseigne dans les synagogues, guérit les malades depuis deux ans déjà. Un jour, ayant parlé plus que d'habitude, la faim commence à tenailler l'auditoire. Comment nourrir tous ces gens à jeun avant qu'ils ne défaillent ? Les évangélistes exagèrent peut-être en disant qu'ils sont 5 000 sans compter les femmes et les enfants. On en dénombre en tout cas des centaines, et il n'y a ni auberge ni localité à proximité. Certains des auditeurs sont venus de loin, non seulement de Galilée, mais de Gaulanitide (on dirait aujourd'hui du plateau du Golan), de Phénicie. Jésus demande à Philippe : « Comment achèterions-nous des pains pour que ces gens aient à manger ? — Deux cents deniers, lui répond-il, ne suffiraient pas pour que chacun en reçoive un petit peu. » La somme évoquée est importante : un denier correspondait au salaire moyen d'une journée de travail. André, le frère de Simon-Pierre, intervient : « Il y a ici un jeune garçon qui a cinq pains d'orge et deux menus poissons, mais qu'est-ce que cela pour tant de monde ! »

Jésus fait asseoir la foule sur l'herbe grasse. Il appelle le garçon, prend les cinq pains d'orge et les deux poissons, rend grâce à Dieu et les distribue aux disciples, qui à leur tour se chargent de les donner à la foule, et – miracle ! – chacun en reçoit autant qu'il veut. Quand tous sont rassasiés, on ramasse les restes à la demande de Jésus « pour que rien ne se perde » et on en emplit douze couffins.

Je comprends que l'on soit surpris par le caractère fabuleux et déroutant d'un des miracles les plus célèbres de Jésus. J'imagine les sceptiques criant à la supercherie et dénonçant son auteur comme un illusionniste, un falsificateur, un fakir, une sorte de Robert-Houdin de l'Antiquité. Nos mentalités occidentales ne sont plus prêtes à accepter de si troublants prodiges.

Pour quelle raison les rédacteurs des Evangiles auraient-ils attaché une telle importance à ce miracle s'il s'était agi d'un banal échange de provisions tirées du sac, comme il a dû probablement s'en passer à plusieurs reprises. Pourquoi Jésus aurait-il été impliqué ? Le signe des pains et des poissons se trouve reproduit à six reprises dans les quatre Evangiles.

Dans les vies de plusieurs saints ou bienheureux de pareilles multiplications de vivres ont été relatées, à commencer par celle du prophète Elisée, dont le récit a servi de matrice à la rédaction des synoptiques*, selon le procédé bien connu des biblistes du *péshèr*, utilisé également dans la littérature de Qumrân, procédé qui consiste à décrire une situation présente en s'inspirant de réminiscences vétérotestamentaires. Plus près de nous, en 1825 et 1827, on signala des multiplications de farine, de blé et de pain au couvent de La Puye, en Poitou, attribuées à saint André-Hubert Fournet, directeur spirituel des Filles de la Croix. Vers 1830, à Ars, après le passage du curé Jean-Marie Vianney, une pauvre boulangère s'aperçut que son grenier désespérément vide était empli de grains, au point qu'elle eut du mal à en ouvrir la porte. Un autre miracle survint bientôt, celui de l'accroissement anormal de la pâte dans le pétrin. En 1845 et 1846, le couvent du Bon Pasteur de Bourges fut le témoin lui aussi de multiplications de vivres. A Turin, on s'étonnait de voir saint Jean Bosco distribuer des hosties et des petits pains en quantité prodigieuse, alors qu'il n'en avait au départ qu'une quinzaine. Tout cela est attesté par des témoignages signés ou des récits faits sous serment lors des procès en béatification. Jésus d'ailleurs l'avait dit : « Celui qui croit en moi accomplira les mêmes œuvres que moi. Il en accomplira même de plus grandes » (Jean 14, 12).

Les Evangiles de Matthieu et de Marc rapportent deux miracles des pains et des poissons, ceux de Luc et de Jean n'en citent qu'un seul. Qui a raison, qui a tort ? Personnellement, je penche pour un doublon littéraire, car chaque récit est chargé d'une signification théologique particulière. Lors de la première multiplication, on ramassa douze paniers pleins : référence évidente aux douze tribus d'Israël appelées au festin messianique. Lors de la seconde, on en ramassa sept : le signe de l'universalité des nations. Ainsi, le premier miracle est ouvert sur la plénitude d'Israël, l'autre sur la terre entière. Ce qui laisse supposer qu'il y a eu doublon, c'est que l'on voit chez Matthieu et chez Marc les disciples manifester la même surprise que lors de la première multiplication.

Où situer le lieu du miracle unique ? Probablement aux Sept Sources (*Heptapegon*), à proximité de Tabgha, sur la rive occidentale du lac de Génésareth, plutôt qu'à Tell Hadar (la Colline de la Gloire), non loin de Bethsaïda, sur la rive orientale. J'aime ce lieu arboré et paisible, où se dresse la basilique de la Multiplication des pains, avec les remarquables mosaïques de l'ancien sanctuaire du IVe siècle. La pierre sur laquelle Jésus aurait déposé les pains et les poissons est aujourd'hui surmontée de l'autel.

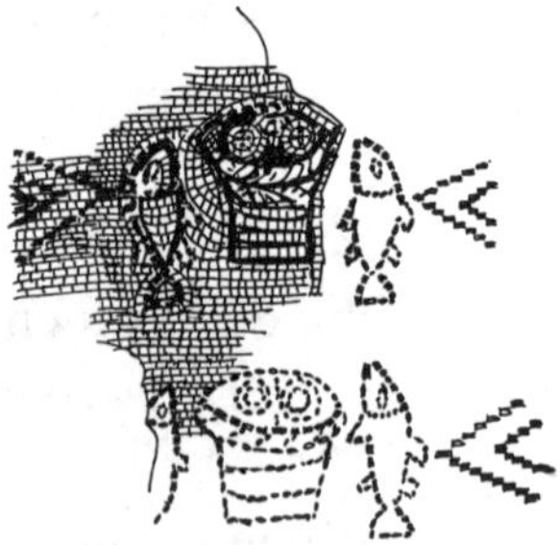

Je trouve particulièrement intéressant que, dans l'Evangile de Jean, le signe des pains et des poissons se trouve suivi d'un enseignement – et quel enseignement, l'un des plus importants, celui sur le pain de Vie !

Jésus, en effet, après avoir échappé à la foule enthousiaste qui voulait le faire roi, est retrouvé de « l'autre côté de la mer », près du petit port de Bethsaïda. « Vous me cherchez, non parce que vous avez vu des signes, mais parce que vous avez mangé des pains et que vous avez été rassasiés. Travaillez à acquérir non la nourriture qui périt, mais la nourriture qui demeure pour la vie éternelle, celle que le Fils de l'Homme vous donnera ; car c'est lui que le Père, Dieu, a marqué d'un sceau. » Que faut-il faire ? lui demandent-ils. Quels signes nous donnes-tu pour que nous croyions ? Nos pères ont mangé la manne dans le désert… « Amen, Amen, leur répond-il, ce n'est pas Moïse qui vous a donné le pain qui vient du Ciel, c'est mon Père qui vous le donne, le pain du Ciel, le véritable, car le pain de Dieu, c'est celui qui descend du Ciel et donne la vie au monde. » Ils s'exclament alors : « Seigneur, donne-le-nous toujours, ce pain-là ! » (6, 28-34).

Tout le monde se retrouve dans la synagogue de Capharnaüm, cette petite synagogue de basalte noir dont on ne voit plus aujourd'hui que les soubassements. Jésus explicite sa pensée. « Moi, fait-il, je suis le pain de Vie ; celui qui vient vers moi n'aura pas faim, et celui qui croit en moi n'aura jamais soif. Mais je vous l'ai dit : Vous m'avez vu et vous ne croyez pas. [...] Je suis descendu du Ciel, non pour faire ma volonté à moi, mais la volonté de Celui qui m'a envoyé. Or telle est la volonté de Celui qui m'a envoyé ; de tout ce qu'Il m'a donné, que je ne perde rien, mais que je le ressuscite au dernier jour... » (6, 35-40).

Ces propos créent un malaise. On veut bien croire que Jésus est le Messie attendu par Israël pour libérer le pays du joug des Romains, on est prêt à le porter sur le trône et à se battre pour lui, mais comment peut-il dire qu'il est l'Envoyé de Dieu, qu'il est le pain du Ciel ? N'est-il pas le fils de Joseph de Nazareth, à quelques lieues de là ? On connaît son père et sa mère. Comment peut-il affirmer qu'il est descendu du Ciel ? Jésus les reprend : « Ne murmurez pas entre vous. Nul ne peut venir vers moi, si le Père qui m'a envoyé ne l'attire ; et moi je le ressusciterai au dernier jour [...]. Celui qui croit a la vie éternelle. » Puis il répète : « Moi, je suis le pain de Vie. Vos pères ont mangé la manne au désert, et ils sont morts [...]. Moi, je suis le pain, le pain vivant descendu du Ciel : si quelqu'un mange de ce pain, il vivra à jamais ; et le pain que moi je donnerai, c'est ma chair pour la vie du monde » (6, 43-51).

C'est proprement insensé ! Un homme peut-il donner sa propre chair à manger ! L'auditoire est en émoi. Mais Jésus poursuit. Ce n'est pas seulement sa chair qu'il faudra manger, c'est son sang qu'il faudra boire. « Amen, amen, je vous le dis : si vous ne mangez la chair du Fils de l'Homme et ne buvez son sang, vous n'aurez pas la vie en vous. Celui qui consomme ma chair et boit mon sang a la vie éternelle, et moi, je le ressusciterai au dernier jour. Car ma chair est une vraie nourriture et mon sang est une vraie boisson. Celui qui consomme ma chair et boit mon sang demeure en moi et moi en lui… » (6, 53-56).

On a peine à imaginer le scandale de telles paroles. Les juifs de ce temps ne pouvaient y voir qu'un monstrueux cannibalisme contraire à la foi d'Israël. Dans la Bible, le sang est le signe de la vie. Il est interdit de manger de la chair mêlée à du sang, sous peine d'être « retranché du peuple ». C'est la raison pour laquelle les animaux sont préalablement vidés de leur sang avant toute consommation.

Qu'on ne se trompe pas ! Dans la synagogue de Capharnaüm, Jésus n'a pas instauré l'eucharistie. C'est l'année suivante, au cours du repas de la Cène, anticipation de sa mort, qu'il le fera : le pain distribué sera son corps meurtri et le vin partagé son sang versé pour le rachat de la multitude.

C'est dans ce petit village du bord du lac que s'ouvre ce que les exégètes et les historiens ont appelé la « crise galiléenne ». Bien des juifs qui avaient suivi Jésus s'éloignent horrifiés. Son message ne passe pas. Ne reste plus qu'une petite phalange de fidèles, dont les Douze. « Est-ce que vous aussi, vous voudriez partir ? », leur demande-t-il. Simon-Pierre réplique : « Seigneur, vers qui irions-nous ? Tu as les paroles de la vie éternelle. Pour nous, nous avons cru et nous avons connu que c'est toi le Saint de Dieu. »

Voir : Cène.

Musique sacrée

Depuis ma vie d'étudiant, j'ai l'habitude de travailler et d'écrire en musique. Il ne se passe pas une semaine que je n'écoute quelques symphonies ou concertos de Mozart, Beethoven, Schumann, Mendelssohn, Brahms, qui m'émeuvent toujours… Des œuvres connues, si rabâchées, diront certains, qu'elles en deviennent banales. Il n'empêche. Je ne m'en lasse pas. Il m'a manqué de savoir jouer d'un instrument. Rebuté par le solfège, je n'ai jamais été loin dans mon apprentissage du piano, au désespoir de ma mère, premier prix de conservatoire, qui a infiniment mieux réussi avec ma sœur cadette…

J'ai grandi avec la phénoménale redécouverte par les musicologues de la seconde moitié du XXe siècle de la musique baroque, un continent quasi inconnu des générations précédentes, et dont le répertoire religieux ne cesse de m'enchanter. Il y a là une tension intense et fragile – tension maîtrisée, éloignée de la sensibilité théâtrale de certaines interprétations romantiques –, quelque chose d'unique, qui parle au cœur de l'humanité et ouvre l'âme.

Le répertoire baroque est riche en œuvres d'une beauté exceptionnelle qui trouvent dans l'amour du Créateur et la foi en Jésus-Christ une inspiration féconde. En premier lieu je citerai Jean-Sébastien Bach, sa *Messe en si mineur*, sa dernière œuvre achevée, son *Magnificat* BWV243, et, bien sûr, ses deux *Passions*, écrites à Leipzig, celle selon saint Jean en 1724 et celle selon saint Matthieu en 1727. Ces deux oratorios magnifiques, où alternent dans une savante mise en scène airs, récitatifs et chœur, sont d'immenses monuments qui ont contribué à instruire et nourrir la méditation de générations de fidèles, surtout après leur redécouverte par Félix Mendelssohn en 1829. « Quiconque a désappris le christianisme croit entendre ici un nouvel Evangile. » Qui donc a dit cela ? Nietzsche, oui Nietzsche, l'apôtre du Surhomme et de la Volonté de puissance, le futur auteur de *L'Antéchrist. Imprécation contre le christianisme*, après avoir entendu la Passion selon Matthieu en 1870 !

A côté de Bach, les motets et les psaumes sacrés de Monteverdi, Lully, Purcell, Charpentier, Gilles, Lotti, Vivaldi, Desmarest (*Usquequo Domine*), Haendel (*Le Messie*), Rameau (*In convertendo Dominus, Quam dilecta tabernacula*), Mondonville (*In exitu Israel, Dominus regnavit*) et quelques autres m'enchantent. S'il me fallait faire un choix, je placerais peut-être au sommet la *Messe des morts* d'André Campra et le *De profundis* de Michel-Richard de Lalande. Deux chefs-d'œuvre absolus, le premier à écouter dans la version de John Eliot Gardiner et le second dans celle de Michel Corboz, des interprétations un peu anciennes, sans doute, mais qui, à mon avis, n'ont pas été dépassées.

La mélodie et les harmoniques du *Requiem* de Campra sont d'une délicatesse infinie. On a parlé à son propos de « berceuse des morts », une expression qui dit l'espérance chrétienne de l'au-delà, au cœur du tragique de la vie humaine. On passe à tout instant de la douleur et de l'angoisse à la sérénité et à la paix retrouvée, de la nuit à l'aurore. L'exaltant *Et lux perpetua* (« Que la lumière éternelle brille sur eux ») nous jette brutalement, par son jaillissant et irrésistible dynamisme, dans la joie céleste que l'on retrouve dans le déploiement impressionnant du grand chœur *Requiem aeternam*. Les spécialistes ne connaissent pas bien la date de composition de cette messe. Peut-être a-t-elle été écrite dans les dernières années du XVIIe siècle avant d'être remaniée après 1722, quand le Provençal était devenu maître de la chapelle royale de Versailles ?

La dramaturgie musicale du *De Profundis* de De Lalande, créé en 1688, est tout aussi belle. Les airs comme les harmonies polyphoniques des chœurs contrastés sont poignants, d'une tendresse déchirante. Ils ne peuvent laisser insensible, tant on rejoint à travers eux la foi, la pureté et la sincérité de leur compositeur, vrai témoin de l'espérance chrétienne. C'est avec de telles œuvres que l'artiste exerce un ministère prophétique, qui nous révèle une part du divin et lève le voile qui nous sépare de l'invisible.

Quand j'écoute ces deux *opus* transfigurés par la grâce – et je le fais souvent –, je me prends à des réflexions métaphysiques, pascaliennes, pourrais-je dire. La musique sacrée renvoie au mystère de la condition humaine, à la beauté réelle et à l'harmonie voulue par le Créateur. Et me vient à l'esprit la phrase connue de Dostoïevski : « La beauté sauvera le monde »…

D

Naïm

Comme de petits cubes blancs ou colorés, de pauvres maisons s'étagent sur le versant nord du mont Moreh en Galilée, à quelques centaines de mètres de la route d'Afouleh au mont Thabor. Tel est aujourd'hui le petit village arabe de Neïn, Naïm dans l'Antiquité. C'est là que Jésus accomplit l'un de ses miracles les plus spectaculaires, la résurrection du fils d'une veuve. Une chapelle, entretenue par la Custodie franciscaine de Terre sainte, en rappelle le souvenir.

Saint Luc est le seul à conter l'épisode. Arrivant à la porte de la petite cité, Jésus, ses disciples et la foule qui l'a suivi rencontrent un cortège qui conduit en terre un jeune homme, fils d'une veuve. Tout le village est là, dans la peine. Pris de pitié pour cette pauvre femme qui a tout perdu en perdant ce fils unique, Jésus lui dit : « Ne pleure pas. » Puis, s'avançant, il touche la civière. Les porteurs s'arrêtent. « Jeune homme, fit-il, je te le dis : Lève-toi. » Aussitôt, le cadavre se ranime, se dresse et parle…

Stupéfiant ! Saisis de crainte et d'admiration, les spectateurs se mettent à glorifier Dieu : « Un grand prophète s'est levé parmi nous, et Dieu a visité son peuple ! » La nouvelle se répand jusqu'en Judée. Jésus, dit Luc, « le rendit à sa mère », expression utilisée très précisément dans le livre des Rois à propos du miracle réalisé par Elie ressuscitant le fils de la veuve de Sarepta. Façon pour l'évangéliste de montrer que Jésus est bien le nouvel Elie et qu'avec lui la mort n'aura pas le dernier mot.

Voir : Miracles de Jésus.

Nathanaël

Jésus, qui vient de recevoir le baptême de Jean dans un bras du Jourdain et qui a été identifié par lui comme « l'élu de Dieu », « celui qui doit venir », commence à recruter des disciples. Cela se passe au printemps de l'an 30. Après André, Jean l'évangéliste et Simon-Pierre, frère d'André, Jésus rencontre Philippe, originaire de Bethsaïda (« la maison des pêcheurs »), alors située sur la rive nord du lac de Génésareth, non loin de Capharnaüm. « Suis-moi ! », lui dit simplement Jésus. Et Philippe, qui ne doute pas plus que les trois autres qu'il vient de rencontrer le Messie, invite à son tour un Galiléen de sa connaissance, Nathanaël, à le rejoindre : « Celui dont parlent Moïse dans la Loi ainsi que les prophètes, nous l'avons trouvé : Jésus, le fils de Joseph, de Nazareth. » Nathanaël est un sage, un homme pieux, versé dans l'étude de la Loi. Son nom signifie « don de Dieu ». Il est originaire de Cana en Galilée, à quatorze kilomètres au nord de Nazareth. Quand Philippe lui parle de ce village, l'autre fait la moue, non par chauvinisme local, mais parce qu'il sait parfaitement que ce lieu est celui d'un clan qui prétend descendre du roi David, les Nazôréens, alors qu'il était de notoriété publique à cette époque que la lignée du grand roi s'était perdue dans la nuit des temps. « De Nazareth, grommelle-t-il, peut-il sortir quelque chose de bon ? » Philippe insiste : « Viens et vois. »

A sa vue, Jésus s'exclame : « Voici vraiment un Israélite sans détour ! », autrement dit un juif fidèle et authentique, droit et sincère. Nathanaël est surpris. « D'où me connais-tu ? » La réponse vient, étonnante : « Avant que Philippe t'appelât, quand tu étais sous le figuier, je t'ai vu. » L'image du figuier symbolisait les hommes pieux qui étudiaient paisiblement la Torah à l'ombre de cet arbre, en compagnie d'un maître versé dans l'étude des Ecritures, un rabbi (à ne pas confondre avec les rabbins de l'époque talmudique).

Nathanaël comprend que Jésus a le don de clairvoyance, et cette illumination suffit à le convaincre qu'il est bien le futur roi d'Israël et appartient avec les gens de Nazareth à la descendance davidique. « Rabbi, tu es le Fils de Dieu, tu es le roi d'Israël ! » Jésus lui répond : « Parce que je t'ai dit : “Je t'ai vu sous le figuier”, tu crois ! Tu verras mieux encore. » La double ouverture en *Amen* lui sert à énoncer de façon solennelle un enseignement ou une vérité : « Amen, amen [en vérité, en vérité], je vous le dis, vous verrez le ciel ouvert et les anges de Dieu monter et descendre au-dessus du Fils de l'Homme. »

Cette figure biblique, compréhensible par ses auditeurs, fait référence au songe du patriarche Jacob à Béthel. Jésus introduit ici pour la première fois la figure énigmatique du Fils de l'Homme empruntée au prophète Daniel. On lui parle de messie, il répond par l'annonce de la venue d'un personnage plus important encore, le Fils de l'Homme.

Ainsi, Nathanaël a fait partie du premier noyau des disciples, avant la création du groupe des Douze. Il accompagne Jésus aux noces de Cana, son village d'origine. Plus tard, il sera présent à l'apparition de Jésus au bord du lac, relatée par Jean l'évangéliste. Ce n'est qu'à partir du IXe siècle qu'une tradition sans fondement fit de lui l'un des Douze, Barthélemy, Bar Talai, le fils de Tolmi (ou de Tholémée), un personnage dont on ne sait malheureusement rien.

Voir : Messie et Fils de l'Homme ; Nazôréens.

Nazareth

« La ville de Marie, blanche comme les beaux lis d'Esdrelon, s'étage en amphithéâtre, encadrée de collines riantes, et présente un coup d'œil charmant, une physionomie douce et paisible ; elle semble une perle dans un écrin de satin vert. » Ainsi la décrivait en 1935 Paule Fleury-Divès[1]. Comme je regrette de ne pas l'avoir connue à cette époque ! Aujourd'hui, c'est une cité de plus de 100 000 habitants, bruyante, tourbillonnante, poussiéreuse, envahie de cars de touristes, dominée par les minarets, les clochers et le dôme moderne de la basilique de l'Annonciation. Elle est en majorité musulmane, avec une forte minorité chrétienne arabe (grecs orthodoxes, grecs catholiques et latins) et un faubourg juif, Nazareth Ilith.

Au temps de Jésus, Nazara était un petit village de 150 à 200 habitants, bâti au flanc d'une des collines de l'ancienne tribu de Zabulon, en basse Galilée, au débouché

1. In *A la recherche de Jésus : d'Egypte en Terre sainte*, s.l., 1935.

de la plaine de Yizréel, à un mille environ du bourg de Yafia (Jâfia). Il comptait au plus une cinquantaine de maisons, des habitations à demi troglodytiques, des citernes, silos, celliers, pressoirs et réserves de vivres, des *mikvaot**, quelques terrasses en espalier, une synagogue et un puits où Marie sans doute allait chercher de l'eau. Desservie à proximité par une voie romaine, la région était riche avec ses terres à blé et ses vignobles protégés par des tours et des murets de pierre.

Longtemps certains historiens se sont obstinés à nier l'existence de Nazareth au temps de Jésus, sous prétexte qu'il n'en est pas question dans le Premier Testament. En 2008, un écrivain américain, René Salm, publiait à grand fracas un livre intitulé *The Myth of Nazareth : the Invented Town of Jesus*, tentant de démontrer que cette minuscule bourgade galiléenne n'existait pas à l'époque hérodienne et avait vraisemblablement vu le jour dans le courant du IIe siècle après J.-C.

Malencontreusement pour lui, quelques mois plus tard, en novembre 2009, des fouilles menées par l'Israel Antiquities Authority permettaient de dégager, non loin de l'actuelle basilique de l'Annonciation, lieu supposé de la maison de la Vierge, les vestiges d'une demeure du Ier siècle (au Centre international Marie de Nazareth, animé par la Communauté du Chemin Neuf) : deux pièces, une courette abritant une citerne dans le rocher, alimentée par les eaux de pluie. « La découverte est d'une importance capitale, expliquait alors Yardenna Alexandre, directrice des fouilles, car elle révèle pour la première fois une maison du village juif de Nazareth et de ce fait met en lumière la façon de vivre au temps de Jésus. Le bâtiment que nous avons trouvé est petit et modeste, et il est fort probablement typique des habitations de Nazareth de cette époque. Par les rares sources écrites subsistantes, nous savons qu'au Ier siècle Nazareth était un petit village juif, situé dans une vallée. Jusqu'à présent, un certain nombre de tombes datant de l'époque de Jésus de Nazareth avaient été trouvées, mais aucun vestige n'avait été découvert qui puisse être attribué à cette période. » A côté de tessons de poterie et de fragments de vases de l'époque romaine précoce (Ier et IIe siècles), on récupéra des restes d'ustensiles de cuisine en pierre, conformes aux règles de pureté rituelle en usage chez les juifs pieux. Jésus, Marie et Joseph sont certainement passés de nombreuses fois à côté de cette maison.

En mars 2015, un archéologue britannique de la University of Reading, Ken Dark, annonçait la découverte dans le couvent des Sœurs de Nazareth, près du tombeau du Juste, d'une nouvelle maison datant du Ier siècle, taillée au flanc de la colline calcaire, qui fut incorporée ultérieurement dans des églises anciennes. Est-ce la preuve qu'il s'agit, comme l'affirme celui-ci, de la maison où Marie et Joseph auraient élevé Jésus ? Sans doute pas, mais les indices collectés sont assez troublants. Cette modeste résidence comportait plusieurs pièces et des escaliers, avec un sol originel en craie. « De grands efforts ont été faits, écrit le Dr Dark dans la *Biblical Archaeology Review* (mars-avril), pour inclure les vestiges de ce bâtiment. A la fois les tombes et la maison ont été décorées de mosaïques à l'époque byzantine, ce qui laisse penser qu'elles étaient d'une importance spéciale, et peut-être vénérées. » Les recherches archéologiques en Israël n'ont pas fini de nous étonner, même si j'ai peu d'espoir, je le concède, que l'on tombe un jour sur le « banc miraculeux » sur lequel Jésus se serait assis et le rouleau d'Isaïe lu par lui dans la synagogue de Nazara, reliques qu'aurait vues au VIe siècle le pèlerin anonyme de Plaisance. L'intérêt de Nazareth est dans son environnement : Jésus a médité pendant une trentaine d'années les gestes du Salut racontés dans la Bible et qui se déroulaient sous ses yeux. Quand on s'appelle « Dieu sauve », c'est utile…

Voir : Nazôréens ; Tombeau du Juste.

Nazôréens

La découverte en 1962 à Césarée maritime d'un fragment de plaque de marbre contenant une liste des familles sacerdotales installées en Galilée au IIIe ou IVe siècle de notre ère a permis de constater que Nazareth (Nazara au temps de Jésus) s'écrivait en hébreu avec un « ts » (Tsadé) et non avec un « z » (Zahin), comme d'aucuns le pensaient. Ainsi se trouva établi que ce petit village tirait son origine du mot *netzer*, « le surgeon ou le rejeton », et n'avait rien à voir avec les Naziréens (ou *nazirs**), ces personnes consacrées à Dieu. Nazara signifiait le « Petit Surgeon » et avait été fondé au IIe siècle avant notre ère par un clan, les Nazoréens, sur un site très ancien, abandonné après l'an 733 avant J.-C., date de la déportation massive des juifs par le roi assyrien Teglath-Phalasar III. Ces gens venus de Babylonie prétendaient descendre de Jessé de Bethléem, père du roi David. Ils avaient créé un autre village plus au nord, Kokhaba (« L'Etoile », par référence à l'étoile de David), probablement une localité située en Gaulanitide, à l'est du lac de Génésareth. Nazara, le Petit Surgeon, Kokhaba, l'Etoile, ces noms disaient l'espérance de ce singulier groupe juif : « Un rejeton sortira de la souche de Jessé, un surgeon poussera de ses racines » (Isaïe 11, 1) ; « Une étoile sortira de Jacob et un sceptre se lèvera d'Israël » (Nombres 24, 17). En d'autres termes, les Nazôréens étaient convaincus qu'en leur sein naîtrait un Messie royal qui retrouverait le trône de ses ancêtres. Leur attente était paisible. C'étaient des ruraux, agriculteurs, vignerons ou artisans. Ils respectaient les lois du judaïsme, se rendaient régulièrement au Temple pour les grandes fêtes, et peut-être faisaient-ils aussi de temps à autre un pèlerinage à Bethléem de Judée, la « ville » de David.

Jésus, dans les Evangiles, est habituellement appelé Nazôréen ou Nazarénien, qui désigne à la fois un habitant de Nazareth et un descendant davidique. Probablement était-il l'héritier royal attendu, après son père légal Joseph, mort avant le début de son ministère public. « Afin que s'accomplisse l'oracle des prophètes, dit Matthieu, il sera appelé Nazôréen. » Ce nom avait une signification précise à l'époque. Quand on avertit l'aveugle de Jéricho que Jésus le Nazôréen passe près de lui, il s'écrie aussitôt : « Jésus, fils de David, aie pitié de moi ! »

Marie, mère de Jésus, appartenait certainement au même clan. Ses parents, Anne et Joachim, semblent d'ailleurs avoir habité à Sepphoris, la ville la plus proche du minuscule Nazareth. Les mariages étaient arrangés entre familles, et il était presque impossible de déroger à ces habitudes claniques particulièrement contraignantes. Comme l'écrivait au IIe siècle Hégésippe, juif converti au christianisme, qui a recueilli de précieux détails sur la famille de Jésus, « Marie apparaît être de la même tribu que Joseph car, selon la loi de Moïse, il n'était pas permis de se marier dans d'autres tribus que la sienne ».

Un écrivain chrétien des IIe et IIIe siècles de notre ère, Julius Africanus, né probablement à Jérusalem au temps où celle-ci s'appelait Ælia Capitolina, a été frappé par l'importance que les descendants de ce groupe – les desposynes, autrement dit les proches parents de Jésus – attachaient à leurs généalogies. On le comprend. C'était un peu comme certaines de nos familles aristocratiques d'aujourd'hui voulant démontrer, au prix de quelques acrobaties, qu'elles remontent aux croisades. « Quelques personnes soigneusement gardèrent pour elles leur généalogie particulière, écrit-il, soit en se souvenant des noms, soit en en prenant copie, et se glorifièrent d'avoir sauvé la mémoire de leur noblesse. Parmi elles se trouvaient ceux dont on a parlé, qu'on appelle desposynes à cause de leurs liens avec la famille du Sauveur ; originaires des villages de Nazareth et de Kokhaba, ils s'étaient répandus dans tout le reste du pays et ils avaient compilé la susdite généalogie d'après le Livre des Jours (Chroniques) autant qu'ils l'avaient pu. » Les Evangiles de Matthieu et de Luc présentent d'ailleurs deux exemples de ces généalogies, collationnées à bonne source.

La prétention royale de ces humbles villageois à cette origine millénaire incitait les autres Galiléens à s'en méfier et à les mépriser. Quel rôle auraient-ils pu jouer dans le salut d'Israël ? Le sage et vertueux Nathanaël, du village de Cana, prenait un air désabusé quand on parlait d'eux : « De Nazareth, disait-il, peut-il sortir quelque chose de bon ? » (Jean 1, 46).

Or le plus singulier est que Jésus semble avoir souffert de ses origines royales. Il lui déplaisait de se laisser enfermer dans ce clan familial et dans l'étiquette messianique qui lui était apposée. Quand Marie et toute la jeunesse de Nazareth, ceux qu'on appelait ses « frères », vinrent à Capharnaüm pour lui parler et probablement le convaincre de revenir, il s'impatienta : « Qui est ma mère et qui sont mes frères ? » Et désignant de la main les disciples autour de lui, il ajouta : « Voici ma mère et mes frères ! Car quiconque fait la volonté de mon Père qui est dans les cieux, c'est lui mon frère, et ma sœur et ma mère. » Son royaume, en effet, n'était pas de ce monde.

Voir : Frères et sœurs de Jésus ; Messie et Fils de l'Homme ; Tombeau du Juste.

Newman, John Henry

Avec son visage émacié, orné de minces touffes de cheveux blancs en désordre, ses yeux bleus doux et fatigués, son grand nez busqué, sa bouche délicate, il avait l'air à la fin de sa vie d'un vieux clergyman. Il l'avait été, d'ailleurs, avant sa spectaculaire conversion au catholicisme.

J'admire beaucoup ce grand penseur du XIXe siècle, écrivain inspiré, poète talentueux, devenu une immense figure de l'Eglise par son rayonnement intellectuel et sa façon originale, unique, lucide, subtile, d'embrasser les questions théologiques les plus complexes.

Ses écrits qui traitent de la foi chrétienne, des grands dogmes et de leur développement, de la vie sacramentelle, de l'Eglise et de son rapport au monde, du combat spirituel, de la sainteté, de l'annonce de l'Evangile, de la culture, de l'éducation, des relations entre la foi et la science sont d'une actualité et d'une force exceptionnelles.

Né à Londres en février 1801, John Henry Newman est le fils d'un banquier qui fit faillite à l'issue des guerres napoléoniennes. Après des études au Trinity College d'Oxford, il est ordonné diacre au sein de l'Eglise anglicane, où il exerce des activités pastorales tout en faisant des conférences et en publiant des articles. Puis il enseigne à l'Oriel College. La recherche théologique et christologique le passionne et, au cœur de cette recherche, la quête de la vérité révélée. Marqué par le protestantisme évangélique et le calvinisme, il est d'abord violemment hostile à l'idolâtrie papiste du catholicisme et à sa foi superstitieuse. Approfondissant sa connaissance des hérésies des premiers siècles, il ne s'en interroge pas moins sur la nature de l'Eglise : qu'est-elle vraiment ? Que doit-elle devenir ? L'anglicanisme est-il sur la bonne voie ?

La lecture d'Ignace d'Antioche, de Justin de Naplouse, d'Irénée de Lyon, de Cyprien de Carthage, d'Athanase d'Alexandrie, de Grégoire le Grand, de saint Augustin et de quelques autres le persuade que la tradition protestante de la *Sola scriptura* (l'Ecriture seule) ne suffit pas. La véritable Eglise est celle qui reste fidèle à la foi originelle des apôtres, à la « tradition épiscopale », fondée sur la succession apostolique, ainsi qu'à la « tradition prophétique » qui vit en elle, sous l'action de l'Esprit saint. Un de ses amis, Richard Froude, l'initie à la dévotion mariale, ce qui contribue à l'éloigner davantage de la *Low Church*, la Basse Eglise, proche du calvinisme, et à s'interroger sur la présence réelle du Christ dans l'eucharistie.

A partir de 1833, il devient, avec Froude notamment, l'un des animateurs du Mouvement d'Oxford, dans la mouvance de la *High Church* (la Haute Eglise, courant de l'anglicanisme moins éloigné du catholicisme que la *Low Church*). C'est alors qu'il publie une série de réflexions sous forme de *Tracts for the Times*, énonçant la théorie d'un anglicanisme débarrassé des pressions de l'Etat, qui servirait de *via media* entre le catholicisme et le protestantisme de l'Eglise populaire. Simple étape qu'il dépasse lorsqu'il se rend compte que l'Eglise d'Angleterre, coupée du christianisme des origines, ne se situe plus dans la tradition apostolique et universelle de l'Eglise.

En octobre 1845, enfin, après trois ans d'hésitation, il se fait admettre dans l'Eglise catholique, qu'il a fini par reconnaître comme seule institution divine. Ce passage d'une confession à l'autre, il ne le vit pas comme une rupture, mais comme un accomplissement.

Quelques mois plus tard, il publie un *Essay on the Development of Christian Doctrine*, l'une de ses œuvres majeures. Il est reçu à Rome par Pie IX. Grâce à son charisme, à son exceptionnel talent oratoire, un nombre important de membres du Mouvement d'Oxford se rallient au catholicisme. Lui-même, ordonné prêtre en mai 1847, participe activement à l'implantation de la congrégation de l'Oratoire en Angleterre. Malheureusement, il se heurte à des incompréhensions et critiques tant de la part de ses anciens amis anglicans que des catholiques anglais, notamment du cardinal Manning, un rallié lui aussi. La création de l'Université catholique d'Irlande, à Dublin, dont il est nommé recteur, rencontre également des difficultés, et, en 1857, il doit démissionner de sa charge. Certains le soupçonnent d'hérésie, d'autres le calomnient.

Pour se défendre, Newman, homme timide et sensible, blessé par les outrages, répond par un exposé autobiographique promis à un grand succès, *Apologia Pro Vita Sua*, où il ne dédaigne pas la polémique. En 1870, il publie sa *Grammar of Assent*, dans laquelle il réfléchit à l'acte de foi et aux différentes façons d'y adhérer. La reconnaissance vient tardivement lorsque, en mai 1879, le pape Léon XIII l'élève, lui simple prêtre, au cardinalat. Il s'éteint onze ans plus tard, le 11 août 1890, à Edgbaston, un quartier de Birmingham, à l'âge de quatre-vingt-neuf ans.

Depuis sa mort, son influence intellectuelle ne cesse de croître. Plus de trois cents Newman Centers existent de nos jours dans les pays anglo-saxons. Le 19 septembre 2010, il est béatifié par Benoît XVI lors de sa venue en Angleterre.

Parmi les thèmes majeurs qui parcourent son œuvre, deux servent de piliers à l'ensemble : la liberté de conscience et la notion de développement homogène du dogme. Ascète, John Henry Newman est un grand maître spirituel, invitant le chrétien à tourner constamment son âme vers Dieu, à s'abandonner à lui dans une relation personnelle pleine de confiance. Ce cœur à cœur de la conversion intérieure n'est pas sans rappeler celui des grands mystiques. « Le Père Tout-Puissant nous regarde, écrit-il ; il ne nous voit pas, nous, mais la présence sacrée de son fils qui se révèle spirituellement en nous. » Il ne s'agit pas d'égotisme ou de quiétisme, comme on l'a soupçonné, car ce don n'exclut ni le combat spirituel ni la dimension communautaire de l'engagement pastoral[1].

1. Keith Beaumont, *Dieu intérieur. La théologie spirituelle de Newman*, Paris, Ad Solem, 2014.

Prier, c'est vivre en Jésus-Christ, l'annoncer et se donner aux autres en même temps. Le monde et ses fausses séductions attirent sa compassion attristée : « Si je sors de moi-même et porte mon regard sur le monde, écrit-il dans son *Apologia* parue en 1867, le spectacle que j'y vois me remplit d'une inexprimable détresse. Le monde semble ne faire que démentir cette grande vérité dont tout mon être est si pénétré. » Ancrée dans une très vive conviction intérieure, sa conception de la liberté de conscience, exposée dans sa *Lettre au duc de Norfolk*, se retrouvera dans la déclaration *Dignitatis Humanae* du concile Vatican II et dans le *Catéchisme de l'Eglise catholique*.

Mère Teresa de Calcutta et ses sœurs récitaient tous les jours la prière pleine d'humilité du cardinal Newman :

> O Jésus, aide-moi à répandre partout ta bonne odeur ; passe où je passe.
> Inonde mon âme de ton Esprit et de ta vie.
> Envahis-moi tout entière et rends-toi maître de tout mon être afin que ma vie soit une émanation de la tienne.
> Eclaire en te servant de moi et prends possession de moi, de sorte que toute personne que j'approche puisse sentir ta présence en moi.
> Qu'en me regardant, ce ne soit pas moi qu'on voie, mais toi en moi. Ainsi, je resplendirai de ta splendeur et je pourrai servir de lumière pour les autres. Mais cette lumière aura sa source uniquement en toi, Jésus, et il ne viendra pas de moi le plus petit rayon. Ce sera toi qui éclaireras les autres en te servant de moi. Suggère-moi la louange qui te plaît le plus, illuminant les autres autour de moi.
> Que je ne prêche pas en paroles mais par l'exemple, par l'élan de mes actions, par l'éclat visible de l'amour que mon cœur reçoit de toi. Amen.

A côté de l'homme de prière, Newman était également un immense théologien, dont j'admire les travaux visionnaires. Sa réflexion sur le développement des dogmes me paraît capitale pour notre époque qui a perdu le sens de la nature profonde de l'Eglise, cette Eglise qui ne peut être, comme le disait le père de Lubac, que « tradition », c'est-à-dire transmission éclairée d'âge en âge du dépôt de la foi.

Pour Newman et pour la théologie classique, il est clair que la Révélation est close avec la génération apostolique. Les définitions dogmatiques qui ont été proclamées ensuite ne constituent nullement des ajouts ou des novations, mais des explicitations, des redéploiements de ce qui était contenu dans les textes du Nouveau Testament et les réflexions des premiers Pères de l'Eglise. La Tradition est ainsi à la fois authentique, vivante et toujours fidèle au Christ, dont elle n'altère ni le message ni la personne. L'Eglise n'invente rien, elle donne à voir le mieux qu'elle peut, en l'adaptant si nécessaire, le kérygme* dans le langage des hommes de son temps.

En 1990, à l'occasion du centenaire de sa mort, le cardinal Joseph Ratzinger, futur Benoît XVI, considérait Newman comme l'un des « grands maîtres de l'Eglise ». On attend aujourd'hui la clôture de son procès de canonisation. Peut-être sera-t-il un jour proclamé docteur de l'Eglise ? « Ce que saint Augustin a été pour le monde antique, n'hésitait pas à écrire le théologien allemand Erich Przywara, saint Thomas pour le Moyen Age, Newman mérite de l'être pour les temps modernes. » Newman ? Un grand parmi les grands !

Voir : Eglise.

Nicodème

Jean, dans son Evangile, est le seul à nous présenter ce personnage influent de Jérusalem, membre du Sanhédrin, docteur de la Loi, qu'il a connu et qui, comme lui, fut un disciple secret de Jésus. Ce Naqdimon (Nikodemus, en grec) ben Gourion (fils de Gurion) était, selon certaines sources rabbiniques, l'un des trois plus riches patriciens de la Ville sainte.

Pharisien, sage, pieux, lettré, il a été ébranlé par les premiers miracles de Jésus et interloqué par son geste de prophète violent lorsqu'il a chassé les marchands du Temple. Il veut le rencontrer et l'interroger. Par l'intermédiaire de l'évangéliste, qui appartient au même milieu lettré que lui, il obtient un rendez-vous secret, car il redoute de se compromettre vis-à-vis de ses pairs. L'entretien a lieu de nuit, probablement chez Jean, là où plus tard les apôtres se réuniront pour leur dernier repas avec leur Maître. Cela se passe au mois d'avril 30, peu après la fête de la Pâque.

« Rabbi, commence Nicodème, nous le savons, c'est de Dieu que tu es venu en docteur ; personne en effet ne peut faire ces signes que tu fais si Dieu n'est avec lui. » Jésus lui répond : « Amen, amen, je te le dis, à moins de naître d'en haut, nul ne peut entrer dans le Royaume de Dieu. » Rompu pourtant aux discussions théologiques, le visiteur a du mal à comprendre. « Comment un homme pourrait-il naître s'il est vieux ? objecte-t-il. Pourrait-il entrer une seconde fois dans le sein de sa mère et naître ? » Jésus poursuit : « Amen, amen, je te le dis : nul, s'il ne naît de l'eau et de l'Esprit, ne peut entrer dans le Royaume de Dieu. Ce qui est né de la chair est chair, et ce qui est né de l'Esprit est esprit. Ne t'étonne pas si je t'ai dit : Il vous faut naître d'en haut. Le vent souffle où il veut, et tu entends sa voix, mais tu ne sais ni d'où il vient ni où il va. Ainsi en est-il de quiconque est né de l'Esprit. »

Ce dialogue rapporté par Jean, présent sans doute à l'entretien, délivre un enseignement de haute volée. Jésus adapte son langage au milieu auquel il s'adresse. Il parle différemment aux foules galiléennes et aux savants d'Israël. L'eau dont il est question est celle du baptême inauguré par Jean le Baptiste. La chair représente la nature humaine dans ses pauvres limites, en attendant l'Esprit, que recevront les disciples dans sa mort et sa résurrection. C'est lui, Jésus, et lui seul qui donne accès au Royaume. L'Esprit, comme le vent, révèle sa puissance en toute liberté. Nicodème, une fois de plus, éprouve des difficultés à tout saisir. Le royaume de Dieu ne revient-il pas de droit aux membres de l'Alliance ? Jésus s'étonne : « Tu es maître en Israël et tu n'as pas la connaissance de ces choses ! » « Comment cela peut-il se faire ? », questionne encore son interlocuteur. « Amen, amen, je te le dis : c'est de ce que nous savons que nous parlons et de ce que nous avons vu que nous témoignons, et notre témoignage, vous ne le recevez pas. Si je vous dis les choses de la terre, vous ne croyez pas, comment croirez-vous si je vous dis les choses du Ciel ? Car nul n'est monté au Ciel, sinon celui qui est descendu du Ciel, le Fils de l'Homme qui est au Ciel. Et de même que Moïse éleva le serpent au désert, ainsi faut-il que soit élevé le Fils de l'Homme, pour que tout homme qui croit en lui ait la vie éternelle » (Jean 3, 11-15). Croire au Fils, c'est échapper au Jugement et avoir la vie éternelle. En lui réside le mystère du Salut.

Jésus a parlé avec autorité, utilisant la formule solennelle de la double ouverture en « amen ». Le Fils de l'Homme, descendu des cieux, sera élevé de terre (c'est-à-dire glorifié : le mot araméen, que traduit le latin *exaltare*, exprime les deux aspects), cloué comme le serpent d'airain de Moïse pour que ceux qui croient en lui soient sauvés. On sait que, durant leur pérégrination à travers le désert, les Hébreux avaient dû tourner leur regard vers le serpent de Moïse (le *nehouchtân*) pour se préserver des morsures de vrais serpents. « Celui qui se tournait vers ce signe était sauvé, non par ce qu'il avait sous les yeux, mais par toi, le Sauveur du monde » (livre de la Sagesse 16, 7). Ainsi, dès le début de son ministère, Jésus prophétise, en termes voilés, sa propre crucifixion et la présente comme l'instrument du Salut. Le vrai caducée, c'est la croix.

Nicodème a été fortement impressionné par cette rencontre. A partir de ce moment, il semble être devenu un des disciples. Quand, deux ans et demi plus tard, en octobre 32, à Jérusalem, lors de la fête de Soukkot, Jésus semble dire qu'il est le messie de Dieu, les pharisiens sont horrifiés et veulent l'arrêter. Nicodème émet une opinion discordante : « Notre loi condamne-t-elle un homme sans que d'abord on l'entende et que l'on connaisse ce qu'il fait ? » Ses coreligionnaires le rabrouent sévèrement : « Toi aussi serais-tu de Galilée ? Etudie ! Tu verras que de Galilée il ne se lève pas de prophète » (Jean 7, 50-52). Il y avait là sans doute une perfide allusion au fait que la famille de Nicodème, établie dans la Ville sainte depuis quelques générations, était d'origine galiléenne.

Après la résurrection de Lazare, lorsque le Sanhédrin, poussé par le grand prêtre en exercice, Joseph dit Caïphe, décide d'arrêter Jésus et de le livrer au préfet (« Mieux vaut pour vous qu'un seul homme meure pour le peuple et que la nation ne périsse pas tout entière »), Nicodème a dû faire partie de la minorité des opposants, dont Joseph d'Arimathie et peut-être Gamaliel l'Ancien.

Nous retrouvons notre personnage au moment de la Passion. C'est lui qui, après la mort de Jésus, apporte un mélange de myrrhe (*smyrna*) et d'aloès, acheté pour cent livres. Cette préparation d'herboristerie, sous forme de poudre sèche, était destinée à masquer les odeurs dans la tombe et à ralentir le processus de putréfaction. Quatre scientifiques retrouveront d'ailleurs des traces de cette poudre sur le linceul de Turin, celui que très vraisemblablement acheta Joseph d'Arimathie, collègue de Nicodème. En plus de ce mélange, on remarquera sur la relique du natron, carbone hydraté de soude, utilisé dans l'Antiquité ainsi que quelques pistaches séchées (*Pistacia palaestina*).

L'*Evangile de Nicodème*, encore appelé *Actes de Pilate*, qui décrit la descente de Jésus aux enfers pour libérer tous ceux qui sont « assis dans les ténèbres et l'ombre de la mort », depuis Adam jusqu'aux saints patriarches et prophètes, n'a rien à voir avec ce puissant notable hiérosolymitain. C'est un apocryphe datant au plus tard du IVe siècle.

Nicodème est celui, semble-t-il, qui négocia l'approvisionnement en eau des piscines réservées aux Romains lors d'une des grandes fêtes juives. A la fin des années 60, au moment de l'insurrection contre l'occupation romaine, les zélotes mirent le feu à ses entrepôts de blé. Il mourut à cette époque. Un de ses fils, Gourion, prit part aux négociations relatives à la reddition de la garnison romaine de Jérusalem.

La tradition chrétienne, catholique et orthodoxe a tenu à honorer la mémoire de ce grand lettré, distingué et généreux, et en a fait un saint. Au Moyen Age, l'opinion populaire fut beaucoup moins tendre. Se moquant de l'ingénuité de ses questions (sans voir, naturellement, que Jean n'avait fait que résumer et recomposer le dialogue), elle forgea le substantif et l'adjectif « nigaud »... Lourd héritage !

Voir : Joseph d'Arimathie ; Messie et Fils de l'Homme.

Noël

Selon un sondage CSA réalisé en décembre 2014 pour le quotidien gratuit *Direct Matin*, il n'y aurait plus que 15 % de Français à voir en Noël une fête religieuse. Il est vrai que la France est depuis les années 1970-1980 un pays largement déchristianisé et l'un de ceux où l'athéisme est le plus répandu, après la Chine, le Japon et la République tchèque (les statistiques manquent pour la Corée du Nord...).

Où sont les douces et saintes émotions de l'enfance au milieu de la débauche indécente de cette fête païenne, avec son inévitable dinde, son foie gras, sa bûche crémeuse et la figure conventionnelle de son Père Noël, dérivé commercial de saint Nicolas et de Julenisse, le gentil lutin scandinave ? Enfermées dans une vision consumériste de l'existence, nos sociétés individualistes et hédonistes, repues d'égoïsme, n'ont-elles pas étouffé cette faculté d'émerveillement liée à Noël et à l'enfance ?

> Or, je dis, dit Dieu, je ne connais rien d'aussi beau dans tout le monde
> Qu'un petit enfant qui s'endort en faisant sa prière

Sous l'aile de son ange gardien
Et qui rit aux anges en commençant de s'endormir ;
Et qui déjà mêle tout ça ensemble et qui n'y comprend plus rien ;
Et qui fourre les paroles du Notre Père dans les paroles du « Je vous salue Marie »
Pendant qu'un voile déjà descend sur ses paupières,
Le voile de la nuit sur son regard et sur sa voix...
(Charles Péguy, *Le Mystère des saints innocents*).

Il est vrai que c'est le pape Libère, en 354, qui a christianisé la fête païenne du solstice d'hiver, symbole de la renaissance du soleil (*Sol invictus*), en y fixant conventionnellement la naissance de Jésus. Quelques siècles plus tard, la fête redevient païenne. Juste retour des choses, diront certains. Triste retour des choses pour les croyants qui savent que la Bonne Nouvelle a été offerte au monde cette nuit-là (au moins symboliquement puisque l'on ignore la date de naissance de Jésus)...

Les chantres du laïcisme militant, qui s'insurgent aujourd'hui, à l'encontre même des dispositions de la loi de 1905 sur la séparation des Eglises et de l'Etat, de la présence du religieux dans l'espace public, ne sévissent pas qu'en France. En mai 2014, le *Livre bleu* de l'Académie chinoise des sciences sociales stigmatisait l'infiltration insidieuse des idées chrétiennes venues d'Occident, particulièrement au moment de Noël : « Le plus déplorable est que, dans les écoles primaires et secondaires, les enseignants partagent avec les enfants "la fête de la Sainte Nativité", dressent des "sapins de la naissance de Jésus", "distribuent des cadeaux de la naissance de Jésus", confectionnent des "cartes de vœux de la naissance de Jésus" et ainsi, imperceptiblement, sèment dans l'âme d'enfants dénuée de capacité de discernement entre différentes cultures et de choix religieux les graines d'*une culture importée de l'extérieur et d'une religion allogène…* »

En Chine, il est permis de faire du business, d'étaler sur les façades des grandes villes toutes les audaces publicitaires possibles, de spéculer sur le SSE 50 de la Bourse de Shanghai, d'accumuler des fortunes gigantesques que l'on peut transférer dans des paradis fiscaux, mais pas de parler du vrai Paradis, ni surtout d'adorer l'Enfant-Jésus. Le *Livre bleu* est tout aussi « politiquement correct » que le trop célèbre *Petit Livre rouge…*

A Noël remontent toujours en moi des flots de souvenirs liés aux émotions de mon enfance et de ma jeunesse : les premiers flocons de neige transmutant la nature en or blanc, la magie des guirlandes multicolores aux fenêtres, la lumière tremblotante des bougies sur le sapin (une année – incident inoubliable –, l'un d'eux s'étant enflammé, on dut le précipiter sur le perron !), le tintement de la cloche annonçant l'office de minuit, les chaussons qu'on laisse devant la cheminée et qui inexplicablement se remplissent de cadeaux au retour. Cette atmosphère familiale était d'une simplicité enchanteresse, chargée d'une douce et frémissante attente. Point besoin d'effets spéciaux ni d'une surenchère de décorations pour faire jaillir l'émerveillement dans nos cœurs…

A Noël, je songe souvent aussi à ce jeune homme de dix-huit ans, venu le 25 décembre 1886 à Notre-Dame de Paris écouter « avec un dilettantisme supérieur » la messe, puis y retournant l'après-midi pour les vêpres, « debout dans la foule, près du second pilier à l'entrée du chœur à droite, du côté de la sacristie ». C'est alors, avoue-t-il, « que se produisit l'événement qui domine toute ma vie. En un instant mon cœur fut touché et je crus. Je crus, d'une telle force d'adhésion, d'un tel soulèvement de tout mon être, d'une conviction si puissante, d'une telle certitude ne laissant place à aucune espèce de doute que, depuis, tous les livres, tous les raisonnements, tous les hasards d'une vie agitée n'ont pu ébranler ma foi, ni, à vrai dire, la toucher. J'avais eu tout à coup le sentiment déchirant de l'innocence, l'éternelle enfance de Dieu, une révélation ineffable ». Il s'appelait Paul Claudel. Que n'ai-je toujours cette force puissante et rayonnante de la foi, moi qui ai, je l'avoue, la joie d'être né le jour de Noël… !

Notre-Père

Bien des souvenirs évangéliques semblent se rattacher au Carmel du Pater, ce vaste domaine de six hectares au sommet du mont des Oliviers sur lequel flotte le drapeau tricolore, car, depuis son achat au XIXe siècle par la princesse Héloïse de la Tour d'Auvergne, cet établissement relève de l'Etat français. C'est dans une petite grotte, transformée plus tard en crypte, que Jésus, selon une tradition ancienne mais non vérifiée, aurait enseigné à ses disciples la prière du Pater Noster (Notre-Père) et délivré son message sur la fin des temps. En 326, sainte Hélène entreprit de construire en ce lieu une basilique sous le nom d'Eleona, la désignation grecque du mont des Oliviers. Depuis sa destruction en 614 par les Perses, plusieurs édifices s'y sont succédé. Ce que j'apprécie dans ce domaine, ce sont les jardins d'oliviers où règnent une profonde atmosphère de paix, de sérénité, une vraie douceur paradisiaque. On aimerait pouvoir s'y promener et y méditer de longues heures, loin des fracas du monde.

Sur les murs du cloître moderne se lisent dans plus de soixante langues la traduction du Notre-Père. Etonnant ! Même si on ne comprend qu'une infime partie de ces textes et de leur graphisme, cette galerie mérite qu'on la parcoure. Rien ne montre mieux l'universalité de cette prière, l'unique prière enseignée par Jésus à ses disciples. Chaque jour, des millions de fidèles dans le monde entier la récitent, pas seulement mécaniquement, je suppose, mais avec ferveur et conviction, en s'arrêtant sur la signification de chaque formule. Cette prière, que Jésus a composée en bonne partie avec des textes hébraïques anciens, nous a été transmise en grec par Matthieu et Luc dans deux recensions différentes.

Voici la traduction telle que la proposent cinq spécialistes qui en ont étudié le substrat sémitique, Jean Starky, Pierre Grelot, Jean Carmignac, Emile Puech et M. S. Steve (entre parenthèses figurent les termes propres à Luc) :

Notre Père qui (es) aux cieux,
Que ton nom soit sanctifié,
Que ton règne vienne,
Que ta volonté soit faite
Sur la terre comme au ciel.

Donne-nous aujourd'hui (chaque jour) notre pain quotidien
Et remets-nous nos dettes (péchés)
Comme (car) nous-mêmes remettons à nos débiteurs (quiconque nous doit)
Et fais que nous ne succombions pas à la tentation
Mais délivre-nous du Mal. Amen.

Notons que la référence à Dieu comme Père n'est pas habituelle dans le Premier Testament, même si les Hébreux avaient progressivement découvert l'amour paternel de YHWH pour eux. En fait, Abraham demeurait leur père. Jésus, au contraire, place au cœur de son message sa relation de tendresse avec Dieu son Père, que rend le mot affectueux : *'Abbā'*. De même, les hommes, à condition de savoir l'accueillir dans leur cœur, peuvent devenir « enfants de Dieu », comme le dit saint Jean dans le Prologue de son Evangile.

La prière de Jésus est un appel à louer le nom de Dieu, en attendant la manifestation de sa puissance sanctifiante dans le cœur des hommes. « Donne-nous aujourd'hui notre pain quotidien » vise non seulement le pain qui nourrit le corps, mais le pain spirituel, la parole divine et l'eucharistie que Jésus instituera le soir de son arrestation. « Remets-nous nos dettes » : cette notion est à prendre dans un sens plus large que celui de péché. Etre en dette envers Dieu, c'est ne pas agir suffisamment pour lui. Or, sur ce plan, l'homme est un débiteur insolvable.

La sixième requête a posé des difficultés de traduction. Le grec et le latin n'ont pas comme l'araméen (ou l'hébreu) de conjonction équivalente au « causatif » qui exprime soit l'idée de cause, soit celle d'effet. La formule retenue dans l'actuelle traduction œcuménique francophone du Notre-Père : « Ne nous soumets pas à la tentation » est plus qu'ambiguë, car elle laisse supposer que Dieu exerce un rôle actif dans la tentation, incitant par conséquent au mal. Cette difficulté n'est pas neuve. C'est très vraisemblablement en réaction à la traduction grecque (*esphérô*), où la même difficulté se retrouve, que Jacques le Juste, chef de la communauté de Jérusalem, a écrit dans son Epître (qui fait partie intégrante du Nouveau Testament) : « Que nul, s'il est tenté, ne dise : "C'est par Dieu que je suis tenté." En effet, Dieu est inaccessible aux tentations du mal et il ne tente pas non plus. Mais chacun est tenté par son propre désir... » (1, 13-14). Plus tard, Origène et Tertullien protestèrent à leur tour contre cette formule. Saint Thomas d'Aquin le dira de façon plus générale : « Dieu n'est en aucune façon et sous aucun rapport cause du mal moral, ni directement ni indirectement. »

Il est fâcheux qu'en 1966, à l'issue du concile Vatican II, les traducteurs français se soient précipités dans cette ornière. Le père Carmignac considérait même cette traduction comme un blasphème. De commissions en conférences épiscopales, la question a traîné dix-sept ans, avant que, le 13 juillet 2013, la Congrégation pour le culte divin, autrement dit le Vatican, approuve le changement : « Ne nous soumets pas à la tentation » devient donc « Ne nous fais pas entrer en tentation ». La modification viendra avec la réforme du missel.

Quant à la septième supplique, plutôt que par un banal et insuffisant « délivre-nous du mal » avec un « m » minuscule, il faut la comprendre dans le sens « écarte-nous du démon », Jésus visant l'éloignement du « Pervers », du « Mauvais », l'auteur du péché, Satan.

La doxologie* finale qui suit le Pater « Car c'est à toi qu'appartiennent le règne, la puissance et la gloire » remonte à la *Didachè* (doctrine du Seigneur transmise aux nations par les douze apôtres), jugée orthodoxe par l'Eglise, mais non incluse dans son canon, datant de la fin du Ier ou du début du IIe siècle. Redécouverte par les protestants, elle a été adoptée par les catholiques.

Voir : *'Abbā'*.

Nuit de feu, 23 novembre 1654

Tandis que de la bougie s'échappe, en volutes ondulantes, une légère fumée de suie, la plume d'oie crisse sur le parchemin qu'il a devant lui. Il est si fébrile, si bouleversé par ce qui vient de se passer qu'il ne peut écrire une longue relation. Il se contente de jeter des mots, d'aligner des bribes de phrases, des interjections décousues… Ce lundi 23 novembre de l'an de grâce 1654, jour de la Saint-Clément, pape et martyr, veille de la Saint-Chrysogone, « de 10 heures et demie du soir environ jusqu'à minuit et demi », Blaise Pascal, âgé de 31 ans, vient de vivre sa

« nuit de feu », une rencontre fulgurante, enivrante, totale avec Dieu :

> Feu.
> « Dieu d'Abraham, Dieu d'Isaac, Dieu de Jacob »
> non des philosophes et des savants.
> Certitude. Certitude. Sentiment. Joie. Paix.
> Dieu de Jésus-Christ.
> *Deum meum et Deum vestrum* (mon Dieu et votre Dieu)
> « Ton Dieu sera mon Dieu. »
> Oubli du monde et de tout, hormis Dieu.
> Il ne se trouve que par les voies enseignées dans l'Evangile.
> Grandeur de l'âme humaine.
> « Père juste, le monde ne t'a point connu, mais je t'ai connu. »
> Joie, joie, joie, pleurs de joie.
> Je m'en suis séparé :
> *Dereliquerunt me fontem aquae vivae* (Ils m'ont abandonné, moi, la source d'eau vive.)
> « Mon Dieu, me quitterez-vous ? »
> Que je n'en sois pas séparé éternellement.
> « Cette [*sic*] est la vie éternelle, qu'ils te connaissent seul vrai Dieu, et celui que tu as
> envoyé, Jésus-Christ. »
> Jésus-Christ.
> Jésus-Christ.
> Je m'en suis séparé, je l'ai fui, renoncé, crucifié.
> Que je n'en sois jamais séparé.
> Il ne se conserve que par les voies enseignées dans l'Evangile :
> Renonciation totale et douce.
> Soumission totale à Jésus-Christ et à mon directeur.
> Eternellement en joie pour un jour d'exercice sur la terre.

Non obliviscar sermones tuos (Que je n'oublie pas tes paroles), Amen.

Pascal découd le bas de son pourpoint, glisse dans la doublure le petit parchemin où il vient de consigner son « mémorial » et y joint une copie sur papier. Il ne parlera jamais à personne de ce « ravissement », pas même à ses sœurs chéries. Quand il changera de linge, il prendra soin de découdre et de recoudre ce scapulaire personnel. Ce sera son secret, qu'un domestique, palpant ses vêtements, ne découvrira qu'à sa mort... Le parchemin est aujourd'hui perdu, mais la Bibliothèque nationale de France en conserve la copie de la main de l'auteur.

Je trouve extraordinaires – et elles le sont en vérité – de telles rencontres mystiques, de telles extases, même si elles ont été parfois préparées par un cheminement antérieur. Pascal a fréquenté le monastère de Port-Royal de Paris depuis l'entrée de sa sœur Jacqueline, devenue sœur Jacqueline de sainte Euphémie.

J'ai évoqué (voir Noël) la conversion foudroyante de Paul Claudel un 25 décembre. La rencontre du journaliste, essayiste et académicien André Frossard avec le Dieu de Jésus-Christ est tout aussi frappante, même si elle ne se passe pas la nuit. Il a vingt ans. Le 8 juillet 1935, en début d'après-midi, il attend un ami qui fait ses dévotions dans la chapelle des religieuses de l'Adoration réparatrice, rue Gay-Lussac à Paris. Comme celui-ci s'éternise, il pénètre dans l'édifice. Le décor du XIXe siècle, banal, ne suscite en lui aucune émotion artistique. Quelques sœurs en voile noir chantent des psaumes en présence d'une curieuse croix sur l'autel : il ignore qu'il se trouve en face du Saint-Sacrement. Derrière son mépris de l'Eglise et des prêtres, lui, l'« athée tranquille », façonné par la morale matérialiste, n'a qu'une connaissance très superficielle de la religion catholique. « Il est 17 h 10, écrit-il dans son célèbre *Dieu existe, je l'ai rencontré* : dans deux minutes, je serai chrétien. » Une grand-mère paternelle juive, une mère luthérienne, un père communiste, premier secrétaire général du parti au Congrès de Tours en 1920, puis député SFIO, rien, absolument rien ne le prédisposait à rencontrer Dieu.

Machinalement, son regard se fixe sur le deuxième cierge qui brûle à gauche de la croix. Deux mots, comme prononcés à voix basse près de lui, le pénètrent : « Vie spirituelle ». Et, brusquement, c'est l'avalanche, la « fulguration silencieuse ». Le ciel « s'élance, il s'élève soudain », comme « un cristal indestructible, d'une transparence infinie, d'une luminosité presque insoutenable (un degré de plus m'anéantirait) et *plutôt bleue* ». Paraît alors « un monde, un autre monde d'un éclat et d'une densité qui renvoient le nôtre aux ombres fragiles des rêves inachevés ». C'est la réalité, la vérité !

> Je la vois du rivage obscur où je suis retenu. Il y a un ordre donc dans l'univers et à son sommet et par-delà ce voile de brume resplendissante, l'évidence de Dieu, l'évidence faite présence et l'évidence faite personne de celui-là même que j'aurais nié un instant auparavant, que les chrétiens appellent Notre Père et de qui j'apprends qu'il est doux, d'une douceur à nulle autre pareille, qui n'est pas la qualité passive que l'on désigne sous ce nom, mais une douceur active, brûlante, surpassant toute violence, capable de faire éclater la pierre la plus dure, et plus dur que la pierre le cœur humain.

> Son irruption déferlante, plénière, s'accompagne de l'exultation du sauvé, la joie du naufragé recueilli à temps, avec cette différence toutefois que c'est au moment où je suis hissé vers le salut que je prends conscience de la boue dans laquelle j'étais sans le savoir englouti, et je me demande, me voyant par elle encore saisi à mi-corps, comment j'ai pu y vivre et y respirer[1].

Journaliste à *L'Aurore* puis au *Figaro* durant de longues années – il y écrivait quotidiennement un billet d'humeur –, il traversera la grande crise post-conciliaire sans jamais renier cette expérience fondatrice, ni faire preuve dans sa foi de la moindre tiédeur. Admirateur de Jean-Paul II et polémiste à l'humour acéré, il fustigera les « mitres molles » de l'épiscopat français et les théologiens « en état d'ébriété métaphysique » qui mettent « le Credo chaque jour au goût du jour »...

Sans être fréquentes, l'histoire de l'Eglise est traversée par ces conversions soudaines. Le premier à en avoir fait l'expérience est évidemment Saul de Tarse, trois ans environ après la mort de Jésus. Alors qu'il cheminait lentement au rythme de sa monture, probablement un âne et non un cheval, réservé aux militaires de rang, comme le représente le Caravage, vers midi, il se trouve entouré d'une lumière éblouissante et entend une voix qui lui dit : « Saul, Saul, pourquoi me persécutes-tu ? » Pharisien exalté, Saul ne cessait de poursuivre les adeptes de la jeune Eglise. Il se relève aveugle. On le conduit à Damas, où un disciple, Ananius, l'instruit dans la foi

1. André Frossard, *Dieu existe, je l'ai rencontré*, Paris, Fayard, 1969, p. 165-167.

chrétienne. Il retrouve la vue et se fait baptiser. Saul devient Paul, l'inlassable « apôtre des Gentils »… Quand la foudre tombe sur vous, impossible de résister.

Voir : Noël ; Paul.

P

Paroles éternelles

Quand, par les nuits d'été sans nuage et sans lune, il m'est donné à la campagne de contempler la voûte céleste et son époustouflante poussière d'astres scintillants, visibles à l'œil nu ou à l'objectif du petit télescope d'amateur que m'ont offert mes enfants, je ne peux m'empêcher de penser à deux phrases bien connues, l'une de Pascal, devenue banale à force d'être répétée : « Le silence éternel de ces espaces infinis m'effraie », l'autre de Jésus, soigneusement rapportée par les trois synoptiques* : « Le ciel et la terre passeront, mais mes paroles ne passeront pas. » Je les médite, les tourne et retourne. Elles sont source d'interrogations, d'étonnements devant l'insondable mystère de la Création et de la vie.

L'astronomie m'a toujours passionné. A huit ou neuf ans, à l'âge où la plupart de mes camarades de classe songeaient à devenir médecins, vétérinaires ou pilotes de Mystère IV, je voulais très sérieusement être astronome. Une rêverie d'enfant, naturellement, mais, comme le dit Emerson, il faut toujours « accrocher sa charrue aux étoiles » ! C'était avant la conquête de l'espace, avant le bip-bip lancinant du premier Spoutnik, avant la création de la NASA et la conception du programme Apollo, avant le prodigieux essor des sciences astrophysiques, avant les théories sur le rayonnement fossile ou la matière noire, avant la découverte des exoplanètes et des « pouponnières d'étoiles ». Cela ne me rajeunit pas ! Le plus grand télescope du monde était alors celui de Hale au mont Palomar, avec ses 5,08 mètres de diamètre, et il semblait technologiquement inégalable. On en est bien loin aujourd'hui avec les VLT (*Very Large Telescopes*) et les gigantesques antennes paraboliques d'Arecibo ou de Nançay, captant les ondes radioélectriques venues des confins de l'univers. Quelques ouvrages, déjà vieillis à l'époque, suffisaient à satisfaire ma curiosité : les livres illustrés de Camille Flammarion ou ceux, très emblématiques, de l'abbé Moreux : « D'où venons-nous ? », « Qui sommes-nous ? », « Où sommes-nous ? », « Où allons-nous ? ». Je n'allais pas plus loin, ignorant naturellement les théories plus complexes du chanoine belge Lemaître sur l'« atome primitif » (qu'on surnommera plus tard, d'abord par dérision, ensuite par conviction, le Big Bang) ou celles de Hubble sur le décalage spectral cosmologique vers le rouge prouvant l'expansion de l'univers. Quant aux idées poético-scientifiques du père Teilhard de Chardin, qui se répandaient dans quelques cercles d'initiés, elles ne m'avaient pas encore effleuré.

La phrase de Pascal renvoie bien sûr à la solitude désespérante de l'homme devant ces grands espaces muets – et encore n'en mesurait-il pas, tant s'en faut, la prodigieuse immensité, calculée en milliards d'années-lumière –, espaces qui ne disent rien de la condition humaine, rien du sens de l'existence et de la mort. Un autre texte, tiré des *Pensées*, lui est voisin : « Quand je considère la petite durée de la vie, absorbée dans l'éternité précédente et suivante, le petit espace que je remplis, et même que je vois, abîmé dans l'infinie immensité des espaces que j'ignore et qui m'ignorent, je m'effraie et m'étonne de me voir ici plutôt que là, pourquoi à présent plutôt que lors. Qui m'y a mis ? Par l'ordre et la conduite de qui ce lieu et ce temps ont-ils été destinés à moi ? »

L'homme avec son cerveau complexe aux milliards de neurones – plus complexe, nous disent les neurobiologistes, que l'univers lui-même ! – ne serait-il qu'une simple moisissure sur une étrange mais insignifiante orange bleue, perdue dans le chaos furieux des galaxies et des trous noirs, le choc des gaz interstellaires et la lumière venue des ténèbres ?

Et pourtant ! Peut-on sérieusement l'envisager comme le produit aveugle et désespérant du hasard et de la nécessité, lui qui est capable de concevoir ou plutôt d'entrevoir la structure mathématique de l'univers, d'explorer l'infiniment grand comme l'infiniment petit, de mettre le monde qui l'entoure en équations et en réseaux, de le transformer, le dominer par des prouesses scientifiques et technologiques de plus en plus sidérantes, lui qui de surcroît est capable d'expression artistique et de représentation symbolique inconnues des autres vivants ? « O Dieu ! Qu'est-ce donc que l'homme ? se demandait Bossuet. Est-ce une énigme inexplicable ? »

Tant de prodiges seraient-ils possibles si l'évolution biologique n'était pas guidée par une pensée organisatrice et si, au cœur de cette évolution, il n'y avait pas eu, à un moment donné, une création particulière de l'homme, qui l'a fait sortir des conditionnements implacables de l'animalité, auxquels les hominidés eux-mêmes n'échappent pas ? C'est le grand mystère enfoui dans les entrelacs de l'évolution.

Mais l'idée d'un univers sans pensée et sans boussole est pour moi impensable. S'il serait ridicule d'adhérer aux théories créationnistes et fixistes des fondamentalistes bibliques, qui s'en tiennent à une lecture littérale des Ecritures (l'Univers créé en six jours, il y a six mille ans !), le chrétien peut difficilement récuser le principe anthropique. Des savants aussi différents que le Vietnamo-Américain Trinh Xuan Thuan, qui n'est pas chrétien, le jésuite George Coyne, ancien directeur de l'Observatoire du Vatican, professeur à l'université d'Arizona, Frank Tipler, professeur de mathématiques à l'université Tulane de La Nouvelle-Orléans, ou le Français Jean Staune, fondateur de l'Université interdisciplinaire de Paris, l'admettent : les données de l'univers semblent pensées, programmées « par un réglage fin » pour l'apparition de la vie. Le moindre changement dans ces données aurait produit quelque chose de radicalement différent, sûrement pas l'homme, cet être incomplet, mais peut-être seul « roseau pensant » de l'univers. « Un peu de science, disait Pasteur, éloigne de Dieu, mais beaucoup y ramène. »

Dans son discours à l'Académie pontificale des sciences, le 22 octobre 1996, Jean-Paul II a admis que « de nouvelles connaissances conduisaient à reconnaître dans la théorie de l'évolution plus qu'une hypothèse », mais a considéré que les doctrines faisant de l'esprit une simple émanation de la « matière vivante » ou un « simple épiphénomène de cette matière » étaient incompatibles avec « la vérité de l'être humain ». On retrouve naturellement la même tonalité dans l'homélie de Benoît XVI du 23 avril 2011 : « Il n'est pas exact que, dans l'Univers en expansion, à la fin, dans un petit coin quelconque du cosmos, se forma aussi par hasard une certaine espèce d'êtres vivants, capable de raisonner et de tenter de trouver dans la Création une raison ou de l'avoir avec elle. » Même pensée aussi chez le pape François qui déclarait le 27 octobre 2014 à la même Académie pontificale des sciences : « Le Big Bang ne contredit pas l'intervention créatrice de Dieu ; au contraire, il la requiert. »

En tout cas, Jésus répond à ce questionnement métaphysique en renvoyant à sa Parole. « Le ciel et la terre passeront, dit-il, mais mes paroles ne passeront pas. » Mots fulgurants qui montrent à quelle hauteur l'humble charpentier galiléen entendait se situer. Ils nous projettent d'emblée dans les espaces interplanétaires et le monde de la transcendance.

Jusque dans les années 1960, les physiciens et astronomes considéraient que les mythologies païennes avaient raison au moins sur un point : l'univers, étant incréé, durerait éternellement. Le divin n'avait, par conséquent, pas sa place dans la recherche. On connaît le dialogue entre le mathématicien et astronome Pierre Simon de Laplace et Bonaparte : « Newton a parlé de Dieu dans son livre, lui dit le général. J'ai déjà parcouru le vôtre et je n'y ai pas trouvé ce nom une seule fois. » Et Laplace de répondre : « Citoyen Premier consul, je n'ai pas eu besoin de cette hypothèse ! »

Aujourd'hui, on sait qu'il n'en est rien : l'univers n'est ni fixe, ni éternel, ni infini. Il a eu un début, il y a environ 13,8 milliards d'années, le Big Bang (est-ce la Création dont parle le livre de la Genèse ? Les théologiens sont prudents, par crainte du concordisme qui a fait quelque malheur, mais cela paraît de plus en plus vraisemblable). Il aura une fin dans quelques milliards d'années, sûrement avant pour la planète Terre, qui aura disparu avec le système solaire.

Dans cette gigantesque échelle des temps, que l'esprit peine à concevoir, l'humanité consciente ne représente qu'une durée infime : quelques dizaines de milliers d'années pour l'*Homo sapiens*. Une fraction de seconde dans l'histoire de l'univers et rien, absolument rien dans l'éternel présent de Dieu.

Tout ce que l'homme a créé par son activité matérielle ou intellectuelle, les progrès techniques et scientifiques phénoménaux acquis par l'humanité depuis l'invention du feu, tout s'achèvera avec l'aventure humaine. Dans combien de temps ? Quelques centaines, quelques milliers d'années ? Une éruption volcanique gigantesque comme cela s'est produit par le passé, la collusion de la Terre avec une grosse météorite, et c'en serait fini de l'espèce humaine, sans parler du feu nucléaire qui nous menace à tout instant... La Terre, ce frêle petit esquif ballotté sur la mer d'Incertitude, n'arrivera jamais à bon port.

Toutes les valeurs humaines, même les plus estimables, le sens du beau, le sens de l'honneur, l'amour de la patrie, ne sont que relatives. Les nations naissent et meurent, les empires se font et se défont, les civilisations sont mortelles (c'est un poncif depuis Valéry !). Il est sain et parfaitement légitime par exemple d'aimer son pays, mais faire du patriotisme l'objet d'un culte païen, au-dessus de toutes les valeurs universalistes, est proprement dérisoire. Ces faux dieux disparaîtront avec le temps.

Jésus nous met en garde. Il faut relativiser les valeurs de ce bas monde, les hiérarchiser. En ce sens, il se situe indiscutablement dans la trajectoire étonnante du prophétisme hébreu qui, à la différence des cosmogonies païennes de l'Antiquité, tenant la voûte céleste et la Terre pour immuables, proclamait un Dieu créateur éternel et un monde créé, éphémère, qui pourrirait, rouillerait, serait ruiné. « Levez les yeux vers le ciel, disait le prophète Isaïe, et regardez en bas sur la terre ! Car les cieux s'évanouiront comme une fumée. La terre tombera en lambeaux comme un vêtement. Et ses habitants périront comme des mouches. Mais mon Salut durera éternellement et ma Justice n'aura point de fin » (51, 6).

Les paroles d'Isaïe sont celles de Dieu parlant à son peuple. L'inouï est que Jésus les reprenne à son compte, s'assimilant au Créateur lui-même. Le chrétien est celui qui croit que seules les paroles d'amour d'un humble artisan de basse Galilée vivant au début de notre ère sont capables de transcender les siècles, les millénaires et de garder toute leur force jusqu'à la fin des temps. Tandis que les pierres précieuses ne seront plus que sable, les paroles de Jésus resteront les diamants de l'éternité.

Passion de Jésus

Je me souviens d'avoir assisté, lorsque j'avais dix ou douze ans, à la représentation d'un « mystère de la Passion » sur le parvis d'une église ou d'une cathédrale, que je ne parviens plus à situer. Le spectacle, calqué sur les mystères médiévaux, était fort instructif et intéressant, même si l'on était loin des superproductions de Robert Hossein au Palais des sports de Paris : *Un homme nommé Jésus* (1983), *Jésus était son nom* (1991) ou *Jésus, la Résurrection* (2000)… Dans les deux cas, se mêlaient vérités évangéliques, légendes dorées, émotions et fictions scéniques. Je rêve d'une dramaturgie qui présenterait la Passion dans sa dimension à la fois religieuse et historique, telle que nous pouvons l'imaginer aujourd'hui à la suite des dernières recherches. Comme il y a peu de chance qu'elle voie le jour, voici comment je conçois son déroulement, en prenant pour guide principal le plus historique des Evangiles, celui de Jean…

Attention ! Il ne s'agit pas d'un banal spectacle, que l'on regarde d'un air détaché du haut des troisièmes gradins, mais d'un drame éprouvant, contant la mort atroce, ignominieuse d'un innocent, victime des luttes de pouvoir dans la Judée occupée du Ier siècle, plus encore, d'un drame à la dimension cosmique, où s'est joué le destin de l'humanité.

En effet, c'est par le sacrifice librement consenti de Jésus, un sacrifice offert par amour pour les hommes, « en propitiation pour nos péchés », dit saint Jean, que le monde a été sauvé. Un mystère, dans tous les sens du terme, sur lequel nous n'aurons jamais fini de méditer…

Tout commence au printemps de l'an 33, après la résurrection de Lazare au village de Béthanie, près de Jérusalem. L'enthousiasme des foules est immense. Elles rêvent de proclamer roi Jésus. Les docteurs pharisiens s'en inquiètent vivement car, pour eux, le Nazôréen n'est qu'un faux rabbi, un dangereux blasphémateur qui ose « se faire Dieu ». Il faut l'arrêter avant que son mouvement messianique ne conduise Israël à la catastrophe. La seule autorité capable d'intervenir, ce sont les sacrificateurs suprêmes, Hanne, grand prêtre honoraire, et Joseph dit Caïphe, grand prêtre en exercice. Ils ne sont pas de leurs amis, mais il leur faut s'entendre avec eux et le parti des aristocrates sadducéens qui les soutient. Le premier, qui a été déchu en l'an 6 par le légat de Syrie Quirinius, a gardé son influence morale et religieuse sur le peuple, tandis que son gendre Caïphe, habile politique, souple et veule, a d'excellentes relations avec le préfet romain Ponce Pilate, qui ferme les yeux sur ses exactions et ses rapines.

Devant les deux pontifes, les chefs pharisiens déballent leurs griefs : Jésus est un faux docteur, un imposteur qui a pratiqué la magie et a rompu le sabbat. Il se pose en maître supérieur à Moïse et se prétend le Fils du Très-Haut, qu'il appelle « 'Abbā' », Papa. Pis, il prétend pardonner les péchés à l'égal de Dieu. Il faut s'en débarrasser au plus vite. Hanne et Caïphe acquiescent. Ils ont d'autres reproches à faire à ce dangereux agitateur, suspect de vouloir restaurer à son profit la royauté en Israël et qui a tenté, trois ans auparavant, de chasser les marchands qu'ils venaient de transférer du mont des Oliviers au parvis du Temple. Leur intérêt est de maintenir le fragile équilibre dans le pays occupé, en évitant d'irriter les Romains.

A la suite de cette réunion, Caïphe convoque dans son palais le Sanhédrin, le Grand Conseil d'Israël. Les débats s'engagent. « Que faisons-nous ? Cet homme fait beaucoup de signes. Si nous le laissons ainsi, tous croiront en lui, et les Romains viendront et ils supprimeront notre lieu saint et notre nation » (Jean 11, 47-48). Chacun y va de sa solution. A la fin du débat, Caïphe intervient : « Vous n'y entendez rien. Vous ne songez même pas qu'il est de votre intérêt qu'un seul homme meure pour le peuple et que la nation ne périsse pas tout entière » (Jean 11, 49). Son idée est de le faire arrêter par la garde du Temple, lorsqu'il s'y attendra le moins, et de le livrer aux Romains comme un dangereux malfaiteur, en le présentant comme un descendant du roi David voulant rétablir la royauté en Israël. Caïphe, compte tenu de ses rapports avec Pilate, est convaincu d'emporter la décision et de le faire crucifier, de façon à tuer dans l'œuf le mouvement de ses disciples et partisans. Devancer les désirs de l'occupant, n'est-ce pas faire preuve du meilleur esprit de collaboration ? Comment le représentant de César Tibère pourrait-il récuser cette bonne manière ? Chefs pharisiens et sadducéens se rallient à ce plan, malgré l'opposition de certains, tels Nicodème et Joseph d'Arimathie, disciples secrets de Jésus.

Peut-être prévenu par eux, peut-être par Jean, le disciple bien-aimé, dont la famille appartient au haut sacerdoce de Jérusalem, Jésus s'enfuit un temps à Ephraïm, une bourgade isolée, à une vingtaine de kilomètres au nord-est de Jérusalem. Six jours avant la Pâque, au soir du sabbat du 8 nisan (28 mars 33), il regagne Béthanie de Judée, où Lazare, Marthe et Marie lui font fête chez un pharisien ami, Simon le pieux. C'est au cours de cette soirée que Marie brise le col d'une fiole de parfum de grand prix, oint les pieds du vénéré Maître, puis les essuie de sa longue chevelure défaite. Judas Iscariote, qui tient la caisse du groupe des Douze, est furieux. Il feint de se présenter comme le défenseur des pauvres. « Pourquoi ce parfum n'a-t-il pas été vendu 300 deniers, qu'on aurait pu donner aux pauvres ? » En réalité, il avait l'habitude de puiser dans la caisse commune pour son propre compte. Jésus répond : « Laisse-la garder ce parfum pour le jour de ma sépulture. Car les pauvres, vous en aurez toujours avec vous ; mais moi vous ne m'aurez pas toujours » (Jean 12, 7-8).

C'est alors que les événements se précipitent et que se noue le drame du Golgotha : la trahison de Judas, qui propose aux grands prêtres de le livrer sans provoquer de mouvements de foule, l'entrée triomphale de Jésus à Jérusalem, la scène de l'agonie de Gethsémani qui se situe, comme le dit Jean, avant le dernier repas du Maître et de ses disciples dans sa propre maison, le discours d'adieu, les premières heures de la nuit au pied du mont des Oliviers et enfin l'arrestation de Jésus par Jonathan, fils de Hanne, à la tête de la garde du Temple et d'un groupe de serviteurs du grand prêtre.

Le prisonnier, soigneusement ligoté, est conduit dans la demeure privée du grand prêtre, qui, au milieu des conjurés, l'interroge sur ses disciples et son enseignement. C'est cette séance informelle que les synoptiques*, moins au fait du procès de Jésus que l'Evangile de Jean, ont transformée en une séance solennelle du Sanhédrin, une instance qu'il n'était pas permis de réunir la veille d'une grande fête, surtout en pleine nuit. Cela dit, les échos qu'ont eus les synoptiques de la comparution de Jésus devant ce haut dignitaire du Temple, que Marc appelle Caïphe, sont authentiques, mais s'appliquent à la réunion chez Hanne. C'est à ce moment-là sans doute que le grand prêtre honoraire déchire son vêtement en signe de protestation : « Il a blasphémé ! » Alors les gardes lui crachent au visage, lui donnent des coups, le giflent. Pendant ce temps, Simon-Pierre dans la cour renie trois fois son Maître. Dans la nuit, le prisonnier est transféré chez Caïphe.

Le lendemain matin, vendredi 14 nisan, à la pointe du jour, Jésus, toujours ligoté comme un criminel, est amené au palais de Pilate – qu'on appelle aussi le prétoire, le quartier général du préfet – par les grands prêtres et quelques membres du complot, sadducéens et scribes pharisiens, qui refusent d'entrer pour éviter de se rendre impurs. Pilate est venu de Césarée à Jérusalem pour la fête, mais aussi pour recevoir les requêtes des plaignants et juger les prisonniers en attente. Il s'avance donc sur la place, où un tribunal provisoire a été installé. Tandis que les gardes conduisent le prisonnier à l'intérieur, il leur demande : « Quelle accusation portez-vous contre cet homme ? » Hanne et Caïphe répondent : « Si cet individu n'avait fait aucun mal, te l'aurions-nous livré ? » Pilate leur rétorque : « Prenez-le et jugez-le vous-mêmes suivant votre loi. » Sans doute est-ce uniquement pour avoir le plaisir de s'entendre répondre : « Il ne nous est pas permis de mettre quelqu'un à mort ! » (Jean 18, 29-31). En effet, ce droit avait été retiré aux juifs trois ans auparavant.

Les grands prêtres exposent leurs griefs, présentant Jésus, conformément à leur plan, comme un chef de bande complotant contre les Romains : « Nous avons trouvé cet homme mettant le trouble dans notre nation : il empêche de payer le tribut à César et se dit Messie, roi » (Luc 23, 2).

Pilate rentre dans le palais. « Es-tu le roi des juifs ? », demande-t-il au prisonnier avec un mépris distancié. « Dis-tu cela de toi-même ou d'autres te l'ont-ils dit de moi ? », répond Jésus. Pilate reprend : « Est-ce que je suis juif, moi ? Ta propre nation, les grands prêtres t'ont livré à moi ! Qu'as-tu fait ? » Il n'a pas de temps à perdre. Jésus répond de façon mystérieuse : « Mon royaume n'est pas de ce monde. Si ma royauté était de ce monde, les miens auraient combattu pour que je ne sois pas livré aux juifs. Mais ma royauté, maintenant, n'est pas d'ici. » Le préfet, qui a du mal à comprendre, cherche à conclure : « Donc, tu es roi ? » Jésus poursuit ses explications : « Tu le dis, je suis roi. Je ne suis né et je ne suis venu dans ce monde que pour rendre témoignage à la vérité. Quiconque est de la vérité écoute ma voix. » Pilate s'impatiente. « Qu'est-ce que la vérité ? »

Ce bref dialogue – qui s'est déroulé en grec – a suffi à lui faire comprendre que l'illuminé que lui ont livré Hanne et Caïphe n'est pas un chef de guerre prétendant à la royauté et cherchant à soulever le pays contre l'ordre romain. C'est un simple fou, perdu dans ses rêves, qui se prend pour on ne sait quelle figure messianique de cette damnée religion juive qui empoisonne son existence ! Et son affaire est une affaire juive à laquelle il n'a pas à être mêlé ! Il comprend que les grands prêtres se sont moqués de lui en voulant lui arracher une condamnation à mort sous un faux prétexte. Il en est irrité. Il a besoin des grands prêtres, du parti sadducéen et de l'imposante hiérarchie religieuse qu'ils contrôlent, prêtres, lévites et serviteurs, mais, comme dans tout système collaborationniste, il ne veut pas se laisser manipuler par ces gens qu'il méprise. Il n'a pas à être l'exécuteur de leurs basses œuvres.

Pilate revient vers les grands prêtres et leur dit : « Pour ma part, je ne trouve aucun chef d'accusation. » Il veut conclure par un non-lieu, mais ceux-ci reviennent à la charge : c'est un agitateur, originaire de Nazareth, le village des descendants du roi David, qui « soulève le peuple en enseignant par toute la Judée à partir de la Galilée jusqu'ici » (Luc 23, 5).

Il est galiléen ? Pilate saute sur l'occasion : il relève de la juridiction d'Hérode Antipas. Or, précisément, celui-ci est venu à Jérusalem pour la Pâque. Il lui envoie donc Jésus, non pour le juger, car, en droit romain, un criminel doit être jugé sur le lieu de son crime, mais pour avoir un avis complémentaire, probablement aussi gagner du temps. Il cherche en fait tous les moyens pour se dépêtrer de ce guêpier. C'est aussi un geste gracieux envers le tétrarque, ami de Tibère. Jésus est conduit à son palais, situé dans le vieux quartier, sur la colline occidentale de l'Akra, à mi-distance de la résidence du préfet et du Temple. Les grands prêtres l'y suivent. Rien ne se passe comme prévu. Antipas voudrait le voir accomplir un de ces prodiges dont il a entendu parler. Mais le prisonnier reste impassible. Il est renvoyé chez Pilate, affublé d'« un habit splendide », par dérision.

Le Romain se retrouve devant le même problème. Sa femme, pendant qu'il siégeait au tribunal, lui a fait dire : « Ne te mêle point de l'affaire de ce juste ; car aujourd'hui j'ai été très affectée par un songe à cause de lui » (Matthieu 27, 19). L'idée lui vient alors de proposer un marché aux grands prêtres, dont il veut toujours rabattre l'arrogance : à la Pâque, comme de coutume, il a la faculté de relâcher un détenu à la demande du peuple. Or il garde dans ses geôles un certain Barabbas (en araméen *Bar Abba*, le fils du père ou du maître), un « fameux prisonnier », dit Matthieu, un brigand, ajoute Jean, qui avait été arrêté « pour une émeute survenue dans la rue et pour un meurtre », précise Luc. Persuadé que la foule amassée devant le prétoire va préférer la libération de Jésus à celle de Barabbas, il lui propose de choisir. Mais cette foule, composée de domestiques, de clients et de gens stipendiés par les grands prêtres, répond à la consigne qu'on lui donne : qu'il libère Barabbas ! « Et Jésus ? », demande Pilate. « Qu'il soit crucifié ! »

Le préfet s'inquiète de cette vindicte, redoute une possible échauffourée. Frappé par le rêve de sa femme, il songe alors à échapper à sa responsabilité. Peut-être veut-il encore impressionner le public et le faire changer d'avis ? En tout cas, il prend de l'eau et dans un geste solennel se lave les mains en déclarant : « Je suis innocent de ce sang ; à vous de voir ! » Les partisans de Hanne et de Caïphe répondent par une formule juive que l'on trouve dans le Premier Testament : « Son sang sur nous et sur nos enfants ! » (Matthieu 27, 24-26 ; II Samuel 1, 16 ; Lévitique 20, 9, 11-13, 16 ; Ezéchiel 33, 4), prenant en quelque sorte Dieu à témoin. Terrible formule mal comprise, qui, hélas, nourrira pendant des siècles un antijudaïsme féroce.

Pilate fait donc libérer Barabbas, mais refuse de céder aux injonctions des grands prêtres, estimant qu'il y va de sa dignité. Il décide de faire fouetter très durement Jésus, puis de le relâcher. Il existe un exemple similaire dans l'Histoire ; il est de quelques années postérieur. C'est celui d'un paysan illuminé, Jésus, fils d'Ananias, qui parcourait nuit et jour Jérusalem en jetant des anathèmes contre la Ville sainte et le Temple. Arrêté à la demande des notables juifs, il sera fouetté « jusqu'à l'os » par ordre du procurateur Albinius, avant d'être libéré.

Pour Jésus, le nôtre, la flagellation a lieu à l'intérieur du prétoire, probablement dans une des cours. Le prisonnier est dénudé, attaché les bras levés à une surface plane ou un pilier. Un témoin subsiste de cette terrible séance : le linceul de Turin. A l'examiner de près, on est saisi d'horreur : 120 coups répartis en éventail sur les épaules, le dos et les jambes. Le tortionnaire romain – probablement un licteur –, placé à un mètre de sa victime, a frappé le côté droit par des coups directs et le côté gauche par des coups de revers. Il s'est gardé de viser la zone péricardite, afin de ne pas provoquer la mort immédiate, mais il n'a pu éviter quelques coups fort dangereux sur la cage thoracique. La relique révèle encore que le fouet utilisé était un *flagrum taxilatum*, composé d'un manche et de deux lanières de cuir, garnies en leurs extrémités de petites billes métalliques reliées à la manière d'un haltère. Chaque coup présente ainsi deux violentes contusions séparées de trois centimètres et demi.

On imagine l'atrocité de la scène. Pilate, sans compassion aucune, a pris le risque de faire mourir le prévenu. Il s'en sert comme d'un jouet pour se moquer des grands prêtres et de ses administrés en général. Dans ce but, il laisse ses soldats couronner ce prétendu roi des juifs. Ceux-ci se saisissent des branches d'un arbuste méditerranéen aux épines longues et acérées, *Gundelia tournefortii*, qui entretiennent le feu dans les braseros. Afin de ne pas se piquer, ils confectionnent un cercle de paille dure qu'ils enfoncent avec les branches sur la tête. Cela rappelle les couronnes radiantes de fer des souverains orientaux ou hellénistiques. Là encore, le linceul parle : une cinquantaine de blessures, dont treize perforations du cuir chevelu bien évidentes sur le front et le devant de la tête et vingt dans la région occipitale. La souffrance s'ajoute à celle de la flagellation. Sur ce roi de carnaval, le seul que méritent les juifs, Pilate fait jeter un manteau de pourpre, que les officiers portent agrafé sur l'épaule droite. Ses soldats, des mercenaires brutaux et sadiques, s'amusent de cette dérisoire investiture royale. « Salut, roi des juifs ! » Et ils le rouent de coups. Le linceul révèle cette torture dans son tragique réalisme : tuméfactions de deux sourcils, arrachement d'une partie de la barbe et de la moustache, déchirure de la paupière droite, ecchymose sous l'œil droit, blessure triangulaire sur la joue droite, tuméfaction de la joue gauche, enflure du côté du menton…

Pilate sort seul du prétoire et s'adresse à la foule. Il a bien ménagé ses effets. « Voyez, je vais vous l'amener : vous devez savoir que je ne trouve aucun chef d'accusation contre lui. » Alors, on voit s'avancer en silence une loque humaine, pitoyable, défigurée, ruisselante de sang, coiffée de sa couronne d'épines et revêtue du manteau rouge. Dans un état de total épuisement, Jésus n'a ni mangé ni dormi depuis la veille au soir. « Voici l'homme ! », s'exclame le préfet. Dans cette scène fameuse de l'*Ecco homo*, il s'agit une fois de plus de ridiculiser les grands prêtres et avec eux toute l'attente messianique d'Israël.

Furieux, les notables judéens et leur valetaille se mettent à crier : « Crucifie-le ! Crucifie-le ! » Pilate, continuant sa sinistre comédie, leur répond : « Prenez-le vous-mêmes et crucifiez-le ! Quant à moi je ne trouve pas de chef d'accusation contre lui ! »

Hanne et Caïphe se décident à révéler leur véritable grief : « Nous avons une loi, et selon cette loi il doit mourir parce qu'il s'est fait Fils de Dieu ! » A ces mots, Pilate, qui est superstitieux, prend peur. Le mystère l'effraie. Il se souvient de ce que sa femme lui a dit. L'affaire se complique. Il n'a pas oublié la fâcheuse affaire des boucliers d'or de l'année précédente, qui lui a valu un blâme de Tibère. Il rentre dans son palais et interroge le prisonnier. « D'où es-tu, toi ? », lui demande-t-il, abandonnant le registre de la moquerie. Il voudrait connaître sa véritable origine. Jésus se tait. Alors le préfet retrouve sa morgue : « C'est à moi que tu refuses de parler ? Ne sais-tu pas que j'ai le pouvoir de te faire crucifier ? » Le supplicié répond : « Tu n'aurais sur moi aucun pouvoir s'il ne t'avait été donné d'en haut ; et c'est bien pourquoi celui qui m'a livré à toi porte un plus grand péché » (Jean 19, 11). C'est moins Judas Iscariote que les grands prêtres Hanne et Caïphe qui sont visés ici. Si Pilate reçoit de Dieu le pouvoir très provisoire de juger Jésus et de le condamner, c'est parce que celui-ci se dessaisit volontairement de sa vie.

Sortant du palais une nouvelle fois, Pilate brave la foule, à qui il annonce qu'il va relâcher le prisonnier. Mais celle-ci vocifère : « Si tu le relâches, tu ne te conduis pas comme l'ami de César ! Car quiconque se fait roi se déclare contre César. » Les grands prêtres, ayant échoué à invoquer la loi juive, font appel à la loi romaine contre le préfet qui a reçu la dignité de *philokaisar* (« Ami de César »). La menace est claire : s'il ne cède pas, une plainte sera déposée contre lui, comme l'année précédente.

Pilate a perdu. Alors, plein de mépris et de rage, ce grand manipulateur joue une dernière scène de dérision, comme par crânerie, avant de se soumettre à leur volonté. Il fait sortir Jésus, toujours sanguinolent dans sa tunique rouge et couronné d'épines, le fait monter sur la plate-forme de bois et le fait asseoir sur la chaise curule, installée sur la place du palais, « au lieu-dit *Lithostrôton*, en hébreu *Gabbatha* ». « Voici votre roi ! », lance-t-il à la foule. C'était « vers la sixième heure » (Jean 19, 13-14), c'est-à-dire midi, l'heure où les premiers agneaux du sacrifice quotidien du *Tamid* sont égorgés au Temple. Jean l'évangéliste a vu cette extraordinaire scène d'intronisation royale, qui est comme le point culminant du procès. Plus tard, il en comprendra la double signification théologique : les juifs et les Romains croient juger Jésus, alors que c'est lui qui siège en majesté au tribunal suprême et les condamne ! En même temps, il est l'agneau pascal offert en sacrifice.

Pas question pour les grands prêtres de céder, d'autant qu'ils sentent la victoire proche. « A mort ! A mort ! Crucifie-le ! Crucifie-le ! » Dernière provocation de Pilate : « Crucifierai-je *votre* roi ? » Les grands prêtres : « Nous n'avons pas d'autre roi que César ! »

Cette fois, c'est fini. Pilate capitule et livre Jésus à ses soldats pour l'exécution. *In necem ibis*, « A la mort tu iras » : telle est la sentence dont on retrouve la trace à peine lisible sur le linceul de Turin. Toujours retors, il fait écrire dans les trois langues pratiquées dans la région, l'araméen, le latin et le grec, le texte du *titulus damnationis* : une planchette de bois portée au cou du supplicié, puis fixée à la croix : « Jésus le Nazôréen, roi des juifs ». Par cette ironique mention, il prend sa revanche. On a tenu à ce qu'il le condamne comme agitateur politique, comme messie révolutionnaire, troublant l'ordre romain, eh bien, tous les Judéens et les nombreux pèlerins venus pour la Pâque verront leur roi cloué ignominieusement au poteau de torture. A bon entendeur, salut ! La mention « Nazôréen » a pour but de fustiger l'ascendance davidique du condamné.

Débarrassé de sa chlamyde, Jésus reprend ses vêtements. On charge la croix sur son épaule gauche, la croix complète, et non le simple *patibulum*, c'est-à-dire la traverse horizontale, comme cela se pratiquait parfois. C'est une *crux sublimis*, une croix haute, afin de bien montrer aux juifs leur roi. Elle pèse au moins 75 kilos. Sortant du palais de Pilate, Jésus, accablé par la flagellation et les sévices qui ont précédé et suivi, la traîne péniblement. Il se survit à lui-même. Ses cheveux et sa barbe sont devenus blancs ou gris très clair, manifestation évidente d'un choc émotionnel intense. « Sa tête avec ses cheveux blancs est comme de la laine blanche, comme de la neige... », écrit Jean (Apocalypse 1, 14).

Il y a d'un côté l'escouade des quatre exécuteurs sous la conduite d'un officier, de l'autre des soldats d'escorte. Jésus a environ quatre cents mètres à parcourir jusqu'au lieu du supplice. C'est trop épuisant. Au bout de quelques pas, avant d'avoir franchi la porte d'enceinte des Jardins, non loin de la tour Hippicos, Jésus titube et tombe violemment face contre terre. La chute réveille la douleur de la fracture du nez. Peut-être fait-il d'autres chutes ? En tout cas, les soldats romains réquisitionnent un passant, Simon de Cyrène, pour porter l'instrument de torture derrière Jésus.

Au passage du cortège, des pleureuses chantent des mélopées funèbres en se frappant la poitrine. Elles font partie de cette confrérie des dames et filles de la Ville sainte, chargées d'accompagner les suppliciés en poussant des cris de douleur. « Filles de Jérusalem, leur dit Jésus, ne pleurez pas sur moi, pleurez sur vous-mêmes et sur vos enfants ! Car voici que viennent les jours où l'on dira : "Heureuses les stériles et les ventres qui n'ont pas enfanté et leurs seins qui n'ont pas nourri !..." » Dernier avertissement de Jésus sur la catastrophe qui menace Jérusalem.

Sortant de la ville, le cortège se dirige vers le nord et oblique à droite vers la colline de Djérab, là où se dresse, dans un vallonnement, un éperon rocheux de calcaire d'une dizaine de mètres de haut, le Golgotha (le « lieu du crâne », parce qu'il avait la forme d'un crâne, en latin *calvaria*, calvaire). Il est situé au milieu d'une ancienne carrière de pierre transformée en jardin.

Sur place, les exécuteurs donnent à boire à Jésus du vin mêlé de myrrhe : c'est une potion anesthésiante. Mais, l'ayant goûtée, celui-ci la refuse : il veut garder jusqu'au bout sa lucidité, sans reculer devant la souffrance. Il est ensuite dévêtu. Sa tunique sanglante est arrachée. Il est plaqué brutalement sur la croix étendue au sol. Les bourreaux savent parfaitement où planter les clous, des clous ronds de huit millimètres de diamètre, dans le poignet, entre les os du carpe, là où se trouve un espace qu'en anatomie on appelle l'espace de Destot. S'irradiant jusqu'à la nuque, la douleur est fulgurante et s'accompagne de la rétractation du pouce vers l'intérieur de la paume. Pour les pieds, un clou unique, carré, d'un centimètre de diamètre est utilisé, enfoncé à coups de maillet entre les os scaphoïde et cunéiformes. Des cordes, placées sur la barre transversale, soutiennent le corps par les aisselles, afin de faire durer le supplice au-delà de quelques minutes. Puis, les quatre bourreaux dressent la croix.

Deux larrons sont crucifiés avec lui. Pour parfaire la comédie du roi des juifs, Pilate les a fait placer de part et d'autre de Jésus, toujours ceint de sa couronne d'épines, qui frotte maintenant sur le bois de la croix. Conformément à l'usage, les bourreaux se partagent les dépouilles des victimes. Pour Jésus, il s'agit de la ceinture, du caleçon (*mischrasim*), de la tunique du dessus (*simba*) et des sandales. Puis ils tirent au sort la tunique du dessous (*chetoneh*), un tissu de laine assez grossier nommé *sadin*, « une tunique sans couture, précise Jean, tissée d'une seul pièce depuis le haut ».

La foule est soit silencieuse, soit moqueuse. « Il en a sauvé d'autres. Qu'il se sauve lui-même s'il est le messie de Dieu » (Luc 23, 35). Jésus pendant ce temps prie : « Père, pardonne-leur, car ils ne savent pas ce qu'ils font » (Luc 23, 34). C'est probablement Jean ou les saintes femmes présentes qui ont rapporté à Luc l'épisode du bon larron qui supplie Jésus : « Souviens-toi de moi quand tu arriveras dans ton règne ! », à quoi celui-ci répond : « Amen, je te le dis aujourd'hui, tu seras avec moi au Paradis » (Luc 23, 43).

Pendant ce temps, Judas Iscariote, comprenant trop tard le mal qu'il a fait, se repend : « J'ai péché, dit-il aux grands prêtres, en ayant livré le sang innocent. » Il jette les trente pièces d'argent dans l'enceinte du Temple et va se pendre. Bien vite, ceux-ci ont eu écho de la phrase inscrite sur le *titulus* de la croix, et que « bien des juifs », dit Jean, purent lire. Ils ne décolèrent pas. Ils ont compris qu'une fois de plus Pilate s'est moqué d'eux. Ils retournent le voir pour protester. Ce n'est pas « roi des juifs » qu'il aurait fallu écrire, mais « cet individu a prétendu qu'il était roi des juifs ». Cette fois, le préfet, qui ne veut plus entendre parler de cette histoire, les congédie avec hauteur : « Ce que j'ai écrit, je l'ai écrit » (Jean 19, 20-22).

Un petit groupe de disciples, qui a eu la permission de monter au Golgotha, se trouve au pied de la croix : il s'agit de Marie, mère de Jésus, de sa sœur, de Marie, femme de Clopas, de Marie de Magdala et de Jean, le disciple bien-aimé. Jésus, désignant ce dernier, dit à sa mère en araméen : « *Hâ bérék* » (« Femme, voici ton fils »), puis au disciple : « *Hâ immâk* » (« Voici ta mère »). « Et, depuis cette heure-là, écrit Jean, le disciple la prit chez lui » (Jean 19, 26-27).

Jésus est épuisé. Son corps tuméfié, aux chairs lacérées et entaillées, doit lutter contre la crispation mortelle. Sa respiration devient de plus en plus oppressée. Il se déshydrate, atteint par la soif paroxystique. Ses cheveux, sa barbe sont poissés de sueur et de sang. Dans un effort surhumain, il pousse le cri du Psaume 22 : « *Eli, Eli, lema sabachtani* », « Mon Dieu, mon Dieu, pourquoi m'as-tu abandonné ? » Cri de détresse montrant l'état de trouble profond dans lequel il est tombé, mais non de désespoir. Jésus ne doute pas de l'existence de Dieu. Après les premiers versets angoissés, le psaume s'achève d'ailleurs dans la confiance en la victoire du Juste souffrant, auquel il s'identifie pleinement. Se méprenant, certains des spectateurs disent : « Le voilà qui appelle Elie ! » (Matthieu 27, 46-47). Puis Jésus soupire : « J'ai soif », qui exprime certes son ardent désir de rejoindre le Père (« Mon âme a soif de toi, Seigneur ! », dit le psalmiste), mais aussi et surtout ce puissant désir de boire qui tenaille les crucifiés. Les Romains ont apporté sur le Golgotha une cruche contenant du *posca*, un vin aigrelet coupé d'eau et de vinaigre, additionné d'œufs battus. C'est la boisson désaltérante des ouvriers et des soldats. Ils prennent une branche longue d'hysope, y fixent une éponge imbibée de cette mixture. A peine cette branche a-t-elle touché les lèvres de Jésus que celui-ci dit : « Tout est achevé. » Il pousse « un grand cri » (Luc) et incline la tête, remettant au Père son esprit (Jean). Le supplice a duré trois heures. Crucifié au moment du sacrifice quotidien du *Tamid* au Temple, Jésus meurt à l'instant où Caïphe, revêtu de sa chape bleue, immole sur l'autel des holocaustes le premier agneau pascal, dont le sang sacré ruisselle comme celui du Fils de l'Homme sur la croix…

Le sabbat va bientôt commencer et ce sabbat est plus solennel que d'ordinaire, puisque c'est celui de la Pâque. Le Deutéronome interdisant de laisser un supplicié passer la nuit sur un gibet, une délégation, au nom des grands prêtres, demande à Pilate de faire briser les tibias des trois condamnés. Cette technique du *crurifragium* empêche en effet le crucifié de prendre appui sur ses pieds encloués pour respirer. Pilate n'a aucune raison de refuser. Une escouade part du palais et se rend au Golgotha. D'un coup de barre, les soldats brisent les jambes des deux larrons. Arrivés à Jésus, constatant qu'il est déjà mort, l'un d'eux frappe son côté droit de sa lance. De la plaie sort un jet de liquide péricardique fortement comprimé, suivi d'un jet de sang provenant de la veine cave supérieure, resté liquide après la mort. Toujours présent au pied de la croix, Jean, bouleversé, y verra un puissant symbole : l'eau et le sang, la première représentant l'Esprit saint, le second la vie éternelle. « Celui qui a vu rend témoignage – son témoignage est véritable, et celui-là [l'Esprit saint] sait qu'il dit vrai – pour que vous aussi vous croyiez. Car cela est arrivé afin que l'Ecriture fût accomplie : “Pas un os ne lui sera brisé.” Et une autre Ecriture dit encore : “Ils regarderont celui qu'ils ont transpercé” » (Jean 19, 35-37). Comme l'agneau pascal, Jésus a été immolé sans qu'aucun de ses os n'ait été fracturé.

Alors, le ciel se couvre d'un sombre nuage – un vent de sable épais qui se lève de temps en temps du désert de Judée, transformant subitement le jour en nuit. Puis il se dégage vers 6 heures du soir, au moment où les trompettes du Temple annoncent le commencement de la Pâque et du sabbat. Peu après, à 18 h 20, on voit se lever dans les couches épaisses de l'horizon le disque lunaire éclipsé par l'ombre de la Terre, donnant à l'astre une couleur rousse. N'est-ce pas l'annonce de la venue imminente du « Jour du Seigneur », comme l'a prophétisé Joël : « Le soleil se changera en ténèbres et la lune en sang » ? Luc écrit dans son Evangile : « Et toutes les foules qui s'étaient rassemblées pour ce spectacle, voyant ce qui était arrivé, s'en retournaient en se frappant la poitrine » (23, 48). Le centurion romain lui-même, qui a présidé à l'exécution, en est abasourdi : « Sûrement, s'exclame-t-il, cet homme était un juste ! » A la vérité, Jésus (*Yehošua'* ou *Ieschoua*, « Dieu sauve ») n'a jamais si bien porté son nom que sur la croix… « Gardez courage, avait-il dit à ses disciples trois jours plus tôt dans la chambre haute. J'ai vaincu le monde » (Jean 16, 33).

Voir : Barabbas ; Caïphe ; Centurions ; Claudia Procula ; Couronne d'épines (La Sainte) ; Croix ; Descente de croix ; Gethsémani ; Hérode Antipas ; Jonathan, l'homme qui arrêta Jésus ; Joseph d'Arimathie ; Judas Iscariote ;

Lance (Coup de) ; Langues parlées par Jésus ; Larrons ; Lavement des pieds ; Linceul de Turin ; Marie de Clopas ; Marie, mère de Jésus ; Nicodème ; *Pietà* ; Ponce Pilate ; Résurrection ; Saint-Sépulcre ; Salomé, mère de Jacques et Jean ; Simon de Cyrène ; Suaire d'Oviedo ; Ténèbres ; *Titulus Crucis*, l'écriteau de la croix ; Tunique d'Argenteuil ; Via Dolorosa.

Paul

Quel personnage hors du commun ! Apôtre ardent, voyageur infatigable, Paul brûle d'un amour extraordinaire pour le Christ, dont il a été le contemporain, sans pourtant l'avoir connu « selon la chair ». Bien sûr, il ne fut pas le fondateur du christianisme, comme le prétendent les esprits mal informés, mais il a joué un rôle essentiel dans sa propagation autour du Bassin méditerranéen durant une trentaine d'années. Ses Epîtres, rédigées avant les quatre Evangiles, sont essentielles pour qui veut comprendre cette épopée tragique et prodigieuse.

De son vrai nom Saul, il est né à Tarse, cité hellénisée de Cilicie, dans l'actuelle Turquie, entre 5 et 10 de notre ère. « Hébreu, fils d'Hébreux », « Israélite, de la descendance d'Abraham », « circoncis le huitième jour, de la race d'Israël, de la tribu de Benjamin », ainsi se définit-il. Vers treize ans, ses parents, des gens aisés, l'envoient étudier auprès d'un illustre maître pharisien, Gamaliel l'Ancien, petit-fils de Hillel, partisan d'un judaïsme ouvert et tolérant. Il parle l'hébreu, l'araméen, le grec et s'enorgueillit de posséder la citoyenneté romaine. Pour n'être à la charge de personne, il exerce tout en étudiant le métier de tisserand et de fabricant de tentes. Peu de temps après la mort de Jésus, animé d'un zèle dévorant, il rejoint le camp des pharisiens intransigeants qui s'en prennent aux adeptes de la « Voie ». Dans son Epître aux Galates, il avouera avoir mené une « persécution effrénée contre l'Eglise de Dieu » (1, 13). C'est ainsi que vers l'an 36 il est présent à la lapidation du diacre Etienne. « Les témoins, disent les Actes des Apôtres, avaient déposé leurs vêtements aux pieds d'un jeune homme appelé Saul » (7, 58). « J'ai moi-même, confessera-t-il, jeté en prison un grand nombre de saints, ayant reçu ce pouvoir des grands prêtres, et, quand on les mettait à mort, j'apportais mon suffrage » (26, 10).

Porteur de lettres officielles l'autorisant à traquer les chrétiens de Damas, il se rendait dans cette ville – sans doute monté sur un âne, comme tous les voyageurs de l'époque –, lorsque, vers midi, approchant du terme de son voyage, il est renversé par une lueur éblouissante, « plus éclatante que le soleil ». Une voix lui parle : « Saul, Saul, pourquoi me persécutes-tu ? Il est dur pour toi de regimber contre l'aiguillon. — Qui es-tu Seigneur ? — Je suis Jésus, que tu persécutes. Mais relève-toi et tiens debout. Car voici pourquoi je te suis apparu : pour t'établir serviteur et témoin de la vision dans laquelle tu viens de me voir et de celles où je me montrerai encore à toi. C'est pour cela que je te délivrerai du peuple et des nations païennes, vers lesquelles je t'envoie, moi, pour leur ouvrir les yeux, afin qu'elles reviennent des ténèbres à la lumière et de l'empire de Satan à Dieu, et qu'elles obtiennent par la foi en moi la rémission de leurs péchés et une part d'héritage avec les sanctifiés » (Actes 26, 14-18). Trois jours durant, il demeure aveugle.

C'est le grand tournant de sa vie. Bouleversé par cette rencontre inattendue, il renonce à sa carrière prometteuse de scribe pharisien, se convertit à la foi nouvelle et reçoit le baptême d'un chrétien de Damas nommé Ananie, qui l'a recueilli et lui a imposé les mains : par ce geste il a reçu l'Esprit saint et recouvré la vue. Dès lors, de féroce persécuteur il devient l'un des plus ardents prosélytes du christianisme naissant, annonçant la Bonne Nouvelle dans les synagogues. Au bout de trois ans, il rencontre à Jérusalem Pierre qui complète sa formation religieuse, puis il part vers les « Gentils », c'est-à-dire les incirconcis.

Comment évoquer en quelques lignes son immense labeur apostolique, ses multiples pérégrinations en Asie Mineure ou en Grèce, ses fondations de communautés, ses visites pastorales, ses discours, ses exhortations, ses extases, ses guérisons, ses exorcismes, ses arrestations, ses séjours en prison, ses évasions, ses flagellations, ses souffrances endurées pour Jésus-Christ ? Il semble partout à la fois, en Arabie, chez les Nabatéens, à Jérusalem, à Césarée, à Tarse, en Syrie, en Cilicie, à Antioche, à Chypre, à Séleucie, à Salamine, à Paphos, à Pergé, à Antioche de Pisidie, à Iconium, à Lystres, à Troas, à Philippes, à Thessalonique, à Corinthe, à Ephèse... Ses succès sont éclatants. A chaque étape, lui et ses compagnons, Barnabé, Timothée, Marc, Silas ou Luc, font des conversions. Parfois, ils se heurtent à l'immaturité des foules. En Lycaonie, on le prend pour Hermès et Barnabé pour Zeus ! A Athènes, lorsqu'il parle de la résurrection des morts, on lui rit au nez et on le couvre de sarcasmes. Il doit sermonner l'Eglise de Corinthe qui se délite, lutter à Ephèse contre une émeute d'adorateurs d'Artémis. Lors de son cinquième séjour à Jérusalem, victime de faux témoins qui l'accusent de profanation du Temple, il manque de peu d'être lapidé. Une quarantaine de juifs ont juré de jeûner jusqu'à ce qu'ils l'aient tué. Pour se concilier ses administrés, le procurateur romain Félix le garde deux ans en prison à Césarée maritime. Quand, en 60, son successeur Porcius Festus décide enfin de le traduire en jugement, Paul en appelle solennellement à César, excipant de sa citoyenneté romaine. Il faut donc le livrer aux tribunaux impériaux.

Il embarque pour Rome avec ses compagnons Luc, Timothée et Aristarque, sous la garde d'un centurion de la cohorte Augusta. C'est l'automne. La traversée est un roman d'aventure. Des vents contraires détournent le navire vers Rhodes puis vers la Crète. Une violente tempête s'abat ensuite sur le bateau, qui transporte 276 passagers, l'échoue et le disloque sur la côte de Malte. Il faut gagner la terre ferme sur des débris ou des radeaux de fortune et attendre. Trois mois plus tard, on l'embarque sur un navire venu d'Alexandrie, qui franchit sans dégâts le détroit de Messine, le tourbillon de Charybde et le rocher de Scylla, et arrive à Naples. Enfin, c'est à pied qu'il gagne Rome…

Installé sous bonne garde dans une maison, il peut recevoir des visites en attendant son procès. Il en profite pour évangéliser et écrire ses Epîtres. Au moment où Luc interrompt ses Actes des Apôtres, le verdict n'est pas encore rendu. C'est sans doute un acquittement, car Paul quitte libre l'Italie. Il se rend en Espagne puis en Crète, retourne à Ephèse au début de l'an 65. Le voici à Troas, où il est de nouveau arrêté, peut-être à la suite de la trahison d'un nommé Alexandre. Il se retrouve enfin à Rome, où il demeure en prison quelques mois, on ne sait sous quel chef d'accusation, avant d'être condamné à la décapitation et exécuté à l'automne 67. Sur sa tombe s'élève aujourd'hui la basilique de Saint-Paul-hors-les-Murs.

Intelligent, courageux, Paul ajoutait à son tempérament de chef une fougue qui n'excluait ni la bienveillance ni la compassion. Son passage par l'école pharisienne lui avait donné une remarquable connaissance du judaïsme. Sa capacité à embrasser des concepts métaphysiques lui permit très tôt de saisir le sens cosmique de l'Incarnation et de la Résurrection, avant les grandes définitions dogmatiques qui ne viendront qu'au IVe siècle. Ses idées sont voisines de celles de Jean, lui aussi grand théologien, mais il va plus loin. Jésus-Christ, dit-il, « est l'image du Dieu invisible, premier-né de toute la création, parce qu'en lui ont été créées toutes choses dans les cieux et sur la terre, les visibles et les invisibles […], premier-né d'entre les morts, afin qu'en tout il ait le premier rang ; car il a plu à Dieu de faire habiter en lui la plénitude et par lui de se réconcilier toutes choses, pacifiant par le sang de sa croix soit ce qui est sur la terre, soit ce qui est dans les cieux » (Colossiens 1, 15-20).

Sur les treize Epîtres placées sous son nom, sept au moins sont de lui : la première aux Thessaloniciens, la première et la deuxième aux Corinthiens, celles aux Galates, aux Romains, aux Philippiens, à Philémon. Les autres – première et deuxième à Timothée, celle à Tite, la deuxième aux Thessaloniciens, celles aux Colossiens et aux Ephésiens – font l'objet de discussions. Inspirées par lui, elles ne sont peut-être pas de sa plume. Quant à la Lettre aux Hébreux, rédigée vers 65 ou 66, longtemps insérée dans le corpus des œuvres pauliniennes, particulièrement en Orient, les spécialistes en attribuent aujourd'hui la paternité à un autre auteur juif, proche des idées de Paul, Barnabé ou Apollos.

Les Epîtres sont des écrits de circonstance, contenant exhortations morales et rappels doctrinaux. Ainsi Paul attache-t-il une grande importance à la mort rédemptrice de Jésus sur la croix : c'est elle et elle seule qui nous libère de l'esclavage du péché, de l'emprise de la « chair » (qu'il ne faut pas assimiler à la simple concupiscence, mais à tout ce qui entrave la liberté de l'esprit). Le sang versé par son sacrifice introduit l'humanité dans la vie nouvelle.

La foi l'emporte sur les œuvres. Ce ne sont pas les efforts humains, comme le professera le moine Pélage au IVe siècle, qui sauvent l'homme, mais la grâce donnée par la miséricorde divine et la puissance de l'Esprit saint. Ceci n'exclut nullement les œuvres que les chrétiens sont appelés à accomplir au service de la charité, mais ils ne sauraient en tirer la moindre créance sur Dieu.

Source de régénération de l'être, le baptême est pour l'apôtre le signe de l'appartenance au Christ. « C'est dans sa mort que nous avons été baptisés. Nous avons donc été ensevelis avec lui par le baptême dans la mort, afin que, comme le Christ est ressuscité des morts par la gloire du Père, nous vivions nous aussi dans une vie nouvelle » (Romains 6, 3-4).

« Un seul Seigneur, une seule foi, un seul baptême, un seul Dieu et Père de tous, qui est au-dessus de tous, par tous et en tous » (Ephésiens 4, 5-6). Cette vision synthétique conduit Paul à énoncer sa conception de l'Eglise comme « corps mystique du Christ » (même si la formule n'est pas de lui). Les fidèles et lui ne forment qu'un seul corps, dont il est la tête. La communion des chrétiens à ce corps découle de leur baptême et de leur participation au partage du pain et de la coupe eucharistiques. Deux autres sacrements sont esquissés dans les lettres pauliniennes. Le mariage, « mystère de grande portée » qui « concerne le Christ et l'Eglise » (Ephésiens 5, 32), et l'Ordre, « don de la grâce », « conféré par une intervention prophétique, accompagnée de l'imposition des mains par le collège des anciens » (1 Timothée 4, 14).

Une dernière question se pose. Que connaît exactement Paul de la vie terrestre de Jésus ? Il a été renseigné par Pierre, par Jacques le Juste, par Silas et Barnabé. Il sait qu'il est né d'une femme juive (Joseph n'est jamais nommé) : « Dieu, dit-il dans son Epître aux Galates, a envoyé son Fils, né d'une femme, né sous la Loi », ce qui laisse supposer qu'il connaît sa naissance virginale. Il n'ignore pas qu'il est de la race de David et a été « envoyé » par son Père au peuple d'Israël et non aux « gens des nations ». C'est tout. Ce qui est essentiel, c'est le Christ crucifié, mort pour nos péchés, le Fils de Dieu venu dans le monde pour « sauver ce qui était perdu ».

Pentecôte

Dans nos vieilles terres imprégnées de christianisme, on oublie souvent que la Pentecôte, avant d'être la solennité de l'Esprit saint, est une antique fête juive qui à l'origine célébrait la moisson. Elle se déroulait le cinquantième jour après l'offrande de la première gerbe d'orge (fête des Azymes ou Pâque), d'où son nom tardif dans le judaïsme hellénistique de *pentêkostê hêméra*, le cinquantième jour. Les Hébreux l'appelaient *Chavouot*, la « fête des Semaines ». Selon le Lévitique, on offrait au Seigneur les prémices des moissons, deux pains cuits de deux dixièmes de pure farine, et l'on sacrifiait en holocauste sept agneaux d'un an sans tache, un veau, deux béliers « avec les offrandes de farine et de liqueur », « un bouc pour le péché et deux agneaux d'un an pour être des hosties pacifiques » (23, 15-19). A cette cérémonie agraire, prétexte à de grandes réjouissances, s'ajouta à partir du règne d'Asa, troisième roi de Juda (xe siècle avant notre ère), la commémoration de la promulgation de la Loi au Sinaï et de la conclusion de l'Alliance avec le Dieu d'Israël. C'était l'une des trois grandes fêtes de pèlerinage, avec *Pessa'h* (Pâque) et *Soukkot* (les Tentes), où il était demandé de se rendre à Jérusalem.

Elle subsiste dans l'actuelle liturgie juive, mais moins solennisée, et, depuis la disparition du Temple, bénédictions, lectures et prières ont remplacé les sacrifices d'animaux.

A Jérusalem, en l'an 33, au matin de la fête qui voyait affluer un grand nombre de juifs de la diaspora, les disciples de Jésus (à savoir Marie, sa mère, les « saintes femmes », les Douze, dont le collège venait d'être complété par l'élection de Matthias après la défection de Judas, et le petit groupe de Nazareth qu'on appelait ses « frères ») étaient en prière dans le Cénacle, où ils avaient l'habitude de se réunir. Tout à coup, un bruit violent se produisit, comme celui d'un « coup de vent ». « Ils virent apparaître des langues qu'on eût dites de feu ; elles se partageaient et elles se posaient sur chacun d'eux. Tous furent alors emplis de l'Esprit saint et commencèrent à parler en d'autres langues. » A l'amplitude du bruit, une foule s'était rassemblée autour de la demeure. Elle fut stupéfaite d'entendre ses occupants louer Dieu en différentes langues. « Ces hommes qui parlent ne sont-ils pas tous galiléens ? Comment se fait-il alors que chacun de nous les entende dans son propre idiome maternel ? Parthes, Mèdes et Elamites, habitants de Mésopotamie, de Judée et de Cappadoce, du Pont et d'Asie, de Phrygie et de Pamphilie, d'Egypte et de cette partie de la Libye qui est proche de Cyrène, Romains en résidence, tant juifs que prosélytes, Crétois et Arabes, nous les entendons publier dans notre langue les merveilles de Dieu ! » (Actes 2, 1-11).

Luc, qui rapporte cet événement, ajoute le discours que Pierre adressa alors à la foule : « Hommes de Judée et vous tous qui résidez à Jérusalem, apprenez ceci, prêtez l'oreille à mes paroles. Non, ces gens ne sont pas ivres, comme vous le supposez ; ce n'est d'ailleurs que la troisième heure du jour… » Il leur expliqua ce qu'il s'était passé cinquante jours auparavant à la fête de la Pâque : « Jésus le Nazaréen, cet homme que Dieu a accrédité auprès de vous, ainsi que vous le savez vous-mêmes, cet homme qui avait été livré selon le dessein bien arrêté et la prescience de Dieu, vous l'avez pris et fait mourir en le clouant à la croix par la main des impies, mais Dieu l'a ressuscité, le délivrant des affres de l'Hadès. […] Nous en sommes tous témoins. Et maintenant, exalté par la droite de Dieu, il a reçu du Père l'Esprit saint, objet de la promesse, et l'a répandu. […] Que toute la maison d'Israël le sache donc avec certitude : Dieu l'a fait Seigneur et Christ, ce Jésus que vous avez crucifié. » Ce n'était pas encore une affirmation trinitaire, mais on n'en était pas très éloigné, car le Maître, déjà, était assimilé à un personnage divin.

Les paroles de Pierre furent si convaincantes que nombre de ses auditeurs furent ébranlés. Que faire ? demandèrent-ils. « Repentez-vous, leur répondit l'apôtre, et que chacun de vous se fasse baptiser au nom de Jésus-Christ pour la rémission de ses péchés, et vous recevrez alors le don du Saint-Esprit… » (Actes 2, 14-40). Luc chiffre à trois mille le nombre des baptisés. Une donnée impossible à vérifier. L'Eglise militante était née, qui allait en quelques siècles se répandre sur toute la terre. De même que le judaïsme ancien célébrait ce jour-là l'établissement des Hébreux comme peuple de l'Alliance au Sinaï, de même les chrétiens célèbrent en cette fête le peuple de Dieu, nouvel Israël élargi à l'humanité.

Parmi les nombreuses représentations picturales de la Pentecôte, où l'artiste n'omet jamais la blanche colombe aux ailes éployées et la petite flamme se consumant au-dessus de chaque disciple, celle du Greco conservée au musée du Prado, que l'on date entre 1596 et 1600, me touche le plus. De cette œuvre, où l'on voit les apôtres groupés autour de Marie, en robe rouge et voile bleu, et, au premier plan, les spectateurs stupéfaits, se dégage une intense ferveur mêlée d'une sorte de mystère sacramentel. Bien peu ont su comme lui représenter dans sa puissance émotionnelle le souffle de l'Esprit, annoncé par le prophète Joël : « Je répandrai mon Esprit sur toute chair : vos fils et vos filles prophétiseront, vos vieillards seront instruits par des songes et vos jeunes gens auront des visions. [...] Alors, quiconque invoquera le nom du Seigneur sera sauvé... » (2, 28-32). C'était trois ou quatre siècles avant notre ère. Mais, pour la Parole de Dieu, le temps n'existe pas.

Voir : Cénacle ; Esprit saint ; Pierre.

Pierre

J'ai en mémoire le clapotis de l'eau sur la berge de Génésareth, face à la chapelle de la Primauté de Pierre, où la tradition situe la pêche miraculeuse et l'apparition de Jésus à ses disciples. Avec ses pierres de basalte gris cimentées de blanc, cette chapelle du XXe siècle paraît aussi sobre que triste. Elle est desservie par les franciscains de la Custodie de Terre sainte, dévoués gardiens des Lieux saints depuis le XIVe siècle. Sur son emplacement deux autres édifices se sont élevés avant d'être emportés par les remous de l'Histoire. Le plus ancien remonte à sainte Hélène au IVe siècle. Tous ont recouvert un vaste rocher, la *Mensa Christi*, qui aurait servi de table improvisée à Jésus et aux apôtres pour leur repas de pain et de poisson après la pêche miraculeuse dont parle Jean au dernier chapitre de son Evangile. A l'extérieur de la chapelle, dans les interstices du même ensemble rocheux, les pèlerins chrétiens ont l'habitude, comme les juifs au mur des Lamentations, de glisser de petits billets roulés portant leurs prières ou leurs supplications.

En contemplant ce vénérable rocher qui s'étend sur une partie de la grève, je songeais à l'interpellation de Jésus en ce lieu ou à proximité : « Simon, fils de Jean, m'aimes-tu plus que ceux-ci ? » C'était la première fois qu'il s'adressait à lui en particulier depuis la Résurrection. Celui-ci lui répond : « Oui, Seigneur tu sais que je t'aime. » « Pais mes agneaux », fait Jésus, qui réitère sa question : « Simon, fils de Jean, m'aimes-tu ? » L'autre répète : « Oui, Seigneur, tu sais que je t'aime. » Jésus, à son tour, redit : « Pais mes brebis ». Et une troisième fois : « Simon, fils de Jean, m'aimes-tu ? » Pierre, peiné, s'écrie : « Seigneur, tu sais tout, tu sais que je t'aime… » Comment ne pas ressentir la délicatesse de Jésus, pardonnant ainsi à Pierre son triple reniement, non sans une certaine solennité qu'illustre l'accroche : « Simon, fils de Jean… » ? Jésus reprend : « Pais mes brebis », puis il poursuit : « En vérité, en vérité, je te le dis, quand tu étais jeune, tu mettais toi-même ta ceinture et tu allais où tu voulais ; quand tu seras devenu vieux, tu étendras les mains, un autre te nouera ta ceinture et te mènera où tu ne voudrais pas. » L'évangéliste Jean, qui rapporte ces propos, ajoute cette explication : « Il indiquait par là le genre de mort par lequel Pierre devait glorifier Dieu. Ayant ainsi parlé, il lui dit : Suis-moi » (21, 15-19). La formule « tu étendras les bras » signifie, nul n'en a jamais douté, la crucifixion.

Ce passage est comme un résumé de la vie étonnante du pêcheur Simon (ou Syméon), fils de Iona (ou Jean), né à Bethsaïda, qui vivait avec son frère André dans la maison de sa belle-mère à Capharnaüm (probablement avait-il épousé la fille d'un pêcheur du village ?). C'est cette maison dont on a retrouvé les ruines en 1968.

Jean l'évangéliste place sa rencontre avec Jésus en Judée, sur les bords du Jourdain. Son frère André le lui présente avec enthousiasme : « Nous avons trouvé le Messie ! » Jésus le considère et lui déclare d'emblée : « Tu es Simon, le fils de Iona, tu t'appelleras Céphas ! », c'est-à-dire Pierre.

Etrange idée d'appeler pierre (de *kefa*, le rocher), cet homme généreux, sincère, mais naïf, impulsif et versatile, à moins que ce ne soit pour montrer la force de l'Esprit saint capable de transformer les êtres. Avec ses amis et collègues, Jacques et Jean, fils de Zébédée, eux aussi pêcheurs du lac, Simon-Pierre fait partie du premier cercle des apôtres, étroitement associé à certains épisodes de la vie publique de Jésus : la résurrection de la fille de Jaïre, la Transfiguration, la prière à Gethsémani... Après le discours sur le pain de Vie, qui choque tant les juifs et provoque le départ de beaucoup, c'est lui qui s'est écrié spontanément au nom des Douze : « Seigneur, à qui irions-nous ? Tu as les paroles de la vie éternelle » (Jean 6, 68).

A Césarée de Philippe, alors qu'il vient de reconnaître en lui « le Christ, le Fils du Dieu vivant », Jésus lui répond : « Heureux es-tu, Simon bar Iona, parce que ce ne sont pas la chair et le sang qui t'ont révélé cela, mais mon Père qui est dans les cieux ! Et moi, je te dis que tu es Pierre et que, sur cette pierre, je bâtirai mon Eglise ; et les portes de l'Hadès ne prévaudront pas contre elle. Je te donnerai les clés du Royaume des cieux et ce que tu lieras sur la terre se trouvera lié dans les cieux, et ce que tu délieras sur la terre se trouvera délié dans les cieux » (Matthieu 16, 13-20).

Fondée sur le roc de Pierre, la communauté dont Jésus annonce la naissance se présente comme une œuvre indestructible, dont Céphas est institué le gardien et l'administrateur. Il en est le « maître du palais » à la mode orientale.

Cette intronisation de Pierre en pasteur de l'Eglise universelle, avec mission d'affermir ses frères dans la foi, n'empêche pas la fragilité de l'être de se manifester durant la Passion. Malgré sa fougue naturelle et sa volonté de suivre le Maître « jusqu'au bout », il flanche. « Simon, Simon, lui dit Jésus, voici que Satan vous a réclamés pour vous cribler comme le froment ; mais j'ai prié pour toi, afin que ta foi ne défaille pas. Toi donc, quand tu seras revenu [de ta faiblesse], affermis tes frères. — Seigneur, je suis prêt à aller avec toi en prison et à la mort. — Je te le dis, Pierre, le coq ne chantera pas aujourd'hui que trois fois tu n'aies nié me connaître » (Luc 22, 31-34).

A deux reprises, cependant, le chef des Douze se montre impétueux. D'abord, à la Cène, lorsque, après avoir énergiquement refusé de se faire laver les pieds par lui, Jésus lui dit : « Si je ne te lave pas, tu ne peux avoir part avec moi », il répond : « Alors, Seigneur, non pas seulement les pieds, mais aussi les mains et la tête ! » Ensuite, au jardin de Gethsémani, quand la troupe du Temple et les domestiques de Hanne viennent arrêter Jésus, il se saisit d'un glaive et tranche l'oreille de Malchus, chef des serviteurs du grand prêtre. Jésus est obligé de le morigéner : « Remets ton glaive dans le fourreau, la coupe que m'a donnée le Père, ne la boirai-je pas ? » (Jean 18, 10-11).

Après l'arrestation de Jésus et la fuite des apôtres, il ne manque pas de courage lorsqu'il suit de loin les gardes qui emmènent le prisonnier ligoté jusqu'à la maison de Hanne. Jean, le disciple bien-aimé (« l'autre disciple » comme lui-même s'intitule dans son Evangile), l'accompagne. En tant que familier de cette maison, un mot de lui à la gardienne leur permet d'y pénétrer. Mais celle-ci a eu le temps de reconnaître le Galiléen. « N'es-tu pas, toi aussi, des disciples de cet homme-là ? » Aussitôt, la réponse fuse : « Je n'en suis pas ! » Cette nuit du 2 au 3 avril 33, il fait froid à Jérusalem. Dans la cour, les domestiques et les gardes ont allumé un brasero. Pierre n'hésite pas à venir s'y chauffer. Mais les autres le dévisagent : « N'es-tu pas toi aussi de ses disciples ? » Lui nie farouchement : « Je n'en suis pas ! » Un peu plus tard, un des serviteurs du grand prêtre Hanne, frère de Malchus, l'interpelle : « Ne t'ai-je pas vu dans le jardin avec lui ? » Pierre nie encore et entend à ce moment-là le coq chanter… Alors, dit Matthieu, il pleura amèrement.

Heureusement, au soir du dimanche qui suit la Pâque puis à la Pentecôte, l'effusion de l'Esprit vient le conforter et, dès lors, Pierre est prêt à tous les combats et à tous les sacrifices. Il n'hésite pas à proclamer, même à l'intérieur du Temple, la Bonne Nouvelle dont il a été témoin : la mort et la résurrection de Jésus, son Ascension dans le ciel, la venue de l'Esprit… Auprès de son auditoire juif, il souligne qu'ainsi se réalise la promesse faite à Abraham et aux saints prophètes d'Israël. Nombre de juifs se font alors baptiser.

Il guérit un estropié de naissance qui mendie à la Belle Porte. « De l'argent et de l'or, je n'en ai pas, lui dit-il, mais ce que j'ai je te le donne : au nom de Jésus-Christ le Nazaréen, marche ! » Et le mendiant se lève. A cette nouvelle, l'effervescence gagne la ville entière. Les grands prêtres Hanne et Caïphe le font arrêter ainsi que son compagnon Jean, le pêcheur du lac. Les membres du Sanhédrin, devant qui les deux hommes comparaissent, sont étonnés par leur assurance et la vigueur de leur discours, car l'un et l'autre sont des « gens sans instruction ni culture », n'ayant reçu aucun enseignement rabbinique. Mais, par crainte d'une émeute, ils se résignent à les relâcher.

Dès lors, les guérisons, les miracles se multiplient. Les malades sont conduits sur son passage, pour « qu'au moins son ombre couvre quelqu'un d'entre eux » (Actes 5, 12-16). La jeune Eglise chrétienne est en marche. Rien ne semble pouvoir ralentir son extension, pas même une nouvelle arrestation de Pierre, libéré mystérieusement de sa geôle par une intervention angélique. L'apôtre parcourt la Samarie et la plaine côtière. A Lydda, il guérit un paralytique du nom d'Enée ; à Joppé, il ressuscite une chrétienne riche et généreuse, Tabitha (« Gazelle » en araméen), en sorte que « beaucoup crurent au Seigneur » (Actes 9, 36-42).

C'est à Joppé d'ailleurs que Pierre, à la suite d'une vision, comprend qu'il n'existe nul interdit alimentaire, contrairement à ce qu'enseigne la loi de Moïse. Des aliments impropres à la consommation (quadrupèdes, reptiles et oiseaux) lui sont présentés. A sa protestation, une voix lui dit : « Ce que Dieu a déclaré pur, toi, ne l'appelle plus souillé » (Actes 10, 15). Peu après, il comprend que les païens incirconcis peuvent entrer dans la nouvelle alliance du Seigneur, et il baptise le centurion Corneille ainsi que ses compagnons qui ont reçu l'effusion de l'Esprit, d'où la vive émotion des juifs convertis de Jérusalem qui considèrent qu'il leur est toujours interdit de frayer avec les païens.

Sous Hérode Agrippa Ier, dernier « roi des juifs » reconnu par les Romains, les persécutions s'abattent sur l'Eglise. Jacques, fils de Zébédée, est exécuté, probablement aussi son frère Jean. Pierre, arrêté, échappe de nouveau miraculeusement à ses fers, ne se rendant compte qu'une fois dans la rue de ce qu'il vient de lui arriver. Il trouve alors refuge dans une des maisons chrétiennes de la ville, chez une certaine Marie, mère de Jean dit Marc, le futur évangéliste, où l'attendent des fidèles en prière. On était en 43 ou 44. Menacé comme il l'est, il ne peut rester à Jérusalem. « Il sortit pour aller ailleurs », content laconiquement les Actes des Apôtres. Cet ailleurs, était-ce Rome ? C'est possible. Malheureusement, en 49, l'empereur Claude expulse les juifs de sa capitale. Se rend-il ensuite à Corinthe ou à Antioche ? Pierre, comme Paul, semble s'être beaucoup déplacé.

Entre les deux hommes survient un moment de tension, rapporté par l'Epître aux Galates. Pierre n'a pas hésité jusque-là à prendre ses repas avec les païens. Mais, lorsque viennent des juifs de Jérusalem, il rompt avec cette habitude et s'écarte de ses anciens compagnons. L'« apôtre des Gentils » le lui en fait reproche : « Je lui résistai en face, parce qu'il s'était donné tort [...] par peur des circoncis. » Devant la communauté chrétienne de la ville, il lui dit : « Si toi qui es juif tu vis comme les païens, et non à la juive, comment peux-tu contraindre les païens à judaïser ? » (Galates 2, 11-14).

Cette remarque un peu rude n'entraîne pas de rupture entre eux. En cette même année 49, Pierre participe à ce qu'on a appelé le concile de Jérusalem : le baptême de Corneille, en effet, n'a cessé de choquer un groupe influent de judéo-chrétiens qui cherchent à créer des dissensions à Antioche, en Syrie et en Cilicie. Ils soutiennent que ceux qui viennent du paganisme doivent avant tout passer par la loi mosaïque et se soumettre à la circoncision. Sont présents à Jérusalem, au milieu des « apôtres et des anciens », les trois grandes « colonnes » de l'Eglise : Pierre, Jacques, le « frère du Seigneur », et Jean, le disciple bien-aimé. Tous trois jouissent d'un prestige immense, le premier, institué par Jésus lui-même comme chef des apôtres et de l'Eglise, le deuxième, représentant la famille davidique de Nazareth, à qui Jésus a réservé une de ses apparitions, et le troisième qui a accueilli Marie chez lui comme sa propre mère.

La question à trancher était donc de savoir s'il fallait imposer les prescriptions mosaïques, notamment la circoncision, « signe de l'Alliance », aux néophytes non juifs, venus du paganisme, en d'autres termes, s'il fallait d'abord passer par le judaïsme pour devenir chrétien. Pierre, dont la prééminence n'est pas contestée, plaide pour l'ouverture directe aux païens. « Frères, vous le savez, dès les premiers jours Dieu m'a choisi parmi vous pour que les païens entendent de ma bouche la parole de la Bonne Nouvelle et embrassent la foi. Et Dieu, qui connaît les cœurs, a témoigné en leur faveur, en leur donnant l'Esprit saint tout comme à nous. Et il n'a fait aucune distinction entre eux et nous, puisqu'il a purifié leur cœur par la foi. Pourquoi donc maintenant tentez-vous Dieu en voulant imposer aux disciples un joug que ni nos pères ni nous-mêmes n'avons eu la force de porter ? » (Actes 15, 1-11). Un long silence s'ensuit. Puis, Paul et son compagnon Barnabé, venus d'Antioche, où les chrétiens issus du paganisme sont nombreux, se rangent à l'avis de Pierre. Jacques prend la parole. Il se soumet aux arguments de ce dernier, admet qu'on ne peut tracasser les païens avec la circoncision, mais, soucieux de ménager ses ouailles, il obtient en guise de compromis le maintien de certains interdits : l'abstention des viandes immolées aux idoles, du sang, de la chair étouffée et de la « fornication » (c'est-à-dire des mariages non reconnus par le droit coutumier rabbinique en raison des liens de consanguinité). Moment capital dans l'histoire de l'Eglise qui cesse alors d'être une secte pour devenir vraiment universelle.

On est mal renseigné sur ce que Pierre devient ensuite. Lors de son dernier voyage à Jérusalem, Paul ne mentionne plus que Jacques. Il a quitté la Ville sainte. On pense qu'il s'établit durant sept ans à Antioche, dont il est le premier évêque. De là, il gagne Rome, où sa présence est attestée par plusieurs Pères de l'Eglise, Ignace d'Antioche, Papias, Clément de Rome, Irénée, Tertullien, Clément d'Alexandrie… Paul et lui s'y retrouvent. On est sous le règne de Néron. Pierre vit caché, de sorte que Paul s'abstient de mentionner son nom dans son Epître aux Romains. Le chef des apôtres lui-même est obligé dans sa première Epître de substituer le nom de Babylone à Rome : « L'Eglise des élus qui est à *Babylone* vous salue, ainsi que Marc, mon fils… » (1 Pierre 5, 13). C'est dans la capitale impériale, en tout cas, qu'il est exécuté, probablement en 65, lorsque s'abat la persécution de Néron sur les chrétiens. Sa croix aurait été dressée sur l'*ager vaticanus*, emplacement du cirque de Caligula et de Néron (dont subsiste l'obélisque de granit rouge sombre installé depuis le XVIe siècle au centre de la place Saint-Pierre). Selon une légende invérifiable, propagée par un apocryphe du début du IIIe siècle, les *Actes de Pierre*, et reprise par Eusèbe de Césarée, Pierre, se jugeant indigne de mourir comme le Christ, aurait demandé à être crucifié la tête en bas. C'est ainsi que le représente l'iconographie classique. Je pense, naturellement, à ce vieillard barbu au visage buriné, auréolé de cheveux blancs, que les bourreaux élèvent sur sa croix, tel que l'a peint magnifiquement le Caravage dans une de ses compositions les mieux maîtrisées.

En 1940, Pie XII fit effectuer des fouilles sous le maître-autel de la basilique Saint-Pierre. A sept mètres de profondeur, on découvrit un complexe de sépultures païennes, puis un mur de brique rouge limitant une cavité dans laquelle gisaient les restes d'un édicule à niches et à colonnes, datant peut-être du pape Anicet (fin du Ier siècle). C'était assurément la tombe de Pierre, mais celle-ci était vide. Perpendiculairement à ce mur, on mit au jour un contrefort couvert de *graffiti* chrétiens. Une lézarde permit d'accéder à une niche recouverte de marbre, dans laquelle on trouva divers ossements, dont ceux d'un homme de robuste complexion, âgé de soixante à soixante-dix ans. Deux indices firent penser à Pierre : d'abord, l'absence de crâne (on sait que celui-ci est vénéré depuis le IXe siècle dans un reliquaire situé au-dessus de l'autel de Saint-Jean-de-Latran), ensuite des morceaux d'un tissu pourpre brodé d'or, signe d'un personnage religieux de haut rang. De nouvelles recherches, entreprises sous le pontificat de Paul VI, conduisirent l'archéologue italienne Margherita Guarducci à confirmer ces conclusions. « Les reliques de saint Pierre, déclara le pape le 26 juin 1968, ont été identifiées d'une manière que l'on peut considérer comme convaincante. » C'est sans doute par crainte des persécutions de l'empereur Valérien (IIIe siècle) que les restes du prince des apôtres avaient été transférés de sa tombe primitive, située à la verticale du maître-autel, à ce réceptacle caché. Sur un petit morceau de plâtre provenant du mur rouge, on avait trouvé une inscription en grec indiquant : « Pierre est enterré là ». Neuf des reliques de Pierre ont été présentées au public par le pape François lors de la messe de clôture de l'année de la Foi, le 24 novembre 2013. Impressionnantes reliques quand on songe à ce que représente le valeureux apôtre dans l'histoire du Salut. Son amour pour Jésus est celui d'un homme qui partage nos faiblesses, mais qui toujours se relève. « Simon, fils de Jean, m'aimes-tu ? — Seigneur, tu sais tout, tu sais que je t'aime… »

Voir : André ; Capharnaüm ; Césarée de Philippe (Confession de) ; Paul.

Pietà

C'est une émotion vive que j'ai ressentie en découvrant dans la basilique Saint-Pierre de Rome la célèbre *Pietà* de Michel-Ange. Je l'ai revue après sa restauration, à travers la vitre blindée qui la protège, depuis qu'en mai 1972 un déséquilibré hongrois a sauvagement mutilé ce chef-d'œuvre à coups de marteau. Quelle splendeur que ce vivant drapé de marbre qui fait ressortir le visage juvénile et grave de la Vierge Marie, un visage non pas torturé, mais serein, doucement voilé de tristesse. Le génie du sculpteur est d'avoir réservé à la tombée des plis de la coiffe et au désordre du vêtement le soin d'exprimer la douleur muette de la mère devant l'atroce supplice enduré par son enfant.

C'est par l'intensité incomparable de ce sentiment si pudiquement manifesté, qui rejoint celui de tout homme devant l'inexplicable mystère de la mort, que la statue de Michel-Ange atteint à l'universel. Le génie sombre et mélancolique du sculpteur devient ici lumière, comme si le corps de Jésus, délicatement abandonné au sommeil de la mort, resplendissait déjà de l'aurore de la Résurrection. L'œuvre, commandée en 1497 par le cardinal français Bilhères de Lagraulas pour la basilique romaine, avait été achevée deux ans plus tard. C'est volontairement que Michel-Ange a représenté Marie plus jeune que son fils, pour mieux exprimer son inaltérable virginité.

La *Mater Dolorosa*, la mère pleurant son enfant unique, tenant sur ses genoux son corps torturé et pantelant, après sa descente de la croix, a inspiré quantité d'œuvres artistiques souvent d'une profonde délicatesse. Je pense à la *Pietà* de Villeneuve-lès-Avignon, au Louvre, attribuée à Enguerrand Quarton, à celle de Delacroix à la Nasjonalgalleriet d'Oslo, ou encore à celle de Van Gogh, à Saint-Rémy-de-Provence, inspirée de cette dernière. On en trouve dans presque toutes les grandes églises de France et du monde.

Historiquement, je suis loin de penser que les choses se soient passées ainsi. La mort était taboue dans l'Israël ancien. Toucher un cadavre, l'étreindre, l'embrasser rendait impur. En cette veille de la Pâque, où l'on manquait de temps pour se purifier, seuls les serviteurs de Joseph d'Arimathie ont dû porter le corps mort de Jésus. Si Marie avait voulu s'approcher de son fils, sans doute aurait-elle été écartée, doucement, mais fermement. Il y a plus. La représentation du corps du supplicié par les artistes omet dans la plupart des œuvres le tragique réalisme du crucifiement. Songe-t-on que la rigidité cadavérique commence à gagner la nuque et les membres inférieurs du vivant même du condamné ! Sur le linceul de Turin, on remarque la position semi-fléchie de la jambe gauche, qu'on n'a pas pu étirer. Cette particularité observée sur la relique lors de son arrivée à Constantinople en 944 a fait croire que Jésus était boiteux. D'où la présence dès le XIe siècle de la petite planchette oblique sur les croix byzantines, le *suppedaneum*. Des artistes ont même représenté l'Enfant-Jésus dans les bras de sa mère avec le pied gauche tordu et plus court que l'autre… A ma connaissance, une des rares *Pietà* à tenir compte de la rigidité cadavérique du corps est celle de l'église Saint-Pierre de Montluçon. Selon les experts, elle serait un peu antérieure à celle de Michel-Ange. Elle n'en a évidemment pas la bouleversante puissance évocatrice.

Voir : Linceul de Turin.

Ponce Pilate

Je songe souvent à l'extraordinaire et sulfureuse renommée posthume de ce préfet de Judée qui a condamné Jésus au supplice de la croix, alors que le monde a tout oublié ou presque de la vie des puissants Césars romains. Chaque dimanche, des centaines de millions de chrétiens le nomment en récitant le Symbole des apôtres ou le Credo de Nicée-Constantinople : « Il a souffert sous Ponce Pilate… », « Crucifié pour nous sous Ponce Pilate… ».

Sub Pontio Pilato : cette mention n'a rien de superfétatoire. Elle est même essentielle dans les données de la foi. Elle signifie que l'Incarnation n'est pas un mythe, un conte de fées, ce que contestait précisément le philosophe incroyant Paul-Louis Couchoud dans son *Mystère de Jésus* (1924). Pour lui, en effet, Jésus n'est pas un personnage historique, mais une figure mythique idéalisée, un « mirage », un être divin lentement élaboré par la conscience chrétienne. « J'admets tout le Credo, confiait-il à Jean Guitton, sauf l'incise *sub Pontio Pilato.* » La présence intempestive du préfet romain au cœur d'un texte chrétien le gênait. Elle est au contraire la caution historique de l'existence de Jésus.

S'appuyant sur les écrits de Flavius Josèphe, Philon d'Alexandrie et surtout Tacite, les historiens ont longtemps considéré qu'il exerça les fonctions de « procurateur » de Judée, jusqu'au jour où une mission archéologique italienne de l'Institut lombard des Sciences et des Lettres découvrit dans le théâtre de Césarée maritime une pierre de remploi sur laquelle était inscrit :

> [...] PONTIUS PILATUS
> [PRAEF]ECTUS JUDA[EA]E

Ce bloc de calcaire est aujourd'hui conservé au Musée d'Israël à Jérusalem. Pilate était donc préfet de Judée. Sous Tibère, le préfet était un administrateur public exerçant des fonctions militaires et judiciaires, tandis que le procurateur était un agent fiscal de l'empereur chargé de lever dans ses propriétés les revenus privés et impôts particuliers. Ce ne fut qu'à partir du règne de Claude (41-54) que les gouverneurs provinciaux de rang équestre cumulèrent les deux fonctions sous le nom de procurateur.

La province de Judée dont Pilate eut la charge de 26 à 36 comprenait la Judée proprement dite, avec Césarée maritime pour capitale administrative, la Samarie au nord et l'Idumée désertique au sud. Elle était limitée au nord par la tétrarchie d'Hérode Antipas et la Décapole (dix cités placées sous la juridiction du puissant légat de Syrie), à l'est par la Pérée, province d'au-delà du Jourdain appartenant à Hérode Antipas, et au sud-est par le royaume des arabes nabatéens dont la capitale était Pétra.

Exerçant la pleine juridiction criminelle et civile, en vertu de l'*imperium* reçu de l'empereur, laissant aux tribunaux indigènes les affaires subalternes, il commandait environ 3 000 hommes de troupe, cantonnés dans quelques garnisons comme Sébaste et Césarée maritime, et surtout dans la forteresse de l'Antonia, qui dominait le temple de Jérusalem. Ces soldats étaient levés localement parmi les païens de la région syro-phénicienne, les juifs étant exemptés de service dans l'armée romaine.

Soumis au légat de la province de Syrie appartenant au prestigieux ordre sénatorial, Pilate était un petit aristocrate romain de l'ordre équestre, d'origine samnite, cette branche des Sabins habitant les Abruzzes. Le nom de sa *gens* (autrement dit de son clan) était Pontius et son surnom (*cognomen*) Pilatus, un dérivé de Pilum, le javelot, ce qui laisse supposer une habileté au maniement de cette arme. Son *praenomen* (prénom) était peut-être Lucius. Il aurait épousé Claudia, petite-fille de l'empereur Auguste.

S'il ne fut probablement pas un tyran dur et cruel, assoiffé de sang, multipliant les rapines et violant délibérément les usages religieux de ses administrés juifs qu'il haïssait, comme l'ont laissé entendre Philon d'Alexandrie et Flavius Josèphe, il fut assurément un administrateur brutal, ferme sur les consignes, attaché à faire quelques exécutions pour l'exemple.

Ne disposant pas d'un nombre suffisant de troupes pour quadriller le pays, il avait compris la nécessité de s'appuyer sur les riches notables et l'aristocratie sacerdotale des sadducéens. Ainsi s'explique sa longue complicité avec Joseph dit Caïphe, grand prêtre de 26 à 36.

Raide et maladroit, psychorigide pourrait-on dire, Pilate commit de graves erreurs dans ses relations avec ses administrés juifs. C'est ainsi que, peu après son arrivée en fonction en 26, il fit pénétrer dans Jérusalem des enseignes portant, suspendue à leur hampe, l'effigie de Tibère César. Ces étendards revêtaient un caractère religieux : on les dressait près des autels et on leur offrait des sacrifices. Les Judéens considérèrent un tel geste comme une provocation, la Loi interdisant le culte des images et des idoles. Ils manifestèrent en masse durant cinq jours devant son palais de Césarée, sa résidence habituelle. Pilate, refusant de céder, les fit cerner et menaça de les exterminer s'ils ne se retiraient pas. Ceux-ci se couchèrent à terre, prêts à mourir. Le préfet romain recula alors devant la perspective d'un bain de sang et retira les enseignes de la Ville sainte.

Quelque temps plus tard, afin de financer la construction d'un aqueduc de vingt-cinq kilomètres de long, il commit la maladresse de puiser dans le *korbonas*, le trésor sacré du Temple. La réponse ne se fit pas attendre : à son arrivée à Jérusalem, les habitants le conspuèrent et l'injurièrent, entourant le tribunal qu'il avait installé sur la place du palais. Pilate, sans se démonter, fit endosser à ses soldats des vêtements civils et les arma de gourdins. Brusquement, il donna le signal convenu ; ses hommes frappèrent dans le tas. Il y eut une terrible bousculade, avec des morts et des blessés.

En 31, l'assassinat à Rome de Séjan, par ordre de Tibère, le déstabilisa. C'était en effet ce puissant préfet du prétoire, commandant de la garde prétorienne, qui l'avait fait nommer en Judée. L'épuration frappa la plupart de ses créatures et de ses obligés, qui furent révoqués ou emprisonnés, quelques-uns éliminés. Pilate prit peur.

Il crut faire du zèle envers l'empereur en lançant à Césarée maritime la construction d'un monument à sa gloire, puis, quelques mois plus tard, en introduisant dans Jérusalem des boucliers d'or à son nom et à celui de Tibère. Ne présentant aucune effigie, il pensait ne pas offusquer les juifs. Il se trompait. Une délégation conduite par quatre fils de Hérode le Grand, dont les tétrarques Hérode Antipas et Philippe d'Iturée, vint protester solennellement : « Ne nous provoque pas à la colère et à la révolte, lui dirent-ils, ne cherche pas à troubler la paix ! » Et ils le menacèrent, s'il refusait d'enlever les boucliers, de se plaindre à Rome… L'orgueilleux préfet campa sur ses positions. Une lettre de supplication parvint dans la capitale impériale, et Pilate reçut un blâme, avec l'ordre d'ôter les boucliers de son palais. Il est capital de se rappeler cet événement qui éclaire le procès de Jésus en 33 : Pilate refusa de céder à la demande des grands prêtres Hanne et Caïphe, jusqu'au moment où il comprit qu'une nouvelle plainte pourrait être envoyée à Rome contre lui. Il céda donc.

Sa dernière erreur eut lieu trois ans plus tard. Averti qu'un prophète samaritain avait rassemblé une foule de pèlerins au pied du mont Garizim, dans le but de rechercher les vases sacrés que Moïse y aurait cachés, il les fit encercler, en massacra quelques-uns et fit arrêter les autres. Pilate était déterminé à écraser dans l'œuf toute agitation messianique. Le grand Conseil samaritain porta plainte auprès du légat de Syrie Lucius Vitellius qui, jugeant cette réaction hors de proportion, destitua Pilate et l'envoya s'expliquer à Rome. Celui-ci quitta la Judée à l'hiver 36-37 et arriva dans la capitale impériale pour apprendre la mort de Tibère le 17 mars 37. On ne sait ce qu'il lui advint ensuite. Se suicida-t-il ? Fut-il décapité par ordre du nouveau maître, Caligula, comme certains l'ont prétendu ? Pour d'autres, il serait mort en exil à Vienne, dans le Dauphiné. Sa conversion au christianisme est sans doute une pieuse légende. Tertullien fit de lui un chrétien de cœur. Les *Actes de Pilate*, un apocryphe, insistaient sur la rectitude de son comportement ultérieur, et l'*Evangile de Gamaliel*, autre apocryphe tardif, décrivait son martyre. Dans l'Eglise copte, Pilate fut même un nom de baptême ! Le responsable de la mort de Jésus fascine toujours. A preuve *L'Evangile selon Pilate*, un « apocryphe moderne » que lui a consacré en 2000 le romancier Eric-Emmanuel Schmitt…

Voir : Passion de Jésus.

Prière

Jésus, on l'oublie souvent, n'a jamais cessé de prier. Avant même le début de son ministère public, il se retire dans le désert pour préparer son annonce du Royaume et son œuvre de Salut. L'appel des Douze est précédé d'une retraite dans la montagne et d'une nuit de prière (Luc 6,

12-13). Constamment, dans les Evangiles, après avoir guéri des malades, chassé des démons, parlé devant des foules nombreuses, on le voit s'éloigner seul, afin de se ressourcer dans le silence, la prière et l'oraison. A Gethsémani, avant d'affronter la mort et le Mal, il s'adresse longuement à son Père et s'étonne du manque de persévérance des siens. « Simon, tu dors ? Tu n'as pas eu la force de veiller une heure. Veillez et priez pour ne pas entrer en tentation : l'esprit est ardent mais la chair est faible » (Marc 14, 37-38). Sur la croix encore, il intercède pour ses bourreaux : « Père, pardonne-leur, ils ne savent pas ce qu'ils font » (Luc 23, 34).

Théologiquement parlant, la prière de Jésus n'est nullement accessoire et superfétatoire. D'abord, parce que lui-même est le modèle que les fidèles, dans leur chemin de perfection et leur combat spirituel, doivent imiter en tout. Avec le Notre-Père, le Seigneur leur a enseigné le moyen de s'adresser à Dieu : il s'agit de se retirer dans sa chambre, sans chercher à se valoriser, de fermer sa porte et de parler au Père dans le secret. « Ne rabâchez pas comme les païens : ils s'imaginent qu'en parlant beaucoup, ils se feront mieux écouter. N'allez pas faire comme eux, car votre Père sait bien ce qu'il vous faut, avant que vous le lui demandiez » (Matthieu 6, 7-8). La prière trouve son efficacité dans la foi. « Tout ce que vous demanderez avec foi par la prière, vous le recevrez » (Matthieu 21, 22). « La prière fervente du juste a grande efficacité » (Jacques 5, 16). Et Jésus est là pour aider. « Tout ce que vous demanderez en mon nom, je le ferai, afin que le Père soit glorifié dans le Fils » (Jean 14, 13). « Quoi que nous lui demandions, nous le recevons de lui, parce que nous gardons ses commandements et que nous faisons ce qui lui est agréable » (1 Jean 3, 22).

L'assistance de l'Esprit saint est non moins nécessaire. « Pareillement, l'Esprit vient au secours de notre faiblesse, car nous ne savons que demander pour prier comme il faut ; mais l'Esprit lui-même intercède en des gémissements ineffables » (Romains 8, 26). « Faites en tout temps par l'Esprit toutes sortes de prières et de supplications » (Ephésiens 6, 18).

La pratique de la prière, en effet, nous introduit au cœur du mystère de la Trinité. On aurait pu penser que le Verbe incarné, le Fils de Dieu, n'avait nul besoin de prier. Il n'en est rien. Jésus prie constamment et par la prière nous dit qu'il reste en lien étroit avec la personne de son Père. En levant une partie du voile recouvrant ce grand mystère qui singularise le christianisme par rapport à toutes les religions, judaïsme compris, il laisse transparaître sa fonction essentielle de médiateur. Le prier, c'est prier le Père. Prier directement le Père, c'est nécessairement passer par son truchement, car, comme il le dit dans l'Evangile de Jean, « nul ne peut aller au Père s'il ne passe par moi ».

« J'ai enfin découvert quelqu'un devant qui m'agenouiller », confiait la philosophe Simone Weil après s'être secrètement rapprochée de la foi chrétienne. Un acte qui au lieu d'abaisser l'homme le rehausse, si l'on en croit Chesterton : « L'homme n'est jamais si grand que quand il est à genoux. » La prière est l'oxygène du chrétien. Dommage que dans le monde d'aujourd'hui beaucoup ne vivent que sous assistance respiratoire.

Voir : Notre-Père.

Purification du lépreux

Due à une bactérie identifiée en 1879 par le médecin norvégien Hansen, la lèpre est une maladie infectieuse chronique qui s'attaque aux nerfs périphériques, ronge atrocement la peau et les muqueuses, provoque des pustules et des nécroses osseuses. Bien qu'on sache aujourd'hui fort heureusement la soigner, elle est encore présente dans de nombreux pays d'Afrique et d'Asie, où l'OMS recense près de 200 000 cas par an. Le combat contre la lèpre suscite un grand dévouement, et des organisations, comme la Fondation Raoul-Follereau, se mobilisent en faveur des victimes avec une efficacité admirable.

Du temps des Hébreux, on parquait ceux qui en présentaient les symptômes en des lieux cachés, à l'entrée desquels on leur déposait de quoi vivre. Le Lévitique prescrivait à tout homme présentant une tumeur, une inflammation ou une pustule, caractéristique de la redoutable maladie, de se présenter aux prêtres, fils d'Aaron. Il devait alors s'éloigner des villes et des villages, porter des vêtements déchirés, ne pas se coiffer, se couvrir le haut du visage jusqu'aux lèvres et crier à tous ceux qui chercheraient à s'approcher de lui : « Impur, impur ! » Tant qu'il conservait ces taches, il restait impur. Les juifs, en effet, assimilaient la lèpre au péché qui endurcit, innerve le cœur et finit par ronger l'être entier.

Or voici qu'un jour, nous disent les Evangiles synoptiques*, un de ces malheureux, s'étant échappé de son lieu de confinement, se présente devant Jésus et se jette à ses pieds. « Si tu le veux, tu peux me purifier. » Loin de le repousser ou de s'écarter de lui à cause de ses plaies répugnantes, Jésus, « saisi de compassion », étend la main, le touche et lui dit : « Je le veux, sois purifié. » Aussitôt, l'homme guérit. Jésus le renvoie alors en l'exhortant : « Attention ! Ne dis rien à personne ; mais va te montrer au prêtre et offre pour ta purification ce qu'a prescrit Moïse en témoignage pour eux. » Le Lévitique prescrivait en effet un rituel complexe pour permettre au lépreux guéri de revenir à la vie sociale : « Au jour de sa purification, il sera présenté au prêtre. Celui-ci, sortant du camp, l'examinera et, s'il constate que le lépreux est guéri de sa lèpre, il ordonnera de prendre pour l'homme à purifier deux oiseaux purs vivants, du bois de cèdre, de l'écarlate et de l'hysope. Le prêtre ordonnera d'égorger un des oiseaux au-dessus d'un vase de terre, sur de l'eau vive. Il prendra ensuite l'oiseau vivant, le bois de cèdre, l'écarlate et l'hysope et les trempera dans le sang de l'oiseau égorgé sur l'eau vive. Il en aspergera sept fois l'homme à purifier de la lèpre et le déclarera pur ; puis il lâchera dans la campagne l'oiseau vivant… »

L'homme guéri agit sans doute ainsi pour pouvoir retrouver ses parents, son foyer, ses amis. Il se présenta au Temple, mais il ne tint aucun compte de la recommandation de Jésus, clamant partout la nouvelle de sa guérison, de sorte, poursuit Marc, que Jésus « ne pouvait plus entrer ouvertement dans une ville, mais restait à l'écart, dans des lieux déserts », où cependant on venait à lui de partout.

Ce prodige, on le comprend, est davantage qu'un simple miracle physique : c'est une purification. Jésus efface la lèpre du corps, mais aussi celle plus grave de l'âme. « Ce ne sont pas les gens valides qui ont besoin de médecin, dira-t-il en une autre occasion, mais ceux qui vont mal ; je ne suis pas venu appeler des justes mais des pécheurs » (Marc 2, 17).

Q

Quirinius

C'est le casse-tête des biblistes et le cauchemar des historiens ! Voilà pourquoi son cas m'intéresse ! Publius Sulpicius Quirinius, gouverneur de Syrie, apparaît dans l'Evangile de Luc à propos du recensement ayant motivé le déplacement de Marie et de Joseph à Bethléem de Judée, la « ville » de David. « Or donc, disait Luc, en ces jours-là parut un édit de César Auguste ordonnant de recenser le monde entier. Ce premier recensement eut lieu pendant que Quirinius était gouverneur de Judée. Et tous allaient se faire recenser, chacun dans sa ville. Joseph aussi monta de Galilée, de sa ville natale de Nazareth vers la Judée, vers la ville de David qui s'appelle Bethléem – parce qu'il était de la maison et de la lignée de David, pour se faire recenser avec Marie, son épouse, qui était enceinte... » (2, 1-5).

Tout cela semble clair et cohérent et explique pourquoi Marie, enceinte de Jésus, s'était vue contrainte de se déplacer avec Joseph pour se faire enregistrer à

Bethléem, où elle allait finalement accoucher. Pourtant, historiquement, le recensement de Quirinius soulève maintes interrogations. Laissons de côté l'aspect emphatique de Luc, qui aime les annonces solennelles : l'idée d'un recensement général des peuples sous la domination romaine est pure invention. On sait que ces opérations à but fiscal furent relativement nombreuses dans l'Empire romain à partir de l'an 12 avant notre ère. Mais le dénombrement auquel Quirinius, légat de Syrie, fit procéder, en tant que « juge du peuple et censeur des biens », ne date que de l'an 6 après J.-C., peu après la déposition d'Archélaos, le fils incompétent d'Hérode, et la prise en charge directe par l'administration romaine de la Judée-Samarie. En aucun cas, on ne saurait placer à ce moment la naissance de Jésus.

Il s'agissait à la fois de dénombrer les habitants de la région et de dresser l'état de leurs richesses. Or, pour les juifs, vouloir compter les hommes créés par Dieu, c'est se mettre à sa place : un blasphème. On comprend que le recensement de Quirinius ait provoqué un soulèvement, celui de Judas de Gamala, impitoyablement noyé dans le sang.

La question se pose donc : Luc a-t-il confondu les recensements ? En grec, la formule de l'évangéliste, il est vrai, est ambiguë. Lorsqu'il écrit : « Ce premier recensement eut lieu pendant que Quirinius était gouverneur de Syrie » peut signifier : ce recensement fut antérieur à celui qui fut fait alors que Quirinius était gouverneur de Syrie, ce qui serait compatible avec la date de naissance de Jésus, vraisemblablement en l'an 7 avant notre ère. A noter que Tertullien, au IIe siècle, mentionne dans ses écrits un recensement qui débuta en 8 avant notre ère, sous la conduite de Sentius Saturninus, légat de Syrie, et dura sans doute, comme toutes les opérations de ce genre, plusieurs années.

Quirinius y a-t-il participé ? A en croire une inscription trouvée en 1912 à Antioche de Pisidie, il aurait effectivement séjourné dans ces régions entre 12 et 7 avant J.-C. Durant cette période il combattit des tribus révoltées dans la chaîne du Taurus. On n'en sait pas davantage.

Une des objections avancées pour écarter l'existence d'un recensement en Judée en l'an – 8 tient au fait qu'à cette époque la Judée était sous la dépendance d'Hérode le Grand, à qui Rome avait remis la couronne royale. Comment les Romains auraient-ils pu opérer directement dans son territoire ? C'est oublier que le tyran schizophrène était à ce moment-là tombé en disgrâce pour avoir déclaré la guerre aux Arabes nabatéens de Pétra. Une partie de ses prérogatives lui avait été ôtée. Que Sentius Saturninus, assisté de Quirinius, ait alors procédé à un premier dénombrement touchant les personnes, avant une seconde opération à caractère cadastral en 6 de notre ère, n'a rien d'inconcevable.

Enfin, Luc a très bien pu se tromper sur le nom de l'organisateur du premier recensement, confondre Quirinius et Saturninus. En revanche, il est difficile de croire qu'il ait inventé pareille procédure administrative afin de faire accoucher Marie à Bethléem et démontrer par là la réalisation de la prophétie de Michée. A la vérité, il n'était nullement besoin de faire naître Jésus en ce village pour prouver son ascendance davidique. Le seul fait d'appartenir au clan des Nazôréens, installé en basse Galilée depuis le IIe siècle avant notre ère, était plus important que le texte d'un petit prophète à demi oublié à l'époque.

Les recensements romains, ont objecté d'autres historiens, n'imposaient nullement aux habitants d'une localité de rejoindre leur lieu d'origine. C'était sans doute la règle générale, mais on a trouvé des exceptions. L'atteste un papyrus égyptien du début du IIe siècle, conservé à Londres. Le dénombrement de Judée ayant été fait du vivant du roi Hérode, ne peut-on envisager qu'il se soit déroulé selon les coutumes juives ? Joseph, chef du clan davidique de Nazareth, très attaché à sa lignée royale, aurait pu décider de s'inscrire dans la circonscription d'origine de sa famille, celle de l'antique Ephrata, en compagnie de Marie, elle-même descendante de David, malgré sa grossesse… Le débat n'est pas clos. Le sera-t-il un jour ? Un vrai casse-tête que ce Quirinius !

Voir : Bethléem ; Etoile de Bethléem ; Mages ; Nazôréens.

Qumrân

Je garde un impérissable souvenir de mon arrivée, au détour de la route poussiéreuse de Jérusalem, au site de Qumrân. Un spectacle d'une beauté stupéfiante : la vue plongeante sur le bleu turquoise de la mer Morte et ses ridules, et le contraste saisissant de l'environnement minéral, austère et tourmenté, du désert, avec ses roches jaunes ou ocre où rien ne pousse ! C'est en ce lieu, on le sait, qu'a été faite l'une des plus grandes découvertes archéologiques depuis la Seconde Guerre mondiale, une découverte qui a révolutionné les études bibliques.

Au printemps de 1947, un jeune Bédouin, Mohammad dit « le Loup », fait paître son troupeau de chèvres dans les environs de Khirbet Qumrân (les ruines de Qumrân). Partant à la recherche d'une de ses bêtes qui s'est égarée, il remarque une caverne difficile d'accès au flanc d'une falaise. Il revient le lendemain avec son cousin Ahmad. Tous deux se hissent dans la caverne. La chèvre n'est pas là, mais ils découvrent, dans la pénombre, huit jarres d'argile coiffées de couvercles ainsi que les débris d'un grand nombre d'autres. Mis au courant, les Bédouins de la tribu récupèrent les jarres et les vident de leur contenu : des rouleaux de cuir couverts d'une écriture inconnue. Un commerçant et un cordonnier antiquaire de Jérusalem se portent acquéreurs du butin et cherchent à le négocier. Peu après, un professeur d'archéologie à l'université hébraïque, Eleazar L. Sukenik, identifie l'écriture des textes à de l'hébreu archaïsant et reconnaît des fragments du prophète Isaïe, un recueil d'hymnes et une curieuse *Règle de la guerre*. Enhardis par ce premier succès, les Bédouins explorent les falaises environnantes et alimentent les souks de Bethléem de ces trouvailles clandestines.

A cette époque, la Palestine est encore sous mandat britannique. Deux ans plus tard, après la proclamation de l'Etat d'Israël et la fin de la première guerre judéo-arabe, les scientifiques de diverses institutions – Département des Antiquités de Jordanie, Ecole biblique et archéologique française de Jérusalem, Palestine Archeological Museum, American School of Oriental Research – décident de poursuivre les explorations et d'analyser les documents. Les recherches durent jusqu'en 1956. Finalement, des manuscrits sont trouvés dans onze grottes, dont sept creusées par l'homme, certaines en partie éboulées.

Les plus éloignées sont situées à deux kilomètres de Khirbet Qumrân. Ecrits sur des peaux de chèvres, de bouquetins ou de gazelles, plus rarement sur des papyrus, les textes sont rédigés principalement en hébreu, quelques-uns en araméen et en grec. Certains sont entiers, d'autres fragmentés, parfois pas plus grands qu'un timbre-poste : ce sont de gigantesques puzzles.

Les manuscrits de la mer Morte représentent environ neuf cents textes, répartis en deux cent trente œuvres : des écrits bibliques (le Pentateuque, les livres de Samuel, Isaïe, Jérémie, Ezéchiel, Daniel, Amos, Osée, les Hagiographes, les Psaumes, les Proverbes, les Lamentations, les Chroniques…), des apocryphes juifs (*Livre des Jubilés*, *Livre d'Hénoch*, *Testament des douze patriarches*, le *Pseudo-Jérémie*, le *Pseudo-Daniel*, le *Pseudo-Moïse…*). Leur datation s'échelonne du IIe siècle avant notre ère au Ier siècle de notre ère. L'un des plus précieux est un rouleau entier d'Isaïe de sept mètres de long, écrit sur dix-sept feuilles de cuir cousues : c'est le plus ancien manuscrit hébreu complet du Premier Testament, visible en fac-similé au Sanctuaire du Livre de Jérusalem, car même en ce lieu on ne montre que des reproductions, tant les originaux sont précieux. Le plus mystérieux est le rouleau de cuivre, le seul de cette matière, qu'on a mis du temps à découper morceau par morceau et à lire : il contient la liste des cachettes des trésors du Temple. Son contenu a jeté dans de folles et invraisemblables recherches un ancien pasteur méthodiste, membre de la première équipe, John M. Allegro. Loin de tout sensationnalisme, l'Ecole biblique et archéologique française, sous la conduite du père Roland de Vaux, joua un rôle essentiel dans le décryptage et la publication des manuscrits. Sa *Revue de Qumrân* fait autorité en la matière.

Les bâtiments du site furent eux-mêmes explorés. Il s'avéra que c'était une exploitation agricole et artisanale, conçue pour vivre en autarcie : un édifice central avec une tour d'époque hellénistique, des ateliers, une cuisine, un réfectoire, une boulangerie, une teinturerie, une laverie, peut-être un atelier de céramique (où se trouvaient des centaines de bols et de cruches) et de nombreux *mikvaot**. On peut en voir aujourd'hui encore les fondations et les murets de pierre. Le lieu a été détruit à la fin de juin 68 par la Xe légion Fretensis conduite par Vespasien, lors de la guerre des juifs. Des traces d'incendie, des pointes de flèches, des pièces de monnaie juives et romaines datant de 67-68 y ont été découvertes.

Ces constructions avaient abrité une fraternité d'esséniens : des ascètes célibataires, vêtus de blanc, y menaient une vie frugale, prenaient leurs repas en commun, s'adonnaient à l'étude, à la prière et à des bains rituels quotidiens. La secte s'était constituée lorsque au milieu du IIe siècle avant notre ère le roi grec de Syrie Alexandre Balas avait déposé le grand prêtre de Jérusalem Simon, fils d'Onias III, de la lignée légitime de Sadoq, et l'avait remplacé par un homme à lui, Jonathan Apphous, de la lignée d'Aaron. Au sein du judaïsme, l'événement déclencha un schisme. Le grand prêtre déposé se retira dans le désert avec ses partisans et prit le nom de Maître de justice. Cupide et corrompu, l'usurpateur fut qualifié par les dissidents de « prêtre impie », de « cracheur de mensonges ». En rupture avec le culte officiel du Temple, les esséniens formèrent ainsi une communauté à part, ayant sa propre interprétation de la Loi et son propre calendrier liturgique. Ils n'occupaient pas tous l'établissement de Qumrân, fort modeste et un peu vite qualifié de « monastère » par les premiers archéologues. Certains résidaient dans des villages de Judée, d'autres occupaient un quartier au sud-ouest de Jérusalem. Selon Flavius Josèphe, leur nombre total s'élevait à 4 000, célibataires et mariés, ce qui était peu par rapport à la population totale de l'ensemble palestinien (entre 1 et 1,5 million d'habitants).

Au début de l'été de 68, voyant les armées romaines s'apprêter à fondre sur eux, les gens de Qumrân dispersèrent leur bibliothèque dans les grottes des falaises marneuses des alentours. Certains rouleaux provenaient du Temple au moment de leur exode, d'autres avaient été rédigés sur place. A côté des grandes œuvres du judaïsme se trouvaient des traités proprement esséniens, comme la *Règle de la communauté*, la *Règle de la guerre*, le *Rouleau du Temple*, le rouleau des *Hymnes*, le *Recueil des Bénédictions*, le *Commentaire d'Habacuc*…

Quels rapports existe-t-il entre la fraternité ascétique de Qumrân et Jésus, entre les esséniens de façon générale et les premiers chrétiens ? Cette question a divisé les chercheurs et alimenté le « mythe essénien ». Au

XIXe siècle, on ne connaissait cette secte juive que par Flavius Josèphe et Philon d'Alexandrie, les écrits du Nouveau Testament étant muets à leur sujet. Ernest Renan avait hasardé une audacieuse comparaison : « Le christianisme est un essénisme qui a largement réussi. L'esprit est le même et certainement, quand les disciples de Jésus et les esséniens se rencontraient, ils devaient se croire confrères. » Plus personne aujourd'hui ne souscrirait à de telles allégations.

Au début, dans l'enthousiasme de la découverte, un universitaire français, André Dupont-Sommer, professeur au Collège de France, assurait que le Maître de justice était lui aussi un messie juif, prêchant une doctrine d'amour du prochain, crucifié bien avant Jésus par ordre des grands prêtres de Jérusalem. On imagine le coup de tonnerre produit par cette annonce : le Christ ne serait qu'un pâle imitateur, un doublon du Maître de justice, et le christianisme une banale répétition de l'essénisme ! En y regardant de plus près, on s'aperçut que si le fameux Maître de justice, ancien grand prêtre détrôné, avait été traité par les siens telle une sorte de prophète élu de Dieu, il n'avait jamais été considéré comme le messie. De surcroît, il n'était pas mort de mort violente et n'avait fait l'objet d'aucun culte après son trépas. Le savant professeur, qui s'était aventuré un peu trop loin, dut faire marche arrière…

Mais le Maître de justice continua de fasciner. Certains voulurent voir en lui Jean le Baptiste, d'autres Jacques, le « frère » du Seigneur. Ces rapprochements, qui soulevèrent à leur tour quelques vagues médiatiques, se heurtaient à un fait indiscutable, à savoir que le chef de la communauté essénienne vivait au IIe siècle avant notre ère et non au Ier de notre ère.

Cela n'empêcha pas les rumeurs complotistes de proliférer autour de cette secte ésotérique. Devant les retards accumulés par la publication des manuscrits, on accusa le Vatican – toujours lui ! – de vouloir empêcher la diffusion de fracassantes révélations contraires aux dogmes chrétiens. Rumeurs qui se dégonflèrent lors de la diffusion intégrale des clichés photographiques de la collection.

Une autre question se pose. Existe-t-il parmi les documents de Qumrân un ou plusieurs écrits évoquant les chrétiens, que ceux-ci auraient dissimulés au moment de l'arrivée des Romains ? Là aussi les passions se déchaînèrent. Dès 1972, un jésuite espagnol, José O'Callaghan, suggéra qu'un fragment de papyrus trouvé dans la grotte 7 (le 7Q5, selon la classification) proviendrait de l'Evangile grec de Marc, très exactement de l'épisode traitant de l'arrivée de Jésus au pays des Géraséniens. Cette théorie fut reprise et développée non sans passion par un papyrologue allemand, Cartsen Peter Thiede, vice-directeur de recherche de l'Institut allemand pour l'éducation et la science à l'université de Paderborn.

L'hypothèse en elle-même n'a rien d'extraordinaire, sauf pour ceux qui considèrent – il en existe encore – que tous les Evangiles sont postérieurs à 70 et ne peuvent, par conséquent, se trouver dans un dépôt datant de l'an 68. Mais elle demeure très fragile, car le fragment en question est minuscule : une vingtaine de caractères, dont une dizaine très détériorés, répartis sur cinq lignes. L'interprétation du passage repose en définitive sur la présence ou non d'une seule lettre grecque, *nu*, dans la bordure effilochée du petit morceau en question. Si cette lettre est un *nu*, il devient possible – mais non établi – que le 7Q5 soit un passage de Marc. Dans le cas contraire, il faut écarter l'hypothèse. Or, pour le père Emile Puech, de l'Ecole biblique et archéologique de Jérusalem, qui a vu l'original du manuscrit à la différence de Thiede, il est impossible du seul point de vue paléographique, sans aucun *a priori* exégétique, que la lettre détériorée soit un *nu*. La plupart des spécialistes partagent ce point de vue : il n'existe aucun fragment de l'Evangile de Marc dans les manuscrits de la mer Morte.

S'ils n'ont pas de rapports directs avec Jésus et le christianisme, les écrits de Qumrân n'en constituent pas moins une documentation incomparable sur la Bible hébraïque et les œuvres sacrées du judaïsme, à une époque où les docteurs de la Loi, tant en Judée qu'à Alexandrie, n'avaient pas encore fixé le canon. Par rapport à certains textes, dont on ne possédait que des copies médiévales, ils font franchir un bond en arrière d'un millier d'années. C'est exceptionnel. Inutile de dire que l'étude des variantes, fluctuations et additions affectant ces textes a été du plus grand intérêt. Par ailleurs, cette découverte a remis en valeur la traduction grecque d'Alexandrie, autrement dit la Septante, dont les chrétiens faisaient usage. Fondamentalisme juif, recroquevillé sur lui-même, retranché des « hommes pervers » de Jérusalem, l'essénisme se situe religieusement et philosophiquement aux antipodes du christianisme, ouvert aux pécheurs, aux exclus et annonçant au monde entier la Bonne Nouvelle du Salut.

Les manuscrits de la mer Morte projettent un éclairage nouveau sur les croyances, les représentations et les pratiques de la société judaïque de cette époque. Ils ont permis de replanter certains textes du Nouveau

Testament dans le terreau du judaïsme, ainsi l'Evangile de Jean que l'on pensait inspiré de la pensée grecque. On voit aujourd'hui que l'opposition dualiste utilisée par lui entre la Lumière et les Ténèbres se retrouve dans le vocabulaire de la secte : « Prince de Lumière », « Fils de Lumière », « Fils des Ténèbres ». Cela ne signifie évidemment pas que le disciple bien-aimé ait été un essénien. La remarque vaut également pour Paul de Tarse, instruit par Gamaliel l'Ancien et les maîtres pharisiens de Jérusalem, dont on croyait que les écrits étaient fortement imprégnés de culture hellénistique. Bref, sans les manuscrits de la mer Morte, on n'aurait pas aujourd'hui la même compréhension de la personne de Jésus ni de l'originalité du christianisme naissant par rapport au judaïsme.

R

Résurrection

« *Christos anesti ! Alithos anesti !* » « Christ est ressuscité ! Il est vraiment ressuscité ! » L'exclamation jubilatoire des chrétiens orientaux, qui chantent et s'embrassent, le visage illuminé, au moment de Pâques, dit tout de leur foi en la victoire définitive du Christ sur les ténèbres de la mort. J'aime dans la liturgie orthodoxe – mais également catholique – ces petits cierges qui, dans l'obscurité de la nuit, s'allument les uns les autres au cierge pascal, pour former une vaste forêt embrasée de lumière.

La résurrection de Jésus, corps et âme – c'est-à-dire son retour à la vie, sous une forme différente, non périssable, immortelle –, est centrale dans la foi chrétienne, comme elle l'a été dans la prédication des apôtres et la première génération. « Si le Christ n'est pas ressuscité, vide alors est notre message, vide aussi votre foi », disait saint Paul (1 Corinthiens 15, 14). Deux faits essentiels fondent l'événement : la découverte du tombeau vide, montrant que le corps a mystérieusement disparu dans la nuit du samedi au dimanche, et les apparitions du Christ au milieu de ses disciples.

Le dimanche 16 du mois de nisan de l'an 33, au petit matin, quelques femmes galiléennes restées à Jérusalem se rendent au lieu de sépulture. Elles y vont probablement pour prier et pleurer, selon la coutume orientale, non pour oindre le corps, comme le disent les Evangiles de Luc et de Marc. C'était trop tard : elles n'auraient pu faire sauter les scellés ni sortir le corps sans l'autorisation des grands prêtres, qui avaient installé une garde dès la veille, samedi. Jean, dans son Evangile, explique d'ailleurs qu'au soir du vendredi Joseph d'Arimathie et Nicodème avaient oint le corps d'aromates « selon la manière des juifs », sans vraisemblablement le laver ni lui couper les ongles et les cheveux, ces traitements étant interdits pour un supplicié. Il était impossible de revenir sur un rituel déjà accompli.

Qui sont ces femmes ? Marie de Magdala, Jeanne, femme de Chouza, et Marie, mère de Jacques et de Joseph, Salomé, peut-être quelques autres. Arrivées au jardin, près du Golgotha, où la tombe s'enfonce au flanc de cette ancienne carrière, elles découvrent avec stupéfaction que la grosse pierre obstruant l'entrée a été enlevée. La garde juive apostée là s'est enfuie. Persuadées que des inconnus ont extrait le corps, elles rebroussent chemin sans chercher à pénétrer et vont trouver les disciples. « On a enlevé du tombeau le Seigneur, dit Marie de Magdala, et nous ne savons pas où on l'a mis ! »

Simon-Pierre et Jean, le disciple bien-aimé, se mettent aussitôt en route et courent. Ils constatent en effet que la pierre a bien été ôtée. Jean se penche, mais n'entre pas. Etant prêtre du Temple (comme nous l'apprend Polycrate d'Ephèse), le contact d'un mort lui est interdit (« Qu'il n'aille vers aucun défunt », dit le Lévitique). Pierre, qui a couru moins vite, entre, lui, sans hésiter. Quand Jean s'aperçoit que la sépulture est vide, à son tour il y descend. Le linceul et les linges funéraires (*othonia*, écrit-il) qui ont servi à lier le mort, probablement à la hauteur des pieds et du thorax, sont restés dans la même position que lors de l'ensevelissement, affaissés sur eux-mêmes. Aucune impression de désordre ou d'ordre artificiellement recréé. Seul le corps a disparu à l'intérieur du linceul, tandis que le suaire qui avait été mis sur le visage se trouvait roulé à part, comme l'avant-veille. La disposition du linceul, fermé et serré, gisant à plat sur la banquette de pierre, révèle que le corps n'a pas été dérobé par des violeurs de sépulture, par les gardes juifs ou les Romains, qu'il ne s'est pas non plus réanimé, comme l'a été le cadavre de Lazare. Jésus est sorti des liens de la mort pour entrer dans la gloire de Dieu. Il a passé à travers le linceul qui est resté en place. Relatant ce phénomène stupéfiant, unique en son caractère surnaturel, Jean, témoin oculaire, écrit avec sa sobriété habituelle, parlant de lui à la troisième personne : « Il vit et il crut » (20, 8). Ni Jean ni Simon-Pierre n'avaient compris les paroles de Jésus annonçant sa résurrection.

Le second fait qui atteste celle-ci, ce sont les apparitions de Jésus aux siens. Les Evangiles, surtout les synoptiques*, ne se sont pas donné pour objectif d'en décrire les circonstances exactes. Luc, par exemple, a regroupé en une seule journée les apparitions de Jésus, alors que, dans les Actes des Apôtres, il précise que celui-ci s'est montré à ses disciples pendant quarante jours et leur a parlé du royaume de Dieu, jusqu'à son élévation dans le ciel. Il est assez difficile, par conséquent, d'établir la chronologie précise des événements à partir des indications fractionnées et disparates fournies. Pour autant, ces apparitions ne semblent pas être une simple expérience relationnelle entre le ressuscité et les siens. C'est un phénomène en soi, objectif, non une hallucination collective. L'enseignement de l'Eglise est constant sur ce point : « Le mystère de la Résurrection, précise le *Catéchisme de l'Eglise catholique*, est un événement réel qui a eu des manifestations constatées comme l'atteste le Nouveau Testament » (paragraphe 639). « La Résurrection de Jésus, précise Benoît XVI, va au-delà de l'Histoire, mais elle laisse son empreinte dans l'Histoire[1]. »

Paul, dans sa première Epître aux Corinthiens, est le seul à esquisser une chronologie, citant des apparitions qui ne figurent pas dans les Evangiles : « Je vous ai transmis ce que j'avais moi-même reçu, à savoir que le Christ est mort pour nos péchés selon les Ecritures, qu'il a été enseveli, qu'il a été relevé le troisième jour, selon les Ecritures, qu'il est apparu à Céphas, puis aux Douze. Ensuite, il est apparu à plus de cinq cents frères à la fois

1. Joseph Ratzinger/Benoît XVI, *Jésus de Nazareth*, t. II, *De l'entrée à Jérusalem à la Résurrection*, *op. cit.*, p. 310.

– la plupart d'entre eux vivent encore, mais quelques-uns se sont endormis ; ensuite, il est apparu à Jacques, puis à tous les apôtres ; et, après tous, il m'est apparu à moi aussi, comme à l'avorton... » (1 Corinthiens 15, 3-8). Ce texte, rédigé vers l'an 55, montre qu'il existait encore à cette époque de nombreux témoins.

En bon juif d'origine pharisienne qu'il est, marqué par le formalisme juridique, l'apôtre ne nomme pas les femmes, qui pour lui ne peuvent témoigner. Jean, au contraire, relate que la première apparition a été pour Marie de Magdala le lendemain de la Pâque. Elle soulève d'abord l'incrédulité des apôtres (Marc 16, 11), qui y voient du pur radotage (Luc 24, 11). Comment une femme pourrait-elle avoir la primeur d'une nouvelle aussi essentielle ? Dix-neuf siècles plus tard, Ernest Renan ne gardait-il pas le même préjugé lorsqu'il écrivait : « Tout le christianisme est né de l'imagination d'une femme » ?

L'apparition de Jésus à sa mère n'est pas mentionnée, mais elle est plus que probable. Marie a vécu la Passion jusqu'à la croix, dans la douleur de son amour maternel. Au Saint-Sépulcre, il existe une petite chapelle consacrée à cet événement.

Luc, qui a probablement bénéficié d'une source particulière, a conté l'apparition de Jésus à deux compagnons revenant de Jérusalem en fin d'après-midi du dimanche : c'est le fameux épisode d'Emmaüs. Jean, de son côté, en rapporte une autre, le soir même. Les disciples se trouvent réunis au Cénacle (la chambre haute située probablement dans sa propre maison). Marie est sans doute avec eux. Les portes sont verrouillées, car ils ont peur de la police du Temple, surtout après la découverte du tombeau vide. Ils craignent d'être accusés de viol de sépulture. Soudain,

Jésus est au milieu d'eux, sans qu'il soit passé par la porte. « Paix soit à vous ! » Ce n'est pas un simple *shalom*, mais la paix messianique promise avant sa mort. Non, il n'est pas un fantôme. « Un esprit n'a ni chair ni os ; or, vous voyez bien que j'en ai ! » (Luc 24, 39). Il leur montre ses poignets transpercés et son côté qui a conservé la trace du coup de lance du soldat romain. Il leur dit de nouveau : « Paix soit à vous ! » Puis il souffle sur eux : « Recevez l'Esprit saint ; les péchés seront remis à ceux à qui vous les remettrez, ils seront retenus à ceux à qui vous les retiendrez » (Jean 20, 19-23). Cinquante jours plus tard, l'Esprit saint viendra les confirmer dans leur foi, en se manifestant sous l'aspect de langues de feu.

Lors de cette première apparition collective, l'un des Douze, Thomas, n'était pas présent. On connaît sa réaction : il ne croit pas ce qu'ont vu ses compagnons et exige des preuves. « Si je ne vois pas dans ses mains la marque des clous, si je ne mets pas mon doigt à la place des clous et si je ne mets pas ma main dans son côté, non, je ne croirai pas ! » Le dimanche suivant, toujours dans la salle haute soigneusement verrouillée, Jésus apparaît de nouveau et s'adresse personnellement au sceptique : « Avance ton doigt ici et vois mes mains, avance ta main et mets-la dans mon côté ; et ne te montre plus incrédule, mais croyant. » Et l'autre, émerveillé, convaincu, de s'écrier : « Mon Seigneur et mon Dieu ! » Les plaies de Jésus prouvent qu'il est le crucifié du Golgotha, non une autre personne. Jean met ainsi en évidence deux propriétés de son corps glorieux : il traverse les portes verrouillées de la même manière qu'il s'est évadé des liens de la mort, et on peut toucher son corps.

La dernière manifestation postpascale de Jésus contée par Jean a lieu un peu plus tard au bord du lac de

Génésareth. Quatre disciples sont venus à Capharnaüm, à l'invitation probable des pêcheurs du lieu, Simon-Pierre ainsi que Jacques et Jean, fils de Zébédée : ce sont Thomas, Nathanaël, de Cana en Galilée, et deux autres qui ne sont pas nommés, mais dont l'un est Jean, « le disciple bien-aimé, celui-là même qui lors du dîner s'était renversé sur sa poitrine ». Tous sont partis dans la barque de Simon-Pierre. Ils n'ont rien pris et rentrent déçus et fatigués. S'approchant à deux cents coudées du rivage (environ 90 mètres), ils aperçoivent un homme qui leur crie de loin : « Eh, les enfants, n'avez-vous pas un peu de poisson ? » Ils lui répondent par la négative. « Jetez le filet du côté droit de la barque et vous trouverez », leur dit l'inconnu. Ils obéissent et en quelques instants ne parviennent plus à le hisser tant il est plein. « C'est le Seigneur ! », s'exclame Simon-Pierre, qui a enfin reconnu Jésus. Sur la grève, les disciples aperçoivent un feu de braise, où grillent quelques poissons. « Apportez de ces poissons que vous venez de prendre… Venez déjeuner. » « Alors, raconte Jean, Jésus s'approche, prend le pain et le leur donne ; et de même le poisson. Ce fut la troisième fois que Jésus se montra à ses disciples une fois ressuscité des morts » (21, 4-14).

Jean et Luc ont insisté sur la corporéité du Christ glorieux et sa résurrection physique. Les disciples l'ont vu, lui ont parlé ; ils ont partagé plusieurs repas avec lui. Il en va de même de Pierre qui dit dans les Actes des Apôtres à propos de Jésus : « Dieu lui a donné de se montrer non pas à tout le peuple mais aux témoins choisis d'avance […], à nous qui avons mangé et bu avec lui pendant sa résurrection d'entre les morts. Et il nous a prescrit de proclamer au peuple et d'attester que c'est lui qui a été établi par Dieu juge des vivants et des morts » (10, 40-42).

Les apôtres auraient-ils tous menti, inventant ces rencontres mystérieuses, ces repas fraternels avec leur Maître ? Notons qu'aucun n'est revenu sur son témoignage, même sous les coups de fouet ou dans les affres du supplice qu'ils endureront avant de mourir. Va-t-on jusqu'au martyre pour un mensonge ?

La Résurrection nous concerne tous. Paul l'a dit, Jésus est comme la première gerbe de la moisson divine, par qui vient la résurrection. « Christ est relevé d'entre les morts, prémices de ceux qui se sont endormis » (1 Corinthiens 15, 20).

Aujourd'hui, les enfants du catéchisme et les adultes, marqués par le syncrétisme culturel ambiant, confondent souvent résurrection et réincarnation. Rien n'est plus erroné. Quand les chrétiens dans le Symbole des Apôtres confessent leur foi en la « résurrection de la chair », ils ne veulent évidemment pas dire que leur corps renaîtra dans sa dimension périssable, mais qu'il sera semblable à celui du Christ ressuscité. Leur corps glorieux sera le corps de lumière d'une chair transfigurée. « Notre cité se trouve dans les cieux, assurait le même Paul, d'où nous attendons ardemment comme sauveur le Seigneur Jésus-Christ qui *transfigurera notre corps de misère pour le conformer à son corps de gloire*, avec cette force qu'il a de pouvoir même se soumettre toutes choses » (Philippiens 3, 20-21). Martin Luther le répétera à son tour : « Quand tu lis "Le Christ est ressuscité", ajoute aussitôt : "Je suis ressuscité et tu es ressuscité avec lui", car il faut que nous soyons rendus participants de sa résurrection. Ne pas apprendre cela, c'est ne rien apprendre du tout. » Si nous sommes ressuscités avec Jésus de Nazareth, c'est aussi de notre propre mort et de notre propre résurrection qu'il est question dans l'Evangile, et c'est bien ce qui fait la joie des chrétiens à travers le monde le jour de Pâques : *Christos anesti ! Alithos anesti !*

Voir : Emmaüs ; Linceul de Turin ; Marie de Magdala ; Pentecôte ; Suaire d'Oviedo ; Thomas l'apôtre.

Richard Simon

J'éprouve une grande admiration pour ce prêtre de l'Oratoire qui, au Grand Siècle, a fait franchir aux études bibliques un pas de géant. Il n'est rien moins que le père de l'exégèse moderne (je n'ai pas dit moderniste, loin s'en faut). Pour le devenir, il lui a fallu traverser le drame des précurseurs, rejetés de leurs contemporains[1]…

Le jeudi saint de l'année 1678, Jacques Bénigne Bossuet, précepteur du Grand Dauphin et l'une des figures de proue de l'Eglise de France, se voit remettre par son ami l'abbé Eusèbe Renaudot un tiré à part de la table des matières d'une *Histoire critique du Vieux Testament* à paraître prochainement et dont l'auteur est un prêtre de l'Oratoire, Richard Simon. Il la parcourt et tombe en arrêt, stupéfait, sur la seizième ligne : « Moïse ne peut être l'auteur de tout ce qui est dans les livres qui lui sont attribués. » Il ne va pas plus loin, tant cette assertion lui paraît une monstruosité. Il se rend de suite chez le chancelier Michel Le Tellier afin de faire interdire

1. Pierre Gibert, s.j., *L'Invention critique de la Bible, XVe-XVIIIe siècle*, Paris, Gallimard, 2010.

l'ouvrage, alors en cours d'assemblage, et la page du titre non encore imprimée. Tout était en règle pourtant du point de vue de la censure, et le père de La Chaise, confesseur du roi, avait même accepté de s'entremettre auprès de Louis XIV, alors en Flandre, pour que le livre lui fût dédié. Du jour au lendemain, Richard Simon est abandonné de tous.

Le 21 mai, il est exclu de l'Oratoire et, peu après, son *Histoire critique* est interdite par arrêt du Conseil du roi. D'ordre du lieutenant général de police La Reynie, la quasi-totalité des 1 300 exemplaires de l'édition sont détruits. En 1683, la Congrégation de l'Index à Rome condamne à son tour cet écrit.

Dépassant de beaucoup le coup de sang de Bossuet, l'affaire Richard Simon ouvre dans la recherche biblique une ère nouvelle, celle de l'exégèse historico-critique…

Né à Dieppe le 13 mai 1638 – quatre mois avant Louis XIV –, il est le fils d'un humble forgeron. Au physique, c'est un homme petit, malingre, d'aspect insignifiant et même laid, doté d'une voix de « pitoyable fausset », comme il le reconnaît lui-même. Mais cette disgrâce apparente cache une vive intelligence, une passion de l'étude peu commune et un tempérament de fer.

A vingt ans, titulaire d'une bourse, il entre au noviciat de l'Oratoire, puis fait sa théologie à la prestigieuse Sorbonne et enseigne pendant deux années la philosophie au collège de Juilly. Mais il est davantage attiré par la recherche érudite. Les oratoriens de la rue Saint-Honoré à Paris le chargent de dresser le catalogue des livres orientaux.

Sa boulimie de connaissances est prodigieuse. Il apprend le grec, l'hébreu, le syriaque, l'araméen et l'arabe, approfondit la philologie, la patristique, la liturgie, l'histoire des sacrements. La littérature de Port-Royal, celle des protestants attirent son attention minutieuse, mais aussi ses premières flèches. Prenant contact avec des juifs pieux, notamment Jona Salvador de Pignerol, il travaille à un inventaire de la littérature rabbinique.

En 1670, il rédige même un *Factum* défendant les juifs de Metz, menacés d'expulsion à la suite du supplice d'un marchand de bestiaux de cette religion, Raphaël Lévy, accusé injustement du meurtre rituel d'un enfant de trois ans. Le 20 septembre de la même année, il est ordonné prêtre par l'archevêque de Paris, Mgr Hardouin de Péréfixe.

En 1671, ses recherches le conduisent à publier un traité, *Fides ecclesiae orientalis*, démontrant que, contrairement à l'opinion des jansénistes et des protestants, la conception de l'eucharistie dans l'Eglise grecque est la même que celle de l'Eglise catholique. En 1674, il publie une traduction et un commentaire de l'œuvre d'un juif érudit de Venise, Léon de Modène, *Cérémonies et coutumes qui s'observent aujourd'hui parmi les Juifs*.

Mais son principal ouvrage, celui qui aurait dû être publié en 1678, est l'*Histoire critique du Vieux Testament.* Il n'est pas le premier à aborder l'épineuse question de l'exégèse vétérotestamentaire. Le XVIe siècle marque un tournant capital dans l'éclosion de cette discipline. La généralisation de l'imprimerie, la Réforme prônant l'Ecriture au détriment de la Tradition, la Contre-Réforme catholique, la naissance de l'humanisme chrétien qui portait une attention particulière aux textes manuscrits, la diffusion des textes sacrés dans les milieux cultivés appelaient à une intelligence renouvelée de la Bible. Au siècle suivant, le mouvement s'accéléra avec les progrès de la philologie, la valorisation de la raison dans le sillage du cartésianisme, allant jusqu'à ébranler les certitudes du passé.

Les libertins érudits du Grand Siècle avaient déjà remarqué les bizarreries et les contradictions figurant dans le Premier Testament, notamment dans le livre de la Genèse. Comment, par exemple, Caïn, qui avait tué son frère Abel, pouvait-il dire à Dieu : « Mon crime est trop grand pour m'être pardonné. C'est pourquoi quiconque me trouvera me tuera. » *Quiconque me trouvera* ? Caïn n'était-il pas l'unique fils survivant du premier couple humain, Adam et Eve ? Il y avait donc déjà d'autres hommes sur terre ? Pour certains de ces esprits forts, la Bible hébraïque n'était qu'une collection de légendes orientales, dont le genre relevait de la poésie allégorique et des fables romanesques, à l'instar de l'*Iliade* ou de l'*Enéide*.

Spinoza, de son côté, avait développé une méthode d'analyse critique, fondée sur une connaissance rigoureuse de l'hébreu et des étapes historiques de la rédaction de l'Ecriture sainte. Auparavant, le juriste Grotius s'était essayé à annoter l'Ancien et le Nouveau Testament. Jean Morin s'était intéressé à la Bible en historien et Louis Meyer en disciple de Descartes… D'autres auteurs avaient tenté de distinguer dans le texte légendes et vérités révélées : Jean de Launoy, Mabillon, l'abbé Fleury.

L'*Histoire critique du Vieux Testament* va plus loin : elle fonde une véritable épistémologie, donne à la critique biblique ses lettres de noblesse, l'instaure dans une souveraineté absolue, ou tout au moins autonome, par rapport à l'approche théologique, bref en fait une science profane libérée de l'autorité sacrée. Il ne s'agissait nullement de contester les dogmes ou d'attaquer telle proposition de la théologie, mais d'en revenir aux textes et à leur signification première. D'où l'importance de la philologie, mais aussi de l'archéologie des documents bibliques aux différentes étapes de leur production, de l'étude de leur contexte socioculturel. Contrairement à l'opinion répandue en son temps, Simon pense par exemple que les textes juifs ne sont pas corrompus par rapport à la Vulgate, la version latine de saint Jérôme, et méritent d'être étudiés et comparés.

L'une des principales thèses de son livre réside dans le fait que Moïse n'a pas pu écrire les cinq premiers livres de la Bible hébraïque, le Pentateuque (Genèse, Exode, Lévitique, Nombres, Deutéronome). En effet, comment aurait-il pu parler de sa propre mort au dernier chapitre du Deutéronome ? Ces livres sont donc l'œuvre non seulement de Moïse, mais d'un corps de scribes d'Etat. Des feuilles ou des rouleaux de leurs actes, figurant dans leurs archives, n'ont survécu que des abrégés. Pour Simon, ce constat historique ne diminue en rien l'autorité et le caractère inspiré des textes, malgré leurs épines stylistiques ou grammaticales, car ces écrivains publics, conservateurs de la mémoire du peuple hébreu, étaient des prophètes conduits par l'Esprit de Dieu. Les vérités qu'ils annonçaient étaient infaillibles. Prêtre catholique, Richard Simon est d'une rigoureuse orthodoxie doctrinale. Il critique les protestants qui rejettent la Tradition. Il a eu ainsi de longues polémiques avec Isaac Vossius, chanoine de Windsor, et Jacques Basnage, pasteur de Rouen, réservant quelques piques acérées aux sociniens qui nient la Trinité.

Survient le drame de 1678. Seule une quinzaine d'exemplaires échappe à la destruction. Se basant sur une mauvaise copie manuscrite, une deuxième édition piratée, publiée par Daniel Elsevier, paraît en Hollande en 1681. Une troisième, revue et corrigée par l'auteur, est publiée à Rotterdam en 1685.

Ne voulant rien céder sur le fond, notre controversiste normand publie en 1689 l'*Histoire critique du Nouveau Testament*, en 1690 l'*Histoire critique des versions du Nouveau Testament*, en 1693 l'*Histoire critique des principaux commentateurs du Nouveau Testament*, tous chez Reinier Leers à Rotterdam. En 1695, paraissent à Paris chez Jean Boudot ses *Nouvelles observations sur le texte et les versions du Nouveau Testament*. En 1702 encore, il publie en quatre volumes à Trévoux, dans les Dombes, une traduction du Nouveau Testament. Bossuet, toujours aux aguets, obtient du cardinal de Noailles, archevêque de Paris, une interdiction de la lire sous peine d'excommunication. Cette traduction et ses commentaires n'ont pourtant rien de révolutionnaire. Simon en reste à la critique textuelle et aux difficultés de certains passages – la finale de Marc, l'épisode de la femme adultère chez Jean, par exemple –, sans s'interroger sur la figure historique et religieuse de Jésus.

Il n'est assurément pas un « Spinoza catholique », attaché à décrier l'autorité des livres divins. Il croit profondément à la Révélation et à l'inspiration divine de la Bible. Son génie est d'avoir compris que la critique littéraire et historique d'un texte saint, et même sa « réduction » pour les besoins de l'analyse scientifique à une production littéraire profane, fruit des hommes et de l'Histoire, n'oblitèrent en rien son caractère transcendant, sacré et inspiré. Dieu, estime-t-il, dans le tâtonnement et le tremblement de la main des auteurs, a laissé sa marque et son message universel. La Bible est Parole de Dieu, mais aussi écriture incarnée, à la différence du Coran, « composé dans le ciel ». La Bible peut ainsi être commentée et interprétée sous le double éclairage de la raison et de la tradition.

Richard Simon n'est pas sans défaut. Il déplaisait par son caractère combatif, son ton sarcastique. Ce comportement fier et susceptible, ce tempérament polémiste qui lui faisait manquer parfois à la charité chrétienne expliquent en partie les attaques dont il a fait l'objet, notamment de la part des défenseurs de Port-Royal et des bénédictins de Fécamp.

Après avoir vécu de 1679 à 1682 dans sa cure de Bolleville en Normandie, continuant sans relâche à noircir du papier, il habite à Paris, à Rouen et dans sa ville natale, Dieppe, où il meurt pieusement le 11 avril 1712 dans sa soixante-quatorzième année. Il est inhumé le lendemain dans le chœur de l'église Saint-Jacques de cette ville. Une nuit, par crainte d'une visite domiciliaire, il entassa ses derniers manuscrits dans plusieurs tonneaux qu'il roula dans une prairie et auxquels il mit le feu.

L'affaire Richard Simon ne se comprend que si l'on considère le contexte politique et religieux de son temps. L'Eglise catholique, puissante, s'appuyant sur un peuple rechristianisé, était sur la défensive, comme crispée sur son autorité doctrinale. Il s'agissait de maintenir le troupeau des fidèles uni dans l'orthodoxie de la foi contre les vents mauvais de l'extérieur. Inaccessible au doute, tenant d'une ecclésiologie purement pyramidale, Bossuet, dans ses grandes œuvres, notamment son *Discours sur l'histoire universelle* (1681) et *La Politique tirée des propres paroles de l'Ecriture Sainte* (édition posthume et inachevée publiée en 1709), légitimait l'autorité absolue à la fois dans l'Eglise et dans la monarchie française, le roi étant le lieutenant de Dieu sur terre. L'Ordre – classique – au service de la Vérité – immuable ! Les inquiétudes, les spéculations n'étaient plus de mise. Toute critique était une atteinte à la volonté de Dieu clairement exposée depuis les temps apostoliques, un coup de poignard porté à la tunique sans couture de l'Eglise. Il n'y avait rien à ajouter, rien à enlever aux textes sacrés. Leur appliquer une méthode d'analyse réservée aux œuvres profanes représentait une impiété absolue, d'autant que Richard Simon était, selon Bossuet, un dangereux « libertin ».

Or le grand prélat s'inquiétait de la montée de l'incrédulité. Il savait que les esprits forts, les déistes, les athées s'étaient emparés de la Bible et n'étaient pas enclins à la lâcher, que la philosophie cartésienne induisait une approche rationnelle incompatible avec une saine conception de la foi. Dans le ciel, où le Roi-Soleil tenait à distance les nuages, le farouche aigle de Meaux tournoyait et tournoyait sans cesse, prêt à fondre sur la moindre proie hérétique ! Comme le dit Paul Hazard, « il n'est pas le bâtisseur paisible d'une somptueuse cathédrale, bâtie tout entière dans le style Louis XIV, mais bien plutôt l'ouvrier qui court, affairé, pressé, pour réparer des brèches chaque jour plus menaçantes ».

Esprit universel, immense érudit, Richard Simon aurait pu être l'une des grandes figures intellectuelles de son siècle, à l'image d'un Pascal, d'un Arnauld, d'un Nicole, d'un Bossuet ou d'un Fénelon. Il paya cher, selon l'historien Jean Steinmann, « le droit d'avoir raison contre tout le monde ».

Et cependant, au regard de l'Histoire, dans le combat entre le pot de terre et le pot de fer, entre Richard Simon l'opiniâtre et Jacques Bénigne Bossuet l'impétueux, entre l'obscur savant de l'Oratoire et le sublime orateur sacré, c'est paradoxalement le pot de terre qui l'emporta !

Aujourd'hui, nul ne lui conteste la place de premier plan qu'il occupe dans la genèse de la méthode historico-critique moderne. Sa condamnation malheureuse par les clercs de son temps, qui partaient d'une conception littérale de l'Ecriture comme d'une vision autoritaire et fixiste de la Tradition, a très certainement stérilisé la recherche durant des lustres, au moins en France, car l'œuvre de Simon fut vite connue à l'étranger.

Le 30 septembre 1943, l'encyclique de Pie XII « *Divino Afflante Spiritu* » admettait le bien-fondé de la méthode historico-critique. Cinquante ans plus tard, le 15 avril 1993, la Commission biblique pontificale consacrait Richard Simon comme père de l'exégèse moderne et reconnaissait la nécessité d'avoir recours à cette méthode, sans exclure pour autant d'autres approches : rhétorique, narrative, sémiotique, mais récusant toute lecture fondamentaliste et littéraliste des textes bibliques.

Un changement de perspective est venu avec le tome II du *Jésus de Nazareth* de Joseph Ratzinger/Benoît XVI : « Une chose me semble évidente, écrit-il : en deux cents ans de travail exégétique, l'interprétation historico-critique a désormais donné tout ce qu'elle avait d'essentiel à donner. Si l'exégèse scientifique ne veut pas s'épuiser à rechercher sans cesse de nouvelles hypothèses, devenant théologiquement insignifiantes, elle doit franchir un pas méthodologique supplémentaire et se reconnaître de nouveau comme une discipline théologique, sans renoncer à son caractère historique. »

Point de vue nullement contradictoire avec le précédent, d'autant que Joseph Ratzinger était le président de la Commission biblique pontificale en 1993. Le pape émérite, qui de son propre aveu s'exprimait en théologien privé, ne bannit évidemment pas la méthode historico-critique, dont les apports ont été si riches et qui, sous réserve d'un *aggiornamento* souhaitable, permettra peut-être dans l'avenir d'autres découvertes fructueuses. Il en montre simplement les limites et les impasses actuelles. Si l'on se rapporte par exemple à l'étude du Nouveau Testament, n'a-t-on pas, au nom de cette méthode et en vertu parfois d'options purement personnelles, dissimulées sous un appareil scientifique, creusé à l'excès la distinction entre le « Jésus de l'Histoire » et le « Christ de la foi », déstabilisant ainsi la foi des chrétiens ordinaires en Jésus-Christ sauveur du monde ?

On notera à cet égard la volonté pionnière de Richard Simon de mettre la science biblique à la portée et au service des croyants : il avait rédigé son livre en français et non en latin, dans un langage clair, compréhensible par les profanes. Une leçon à retenir par les exégètes actuels, dont beaucoup ont tendance à s'enfermer dans un jargon ésotérique, accessible seulement à un cercle d'initiés, très éloigné du peuple chrétien et de ses aspirations religieuses.

Entre la double tentation du fondamentalisme rétrograde et du néomodernisme insidieux, il paraît urgent d'en revenir aujourd'hui – au moins sur le plan des principes et de la méthodologie – à Richard Simon, homme de science, mais aussi homme de foi, soumis aux dogmes chrétiens, qui s'est gardé de glisser d'une approche rationnelle des textes à une distorsion rationaliste, incompatible avec le magistère de l'Eglise universelle.

S

Saint-Sépulcre

Il y a deux manières de visiter le Saint-Sépulcre à Jérusalem. La première est de regarder ce qui se voit : un vaste bâtiment à l'architecture complexe – ainsi se présente la vieille basilique des croisés, avec son clair-obscur et ses recoins poussiéreux –, des foules bigarrées, venues du monde entier, parlant plus de langues encore que les apôtres à la Pentecôte, des chandeliers et des lustres éternellement allumés, des relents d'encens, des queues à n'en plus finir s'enroulant autour du tombeau du Christ, des gestes d'adoration ou de superstition autour d'une pierre dite de l'onction qui date du XIXe siècle, des prêtres et des moines de confessions différentes s'entendant comme chiens et chats, grecs orthodoxes, franciscains et arméniens apostoliques, chacun âpre à défendre son pré carré : le transept sud et la chapelle Sainte-Hélène pour les premiers, le transept nord et la chapelle de l'Apparition de Jésus ressuscité à sa mère pour les seconds, la nef centrale ou *catholicon* pour les derniers, avec en prime quelques autres communautés, comme les coptes orthodoxes, les syriens orthodoxes et les éthiopiens orthodoxes, ayant l'autorisation de célébrer leur culte dans de minuscules chapelles latérales. Un sentiment d'étonnement, d'incompréhension, de déception vous saisit alors. Rien ne vous parle vraiment. Quant aux disputes et à la division des chrétiens, elle afflige, surtout lorsque l'on pense au dernier discours du Maître à son Père : « Je leur ai donné la gloire que Tu m'as donnée, pour qu'ils soient un comme nous sommes un, afin qu'ils soient parfaits dans l'unité » (Jean 17, 22-23). Hélas ! On en est loin.

La seconde est d'imaginer les lieux au temps de Jésus : la butte élevée du Golgotha et la tombe neuve de Joseph d'Arimathie, creusée dans la roche, située dans un jardin à quelques pas de là. Ici, on touche à l'émotion pure. Car c'est bien en ce lieu et non sur la falaise rocheuse et à la Garden Tomb (la tombe du jardin), au-delà des murs ottomans du nord de Jérusalem, identifiées en 1883 par le général britannique Gordon, que se trouvaient le Golgotha et la sépulture de Jésus. C'est là, au pied de la croix, que Marie et Jean se tenaient, entourés de soldats romains et de leurs auxiliaires, là que Jésus poussant un grand cri a rendu l'âme, entouré des deux larrons encore vivants et se tordant dans les spasmes de l'agonie.

C'est au tombeau tout à côté qu'a jailli la lumière de Pâques, là que Marie de Magdala est venue au petit matin, là qu'elle a pleuré, là que Pierre et Jean sont accourus, là qu'ils ont constaté sur la banquette de la tombe la présence du linceul affaissé, d'où le corps du

Maître s'était mystérieusement évanoui, là que Jésus ressuscité est apparu à Marie-Madeleine qui le prit pour le jardinier. C'est le lieu décisif pour nous chrétiens, celui de la rotonde sacrée de l'*Anastasis*, c'est-à-dire de la Résurrection, qui entoure la chambre sépulcrale de 2,07 mètres sur 1,90 mètre, à laquelle on accède par une porte basse.

Historiquement, l'emplacement de la croix et du tombeau ne fait aucun doute. Après l'implacable répression de la seconde révolte juive par Hadrien en 135 de notre ère, les juifs, les Samaritains et les judéo-chrétiens furent expulsés de Jérusalem. Voulant éradiquer toute trace du judaïsme et du christianisme, l'empereur fit raser les lieux de culte et expulser les juifs de la plus grande partie de la Judée. Le Saint-Sépulcre fut détruit. Le lieu, comblé de gravats, fut surélevé par une plate-forme sur laquelle on construisit un forum, agrémenté d'un temple de Vénus. Mais le souvenir du Golgotha et du tombeau resta pieusement conservé de génération en génération, au point que nul ne songea jamais à les reconstituer ailleurs de façon factice. C'est dans ce lieu improbable, en pleine ville, qu'ils furent mis au jour en 325 par l'évêque saint Macaire, avant même la venue de sainte Hélène, mère de Constantin. Comme l'écrivait en octobre 1939, dans la revue *La Vie intellectuelle*, le père Louis-Hugues Vincent, grand savant de l'Ecole biblique et archéologique de Jérusalem : « Depuis quarante-cinq ans, j'étudie les lieux. Chaînon par chaînon, j'ai reconstitué toute la tradition du Saint-Sépulcre et du Calvaire. Je suis plus sûr de leur authenticité que de celle du tombeau de Napoléon. » On objectera, il est vrai, qu'aujourd'hui certains doutent que Napoléon repose sous le dôme des Invalides...

Salomé, mère de Jacques et Jean

Salomé en hébreu signifie « paisible » (de *shalom*, paix). Le fut-elle vraiment, cette épouse de Zébédée, le patron pêcheur du lac de Génésareth ? A lire l'Evangile de Matthieu, elle apparaît plutôt comme une femme énergique, courageuse, une vraie mère juive, réaliste, attachée à assurer l'avenir de ses deux fils, Jacques, l'aîné, et Jean, le cadet, qui ont quitté leurs filets. Elle-même fait partie du petit groupe de ces femmes qui suivent Jésus et ses apôtres sur les routes de Galilée et les aident de leurs biens, comme Marie de Magdala, Suzanne, Jeanne, femme de Chouza, l'intendant d'Hérode.

Un jour, poussée par ses fils chéris, elle demande au Maître qu'ils soient assis « l'un à sa droite, l'autre à sa gauche » lorsque adviendra le royaume de Dieu annoncé, qu'ils partagent en quelque sorte honneurs et pouvoir avec lui. Savait-elle bien ce qu'était le Royaume ? N'en avait-elle pas une vision purement temporelle et matérialiste, comme tous ceux qui croyaient que le Nazôréen allait chasser les Romains et rétablir en Israël le trône de David ?

Les deux impétueux garçons de Zébédée, les « fils du Tonnerre », comme Jésus les a surnommés, sont présents, et c'est à eux qu'il répond par une fin de non-recevoir, prophétisant que la coupe qu'il va boire, ils la boiront aussi, autrement dit qu'ils connaîtront à leur tour le martyre. Salomé ne se décourage pas. Cœur simple et fidèle, elle est à Jérusalem à la veille de la Pâque de l'an 33, regardant « à distance » le supplice de Jésus sur la croix. Elle est enfin de celles qui se rendent au tombeau au petit matin le surlendemain et qui le découvrent vide. L'Histoire ensuite perd sa trace, tandis que la légende la fait débarquer aux Saintes-Maries-de-la-Mer, où sa mémoire est toujours vénérée sous le nom de Marie Salomé.

Voir : Jean, fils de Zébédée.

Samaritaine (La)

Ce célèbre épisode du Nouveau Testament, tant de fois traité par la peinture ou le dessin – des fresques naïves des catacombes de la Via latina aux œuvres émouvantes de Rembrandt, Philippe de Champaigne ou Bernardo Strozzi –, m'a toujours paru un moment de grâce. L'une des représentations les plus impressionnantes et les plus symboliques est, à mon avis, une eau-forte du graveur brésilien Alexandre Lettnin : le Christ et la Samaritaine sont vus de haut ; l'eau du puits – l'Eau vive – ronde et blanche comme une hostie immaculée, sur laquelle se détache le bras de Jésus, est au centre de la rencontre…

Jean est le seul évangéliste à nous avoir conté cette histoire, avec son art délicat de composer un récit et d'y glisser subtilement sa signification profonde. Après avoir traversé par des routes poussiéreuses une partie de la Samarie pour se rendre en Judée, Jésus arrive à Sychar, l'actuel Askar, dominé par les roches ocre et dénudées de l'Ebal et du Garizim. Une marche de sept ou huit heures, commencée dès l'aube pour échapper aux fortes chaleurs, l'a épuisé et assoiffé. « Les champs sont blancs pour la moisson », a noté Jean. Il s'est assis sur la margelle d'un puits, pas n'importe lequel, celui que le patriarche Jacob, selon la Bible, a donné aux habitants du lieu et dont il aurait fait déborder l'eau en signe de don divin.

Ce point d'eau, qui existe toujours, est vénéré depuis le IIIe siècle au moins. Il est extrêmement profond : plus de 40 mètres. La margelle cylindrique est large d'environ 2,50 mètres. Elle est pour partie revêtue d'une maçonnerie de petites pierres et pour l'autre creusée dans le calcaire. Depuis l'époque de l'empereur Théodose (vers

380), le puits est situé à l'intérieur d'une église. Détruit par les Arabes au IIIe siècle, ce premier édifice fit place à une construction à trois nefs érigée par les croisés en 1150 et abandonnée quatre siècles plus tard. Une communauté grecque orthodoxe, après avoir restauré la crypte où se trouvait le fameux puits, la releva.

Jésus attend que quelqu'un vienne, car il n'a aucun récipient. Par chance, arrive une Samaritaine, cruche sur la tête. « Donne-moi à boire », lui demande Jésus. La jeune femme est surprise : elle a compris à son accent que le voyageur est un Galiléen. « Comment, s'étonne-t-elle, toi qui es juif, tu me demandes à boire, à moi une Samaritaine ! » Elle n'en revient pas qu'il ait pu transgresser deux interdits : s'adresser à une femme seule dans un lieu public et avoir l'air de vouloir utiliser pour boire le même ustensile qu'elle, lui, un étranger. La société des Samaritains est tout aussi cloisonnée et traversée d'interdits que la société juive. Jean a consigné l'essentiel du dialogue qui s'échange alors. « Si tu savais le don de Dieu et qui est celui qui te dit "Donne-moi à boire", lui répond Jésus, c'est toi qui l'en aurais prié, et il t'aurait donné de l'eau. » Elle l'interroge : « Seigneur, tu n'as rien pour puiser, et le puits est profond. Comment l'aurais-tu, cette eau vive ? Serais-tu plus grand, toi, que notre père Jacob qui nous a donné ce puits et y a bu, lui et ses fils et ses bêtes ? » Il ne faut pas s'étonner de la qualification de « Seigneur » attribuée à Jésus : il ne s'agit pas en l'occurrence d'une appellation christologique, mais d'un titre honorifique. « Quiconque boit de cette eau aura encore soif, réplique-t-il mystérieusement, mais celui qui boira l'eau que je lui donnerai n'aura plus jamais soif : l'eau que je lui donnerai deviendra en lui une source d'eau jaillissant en vie éternelle. » Il fait allusion à l'eau vivifiante de la Parole de Dieu, comme l'avaient fait en leur temps Isaïe ou Ezéchiel. La pauvre femme ne comprend pas. « Seigneur, donne-la moi, cette eau, que je n'aie plus soif et que je ne me rende plus ici pour puiser. » Jésus lui répond : « Va, appelle ton mari et viens ici. » De mari, elle n'en a pas ! Il reprend : « Tu as bien dit : "Je n'ai pas de mari", car tu as eu cinq maris, et maintenant celui que tu as n'est pas ton mari : en cela tu dis vrai. » Cette révélation sur son passé et sa situation conjugale la stupéfie. « Seigneur, je vois bien que tu es prophète. » Surgit alors une question concernant les juifs qui la tracasse : « Nos pères ont adoré sur cette montagne, lui dit-elle en lui montrant la croupe caillouteuse et mollement arrondie du mont Garizim qui domine le paysage. Et vous, vous dites : c'est à Jérusalem qu'est le Lieu où il faut adorer. » Quel est donc le vrai lieu de culte, celui qui plaît à Dieu ? « Crois-moi, femme, rétorque le mystérieux voyageur, l'heure vient où ce n'est ni sur cette montagne ni à Jérusalem que vous adorerez le Père. Vous adorez, vous, ce que vous ne connaissez pas ; nous adorons, nous, ce que nous connaissons, parce que le salut vient des juifs. Mais elle vient l'heure – et c'est maintenant ! – où les véritables adorateurs adoreront le Père en esprit et en vérité ; tels sont, en effet, les adorateurs que cherche le Père : Dieu est esprit, et ceux qui adorent doivent adorer en esprit et en vérité » (4, 1-24).

Cet enseignement nouveau est capital. Jésus, par crainte d'un scandale qui aurait provoqué trop vite sa fin, n'a pas osé le proclamer à Jérusalem, où il s'était contenté de purifier le Temple. Il est vrai qu'au milieu du peuple samaritain la question est non moins brûlante, tant étaient vives les rivalités autour du culte sacrificiel. Avec les temps messianiques inaugurés par Jésus, les holocaustes d'animaux sont définitivement abolis. On ne gagnera pas son Ciel avec de la chair grillée. Au VIIIe siècle avant notre ère, Amos, berger de Tekoa, au temps du roi de Juda Ozias, l'avait déjà dit : ce que Dieu aime, ce ne sont pas tant les sacrifices que les élans de l'âme, la charité et la justice !

La Samaritaine est impressionnée : « Je sais que le Messie doit venir, celui qu'on appelle l'Oint ; quand il viendra il nous annoncera toutes choses. » Ses coreligionnaires, qui, comme les juifs de l'ancien royaume de Juda, suivaient les croyances et les prescriptions du Pentateuque, avaient une vision différente du Messie : le *Ta'eb*, « celui qui doit revenir », le « Restaurateur », n'était nullement un roi ou un chef de guerre, mais un prophète, un nouveau Moïse. Jésus, qui n'encourt pas le risque d'une mauvaise interprétation de ses paroles, se révèle alors : « Je le suis, moi qui te parle » (4, 25-26).

Mais voici que ses disciples reviennent avec de la nourriture et s'étonnent de l'apercevoir en conversation avec une femme inconnue. Celle-ci, toute bouleversée par ce qu'elle vient d'entendre, laisse là sa cruche et retourne au village, courant d'une maison à l'autre : « Venez voir un homme qui m'a dit tout ce que j'ai fait. Ne serait-ce pas le Christ ? »

Sur ce, les disciples encouragent Jésus à manger, mais il leur répond : « Moi, j'ai à manger une nourriture que vous ne connaissez pas. » Ils s'interrogent : « Quelqu'un lui aurait-il apporté à manger ? » Jésus reprend : « Mon aliment, c'est de faire la volonté de Celui qui m'a envoyé et d'accomplir son œuvre. Ne dites-vous pas, vous : encore quatre mois, et la moisson vient ? Voici ce que je vous dis : levez les yeux et voyez les campagnes. Elles sont blanches pour la moisson. Désormais, le moissonneur va recevoir un salaire et amasser du fruit pour la vie éternelle, afin que le semeur se réjouisse en même temps que le moissonneur. Car en cela le proverbe est véridique : autre est le semeur, autre le moissonneur. Moi, je vous ai envoyé moissonner ce pour quoi vous, vous n'avez pas peiné ; d'autres ont peiné et c'est vous qui profitez de leur peine » (4, 27-38).

Les villageois se sont transportés en grand nombre au puits de Jacob. Ils voient, ils écoutent Jésus. A leur tour, ils sont impressionnés. Ils l'invitent à lui faire l'honneur de demeurer chez eux. Lui et ses disciples y restent deux jours. « Ce n'est plus à cause de tes dires, avouent les Samaritains à la femme, que nous croyons ; nous avons entendu nous-mêmes et nous savons qu'il est vraiment le Sauveur du monde » (4, 42).

Par ce long épisode, Jean l'évangéliste a voulu montrer que ces hérétiques avaient cru avant les habitants de Judée, ce qui au moment de l'expansion du christianisme avait une grande importance. Il a glissé dans son récit une allusion à l'histoire de la Samarie. En 722 avant notre ère, Sargon II, roi d'Assyrie et de Babylone, avait ravagé la région et déporté les habitants, les remplaçant par des colons venus de cinq villes, Babylone, Kuta, Avva, Hamat et Sepharvayim. Ces derniers avaient conservé leurs dieux, avant, selon la Bible, que le souverain leur envoyât l'un des prêtres juifs déportés qui leur apprit à révérer YHWH. Les Samaritains avaient donc eux cinq « époux » avant celui-ci.

« Le salut vient des juifs » : on notera cette phrase fondamentale de Jésus. Jean l'évangéliste, que des générations de commentateurs ont présenté indûment comme antijuif, voire antisémite, est le seul à la rapporter. Pour nous chrétiens, en effet, le Salut vient des juifs. C'est le peuple de l'Alliance qui porte le Salut du monde. Mais, déjà, Jésus annonce le dépassement du message du Premier Testament : on adorera Dieu en tout lieu, « en esprit et en vérité » et non par des sacrifices animaliers, et celui-ci rassemblera hommes et peuples. « Les champs sont blancs pour la moisson. »

Satan

Qui ne connaît la fameuse phrase de Charles Baudelaire : « La plus belle ruse du démon, c'est de nous persuader qu'il n'existe pas » ? Avec Jésus, Satan n'a pas pris de tels gants. Pas de ruse, de chemin de traverse, pas de déguisement. Il fonce, il attaque frontalement, brutalement, dénonce, car il sait qui il est et sent son propre pouvoir menacé. C'est le sens du récit des tentations pendant la retraite de Jésus durant « quarante jours et quarante nuits », rapporté dans les Evangiles synoptiques*. Au djebel Qarantal – autrement dit le mont de la Quarantaine –, qui domine de ses rochers ocre la belle oasis de Jéricho, lieu traditionnel de la tentation depuis le IVe siècle, on peut admirer un magnifique panorama qui s'étend à l'ouest sur le mont des Oliviers, au nord et à l'est sur la coulée du Jourdain, au sud sur les escarpements fauves du Moab et l'infini scintillement de la mer Morte. Si je ne suis pas du tout sûr de l'authenticité du lieu, je suis certain, en revanche, que Jésus a été à plusieurs reprises tenté et qu'il a rapporté son combat spirituel à ses disciples, sinon ceux-ci n'auraient jamais osé le mentionner dans les Evangiles.

Le récit de Matthieu et de Luc se présente sous la forme allégorique d'un triple assaut de Satan destiné à le détourner de sa mission. Première tentation, celle des biens matériels et de la richesse : « Si tu es le Fils de Dieu, ordonne que ces pierres se changent en pain. » Il répond : « Il est écrit : "Ce n'est pas de pain seul que vivra l'homme, mais de toute parole qui sort de la bouche de Dieu." » Deuxième tentation, celle de la puissance : « Si tu es le Fils de Dieu, jette-toi du faîte du Temple, car il est écrit : "Il a donné ordre à ses anges ; ils te porteront dans leurs bras de peur que tu ne heurtes du pied quelque pierre." » Jésus répond par une nouvelle citation de l'Ecriture : « Tu ne tenteras pas le Seigneur ton Dieu. » Troisième et dernière tentation : celle de la gloire terrestre. Satan lui fait voir « tous les royaumes du monde » et lui susurre : « Tout cela, je te le donnerai si tu tombes prosterné devant moi. » « Va-t'en, Satan, réplique-t-il, car il est écrit : "C'est le Seigneur ton Dieu que tu adoreras, et à lui seul tu rendras un culte" » (Matthieu 4, 1-10).

Ce récit très stylisé a pour but de montrer qu'en tant qu'homme disposant d'un pouvoir extraordinaire le Nazaréen a subi maintes tentations de tous ordres, tentations intérieures, mais bien réelles, et qu'il a prié et jeûné pour les écarter. On n'est pas obligé de croire que pour ce faire le diable l'a transporté au sommet d'une montagne ou au faîte du Temple. La Lettre aux Hébreux, écrite avant 70 par un disciple juif de Paul, le dit à sa manière : « Comme il [Jésus] a été tenté lui-même, il peut secourir ceux que la tentation assaille » (2, 18).

Satan, du reste, comment l'oublier ? Il est partout dans le Nouveau Testament et singulièrement dans les quatre Evangiles. Un jour de sabbat, rapporte Marc, alors que Jésus est entré dans la synagogue de Capharnaüm, un homme possédé d'un esprit impur s'écrie : « Que nous veux-tu, Jésus le Nazaréen ? Es-tu venu pour nous perdre ? Je sais qui tu es : le saint de Dieu. » « Silence ! lui ordonne Jésus, et sors de lui. » Après avoir secoué violemment sa victime, le démon s'échappe enfin. Le malheureux est délivré. L'émotion est grande dans la salle de réunion. Quel est celui qui commande même aux démons ? La renommée de Jésus se répand aussitôt dans toute la Galilée (1, 23-28). Dès lors, à côté de malades, on lui amène de nombreux « démoniaques » qu'il exorcise. Les scribes descendus de Jérusalem ont tôt fait de l'accuser d'être lui-même possédé de Béelzéboul. « C'est par le chef des démons qu'il chasse les démons ! », assurent-ils. Jésus réplique : « Comment Satan peut-il chasser Satan ? Si un royaume se divise contre lui-même, ce royaume ne peut se maintenir » (Marc 3, 22-24). « L'ennemi qui a semé l'ivraie, dit encore Jésus dans la parabole du Semeur, c'est le diable » (Matthieu 13, 39).

Un des plus célèbres exorcismes de Jésus est celui qu'il pratiqua au pays des Géraséniens (ou Gergéséniens) sur un possédé qui vivait à l'écart du village au milieu des tombes. « Sors de cet homme, esprit impur », lui intime Jésus. « Que me veux-tu, Jésus, Fils du Dieu Très Haut ? hurle l'esprit malin. Je t'adjure de par Dieu, ne me torture pas ! » « Quel est ton nom ? reprend Jésus. – Mon nom est Légion, parce que nous sommes beaucoup » (Luc 8, 28-30). Et les esprits impurs le prient de les envoyer dans un troupeau de porcs. Il en est ainsi fait. Les esprits démoniaques sortent du possédé, nous dit Marc, et entrent dans le troupeau de porcs qui se précipite du haut d'un escarpement dans le lac de Génésareth. C'était sur la rive orientale, non loin de Kursi.

Pour qui a étudié un peu la question, ces phénomènes ne sont pas aussi extravagants que pourrait le penser notre société sceptique et rationaliste. J'ai lu les livres convaincants de Mgr Léon Cristiani, de François Dunois Canette ou de don Gabriele Amorth, exorciste en chef de la cité du Vatican et du diocèse de Rome. J'ai eu l'occasion de m'entretenir longuement avec un exorciste diocésain français (aujourd'hui décédé) et de prendre connaissance en primeur de l'épais manuscrit de son journal. Les assauts du démon sur les prêtres et les religieux y sont particulièrement effrayants. Très éprouvant est le combat de celui qui a reçu mission, au nom du Christ, d'expulser les démons intrus, et si les scènes d'exorcisme ne sont pas toujours aussi grandguignolesques que dans le fameux film américain *L'Exorciste*, certaines sont vraiment terribles. C'est comme un corps à corps avec les puissances du Mal, dont il faut supporter les injures furieuses. Naturellement, la prudence, le discernement s'imposent : les vraies possessions sont plus rares que les maladies mentales ou les différentes formes d'hystérie. Mais certains psychiatres envoient vers les prêtres leurs patients quand ils se rendent compte que quelque chose leur échappe.

Ces phénomènes indéniables nous posent de graves questions métaphysiques, sur le Mal, sur Dieu. Voici une sorte de parabole moderne, comme Jésus aurait aimé peut-être la raconter. Un jour, à l'université – nous sommes à la fin du XIXe siècle –, un professeur de sciences physiques, désireux d'éprouver la sagacité de ses étudiants, leur demande : « Est-ce que Dieu a créé tout ce qui existe ? — Bien sûr, lui répond un élève. — Alors Dieu a créé également le diable, parce que le diable existe bien, non ? » L'étudiant reste sans voix. Un second lève la main : « Puis-je vous poser une question ? — Naturellement. — Le froid existe-t-il ? — Naturellement. N'avez-vous jamais eu froid ? — Non, Monsieur, le froid n'existe pas. La physique définit le froid comme l'absence totale de chaleur. Un objet ne peut être étudié que s'il possède de l'énergie. Sans chaleur les objets restent inertes, incapables de réagir. Nous avons créé le mot froid pour définir l'absence totale de chaleur. » Le professeur ne dit rien. « Et l'obscurité ? reprend l'étudiant érudit. — Bien sûr qu'elle existe. — Vous faites erreur, Monsieur, l'obscurité est l'absence de lumière. Vous pouvez étudier la lumière, mais pas l'obscurité. Le prisme de Nicol montre la variété des couleurs qui composent la lumière selon la longueur d'onde. Nous avons créé le mot pour définir l'absence totale de lumière. » Le même étudiant demande alors : « Et le diable existe-t-il ? Dieu n'a pas créé le diable dans le cœur des hommes. C'est l'absence d'amour, d'humanité et de foi. Leur absence mène au diable. » On ne connaît ni le nom du professeur, ni celui du premier élève, mais seulement celui du second : Albert Einstein.

Je doute que cette anecdote (dont l'authenticité n'est d'ailleurs pas avérée) puisse résoudre l'immense problème métaphysique de Satan et des anges révoltés lors de la première Création, mais elle aide à la réflexion. Dans la foi chrétienne, Satan, Lucifer, Beelzéboul, le diable, le démon, le grand Tentateur (puisqu'il faut l'appeler par son nom et que ce nom même semble nous échapper) est une entité maléfique, non une force obscure dénuée de volonté. Il est le Prince des anges révoltés, « l'accusateur », le « diviseur », le grand ravageur de la Parole de Dieu, le « père du mensonge » (Jean 8, 44), « celui qui égare le monde entier », qui fut « jeté sur la terre, et ses anges avec lui » (Apocalypse 12, 9).

Envoyant ses disciples en mission, deux par deux, Jésus leur donne le pouvoir de chasser « en son nom » les démons (Matthieu 7, 22). Mais il ne se laisse pas séduire par les doucereuses et tentatrices paroles de Simon-Pierre, qui voulait le convaincre de renoncer à endurer sa Passion à Jérusalem : « « Va-t'en, arrière de moi, Satan ! Tu m'es un scandale, parce que tes pensées ne sont pas celles de Dieu, mais celles des hommes » (Matthieu 16, 23). Heureusement, la lutte se terminera à la fin des temps par le triomphe sur les forces du Mal. « J'ai vu Satan tomber du ciel comme un éclair », dit Jésus (Luc 10, 18). « Le Dieu de la paix, écrit saint Paul, aura tôt fait de briser le Satan sous vos pieds » (Romains 16, 20).

En attendant, il est toujours en ce monde et ne semble pas en trop mauvaise forme. Luther, au château de la Wartbourg, avait dû jeter un encrier à la figure de ce désagréable importun qui l'empêchait de travailler. « Je l'ai vu de mes yeux, écrit-il, sous la forme d'un porc, d'un bouchon de paille enflammé, d'un sanglier noir… » Au XIXe siècle, le saint curé d'Ars s'était battu contre ce méchant « grappin », qui la nuit faisait un vacarme enragé, secouait son lit et mettait le feu à sa paillasse. « Vianney, Vianney ! Tu n'es pas encore mort… Ah ! Je l'aurai bien ! » « Le grappin a une bien vilaine voix, confiait le saint curé. Il est bien méchant, mais il est bien bête… Moi, il me tourmente comme ça, quelquefois il me prend par les pieds et me traîne dans ma chambre, c'est parce que je convertis des âmes au Bon Dieu… Je m'y habitue, il ne peut rien sans la permission de Dieu… Depuis le temps que nous avons à faire ensemble, nous sommes quasi camarades ! » Combien d'autres saints ont eu à subir les assauts tentateurs et violents du démon ! N'est-ce pas lui encore qui, à Lourdes, après les apparitions de la Vierge à Bernadette, tenta de semer le doute et le trouble par de fausses apparitions ?

Plus près de nous, Paul VI a évoqué les « fumées de Satan » qui avaient pénétré dans l'Eglise après le concile de Vatican II. Saint Jean-Paul II ne l'a pas exclu de son enseignement doctrinal, ni Benoît XVI. Le prince de ce monde, le pape François aujourd'hui ne craint pas de l'évoquer, avec la rudesse de son franc-parler d'ancien archevêque sud-américain : « Quand on ne confesse pas Jésus-Christ, me vient à l'esprit la phrase de Léon Bloy : “Celui qui ne prie pas le Seigneur prie le Diable.” Quand on ne confesse pas Jésus-Christ, on confesse la mondanité du diable, la mondanité du démon. » Rude à encaisser, surtout pour la catéchèse dite « moderne », ses fiches pédagogiques et ses « parcours » sinueux ou elliptiques, qui ont évacué depuis longtemps ce personnage encombrant… Cela pose le vaste problème de la transmission de la foi dans notre monde. Comme le déplore le cardinal guinéen Robert Sarah, préfet de la Congrégation du culte divin et de la discipline des sacrements, « on a renoncé à enseigner le catéchisme. On a créé quelque chose qui n'est pas le catéchisme, en n'intégrant pas certains éléments doctrinaux ». La plus belle ruse du démon n'est-elle pas aujourd'hui d'avoir réussi à s'échapper des pages du petit catéchisme et à se faire passer pour un personnage des *Contes de ma mère l'oye* ?

Sel de la terre

Tous ceux qui ont eu l'occasion de le faire savent qu'un bain dans la mer Morte est l'une des plus insolites sensations que l'on puisse éprouver. Sur cette mer d'huile, à 422 mètres sous le niveau des océans (le point le plus bas de la planète), salée 7 à 13 fois plus que les autres, les corps flottent. On peut y lire son journal en toute tranquillité.

Après le sel de la mer, celui de la terre. Non loin de là, en effet, selon le livre de la Genèse, la femme de Loth, le neveu d'Abraham, fut transformée en statue de sel pour avoir regardé, transgressant l'ordre des anges, Sodome en train de disparaître sous le feu du ciel et les pluies de soufre. Cette malheureuse d'ailleurs est toujours là, au djebel Usdum, telle une colonne de roche torturée dominant la rive méridionale de la mer Morte…

Le sel n'est pas que symbole de mort. Tout au contraire, il donne de la saveur à la nourriture et partant à la vie. Il était d'autant plus précieux dans les sociétés anciennes qu'il servait à la conservation des aliments, viande et poisson compris. La Bible hébraïque insiste sur son rôle sacerdotal. « Tu saleras toute oblation que tu offriras et tu ne cesseras de mettre sur ton oblation le sel de l'Alliance de ton Dieu » (Lévitique 2, 13). Même l'encens devait être salé (Exode 30, 35). Sur « le jeune taureau sans défaut et le bélier du troupeau sans défaut [...] les prêtres jetteront du sel et les offriront à YHWH » (Ezéchiel 43, 24). Le sel, en effet, à la différence du levain, symbolise ce qui dure. « C'est une alliance de sel perpétuelle devant YHWH pour toi et avec tes descendants avec toi » (Nombres 18, 19). « Ecoutez, Jéroboam et tout Israël ! Ne devez-vous pas savoir que YHWH, le Dieu d'Israël, a donné pour toujours la royauté à David et pour ses descendants ? C'est une alliance de sel » (2 Chroniques 13, 5).

« Vous êtes le sel de la terre », reprend à son tour Jésus devant ses disciples (Matthieu 5, 13), non parce qu'ils appartiendraient à on ne sait quel club élitiste, mais parce qu'ils « sont au Christ », selon l'expression de Paul. Ils doivent donner de la saveur, du goût au monde.

C'est un appel à ne pas désespérer, adressé aujourd'hui à nos chrétientés occidentales qui se dessèchent et se rabougrissent au contact d'une société individualiste, matérialiste et hédoniste, ayant perdu le sens de la transcendance. Ne suffit-il pas de quelques grains de sel, de bon sel non affadi, pour redonner du goût à l'humanité ?

Rassurant ? Oui et non, car il ne faut pas oublier la suite de la phrase de Jésus : « Mais si le sel perd sa saveur, avec quoi la lui rendra-t-on ? Il n'est plus bon qu'à être jeté dehors et foulé aux pieds par les hommes » (Matthieu 5, 13). Renvoyé à ses responsabilités, le chrétien est appelé à rester vigilant. « Ne dormez plus, ne dormez plus, s'écriait sainte Thérèse d'Avila, parce qu'il n'y a pas de paix sur la terre ! » « Chacun, en effet, avait ajouté Jésus, sera salé par le feu ! » (Marc 9, 49).

Sepphoris

Ce que j'apprécie dans l'archéologie biblique, ce n'est pas seulement l'émerveillement devant la découverte d'un vase de verre filé ou d'une lampe à huile illustrant la parabole des dix vierges, ce sont les remises en question, les questionnements et les mystères sans fin qu'elle suscite. Voyez le chantier de Sepphoris en Galilée, *Tsippori* en hébreu, dont le nom viendrait selon le Talmud du mot « oiseau » (*zippor*), parce qu'elle est assise sur une colline, telle une vigie dominant la vallée de Beit Nétofa, à moins de sept kilomètres au nord de Nazareth.

Les fouilles, commencées à partir de 1988, ont mis au jour des rues rectilignes, distribuées le long d'un *cardo* (axe nord-sud) et d'un *decumanus* (axe est-ouest), des tracés de maisons, d'échoppes, des restes de colonnades, des citernes souterraines, des silos à grains, des aqueducs, un théâtre romain. Parmi la quarantaine de pavements de mosaïques gréco-romaines qu'on a dégagés, on montre aux touristes deux pièces exceptionnelles. La première, dans une maison palladienne détruite par le tremblement de terre de 363, est le médaillon d'une femme d'une grande beauté, baptisée « la Mona Lisa de Galilée » ; la seconde évoque les fêtes célébrées en l'honneur du dieu Nil. La présence de *mikvaot** et de jarres en pierre dans les maisons, les pratiques funéraires et l'absence d'ossements porcins semblent relativiser le degré d'hellénisation de la cité que les premiers chercheurs ont sans doute exagéré.

L'histoire de cette acropole galiléenne reste cependant assez obscure, et l'on a du mal à dater avec précision tous ses vestiges. La première mention de son existence remonte au règne d'Alexandre Jannée (103-70 avant J.-C.). En 63 avant J.-C., l'armée de Pompée s'en empara et y installa ses quartiers. Une dizaine d'années plus tard, Aulus Gabinius, proconsul de Syrie, en fit la capitale de la Galilée. Hérode le Grand, de retour de Rome, profita des abondantes chutes de neige pour surprendre la ville, qui était tombée aux mains des partisans d'Antigone. A sa mort, Sepphoris devint l'épicentre de la révolte conduite contre les Romains par Judas de Gamala, dit Judas le Galiléen. La prise par surprise de l'arsenal de la ville permit aux rebelles de s'armer et de mener la guerre en Galilée. La répression fut implacable. La ville fut assiégée et ravagée par les légions de Publius Quinctilius Varus, consul de Syrie, puis occupée par son allié Arétas IV, roi des Nabatéens. Hérode Antipas, fils d'Hérode, qui avait hérité de la tétrarchie de Galilée, décida de la reconstruire et de la refonder en ville impériale sous le nom d'Autocratoris, en l'honneur d'Auguste. Se souvenant de la répression de Varus, la ville resta soumise à Rome pendant les deux guerres juives, celle de 66-70 et celle de 132-135. C'est alors que l'empereur Hadrien en fit une cité indépendante sous le vocable de Diocaesarea (dédiée à César). Quelques décennies plus tard, l'installation du Sanhédrin derrière ses murs vint contrecarrer l'influence païenne qui s'y était fait sentir. C'est notamment en ce lieu que rabbi Yehudah Ha Nasi (Juda le Prince) acheva de rédiger la Mishna, compilation des lois orales et des traditions juridiques juives.

La question est de savoir si Jésus est venu à Sepphoris. Le Nouveau Testament est silencieux, ne citant pas même le nom de cette capitale de la Galilée, peuplée selon l'archéologue américain Jonathan L. Reed d'au moins 12 000 habitants, qui sera détrônée un peu plus tard par Tibériade, nouvelle capitale sur le lac de Génésareth. Selon une tradition chrétienne, c'est en ce lieu que Marie serait née d'Anne et de Joachim. Au XIIe siècle, les croisés édifièrent une vaste église Sainte-Anne, peut-être à l'emplacement de la maison familiale.

Mais Jésus ? La reconstruction de Sepphoris nécessita l'utilisation d'une abondante main-d'œuvre, donnant du travail à tous les villages environnants. Quoi de plus naturel de penser que Joseph, artisan chevronné du bois, et son fils apprenti y soient venus à de nombreuses reprises ? Il fallait des charpentes, des chambranles pour les nouvelles maisons.

Jésus a-t-il connu le magnifique théâtre de 4 500 places, creusé dans la pente rocheuse de la colline ? Certains exégètes se sont demandé si le mot « hypocrite » utilisé par lui à propos des pharisiens, et qui vient du terme grec désignant un comédien, ne faisait pas allusion aux mimes, pantomimes et farces qui s'y déroulaient. Malheureusement, les archéologues ne sont pas d'accord sur sa date d'édification. Pour James Strange, l'un des directeurs des fouilles, il daterait du temps d'Hérode Antipas et serait donc contemporain de Jésus. Pour d'autres, E. Meyers, Z. Weiss et E. Netzer, il serait postérieur à l'an 70, mais il est possible qu'un amphithéâtre plus petit ait existé antérieurement. Ce qui est sûr, c'est qu'il n'a pas pu admirer la « Mona Lisa de Galilée » : celle-ci date du IIIe siècle.

Durant son ministère public, Jésus est-il retourné à Sepphoris ? Là aussi, on est dans l'incertitude. Cela paraît peu probable, tant il fuyait les grandes agglomérations, privilégiant la Galilée rurale et son mode de vie traditionnel. Etait-ce le rejet de la culture hellénistique ou la crainte de s'y faire arrêter plus facilement ? Jamais il n'est question de son passage dans les villes grecques de la Décapole, même les plus proches de ses itinéraires, comme Hippos, Pella ou Scythopolis (Beït Shéan). Jamais il ne semble avoir foulé les rues de Césarée maritime ou de Tibériade, deux centres urbains majeurs. Voilà sans doute pourquoi les Evangiles ne parlent pas non plus de Sepphoris la brillante, « le joyau de Galilée », comme disait lyriquement Flavius Josèphe.

Simon de Cyrène

Comment ne pas s'étonner d'un tel destin ! En ce début d'après-midi du vendredi 14 nisan (3 avril) de l'an 33, voici un robuste gaillard qui vient de la campagne. Est-ce un pèlerin ou un habitant de Jérusalem ? On ne sait. Il approche des murailles de la cité, s'apprêtant à rentrer chez lui pour célébrer la Pâque. Près de la porte des Jardins, non loin de la tour Hippicos de l'ancien palais d'Hérode le Grand, qui sert de résidence au préfet romain, une foule se presse. Que se passe-t-il ? Des femmes poussent de grands cris et se lamentent en se frappant la poitrine. L'homme s'avance. Ce sont trois individus qui se font conduire par des soldats romains en armes au lieu de leur exécution. L'un d'eux est très mal en point. Sa tunique de laine brune est maculée de sang, signe qu'il a été violemment flagellé. Soudain, le malheureux s'écroule sous le poids de sa croix. Des gardes le relèvent. Et voici que le chef de l'escouade fend la populace, pointe du doigt l'homme qui rentre en ville et le réquisitionne pour porter l'instrument de torture, une lourde *crux sublimis* que les bourreaux romains vont bientôt élever de terre avec son supplicié encloué. Ce n'est pas de chance ! Il a fallu que ce désagrément tombe sur lui ! En chargeant sur son épaule gauche le bois maudit, il sait qu'il se rend impur et qu'il ne pourra manger la pâque à la tombée du soir.

Simon de Cyrène, tel est son nom, ignore que ce geste lui vaudra une renommée universelle qui traversera les siècles. Il sera représenté dans d'innombrables tableaux ou gravures, car le supplicié que l'on conduit à quelques dizaines de mètres de là au lieu-dit Golgotha, une butte rocheuse qui domine un jardin et d'anciennes carrières, n'est autre que Jésus le Nazôréen, et lui, Simon, marche derrière lui.

L'Histoire sait peu de choses de ce personnage, sinon que c'était un juif originaire de Cyrène, capitale de cette région d'Afrique du Nord appelée Cyrénaïque. Probablement faisait-il partie de la communauté hellénistique des Cyrénéens, qui possédaient leur propre synagogue assortie d'une hôtellerie. Marqué à jamais par l'épisode du chemin de croix, il semble que Simon se soit converti. En tout cas, Marc, dans son Evangile, rédigé moins de trente ans après, cite ses deux fils, Rufus (forme hellénisée de Ruben) et Alexandre (nom grec courant en Judée), comme faisant partie de la première communauté chrétienne et connus de ses lecteurs. « Si quelqu'un veut me suivre, avait dit Jésus, qu'il renonce à lui-même, qu'il prenne sa croix et qu'il me suive » (Matthieu 16, 24). C'est bien ce qu'il s'était passé. Ce réquisitionné représente pour l'éternité, malgré la différence de situation, le modèle du disciple parfait que tout chrétien est appelé à imiter. Une malchance ? Non, une chance inouïe !

Soukkot, an 32

Ce que je trouve fascinant dans l'Evangile de Jean, c'est la précision historique des événements relatés, cette façon unique qu'il a de replacer les paroles de Jésus dans leur contexte, de rendre compte d'un ton qui sonne remarquablement juste au regard de ce que nous connaissons du judaïsme du temps, des controverses échangées avec les scribes et les notables juifs, sans omettre leurs dispositions intérieures. Cela s'explique naturellement par le fait que l'auteur du quatrième Evangile est un témoin oculaire, alors que les trois autres Evangiles canoniques (hormis les passages de Matthieu que l'on peut attribuer à l'apôtre) proviennent d'auteurs qui n'ont pas connu Jésus. Je pense que le disciple bien-aimé a dû très vite prendre en notes ses paroles stupéfiantes, ses discussions houleuses avec les pharisiens et les sadducéens : elles lui serviront plus tard à en reconstituer les fragments les plus importants dans son texte incomparable. Les ruptures de ton, les discordances montrent qu'il n'a pas inventé ni établi un discours bien lisse à la manière des historiens grecs. Le long passage de Jean sur la dernière fête de Soukkot, la fête des Tentes ou des Tabernacles (chapitre 7 et début du 8) est très vivant.

Le spectacle devait être à la fois émouvant et impressionnant. Nous sommes en octobre 32. Les collines alentour sont couvertes d'édifices feuillus décorés de rubans de couleur, de fleurs ou de pampres de vigne. Les pèlerins, femmes et enfants inclus, brandissent d'une main des palmes enrubannées, attachées avec des brins de myrte et de saule de rivière, et de l'autre un cédrat. Ils chantent et dansent, emplis d'allégresse, agitant leur bouquet représentant les « quatre espèces » vers les quatre points cardinaux en rendant grâce au Tout-Puissant. La fête dure huit jours, durant lesquels les prêtres font la procession autour de l'autel des sacrifices, garni de branches de saule, ajoutant chaque jour un tour supplémentaire.

Jésus est recherché, mais personne ne sait où il est, ni même s'il va venir. La foule s'interroge à voix basse sur son identité. Il a beau être absent, tout Jérusalem ne parle que de lui ! Est-ce un authentique sage ou un charlatan, un faux prophète proscrit par la Loi ? Et chacun redoute d'avoir à témoigner à son sujet auprès des autorités religieuses.

Ce n'est que quatre jours après le début de la fête qu'il apparaît. Il vient du nord de la Galilée, sans doute d'une des hauteurs du mont Hermon, où, à trois de ses apôtres, Pierre et les deux fils de Zébédée, il s'est si mystérieusement manifesté sous forme d'un corps glorieux, rayonnant de lumière – ce qu'on appelle la Transfiguration, annonce à la fois de sa Passion et de sa Résurrection. Le voici donc au Temple, où il reprend son enseignement au vu et au su de tous. A la différence des autres rabbis qui restent assis, lui, tel un prophète, se tient debout. Le ton monte chez les pharisiens qui lui reprochent de parler dans le lieu le plus sacré, alors qu'il n'est ni scribe ni docteur et qu'il n'a été formé par aucune école. Jésus leur répond en se référant à Dieu son Père : c'est Lui et Lui seul qui est la source de sa parole ! « Mon enseignement n'est pas le mien ; il est de Celui qui m'a envoyé… Celui qui parle de lui-même cherche sa propre gloire, mais celui qui cherche la gloire de Celui qui l'a envoyé, celui-là est vrai, et il n'y a pas d'injustice en lui. Moïse ne vous a-t-il pas donné la Loi ? Et aucun d'entre vous ne la pratique. » Puis, brusquement, devant l'hostilité menaçante de ses adversaires, leurs regards chargés de haine, il leur lance : « Pourquoi cherchez-vous à me tuer ? » La réponse fuse : « Tu as un démon. Qui cherche à te tuer ? » (7, 16-21).

Mais Jésus, qui connaît l'obscurcissement de leur cœur et l'étroitesse de leur esprit, ne leur fait pas confiance. Alors qu'ils pratiquent la circoncision le jour du sabbat, ce qui est parfaitement légitime puisqu'il s'agit, selon la religion juive, d'un signe de Salut, ne s'irritent-ils pas contre lui parce qu'il a rendu la santé à un homme « tout entier » un même jour de sabbat ? Allusion à la guérison du paralytique de Bethesda quelques mois plus tôt. « J'ai fait une seule œuvre et tous vous vous étonnez. […] Cessez de juger sur les apparences, mais jugez selon la justice » (7, 21-24).

Des gens s'indignent : « N'est-ce point celui qu'on cherche à tuer ? Le voilà qui parle ouvertement et on ne lui dit rien ! Est-ce que les chefs de notre religion l'auraient reconnu pour le Christ ? Mais lui, nous savons d'où il est, tandis que le Christ, quand il doit venir, personne ne connaîtra d'où il est. » Selon la doctrine juive, en effet, l'envoyé de Dieu devait être totalement inconnu, « s'ignorant lui-même », dira saint Justin, jusqu'à ce qu'il reçoive l'onction du prophète Elie. Jésus leur réplique : « Vous me connaissez et vous savez d'où je suis [sous-entendu de Galilée] ! Et ce n'est pas de moi-même que je suis venu ; mais il est véridique Celui qui m'a envoyé, et vous, vous ne le connaissez pas. Moi, je le connais, parce que je viens d'auprès de Lui, et que c'est Lui qui m'a envoyé » (7, 28-29). Jésus se garde d'affirmer ouvertement qu'il est le Messie, l'Oint de Dieu, pour ne pas se laisser enfermer dans cette désignation à connotation insurrectionnelle, mais il le laisse entendre par le mystère qu'il entretient autour de sa personne. Oui, il est l'Envoyé du Père, et sa mission est de le révéler !

Jusque dans leurs turbulences, ces échanges semblent pris sur le vif. Je ne doute guère que Jean, présent au Temple pour la fête de Soukkot, ne les ait saisis au vol. Il note la volonté manifeste des pharisiens de le faire appréhender par la police du Temple. Ainsi s'esquisse le rapprochement entre les deux partis jusque-là hostiles, les sadducéens, soutiens des grands prêtres, et les pharisiens, qui conduira à la Passion. On comprend leurs arguments. Comment ne pas sanctionner cet illuminé qui se prétend l'envoyé du Tout-Puissant et qui trouble le peuple ? Il faut vite le faire taire.

Jésus sait que son arrestation est inéluctable. « Pour peu de temps encore, lance-t-il, je suis avec vous, et je m'en vais vers Celui qui m'a envoyé. Vous me chercherez et vous ne me trouverez pas… » (7, 36). N'entendant rien à ces paroles sibyllines, ses auditeurs se demandent s'il ne va pas aller prêcher chez les juifs grecs de la diaspora.

C'est un des traits de l'écriture johannique d'insister sur l'incompréhension suscitée par les paroles de Jésus. N'y voyons pas qu'une tournure de style. Jésus déconcerte. En ce temps-là comme dans le nôtre.

Voici qu'arrive le dernier jour de la fête, celui du rite de l'eau purificatrice. Deux prêtres en habit de cérémonie, leur shophar en corne de bélier à la main – ces instruments qui, selon la tradition, ont eu raison des murailles de Jéricho –, conduisent en procession la foule par la porte de Nicanor jusqu'à la piscine de Siloé, le lieu du « puisage » ou du « salut » au pied de l'ancienne colline de Sion. Au retour, l'un d'eux monte à l'autel des sacrifices et brandit une carafe d'or emplie d'eau et une autre de vin, avant de les déverser sur l'autel. Soixante-dix-sept taureaux sont alors immolés au nom des soixante-dix-sept nations de la terre.

Ce rituel de la libation est fort ancien. Il n'était pas seulement destiné à obtenir la pluie pour les semaines d'automne, il avait pris une dimension spirituelle très forte autour de la symbolique de l'eau. Ezéchiel l'avait annoncé dans sa vision prophétique : l'eau coulerait du Temple eschatologique comme un torrent vivifiant fertilisant la terre d'Israël.

Or c'est dans ce contexte que Jésus, toujours debout, en prophète, crie à la foule : « Si quelqu'un a soif, qu'il vienne à moi et qu'il boive ! Celui qui croit en moi, comme dit l'Ecriture, de son sein couleront des fleuves d'eau vive. » C'est encore une affirmation messianique. Les juifs savaient qu'au Jour du Messie surgiraient des sources vives qui féconderaient jusqu'au désert... Déjà, après l'épreuve endurée par les anciens Hébreux, le Seigneur, selon le Deutéronome, avait fait « jaillir l'eau d'un rocher de granit ». L'attente de cet accomplissement était au cœur de la liturgie du Temple. Ainsi le chante le Psaume 42 :

> Comme une biche se tourne
> Vers les cours d'eau,
> Ainsi, mon âme se tourne
> Vers toi, mon Dieu.
> J'ai soif de Dieu
> Du Dieu vivant…

Pour Jean, prêtre de Jérusalem qui a longuement médité les textes sacrés, Jésus se définit comme la source féconde, le rocher du désert d'où s'écoule l'eau bénéfique. Il annonce ainsi la descente future de l'Esprit, cet Esprit que Jean le Baptiste avait annoncé en son temps, mais qui n'était pas encore venu, « parce que Jésus n'avait pas encore été glorifié ». C'est cette eau-là qu'il avait déjà promise à la Samaritaine.

De nouveau, les discussions reprennent. « C'est vraiment le Prophète ! », s'exclament les uns. « C'est le Christ ! », renchérissent d'autres. Mais certains, sachant que Jésus est originaire de la tétrarchie d'Hérode Antipas, objectent : « Est-ce bien de Galilée que le Messie doit venir ? L'Ecriture n'a-t-elle pas dit que c'est de la descendance de David et de Bethléem, le village de David, que doit venir l'Oint du Seigneur ? » Jean, bien sûr, fait un clin d'œil à ses lecteurs qui savent que le fils de Marie appartient à la lignée davidique et est né à Bethléem…

Personne, en tout cas, n'ose porter la main sur lui. Les gardes du Temple eux-mêmes sont subjugués par ses paroles. Comme ils reviennent vers les chefs des prêtres et les pharisiens, ceux-ci s'étonnent : « Pourquoi ne l'avez-vous pas amené ? » Ils répondent : « Jamais homme n'a parlé comme parle cet homme ! » Colère des pharisiens : « Vous seriez-vous laissé égarer, vous aussi ? Parmi les chefs, en est-il un seul qui ait cru en lui ? Ou parmi les pharisiens ? Mais cette racaille qui ne connaît pas la Loi, ce sont des maudits » (7, 45-49). Propos bien en phase avec la littérature juive de l'époque : la Loi est une science à réserver aux savants ; il ne revient pas aux gens de rien de la discuter. L'idée est toujours qu'il faut se débarrasser d'une manière ou d'une autre de ce trublion. Seul Nicodème, devenu secret disciple de Jésus, n'est pas d'accord.

La fête de Soukkot s'achève le soir même par le rite vespéral des lumières. Le peuple en grand nombre se dirige vers le parvis des Femmes. Munis de récipients d'huile et de mèches faites de vieux vêtements de prêtres, quatre jeunes gens grimpent à des échelles et allument les quatre immenses chandeliers qui s'y trouvent. Aussitôt, la foule se met à danser et à chanter, des flambeaux à la main. Les cours des maisons s'illuminent. Installés sur les quinze marches menant du parvis des Hommes à celui des Femmes, des lévites jouent de la harpe, de la lyre, de la trompette et des cymbales. C'est le jour du Messie, celui où l'invité symbolique est le roi David qu'on loue en chantant la grande louange d'Israël : *Oshianna* (un cri d'imploration – « Seigneur, sauve-nous », devenu au fil du temps une exclamation de joie : notre *Hosanna*) ! Le spectacle est impressionnant.

Jésus se tient au milieu de la foule. Tandis que le parvis des Femmes resplendit de lumière et que dans toute la ville scintillent des milliers de lumignons, il proclame d'une voix forte : « Moi, je suis la lumière du monde ! Celui qui me suit ne marchera pas dans les ténèbres, mais il aura la lumière de vie » (8, 12).

Rappel évident du Psaume 36 :

> En toi est la source de vie,
> Dans ta lumière nous voyons la lumière…

et du texte d'Isaïe : « Je t'ai gardé et j'ai fait de toi l'alliance du peuple et la lumière des nations » (42, 6). Dans le contexte de Soukkot, c'est pour les docteurs et les pharisiens une prétention messianique insupportable. Ne s'assimile-t-il pas au Temple illuminé ? Excédés, ceux-ci le prennent à partie et lui opposent des arguties juridiques. Comment peut-il porter un témoignage ? Il est sans témoin ! Jésus réplique qu'il rend témoignage à lui-même et que sa parole est véridique, car elle vient du Père. On lui demande : « Où est ton Père ? » Il rétorque : « Vous ne connaissez ni moi, ni mon Père ; si vous me connaissiez, vous connaîtriez aussi mon Père » (Jean 8, 19).

Il livre ainsi, à mots cachés, une partie du mystère de sa personne, lui l'envoyé du Père qui ne fait « qu'un » avec lui. Langage incompréhensible pour les pharisiens. Son Père n'est pas celui qu'ils croient. La discussion a été très vive. Jean l'évangéliste en a noté l'essentiel, précisant le moment et l'endroit où elle avait eu lieu : le dernier jour de la fête de Soukkot, sur le parvis des Femmes, « près du Trésor ».

Voir : « Je suis… » ; Nicodème.

Suaire d'Oviedo

C'est il y a une quinzaine d'années environ que j'ai découvert l'existence de cette relique de la Passion et les précieux enseignements qu'on pouvait en tirer sur le plan historique. Depuis, je ne cesse de m'y intéresser. Il est vrai qu'elle est peu connue des médias et moins spectaculaire d'aspect que le linceul de Turin. Ne présentant aucune image, elle n'a aucune valeur symbolique ou artistique. Pourtant, elle a toutes les chances d'être authentique, comme le montrent les analyses scientifiques effectuées par des équipes pluridisciplinaires américaines et espagnoles, dont les résultats stupéfiants ont été exposés lors des deux congrès qui lui ont été consacrés, l'un à Cagliari en 1991, l'autre à Oviedo en 1994.

Précisons tout de suite qu'il ne s'agit nullement d'un linceul venant concurrencer celui de Turin, mais d'une toile de 85,5 centimètres sur 52,5 centimètres présentant deux grandes taches de sang et des auréoles de liquide pleural. Se superposant autour d'un axe vertical, les taches se sont formées alors que le linge était plié en deux sur toute sa longueur. Conservé actuellement dans la *Cámara Santa* de la cathédrale San Salvador d'Oviedo en Espagne, ce suaire (en grec *soudarion*) est proposé à la vénération des fidèles dans son cadre d'argent, notamment le vendredi saint et dans l'octave de la fête de la Sainte-Croix.

Ce n'est pas non plus une mentonnière enserrant la mâchoire, mais un linge qui aurait été attaché autour du visage de Jésus sitôt son trépas sur la croix et qu'il aurait conservé jusqu'à la mise au tombeau, pour, selon la coutume juive, dissimuler les traits déformés d'un homme figé dans la mort. Il avait aussi pour but d'absorber le sang qui avait coulé sur le visage.

Sans doute faisait-il partie des reliques précieusement conservées par les premiers chrétiens. Si l'on en croit le témoignage d'un pèlerin anonyme de Plaisance qui visitait les Lieux saints vers 570, il se trouvait dans une caverne des rives du Jourdain. En 614, lors de l'invasion de la Palestine par le roi de Perse Chosroès II, il fut transporté à Alexandrie par le prêtre Philippe dans un coffre de cèdre, l'*Arca Santa*, contenant un certain nombre d'autres reliques. Fuyant l'avancée musulmane, le suaire trouva refuge à Carthagène, en Espagne, où saint Fulgence, évêque d'Ecija, le reçut, puis il fut apporté à Séville par saint Ildefonse. Diverses attestations permettent de suivre sa trace aux IXe, X^{e} et XIe siècles. On sait qu'il séjourna près d'un siècle à Tolède. Enfin, en 1075, le roi Alfonse VI l'installa à Oviedo, capitale du royaume des Asturies, avec d'autres reliques. Il n'en bougea plus.

Les premiers travaux scientifiques commencèrent en 1977. On constata qu'il était constitué, comme le linceul de Turin, de fibres de lin filées selon la torsion dite « en Z », avec une trame orthogonale. Ce linge avait été enroulé autour de la tête d'un homme décédé de mort violente qui portait une barbe et des cheveux longs. Le criminologue suisse Max Frei, qui avait examiné le linceul, découvrit sur lui des pollens de plantes identiques ne poussant que dans la région de Jérusalem et de Jéricho. Il en vit d'autres provenant d'Afrique du Nord et de Tolède, ce qui correspond historiquement à son périple.

En 1989-1990, une équipe pluridisciplinaire espagnole, dirigée par Teresa Ramos, Guillermo Heras et le docteur Villalaín, professeur émérite à l'université de Valence, parvint à établir que les taches étaient un mélange de sang pour un sixième et de liquide provenant d'un œdème pulmonaire pour cinq sixièmes, le tout s'étant écoulé par le nez et la bouche. Ces données s'accordent avec ce que l'on sait de la mort par asphyxie des crucifiés. Le liquide pleural s'épanchait alors dans les poumons. La flagellation subie par Jésus pouvait également expliquer l'existence d'un œdème pulmonaire. Les chercheurs déterminèrent qu'il y avait eu quatre écoulements successifs causés sans nul doute par le maniement du corps lors de la descente de croix et de la mise au tombeau. Le docteur Villalaín put ainsi calculer, à partir d'un modèle informatique, le temps écoulé entre la formation de chacune des taches. De petits trous semblent provenir des agrafes utilisées pour accrocher le suaire à l'arrière du crâne.

Il a été posé alors que le corps était en position verticale sur la croix, la tête penchée formant en avant un angle de 70 à 75 degrés et de 20 degrés vers la droite. La joue droite touchait presque l'épaule. C'est alors que sortit le premier écoulement par le nez et la bouche. Une deuxième tache apparut environ une heure plus tard, quand le corps fut descendu de la croix et allongé sur le sol en position de décubitus latéral. Quarante-cinq minutes après au moins, le corps fut soulevé et emmené pour être transporté dans le tombeau. Un troisième écoulement se produisit alors, puis un quatrième lors de la descente au tombeau.

Les taches de sang se superposent à celles du linceul de Turin au niveau de la barbe, où la concordance est parfaite au millimètre près, preuve que le suaire d'Oviedo a recouvert le même visage que celui de l'homme du linceul. On put en outre constater que la longueur du nez était identique : 8 centimètres. De petites taches de sang sur la nuque font penser à la couronne d'épines. Certaines coulées visibles sur le suaire ne le sont pas sur le linceul, probablement parce qu'elles avaient eu le temps de coaguler. Utilisant sa méthode d'images polarisées, le docteur Alan Whanger, professeur au Duke University Medical Center de Durham (Caroline du Nord), a dénombré soixante-dix points de concordance avec le linceul pour le visage et cinquante pour le crâne et la nuque. Notons qu'aux Etats-Unis quatorze points suffisent pour déclarer semblables deux empreintes digitales. En 1993, le docteur Villalaín et l'hématologue Carlo Goldoni établirent que le groupe sanguin repéré sur le suaire était le même que ceux du linceul de Turin et de la tunique d'Argenteuil, un sang AB, groupe assez rare qu'on ne trouve que chez 4 % de la population mondiale.

Un an plus tard, les travaux de Max Frei furent repris par une autre palynologue (spécialiste des pollens), Carmen Gómez Ferreras. Sur onze types de pollens étudiés, elle en trouva sept communs au linceul, à la tunique et au suaire, dont deux provenaient sans conteste de Palestine, ceux d'un pistachier, *Pistacia palaestina*, et d'un tamarin, *Tamarix hampeana*.

Ce faisceau de résultats scientifiques est suffisamment concordant et impressionnant pour remettre en cause les analyses au carbone 14. Ces reliques ont connu trop de pollutions, contaminations (calcium, potassium, silicium…) et d'altérations diverses pour pouvoir être correctement analysées par cette méthode.

Quand Jésus fut placé dans le tombeau de Joseph d'Arimathie, on lui ôta sans doute le suaire par son sommet, sans prendre la peine de le dégrafer, et on le laissa ainsi dans le tombeau. C'est dans sa position initiale que Simon-Pierre et Jean l'évangéliste le découvrirent le lendemain de la Pâque : « Le suaire qui avait été sur sa tête, non pas posé avec les linges, mais roulé à part dans un autre endroit... » (Jean 20, 7). Tout, vraiment tout le laisse penser, ce suaire est bien celui vénéré aujourd'hui à Oviedo.

Talpiot, le tombeau perdu de Jésus ?

Le 4 mars 2007 éclatait une bombe médiatique. Diffusé sur la chaîne Discovery Channel, repris par les télévisions du monde entier, un documentaire du journaliste canadien d'origine israélienne Simcha Jacobovici et du réalisateur du film *Titanic*, James Cameron, apportait des informations stupéfiantes sur le « Tombeau perdu de Jésus ». Vingt-sept ans plus tôt, en mars 1980, des travaux de terrassement dans le quartier sud de Jérusalem avaient mis au jour un ancien tombeau taillé dans le roc : un couloir d'entrée, une chambre funéraire, deux banquettes (*arcosolia*), où les défunts, selon la coutume juive, étaient allongés, et six niches (*loculi*) au ras du sol, dans lesquelles avaient été découverts dix ossuaires de pierre (ou boîtes funéraires) et trois crânes.

Jusque-là, rien d'exceptionnel : environ neuf cents édifices de ce type, datant de la même époque, ont été repérés aux environs de la vieille ville de Jérusalem. Mais de nouvelles analyses scientifiques pluridisciplinaires permirent de supposer que les ossuaires avaient renfermé les restes de Jésus, ceux de son épouse Marie-Madeleine et de leur fils prénommé Judah… Sur six de ces ossuaires, en effet, on pouvait lire les noms hébreux suivants : « Yehoshoua ben Yossef » (Jésus fils de Joseph), « Yéhouda bar Yehoshoua » (Judah, fils de Jésus), « Matthieu », « Marthe » et « Myriam » (Marie), et une certaine « Mariamnane e Maria » ou « Mariamenouemara », que l'on eut du mal à identifier jusqu'au moment où l'on en vint à supposer que « Mariamenou » était un diminutif de Mariamne. Or, dans les *Actes de l'apôtre Philippe*, Marie-Madeleine est désignée sous le nom voisin de Mariamne…

Les ossements avaient malheureusement disparu, mais en grattant le fond des réceptacles on put procéder à l'analyse chimique des diverses patines et trouver des traces d'ADN. Quelle aventure ! « Yehoshoua ben Yossef » et « Mariamnane e Maria » n'avaient apparemment aucun lien de parenté, tout en étant présents dans le même ossuaire : on pouvait supposer qu'ils formaient un couple et que leur fils était « Yéhouda bar Yehoshoua ». S'appuyant sur un modèle statistique, un professeur de mathématiques à l'université de Toronto, Andrey Feuerverger, claironna alors que la probabilité que la tombe de Talpiot ait bien abrité les restes mortels de Jésus était de 600 contre 1. Une découverte révolutionnaire ! Avec en supplément un scoop : Judas serait le propre fils de Jésus !

Cette thèse déclencha naturellement dans le monde entier de vives controverses : elle sapait à la base deux mille ans de christianisme ! Le corps de Jésus ayant été conservé et devenu poussière, il n'était pas vraiment ressuscité. Le Christ n'avait donc pas vaincu la mort. Il ne pouvait être le Fils de Dieu. Or, pour les chrétiens, qu'ils soient catholiques, protestants ou orthodoxes, Jésus est ressuscité corps et âme. C'est leur croyance première. Ceux qui admettent une simple résurrection « spirituelle » ne sont pas chrétiens au sens exact du terme. L'apôtre Paul le dit : « Si le Christ n'a pas été relevé [des morts], vide alors est notre proclamation, vide aussi votre foi » (1 Corinthiens 15, 14).

La nouvelle thèse enthousiasma un petit nombre de chercheurs, dont James Tabor, professeur à l'université de Caroline du Nord. Mais l'immense majorité des autres, y compris les archéologues israéliens, dénonça, derrière le battage médiatique, le manque de rigueur des analyses et récusa cette identification pour le moins hasardeuse.

Comment croire en effet que l'humble famille de Jésus, originaire de Nazareth, ait pu disposer au sud de Jérusalem, à plus de cent kilomètres de là, d'une si vaste et si riche tombe, où plus de trente-cinq des siens auraient été inhumés pendant plusieurs générations ? Dans la société juive de ce temps, façonnée par les traditions, les tombeaux se trouvaient sur le lieu de résidence familiale. Or, ce 3 avril 33, il était urgent d'enterrer le supplicié. Il fallait agir d'autant plus vite qu'à la tombée du soleil le sabbat solennel de la Pâque commençait. C'est pourquoi, ses proches ne disposant pas d'une sépulture dans les environs de Jérusalem, un riche membre du Sanhédrin, Joseph d'Arimathie, disciple secret de Jésus, offrit d'héberger le corps dans son propre caveau.

On observera d'autre part que les prénoms de Simon, Joseph, Judas, Lazare, Jean, Ananie, Jésus étaient très fréquents dans la population juive de ce temps. Les noms les plus répandus sur les inscriptions funéraires étaient dans l'ordre décroissant : Shimon (Simon), Yossef (Joseph), Juda (Judas), Mariam (Marie), Salomé, Eléazar (Lazare), Yohannan (Jean), Yeshouah (Jésus)… Sur les quelque neuf cents tombeaux recensés, ce dernier nom revient 71 fois. Rien d'étonnant, par conséquent, à ce qu'il y ait eu de nombreux « Jésus fils de Joseph » du temps du Nazôréen.

Il n'est pas sûr d'ailleurs qu'une telle inscription ait figuré dans la tombe de Talpiot. Certains spécialistes pensent qu'il faudrait plutôt lire : « Hanun, fils de Joseph », ce qui change tout évidemment ! Quant aux *Actes de l'apôtre Philippe*, c'est un écrit gnostique datant au plus tôt du IVe siècle, qui n'a absolument rien d'historique.

Que dire de la tombe de Talpiot ? C'est indiscutablement un tombeau du Ier siècle, car après la destruction de la Ville sainte en 70 la pratique juive des ossuaires de pierre disparut. Cette sépulture, où trois ou quatre générations étaient ensevelies, était probablement celle d'une famille aisée de Jérusalem ; sans cela la localité de naissance des défunts aurait été mentionnée. Aujourd'hui, même si elle a laissé quelques traces dans les esprits, la grosse production hollywoodienne en quête de sensationnalisme et de battage médiatique a fait long feu.

Longtemps auparavant, une autre tombe avait été identifiée comme étant celle de Jésus. Découverte en 1883 par le major-général britannique Charles George Gordon, elle est située à 250 mètres au nord des murs ottomans de Jérusalem et de la porte de Damas. Les protestants anglo-saxons, qui l'ont appelée la « tombe du Jardin », ont voulu en faire une rivale du Saint-Sépulcre, sans grand succès. En réalité, il faut en rester au lieu où la tradition situe le tombeau de Joseph d'Arimathie, l'église du Saint-Sépulcre, qui archéologiquement et historiquement est la bonne localisation.

Voir : Joseph d'Arimathie ; Saint-Sépulcre ; Tombeau du Juste.

Tempête apaisée

« Passons sur l'autre rive », avait dit Jésus aux apôtres, le soir venu. L'autre rive ? Celle bordant les régions païennes et inhospitalières du Golan. Ils étaient donc tous montés dans leurs barques de pêche, Jésus dans celle de Pierre.

Dominé par des collines de trois cents mètres de haut, le lac de Tibériade a cette particularité d'être le théâtre de brusques tempêtes tourbillonnantes, provoquées par la rencontre des vents méditerranéens et ceux soufflant en rafales du désert syrien et du mont Hermon. Ainsi, en 1992, des vagues de plus de trois mètres de haut causèrent de nombreux dégâts dans le centre de la ville de Tibériade.

C'est l'une de ces tornades inattendues qui éclate lors de cet épisode. Les vagues font dangereusement tanguer les frêles embarcations et passent par-dessus bord. Jésus, à l'arrière, dort, sa tête sur le coussin du timonier. Malgré leur expérience de marins professionnels, les disciples, cette fois, s'affolent, tant le danger leur paraît grand. Vont-ils tous se noyer ? Ils le réveillent. « Maître, il ne te fait rien que nous périssions ? » Celui-ci, d'un mot, d'un geste, apaise les flots en furie. « Silence ! Tais-toi ! » Aussitôt, le vent tombe et au fracas des éléments succède un grand calme. « Pourquoi avez-vous si peur ? dit-il aux apôtres. Vous n'avez pas encore la foi ? » Eux, envahis par la crainte, se disent : « Quel est donc cet homme que même le vent et la mer lui obéissent ? »

C'était, semble-t-il, au début du ministère public de Jésus. Ce miracle frappa tant les apôtres que trois des quatre Evangiles le mentionnent. Le Christ a tout pouvoir sur la nature. Symboliquement, il appelle à la confiance au plus fort des épreuves extrêmes de la vie. De ces tempêtes intérieures ou extérieures, qui n'en a pas traversé ? Par des navigations dangereuses, qui n'a pas été tenté ? En quelques secondes, tout destin peut basculer. Il n'y a pas d'assurances tous risques, contrairement à ce que nous disent les compagnies ! J'y pense souvent en me demandant si nous savons toujours embarquer Jésus avec nous. Ce n'est pas si simple. La foi, il faut parfois qu'elle soit très forte pour bannir en nous toute peur, et bien des hommes de Dieu dans la Bible ont été la proie du doute. « Hommes de peu de foi ! », disait Jésus à ses contemporains. Heureusement, il nous reste un joker, la grâce.

Voir : Barque de Jésus ; Tibériade.

Temple de Jérusalem

Me voici sur l'esplanade des Mosquées à Jérusalem, non sans avoir déposé ma Bible au contrôle du *Jerusalem Islamic Waqf*, car il est strictement interdit d'en avoir une sur soi en ce lieu le plus sacré de l'islam après La Mecque et Médine. Un lieu sacré également pour les juifs, puisqu'il est le mont Moriah arasé, où se déroula le sacrifice d'Isaac et où, vers l'an 960 avant notre ère, Salomon édifia le premier Temple, ce Temple reconstruit et considérablement élargi par Hérode le Grand. C'est sur cette esplanade que se trouvent aujourd'hui deux chefs-d'œuvre de l'art musulman, la mosquée al-Aqsa, la « Lointaine », et le Dôme du Rocher (dite mosquée d'Omar), à la coupole d'or et au revêtement de faïence bleue. Un haut lieu polarisant les tensions politico-religieuses, que la moindre étincelle peut embraser, comme cela s'est déjà produit.

Me promenant dans ce vaste espace, j'essaie de me reporter au temps de Jésus. Je me représente le Temple fourmillant de monde venu de tous les horizons de la diaspora, l'odeur âcre du bétail, le sang ruisselant, les relents d'abattoir, les effluves des graisses chaudes et des viandes carbonisées, qui, mêlés à l'encens, se rabattent dans les cours en volutes suffocantes. Je conçois en esprit le vaste parvis des Goyim ou des Gentils, enserré dans sa colonnade de marbre blanc, l'espace sacré du Temple, délimité par une balustrade qu'il était interdit à un non-juif de franchir sous peine de mort, la cour des femmes, la cour des prêtres où s'élevait l'autel des sacrifices… N'ayant pas le statut de *cohen*, Jésus lui-même ne pouvait accéder à ce dernier parvis, pas plus qu'à l'intérieur du sanctuaire proprement dit, un haut bâtiment carré de 50 mètres de côté, de style grec, paré d'ornements multicolores et d'une frise de vigne dorée.

J'imagine les différentes scènes, rapportées par les Evangiles, qui se sont déroulées en ces lieux : la présentation de l'Enfant-Jésus par ses parents, venus offrir en sacrifice un couple de tourterelles ou de jeunes colombes, la prophétie du vieillard Syméon faite à Marie, Jésus discutant à l'âge de douze ans avec les docteurs de la Loi, Jésus chassant du portique royal les marchands d'animaux et les changeurs lors de la Pâque de l'an 30, Jésus annonçant qu'il est l'Envoyé du Père devant une foule de pharisiens excédés qui veulent le lapider, Jésus guérissant l'aveugle-né, Jésus s'abritant du vent d'hiver sous la colonnade du portique de Salomon, lors de la fête de la Dédicace, toujours harcelé par ses adversaires…

Sainte esplanade, chargée d'histoires enfouies dans nos cœurs, mais qui n'est pour nous chrétiens qu'un vestige. Si le lieu était sacré pour l'Israël ancien, comme signe de la présence divine, si l'impressionnant mur de soubassement ouest, appelé mur des Lamentations, reste le lieu où de manière particulière survit pour le judaïsme d'aujourd'hui cette présence (en hébreu la *shekhinah*), pour nous chrétiens, quelle que soit la puissance évocatrice de ce lieu, le temple de pierre a été remplacé par le corps du Christ vainqueur de la mort. « Détruisez ce sanctuaire, avait dit Jésus, et en trois jours je le relèverai. » C'est en lui, assurait Paul, « qu'habite corporellement toute la plénitude de la divinité » (Colossiens 2, 9). « Grand prêtre des biens à venir », « il a pénétré une fois pour toutes dans le sanctuaire, non par le sang de boucs et de veaux, mais par son propre sang, après avoir acquis un éternel rachat »

(Lettre aux Hébreux 9, 12). C'est en chaque baptisé désormais que se tient le Temple de Dieu.

Voir : Aveugle-né ; Marchands du Temple ; Marie, mère de Jésus.

Ténèbres

Chantés tôt le matin, alors que les premiers rayons de l'aurore peinent à percer, les psaumes des matines et des laudes des trois derniers jours de la semaine sainte portent le nom d'Office des ténèbres. L'extinction progressive des cierges symbolise le deuil, l'agonie de Gethsémani, la flagellation de Jésus, sa douleur sur la croix, l'obscurité du tombeau, en attendant le matin de Pâques et l'éblouissante lumière de la Résurrection.

Cette belle et profonde liturgie se retrouve dans la musique religieuse. Accompagnées d'une basse continue instrumentale – violoncelles, violes de gambe, bassons… –, les Leçons de ténèbres forment un genre musical à la fois austère et orné, même dans leur dépouillement stylistique, genre qui atteint son apogée sous le règne de Louis XIV et le début de celui de Louis XV, ma période historique de prédilection. J'apprécie tout particulièrement les Leçons de ténèbres de Marc-Antoine Charpentier, à la démarche méditative caravagesque, celles fort belles, dans leur pureté séraphique, de Michel-Richard de Lalande et, bien sûr, celles du grand François Couperin, composées pour les religieuses du couvent de Longchamp, qui s'est surpassé dans ce genre. La profondeur de ces œuvres, leur somptueuse beauté témoignent de la foi de ces compositeurs et enrichissent la nôtre.

Les ténèbres renvoient naturellement aux « ténèbres du vendredi saint ». A côté de son aspect symbolique très puissant, les exégètes et les historiens se sont demandé si la crucifixion de Jésus ne s'était pas accompagnée de phénomènes physiques, visibles par les témoins. La question mérite d'être posée. Les synoptiques* parlent d'un obscurcissement extraordinaire du soleil. « A partir de la sixième heure, écrit Matthieu, l'obscurité se fit sur tout le pays, jusqu'à la neuvième heure. [...] Et voilà que le rideau du Temple se déchira en deux, du haut en bas ; et la terre trembla, et les rochers se fendirent... » (27, 45-51). Marc et Luc disent à peu près la même chose.

Dans les premiers siècles de l'Eglise, Méliton de Sardes, Tertullien, Origène, Julius Africanus, Lactance, saint Jérôme, saint Grégoire de Naziance, saint Cyrille d'Alexandrie étaient convaincus de la réalité physique de ces phénomènes. Au IVe siècle, dans ses *Catéchèses*, saint Cyrille de Jérusalem assurait que l'on voyait « comment, à cause du Christ, les rochers se fendirent alors ». L'ennui est que les tremblements de terre ne sont pas rares à Jérusalem et que les fissures observées au Golgotha pourraient être postérieures.

Les exégètes contemporains ne croient pas à la réalité de ces faits, mais à un symbole biblique renvoyant aux textes du Premier Testament décrivant en termes apocalyptiques le Jour de YHWH. « Jour de colère, ce jour-là ! s'exclamait le prophète Sophonie. Jour de détresse et de tribulations, jour de désolation et de dévastation, jour d'obscurité et de sombres nuages, jour de nuées et de ténèbres. » Amos de son côté écrivait : « En ce jour-là, dit le Seigneur, je ferai coucher le soleil en plein midi, je couvrirai la terre de ténèbres en plein jour. » De semblables théophanies se retrouvent dans la littérature apocalyptique, le *Livre d'Hénoch* ou le *Testament de Lévi*.

Toute disparition d'un homme célèbre était marquée par des signes célestes extraordinaires : un soleil qui s'obscurcit à la mort de Romulus, une éruption de l'Etna, l'apparition de plusieurs spectres et le fracas d'armes dans les cieux germains lors de l'assassinat de César, une comète balayant le ciel de sa queue, une pluie de sang et des étendards foudroyés au décès de l'empereur Claude. Evoquant la destruction du Temple, Flavius Josèphe n'était pas avare de prodiges et présages annonciateurs : une comète encore, une étoile en forme d'épée, des chariots et des armées apparaissant dans de sombres nuées.

Il est certain que Matthieu fait des emprunts aux langages et aux visions apocalyptiques lorsqu'il écrit, aussitôt après la mort de Jésus sur la croix, « et la terre fut secouée et les tombeaux s'ouvrirent et les corps de nombreux saints qui dormaient se relevèrent et, sortant des tombeaux après sa résurrection, ils entrèrent dans la Ville sainte et se manifestèrent à un grand nombre de gens… » (27, 52-54). Voulait-il évoquer la descente du Christ aux enfers ? Pensait-il à la résurrection finale des justes au Jour de YHWH et à leur entrée dans la Jérusalem céleste ?

Tous ces textes, chargés de visions eschatologiques*, échappent à l'Histoire. C'est en tout cas l'opinion des exégètes modernes. Pour Raymond E. Brown, auteur d'une volumineuse *Mort du Messie*, ces phénomènes représentent « une interprétation théologique de la portée de la mort de Jésus, une interprétation dans le langage et l'imaginaire de l'apocalyptique. [...] Faire de leur historicité littérale un souci majeur passe à côté de leur véritable nature de symboles, de genre littéraire sous lequel ils sont présentés[1] ».

Cette réflexion me semblait frappée du bon sens. On ne pouvait prendre au pied de la lettre ces manifestations qui avaient pour but d'exalter la divinité de Jésus. L'expression de « genre littéraire » paraissait donc appropriée. Toutefois, la lecture d'un opuscule du général Hugues de Nanteuil, publié il y a plus de trente ans[2], m'étonna et m'incita à poursuivre les investigations vers la théorie d'un phénomène authentique. Je dois dire tout de suite que l'hypothèse de l'auteur, celle du passage d'une énorme météorite devant le soleil comme en Egypte le 8 février 897, ne me convainquait pas. Ne mêlons pas Bible et OVNI !

En revanche, je trouvais très étranges les témoignages d'écrivains païens de l'Antiquité, parlant avec insistance d'un phénomène solaire survenu au moment de la mort de Jésus. S'agissant d'auteurs non chrétiens, on se trouvait par définition en dehors de la littérature apocalyptique biblique. Ainsi, un riche affranchi de Tibère, Thallus, ancien habitant de Samarie, évoquait une fameuse « éclipse solaire » à cette époque.

Auteur d'une histoire des *Olympiades*, que l'on ne connaît malheureusement que par fragments, un affranchi d'Hadrien, le Grec Phlégon de Tralles, en Lydie, écrivait

---

1. Raymond Brown, *La Mort du Messie. Encyclopédie de la Passion du Christ*, traduit de l'anglais, Paris, Bayard, 2005, p. 1247.

2. Hugues de Nanteuil, *Les Ténèbres du vendredi saint*, Paris, Téqui, 1983.

au IIe siècle : « En la quatrième année de la 202e Olympiade il y eut une éclipse de soleil, la plus grande que l'on eût jamais vue, et la nuit se fit à la sixième heure du jour, au point que les étoiles furent visibles dans le ciel. Et un grand tremblement, ressenti en Bithynie, causa de nombreux bouleversements à Nicée. » Dans le calendrier grec, une olympiade correspondait à un intervalle de quatre ans entre deux fêtes de Zeus Olympios, célébrées à Olympie dans le Péloponnèse. Or, selon certaines estimations, la quatrième Olympiade s'étendrait du solstice d'été de l'an 32 à celui de l'an 33, soit la période de la mort de Jésus.

Au IIIe siècle, Julius Africanus, dans sa *Chronographie*, se demandait si cette éclipse ne serait pas la cause des ténèbres du vendredi saint.

Si l'on se réfère aux écrits de Tertullien (IIIe siècle), les ténèbres ne seraient pas restées localisées en Palestine : elles auraient été observées à Utique, au nord-ouest de Carthage.

« Cherchez dans vos Annales, disait au IVe siècle à ses juges saint Lucien, prêtre martyr d'Antioche, vous y trouverez qu'au temps de Pilate, pendant la Passion du Christ, le soleil ayant disparu, le jour fut intercepté par les ténèbres. »

Au VIe siècle, de son côté, un philosophe, Jean Philopon d'Alexandrie, n'hésitait pas à affirmer : « C'est en cette dix-neuvième année de Tibère qu'eut lieu, pour le salut du monde, le crucifiement du Christ, pendant lequel arriva cette merveilleuse et extraordinaire éclipse de la manière que Denys l'Aréopagite l'a rapportée dans sa lettre à Polycarpe. »

Le pseudo-Denys dit l'Aréopagite, un moine du Ve siècle, cite en effet la lettre d'un témoin inconnu du Ier siècle : « Que dis-tu de l'éclipse survenue au moment de la mort de Notre-Seigneur ? Nous étions à Héliopolis [près du Caire] et nous vîmes cet étrange phénomène : la lune occultant le soleil sans que le temps de leur conjonction fût venu ; puis, de la neuvième heure jusqu'au soir, cette même lune se replaçant merveilleusement en opposition avec le soleil… » Le pseudo-Denys ne manqua pas de rapprocher ce phénomène surnaturel de certains miracles rapportés par le Premier Testament : « Le soleil s'arrêta, et la lune se tint immobile » (Josué 10, 13). « Le soleil recula de dix degrés sur les degrés qu'il avait descendus » (Isaïe 38, 8).

Ma quête s'interrompit lorsque je m'aperçus que ces textes faisaient en réalité allusion à une éclipse solaire qui avait particulièrement ébranlé le monde méditerranéen. Malheureusement, cette éclipse totale de l'astre du jour ne s'était pas produite au temps de la Pâque (ce qui était physiquement impossible puisque celle-ci n'a lieu qu'au moment de la pleine lune). Les tables astronomiques modernes donnent sa date exacte : le 29 novembre 29 à onze heures du matin, et sa durée : une minute et demie. Rien à voir, donc, avec le vendredi saint.

Arthur Loth, un savant chartiste mort en 1927, qui avait étudié minutieusement tous les textes anciens parlant des ténèbres, était arrivé à la conclusion que le phénomène décrit dans les synoptiques était authentique, mais miraculeux. « Etait-ce par suite d'une éclipse contre nature, d'une éclipse antiastronomique ? L'Evangile ne le dit pas, et rien n'autorise à suppléer à son silence. Au reste, la durée pendant trois heures des ténèbres dont il s'agit démontre assez qu'elles ne purent être l'effet d'une éclipse de soleil proprement dite. On peut supposer que ces ténèbres extraordinaires furent causées par des vapeurs denses, des brouillards épais, d'origine miraculeuse, capables d'obscurcir le soleil en plein midi, et de changer le jour en nuit[1]. »

C'était un peu l'idée du dominicain Marie-Joseph Lagrange (1855-1938), fondateur de l'Ecole pratique d'études bibliques de Jérusalem, grand savant qui avait séjourné de longues années en Terre sainte. Certains jours, un vent de sable épais, le sirocco noir ou *khamsin*, se lève du désert de Judée et transforme soudain le jour en nuit. Saint Jérôme, à la Pentecôte de l'an 396, fut le témoin d'un obscurcissement semblable. Coïncidence ou volonté divine, ce vent se serait levé sur le Golgotha à l'heure de la mort du Sauveur.

Quelque chose me chagrinait cependant dans cette hypothèse, à savoir le silence de Jean l'évangéliste, le disciple bien-aimé. Il était présent ce jour-là, mieux, il était au pied de la croix avec Marie. Et lui n'aurait rien remarqué ? Lui n'aurait pas ressenti sous ses pieds le tremblement de terre ni vu le ciel s'assombrir ? Je sais bien qu'il n'utilise les faits historiques qu'en fonction de sa visée théologique et que sa Passion a pour but de montrer la montée en gloire du Christ. Dans cette perspective, j'imagine qu'il n'avait pas besoin du signe des ténèbres. Mais comment ignorer un phénomène aussi extraordinaire ? Ses trois épîtres non plus n'y font pas allusion, alors qu'il a été frappé par l'eau et le sang coulant du côté de Jésus.

1. Arthur Loth, *Jésus-Christ dans l'Histoire*, Paris, François-Xavier de Guibert, 2003, p. 554.

C'est alors que je tombais sur les travaux, peu connus en France, de deux chercheurs britanniques, professeurs à Oxford, Colin J. Humphreys et W. Graeme Waddington. Leur hypothèse, exposée dans un article de la revue scientifique *Nature* en 1983, fut développée neuf ans plus tard dans le *Tyndale Bulletin*[1].

Ayant reconstitué par le calcul astronomique tout le calendrier juif du Ier siècle, déterminé la date de la Pâque de l'an 33 et celle de la mort de Jésus la veille, le vendredi 3 avril 33, ils s'aperçurent qu'en fin d'après-midi de ce jour une éclipse partielle de lune s'était produite. L'éclipse commença à 15 h 40, atteignit son maximum à 17 h 15 avec magnitude de 60 %. A Jérusalem, la lune était à ce moment-là en dessous de l'horizon. Elle se leva à 18 h 20. L'ombre de la terre mordait de 20 % le disque solaire. Comme cela arrive en pareil cas lorsque l'astre apparaît dans les couches épaisses de l'horizon, celui-ci revêtit sans doute une étrange couleur rousse ou rouge sang dans la partie sombre et jaune-orange dans la partie lumineuse. N'est-ce pas ce phénomène de diffraction qui frappa de stupeur et de crainte les juifs : Jésus venait de mourir sur la croix, les prêtres avaient fini d'immoler les agneaux, le soleil s'était couché, les trompettes du Temple annonçaient l'ouverture de la Pâque et du sabbat, qui cette année-là coïncidaient. Quand on sait que l'apparition de la pleine lune était l'élément déterminant dans la fixation de la date de la Pâque, on peut comprendre l'effet dramatique produit. Comme le dit Luc, les spectateurs s'en

1. Colin J. Humphreys et W. G. Waddington, « The Jewish Calendar, a Lunar eclipse and the date of Christ's Crucifixion », *Tyndale Bulletin*, 1992, t. 43, 3, p. 331-351.

retournaient « en se frappant la poitrine » (23, 48). La mort de Jésus apparaissait comme une désapprobation du ciel. L'éclipse s'acheva à 19 h 10. Une éclipse était signe de malheur. Flavius Josèphe dit qu'une éclipse de lune survint la nuit où Hérode le Grand fit brûler vif Matthias et ceux qui s'étaient révoltés contre lui.

Il se peut que l'occultation partielle de la lune, apparue soudain dans un ciel dégagé, ait suivi de peu le passage d'un nuage de sirocco noir. Admettons-le, malgré le silence de Jean. Comment n'aurait-on pas songé alors à la prophétie de Joël : « Le soleil se changera en ténèbres et la lune en sang » (3, 4). N'est-il pas singulier de constater que ce sont les termes mêmes de cette prophétie que Pierre à la Pentecôte cita dans son discours public, prophétie annonçant la venue du Jour de YHWH, autrement dit celui de la Résurrection le lendemain de la Pâque. Or nombre de juifs présents avaient été témoins de ce phénomène un peu plus de sept semaines auparavant. Le rapport ou prétendu rapport de Pilate à Rome sur le procès de Jésus dont parle Tertullien (peu importe sur ce plan qu'il soit authentique ou non) faisait lui aussi référence à la lune rousse (la seule éclipse de lune survenue durant le séjour en Judée du préfet romain de 26 à 36), tout comme un commentaire du patriarche Cyrille d'Alexandrie sur le vendredi saint au début du ve siècle. Les arguments de Colin J. Humphreys et W. Graeme Waddington sont impressionnants. Je tiens leur explication pour convaincante, venant de surcroît confirmer la date de la mort de Jésus, le 3 avril 33.

Voir : Chronologie.

Thabor

Pour le touriste qui visite la Galilée, impossible de ne pas voir, au moins de loin, cette puissante croupe fauve, isolée, à demi pelée en ses flancs et aplatie en son sommet, qui domine crânement les plaines environnantes du haut de ses 588 mètres ! On cite souvent, à son propos, ce texte du voyageur Green au milieu du XIXe siècle : « Le Thabor ressemble à un autel surélevé, que Dieu aurait construit en son propre honneur. De par sa forme particulière et sa situation, il semble déclamer de toute sa puissance un chant pétri de sensibilité. Tous ceux qui s'en approchent sont soudain envoûtés. » L'historien, cependant, doit se méfier des envoûtements et des faux semblants…

Certes, tel est bien le lieu auquel faisait allusion Moïse, bénissant les tribus d'Israël avant de s'éteindre : « Il dit pour Zabulon : réjouis-toi dans tes courses, et toi, Issachar, dans tes tentes. Ils invitent les peuples sur la montagne, là ils offrent des sacrifices de justice, car ils jouissent de l'abondance de la mer et des richesses cachées dans les sables » (Deutéronome 33, 18-19). C'est le même lieu qui est cité dans le livre des Juges par la prophétesse Déborah : « Voici ce qu'ordonne YHWH : "Va, porte-toi sur la montagne du Thabor et prends avec toi 10 000 hommes d'entre les Nephtalites et les Zabulonites..." » A la tête de cette troupe, Déborah et le général Baraq en dévalèrent les pentes, repoussant dans les marécages du Qishôn les 900 « chars de fer » et passant au fil de l'épée tous les hommes de l'armée cananéenne du général Siséra (livre des Juges 4, 6-16). Mais on a tort, à mon avis, de considérer ce lieu mythique comme celui de la Transfiguration, cet événement surnaturel par lequel Jésus manifesta par anticipation son corps glorieux à ses trois plus proches disciples, Pierre et les deux fils de Zébédée.

La tradition, certes, est ancienne. En son sommet, aujourd'hui occupé par la basilique de la Transfiguration (premier quart du XXe siècle), un monastère franciscain et son hôtellerie (fin du XIXe siècle), et l'église grecque orthodoxe Saint-Elie (seconde moitié du XIXe siècle), on a retrouvé les vestiges de plusieurs lieux de culte chrétiens ainsi que ceux du couvent fortifié de Saint-Salvador, remontant aux croisés. Des moines et des ermites s'y sont établis des siècles durant, et quelques Pères de l'Eglise, comme Origène, Cyrille de Jérusalem et Jérôme, ont assuré que tel était bien le lieu de ce prodige épiphanique.

Une partie de la critique historique doute néanmoins de cette localisation. D'abord, Matthieu et Marc nous parlent d'une « haute montagne », tandis que Pierre, dans sa seconde Epître, la qualifie de « sainte montagne » : or l'Hermon tire son nom de l'hébreu *hrm*, qui signifie « lieu sacré ». Sans doute, vu de la vallée du Jourdain ou de celle de Yizreêl (encore appelée Esdrelon), le Thabor passe-t-il pour un sommet non négligeable, mais 588 mètres, ce n'est pas le toit du monde ! Il nous est dit ensuite que cette montagne était un lieu isolé (« à l'écart »). Or les fouilles archéologiques ont révélé qu'au Ier siècle avant J.-C., en son sommet, trônait une forteresse hasmonéenne, installée par Alexandre Jannée, ce qui n'avait rien d'étonnant vu la situation stratégique du lieu. D'un passage de Flavius Josèphe, tiré de *La Guerre des Juifs*, il résulte qu'un village s'y trouvait également. Le dominicain irlandais, Jérôme Murphy-O'Connor, grand spécialiste de l'archéologie biblique décédé en 2013, supposait que ce village était peuplé des descendants de la garnison. Enfin, si l'on suit les Evangiles, on voit que Jésus et son groupe, peu avant la Transfiguration, se trouvaient beaucoup plus au nord, dans les environs de Césarée de Philippe, au pied du mont Hermon. Jusqu'au IVe siècle, la tradition ne semblait pas fixée : d'un ouvrage à l'autre, Eusèbe de Césarée hésitait entre le Thabor et l'Hermon, tandis que le pèlerin de Bordeaux, en 333, situait la scène au mont des Oliviers, summum de l'invraisemblance. Toutes ces difficultés conduisent raisonnablement à écarter le Thabor et à identifier le lieu de la Transfiguration avec l'un des sommets de l'Hermon, à l'extrémité de la chaîne de l'Anti-Liban. Une vraie montagne, elle, qui culmine à 2 840 mètres !

Voir : Transfiguration.

Thérèse de l'Enfant-Jésus

Je dois avouer qu'avant d'entamer, vers l'âge de vingt ans, la lecture de l'*Histoire d'une âme* de sainte Thérèse, je n'avais qu'agacement et prévention envers les fadeurs sulpiciennes de cette « petite bonne sœur » aux bras chargés de roses, aux statues mièvres dans le coin des églises, avec ces pavés d'ex-voto fatigués autour d'elles, et le gâteau de fromage blanc de sa basilique à Lisieux. Tout cela évoquait pour moi une spiritualité affectée, sucrée, sirupeuse, dégoulinant de bons sentiments. Et puis ce fut le choc, l'émotion bouleversante à la lecture de ses écrits biographiques, ses poèmes, ses correspondances. Nul doute, Thérèse la lumineuse a apporté une révolution dans l'histoire du sentiment religieux occidental, la révolution de l'amour et de l'espérance. Elle a décapé la foi assoupie par des siècles de ritualisme, touché, transformé bien des vies et sans doute aussi la mienne.

Ce qui frappe quand on considère son existence, quand on lit ses œuvres, c'est sa passion de la vérité et sa quête de l'absolu, l'absolu de l'Amour pour Jésus, l'absolu de la confiance mise en lui, vécue intensément à tout instant, dans les souffrances physiques et morales, les périodes d'aridité – et elles furent nombreuses – et même les cruels moments de doute et d'obscurcissement, où le Tentateur venait envelopper son esprit d'un brouillard mortifère.

Le mystère de cet absolu m'a toujours fasciné, car il n'a rien d'apparent ; bien au contraire, il est enfoui dans le désert, comme la source la plus pure, avant de jaillir librement en un geyser libérateur. Regardez son visage sur les précieuses photos faites par sa sœur Céline, elle aussi carmélite : son regard est le reflet du Ciel, son sourire la fleur de son âme, une âme habitée par la grâce.

Ses études ont été courtes. Même si elle a aimé la lecture, elle est presque ignorante, sans culture. C'est à elle plus qu'à aucune autre que s'applique la phrase de Jésus rapportée par l'Evangile selon Matthieu (11, 25) : « Je te bénis, Père, Seigneur du ciel et de la terre, d'avoir caché cela aux sages et aux intelligents et de l'avoir révélé aux tout-petits. » Il y a en Thérèse une simplicité, une spontanéité, une limpidité, une allégresse extrêmes, un esprit d'enfance confinant au génie. Je m'étais bien trompé ! Quelle maturité spirituelle ! Elle a des intuitions cristallines, des fulgurances sublimes, des audaces inimitables et une ardeur inextinguible. D'instinct elle a tout compris, tout assimilé, dépouillant la simplicité évangélique de ses gloses surchargées et de ses styles chantournés, sans jamais tomber dans les déviances habituelles. Ce n'est ni le quiétisme indolent d'une Mme Guyon, ni la prédestination inquiète d'un Calvin, et sûrement pas les frilosités amères du jansénisme terrorisant, dont elle va délivrer heureusement la piété moderne. Elle n'a désiré ni visions ni extases, rien de supranormal, et elle a été exaucée, précisément pour montrer que tous, les pauvres, les petits, les malades, les solitaires, les angoissés, les cabossés et les brisés de la vie, si bas soient ils tombés, peuvent accéder à la sainteté en s'abandonnant sans crainte à la miséricorde divine.

Née à Alençon le 2 janvier 1873, Marie-Françoise-*Thérèse* est le neuvième enfant de Louis Martin, horloger-bijoutier, et de Zélie Guérin, son épouse, dentellière. Des sept filles et deux garçons, trois meurent en bas âge. Appartenant à la petite bourgeoisie aisée, la famille est d'une admirable piété. Thérèse est une enfant heureuse, sensible, volontaire, entêtée. Sa mère étant morte lorsqu'elle avait quatre ans, elle suit le reste de la famille à Lisieux et étudie au pensionnat des bénédictines de la ville. Son caractère a changé. De vive et expansive, elle est devenue timide et douce. Sa santé est fragile. Malheureusement, elle « perd » sa seconde mère, sa grande sœur Pauline, devenue sœur Agnès de Jésus au carmel de Lisieux. Elle veut alors devenir « une grande sainte ». Sa première et sa seconde communion sont l'occasion de rencontres mystiques. « Ce n'est plus moi qui vis, répète-t-elle avec saint Paul, c'est Jésus qui vit en moi. » Malgré les grâces reçues, elle reste sous l'emprise de « la terrible maladie des scrupules ». Sa « complète conversion » intervient le jour de Noël 1886 (le jour même où, à Notre-Dame de Paris, un certain Paul Claudel est « foudroyé » par la grâce). Tandis que sa sœur Marie entre à son tour au carmel de Lisieux (c'est la perte d'une « troisième mère »), elle veut sauver les âmes. Elle prie ardemment pour un grand criminel, Henri Pranzini, condamné à mort pour avoir assassiné dans d'atroces conditions deux femmes et une petite fille, fait dire pour lui des messes. C'est le « premier enfant » qu'elle adopte. Elle doute du repentir de cette brute avant son exécution, mais elle demande à Jésus de lui accorder « un signe », un simple signe. Or, à l'aube de ce 31 août 1887, Pranzini, au pied de la guillotine, après avoir refusé les services de l'aumônier, réclame un crucifix et l'embrasse deux fois avant de mourir : Thérèse se sent exaucée par ce geste totalement inattendu.

A partir de ce moment, sa détermination d'entrer au carmel est sans faille. Elle n'a pas quinze ans. Elle doit convaincre son père, puis l'oncle Isidore, batailler avec le supérieur de l'ordre, qui ne veut rien entendre avant l'âge de vingt et un ans, avec l'évêque, avec Léon XIII en personne, qu'elle voit lors d'une audience privée à Rome. Quelle audace ! Elle provoque un incident. Au lieu d'embrasser sa main, elle s'écrie : « Très Saint-Père, j'ai une grande grâce à vous demander... » Le pape lui enjoint d'obéir au supérieur. Elle insiste. Il répond : « Allons... Allons. Vous entrerez si le bon Dieu le veut ! »

Le bon Dieu le veut en effet. Le 9 avril 1888, la voilà postulante au couvent où vivent deux de ses sœurs. La vie est rude : prière, silence, travaux manuels – balayage, lessive, vaisselle –, froid, insomnies, souffrances de la vie commune. Sa prise d'habit a lieu le 10 janvier 1889. A son nom de « sœur Thérèse de l'Enfant-Jésus » elle ajoute « et de la Sainte Face » pour être en lien avec la dévotion développée autour du Saint Suaire de Turin par M. Dupont, le « saint homme de Tours ». Le 24 septembre de l'année suivante, elle prend le voile.

Pour les fêtes, elle compose des récréations, des cantiques malhabiles, huit pièces de théâtre dont deux sur Jeanne d'Arc, une de ses saintes préférées. Quel est donc le secret de cette jeune moniale, pétillante de vie, toujours gaie et souriante ?

Hélas, en avril 1897, la maladie s'abat sur un corps déjà gravement délabré. Elle a de la fièvre, des vomissements, elle crache le sang. La tuberculose. Sur son lit à l'infirmerie, les souffrances, terribles, se prolongent des jours durant. « Ma mère ! N'est-ce pas encore l'agonie ?... Ne vais-je pas mourir ?... — Oui, ma pauvre petite, c'est l'agonie, mais le bon Dieu veut peut-être la prolonger de quelques heures. — Eh bien !... Allons !... Allons !...

Oh ! Je ne voudrais pas moins longtemps souffrir… » Puis, elle regarde son crucifix : « Oh ! Je l'aime… Mon Dieu… Je vous aime !… »

Ce sont ses dernières paroles. Elle meurt, le sourire aux lèvres. C'était le 30 septembre 1897, à 10 h 20. Elle n'avait pas vingt-cinq ans. « Il n'y avait rien à dire sur elle, reconnaîtra une sœur ; elle était très gentille et très effacée, on ne la remarquait pas… » Comment imaginer l'embrasement universel qui allait naître ?

Sa sœur Pauline, en religion Mère Agnès de Jésus, devenue supérieure, lui avait ordonné de consigner ses souvenirs d'enfance. Pour le premier anniversaire de sa mort, elle les a regroupés et réécrits en partie sous le nom d'*Histoire d'une âme* (heureusement, les manuscrits autobiographiques seront repris plus tard dans toute leur fraîcheur). Le succès est immédiat, prodigieux. Tous les carmels français reçoivent le livre. Des évêques, des curés, des prêtres le lisent. Les éditions se succèdent, les traductions se multiplient, en anglais, polonais, italien, néerlandais, allemand, portugais, espagnol, japonais, russe… C'est un *best-seller* mondial. Et les pèlerinages suivent, toujours plus nombreux. On invoque la « petite Thérèse ». Les apparitions, les miracles abondent. Elle semble déverser un océan de grâces. N'avait-elle pas dit : « Je veux passer mon ciel à faire du bien sur la terre » ? On parle de sa canonisation et, avant même l'ouverture du procès, le pape Pie X l'appelle « la plus grande sainte des temps modernes ». Comme pour accélérer la procédure, elle apparaît à la prieure du carmel de Gallipoli, en Italie, et lui dit : « Ma voie est sûre, et je ne me suis pas trompée en la suivant. » Retardée par la guerre, sa béatification est proclamée le 29 avril 1923 par Pie XI qui en fait « l'étoile montante de son pontificat ». Le 17 mai 1925, la voilà sainte. Plus étonnant encore, deux ans plus tard, elle est proclamée patronne universelle des missions, au côté de François-Xavier, elle qui n'a jamais quitté son couvent depuis l'âge de quinze ans ! Partout dans le monde la spiritualité thérésienne rayonne, donnant parfois naissance à des congrégations, telles les Oblates de Sainte-Thérèse ou les Missionnaires de Sainte-Thérèse. Le 3 mai 1944, Pie XII proclame Thérèse « patronne secondaire de la France » après Marie, à l'égal de sainte Jeanne d'Arc. Le 19 octobre 1997, Jean-Paul II la nomme 33e docteur de l'Eglise. Elle est la plus jeune à occuper cette dignité.

Pas moins de 1 700 églises portent son nom. Ses reliques parcourent les mers et les océans, attirant partout les foules. Elle avait voulu « annoncer l'Evangile dans les cinq parties du monde et jusque dans les îles les plus reculées » : son vœu est accompli *post mortem*. Ses parents, les époux Martin, modèles du couple chrétien, habités en plénitude par la foi et qui ont largement encouragé leurs enfants, dont Thérèse, à marcher sur le chemin de la sainteté, ont été béatifiés ensemble en octobre 2008. Leur canonisation est annoncée pour l'automne 2015.

Comment expliquer pareil rayonnement ? Le carme Conrad De Meester a bien analysé les fondements de sa spiritualité[1]. Thérèse s'était d'abord donné pour but d'accéder à la sainteté en accomplissant une série de petits actes de la vie quotidienne, y compris les plus

1. Conrad De Meester, *Les Mains vides. Le message de Thérèse de Lisieux*, Paris, Cerf, 1988. Voir également Guy Gaucher, *Histoire d'une vie. Thérèse Martin (1873-1897)*, Paris, Cerf, 1996.

insignifiants. De « petits riens » pour « faire plaisir à Jésus » : un sourire, une parole aimable, supporter les paroles désobligeantes, ne pas s'adosser à un fauteuil, ne pas frotter ses mains couvertes d'engelures, obéir à toutes les demandes des sœurs, rechercher volontairement la compagnie de sœur Marie de Saint-Joseph, réputée pour son caractère épineux et ses colères, accepter la souffrance comme Jésus sur la croix, bref, n'être qu'« un grain de sable obscur ». C'est la voie de l'enfance. « Jésus, le doux petit enfant, changea la nuit de mon âme en lumière », écrit-elle. Elle pratique l'*Imitation de Jésus-Christ*, se nourrit de saint Paul et de saint Jean de la Croix, le « docteur de l'Amour ».

Ce n'est pas assez. Elle a le sentiment que, en dépit de ses efforts, la sainteté lui échappe. Elle est là, bien petite, toute petite, avec « toutes ses imperfections », face aux « grands saints » dont on lit la vie au réfectoire. C'est que, sans doute, elle compte encore trop sur ses propres forces. Elle ne se décourage pas.

Vers la fin de 1893 ou le début de 1894, un passage du livre des Proverbes, retranscrit par sa sœur Céline, l'éclaire : « Si quelqu'un est petit, qu'il vienne à moi ! » Un verset d'Isaïe l'illumine : « Comme une mère caresse son enfant, ainsi je vous consolerai, je vous porterai sur mon sein et je vous balancerai sur mes genoux ! » (66, 13, 12). Oui, elle a trouvé « une petite voie, bien droite, bien courte, toute nouvelle », l'abandon total, la confiance absolue dans les bras de Jésus. Pour cela, il ne faut pas s'accrocher, mais au contraire lâcher prise, venir à lui les mains vides, car la sainteté est don de Dieu. De l'humilité, elle passe à la confiance.

Certes, cet abandon à la miséricorde divine n'était pas nouveau. On le trouvait en partie présent chez Jean de la Croix ou, au siècle suivant, chez le frère carme Laurent de la Résurrection, ou encore chez le père La Colombière. Mais elle va en faire la voie privilégiée avec une densité spirituelle jamais égalée. « Ma voie est toute de confiance et d'amour, je ne comprends pas les âmes qui ont peur d'un si tendre ami. » Qu'est-ce que le péché dont on se repent au regard de Dieu ? « Dites bien, ma Mère, s'adressant à mère Agnès, que si j'avais commis tous les crimes possibles, j'aurais toujours la même confiance, je sens que toute cette multitude d'offenses serait comme une goutte d'eau jetée dans un brasier ardent. »

Cet amour gratuit, inépuisable de Jésus la conduit plus avant. « Afin de vivre dans un acte de parfait amour, écrit-elle, je m'offre comme victime d'holocauste à votre Amour Miséricordieux, vous suppliant de me consumer sans cesse, laissant déborder en mon âme les flots de Tendresse Infinie qui sont renfermés en vous et qu'ainsi je devienne Martyre de votre Amour, ô mon Dieu » (11 juin 1895). Ce don est total : « Aimer, c'est tout donner et se donner soi-même. » Elle est prête aux nuits de l'esprit. Elle accepte toute souffrance à venir par amour : « Si de sombres nuages viennent à cacher l'astre de l'Amour, le petit oiseau ne change pas de place, il sait que par-delà les nuages son soleil brille toujours. »

Mon Ciel est de sourire à ce Dieu que j'adore
Lorsqu'il veut se cacher pour éprouver ma foi.

Sa vocation est double : prier pour les prêtres et pour les missionnaires. C'est ainsi qu'on lui confie le salut d'un prêtre, puis d'un autre des Missions étrangères de Paris, en partance pour la Chine. Ses désirs sont immenses, impétueux. Un jour, dans sa petite enfance, sa sœur lui avait proposé de choisir un tissu parmi ceux qui s'étalaient dans une minuscule corbeille. Elle avait répondu : « Je choisis tout ! » Telle est l'ardeur de son caractère ! Elle aurait voulu être « guerrier, prêtre, diacre, apôtre, docteur de l'Eglise, martyr ». Elle aurait aimé partir en mission en Asie. C'est alors qu'elle comprend qu'elle peut être « tout » en restant inconnue au fond de son obscur carmel. « La charité me donna la clé de ma vocation. [...] Je compris que l'Amour renfermait toutes les vocations, que l'amour était tout, qu'il embrasait tous les temps et tous les lieux [...]. Alors, dans l'excès de la joie délirante je me suis écriée : O Jésus, mon Amour... ma vocation enfin je l'ai trouvée, *ma vocation, c'est l'amour...* Ainsi je serai tout... Ainsi mon rêve sera réalisé !!! »

Dès l'enfance, elle avait eu le sentiment de la brièveté de la vie et de l'urgence d'aimer Dieu.

Ma vie n'est qu'un instant, une heure passagère ;
Ma vie n'est qu'un seul jour qui m'échappe et qui fuit.
Tu le sais, ô mon Dieu ! Pour t'aimer sur la terre,
Je n'ai rien d'autre qu'aujourd'hui...

Une nuit, une carmélite morte depuis des siècles, Anne de Jésus, compagne de sainte Thérèse d'Avila, qui avait introduit le Carmel en France, lui était apparue en rêve. Elle lui avait annoncé qu'elle mourrait bientôt, mais que le bon Dieu était « très content » d'elle. Ces paroles l'encouragèrent à surmonter l'assaut impétueux des ténèbres.

« Tout est grâce », dit-elle peu avant sa mort. Un mot que Bernanos reprendra à son compte et que tous les chrétiens devraient faire leur. Du moins essayer…

Thomas l'apôtre

Lorsque je lis dans l'Evangile de Jean le passage de Jésus ressuscité montrant à Thomas ses plaies, je songe au célèbre tableau du Caravage *L'Incrédulité de saint Thomas*, peint vers 1603 et conservé au palais de Sans-Souci à Potsdam. Visage buriné, front ridé, l'apôtre se penche vers Jésus qui, écartant le pan de sa tunique, lui fait toucher de son index la plaie béante de son côté. Symbole de la mort, mais de la mort vaincue par le Christ, c'est elle qui focalise le regard. Jésus n'est ni une hallucination ni un fantôme, mais un homme bien vivant. Deux autres personnages, saint Pierre et saint Jean sans doute, accompagnent ce mouvement de curiosité dans une composition parfaitement maîtrisée. Quelle scène ! Par son coloris et son célèbre jeu du *chiaroscuro*, essentiel chez l'artiste, c'est une œuvre bouleversante de réalisme, à ceci près que Thomas a touché pour croire, alors que, dans l'Evangile de Jean, il lui a suffi de voir…

L'apôtre est l'une des figures les plus emblématiques, les plus humaines aussi, de l'Evangile. Il est celui qui a douté et qui, par-delà les siècles, va à la rencontre de nos propres doutes, de nos propres interrogations. « Je suis comme saint Thomas, je ne crois que ce que je vois ! », entend-on souvent dire celui qui veut manifester son scepticisme.

La scène, décrite par Jean l'évangéliste, se passe une semaine après la résurrection de Jésus. Thomas n'était pas présent lorsque celui-ci était apparu aux apôtres et aux disciples le lendemain soir de la Pâque. Il avait refusé d'admettre la réalité de l'extraordinaire nouvelle que ses compagnons lui avaient annoncée. « Si je ne vois pas dans ses mains la marque des clous, si je ne mets pas mon doigt à la place des clous et si je ne mets pas ma main dans son côté, non, je ne croirai pas ! » Une semaine plus tard, donc, le 23 nisan (12 avril) de l'an 33, les disciples sont de nouveau réunis au Cénacle, en compagnie cette fois de Thomas. Comme la première fois, les portes sont verrouillées dans la crainte d'une descente de la police du Temple. Jésus apparaît soudain au milieu d'eux et, s'adressant à ce dernier, lui dit : « Avance ton doigt ici et vois mes mains, avance ta main et mets-la dans mon côté ; et ne te montre plus incrédule, mais croyant. » Ebloui par l'évidence, empli d'amour et d'émotion, Thomas s'écrie : « Mon Seigneur et mon Dieu ! » Le cri du cœur. Jésus reprend : « Parce que tu me vois, tu crois ; heureux ceux qui croient sans voir ! » (20, 29).

Que sait-on au juste de Thomas ? Son nom apparaît dans les quatre Evangiles parmi les douze apôtres choisis par Jésus, mais seul celui de Jean nous donne quelques détails sur un personnage qu'il semble avoir bien connu. En araméen, *Te'oma* ou *Tôma* signifie « jumeau », *didyme* en grec. Jean l'appelle par ce double nom, Thomas Didyme. A ce sujet, deux hypothèses ont été émises : soit il avait un frère jumeau, soit il ressemblait physiquement à Jésus. Etait-il artisan orfèvre, architecte, peintre ou sculpteur ? Les traditions divergent.

Thomas en tout cas apparaît à travers l'Evangile de Jean comme un homme généreux et courageux. « Allons et mourons avec lui », s'écrit-il quand il comprend que Jésus va revenir à Jérusalem où il est recherché. A la Cène, lorsque Jésus dit à ses apôtres : « Quant au lieu où je vais, vous en savez le chemin », lui, vif et impétueux, s'exclame : « Seigneur, nous ne savons même pas où tu vas. Comment en connaîtrions-nous le chemin ? »

Si l'on en croit certains récits apocryphes comme les *Actes de Thomas* (IIIe siècle) ou plus tard *La Légende dorée* de Jacques de Voragine, il se serait rendu avec Barthélemy à Ninive, serait passé par le royaume indo-parthe de Taxila, se serait aventuré sur les bords de l'Indus avant d'évangéliser la côte de Malabar (sept églises créées au Kérala) ainsi que l'île de Tabropane (Ceylan), puis de séjourner sur la côte orientale dans le port de Meilapouram ou Mylapore, aujourd'hui un quartier de Chennai (anciennement Madras). C'est sur une colline rocheuse, non loin de cette ville, appelée mont Saint-Thomas, qu'il serait mort martyr en juillet 72, exécuté dans le dos d'un coup de lance par des ennemis de la foi (on pense, naturellement, au magnifique *Saint Thomas à la pique* de Georges de La Tour, au Louvre depuis 1988, acquis par une souscription nationale). On vénère toujours son tombeau dans la crypte de la basilique Saint-Thomas de Chennai, où l'on retrouva il y a quelques années des ossements et un morceau du fer de lance qui l'avait frappé. Une autre partie de ses restes aurait été transférée à Edesse (Urfa) en Turquie, à Ortona en Italie et à Mossoul (Ninive) en Irak...

A la vérité, les traditions se mêlent aux légendes, et la chronologie reste floue, même s'il y a peu de doute sur l'œuvre de l'apôtre en Inde. Reste une énigme : Thomas a-t-il essayé d'évangéliser l'empire du Milieu ? « Nombreux, écrivait au XVIe siècle saint François-Xavier, sont ceux qui disent que l'apôtre saint Thomas est allé jusqu'en Chine et qu'il y a fait beaucoup de chrétiens. » Plus précis, le missionnaire italien Matteo Ricci, arrivé en Chine en 1583, écrit : « Nous pouvons rapporter les commencements de la foi chrétienne en ce royaume plus haut, parce que nous avons fait recueillir des livres chaldéens de la province des Malabares, laquelle contrée on connaît si clairement avoir été christianisée par le soin et diligence de saint Thomas que les plus opiniâtres mêmes n'en sauraient douter. En ces livres donc, nous lisons très clairement que la foi chrétienne a été introduite en la Chine par le même apôtre et plusieurs églises bâties en ce royaume. »

En 2007, un chercheur français, Pierre Perrier, a identifié trois figures des bas-reliefs sculptés sur la paroi rocheuse de Kong Wang, près du port de Lianyungang, comme étant celles de l'apôtre Thomas, de son diacre interprète parthe, de la Vierge Marie avec l'Enfant-Jésus enveloppé dans des langes. Ce serait la preuve de la venue en Chine de l'apôtre, où il aurait vécu de 65 à 68, précise-t-il dans une étude écrite en collaboration avec le sinologue Xavier Walter, c'est-à-dire au moment où la jeune Eglise de

Rome était persécutée par Néron. Si cet événement était établi, il serait, assurément, important, car il permettrait d'inclure la chrétienté de Chine au rang des Eglises apostoliques. La présence de personnages chrétiens au milieu de la centaine de figures bouddhistes sur la paroi d'une falaise chinoise est certes troublante, l'hypothèse émise intéressante, plausible, je veux bien l'admettre, mais, historiquement, le dossier reste mince. Affaire à suivre…

Voir : Résurrection.

Tibériade

Quelle splendeur que ce grand lac de Galilée sur les bords duquel Jésus a vécu une grande partie de sa vie publique ! La lumière est si changeante que les couleurs varient au long du jour et au gré des humeurs du ciel : bleu azur ou turquoise, gris aux reflets argentés pour les eaux, jaune paille, rose, ocre rouge pour les pourtours rocheux du Golan. Et partout cette impalpable impression de sérénité mélancolique, lorsque les contrastes de la lumière vespérale s'embrasent dans des scintillements mordorés, comme le soleil mourant dans les vitraux de Chartres. Ce lac d'eau douce, long de 21 kilomètres et large de 13, situé à un peu plus de 200 mètres au-dessous du niveau de la mer, a eu plusieurs noms : mer de Galilée, lac de Génésareth (de *Gan Sâr*, le Jardin du Prince), de Kinnereth (de *kinnor*, « la lyre » en hébreu, allusion à sa forme)… Mais les tempêtes y sont soudaines et violentes.

Dans l'Antiquité, c'était un centre d'activité intense, avec une quinzaine de ports et des villages d'agriculteurs situés sur le pourtour : Magdala, Capharnaüm, Bethsaïda, Kursi, Hippos (l'une des villes grecques de la Décapole)… Hérode Antipas y bâtit sa capitale, Tibériade, en l'honneur de l'empereur Tibère.

Une des richesses de la contrée, outre la fertilité de la plaine de Génésareth, au nord-ouest, était la pêche. On ne dénombrait pas moins de vingt-trois espèces de sardines, huit de « peignes » (ainsi dénommés pour leur longue nageoire dorsale), dont l'une des variétés a survécu sous le nom de « poisson de saint Pierre », des clarias, des silures couleur de vase et des cyprins (sortes de carpes). Il y avait aussi des mulets qui avaient la particularité de loger dans leur bouche leur progéniture durant plusieurs semaines. Un jour, Simon-Pierre en prit un qui avait avalé un statère.

Allant d'une rive à l'autre, Jésus passa des mois autour de ce lac, enseignant les populations, y accomplissant de nombreux prodiges : la marche sur les eaux, la tempête apaisée, la pêche miraculeuse, la guérison d'un démoniaque au pays des Géranésiens… A Tabgha, sur la rive nord-ouest, une tradition remontant au moins au IVe siècle a localisé le lieu de la multiplication des pains.

Un peu plus au nord, s'élève la colline des Béatitudes, où Jésus aurait prononcé le « sermon sur la montagne » : « Heureux les pauvres en esprit…, heureux les doux…, heureux les affligés…, heureux les affamés et assoiffés de justice…, heureux les miséricordieux…, heureux les cœurs purs… ».

Oui, c'est bien là, dans ce calme paysage enchanteur du lac, que l'on perçoit peut-être le mieux l'écho de l'immense royaume du silence et du mystère de l'inexprimable.

Voir : Tempête apaisée.

Titulus Crucis, l'écriteau de la croix

L'usage d'inscrire le motif de condamnation d'un supplicié sur une planchette de bois fixée au-dessus de la croix (*titulus damnationis*) était-il systématique ? On ne sait trop. En tout cas, les quatre Evangiles canoniques disent qu'il en fut ainsi pour Jésus. Ces planchettes étaient en général peintes en blanc, avec un texte en rouge ou en noir. C'est Ponce Pilate, responsable de la sentence, qui, bien entendu, en arrêta le texte : « Celui-ci est Jésus, le roi des Juifs » (Matthieu), « le roi des Juifs » (Marc), « le roi des Juifs est celui-ci » (Luc), « Jésus le Nazôréen, le roi des Juifs » (Jean). Cette dernière formule, indiquée par un témoin oculaire, est certainement la plus authentique.

C'est à dessein que les grands prêtres Hanne et Caïphe avaient dénoncé Jésus comme un dangereux Nazôréen, c'est-à-dire, non pas un habitant de l'insignifiant village de Nazareth en basse Galilée, mais un membre du clan davidique portant ce nom, ce qui en faisait, par voie de conséquence, un messie politique.

En interrogeant Jésus, Pilate s'était parfaitement rendu compte que le prisonnier n'avait rien d'un chef de bande aspirant à la royauté temporelle. « Mon royaume n'est pas de ce monde », lui avait-il dit. Il avait bien vu que les grands prêtres cherchaient à le manipuler. Mais, faisant mine de les suivre, il fit écrire le texte dans les trois langues pratiquées en Judée, l'araméen, la langue courante, le latin, la langue officielle de l'empire, et le grec, celle des échanges culturels et commerciaux :

Yesua Nazarara malka diyehudaye
Iesus nazarenus rex iudaerum
Ho Nazôraios ho Basileus tôn Ioudaiôn

(De la formulation en latin découle l'abréviation I.N.R.I., que l'on trouve dans presque toute l'iconographie chrétienne).

En stigmatisant ainsi l'attente messianique d'Israël Pilate se moquait des grands prêtres et de ceux qui avaient voulu le contraindre à condamner Jésus. « Cet écriteau, écrit Jean, bien des juifs le lurent, parce que l'endroit où Jésus avait été crucifié était près de la ville. » Quand ils surent qu'ils avaient été dupés, Hanne et Caïphe protestèrent : « Tu ne dois pas écrire "le roi des Juifs", mais celui-là a dit : "Je suis le roi des Juifs." » Pilate balaya d'un revers leurs propos : « Ce que j'ai écrit, je l'ai écrit » (*Ho guégrapha guégrapha*).

Cette phrase rapportée scrupuleusement par Jean (19, 21-22) a été prononcée en grec par Pilate, mais, comme l'a observé l'abbé Pierre Courouble, elle contient une trace de latinisme. S'il avait pensé en grec, il aurait dû dire : *ha égrapsa guégrapha*. Cette erreur grammaticale, due au fait que le latin à la différence du grec n'utilise qu'un seul temps, le parfait (*scripsi*), semble indiquer que Jean l'évangéliste, membre de la haute aristocratie de Jérusalem, a entendu la réponse de la bouche même du préfet romain. Ce n'est pas pour faire « couleur locale » qu'il l'a inventée trente ans plus tard ! Peut-être faisait-il partie de la délégation juive à ce moment-là ?

La relique du *Titulus Crucis* est conservée dans la basilique Sainte-Croix de Jérusalem à Rome. Il n'en reste à vrai dire qu'une partie rongée par les vers et attaquée par les champignons, qui pèse moins de 700 grammes, pour une longueur de 25 centimètres, une largeur de 14 et une épaisseur de 2,6. Selon plusieurs paléographes, le type d'écriture correspondrait à celui en usage au Ier siècle de notre ère. Le carbone 14, plus fiable pour le bois que pour le lin, date cette pièce du XIe siècle. Il s'agirait donc d'une reproduction de celle que découvrit en 325 sainte Hélène lors de son séjour à Jérusalem.

Voir : Passion de Jésus.

Tombeau du Juste

Encore un mystère de l'archéologie biblique. Comment expliquer la présence d'un riche tombeau de l'époque hérodienne dans les sous-sols des bâtiments des Sœurs de Nazareth, dans la ville du même nom ?

La religieuse milanaise au français remarquable qui conduit la visite raconte : les moniales avaient acheté le terrain au XIXe siècle, où, leur avait-on dit, se trouvait le « tombeau du Juste ». Elles n'y croyaient guère, persuadées qu'on leur vantait cette antique tradition orale jamais vérifiée pour leur faire payer le prix fort ! Mais voici que, en 1884, un ouvrier appelé à nettoyer une des citernes du couvent vit soudain le sol se dérober et se retrouva, légèrement contusionné, trois mètres plus bas dans une crypte voûtée d'époque romaine… Non, ce n'était pas le début d'un roman de la collection « Signe de Piste », mais une authentique et fabuleuse découverte !

Les fouilles s'étalent sur des années, sous la surveillance du père Séjourné, prieur des dominicains de l'Ecole biblique de Jérusalem. On découvre un dédale inextricable de sous-sols sur quatre niveaux : les restes d'une église byzantine – celle peut-être de la Nutrition, dont parlent saint Jérôme en 386 et l'évêque gaulois Arculfe en 670, qui correspondrait à la maison dans laquelle Joseph prit la Vierge avec lui après l'Annonciation –, des voûtes byzantines, des canalisations, une demeure romaine avec son dallage, des escaliers très anciens, des traces de culte de l'époque croisée, une citerne, un puits, un réseau de caves dont l'une aménagée en chapelle, d'où s'échappèrent, lorsqu'on l'ouvrit, des odeurs d'encens. Un chaos où il est difficile de se retrouver, d'autant que les fouilles n'ont pas été faites avec la rigueur scientifique que l'on attend aujourd'hui.

Mais, surtout, en sous-sol, il y a cette énigmatique tombe juive qui, selon l'archéologue israélienne Yardenna Alexandre, pourrait bien en effet dater du Ier siècle. Malheureusement, la preuve absolue manque. A l'époque, les sœurs avaient consigné dans leur journal de communauté qu'un squelette avait été découvert, avec des pièces de monnaie et une bague à laquelle manquait le chaton. Confiés pour examen à de mystérieux pèlerins, ces objets se sont évanouis à tout jamais dans la nature.

Le « tombeau du Juste ». Qu'est-ce à dire ? Matthieu au chapitre premier de son Evangile qualifie Joseph, le père nourricier de Jésus, de « juste ». Serait-ce donc là sa sépulture, située en bordure de sa maison ? Les arguments sont ténus, mais l'identification n'est pas impossible.

Au temps de Jésus les pauvres étaient inhumés sans pierre tombale dans une fosse recouverte de terre. Les plus riches avaient droit à un puits fermé par une pierre. Creusées dans le roc à flanc de colline, les tombes des notables étaient constituées d'une antichambre et d'une chambre funéraire avec une ou plusieurs banquettes, où l'on étendait le défunt enroulé dans un linceul. Elles étaient fermées par une grosse pierre plate. La tombe de Lazare, à Béthanie, et celle de Joseph d'Arimathie, près du Golgotha, où l'on déposa le corps de Jésus, répondent à ce modèle. Les tombeaux des rois, des princes ou des personnages les plus en vue étaient identiques, mais avec un système de fermeture plus perfectionné : la pierre obstruant la cavité sépulcrale était une grosse meule ronde que l'on roulait dans sa rainure. Ce type de tombeau, assez rare en Israël, disparaît avant la fin du Ier siècle de notre ère.

Or telle se présente la tombe du Juste à Nazareth. Dans ce village de pauvres artisans, qui revendiquaient leurs origines davidiques, à qui donc aurait-elle pu appartenir sinon au chef du clan, Joseph, l'époux de Marie ? Sans doute ces villageois étaient-ils sans fortune, mais pour perpétuer leurs traditions royales et honorer les aînés de la dynastie, que n'auraient-ils fait ? Il suffisait de quelques bons tailleurs de pierre et d'un peu de temps distrait aux travaux des champs ou de l'artisanat.

En contemplant non sans fascination l'entrée de cette tombe avec son impressionnante meule et ses deux chambres funéraires, je me disais que, après avoir été celle de Joseph, elle était peut-être destinée à son fils et héritier, Jésus, s'il n'avait pas été crucifié à Jérusalem par ordre de Ponce Pilate… Certes, mais peut-on imaginer le Christ finissant calmement sa vie, fort âgé, comme un prophète chenu, au milieu des siens, dans le village de son enfance ? Dans le dessein de Dieu, pouvait-il y avoir l'Incarnation sans la Rédemption, la Rédemption sans la Passion à Jérusalem, « la ville qui tue les prophètes », et la Passion sans la Résurrection ? Non, décidément, le mystérieux tombeau du Juste n'était pas fait pour être celui de Jésus.

Voir : Joseph, époux de Marie ; Nazareth ; Nazôréens.

Transfiguration

Ce mystérieux événement survenu quelques jours avant la fête des Tentes (Soukkot) de l'an 32 est sans aucun doute l'un des plus importants de la vie de Jésus. La Transfiguration est, en effet, le dévoilement de sa personne divine en présence de trois des apôtres, la métamorphose soudaine de l'homme de chair en un être de lumière, la brève vision anticipatrice de son corps glorieux de Ressuscité. Les artistes ne s'y sont pas trompés. Des fresques du Christ transfiguré existent entre autres à la basilique Saint-Apollinaire de Ravenne, au monastère de Sainte-Catherine au Sinaï et naturellement dans la basilique des frères Barluzzi au mont Thabor. Le thème a été traité par de nombreux peintres, Giovanni Bellini, Raphaël, Le Titien, Rubens particulièrement, tandis qu'Olivier Messiaen lui a consacré l'un de ses oratorios.

Commandé par le cardinal Jules de Médicis (futur Clément VII), actuellement conservé au Musée du Vatican, le grand tableau de Raphaël est d'une resplendissante beauté par la douceur de l'expression du Christ, le chatoiement des coloris et l'éclat de ses contrastes lumineux. Ce fut sa dernière œuvre, une sorte de testament spirituel. Bien que la toile fût inachevée, on la dressa face à son cercueil lors de ses obsèques. Elle est impressionnante et, à mon sens, l'une des plus puissantes évocations de cette extraordinaire théophanie*.

Signe de la plénitude du Salut, la scène est contée par les seuls Evangiles synoptiques*, car, contrairement à son homonyme Jean, fils de Zébédée, Jean l'évangéliste n'était pas présent ; il n'en parle donc pas. Jésus prend avec lui les trois principaux disciples du groupe des Douze, Pierre et les deux frères pêcheurs du lac, Jacques et Jean. Il les emmène au sommet d'une « haute montagne » : il ne s'agit vraisemblablement pas du mont Thabor, mais du mont Hermon, à l'extrémité sud de la chaîne de l'Anti-Liban, qui culmine à 2 840 mètres et domine Césarée, la capitale du tétrarque Philippe, frère d'Hérode Antipas. Parvenu à un plateau, Jésus s'éloigne pour prier. Soudain, son aspect physique se transforme. Il devient « brillant comme le soleil » et ses vêtements « blancs comme la lumière » (Matthieu), « tels qu'un foulon sur la terre ne peut blanchir », ajoute Marc.

Il semble s'entretenir avec deux personnages en qui les trois apôtres, totalement décontenancés, terrifiés même, croient reconnaître les deux grandes figures de l'ancienne Alliance, Moïse et Elie, l'un représentant la Loi, l'autre les prophètes. Ils lui parlent de son « exode », c'est-à-dire de sa mort, qui va survenir à Jérusalem. Simon-Pierre et ses deux compagnons sont subjugués. « Rabbi, s'écrie Simon-Pierre, il est bon que nous soyons ici. Si tu veux, je ferai trois tentes, une pour toi, une pour Moïse et une pour Elie. » Il est persuadé en effet que Jésus va rester quelques jours sur la montagne pour la fête des Tentes. A ce moment, nous disent les synoptiques, une nuée, la nuée sacrée, la *shekhinah*, signe de la présence de Dieu, survient, les recouvre de son ombre, et une voix se fait entendre : « Celui-ci est mon fils bien-aimé en qui je me suis complu. Ecoutez-le ! » Les trois hommes tombent face contre terre. Le Maître s'approche d'eux et leur dit : « Levez-vous et n'ayez pas peur. » Quand ils se redressent, la vision a disparu. La descente de la montagne se fait dans un étrange silence. Jésus leur recommande de ne parler à personne de ce qu'ils ont vu, jusqu'à ce que le Fils de l'Homme « se lève d'entre les morts ». Sans comprendre ces paroles sibyllines, ils demeurèrent fidèles à cette consigne. Pierre n'oubliera jamais cette rencontre divine. « Ce n'est pas, écrit-il dans sa seconde Epître, en suivant des fables habilement inventées que nous avons fait connaître la puissance et la venue de notre Seigneur Jésus-Christ, mais c'est pour avoir été témoins oculaires de sa grandeur. Il reçut, en effet, de la part de Dieu le Père honneur et gloire, quand par la Gloire majestueuse une telle voix lui parvint : "Mon Fils, mon Bien-aimé, c'est celui-ci ; il a toute ma faveur." Et cette voix, nous l'avons, nous, entendue provenant du ciel, quand nous étions avec lui sur la sainte montagne » (2 Pierre 1, 16-18).

Bien des mystères subsistent autour de cet épisode. Les théologiens discutent de son sens exact. Est-ce un signe destiné aux trois principaux apôtres, afin de les préparer à la Passion, ou une révélation faite à Jésus pour qu'il accepte librement son destin ? Faut-il rapprocher la Transfiguration de Jésus des phénomènes de bioluminescence observés chez certains mystiques en extase, comme sainte Angèle de Foligno, sainte Thérèse d'Avila, saint Charles Borromée, saint Benoît-Joseph Labre, saint Séraphin de Sarov, saint Jean-Marie Vianney ou plus près de nous mère Yvonne-Aimée de Malestroit ? « Fils de la lumière » (Paul, 1 Thessaloniciens 5, 5), les disciples du Christ – « lumière né de la lumière », dit le Credo – ne sont-ils pas tous appelés à devenir un jour, à sa suite, des lucioles divines ?

Voir : Soukkot, an 32 ; Thabor.

Tunique d'Argenteuil

En 2004, dans un roman fantastique astucieusement ficelé, *L'Evangile de Jimmy*, Didier van Cauwelaert avait émis l'idée que, à partir de traces d'ADN prélevées sur une authentique relique ayant été en contact avec le corps de Jésus, il serait possible de fabriquer un nouveau Jésus. Telle était la thèse de certaines sectes protestantes américaines qui envisageaient de cette manière très matérialiste le retour du Christ à la fin des temps. Pure fiction, naturellement, se récrient les scientifiques, mais qui nous renvoie aux reliques de la Passion, particulièrement à la Sainte Tunique, conservée dans l'église d'Argenteuil, près de Paris, où l'on a trouvé trace de sang humain en grande quantité. Celle-ci est-elle authentique ? S'agit-il vraiment, comme le soutient une antique tradition, de la tunique sans couture, « inconsutile » selon l'expression consacrée, portée par Jésus après la flagellation sur le chemin de croix, que les bourreaux jouèrent aux dés après sa crucifixion ?

Son histoire est à la fois obscure et mouvementée. Elle aurait d'abord été apportée par saint Pierre à Jaffa, où elle aurait été conservée dans un coffret de marbre jusque vers la fin du VIe siècle. Elle aurait été transférée ensuite dans la basilique des Anges, à Gemia, près de Constantinople, où, à en croire Grégoire de Tours, elle fut l'objet d'une grande vénération. Elle arriva en France au IXe siècle, cadeau de l'impératrice Irène l'Athénienne, veuve de Léon IV, à Charlemagne pour leur futur mariage. Ce projet matrimonial visait à reconstituer l'Empire romain. Mais l'union ne se fit pas, l'impératrice ayant été entre-temps déposée par l'aristocratie byzantine.

Vers la fin de sa vie, Charlemagne offrit la Sainte Tunique à sa fille Théodrade, abbesse du monastère de l'Humilité de Notre-Dame d'Argenteuil, où la relique fut peut-être installée dans une jolie chapelle romane qui existe toujours. Cachée dans un mur pour échapper aux pillages des Normands, on la retrouva deux siècles plus tard, en 1156, lors de travaux de réfection. La même année, Hugues d'Amiens, archevêque de Rouen, organisa sa première ostension publique en présence du roi Louis VII. Des pèlerinages suivirent, des miracles aussi. En 1567, après la destruction du monastère par les huguenots, elle fut de nouveau dérobée au regard des fidèles, cachée dans le clocher de l'église. En 1793, sous la Révolution, le curé Ozet la fit disparaître en la découpant en plusieurs morceaux, qu'il distribua à des paroissiens avant d'enterrer la partie la plus importante dans le jardin de son presbytère. Deux ans plus tard, il la reconstitua, malgré l'absence de quelques morceaux. Le pèlerinage reprit sous le Premier Empire.

Conservée depuis 1864 dans une chapelle latérale de la nouvelle église paroissiale d'Argenteuil, la relique est fort abîmée. C'est un tissu en laine de mouton mérinos, de couleur brun pourpre un peu vineuse, rapiécé et mangé aux mites. La pièce principale mesure 122 centimètres de long sur 90 de large sous les bras et 130 sous la poitrine.

Les premiers examens scientifiques datent de 1893. D'autres ont suivi en 1931 et 1934. En 2004, une première analyse au carbone 14 fut effectuée par le laboratoire du CEA de Saclay, à la demande de la ville d'Argenteuil, de la préfecture du Val-d'Oise et du ministère de la Culture (la tunique est la propriété de l'Etat). Pour les pèlerins, ce fut une immense déception : la fourchette de datation se situant entre l'an 530 et l'an 650, la tunique n'était pas celle du Christ. C'était donc une fausse relique, comme il en existe tant d'autres. Depuis, deux colloques, organisés en 2005 et 2011 par l'association COSTA (Comité œcuménique et scientifique de la Sainte Tunique d'Argenteuil), et surtout les travaux très approfondis du professeur Gérard Lucotte, biologiste et généticien, ont modifié radicalement les données et remis en cause cette datation.

Tout d'abord, un nouveau test effectué en aveugle par la firme Archéolabs, habituellement consultée par les Monuments historiques, donna une fourchette différente de celle de Saclay : entre 670 et 880. Cette sensible discordance tendait à prouver qu'en raison d'une forte pollution du linge, l'analyse au radiocarbone n'était pas fiable. Examinant des échantillons du vêtement au microscope électronique à balayage, Lucotte constata que les fibres étaient imprégnées en profondeur de carbonate de calcium, dont une partie piégée à l'intérieur des molécules de kératine, ce qui expliquerait le rajeunissement du linge au test. Une autre spécialiste du radiocarbone, Mme Marie-Claire Oosterwyck-Gastuche, nota que le protocole de nettoyage avait dissous une partie des fibres de laine et laissé des impuretés. Tout comme le linceul de Turin et le suaire d'Oviedo, qui ont subi de très fortes pollutions au cours des âges, la méthode du carbone 14 est donc inopérante.

L'analyse de la texture de la relique permit de conclure qu'il s'agissait d'un tissage en fils simples, fortement torsadés en Z, comme certains tissus antiques d'origine syrienne trouvés à Doura Europos, près de l'oasis de Palmyre. Autre signe d'authenticité, le vêtement avait été teinté avant tissage par de la garance mordancée d'alun de potasse, selon une technique proche-orientale artisanale (la couleur pourpre étant réservée aux autorités romaines). Sur les dix-huit pollens de plantes anciennes originaires de Méditerranée orientale décelés sur la tunique, six se retrouvent sur le linceul de Turin et sept sur le suaire d'Oviedo, sans compter la rouille de graminées (champignons s'attaquant aux étendues d'herbe) présente en Israël seulement en mars-avril, époque de la Passion.

Sur le linceul et la tunique, neuf taches de sang, à hauteur des épaules, dans le dos et au niveau des hanches, peuvent se superposer, comme l'a montré en 1997 André Marion, ingénieur au CNRS, spécialiste du traitement numérique des images à l'Institut théorique et appliqué d'Orsay. Enfin, le docteur Saint-Prix en 1986 et le professeur Lucotte en 2005 observèrent que le groupe sanguin de la tunique était le groupe AB, le même que celui trouvé sur le linceul et le suaire. AB est un groupe rare, la probabilité qu'il soit présent sur les trois linges s'établit à 0,000125, soit une chance sur 8 000. Comment douter dès lors de l'authenticité de ces trois reliques ? Elles se confortent mutuellement.

Grâce à quelques lymphocytes détectés au microscope électronique, le professeur Lucotte réussit à isoler une séquence partielle de l'ADN et une quinzaine de marqueurs génétiques, ce qui nous renvoie aux rêves de nos évangéliques américains. A quoi ces manipulations génétiques douteuses serviraient-elles ? Jésus a-t-il besoin d'un clone pour être aimé et rencontré ?

Ce qui m'a le plus touché dans ce rapport clinique de la Sainte Tunique, je dois l'avouer, ce sont d'inquiétants détails : certaines hématies présentaient une forme altérée, plus petite que la normale, déchirées, privées de leur hémoglobine. La perte du liquide intracellulaire, la présence d'urée, la raréfaction des sels minéraux, comme le calcium et le fer, étaient les signes d'une « anémie traumatique » grave. Ainsi, la science nous projette au plus près du drame de la Passion de Jésus, nous associant intimement, sur le chemin de croix, à la souffrance de Celui qui a souffert pour nous.

Via Dolorosa

Tout pèlerin se rendant à Jérusalem est amené à parcourir cette « voie douloureuse » qui passe pour être le chemin que Jésus, conduit par les soldats romains, emprunta avant d'être crucifié sur le Golgotha. Un itinéraire pittoresque à travers les souks et les ruelles étroites de la Vieille Ville, jalonné de quatorze stations, marquées par un lieu de culte ou une simple inscription sur le mur (les cinq dernières stations se trouvant à l'intérieur du Saint-Sépulcre).

Cependant, s'il est une certitude historique, c'est bien que jamais Jésus n'a foulé un tel chemin ! D'abord, il ne faut pas oublier que Jérusalem, détruite et reconstruite à plusieurs reprises sur des décombres, se trouve surélevée de plusieurs mètres au-dessus de l'ancienne capitale de la Judée. La ville du Ier siècle est pour l'essentiel sous terre. Par ailleurs, les historiens ont remis en cause l'emplacement du prétoire, où Pilate jugea Jésus : il se situerait dans l'ancien palais d'Hérode le Grand, près de l'actuelle porte de Jaffa, et non dans l'imposante forteresse romaine de l'Antonia dominant le Temple. L'arche dite de l'*Ecce Homo*, dont on voit les restes, est en réalité ce qui subsiste d'une porte érigée par l'empereur Hadrien pour célébrer sa victoire sur la seconde révolte juive de 132-135. Quant à la marque de la main de Jésus dans un renfoncement de la cinquième station, inutile de dire que c'est une pure mystification pour touristes naïfs ! Le tracé actuel de la Via Dolorosa, qui commence à l'école primaire Umariya, où s'élevait l'Antonia, et s'achève à l'église du Saint-Sépulcre, lieu du Golgotha et du tombeau du Christ, est celui arrêté par les Franciscains au XIVe siècle, révisé au XVIIIe siècle et totalement fixé au XIXe. Tout est donc à revoir dans cet itinéraire, à l'exception de son point d'arrivée, historiquement très sûr. Demeure seule l'émouvante piété des processions chantantes de ces chrétiens du monde entier qui suivent de grandes croix, en signe de cette croix de bois qui, un jour, sur le Golgotha, sauva le monde.

Voir : Passion de Jésus.

Visions mystiques... ou historiques ?

Il est malaisé de porter un jugement sur les visions mystiques, ces révélations privées que certains saints ou pieux esprits ont reçues au cours de leur vie. Sont-elles authentiques ? Sont-elles au contraire le fruit d'une imagination débordante ? Le discernement s'impose assurément entre les différentes relations de ces extases. Certaines méditations qui portent sur l'eucharistie, la Passion de Jésus, le corps mystique de l'Eglise ou le mystère de la Rédemption peuvent aider les chrétiens dans leur cheminement de foi – je pense à de merveilleux textes de sainte Thérèse d'Avila ou de saint Jean de la Croix, de sainte Brigitte de Suède ou de sainte Catherine de Sienne, qui montrent à quel point d'incandescence l'amour de Jésus peut porter. Elles éclairent, parfois fortement, les textes évangéliques, mais n'ajoutent rien à la Révélation qui s'achève avec la disparition de la première génération apostolique.

Quand ces visions prétendent décrire ce qui s'est réellement passé durant la vie terrestre de Jésus, je deviens plus sceptique. Plusieurs personnes m'ont ainsi fait le reproche de ne pas avoir tenu compte dans mon enquête sur le Jésus de l'histoire[1] des précisions historiques, topographiques et archéologiques contenues dans les révélations d'Anne-Catherine Emmerich (1774-1824), de Maria Valtorta (1897-1961) ou de Thérèse Neumann (1898-1962). Mais si la vérité historique passait par la bouche des mystiques, l'historien n'aurait plus qu'à plier bagage !

Thérèse Neumann, la stigmatisée de Konnersreuth, en Bavière, a vécu de multiples fois dans sa chair la flagellation, le chemin de croix et la crucifixion. Elle rapporta des mots et des phrases entendues durant ses extases en araméen ou en grec de la *koinè*, langues qu'elle ne connaissait pas. Gare aux illusions, mais après tout pourquoi pas ? En revanche, son portrait physique de Jésus, un homme petit

1. *Op. cit.*

et râblé, ne correspond en rien à celui découlant du linceul de Turin, relique que l'on peut tenir pour authentique.

Chez Anne-Catherine Emmerich la description de la croix est aussi peu vraisemblable : « Les différentes pièces qui la composaient, dit-elle, étaient de bois de diverses couleurs, les unes brunes, les autres jaunâtres ; le tronc était plus foncé, comme du bois qui est resté longtemps dans l'eau [...]. Les deux bras s'écartaient du tronc en s'élevant comme les branches d'un arbre, et la croix elle-même ressemblait à un Y dont le trait inférieur serait prolongé jusqu'à la hauteur des deux autres. Les deux bras étaient plus minces que le tronc dans lequel ils s'enfonçaient. »

Cette fille de paysans westphaliens du XVIIIe siècle, grande mystique assurément, stigmatisée, a été proclamée bienheureuse en 2004. Ce n'est pas pour autant qu'il faut prendre tout ce qu'elle a dit pour paroles d'évangile... Ses souvenirs ont été transcrits, et sans doute arrangés, par l'écrivain et poète romantique Clemens Brentano. D'après lui, elle aurait donné la description de la maison habitée par la Vierge à Ephèse : pour ma part, je pense qu'un séjour de Marie à Ephèse, en compagnie de Jean, est impossible pour des raisons chronologiques.

Autre extatique, l'Italienne Maria Valtorta était encore plus diserte. Son *Evangile tel qu'il m'a été rapporté*, publié de 1956 à 1959, est en dix volumes. Une superproduction, en quelque sorte, mettant en scène quelque sept cents acteurs ! Bien des détails sont sujets à caution. On s'est gaussé par exemple de la mention d'un tournevis parmi les objets possédés par le charpentier Joseph, alors qu'il n'existait pas du temps de Jésus, pas plus en Israël qu'ailleurs... *L'Osservatore Romano* du 6 janvier 1960 pointait un certain nombre d'erreurs graves sur le plan théologique : « Les quatre évangiles nous présentent un Jésus humble et réservé ; ses discours sont brefs et incisifs, mais tombent toujours juste. En revanche, dans cette espèce d'histoire romancée, Jésus est loquace au maximum, presque sur un ton publicitaire, toujours prêt à se proclamer Messie et Fils de Dieu et à donner des leçons de théologie dans les mêmes termes que ceux qu'emploierait un professeur de nos jours. » Même remarque à propos de la très Sainte Vierge qui a « la faconde d'une propagandiste d'aujourd'hui, toujours prête à donner des leçons de théologie mariale qui suivent les développements les plus récents des spécialistes actuels en la matière ». En 1985, le cardinal Ratzinger (futur Benoît XVI) confirmera la condamnation par l'Eglise de ces écrits, en raison des « dommages qu'une telle publication peut causer aux fidèles les plus naïfs ». Sur le plan historique, la conclusion s'impose avec tout autant de rigueur : on ne doit pas attacher plus d'importance à ces visions qu'aux évangiles apocryphes, qui, eux aussi, voulaient compléter les lacunes du Nouveau Testament. L'Histoire, science rigoureuse, ne s'accommode pas de tels romans.

Vrai Dieu et vrai homme

Je m'intéresse depuis longtemps à la christologie, cette discipline théologique qui a pour objet de définir la nature de Jésus et son rapport à Dieu le Père. Située au cœur de la foi chrétienne, elle concerne ou devrait concerner chaque chrétien. La christologie aide à sortir du catéchisme sommaire de l'enfance et à comprendre, autant que faire se peut, le mystère divin. Il est vrai que l'idée de dogme répugne à nos consciences modernes : en eux on voit d'ordinaire des définitions imposées, artificielles, des spéculations oiseuses inventées plusieurs siècles après Jésus pour le faire Dieu.

Il n'en est rien. Les dogmes sont seulement des filets jetés par la raison humaine sur un mystère dont elle ne peut enserrer toute la réalité. Basile de Césarée, au IVe siècle, le disait déjà dans son *Homélie sur la foi* : « Nous parlons de Dieu non pas tel qu'il est, mais tel que nous pouvons le saisir. »

Au long de son ministère public, Jésus, par sa pédagogie lente, constante, par son comportement, ses paroles provocantes et stupéfiantes, par ses prodiges, les signes prophétiques et les guérisons accomplis, ses gestes d'amour et de miséricorde, a donné comme des preuves « existentielles » de sa divinité. Il l'a suggérée fortement dans ses affrontements avec les scribes et les pharisiens, sans jamais la définir – elle était une liqueur trop forte pour la spiritualité juive – ni lever pleinement le voile sur son propre mystère, sinon en s'assimilant à quelques figures bibliques étranges, comme celle du Fils de l'Homme ou du Serviteur souffrant. Pourtant, comment ses disciples auraient-ils pu douter de sa relation unique avec le Tout-Puissant ? D'évidence, ce n'est pas un rabbi comme les autres, ni un prophète ordinaire. Humainement, ses prétentions sont inouïes, incroyables. Il y a ici plus que Salomon, dit-il lui-même, plus que Jonas, plus que le Temple. Dans sa prière, il appelle Dieu *'Abbā'*, « Papa » en araméen. Il parle avec une autorité absolue, corrige la loi de Moïse, que les juifs tenaient pour l'expression de la parole divine. « Moïse vous a dit... Moi, je vous dis... » Qui, moi ? Le petit artisan de Nazareth ? A ses disciples, il ordonne de tout quitter pour le suivre. Plus grave encore, il pardonne les péchés au grand scandale des scribes : « Qui peut pardonner les péchés sinon Dieu seul ? » (Marc 2, 7).

Les premiers chrétiens ont donc expérimenté la présence de Dieu en Jésus, sans pouvoir la formuler théologiquement. Ils ne disposaient pas des outils conceptuels pour le faire. Ils y étaient d'autant moins préparés que le judaïsme, dont ils étaient issus, était fondé sur l'unicité absolue de la nature divine. Auraient-ils pu concevoir ce que Jésus leur laissait entendre de sa nature divine, de sa relation au Père et à l'Esprit qui s'étaient manifestés à son baptême ?

Ils ne pouvaient énoncer qu'une réalité multiple, éclatée comme un miroir brisé. Cela est vrai de Pierre, de Jacques, de l'auteur de la Lettre aux Hébreux, même de Paul et de Jean, le disciple bien-aimé, qui tous, à un degré ou à un autre, ont saisi quelque chose du mystère trinitaire sans parvenir pleinement à articuler et à formaliser ces données. Qui était-il vraiment ? Le « Prophète » des temps derniers ? Le Messie attendu par Israël ? Le Fils de l'Homme, annoncé par le prophète Daniel ? La polysémie de ces mots ne permettait pas d'enserrer la personne de Jésus, son « identité mystérieuse et transcendante », comme le dit le père Bernard Sesboüé[1].

Larry W. Hurtado, professeur à l'université d'Edimbourg, auteur d'un ouvrage capital sur la question paru

---

1. In *Christ, Seigneur et Fils de Dieu. Libre réponse à Frédéric Lenoir*, Paris, Lethielleux, Groupe DDB, 2010, p. 35.

en 2009[1], a montré l'importance que revêtait pour les premières générations chrétiennes le terme de *Kyrios*, Seigneur, le nom même de Celui que l'on ne peut nommer ! Le culte rendu à Jésus, manifesté par les hymnes chantées en son honneur, les prières offertes à Dieu par son intercession ou la pratique du « repas du Seigneur », est né à Jérusalem très peu de temps après la Passion. Le contraire eût rendu invraisemblables les premières persécutions des pharisiens, dont Saul de Tarse, futur Paul, fit partie.

Le moment décisif de la Résurrection avait créé pour eux la nouveauté absolue. C'est à sa lumière que la vie humaine de Jésus a pris un stupéfiant relief. « Ce Jésus que vous aviez crucifié, proclamait Pierre, Dieu l'a ressuscité et l'a fait Seigneur et Christ. »

Pour les premiers disciples, ce fait inouï ôte le doute et vient confirmer non seulement son message d'amour du prochain, mais tout ce qu'il avait dit avant sa mort de sa propre personne, particulièrement de sa relation unique et absolue avec Dieu. « Toute la suite des discours apostolique et néotestamentaire ne sera pas une divinisation progressive de Jésus, mais la clarification de la révélation déjà engagée dans sa résurrection[2]. »

Et cependant, malgré la Résurrection, il n'est toujours pas simple pour les premières générations de situer le Christ par rapport au Dieu d'Israël. Il est le médiateur, certes, mais il n'appartient pas en tant que *Kyrios* au monde des créatures, ni à une catégorie intermédiaire,

1. Larry W. Hurtado, *Le Seigneur Jésus-Christ. La dévotion envers Jésus aux premiers temps du christianisme*, Paris, Cerf, 2009.
2. Bernard Sesboüé, *op. cit.*, p. 46.

qu'ignore la tradition biblique (les anges eux-mêmes sont des créatures). Il se situe dans l'ordre de la Transcendance.

Paul, qui a reçu la catéchèse de la jeune Eglise au moment de sa conversion vers 35-36, écrit dans sa première Lettre aux Corinthiens, qui date peut-être de 55 : « Il n'y a pour nous qu'un seul Dieu, le Père, de qui tout vient et vers qui nous allons, et un seul Seigneur, Jésus-Christ, par qui tout existe et par qui nous sommes. »

Cette théologie « expérimentale » est sans doute perturbante pour les juifs restés fidèles à la foi de leurs pères, elle traduit pourtant la réalité de ce qu'a dit Jésus et de ce que proclament ses disciples. Elle se garde de remettre en cause le monothéisme hébreu, celui du Dieu vivant, créateur du monde visible et invisible, cœur du mystère d'Israël. Il y a quelque chose d'incomplet dans la définition : Jésus est mis sur le même pied que Dieu le Père, sans que puissent être définies leurs relations. Il est Seigneur, mais il n'y a qu'un seul Dieu. Comment comprendre ? Le terrain n'est pas encore balisé.

Vers 56-57, Paul, dans sa Lettre aux Philippiens, avance un peu plus, en insistant à la fois sur la « condition divine » de Jésus et sur sa « condition humaine » de serviteur. « Lui, de condition divine, ne retient pas jalousement le rang qui l'égalait à Dieu. Mais il s'anéantit lui-même, prenant la condition de serviteur et devenant semblable aux hommes. S'étant comporté comme un homme, il s'humilia plus encore, obéissant jusqu'à la mort, et à la mort sur une croix. C'est pourquoi Dieu l'a souverainement élevé et lui a conféré le Nom qui est au-dessus de tout nom, afin qu'au nom de Jésus tout genou fléchisse dans les cieux, sur la terre et sous la terre, et que toute langue confesse que le Seigneur, c'est Jésus-Christ, à la gloire de Dieu le Père » (2, 6-11).

Dans l'Epître aux Galates, qui date de la même époque, Jésus est présenté comme le « Fils de Dieu », mystérieusement incarné en prenant chair d'une femme : « Dieu envoya son Fils, né d'une femme, né sujet de la Loi » (4, 4). L'idée que Jésus, messie davidique, appartienne à la fois à l'ordre de l'humain et à l'ordre du divin est présente dans la Lettre aux Romains, légèrement postérieure : « Cet Evangile que Dieu avait déjà promis par ses prophètes dans les Ecritures saintes concerne son Fils, issu de la chair de la lignée de David, établi selon l'Esprit saint Fils de Dieu avec puissance par sa résurrection d'entre les morts, Jésus-Christ notre Seigneur » (1, 2-4).

L'Evangile de Matthieu, le plus ancien, qui date du début des années 60, affirme une relation filiale unique entre Jésus et son Père, citant une phrase étonnante du Galiléen : « Nul ne connaît le Fils si ce n'est le Père, et nul ne connaît le Père si ce n'est le Fils, et celui à qui le Fils veut bien le révéler » (11, 27). La formule se retrouve à peu près semblable chez Luc.

Elle sera reprise par Jean, qui a été frappé par les paroles de Jésus affirmant haut et fort sa nature divine : « Avant qu'Abraham fût, je suis ! », « Moi et le Père, nous sommes un », « C'est de Dieu que je suis issu »... Le disciple bien-aimé n'a nullement inventé ces propos soixante ou soixante-dix ans plus tard, comme certains l'ont prétendu, construisant *a posterori* une théologie propre, pas plus d'ailleurs qu'une « école johannique » qui aurait été l'auteur collectif du quatrième Evangile. Pareille imposture n'aurait pas été admise par la grande Eglise qui a incorporé cet écrit dans son canon. Ces paroles ont bien été entendues par Jean, prêtre de Jérusalem et témoin oculaire, qui, en raison de sa parfaite connaissance du judaïsme de son temps, a compris que Jésus levait ainsi en partie le voile sur le mystère de sa personne. Il est le seul à exprimer la divinité de Jésus en utilisant dans son Prologue un concept qui n'appartient pas à Jésus, celui de « Verbe » (*logos*) : « Au commencement était le Verbe et le Verbe était auprès de Dieu et le Verbe était Dieu [...]. Et le Verbe s'est fait chair et il a habité parmi nous. » Son Evangile, du moins l'essentiel (si l'on met à part le chapitre 21 dont la date est controversée), est antérieur à l'année 70. Sa rédaction est peu éloignée dans le temps de celle des trois autres. Jean, dans l'Apocalypse (vers 94), dira que Jésus est l'*alpha* et l'*omega*, autrement dit existant de toute éternité.

Vus de l'extérieur, les chrétiens donnent alors l'impression de célébrer un culte différent de celui des juifs. Vers l'an 113, Pline le Jeune, proconsul de Bithynie, écrit à l'empereur Trajan pour lui dénoncer les chrétiens d'Orient « qui se rassemblent régulièrement avant l'aube, à jour fixe, pour chanter une hymne au Christ comme à un dieu ». La synagogue chrétienne, construite à Jérusalem vers 73-75 à l'emplacement du Cénacle détruit par les Romains, était orientée non pas vers le mont du Temple, mais vers le Golgotha.

Ce qui précède montre que, dès les deux premières générations, les chrétiens ont confessé la filiation divine de Jésus. Certes, le concept de Trinité n'était pas encore apparu. Il ne figure nulle part dans le Nouveau Testament. Mais l'Esprit est constamment présent dans les Evangiles. Il se manifeste au moment du baptême de Jésus par Jean. Peu avant sa mort, Jésus annonce à ses disciples qu'il priera le Père de leur envoyer un « autre Paraclet », pour être avec eux « à jamais ». Au soir même de la Résurrection, selon Jean l'évangéliste, « il souffla sur eux et leur dit : Recevez l'Esprit saint ». C'est ce même Esprit qui se manifesta le jour de la Pentecôte sous forme de langues de feu, si l'on s'en rapporte aux Actes des Apôtres. L'Esprit apparaît comme un don de Dieu fait aux hommes, comme un autre Nom de Dieu qui vient habiter leur cœur. Malgré leur perplexité, les premiers chrétiens ne parlent pas pour autant de trois dieux. La finale de l'Evangile de Matthieu met toutefois dans la bouche de Jésus ressuscité ces paroles qui sont déjà une annonce trinitaire : « Allez ! De toutes les nations faites des disciples, les baptisant au nom du Père, et du Fils et du Saint-Esprit, leur enseignant à garder tout ce que je vous ai commandé. Et voici que moi, je suis avec vous tous les jours jusqu'à la fin des temps » (28, 19-20).

Ces affirmations ont choqué le monde juif, interpellé le monde grec, heurté le monde romain, ces deux derniers pourtant habitués au polythéisme. De nombreuses sectes et hérésies ont proliféré en marge de la grande Eglise : docétisme, gnosticisme, adoptianisme…

Ce qui est singulier, c'est que jamais celle-ci, qui pourtant a eu ses débats internes, notamment à propos de l'entrée des païens dans l'économie du Salut, n'a voulu transiger avec les solutions de facilité proposées par ces sectes. Un Dieu unique en trois personnes incréées, le Fils préexistant à son incarnation et coéternel à Dieu son Père, voilà qui était particulièrement complexe à codifier et à faire admettre. Si elle n'avait eu pour seul souci que de répandre le message d'amour de l'homme Jésus et même de clamer sa résurrection d'entre les morts, il lui aurait été tellement plus facile, par exemple, de présenter le fils de

Marie et de Joseph comme un simple mortel « adopté » par Dieu, au lieu de s'acharner dans cette théologie trinitaire, inadmissible pour les uns, incompréhensible pour les autres. Non, en rejetant les théories adoptianistes, elle est restée fidèle, farouchement, jusqu'au martyre, aux propos paradoxaux, déroutants de Jésus sur sa propre personne, se refusant à les dénaturer ou à les trahir. Même sa naissance virginale est défendue contre ceux qui auraient voulu – c'était si tentant – la remettre en cause. Au IIe siècle, Justin martyr fait l'apologie complète de la foi dans son *Dialogue avec Tryphon*. Origène combat pied à pied les objections apparemment logiques d'un redoutable polémiste, doublé d'un philosophe, Celse.

Dans l'autre sens, pour les docètes, Jésus ne serait pas vraiment homme : solution de facilité là aussi que l'Eglise se devait de condamner. Jésus n'est pas seulement de condition divine, il est vraiment homme. Polycarpe de Smyrne le dit avec vigueur : « Quiconque ne confesse pas que Jésus-Christ est venu dans la chair est un antéchrist. » Plus précis, Ignace d'Antioche commente : « Soyez donc sourds quand on vous parle d'autre chose que de Jésus-Christ, de la race de David, [fils] de Marie, qui est *véritablement* né, qui a mangé et qui a bu, qui a été *véritablement* persécuté sous Ponce Pilate, qui a été *véritablement* crucifié et est mort au regard du ciel, de la terre et des enfers, qui est aussi *véritablement* ressuscité d'entre les morts. C'est son Père qui l'a ressuscité, et c'est lui aussi [le Père] qui à sa ressemblance nous ressuscitera en Jésus-Christ, nous qui croyons en lui, en dehors de qui nous n'avons pas de vie véritable. »

N'en doutons pas, ce sont ces hérésies qui, par le défi intellectuel qu'elles présentent, ont poussé les Pères de l'Eglise à insister et à tenir fermement les deux bouts de la chaîne : Jésus est vrai homme et vrai Dieu. Irénée précise les articles de foi : un Dieu Père, incréé, unique ; le Verbe de Dieu, le Fils de Dieu, Jésus-Christ, notre Seigneur, qui « s'est fait homme parmi les hommes, visible et palpable, afin de détruire la mort » ; enfin, le Saint-Esprit, qui a permis aux prophètes de prophétiser et qui « dans les derniers temps a été répandu d'une manière nouvelle sur l'humanité, renouvelant l'homme sur toute la terre en vue de Dieu ». A la même époque, l'idée d'un Dieu *trias* (triade) apparaît chez Théophile d'Antioche, le mot devenant *trinitas* (trinité) chez Tertullien au début du IIIe siècle. L'inculturation de la foi, passant d'un milieu sémitique à un milieu grec, apportait une difficulté conceptuelle supplémentaire.

Après avoir déblayé le terrain, en récusant au passage le « modalisme » du Libyen Sabellius ou du Smyrniote Noët, selon lequel les personnes de la Trinité ne seraient que des modes d'expression d'un Dieu unique – sans la singularité de chaque personne divine (de chaque hypostase*, dans le langage savant), cela revenait à admettre que Dieu lui-même avait souffert sur la croix –, l'Eglise va se heurter à la terrible crise arienne.

Curé de Baucalis, paroisse du port d'Alexandrie en Egypte, ascète passionné et tenace, Arius (v. 256-v. 336) soutenait que Jésus était un être créé, non pas coéternel au Père. « Il y eut un temps où il n'était pas », dit-il. Subtile remise en question, séduisante de prime abord, car permettant de concilier le monothéisme juif et le message christique. Là encore, c'était une solution de facilité qui ne rendait pas compte de la foi reçue de la génération apostolique. Simple créature, Jésus était très proche de Dieu, tout proche de Lui, mais il n'était pas Dieu. Il n'a donc pas pu envoyer à ses disciples l'esprit même de Dieu. « Nous sommes en présence, ironise le père Sesboüé, d'une Trinité en marche d'escalier », d'autant que les disciples d'Arius se mirent à leur tour à considérer l'Esprit comme une créature du Fils.

Arius était un clerc habile, impressionnant par son assurance confiante. La limpidité de son raisonnement convainquit nombre de marins et d'ouvriers d'Alexandrie, mais aussi des prêtres, des évêques, attachés à rendre le christianisme plus accessible. Un grand désordre s'ensuivit dans l'Eglise, contraignant l'empereur Constantin, qui n'avait pas d'avis sur la question, à convoquer à Nicée en Bithynie un concile œcuménique à caractère doctrinal. La théorie d'Arius y fut rejetée. Dans leur majorité, les pères conciliaires affirmèrent que le Fils était « engendré, non pas créé, consubstantiel au Père », l'engendrement spirituel du Fils par le Père étant, comme l'avait déjà vu Origène, « sans aucun commencement, ni un commencement temporel, ni même un commencement que l'esprit seul peut considérer en lui-même ».

Le parti arien n'en prospéra pas moins, comme une hérésie conquérante. Arius fut réhabilité, réintégré dans l'Eglise lorsque le siège d'Antioche revint à l'un de ses amis, et, en 337, Constantin, lui-même circonvenu, se fit baptiser sur son lit de mort par un évêque de cette tendance. La querelle se poursuivit après le partage de l'empire entre ses deux fils, Constant, empereur d'Occident, favorable à Nicée, et Constance, empereur d'Orient, arien ou semi-arien. Or, en 350, Constance devint l'unique empereur. Des assemblées d'évêques élaborèrent des professions de foi où les affirmations de Nicée étaient omises.

La controverse tournait autour du mot grec *homoousios* (consubstantiel) – la formule de Nicée, qui après tout n'était pas dans l'Ecriture –, les ariens voulant lui substituer celui de *homoiousios* (de nature semblable), qui permettait toutes les distorsions de sens et les dérives possibles. Un rien en apparence les séparait, un simple *iota*.

A ce moment-là, l'arianisme faillit bien l'emporter. En 359, un pseudo-concile réuni à Rimini, en Italie, avec 400 évêques occidentaux, et un autre à Séleucie en Asie Mineure, avec 150 pères ecclésiastiques, écartèrent le pilier de Nicée : consubstantiel au Père, *homoousios*. De nombreux sièges épiscopaux étaient occupés par des ariens ou des semi-ariens : Constantinople, Alexandrie, Antioche, Jérusalem, Césarée, Ravenne, Lisbonne, Arles... L'empereur Constance II avait fait exiler le champion de Nicée, Athanase, archevêque d'Alexandrie, et le pape Libère.

Finalement, l'énergique et indomptable Athanase, soutenu par le petit peuple chrétien, réussit à faire prévaloir la conception traditionnelle, sauvée à un *iota* près (d'où l'expression). « La foi de Nicée, commente Jean Guitton, malgré les prudences excessives du pape Libère, fut sauvée par la convergence de la foi populaire avec celle de quelques évêques lucides et courageux, contre le pouvoir, les amis de ce pouvoir, contre les habiles, les subtils et les soumis[1]. » Ce fut la crise la plus grave jamais traversée par l'Eglise : de ce *iota*, d'apparence insignifiante, dépendaient théologiquement l'Incarnation et la Rédemption. Comme toujours, le diable était dans le détail...

1. In *Le Christ écartelé. Crises et conciles dans l'Eglise*, Paris, Perrin, 1963, p. 123.

Cependant, les débats persistèrent. Ils restaient vifs à Constantinople. « Dans cette ville, disait avec ironie à la fin du IVe siècle Grégoire de Nysse, si vous demandez de la monnaie à un boutiquier, il ne tardera pas à disputer avec vous de la question de savoir si le Fils est engendré ou increé. Si vous interrogez le boulanger sur la qualité de son pain, il vous répondra que le Père est supérieur au Fils et si vous demandez au garçon du bain, il vous affirmera que le Fils a été créé *ex nihilo.* » On rêve de tels débats aujourd'hui ! Les formes ariennes du christianisme resurgiront chez les Goths et autres peuples barbares jusqu'à ce qu'un certain Franc salien Clodowig (Clovis), proclamé roi, impose en Occident la foi nicéenne.

Je passe sur quelques conciles secondaires pour en venir à celui de Constantinople en 381. Reprenant le Symbole de Nicée, les pères conciliaires tranchèrent définitivement en faveur de *homoousios*, Jésus étant dit « consubstantiel au Père ». Un article nouveau définissait l'Esprit saint : « Nous croyons [...] en l'Esprit saint qui est Seigneur et qui donne la vie : il procède du Père, avec le Père et le Fils il reçoit même adoration et même gloire. Il a parlé par les prophètes. »

De ces deux grands conciles œcuméniques est issu le Symbole de Nicée-Constantinople que l'on récite dans les paroisses, en alternance avec la formule plus courte du Symbole des Apôtres, plus ancienne, remontant peut-être au IIe siècle, mais dont le texte a légèrement évolué. A partir du VIe siècle, en Espagne, en Gaule franque, en Italie, puis après le concile d'Aix-la-Chapelle réuni par Charlemagne en 809, se généralisa la pratique d'ajouter au Credo de Nicée-Constantinople que « l'Esprit procède du Père *et du Fils* », ce qui provoqua avec l'Eglise orientale un désaccord qui dure toujours (la querelle du *Filioque*).

La question de la divinité de Jésus ayant été réglée, restait celle de l'Incarnation. Comment le « Tout Autre » a-t-il pu, par l'incarnation de son Fils unique, s'échapper de la transcendance, sans rien perdre de sa divinité ? C'est le mystère que les théologiens appellent la « kénose* de l'Incarnation ». Pour préserver le Fils éternel des contingences de la vie humaine de Jésus, la circoncision, l'allaitement du petit enfant, la faim, la peur, l'agonie et la mort sur la croix, Nestorius, patriarche de Constantinople, soutenait qu'on ne pouvait appeler Marie *theotokos* (mère de Dieu), comme on le faisait depuis un siècle. Elle est la mère de Jésus, du Christ, mais pas la mère de Dieu.

Cette dissociation entre humanité et divinité avait elle aussi l'apparence trompeuse de la simplicité. Où est le salut de l'homme, en effet, si le Fils de Dieu n'a pas souffert, n'est pas mort dans son humanité pour lui sur la croix, si à sa place n'a été exécuté que le seul homme, Jésus, séparé de sa divinité ? Jean l'avait déjà affirmé dans son prologue : « Le Verbe s'est fait chair », ce qui ne supposait aucune restriction au niveau de la personne de Jésus. L'adversaire de Nestorius, Cyrille d'Alexandrie, affirmait que, dès le concile de Nicée, il était dit que c'était le « même Fils unique, engendré de Dieu, vrai Dieu [né] du vrai Dieu, par qui tout a été fait », qui était « descendu, s'était fait chair, s'était fait homme, avait souffert, était ressuscité le troisième jour ».

Le concile d'Ephèse de 431, qui se tint dans des conditions difficiles, trancha la question entre nestoriens et anti-nestoriens, donnant raison à Cyrille d'Alexandrie. Jésus est pleinement Dieu dans son humanité et, du fait qu'on ne peut séparer en lui les deux natures divine et humaine, en raison de ce que les théologiens ont appelé l'union hypostatique*, Marie peut et doit être dite *theotokos*, Mère de Dieu.

Restait à préciser dans quelle mesure les deux natures coexistent dans le Christ. Un vieux moine têtu de Constantinople, Eutychès, assurait que la nature humaine avait fini par être totalement absorbée par la nature divine, comme une goutte d'eau dans la mer, disait-il. Cela revenait à nier la double nature et partant le mystère de l'Incarnation. Sa doctrine monophysite (une seule nature), qui rencontra un large succès, provoqua un climat de tension et de violentes discussions. Après un pseudo-concile à Ephèse en 449, qualifié par le pape Léon le Grand, ardent défenseur de la double nature, de « brigandage », un nouveau concile œcuménique se tint en 451 à Chalcédoine, près de Constantinople. Aux définitions dogmatiques antérieures l'assemblée ajouta celle-ci : « Nous enseignons tous d'une seule voix qu'il faut confesser [...] un seul et même Christ, Fils, Seigneur, unique engendré, que nous reconnaissons être en deux natures, sans confusion ni changement [à l'encontre d'Eutychès], sans division ni séparation [à l'encontre de Nestorius], les propriétés de chacune des deux natures restant sauves et se rencontrant en une seule personne et hypostase. » Ce texte suscita des débats. Les résistances furent nombreuses, et le concile mit du temps à s'imposer.

Ainsi fonctionnait la christologie dans sa découverte de la Révélation, avec ses tâtonnements, ses conflits d'interprétation qui dégénéraient parfois en affrontements brutaux. Mais à aucun moment il ne s'agissait d'ajouter quelque chose de nouveau à la foi immuable transmise par les apôtres, il fallait seulement la clarifier.

Ces définitions conciliaires sont la foi commune des chrétiens des Eglises catholique, orthodoxe et des Eglises protestantes. Elles ne sont pas toujours admises. En dehors de quelques Eglises préchalcédoniennes (arménienne ou copte), qui restent aujourd'hui marquées par le monophysisme, un monophysisme atténué du reste par rapport à celui d'Eutychès (ce qui a permis de spectaculaires rapprochements œcuméniques), il arrive que des chrétiens ordinaires bricolent leur propre Credo. Ignorant le Magistère de l'Eglise et dépourvus de formation doctrinale, certains versent inconsciemment dans le monophysisme, faisant de Jésus un *deus ex machina*, une sorte d'extraterrestre, sachant tout et dominant d'un seul regard tous les temps. D'autres, au contraire, dans la lignée de l'arianisme, voient en lui un homme exceptionnel, très saint, la plus belle créature de Dieu, intermédiaire entre lui et les hommes, Dieu sur terre, si l'on veut, au sens symbolique, mais sûrement pas la deuxième personne de la Trinité, engendrée par le Père avant tous les siècles. Ici, le danger de dissolution est redoutable. Pourquoi ne pas simplifier le christianisme, susurrent de douces voix tentatrices, ne pas le vider de ses nuées intellectuelles désuètes, de son obscur mystère christique et de ses constructions théologiques abstraites, en faire un humanisme au service des pauvres ? Cette théologie rudimentaire rendrait Jésus plus humain, plus proche de notre cœur, permettrait tellement de se rapprocher des autres grandes religions ou philosophies, judaïsme, islam, bouddhisme. Fallacieux arguments, car, sans l'Incarnation, comment dire que Dieu est Amour, amour absolu pour sa créature ? Non, l'Eglise ne peut pas être une simple ONG, avait dénoncé le pape François dès le lendemain de son élection ! A toute époque, les chrétiens mal formés et mal informés, croyant découvrir la lune, ont tendance à retomber dans les erreurs du passé, comme une charrette mal conduite qui se précipite dans son ornière habituelle…

Y

Yvonne-Aimée de Jésus

« Ah ! Mère Yvonne-Aimée, ce n'est pas ce qu'on croit !… », m'avait dit, il y a quelques années, l'une des dernières religieuses augustines hospitalières du couvent de Malestroit à l'avoir connue, alors que je m'apprêtais à aller m'incliner et prier sur sa tombe. Elle voulait dire par là que toutes les manifestations prodigieuses dont elle avait été l'objet – et la victime – n'avaient en rien altéré la simplicité de sa vie quotidienne, son réalisme, son solide bon sens, son attention aux autres. Et pourtant Yvonne Beauvais a été la proie de phénomènes surnaturels totalement déconcertants, que l'on trouve chez les grands mystiques : divination, bilocation, stigmates –, auxquels s'ajoutaient de terribles souffrances physiques et morales, des persécutions et des attaques du démon, tout ceci vécu dans l'oubli de soi et dans un amour totalement centré sur Jésus.

Depuis ma lecture en 1961 ou 1962 du livre d'Herbert Thurston, médecin et jésuite, sur *Les Phénomènes physiques du mysticisme*, je m'intéresse beaucoup à ces questions.

J'essaie de comprendre non seulement les prodiges eux-mêmes, comme le font ceux qui se penchent avec une curiosité parfois malsaine sur les manifestations paranormales, mais aussi leurs rapports étroits avec l'amour exigeant, dévorant, effrayant même que Jésus demande à des âmes très élevées qui se donnent à lui en plénitude, dans ce qu'on appelle les fiançailles ou les mariages mystiques. Je pense, entre autres, au Padre Pio de Pietrelcina, capucin canonisé en 2002, à Faustine Kowalska, en religion sœur Marie-Faustine du Saint-Sacrement, canonisée en 2000, à Marthe Robin, fondatrice des Foyers de Charité, morte en 1981 et dont l'Eglise a déjà reconnu l'« héroïcité des vertus », première étape vers sa béatification…

En tout cas, le destin d'Yvonne-Aimée, qui n'est ni sainte ni bienheureuse, mais qui, je l'espère, sera un jour l'une ou l'autre, m'emplit d'admiration et d'étonnement. Je l'ai connue à travers les ouvrages de Mgr René Laurentin qui a eu en main les 30 000 pièces de son procès en béatification, procès interrompu en 1958, et le témoignage capital de l'abbé Paul Labutte, un saint prêtre qui a accompagné Yvonne-Aimée, tel un frère spirituel, dans sa vie héroïque et mystique depuis 1927 et a été le témoin privilégié de plusieurs de ses prodiges. Julien Green avait été frappé lui aussi par ce dernier ouvrage : « J'ai gardé, écrivait-il au père Labutte, le souvenir bouleversant de certaines pages irremplaçables. Depuis longtemps déjà, et grâce à vous, mère Yvonne-Aimée est entrée dans ma vie. » Par le même chemin, elle est entrée dans la mienne.

Elle naît le 16 juillet 1901 à Cossé-en-Champagne, un bourg de Mayenne. Son père, petit rentier, lancé sans succès dans le commerce des vins, meurt quand elle a trois ans. Pour payer ses dettes, sa mère vend tous les biens et s'en va travailler à Boulogne-sur-Mer, emmenant l'aînée de ses filles, Suzanne, laissant « Vonnette » chez ses parents au Mans. C'est une petite fille exubérante, boute-en-train, au visage tout en rondeur, comme celui de son regretté père, avec de beaux yeux profonds. Bientôt, elle suit sa mère, institutrice puis directrice d'école à Argentan, à Toul, à Neuilly, à Londres et à Paris, fait du piano, de la danse, du sport, dessine avec adresse, mais ses résultats scolaires sont décevants.

Sa charité, en revanche, est intense. Dès qu'elle le peut, elle se met au service des pauvres, se rend seule dans les bidonvilles de la porte de Champerret, de la porte de Vanves ou de la porte de la Chapelle, soigne les malades, achète des vêtements pour les petits. Son argent de poche ne suffisant pas, elle fait des ménages, peint des images pieuses, donne des concerts de piano et de violon, publie des romans pour la jeunesse. Tout cela pour « ses pauvres ».

Sa mère voulant l'établir, elle se fiance à un étudiant en médecine, mais le mariage ne l'attire pas. Atteinte d'une fièvre paratyphoïde, elle part se reposer dans la clinique des religieuses augustines de Malestroit, dans le Morbihan. Un couvent vieillot, où elle fait la connaissance d'un jésuite exigeant, le père Crété, qui devient son directeur de conscience. Elle s'attache à ce lieu, y retourne à plusieurs reprises.

Le 18 mars 1927, c'est donc à Malestroit qu'après avoir rompu ses fiançailles elle commence son noviciat. Elle est pleinement heureuse, mais sa santé reste fragile. Le 10 septembre, elle prend l'habit sous le nom de Marie Yvonne-Aimée de Jésus. Elle fait sa Profession à l'article de la mort : on lui donne en même temps l'extrême-onction. Elle survit miraculeusement.

Elle a de grandes idées de rénovation : ouvrir une clinique, ce qui se fait dès l'été de 1929, dresser les plans d'un nouveau réfectoire, restaurer la salle du chapitre, dessiner un parc à l'anglaise, fonder le journal de la communauté... Les vocations affluent. Après ses vœux perpétuels, elle devient maîtresse des novices. Elue supérieure, elle crée un Conseil général de l'ordre des Augustines hospitalières de la miséricorde de Jésus, puis une Fédération des couvents. Elle se démène, se déplace en Europe, au Canada, en Afrique du Sud.

En juin 1940, Malestroit est occupé par les Allemands, ce qui ne l'empêche pas d'héberger des maquisards et des parachutistes de la RAF dans l'hôtellerie ou la clinique. Le 16 février 1943, à Paris, elle est arrêtée par la Gestapo et conduite à la sinistre prison du Cherche-Midi. Heureusement, elle en sort le lendemain et regagne dans des conditions mystérieuses l'Oasis, le foyer qu'elle a fondé à Auteuil. Après la guerre, on la félicite, on la décore, on exalte sa participation à la Résistance. Elle répond : « La Résistance ? Connais pas. Nous avons pratiqué la charité. »

En août 1946, elle est élue supérieure générale de la Fédération des sœurs hospitalières qui comporte 32 couvents. Elle déborde d'activité. Mais la maladie se venge. Le cancer oblige à l'ablation d'un sein, son bras enfle. Elle meurt à cinquante ans d'une hémorragie cérébrale foudroyante le 3 février 1951.

Telle est dans la sécheresse d'une notice de dictionnaire ordinaire la vie de cette étonnante et énergique religieuse de Malestroit. S'il n'y avait que cela ! L'essentiel est dans sa vie cachée, dans sa vie mystique, source de ses prodiges, de ses extases, de ses missions.

A neuf ans, le 1er janvier 1911, au surlendemain de sa communion privée, prenant pour modèle la spiritualité de la petite Thérèse de l'Enfant-Jésus, elle fait un pacte avec Jésus, écrit de son sang :

> O mon petit Jésus, je me donne à toi entièrement et pour toujours. Je voudrai toujours ce que tu voudras. Je ferai tout ce que tu me diras de faire. Je ne vivrai que pour toi. Je travaillerai en silence et, si Tu veux, je souffrirai beaucoup en silence. Je te supplie de me faire devenir sainte, une très grande sainte, une martyre. Fais-moi être fidèle toujours. Je veux sauver beaucoup d'âmes et t'aimer plus que tout le monde, mais je veux aussi être toute petite, afin de te donner plus de gloire [...]. Ta petite Yvonne.

On sourira des naïvetés exaltées de cette enfant ; pourtant, Yvonne Beauvais jusqu'au bout restera fidèle à ce pacte de sang. Onze ans plus tard, à Malestroit, le 12 juin 1922, pendant la messe de la Trinité, elle se sent brusquement envahie par l'Amour divin. Le 5 juillet au soir, nouvel appel. Elle est dans son lit depuis dix minutes qu'elle entend distinctement son nom, prononcé à trois reprises : « Yvonne ! Yvonne ! Yvonne ! » Une voix lui parle : « Sois une âme abandonnée. Accepte les épreuves que je t'enverrai comme la plus grande grâce et la plus grande faveur données aux âmes que j'aime. Accepte-les sans te plaindre... » Il y avait un bouquet de lis dans la chambre. « Alors, raconte Yvonne dans son carnet, je vis une main s'avancer près de la croix, cueillir une fleur de lis et me la donner. A ce moment, j'éprouvai un transport de joie et d'amour qui me fit presque défaillir. »

Les jours suivants, une des religieuses s'étonne que la fleur ne se fane pas. Le 13 juillet, alors qu'elle a vu la veille une croix lumineuse, Yvonne entend une voix lui dire :

« Je reprends mon lis pour verser l'amour dans d'autres âmes. » Le lis disparaît…

Je sais bien que ce récit défie la raison. On entre dans le domaine du merveilleux, toujours si suspect, et j'imagine que d'aucuns vont crier à l'hallucination. Pourtant, en apparence, il n'y a pas d'explication naturelle. Tout est raconté sans fioritures dans le carnet que le père Crété lui a demandé de tenir au jour le jour. Bien d'autres prodiges jalonnent la vie d'Yvonne-Aimée. Durant l'été de 1922, des messages du Ciel lui annoncent des années de « combats et d'épreuves ». Elle voit Jésus à plusieurs reprises. Le 22 juillet, la vision est particulièrement nette. « Ses traits étaient illuminés. Ses yeux profonds regardaient dans mes yeux et il me souriait… » Une de ses missions est de s'occuper des prêtres en perdition. Le 15 août encore, elle voit la Vierge Marie.

Le 28, elle reçoit une prière à faire dire par la Communauté de Malestroit (elle n'en fait pas encore partie) : « O Jésus, Roi d'amour, j'ai confiance en votre miséricordieuse bonté. » Plus tard, cette prière sera approuvée par une indulgence de Pie XI et étendue à l'Eglise universelle par Jean XXIII. La malheureuse est fatiguée, elle souffre.

Elle est interrogée par l'évêque de Vannes, Mgr Gouraud, par l'exorciste du diocèse de Paris, le père de Tonquédec. Tous sont déconcertés, mais jugent Yvonne-Aimée obéissante, équilibrée. Elle est cependant exorcisée. Un médecin neurologue la trouve normale, ni illuminée ni névrosée. Et rien n'arrête les phénomènes.

Le vendredi 29 février 1924, des gouttes de sang coulent de son front, comme si elle portait la couronne d'épines. Le vendredi 14 mars, premier vendredi de carême, elle reçoit les stigmates aux mains, aux pieds et au côté droit.

Le 5 juillet 1926, elle voit la croix, avec des rayons rouges. Le 28 novembre 1927, au moment de sa Profession, le médecin qui l'ausculte n'en revient pas : alors qu'elle a 42 degrés de fièvre, il entend deux bruits cardiaques distincts, l'un faible, l'autre décalé et plus vigoureux. Serait-ce le cœur de Jésus qui bat dans sa poitrine ? En juillet 1941, nouvelle grâce déversée sur Yvonne. Jésus l'appelle « Mon épouse », pour l'associer aux douleurs de sa Passion : stigmates, marques de la flagellation… La Communauté n'en saura rien. A la Pentecôte de 1948, deux sœurs sont témoins d'une soudaine transfiguration : son cœur devient lumineux. « Je reste en arrêt avec un oh ! », écrira sœur Marie de la Croix.

Elle traverse de longues nuits de la foi, des périodes d'aridité désespérantes, supporte les calomnies, vit toutes ses souffrances physiques et morales comme des épreuves destinées à épurer son âme. Elle subit les sévices du démon, parfois d'une grande violence. Des sœurs ont vu le sang jaillir et traverser sa guimpe. Des griffures ont labouré sa chair. Simulations ? Difficile à croire, assureront les témoins.

Une autre de ses missions est de confondre les profanateurs d'hosties. Son dossier de béatification contient des témoignages étonnants. Ses déplacements se font réellement, d'autres fois sous forme de bilocation : elle est dans son couvent, dans un état second, et simultanément se trouve transportée en province ou à l'étranger, sonne à une porte, exige qu'on lui donne l'hostie cachée ; on lui résiste, elle va directement vers l'armoire, prend l'hostie et l'avale pour éviter le sacrilège. Son frère spirituel, le père Labutte, qui n'a rien d'un farceur, a raconté devant les caméras de télévision – photos à l'appui, prises avec le petit appareil d'Yvonne-Aimée – qu'il a vu une hostie transpercée et sanglante se poser à la verticale sur la feuille d'un arbre devant Yvonne-Aimée et lui. On éprouve assurément un malaise devant tant de prodiges. Pourtant, il n'y a rien de malsain. La foi ardente soutient la religieuse de Malestroit.

Extraordinaires aussi sont ses visions prémonitoires, qu'elle note méthodiquement dans son carnet. Le 23 septembre 1923, elle comprend qu'une nouvelle guerre va éclater : « Je me voyais en religieuse et voyageant. J'étais en augustine (or les augustines ne voyagent pas) et je voyais des avions jeter de gros cylindres sur les trains, sur les gares, et détruire et incendier tout. Je voyais des hommes habillés de vert monter et descendre du train » En 1923, l'armée allemande ne portait pas encore d'uniformes verts.

Le 18 août 1922, dans une lettre au père Crété, elle raconte : « Je me vis en prison et un ange venait me délivrer, j'étais en civil. » A-t-elle été libérée du Cherche-Midi comme saint Pierre l'avait été de sa prison (Actes des Apôtres 12, 6-11) ? Le 17 février 1943, lendemain de sa disparition, le père Labutte, inquiet, monte dans son bureau de l'Oasis : elle est là, groggy, perdue. Elle venait de rentrer. Dans la chambre, un tapis de fleurs blanches, mystérieusement apparues, semblait l'honorer...

Voici encore une autre prédiction. Dans son carnet, elle écrit le 25 mars 1929 : « Je me suis vue devant la clinique avec beaucoup de religieuses autour de moi. Cela semblait un jour de fête, il faisait beau. J'avais sur la poitrine, épinglées, quatre ou cinq médailles dont la Légion d'honneur. J'étais au milieu d'autres religieuses et semblais être leur mère. Un grand officier vint vers moi me saluer. Une autre religieuse portait aussi une médaille... »

Des photos et un film d'amateur illustrent la cérémonie qui eut lieu vingt ans plus tard, le 7 août 1949. Le grand officier était le général Audibert qui lui remettait la croix de guerre. Précédemment, mère Yvonne-Aimée avait reçu du général de Gaulle la Légion d'honneur. Elle portait en effet ce jour-là trois autres décorations américaines et anglaises, et une autre sœur était décorée...

Ces prédictions sont scientifiquement établies, car l'écriture d'Yvonne-Aimée a évolué au fil du temps. Les notes de ses carnets, écrites au crayon, sont bien des années 1920.

Tous ceux qui ont examiné son dossier estiment qu'il n'y a eu de sa part ni simulation, ni supercherie, ni hystérie. Les médecins ne parviennent pas à comprendre comment, compte tenu de sa santé extraordinairement délabrée, elle a pu vivre si longtemps... Tout est mystère.

Décontenancée par cette débauche de merveilleux, inquiète de surcroît d'une épidémie d'illuminisme qui se répandait alors, la Congrégation du Saint-Office, dirigée par le cardinal Ottaviani, arrêta sa cause en béatification.

Même au-delà de la mort, les prodiges avaient continué : quand, six mois après son inhumation, on reconnut le corps, comme on le fait ordinairement au début d'un tel procès, les médecins le trouvèrent non seulement en parfait état de conservation, mais encore régénéré, alors qu'il avait très vite commencé à enfler et à se décomposer.

A la vérité, les fruits spirituels importent plus que les prodiges. Comme le souligne Mgr Laurentin, « ces phénomènes sont l'accessoire et n'ont de sens qu'en fonction de l'essentiel. Si la vie de mère Yvonne-Aimée est extraordinaire, ce n'est pas au titre de cet insolite, parfois déconcertant, mais au seul titre de l'Amour. Il était chez elle don total et plus radicalement abandon. Et c'est ainsi qu'elle a trouvé la force de tout accepter, de tout assumer, souvent dans l'impossible, de sa plus petite enfance jusqu'à la mort humble et sans gloire, qu'elle sut vivre de manière droite et simple comme le reste, par tant de chemins étrangers à ses désirs et à ses demandes[1] ».

1. In *Yvonne-Aimée de Malestroit. Un Amour extraordinaire*, Paris, O.E.I.L., 1985, p. 211.

Z

Zachée

La production et l'exportation de baume et autres produits parfumés est l'une des principales richesses de l'oasis de Jéricho au temps de Jésus. Parmi ceux que ce commerce a indirectement enrichis se trouve le chef du bureau de péage, Zachée (en araméen, *zakkaï*, « le juste »). Sa profession au service du pouvoir d'occupation le fait détester de ses compatriotes judéens. Cet homme de petite taille n'a rien du grand banquier d'affaires calculateur, distant et méprisant. Il est vif, spontané, curieux de nature. Apprenant que Jésus traverse sa ville, il veut absolument le voir, ou du moins l'apercevoir, car la foule sur les chemins est si dense qu'il est impossible de se faufiler entre les rangs. Il court donc et, faisant fi de sa dignité, grimpe sur un sycomore qui éployait ses larges branches. Arrivant au pied de cet arbre, conte Luc dans son Evangile, Jésus lève les yeux et l'aperçoit à travers le feuillage. Bien qu'il ne le connaisse pas, il l'interpelle : « Zachée, hâte-toi de descendre, car il me faut aujourd'hui demeurer chez toi ! » Quelle joie ! Lui toujours ostracisé ! Le collecteur dégringole de son perchoir et fait à Jésus l'honneur de sa demeure. Scribes et pharisiens étouffent de rage à la provocation du rabbi galiléen : il a osé entrer chez un pareil pécheur, au mépris des règles de pureté de la loi juive ! Pendant ce temps, Zachée s'écrie : « Voici, Seigneur, que je donne la moitié de mes biens aux pauvres, et si j'ai fait du tort à quelqu'un je lui rends le quadruple. » Jésus, touché, lui répond : « Aujourd'hui, le salut est arrivé pour cette maison parce que lui aussi est un fils d'Abraham. Car le Fils de l'Homme est venu chercher et sauver ce qui était perdu. » Tout publicain et pécheur qu'il soit, il lui a montré qu'il l'aimait, lui qui n'était aimé de personne.

Voilà tout ce que l'on sait de ce singulier personnage, à qui les banquiers et péagers devraient être redevables des paroles de miséricorde prononcées par le Sauveur. La morale de l'histoire est importante : Jésus ne déteste pas les riches. A condition qu'ils donnent la moitié de leurs biens aux pauvres et qu'ils rendent quatre fois plus à ceux à qui ils ont fait tort, ils sont assurés quasiment du Paradis… s'ils n'ont pas d'autres péchés à se reprocher…

J'ai quelque doute, en revanche, sur les légendes qui ont enveloppé ensuite Zachée de leur halo incertain. Il serait, dit-on, devenu le premier évêque de Césarée, à moins que ce ne soit de Jérusalem. D'autres l'ont identifié – on ne sait pourquoi – à Amadour, le saint ermite du Quercy, fondateur du sanctuaire de Rocamadour.

Quant aux voyageurs, riches ou pauvres, qui passent par la poussiéreuse Jéricho, ils pourront constater *de visu* que les murailles de la ville ont bel et bien disparu sous les trompettes de Josué. Et si on leur montre le sycomore du brave Zachée, surtout qu'ils se gardent de sourire : la région vit principalement du tourisme !

Remerciements

J'exprime toute ma gratitude au père Henry de Villefranche, professeur d'Ecriture sainte au collège des Bernardins et grand connaisseur de la Terre sainte, où il anime les pèlerinages de la Bible sur le terrain (BST), qui m'a aidé par ses conseils précieux et ses critiques constructives. Ma reconnaissance va également à mon fils prêtre Jocelyn, à mon ami Antoine Mulet pour leurs remarques et suggestions judicieuses, et à ma femme Emmanuelle, qui m'a assisté comme toujours dans la délicate et ingrate tâche de mise au point de ce texte, sans oublier mon éditeur Laurent Theis qui a relu mon manuscrit et à qui je dois l'idée de ce *Dictionnaire amoureux.*

Les hypothèses historiques et conclusions adoptées dans cet ouvrage relèvent naturellement de ma seule responsabilité.

Glossaire

Apocalypse (adj. apocalyptique) : du grec *apokalupsis*, « révélation ». Ouvrage de la littérature juive ayant pour objet la révélation des fins dernières de l'humanité. Dernier livre du Nouveau Testament, l'Apocalypse a pour auteur saint Jean.

Apocryphe : du grec *apokruptos*, caché, secret. Les Evangiles apocryphes sont ceux qui n'ont pas été authentifiés par l'Eglise.

Apôtre des Gentils : autre nom de Saul de Tarse, saint Paul.

Codex : ouvrage composé de feuilles de papyrus ou de parchemin brochées ou reliées, à la différence des rouleaux bibliques anciens que l'on devait dérouler.

Craignant-Dieu : païen non circoncis attiré par la religion juive.

Doxologie : prière de glorification et de louange, achevant la prière eucharistique de la messe et signifiant que le corps et le sang du Christ constituent l'offrande d'un seul sacrifice.

Epiphanie : manifestation de Dieu aux hommes. Fête chrétienne célébrant la venue des mages à la crèche.

Eschatologie (adj. eschatologique) : discours théologique ou philosophique sur la venue des temps messianiques et les fins dernières de l'humanité.

Glossolalie : parler ou prier en langues étrangères dans les Ecritures.

Gnose : concept philosophique et religieux selon lequel le salut de l'être humain passe par la connaissance et l'initiation.

Hypostase (adj. hypostatique) : chacune des trois personnes de la Trinité considérées comme substantiellement différentes.

Interpolation : introduction dans un texte, par erreur ou par fraude, d'un passage n'appartenant pas à l'original.
Kénose : abaissement de Dieu qui se dépouille volontairement de ses attributs de toute-puissance, dans l'Incarnation notamment.
Kérygme : prédication missionnaire des premiers chrétiens.
Logia (de *logion*, parole) : paroles de Jésus prononcées au cours de sa prédication et recueillies par les textes évangéliques.
Mikveh (pluriel *mikvaot*) : bain rituel juif utilisé pour les ablutions.
Nazir : personne consacrée à Dieu ayant fait un vœu d'ascétisme conformément au livre des Nombres. Le *nazir* se laissait pousser la barbe et les cheveux, comme Samson, fils de Manoach, de la tribu de Dan, et s'imposait un régime végétarien.
Pélagien : partisan de la doctrine du moine Pélage, qui minimisait le rôle de la grâce divine dans le salut des hommes, considérant que tout chrétien pouvait atteindre la sainteté par ses propres forces et son libre arbitre.
Péricope : paragraphe d'un texte formant une unité.
Publicains : collecteurs d'impôts et leurs employés travaillant directement ou indirectement pour Rome.
Synoptiques : les trois premiers Evangiles de Matthieu, Marc et Luc, qui, en raison de leur construction voisine, peuvent se lire en synopse ou parallèle.
Théophanie (adj. théophanique) : manifestation de Dieu aux hommes.

Bibliographie sommaire

Bible, sources antiques et patristiques

La Bible, présentation Edouard Dhorme, Paris, Gallimard, Pléiade, 1956-1971, 3 vol.

La Bible de Jérusalem, Paris, Desclée de Brouwer, 1997.

La Traduction œcuménique de la Bible (TOB), Paris, Cerf-Société biblique française, 2004.

La Bible. Ecrits intertestamentaires, sous la dir. d'André Dupont-Sommer et de Marc Philonenko, Paris, Gallimard, Pléiade, 1987.

Le Nouveau Testament, trad. de E. Osty et J. Trinquet, Siloé, 1974.

Ecrits apocryphes chrétiens, sous la dir. de François Bovon et de Pierre Geoltrain, t. I, Paris, Gallimard, Pléiade, 1997.

EUSÈBE DE CÉSARÉE, *Histoire ecclésiastique*, Paris, Cerf, 2003.

FLAVIUS JOSÈPHE, *La Guerre des Juifs*, Paris, éd. de Minuit, 1977.

Etudes bibliographiques et divers

Collectif, *Edith Stein, la quête de vérité*, actes du colloque de l'Ecole Cathédrale, Paris, Parole et Silence, 1999.

Collectif, *De Jésus à Jésus-Christ*, t. I, *Le Jésus de l'Histoire*, actes du colloque de l'université de Strasbourg, 18-19 novembre 2010, Paris, Mame-Desclée, 2010.

ABEL, F. M., *Géographie de la Palestine*, Paris, Gabalda, 1938, 2 vol.

AMBROGI, Pascal-Raphaël, et LE TOURNEAU, Dominique, *Dictionnaire encyclopédique de Marie*, Paris, Desclée de Brouwer, 2015.

ARMOGATHE, Jean-Robert, MONTAUBIN, Pascale, et PERRIN, Michel-Yves (dir.), *Histoire générale du christianisme*, vol. I, *Des origines au xve siècle*, Paris, PUF, 2010.

BASLEZ, Marie-Françoise, *Bible et Histoire. Judaïsme, hellénisme, christianisme*, Paris, Fayard, 1998.

BALTHASAR, Hans Urs von, *L'Enfer. Une question*, Paris, Desclée de Brouwer, 1988.

BARBET, Pierre, *La Passion de Jésus-Christ selon le chirurgien*, Paris, Médiaspaul, 1982.

BENOIT, Pierre, *Passion et Résurrection du Seigneur*, Paris, Cerf, 1966.

BLINZER, Joseph, *Le Procès de Jésus*, Paris, Mame, 1982.

BŒSPFLUG, François, et BAYLE, Françoise, *Les Monothéismes en images. Judaïsme, christianisme, islam*, Bayard, 2014.

BROWN, Raymond E., *Que sait-on du Nouveau Testament ?*, Paris, Bayard, 2000.

—, *La Mort du Messie. Encyclopédie de la Passion du Christ*, Paris, Bayard, 2005.

BRUCKBERGER, R. L., *Marie-Madeleine*, Paris, La Jeune Parque, 1952.

Cahiers Evangile, « Figures de Marie-Madeleine », supplément n° 138, décembre 2006.

CARMIGNAC, Jean, *Recherches sur le Notre-Père*, Paris, Letouzey et Ané, 1969.

—, *La Naissance des Evangiles synoptiques*, Paris, O.E.I.L., 1984.

CHARLESWORTH, James H., ELLIOT, J. Keith, FREYNE, Sean, REUMANN, John, *Jésus et les nouvelles découvertes de l'archéologie*, Paris, Bayard, 2007.

CLERCQ, Jean-Maurice, *Les Grandes Reliques du Christ. Synthèse et concordances des dernières études scientifiques*, Paris, F.-X. de Guibert, 2007.

COLSON, Jean, *L'énigme du disciple que Jésus aimait*, Paris, Beauchesne, 1969.

CULLMANN, Oscar, *Le Milieu johannique. Etude sur l'origine de l'Evangile de Jean*, Neuchâtel-Paris, Delachaux et Niestlé, 1975.

DAGUET, Dominique, *Le Linceul de Jésus de Nazareth, cinquième évangile ?*, Paris, éd. du Jubilé-Sarment, 2009.

DE MEESTER, Conrad, *Les Mains vides. Le message de Thérèse de Lisieux*, Paris, Cerf, 1988.

DODD, Charles Harold, *Le Fondateur du christianisme*, Paris, Seuil, 1972.

—, *Evangile et Histoire*, Paris, Cerf, 1974.

DREYFUS, François, *Jésus savait-il qu'il était Dieu ?*, Paris, Cerf, 1984.

FEUILLET, A., *L'Agonie de Gethsémani. Enquête exégétique*, Paris, Gabalda, 1977.

FLEURY-DIVES, Paule, *A la recherche de Jésus : d'Egypte en Terre Sainte*, s.l., 1935.

FLUSSER, David, *Jésus*, Ed. de l'Eclat, Paris, 2005.

FRALE, Barbara, *Le Suaire de Jésus de Nazareth*, Paris, Bayard, 2011.

FROSSARD, André, *Dieu existe, je l'ai rencontré*, Paris, Fayard, 1969,

GAUCHER, Guy, *Histoire d'une vie : Thérèse Martin (1873-1897)*, Paris, Cerf, 1996.

GÉRARD, André-Marie, *Dictionnaire de la Bible*, Paris, Robert Laffont, 1989.

GIBERT, Pierre, s.j., *L'Invention critique de la Bible, XVe-XVIIIe siècle*, Paris, Gallimard, 2010.

GRELOT, Pierre, *Les Evangiles : origine, date, historicité*, Paris, Cerf, 1983.

—, « Les frères de Jésus », *Revue thomiste, revue doctrinale de théologie et de philosophie*, t. CIII, janvier-mars 2003, p. 137-144.

GUILLET, Jacques, *Jésus devant sa vie et sa mort*, Paris, Desclée de Brouwer, 1991.

GUITTON, Jean, *Le Christ écartelé. Crises et conciles dans l'Eglise*, Paris, Perrin, 1963.

—, *Journal, 1952-1955*, Paris, Plon, 1959.

HUMPHREYS, Colin J., et WADDINGTON, W. G., « The Jewish Calendar, a Lunar eclipse and the date of Christ's Crucifixion », *Tyndale Bulletin*, 1992, t. 43, 3, p. 331-351.

HUNTER, Archibald Macbride, *Saint Jean, témoin de l'histoire*, Paris, Cerf, 1970.

HURTADO, Larry W., *Le Seigneur Jésus-Christ. La dévotion envers Jésus aux premiers temps du christianisme*, Paris, Cerf, 2009.
JEREMIAS, Joachim, *Abba. Jésus et son Père*, Paris, Seuil, 1966.
—, *Jérusalem au temps de Jésus*, Paris, Cerf, 1997.
LABUTTE, Paul, *Yvonne-Aimée de Jésus, « ma mère selon l'Esprit ». Témoignage et témoignages*, Paris, F.-X. de Guibert, 1998.
LAURENTIN, René, *Les Evangiles de l'Enfance du Christ. Vérité de Noël au-delà des mythes*, Paris, Desclée et Desclée de Brouwer, 1982.
—, *Yvonne-Aimée de Malestroit. Un Amour extraordinaire*, Paris, O.E.I.L., 1985.
—, *Vie authentique de Jésus-Christ*, Paris, Fayard, 1996, 2 vol.
LÉMONON, Jean-Pierre, *Ponce Pilate*, Paris, éd. de l'Atelier-Editions ouvrières, 2007.
LÉON-DUFOUR, Xavier, *Les Evangiles et l'histoire de Jésus*, Paris, Seuil, 1963.
—, *Lecture de l'Evangile selon saint Jean*, Paris, Seuil, 1988-1996, 4 vol.
LE QUÉRÉ, François, *Recherches sur saint Jean*, Paris, F.-X. de Guibert, 1994.
LOTH, Arthur, *Jésus-Christ dans l'Histoire*, Paris, F.-X. de Guibert, 2003.
LUSTIGER, Jean-Marie, *Le Choix de Dieu*, entretiens avec Jean-Louis Missika et Dominique Wolton, Paris, De Fallois, 1987.
MARGUERAT, Daniel, NOVELLI, Enrico, et POFFET, Jean-Michel, *Jésus de Nazareth. Nouvelles approches d'une énigme*, Genève, Labor et Fides, 1998.
MARION, André, *Jésus et la science. La vérité sur les reliques du Christ*, Paris, Presses de la Renaissance, 2000.
MEBARKI, Farah, et PUECH, Emile, *Les Manuscrits de la mer Morte*, Rodez, Editions du Rouergue, 2002.
MEIER, John Paul, *Jésus. Un certain juif. Les données de l'Histoire*, t. I, *Les Sources, les origines, les dates*, t. II, *Les Paroles et les Gestes*, t. III, *Attachements, affrontements, ruptures*, t. IV, *La Loi et l'Amour*, Paris, Cerf, 2004-2009.
MESSORI, Vittorio, *Il a souffert sous Ponce Pilate. Enquête historique sur la Passion et la mort de Jésus*, Paris, F.-X. de Guibert, 1995.

—, *Ils disent « Il est ressuscité ». Enquête sur le tombeau vide*, Paris, F.-X. de Guibert, 2004.

MURPHY-O'CONNOR, Jérôme, *Guide archéologique de la Terre sainte*, Paris, Denoël, 1982.

NANTEUIL, Hugues de, *Les Ténèbres du vendredi saint*, Paris, Téqui, 1983.

PELLISTRANDI, Christine, VILLEFRANCHE, Henry de, *La Bible*, Paris, Eyrolles, 2010.

PERRIER, Pierre, WALTER, Xavier, *Thomas fonde l'Eglise en Chine, 65-68 ap. J.-C.*, Paris, Asie-Ed. du Jubilé, 2008.

PERROT, Charles, *Jésus et l'Histoire*, Paris, Desclée, 1993.

PETITFILS, Jean-Christian, *Jésus*, Paris, Fayard, 2011.

Revue catholique internationale COMMUNIO, « La Transfiguration », t. XXXIII, 2008, 1.

PIXNER, Bargil, *Avec Jésus à travers la Galilée, d'après le cinquième évangile*, Corazin, 1992.

—, *Avec Jésus à Jérusalem. Ses premiers et derniers jours en Judée*, Corazin, Rosh Pina, 2005.

POTIN, Jacques et Jean, *Cette année à Jérusalem, guide du voyage en Terre Sainte*, Paris, Centurion, 1992.

QUÉRÉ, France, *Evangiles apocryphes*, Paris, Seuil, 1983.

RATZINGER, Joseph, *La Foi chrétienne hier et aujourd'hui*, Paris, Mame, 1969.

RATZINGER Joseph/BENOÎT XVI, *Jésus de Nazareth*, t. I, *Du baptême dans le Jourdain à la Transfiguration*, Paris, Flammarion, 2007, t. II, *De l'entrée à Jérusalem à la Résurrection*, Monaco, Ed. du Rocher, 2011.

—, *L'Enfance de Jésus*, Paris, Flammarion, 2012.

RENAN, Ernest, *Vie de Jésus*, Paris, Arléa, 1982.

RIEDMATTEN, Pierre de, *Le Saint Suaire*, Namur, Fidélité/éd. Jésuites, 2015.

RIGATO, Maria Luisa, *Il titolo della Croce di Gesù. Confronto tra i Vangeli e la Tavoletta-reliquia della Basilica Eleniana a Roma*, Rome, Pontificia università gregoriana, 2003.

ROBINSON, John A. T., *The Priority of John*, Londres, S.C.M. Press, 1985.

—, *Re-dater le Nouveau Testament*, Paris, Lethielleux, 1987.

ROLLAND, Philippe, *L'Origine et la Date des évangiles. Les témoins oculaires de Jésus*, Paris, Saint-Paul, 1994.

SARTRE, Maurice, *D'Alexandre à Zénobie. Histoire du Levant antique, IVe siècle avant J.-C.- IIIe siècle après J.-C.*, Paris, Fayard, 2010.

SCHWENTZEL, Christian-Georges, *Hérode le Grand. Juifs et Romains. Salomé et Jean-Baptiste. Titus et Bérénice*, Paris, Pygmalion, 2011.

SESBOÜÉ, Bernard, *Jésus-Christ dans la tradition de l'Eglise*, Paris, Desclée, 1982.

—, *Christ, Seigneur et Fils de Dieu, libre réponse à Frédéric Lenoir*, Lethielleux, groupe Desclée de Brouwer, 2010.

STANTON, Graham, *Parole d'évangile ? Un éclairage nouveau sur Jésus et les évangiles*, Paris-Montréal, Cerf-Novalis, 1997.

VERMES, Geza, *Dictionnaire des contemporains de Jésus*, Paris, Bayard, 2005.

VIGNON, Paul, *Le Linceul du Christ. Etude scientifique*, Paris, Masson, 1902.

WILSON, Ian, *L'Enigme du Suaire. La contre-enquête*, Paris, Albin Michel, 2001.

Table

Dans la même collection

Ouvrages parus

Philippe Alexandre
Dictionnaire amoureux de la politique

Claude Allègre
Dictionnaire amoureux de la science

Jacques Attali
Dictionnaire amoureux du judaïsme

Alain Baraton
Dictionnaire amoureux des jardins

Christophe Barbier
Dictionnaire amoureux du théâtre

Jean-Baptiste Baronian
Dictionnaire amoureux de la Belgique

Alain Bauer
Dictionnaire amoureux de la franc-maçonnerie
Dictionnaire amoureux du crime

Olivier Bellamy
Dictionnaire amoureux du piano

Yves Berger
Dictionnaire amoureux de l'Amérique (épuisé)

Denise Bombardier
Dictionnaire amoureux du Québec

Jean-Claude Carrière
Dictionnaire amoureux de l'Inde
Dictionnaire amoureux du Mexique

Jean des Cars
Dictionnaire amoureux des trains

Michel Del Castillo
Dictionnaire amoureux de l'Espagne

Antoine de Caunes
Dictionnaire amoureux du rock

Patrick Cauvin
Dictionnaire amoureux des héros (épuisé)

Jacques Chancel
Dictionnaire amoureux de la télévision

Malek Chebel
Dictionnaire amoureux de l'Algérie
Dictionnaire amoureux de l'islam
Dictionnaire amoureux des Mille et Une Nuits

Jean-Loup Chiflet
Dictionnaire amoureux de l'humour
Dictionnaire amoureux de la langue française

Catherine Clément
Dictionnaire amoureux des dieux et des déesses

Xavier Darcos
Dictionnaire amoureux de la Rome antique

Bernard Debré
Dictionnaire amoureux de la médecine

Alain Decaux
Dictionnaire amoureux d'Alexandre Dumas

Didier Decoin
Dictionnaire amoureux de la Bible
Dictionnaire amoureux des faits divers

Jean-François Deniau
Dictionnaire amoureux de la mer et de l'aventure

Alain Duault
Dictionnaire amoureux de l'Opéra

Alain Ducasse
Dictionnaire amoureux de la cuisine

Jean-Paul et Raphaël Enthoven
Dictionnaire amoureux de Marcel Proust

Nicolas d'Estienne d'Orves
Dictionnaire amoureux de Paris

Dominique Fernandez
Dictionnaire amoureux de la Russie
Dictionnaire amoureux de l'Italie (deux volumes sous coffret)
Dictionnaire amoureux de Stendhal

Franck Ferrand
Dictionnaire amoureux de Versailles

José Frèches
Dictionnaire amoureux de la Chine

Max Gallo
Dictionnaire amoureux de l'histoire de France

Claude Hagège
Dictionnaire amoureux des langues

Daniel Herrero
Dictionnaire amoureux du rugby

Homeric
Dictionnaire amoureux du cheval

Serge July
Dictionnaire amoureux du journalisme

Christian Laborde
Dictionnaire amoureux du Tour de France

Jacques Lacarrière
Dictionnaire amoureux de la Grèce
Dictionnaire amoureux de la mythologie (épuisé)

André-Jean Lafaurie
Dictionnaire amoureux du golf

Gilles Lapouge
Dictionnaire amoureux du Brésil

Michel Le Bris
Dictionnaire amoureux des explorateurs

Jean-Yves Leloup
Dictionnaire amoureux de Jérusalem

Paul Lombard
Dictionnaire amoureux de Marseille

Peter Mayle
Dictionnaire amoureux de la Provence

Christian Millau
Dictionnaire amoureux de la gastronomie

Richard MILLET
Dictionnaire amoureux de la Méditerranée

Pierre NAHON
Dictionnaire amoureux de l'art moderne et contemporain

Alexandre NAJJAR
Dictionnaire amoureux du Liban

Henri PENA-RUIZ
Dictionnaire amoureux de la laïcité

Gilles PERRAULT
Dictionnaire amoureux de la Résistance

Jean-Christian PETITFILS
Dictionnaire amoureux de Jésus

Jean-Robert PITTE
Dictionnaire amoureux de la Bourgogne

Bernard PIVOT
Dictionnaire amoureux du vin

Gilles PUDLOWSKI
Dictionnaire amoureux de l'Alsace

Yann QUEFFÉLEC
Dictionnaire amoureux de la Bretagne

Alain REY
Dictionnaire amoureux des dictionnaires
Dictionnaire amoureux du diable

Pierre ROSENBERG
Dictionnaire amoureux du Louvre

Danièle SALLENAVE
Dictionnaire amoureux de la Loire

Elias SANBAR
Dictionnaire amoureux de la Palestine

Jérôme SAVARY
Dictionnaire amoureux du spectacle (épuisé)

Jean-Noël SCHIFANO
Dictionnaire amoureux de Naples

Alain SCHIFRES
Dictionnaire amoureux des menus plaisirs (épuisé)
Dictionnaire amoureux du bonheur

Robert SOLÉ
Dictionnaire amoureux de l'Égypte

Philippe SOLLERS
Dictionnaire amoureux de Venise

Michel TAURIAC
Dictionnaire amoureux de De Gaulle

Denis TILLINAC
Dictionnaire amoureux de la France
Dictionnaire amoureux du catholicisme

TRINH Xuan Thuan
Dictionnaire amoureux du ciel et des étoiles

André TUBEUF
Dictionnaire amoureux de la musique

Jean TULARD
Dictionnaire amoureux du cinéma
Dictionnaire amoureux de Napoléon

Mario VARGAS LLOSA
Dictionnaire amoureux de l'Amérique latine

Dominique VENNER
Dictionnaire amoureux de la chasse

Jacques VERGÈS
Dictionnaire amoureux de la justice

Pascal VERNUS
Dictionnaire amoureux de l'Égypte pharaonique

Frédéric VITOUX
Dictionnaire amoureux des chats

À paraître

Mathieu Laine
Dictionnaire amoureux de la liberté

Jack Lang
Dictionnaire amoureux de François Mitterrand

François Laroque
Dictionnaire amoureux de Shakespeare

Bernard Lecomte
Dictionnaire amoureux des papes

Pour en savoir plus
sur les Editions Plon
(catalogue complet, auteurs, titres,
revues de presse, vidéos, actualités...),
vous pouvez consulter notre site Internet :
www.plon.fr
et nous suivre sur les réseaux sociaux :
www.facebook.com/Editions.Plon
www.twitter.com/EditionsPlon

Composition et mise en pages
Nord Compo à Villeneuve-d'Ascq

Achevé d'imprimer : septembre 2015

Dépôt légal : novembre 2015
Imprimé en Espagne